柯桥年鉴数字版

绍兴市柯桥区地方志编纂委员会

《柯桥年鉴》编辑部

编辑说明

一、《柯桥年鉴》以马克思列宁主义、毛泽东思想、邓小平理论、“三个代表”重要思想、科学发展观、习近平新时代中国特色社会主义思想为指导，坚持辩证唯物主义和历史唯物主义的立场、观点和方法，实事求是地记述上一年中的人、事、物，力求做到思想性、科学性和信息性统一。

二、《柯桥年鉴(2023)》记述浙江省绍兴市柯桥区2022年度政治、经济、文化、社会、生态文明的基本面貌及发展状况，旨在为领导决策提供依据，为社会各界了解区情、建设家乡提供资料，为精神文明建设、开展乡土教育提供教材。

三、《柯桥年鉴(2023)》记述的区域范围为2022年的柯桥区境。记述时限为2022年1月1日至12月31日。一些跨年度公布的事、物，则以截稿时为止。重点记述年度内的大事、要事、特事，反映其内在的新变化、新经验、新问题。

四、《柯桥年鉴(2023)》按类目、分目、条目3个层次编辑；类目下一般设综述；分目下设概况，以便记述事物的变化和基本数据；条目为基本单位，一事一条，动态记述。卷首设“媒体聚焦”“特载”“专记”“大事记”“区情概貌”，百科设“中共绍兴市柯桥区委员会”“农业农村”“生态环境”“科技·信息化”“社会民生”等38个类目，卷尾设“附录”“索引”。

五、《柯桥年鉴(2023)》除专文外，采用记述体。文风力求严谨、朴实、简洁、通畅。数字用法、标点符号用法分别采用国家标准《出版物上数字用法》(GB/T 15835—2011)、《标点符号用法》(GB/T 15834—2011)，计量单位采用国家技术监督局1993年12月发布的《量和单位》系列国家标准。

六、《柯桥年鉴(2023)》所载文字、图片及数据，均由区有关职能部门提供，并经各级领导和相关专业部门审核。其中有些数据，由于来源、统计口径等方面的原因，不同部门提供的同项目数字，也可能不尽一致，故正式引用应以该书“2022年柯桥区国民经济统计资料选刊”为准。部分数据、表格，在文尾注明引述来源。

七、《柯桥年鉴(2023)》所载相关单位、机构名称中涉及的符号、文字，尊重该单位、机构的原设计用法。

八、《柯桥年鉴(2023)》索引采用主题分析索引法，按主题词首字汉语拼音字母顺序排列。

2022 年柯桥区快览

行政区划面积 1066.02 平方千米

户籍人口 70.20 万人

地区生产总值 1901.36 亿元，人均生产总值 271608 元

规模以上工业产值 2322.02 亿元

财政总收入 187.54 亿元

社会消费品零售总额 401.07 亿元

货物进出口总额 1361.19 亿元，其中出口 1338.91 亿元、进口 22.29 亿元

合同外资 8.20 亿美元，实际到位外资 5.07 亿美元

金融机构本外币存款余额 3147.23 亿元、贷款余额 3300.63 亿元

城镇常住居民人均可支配收入 82528 元

农村常住居民人均可支配收入 51605 元

2022年度柯桥区荣誉

柯桥区蝉联全国综合实力“十强区”

柯桥区连续13年获评中国全面小康十大示范县区

柯桥区获评义务教育优质均衡先行创建县（市、区、旗），教育现代化发展水平居全省第一位

柯桥区入选2022年国家乡村振兴示范县创建名单

柯桥区入选首批“央馆人工智能课程”规模化应用试点区（校）名单

柯桥区入选典型地区再生水利用配置试点城市名单

柯桥区获评2022高质量发展十佳城区

柯桥区获2021年度“平安牌”，实现省级平安区“十七连冠”

柯桥区第三次获浙江省“五水共治”（河长制）工作优秀市县“大禹鼎”银鼎

柯桥区获评2021年度浙江省新时代美丽乡村示范县

柯桥区获评浙江省体育现代化县（市、区）

柯桥区入选2022企业家幸福感最强市（区）名单

柯桥区文旅投资综合评价指数居全省第一位

柯桥区慈善发展指数居全省区（县、市）第一位

2022年度柯桥区经济社会发展荣誉榜

◇ 2022年度柯桥区共同富裕贡献奖（区长奖）

马越波（浙江宇越新材料有限公司董事长）
钱水江（浙江布创纺织集团有限公司董事长）
方朝阳（精工控股集团有限公司董事长）
李雅芬（柯桥区教师发展中心艺术研训员、正高级教师、省特级教师）
陈明贤（浙江东进新材料有限公司董事长）
毛宏敏（绍兴市公安局柯桥区分局柯桥派出所所长）
于伟（绍兴市柯桥区疾病预防控制中心副主任）
精功集团纾困专班
浙江金道科技股份有限公司
绍兴市中心医院医共体总院
柯桥区中心幼儿园教育集团
中国轻纺城命名30周年系列工作专班
绍兴市自然资源和规划局柯桥分局

◇ 2022年度柯桥区共同富裕贡献奖（经济发展突出贡献奖）

庞宝根　宝业集团股份有限公司
孙永根　浙江天圣控股集团有限公司
叶　青　浙江浙能绍兴滨海热电有限责任公司
傅祖康　会稽山绍兴酒股份有限公司
傅双利　浙江迎丰科技股份有限公司
张勤良　浙江勤业建工集团有限公司

◇ 2022年度柯桥区共同富裕贡献奖（经济发展功臣奖）

孙剑华　浙江越剑智能装备股份有限公司
方朝阳　精工控股集团有限公司

王伟峰　浙江龙德环保热电有限公司
黄新明　浙江红绿蓝纺织印染有限公司
王明煜　浙江新乐纺织化纤有限公司
田建华　浙江屹男集团有限公司
胡柏成　浙江天工建设集团有限公司
方信善　绍兴柯桥致同能源有限公司
钱木水　浙江景岳堂医药有限公司
蒋鲁斌　华东医药绍兴有限公司
谢　刚　浙江化安安全技术研究院有限公司
俞剑鑫　浙江科盛宠物食品有限公司
沈汉江　绍兴和兴茶叶有限公司

◇ 2022 年度柯桥区建筑业领军企业

浙江宝业建设集团有限公司
中设建工集团有限公司
浙江勤业建工集团有限公司
浙江天工建设集团有限公司
浙江精工钢结构集团有限公司

◇ 2022 年度绍兴市柯桥区建筑业十强企业

浙江宝业建设集团有限公司
中设建工集团有限公司
浙江勤业建工集团有限公司
浙江天工建设集团有限公司
浙江精工钢结构集团有限公司
浙江东厦建工集团有限公司
浙江鼎元建设有限公司
浙江天勤建设有限公司
浙江裕众建设集团有限公司
浙江宏伟建筑工程有限公司

◇ 2022 年度柯桥区金融支持实体经济发展优胜单位

浙江绍兴瑞丰农村商业银行股份有限公司

中国工商银行股份有限公司绍兴柯桥支行
中国银行股份有限公司柯桥支行
浙商银行股份有限公司绍兴分行
宁波银行股份有限公司绍兴柯桥支行
中国农业银行股份有限公司绍兴柯桥支行
上海银行股份有限公司绍兴分行
兴业银行股份有限公司绍兴柯桥支行
华夏银行股份有限公司绍兴柯桥支行
杭州银行股份有限公司绍兴科技支行
浙江泰隆商业银行股份有限公司绍兴分行
北京银行股份有限公司绍兴柯桥支行
宁波通商银行股份有限公司绍兴分行
嘉兴银行股份有限公司绍兴柯桥小微企业专营支行
中国人民财产保险股份有限公司绍兴市柯桥支公司
中国平安财产保险股份有限公司绍兴柯桥支公司
中国人寿保险股份有限公司绍兴市柯桥区支公司
中国平安人寿保险股份有限公司绍兴中心支公司柯桥第一营销服务部
浙商证券股份有限公司绍兴金柯桥大道证券营业部
中信证券股份有限公司绍兴群贤路证券营业部
财通证券股份有限公司绍兴柯桥湖西路证券营业部
国元证券股份有限公司绍兴金柯桥大道证券营业部

◇ 2022年度柯桥区金融履行社会责任优秀集体

中国建设银行股份有限公司柯桥支行

◇ 2022年度柯桥区金融支持小微企业发展优秀集体

浙江稠州商业银行股份有限公司绍兴柯桥小微综合支行

◇ 2022年度柯桥区金融服务“三农”发展优秀集体

交通银行股份有限公司绍兴中国轻纺城支行
绍兴银行股份有限公司柯桥支行

2022 年 9 月，中国红十字会党组书记、常务副会长王可（前排右三）调研柯桥区生命博爱体验馆 （区红十字会　提供）

2022 年 8 月 17 日，浙江省委常委、统战部部长邱启文（前排右三）一行到柯桥石榴红家园调研统战工作 （区委统战部　提供）

2022年4月21日，浙江省副省长徐文光（第二排中）到平水镇调研日铸茶中心

（平水镇 提供）

2022年8月17日，浙江省副省长王文序（左三）考察柯桥区浙里养老有所学情况

（沈春栗 摄）

2022 年 4 月，柯桥区电力人员利用无人机自主巡检技术巡查亚运攀岩馆电力隐患

（柯桥供电分局　提供）

2022 年 11 月 29 日，柯桥区慈善总会会长马芳妹（左）与江山市慈善总会会长周君望（右）进行捐赠交接

（区慈善总会　提供）

2022年11月3—6日，CTCC中国汽车（场地）职业联赛绍兴柯桥站在浙江国际赛车场举行
（区教体局 提供）

2022年11月4—6日，中国攀岩联赛（浙江绍兴·柯桥站）在羊山攀岩中心举行
（区教体局 提供）

目　录

区情概貌

中共绍兴市柯桥区委员会

绍兴市柯桥区人民代表大会

绍兴市柯桥区人民政府

政协绍兴市柯桥区委员会

中共绍兴市柯桥区纪律检查委员会 绍兴市柯桥区监察委员会

民主党派

群众团体

外事·侨务·港澳台事务

法　治

经济管理

农业农村

工　业

建筑业

房地产业

商贸业

商务服务

开放型经济

中国轻纺城

旅游业

金融业

自然资源管理

生态环境

城镇建设与管理

乡村振兴

交通运输

开发区·平台

科技·信息化

教 育

文化·传媒

卫生健康

体　育

区人著述

社会民生

应急管理

柯桥新风

建制镇与街道

人物

附 录

索 引

媒体聚焦

三句话里见信心
——“国际纺都”浙江柯桥一线走访

年纺织品出口额超过1000亿元，贸易覆盖全球192个国家和地区，轻纺城年交易额达到3000亿元、占比全球1/4……在全球经济下行、新冠疫情常态化形势下，“国际纺都”行情怎么样？

顶着40多摄氏度的高温，记者走访有“国际纺都”之称的浙江省绍兴市柯桥区，感受到另一种坚韧不拔、逆势而上的“热气腾腾”。

“办法总比困难多”

2019年外贸出口规模12.6亿元，2020年受疫情影响锐减至8亿元，2021年强势恢复到12.8亿元，今年上半年8.8亿元、全年预计达到16亿元……数据刻画着外贸市场起伏，绍兴凯明纺织有限公司董事长罗海明却显得从容。

从纺织内销企业会计起步，到担任外贸公司总经理，再到创业16年，经历过不少风浪，他学会了无论在顺境逆境，都要做好面对困难的准备。

“一刻都不敢放松，每年休息日不到10天。”罗海明告诉记者，外贸接单、质量把控、流程优化、市场调研、带徒弟，这些事他都亲力亲为、一清二楚。有了这份踏实，遇到再大困难，也能挺过去。

“办法总比困难多”——带着记者在面料、设备与货车之间穿梭，这是柯桥纺织业“老板们”说得最多的话。专注行业数十年，他们清楚困难是常态，与其“长吁短叹”，不如把精力花在“想办法”上面。

1992年，“绍兴轻纺市场”更名为“中国轻纺城”，成为全国首个冠之以“中国”的轻纺专业市场。30年来，从摇着船橹的“水上布市”，到大胆开辟“马路市场”，再到建设现代化“国际纺都”，柯桥纺织拔地而起，靠的就是这种“办法总比困难多”的信心与坚韧。

浙江力笙进出口有限公司是一家成立时间不长的纺织贸易企业，创业团队多是柯桥外地人，彼此是同学、同乡。采访座谈时，清一色的“80后”管理团队说，企业总是在困难中加快成长。

“我们生意要做五六十年，一两年不赚钱或者亏钱，这有多正常。”谈到信心，企业董事长刘永勤说，他是浙西南山区青田人，“山里人”不会轻易低头，能吃苦、能吃亏、人厚道，因此链接了一大批上下游企业共御风浪。

这家企业以前做低货值面料出口，“跑量”为主很吃力，附加值还不高。在疫情倒逼下，企业去年初转型做中高档面料贸易，没想到业务量不减反增。这次经历让企业破除了“心理障碍”：勇敢走出“舒适圈”，会发现外面没有想象中那么难。

浙江金蝉布艺股份有限公司创立34年来，经历过两次金融危机，以及中美经贸摩擦、全球疫情等。企业董事长杨来荣、总经理杨卫是"父子档",专注于窗帘布艺,在打造品牌、内外销并重、拓展电商等方面各展所长。

"形势比较难,但依旧有信心。"67岁的杨来荣告诉记者,正是被困难倒逼,企业更早布局电商,今年以来电商平台的销售额增速达到50%。

"优势在转型中扩大"

绍兴莱茵纺织品进出口有限公司疫情之前每年业务规模约4000万美元,而近两年已经降至2000多万美元。企业主要面对西非、南美、东南亚市场,感知到当地消费力有一定下滑。

记者在柯桥走访发现,以往更多依靠价格优势的小微企业、个体经营户,抗风险能力较弱,在疫情下压力较大,其中一些退出市场。

在墨尔本大学毕业后,绍兴创金贸易有限公司总经理郑龙选择回乡创业。在他看来,柯桥数以万计的"蚂蚁雄兵"从事绣花、烫金、压皱、贸易等环节,既竞争又协作,伴随市场荣枯有所起伏,但总能在低潮过后"春风吹又生"。

柯桥区商务局介绍,今年柯桥退出的市场主体有5000多家,而新设1.5万家,净增近万家,这表明柯桥纺织业依旧充满生机活力。

受访企业认为,柯桥纺织业的优势,一定是在转型升级、有机更新中不断夯实。经历一轮又一轮的产业洗牌,柯桥纺织的国际地位、比较优势一直保持提升。

一是集聚数以万计、触角灵敏的"门市部"。它们立足国内应用场景,在人来人往中精准捕捉消费市场动态,这是柯桥面料、印花研发优势的源泉。目前,全球纺织业新产品开发70%以上来自中国,其中约70%来自柯桥。

二是完整的纺织产业链。从原料、面料到花型设计、研发,再到针织、染整等加工环节,柯桥有数量庞大、技艺熟练的产业工人队伍,叠加周边区县及长三角地区配套,产业链优势在疫情下更加明显。

2019年至2021年,柯桥外贸出口增幅超过30%。今年上半年,柯桥实现出口619.53亿元,同比增长31.4%,增速分别高于全国、浙江全省、绍兴全市18.2、11.1、1.3个百分点,出口总量创历年同期新高。

在意大利生活10年后,浙江伊夫服饰有限公司董事长周鑫回到柯桥创业,企业营收近年保持快速增长,去年达到5亿元,今年已经超过去年全年。

"柯桥面料新品开发,处在全球前沿。"周鑫举例说,以布料为主、成本下降30%的羊毛纱,有发光效果的圣诞装等新品,成为今年外贸"爆款"。

"夏日炎炎、行情下行,但信心不减,努力做个合格的外贸人"——绍兴木林森纺织品有限公司董事长黄勇在微信朋友圈写下这段文字,配图是厂区内正在排队的集装箱货车。

这家外贸企业创立以来一路高歌猛进,营业收入连续13年保持增长15%～20%,去年出口规模2.5亿美元,成为柯桥纺织外贸领军企业之一。

"接下来,要把更多力气放在技术创新和管理增效上。"企业董事长黄勇说,从政府"要你创新"到"我要创新",企业逐渐意识到高质量发展,未来必须在"效益比拼"中提高竞争力、附加值。

受国际局势影响,绍兴希源纺织品有限公司在俄罗斯、乌克兰、埃及等地贸易出现萎缩。企业董事长邬兰锋分析说,近年来韩国、日本纺织业企业将生产环节转移出去,立足服务优势,做贸易中间商,赚取较高利润,这也是柯桥纺织企业转型升级的方向。

"政策帮在点子上"

8月6日,由柯桥区政府建设的柯桥区开行中欧(义新欧)班列项目开工。在杭州海关支持下,该项目将配套建设铁路类海关监管点。

柯桥中国轻纺城作为全球最大的布匹交易市场,随着出口规模持续扩大,物流增效需求凸显。记者了解到,该海关监管点建成之后,柯桥出口货物能直接通过铁路口岸报关,可以走"义新欧"的中欧、中亚班列向西,也可以通过海铁联运向东出海。

柯桥区委书记陈豪表示,近年来柯桥推出系列举措,短期精准化解企业难点痛点,中长期通过设施建设、制度改革、服务提升等,切实帮助企业降本增效,驱动纺织外贸竞争力进一步提升。

今年二季度,柯桥两次出现疫情,当地快速反应,均在一周内化解风险。其间,绍兴创彩针纺科技有限公司一些原料入库、成品出库受阻,驻企服务员余颖璐了解情况后，帮助联系周边加工厂重新采购加工，并与有关部门沟通衔接高速路口、港口，确保外贸通道流畅。

柯桥区委组织部表示，通过推进“三驻三服务”机制，即驻村指导员、驻社指导员、驻企指导员，服务基层、服务群众、服务企业，能在疫情下点对点帮助群众解决个性化难题。

为了切实缓解企业资金压力、降低财务成本，柯桥推出“留抵退税直达快享”政策，受到企业普遍点赞。

“对企业来说，现金流就是生命线。”绍兴东伸机械科技有限公司负责人陈宇鸣说，疫情下企业财务回款速度慢、资金链收紧，有关政策“帮在点子上”，企业当天收到留抵退税490多万元。

今年以来，柯桥区财政、税务、经信等部门构建跨部门滚动式会商研判机制，密切跟踪政策执行情况，并对重点企业采取名单式管理，定向辅导、分门别类推送优惠政策，及时核准“退、缓、减、免”。上半年，柯桥区为企业降本减负总额48.2亿元。

此外记者走访发现，得益于政府提前引导，柯桥规模企业大多在厂房楼顶装配光伏发电设备。浙江金蝉布艺股份有限公司表示，目前企业光伏发电规模占比达到15%，提前缓解用能压力。（《新华每日电讯》头版，2022年8月15日）

设区以来农村居民年人均可支配收入一直居全省前三

柯桥农民，收入为何连连涨

“最近3个月，赚了去年半年的收入。”这个夏天，天气虽热，61岁的任志明干劲更热。他所在的绍兴市柯桥区合心村常住村民不足200人，且九成年过花甲。今年，村里重振竹产业，目标是让村民年增收超百万元。

放眼柯桥，这样“共富有道”的村子比比皆是。最新统计显示，今年上半年，柯桥农村常住居民人均可支配收入为27924元，同比增长6.8%，增速居全省农民收入前十县（市、区）第一。若自2013年柯桥设区算起，该区农民年人均可支配收入已连续9年居全省前三。

近日，柯桥入选浙江省第二批共同富裕试点。当地又提出到2024年底农村居民年人均可支配收入6.05万元、年均增收8%的新目标。

“连连涨”中，柯桥为何又能“更进一步”？

扮靓面子　扩大农业产业增量

写下“囊中日铸传天下”的诗翁陆游若穿越回今日故乡，一定会再咏新篇——今年上半年，平水日铸茶实现产值1.4亿元，同比增长8%。

54岁的茶农黄汤荣感受明显：有了日铸茶品牌，每斤茶青价格从三四十元涨到八九十元，最贵卖到120元，“就这一项，我家今年增收1万多元。”

作为柯桥农业第一主导产业，茶叶曾支撑起全区3万多户茶农的主要收入，但也一直陷于“好产品卖不出好价格”的困境，大片茶园日渐荒芜。直到当地打出“平水日铸”区域公共品牌，并实行技术、质量、包装等“六统一”管理，品牌溢价不断，茶农积极性随之高涨。去年，全区茶产业年产值4.22亿元。

“农民增收主要靠产业，发展现代农业要面向市场、打响品牌，也就是要扮靓‘面子’，以品牌、品质来实现溢价、扩大增量。”柯桥区农业农村局局长裘剑平直言。

炎炎夏日，距离柯桥城区20千米的同康村却是人来车往，格外热闹。

秘诀是这个偏远小山村紧跟市场，已将全村近万亩竹林“化”作竹游道、竹餐饮、竹民宿等八大农旅融合产业，打响“绿林竹海”品牌。村党总支书记徐岳尧感慨，以前农民辛苦把毛竹挑出山去卖，远不如现在吸引游客进山来消费赚得多。

进出转换、从有变优，腾挪出的是新消费空间。今年1月至7月，柯桥全区竹产业基地共接待游客超80万人次，实现旅游综合收入2.7亿元，促农增收达2000万元。

开拓新业态之际，柯桥人也勤练“内功”，打造科技强农、机械强农的农业“双强样板”。

位于平水镇的我省首个菊花种质资源圃就是典型。走进其占地1600多亩的大棚，记者发现，每株菊花都由现代化设备按标准技术精准栽培。目前，基地单体大棚每平方米出花量45.2枝。

周边农民也共享先进技术的收益，作为资源圃建设单位之一的浙江海丰花卉有限公司与800户农户共建“利益共同体”——1600亩地就流转自他们。基地投资建好配套设施后，返租给农户，并建立从播种到开花的种菊全过程精准服务体系，每年促农增收4000余万元。

夯实底子　激活农村资源存量

“越老越有活力。”深入王化村长塘头自然村，记者才明白此话的含义：村里老人多，除了本村的，更有来自上海、广东、杭州来避暑的；老房子也都修葺一新，猪圈改咖啡馆，破屋改食堂，老房成了抢手的民宿，一片欣欣向荣。

但曾经，长塘头是有名的“老龄村”“空心村”。此前，柯桥南部山区大多数村都面临这样的难题。

改变，源自柯桥5年前开始的“闲置农房激活”计划。结合宅基地“三权分置”改革，当地将闲置农房流转租赁交易等纳入农村产权交易范围，设立在线推介平台“乡愁网”，以数字化手段，将闲置农房从信息采集到交易等全流程“一网打尽”。

长塘头由此被乡贤宋如华看中，投资2000万元，流转闲置农房320间，租用闲置土地243亩，招聘赋闲老人50余名，建设农旅养老养生综合体。

77岁的村民宋兴涛给记者算了一笔“增收账”：10间房子出租，每间每年房租500元；1.65亩田，每年每亩租金600元；应聘上水塘看管工作，每月工资1600元……“一年收入过万元。”

截至7月底，柯桥“闲置农房激活”计划已累计引入社会资本22.6亿元，激活农房建筑面积74.1万平方米、山林田地1.3万亩，带动就业4864人，农户增加收入1.1亿元。

这样的创新在柯桥已“一发而不可收”。岔路口村嵋山自然村创新了“农户+周边”的模式，38处闲置农房和周边400亩茶园、竹山等被“捆绑”流转到投资公司，整个村变成一个计划投资1亿元的旅游综合体，农户年均增收20余万元。夏履镇双叶村居住着著名理学家周敦颐的一支后裔。全村统一打造“周家大院”人文民宿群，将周氏家庙、鹿鸣纸馆、爱莲书屋等历史古建筑串点成线，如今每年为村民增收70余万元。

在柯桥区农业农村局党工委委员胡倡华眼里，村里一房一树一田都是存量资源，关键就在于如何以改革创新让它们从“沉睡”中醒来，将绿水青山转化为金山银山。

拓宽路子　释放农民增收潜量

记者来到合心村时，正遇见村里收购毛竹。山林间，一辆小巧的履带车拉着一大捆毛竹下山。山脚下，一辆抓木机自卸车一抓一放间就完成20根毛竹的称重、装车，几乎不用农户出力。

“有了这些设备，村民终于又愿意卖竹子了。”合心村党支部书记任利成说，村里有6000亩竹林，本是大家的“饭碗”，但因“路差、人老、价低”，竹产业已销声匿迹近10年。

添置设备需要资金，合心村这类曾经的“薄弱村”承担不起。好在，最近柯桥成立区、镇、村三级强村公司矩阵，创新全区域内统筹全要素、贯穿全链条的模式，加强对乡村的运营。合心村的设备就来自平水镇强村公司。后者承担了全镇5.1万亩竹林的砍、运、销等工作，村级强村公司主要安排生产期、参与谈价格，村民则坐等收入。集体议价后，今年竹价较两年前涨了六成，且销量有了保障。

“强村公司是我们推动乡村共富的新载体。它以整体、主动的理念，拉大农村发展框架、拓宽发展路子，激发农民增收潜能。”柯桥区农业农村局副局长陶永兴介绍，作为国家级农村改革试验区，柯桥深化农村确权赋权改革，变农民为“股民”；首创农村集体大宗物资采购交易平台，完善“三资”管理…… “如今百尺竿头须更进一步。”

今年2月，省委农村工作会议暨粮食安全工作会议提出，持续推进以集体经济为核心的强村富民乡村集成改革。柯桥区农业农村局经营管理总站站长寿建荣说，这给了柯桥更大的施展空间，“全区因地制宜发展了投资收益型、资产盘活型等9类强村公司，制定了富裕乡村、众创乡村、诗画乡村等10条标准，形成‘十成九稳’的强村富民新格局。”

悠悠鉴湖水流过，在叶家堰村留下一个三面环水的小岛，岛上即将建成先锋鉴湖书店，给这个新晋“网红村”新增一个打卡点。

“这个项目的落地离不开强村公司。”叶家堰村党总支书记钱国地说，现代农村建设，农民急盼专业人士带着干，正好强村公司可以担当。90后柯桥人李敏奇今年回乡创业，被选聘为一家镇级强村公司的法人代表，两个月时间，他帮农民卖掉了60万斤毛竹。他说：“广阔农村大有可为，我理解这句话了。”（《浙江日报》头版头条，2022年8月21日）

“经纬之间”织就“锦绣前程”
——“国际纺都”浙江柯桥成长记

从摇着船橹的“水上布市”，到大胆开辟“马路市场”，再到建设现代化“国际纺都”，从“一根丝”到“一块布”，再到“一件衣”……

“经纬之间”织就“锦绣前程”。多年来，浙江省绍兴市柯桥区深耕纺织业，形成全球最完备的现代纺织产业体系，贸易覆盖190多个国家和地区，成为新丝绸之路上一颗璀璨的明珠。

从“步满全球”到“布满全球”

今天的柯桥，是一座“托在布上”的现代都市。这里常住人口达110万，市场主体超15万家，其绝大多数与纺织业有关联。从无到有、从小到大、从大到强，柯桥纺织走过的路，当地人记忆深刻。

20世纪80年代，改革开放激起大潮奔涌。老绍兴县办起了轻纺市场，“弄潮儿”用脚步拓展销路，产品内销全国各地。1992年，“绍兴轻纺市场”更名为“中国轻纺城”，成为全国首个冠之以“中国”的轻纺专业市场。

“那时候大家肩挑手扛，柯桥的布走进了千家万户。”浙江省印染行业协会会长、绍兴海通印染有限公司董事长李传海，已经在业内摸爬滚打了将近40年。他感慨说，正是靠着历尽千辛万苦、说尽千言万语、走遍千山万水、想尽千方百计的“四千”精神，柯桥纺织扎实起步。

靠脚步与韧劲闯出一片天地的柯桥，也是浙江纺织业劈波斩浪、迎潮而上的缩影。

20世纪末亚洲金融危机后，当地引导企业国内国外“两个轮子一起转”；我国加入WTO以后，柯桥外贸从非洲拓展到欧美，大批布商“拎包就走”跑展会、找客户，开启“二次创业”。

“商场的安全感，永远在市场一线。”为了跑市场，绍兴布婷纺织品有限公司总经理钱水江只身去过东南亚、中亚和西亚多个国家。如今，企业年出口将近2亿美元，但他依旧保持着“行商”的习惯，今年又去了欧洲多个国家了解行情。

到了2010年前后，在成本上涨、环保要求提升、国际贸易标准变化等压力下，柯桥下决心“补短板”，推动印染集聚、设备换代、产品升级，从量的扩张转向质的提升，拓展延伸产业链，加速沉淀“印染+市场”的比较优势。

其间，柯桥中国轻纺城茁壮成长，5万多种纺织品远销全球190多个国家和地区，全球每年1/4的面料在此成交。这里的3.2万家市场经营户，敏锐捕捉全球纺织产业链、国际时尚前沿动向。

再往后，柯桥纺织商贸稳健发展，实现从“步满全球”到“布满全球”，成为亚洲最大的布匹专业市场所在地、世界最大的纺织贸易集聚地，构筑起开放协同、集群联动的大纺织经济格局。这其中，“一带一路”沿线国家和地区拥抱共赢商机，成为柯桥纺织品贸易的重要市场。

柯桥区委书记陈豪表示，紧扣时代脉搏，柯桥每年举办世界布商大会，引导企业攀登全球纺织产业链上游，向东在缅甸、菲律宾、印尼等举行自办展、成立中国轻纺城商会，向西在美国、法国、意大利等地的知名展会中设立“绍兴柯桥馆”，紧跟国际潮流。

以国内大循环为主体、国内国际双循环相互促进的新发展格局中，柯桥大量企业再次调整布局，内销外销“双轮驱动”，两个市场互为补充、相得益彰，成为有效应对风险、进一步发展壮大的关键法宝。

从“丝绸之府”到“衣被天下”

作为海上丝绸之路的重要出发地，浙江自古“衣被天下”，曾是丝绸生产、贸易和信息中心，杭州就有“丝绸之府”美名。

如今作为民营经济、外向型经济“领潮者”的浙江奋楫争先，商贸脚步遍及世界各个角落，与千里万里之外赶来追寻商机的海外客商一道，深耕新丝路建设，互利共赢发展。

绍兴木林森纺织品有限公司董事长黄勇，每年都去多个国家拜访客户。今年 9 月、10 月，他先到瑞士达沃斯参加国际纺织制造商联合会(ITMF) 2022 年会，此后到法国、土耳其、印尼等国家，密切走访外商了解市场行情。

柯桥区商务局介绍，柯桥有近 5500 名境外采购商常驻，有 1100 多家境外企业代表处常驻，平均每天有 10 万客商在此采购。

“80 后”黎巴嫩青年李天明 2006 年来到柯桥，一开始在中国轻纺城为外商客户“跑单”、找面料。背靠“国际纺都”，沉淀多年的他 2014 年在柯桥创办贸易公司，之后又有了自己的纺织厂，专注做面料国际贸易。

李天明能说一口流利的普通话，酷爱户外运动的他，还把冲浪运动引入了柯桥，并成立了冲浪俱乐部，努力把它推广至全国。

今年前三季度，柯桥外贸逆势上扬，出口 966.7 亿元，同比增长 25.9%；对“一带一路”沿线出口 562.23 亿元，同比增长 28.2%。

以柯桥为中心向外延展，浙江大纺织产业链的分工与协作脉络极其清晰：湖州的织造，嘉兴的经编、化纤、毛衫，杭州的丝绸、化纤，绍兴的印染、市场、染化料，宁波的服装，台州的产业用布，金华的无缝针织、牛仔裤、针纺。

2021 年，浙江省纺织和服装行业规模以上企业实现工业总产值 10003 亿元、营业收入 10716 亿元。目前，浙江的现代纺织产业居全国首位，化纤产量占全国近一半，印染布产量占全国一半以上，有最为完整的产业链条。

从“传统产业”到“先进制造业”

2016 年从父亲手中接班后不久，浙江大树纺织科技有限公司总经理邵灵彬意识到，传统纺织企业要想继续在市场中占有一席之地，必须通过理念更新、产品创新，走差异化发展之路。

此后，这家企业启用新品牌，从纱线、纺纱工艺、染整技术、企划、样衣等方面提供流行趋势解决方案，并推出自己的城市展厅，定位于轻奢面料体验馆、醋酸图书馆、设计灵感来源地、图案趋势库。

“将品牌名称定为‘大树’，是希望公司能够像大树一样，生产对环境友好的产品。”邵灵彬表示，聚焦提升纺织绿色科技，企业成为“国家醋酸及聚酯时装面料产品开发基地”，高端醋酸、时尚印花、高端涤纶、时尚交织四大品类面料产品远销欧美、中东等市场。

随着科技、管理、设计等变革，纺织业不断攀登新高度，探索“从无到有”的新可能，逐渐摆脱“传统产业”“夕阳产业”的刻板印象，开始向先进制造业、高附加值产业迈进，努力实现高质量发展。

今年 7 月，浙江省现代纺织技术创新中心暨鉴湖实验室在柯桥成立。这里突出“创新制胜”，锚定“绿色高端、世界领先”目标，加强关键核心技术攻关，构建创新体系，加快打造世界级现代纺织先进制造业集群。

浙江省现代纺织技术创新中心副主任戚栋明介绍，各种纤维制成的特种缆绳、轻量化汽车零部件、风力叶片等，广泛应用于航空航天、海洋装备、新能源汽车等领域。

比如，一款用在海洋工程设备、以涤纶工业纤维为材质的绳索，既有钢铁链条的强度，又通过编织技艺提升弹性韧性，能够经受海洋潮气的腐蚀和飓风的考验。

记者了解到，除了具有传统优势的化纤产品，目前柯桥的棉、麻、毛、真丝、竹纤维、铜氨丝、醋酸丝等产品也应有尽有。除了常规产品，功能性面料产品也加速发展，带动纺织产业附加值持续提升。

（《新华每日电讯》头版，2022 年 11 月 14 日）

浙江绍兴棠棣 村企联建引领花农致富

“重庆这边预计需要 2 万株金桂花苗，请老乡们速联系我。”11 月 12 日上午，在重庆从事花木生意的浙江绍兴柯桥区棠棣村花农刘志红，将他的订单分享到老乡微信群。不到 20 分钟，刘志红便找到了合适的“供应商”。“这个月我们收到了 12 个订单，有 7 个发货地是村里，其他则是福建、广东等地，这都是村企党组织联合，引领我们奔向共同富裕的结果。”棠棣村党总支书记、村委会主任刘建明眉开眼笑。

棠棣村是一个以花为业、因花致富的小山村，全村近 500 户村民，95% 都从事花木行业。今年以来，棠棣村围绕“共富工坊”建设，加强村企党组织联建，团结在外创业的花农，以花农创业所在地为网格，成立区域网格，由党员网格长带着 20—30 名网格员，形成“致富点”，并以村党总支为“总基站”，一方面将上级党组织的决策部署落实到一线组织和党员身上，另一方面收集整理市场动态，形成致富信息，辐射外出创业花农。

同时，棠棣村党总支还不忘带动村留守人员共同致富。在该村的兰花数字工厂，20 多名留守妇女正忙着兰花分苗、装盆。花农金静说：“以往我们的兰花主要在周边销售，现在有了致富信息，村里每天销往全国各地的兰花数量达到几千苗。”

富裕起来的村民，在精神上有了更高追求。村文化礼堂每周都会邀请党校老师和农技专家，开设共富讲堂，通过互联网让远在他乡的网格员和本村村民，一同听讲。刘建明介绍：“最近我们围绕‘深入学习贯彻党的二十大精神’主题，每周讲课时间一到，花农们不管手头多忙，都会认真听、认真学。村民们有心愿，下一步要把乡村旅游和花木产业结合起来，让‘共富工坊’创造出更多的共富硕果。”

（《人民日报》第 08 版，2022 年 11 月 16 日）

绍兴市柯桥区打造新时期国际纺织之都

今年是中国轻纺城冠名 30 周年。30 年来，中国轻纺城始终坚持改革开放、开拓创新，走出一条传统向时尚、单一向多元、低端向高端的专业市场转型之路。

目前，中国轻纺城已是全球规模最大、经营品种最多的纺织品集散中心，经营户 3.4 万余户，市场日客流量10万人次，全球每年有1/4的面料在此成交。2021年，中国轻纺城“线上+线下”成交额突破3000亿元，连续31年位居全国同类纺织品专业市场首位。今年1—9月，轻纺城成交额已达2241亿元、增长12.2%，外贸出口达967亿元、增长26%。

功能优化

近年来，柯桥区（原绍兴县）始终把中国轻纺城作为产业之本、立城之基来抓，持续提升市场软件硬件水平，确保中国轻纺城始终处于行业龙头地位。

走实市场进化之路。依托“水上布街”因势利导，1988年建成当时全省最大的室内专业市场“绍兴轻纺市场”，1992年成为全国首家冠名“中国”的专业市场，1993年成立全国第一家以大型市场为依托的股份制企业。先后实施中国轻纺城“二次创业”、中国轻纺城“三次创业”、新时期“国际纺织之都”建设，累计投入100多亿元升级改造传统老旧市场，建成约20万平方米的国际面料采购中心，打造设施设备最先进的新型市场综合体。

坚守改革创新之道。设立全省首个专业市场综合性知识产权保护机构——中国轻纺城花样版权保护登记管理办公室，开设市场知识产权巡回审判法庭，切实加强花样版权保护。设立中国轻纺城综合服务中心，全面下沉市场监管、税务等审批服务。以“最多跑一次”理念优化提升轻纺市场工作，推出诚信建设、智慧应用等35项服务举措。

发挥联动发展之力。发挥“产业+市场”优势，以传统产业改造提升、印染产业转型升级等省级试点为契机，强势推进印染产业集聚升级，推动纺织强链补链。市场经营品种从以原料、面料为主，向上游的化工、机械、坯布和下游的服装服饰辅料、家纺成品扩展；毛纺、针织、棉布、窗帘窗纱、家纺、服装服饰等专业市场相继形成。

对外开放

抢抓“一带一路”机遇，柯桥区推动中国轻纺城不断扩大对外开放，努力融入全球纺织产业链供应链，打造享誉全球的新时期“国际纺织之都”。

“请进来”集聚人气商气。以世界布商大会、纺博会、时尚周等为核心载体，推进“月月有会展、天天秀时尚”。世界布商大会已连续举办五届，成为国内纺织行业综合性最高、参与国最多、辨识度最强的国际性会议；纺博会名列全国三大知名面料展，年吸引采购商10万人次；时尚周成为集时尚产品、时尚品牌、设计名师、时尚文化和多元时尚元素于一体的产业价值创新平台。

“走出去”提升品牌影响。大力实施“丝路柯桥·布满全球”行动，向西在欧美国际知名面料展上建立一批“绍兴柯桥馆”，与意大利米兰缔结成友好城市，并设立首个海外面料馆；向东在“一带一路”沿线国家举办轻纺城国际面料展，走进全球20多个知名纺织、时尚产业集群。

“试起来”优化贸易机制。大力实施中国轻纺城市场采购贸易方式国家级试点，建成投用联网信息平台，高效运作市场采购贸易管理服务中心、海关监管中心，目前平台共备案各类主体1994家，2021年绍兴全市通过试点结关24371票、22.12亿美元，其中柯桥区19533票、17.77亿美元。

数字赋能

以大数据、云计算、物联网、移动互联网等技术为依托，柯桥区鼓励中国轻纺城推进线上线下市场一体发展，全面构建智慧化的市场交易、服务体系。

变革市场交易模式。建立全球纺织网、网上轻纺城、有布App等平台，每年举办云直播、云发布、云展会、云对接等线上活动200余场。目前，网上轻纺城日访问量突破75万次，拥有会员数228万余人，商铺数10万余家。2021年，轻纺城网上成交额实现701.68亿元，同比增长15.59%。

变革市场运行模式。建成数字轻纺城项目一期和二期，基本实现市场运行、管理、服务数字化。健全电子商务发展支持体系，设立市场智慧服务中心，全面为市场主体提供市场分析、信息翻译、商铺优化、推广引流、运营托管等服务。

变革市场治理模式。实施轻纺城智慧治理行动计划，建成市场智慧综合治理中心，强化市场科技监测，确保市场安全稳定。在5个市场设立司法调解室，推出“在线矛盾纠纷多元化调解平台”，及时化解经营户和客商矛盾。

时尚引领

对标高质量发展要求，柯桥区支持中国轻纺城发展构建以纺织新材料研发、面料开发、服装及家纺设计、自主品牌培育为主的纺织时尚创意产业发展体系，推动纺织产品向个性化、品牌化、高端化转型提升。

建成一流时尚平台。持续优化轻纺城创意园、创意大厦、中纺大厦等创意功能布局，建成投运中意未来时尚馆、中国女装面料流行趋势研究院、“东方米兰”国际时尚示发布中心等一批高端时尚平台。引进法国智奥、上海设界、必维集团等专业检测、设计机构，引领市场转型升级。

打造高质量时尚产业。大力推进纺织品区域公共品牌建设，注册“柯桥优选”集体商标，实施品牌培育行动，为优选企业提供深度品牌建设、推广服务。实施创意设计人才“经纬计划”，大力扶持创意企业发展，成功孵化吉麻良丝、纸笔画童装、百思服装等一批优秀设计师品牌。2021 年，纺织工业创意设计基地企业设计服务收入、带动服务对象形成销售收入分别为 3.51 亿元、415.12 亿元。

形成浓厚时尚氛围。实施“天天时尚”计划，发布柯桥纺织指数、时尚指数，组建“中国轻纺城时尚模特队”，每年举办品牌发布、主题论坛、设计赛事等时尚活动 200 余场。在国际面料采购中心设立创意设计区，推动市场不断提升时尚展示功能。

（《今日浙江》2022 第 21 期）

类目编辑　宋如玲

特　载

永争一流　勇当标兵
奋力在社会主义现代化新征程中打造
国际纺都杭绍星城

——在中国共产党绍兴市柯桥区第二次代表大会上的报告（摘要）

中共绍兴市柯桥区委书记　陈　豪

（2022年1月12日）

中国共产党绍兴市柯桥区第二次代表大会，是在开启全面建设社会主义现代化新征程的重要关头，在全区上下深入学习贯彻中共十九届六中全会精神的重要节点，召开的一次十分重要的会议。大会的主要任务：坚持以习近平新时代中国特色社会主义思想为指导，深入贯彻落实省委忠实践行"八八战略"、奋力打造"重要窗口"和市委建设现代化网络大城市的总体部署，回顾总结一届区委五年以来的工作，研究部署今后五年的奋斗目标和主要任务，选举产生中共绍兴市柯桥区第二届委员会和纪律检查委员会，团结带领全区党员和广大干部群众，永争一流、勇当标兵，奋力在社会主义现代化新征程中打造"国际纺都、杭绍星城"。

一、深入学习贯彻中共十九届六中全会精神，坚决把习近平总书记的殷切嘱托转化为高质量发展的奋进动力

中共十九届六中全会是在建党百年的重要历史时刻，在"两个一百年"奋斗目标历史交汇的关键节点上，召开的一次具有里程碑意义的重要会议。全会审议通过的《中共中央关于党的百年奋斗重大成就和历史经验的决议》，具有重大的政治意义、历史意义、现实意义。决议指出，党确立习近平同志党中央的核心、全党的核心地位，确立习近平新时代中国特色社会主义思想的指导地位，是中共十八大以来最重大的政治成果、最重要的历史经验和最确凿的历史结论，是时代呼唤、历史选择、民心所向，对新时代党和国家事业发展、对推进中华民族伟大复兴历史进程具有决定性意义。全区各级党组织和广大党员干部必须全面系统、准确

完整把握中共十九届六中全会的核心要义、精神实质、实践要求，坚定不移做“两个确立”忠诚拥护者、“两个维护”示范引领者。

始终把党的政治建设摆在首位，切实增强忠诚拥护“两个确立”坚决做到“两个维护”的政治自觉。深刻领悟“两个确立”的重大意义和实践要求，准确把握“三次历史性飞跃”“四个伟大成就”“五大历史意义”的内涵实质，始终把“两个确立”作为最深刻的政治领悟、政治信念，始终把“两个维护”作为最坚定的政治立场、政治忠诚。全区广大党员尤其是领导干部，要切实增强政治意识，善于从政治上看问题，善于把握政治大局，不断锤炼对党绝对忠诚的政治品格，不断提高政治判断力、政治领悟力、政治执行力。

始终筑牢理想信念之基，切实增强忠诚拥护“两个确立”、坚决做到“两个维护”的思想自觉。习近平新时代中国特色社会主义思想是当代中国马克思主义、21世纪马克思主义，是全党全国人民的思想旗帜、精神旗帜，是中华文化和中国精神的时代精华，是我们党和国家必须长期坚持的指导思想。全区广大党员尤其是领导干部，要更加自觉做习近平新时代中国特色社会主义思想的坚定信仰者和忠实践行者，自觉筑牢信仰之基、把稳思想之舵，真正把讲忠诚内化为全区党员干部的精神追求、思想自觉。

始终把使命和责任扛在肩上，切实增强忠诚拥护“两个确立”、坚决做到“两个维护”的行动自觉。中共十九届六中全会全面回顾了党的百年奋斗历程，总结凝练了“十个坚持”宝贵经验，揭示了党和人民事业不断成功的根本保证，揭示了党始终立于不败之地的力量源泉。全区广大党员尤其是领导干部，要始终把“十个坚持”作为正确判断形势、科学预见未来、把握历史主动的重要思想武器，作为想问题、作决策、办事情的重要遵循，结合柯桥实际，聚合新动能、放大新优势，塑造更多变革性实践、突破性进展、标志性成果。

习近平同志在浙江工作期间，曾先后10次赴柯桥调研指导、5次给予批示或来信，尤其对中国轻纺城市场建设、驻村指导员制度、“红色网上游”等方面予以充分肯定。我们必须牢记习近平总书记嘱托，守好“红色根脉”，传承红色基因，自觉将中共十九届六中全会精神，与习近平总书记对柯桥的重要指示批示精神结合起来，转化为推动全区工作领跑竞跑、争先创优的强大动力，坚定不移沿着“八八战略”指引的道路奋勇前行，一以贯之抓落实，久久为功谋长效，以赶考的清醒和坚定，答好新时代的柯桥答卷。

二、回望奋斗路，如期交出高水平全面小康的高分答卷

区第一次党代会以来的五年，是柯桥发展史上极不平凡、极为不易、极其珍贵的五年。五年来，区委团结带领全区党员干部群众，坚持以习近平新时代中国特色社会主义思想为指导，认真贯彻落实中央和省委、市委的决策部署，深入践行新发展理念，统筹疫情防控和经济社会发展，圆满完成了区第一次党代会确定的目标任务，实现了“十四五”发展的良好开局。

五年来，我们全面强化政治引领，思想根基不断夯实。坚定不移加强党的全面领导，始终把党的政治建设摆在首位，严守党的政治纪律和政治规矩。高质量开展“三严三实”专题教育、“两学一做”学习教育、“不忘初心、牢记使命”主题教育、党史学习教育及省委“六讲六做”大宣讲活动，深入开展庆祝建党100周年系列活动，全区上下“四个意识”不断增强。深入贯彻落实习近平同志在浙江工作期间对柯桥的指示批示精神，推动中央及省委、市委决策部署在柯桥落地生根，坚决做到“总书记有号令、上级有部署、柯桥见行动见成效”。

五年来，我们积极应对风险挑战，综合实力大幅跃升。坚定不移统筹好发展和安全，面对严峻复杂的国际国内形势，认真落实“六稳”“六保”政策措施，切实解决了一批长期想解决而未解决的难事，办成了一批多年想办而未办成的大事，综合实力跻身全国“十强区”，5年均获得中国全面小康十大示范县(市、区)，获评全国脱贫攻坚先进集体、为全省县(市、区)唯一，累计获得8项省政府督查激励。主要经济指标稳步增长，2017年至2021年的五年间，地区生产总值从1239亿元增长至1700

亿元以上;财政总收入从165亿元增长至224亿元;出口总额从627亿元增长至1000亿元以上;社会消费品零售总额从261亿元增长至390亿元;金融机构存贷款余额从2967亿元增长至5466亿元。

五年来,我们加快推动产业变革,发展活力显著增强。坚定不移推动产业集群发展,经济发展内生动力不断增强。加快传统产业改造提升,全域完成印染产业集聚升级,五大印染组团跨区域集聚顺利收官,建成全国最大绿色印染基地。建筑产业现代化领跑全省,首个省级建筑产业创新服务综合体落户柯桥,宝业集团入选中国建筑企业百强名单、位居第61位,建筑产业总产值超1400亿元。大力培育新兴产业,集聚形成了数智港、健康岛等一批现代产业集群。五年累计招引重大产业项目211个、总投资达3217亿元。推动文旅融合发展,全面提升安昌古镇、柯桥古镇和湖塘黄酒小镇对外知名度,赋予"三缸文化"新的时代价值,获评全省首批全域旅游示范县、全省文旅融合高质量发展十佳县、全省文化产业重点县(市、区)。数字化改革走在全省前列,率先开展"县乡一体、条抓块统"省级试点,20项典型应用上线运行,23个数字化改革项目被列为省级试点。创新动能不断增强,建成浙江绍兴人才创业园、浙江院士之家等省级创新平台,现代纺织技术创新中心成为全省首批创新中心,精工集团入选省第二批"雄鹰行动"培育企业名单;高新技术企业数量从63家增长至368家,全社会研发投入强度从2.28%提高至3.1%,新产品产值率从34.7%提高至40%,高新技术产业增加值从54亿元增长至223亿元,省级以上领军人才从45名增长至251名,年年获评全省人才工作考核优秀。

五年来,我们大力推进开放融合,城市能级快速提升。坚定不移推进区域一体化发展,全力锻造城市的融合、开放、时尚特质。融杭接沪联甬加速推进,绍兴轨道交通一号线柯桥段开通运营,浙大二院柯桥院区签约落地。城市更新加速推进,城乡规划体系更趋完善,建成区面积从64平方公里扩展至80平方公里,常住人口城镇化率从76%提高至82%。轻纺城市场持续进化,高标准建设跨境电商、市场采购贸易等开放平台,建成国际面料采购中心,成功举办4届世界布商大会,获评全国"最具影响力会展城市",轻纺城"线上+线下"年成交额从1700亿元增长至3000亿元以上。

五年来,我们始终坚持优质共享,人民生活明显改善。坚定不移贯彻"以人民为中心的发展思想",每年三分之二以上的公共预算支出用于民生,教育、医疗、养老等公共服务全面升级。农村常住居民人均可支配收入全省领先,城乡居民收入比缩小至1.65:1,位居全省前列。大力实施乡村振兴战略,有序开展全国农村宅基地制度改革试点,成为浙江新时代美丽乡村示范县。扎实推进生态文明建设,两次捧回"大禹鼎"银鼎,空气质量创5年来最好水平。全面夯实安全基础,全力打赢疫情防控硬仗,成功护航国庆70周年、建党100周年等重大节点,实现省平安区"十六连冠",夺得省首批"一星平安金鼎"。

五年来,我们全面加强党的建设,政治生态持续优化。全面落实新时代党的建设总要求,坚定不移推进全面从严治党。深化驻村指导员制度,发布全国首个《驻村指导员工作标准》;大力实施"红色根脉强基工程",全域构建党建共富联盟,高质量完成镇村两级换届,推动基层党建水平整体跃升。切实扛起管党治党主体责任,深化纪检监察体制改革,全面推进"七张问题清单"应用贯通,一体推进中央巡视、省委巡视、市委巡察反馈意见整改,实现区委常规巡察和村(居)延伸巡察全覆盖,扎实开展政法队伍教育整顿。全面加强党对人大和政协工作的领导,统战、群团、党管武装、老干部和关心下一代等工作迈上新台阶,风清气正的政治生态进一步得到加强。

回顾五年的奋斗历程,我们深刻体会到:

必须始终将党建统领、团结奋进作为首要政治保障。五年来,区委充分发挥总揽全局、协调各方的作用,政企干群同心同向、同舟共济,各项工作持续走在省市前列。新的征程上,必须坚持党建统领,充分调动平台、镇街和社会各阶层各方面的积极性、主动性,不断凝聚起上下同心、团结奋进的磅礴力量。

必须始终将传承发展、接续奋斗作为必要经验遵循。五年来,区委针对不同时期的发展特性,先后提出了“三个柯桥”“排头兵、桥头堡”“领跑竞跑”的战略定位和发展目标，三者一脉相承、一以贯之，为柯桥高质量发展指明了方向。新的征程上，必须坚持传承创新发展，一张蓝图绘到底、一任接着一任干，不断推动柯桥经济社会发展行稳致远。

必须始终将深化改革、开放创新作为重要制胜法宝。柯桥一直以来是靠“吃改革饭、走开放路、打创新牌”成长壮大起来的。新的征程上，必须坚持用好改革开放创新“关键一招”，不断释放体制机制活力，为柯桥高质量发展注入强劲动力。

必须始终将系统集成、迭代升级作为主要路径方法。运用系统观念、系统方法，是统筹处理好全局与局部、战略与战术等关系的重要方法。新的征程上，必须坚持系统集成，迭代升级指标体系、工作体系、政策体系、考核体系，不断提升基层治理体系和治理能力现代化水平。

在看到成绩的同时，我们也要清醒认识到发展中存在的问题和不足，主要是经济发展质效亟待提升，城市品质能级还需增强，基层基础有待加强，作风建设尚需发力等。对此，我们必须高度重视，切实加以解决。

三、展望前行路，精心擘画现代化柯桥新图景

使命召唤，唯有前行。站在第二个百年新的历史起点上，全面建设社会主义现代化的奋斗目标催人奋进。

未来五年，面对宏观环境的危与机，我们必须登高望远、乘势而上。当今世界正经历百年未有之大变局，全球疫情防控形势复杂严峻，中美战略博弈愈演愈烈，现代治理面临诸多新矛盾新挑战；与此同时，RCEP于今年1月1日正式生效，中国东盟建立全面战略伙伴关系；“一带一路”、长三角一体化、全省“四大”建设、共同富裕示范区等重大战略稳步实施，为我们推动新一轮发展提供了新契机。

未来五年，面对区域竞争的进与退，我们必须强势突围、走在前列。随着区域一体化深入推进，新一轮的城市竞争更加激烈，高端要素向头部城市集聚的态势更为明显，杭州、宁波的虹吸效应日益显现，周边县（市、区）保持高质高速增长，区域竞争面临“不进则退、慢进也是退”的严峻态势。我们唯有立足长三角、放眼全世界，抢抓融杭接沪联甬机遇，主动嵌入杭州湾大湾区产业连绵带，高位审视谋划，高效创新突破，才能确保在新一轮发展中抢得先机、领跑竞跑。

未来五年，面对高质量发展的破与立，我们必须鼎故革新、开创新局。从柯桥的发展史来看，我们有着改革开放、干部作风、美丽乡村、城市建设等一张张金名片，有着“围涂精神”、“四千”精神、“西迁精神”、“争先精神”等一系列精神标志，这些都是柯桥高质量发展的动力源泉。在新一轮的发展中，我们唯有持续放大优势、扬长避短，敢破敢立、敢闯敢冒，及时将劣势转化为优势，将优势转化为胜势，才能真正走出一条具有柯桥特色的现代化之路。

系统分析当前形势，今后五年的指导思想是：坚持以习近平新时代中国特色社会主义思想为指导，深入学习贯彻党的十九大和十九届历次全会精神，认真贯彻落实省委、市委决策部署，坚持稳中求进工作总基调，完整准确全面贯彻新发展理念，积极践行“五个率先”，主动融入绍兴现代化网络大城市建设，突出实干实绩，聚力领跑竞跑，加快打造更加现代化、更具开放度、更有时尚味、更富竞争力的“国际纺都、杭绍星城”，率先高质量发展建设共同富裕示范先行区，努力在新的赶考之路上为浙江争创社会主义现代化先行省贡献更多柯桥力量。

国际纺都。柯桥从古至今，以布扬名。中国轻纺城是浙江改革开放的一张“金名片”，是柯桥的立城之本、产业之基。打造国际纺都，传承的是“老绍兴·金柯桥”的历史根脉，彰显的是“开放包容、时尚创新”的城市品格。从古越蚕织、会稽麻布、隋唐越罗，及至明清的“日出华舍万丈绸”，从“马路市场”“水上布街”到“丝路柯桥”“布满全球”，述说着从古越蚕桑业到现代纺织业的时代变革，闪烁着浙东唐诗之路、运河文化的人文光辉。我们要牢记习近平同志在浙江工作期间对中国轻纺城

发展的殷殷嘱托，主动将千年纺织文明与现代时尚文化有机融合，切实发挥“市场＋产业”的独特优势，充分利用国际国内两个市场，有力推动柯桥纺织向时尚化、数字化、绿色化迈进，努力构建纺织领域“双循环”的战略枢纽支点，全力打造现代、开放、时尚、大气的国际纺都。

杭绍星城。区域一体化是未来城市发展的必然趋势。在“五个率先”指引下，市委提出建设现代化网络大城市的发展目标。在2035年远景规划中，杭州提出构建特大城市新型发展格局的战略目标，作出“一核九星”的空间布局。柯桥作为杭绍同城发展的先行区，要充分展现产业“特而强”、机制“新而活”、功能“聚而合”、形态“精而美”的特色，抢抓机遇、主动出击，优化现代产业体系，加速融杭接沪联甬，坚持改革开放创新，突出文化培根铸魂，推动共富示范先行，全力打造杭州大都市圈、绍兴网络大城市中“综合实力领先、人文魅力独特、发展活力强劲、文明和谐幸福”的璀璨星城。

今后五年的主要奋斗目标是：高质量完成“十四五”发展各项目标任务，加快实现经济建设、民主法治、文化发展、社会建设、生态文明和人的现代化，全力打造现代化“国际纺都、杭绍星城”，持续稳固全国“十强区”地位并努力争先进位，奋力在社会主义现代化建设新征程中争一流当标兵。

——在综合实力上争一流当标兵。地区生产总值力争突破2500亿元，巩固全省第一方阵地位；财政总收入力争突破350亿元；规上工业总产值力争突破3500亿元；规上工业增加值力争突破1000亿元；固定资产投资力争突破1000亿元；社会消费品零售总额力争突破550亿元。

——在城市建设上争一流当标兵。抢抓长三角一体化、杭州大都市圈、绍兴现代化网络大城市建设等机遇，系统梳理城市空间，强化城市数字赋能，以产城融合理念推进未来城市建设，以绣花功夫提升城市管理品质，加速建成一批融杭标志性项目，优化城市平台承载力和服务功能，确保常住人口城镇化率达85%以上，核心区辐射带动作用显著提升，城乡一体加快融合，实现城市能级迭代跃升。

——在营商环境上争一流当标兵。体制机制改革纵深推进，数字化改革取得更多标志性成果，高端人才、科创项目、创新载体加速集聚，全社会研发投入强度达到3.6%。对外开放提升到新水平，在融入双循环发展新格局上实现新提升，市场活力和社会创造力加快释放，要素市场化配置改革持续深化，打造全省营商环境最优区。

——在共富先行上争一流当标兵。全生命周期民生服务不断完善，“扩中”“提低”改革提质增效，城乡居民人均可支配收入增长与经济增长基本同步，教育、医疗、养老、就业等公共服务水平更加优质均衡，生态环境质量明显改善，文明素养全面提高，社会保持安定有序，形成一批可复制可推广的共同富裕标志性成果。

——在党建统领上争一流当标兵。坚持和加强党的全面领导，认真贯彻新时代党的建设总要求和新时代党的组织路线，弘扬伟大建党精神，牢牢守住“红色根脉”，把各方积极性、主动性、创造性充分调动起来，把集体的智慧和力量全面凝聚起来，以高质量党建引领区域高质量发展。

四、踏上新征程，奋力谱写现代化“国际纺都、杭绍星城”新篇章

实现今后五年的奋斗目标，必须突出重点、抓住关键、精准发力，努力向着现代化“国际纺都、杭绍星城”阔步迈进。

（一）坚持“智造强区”，构建“国际纺都、杭绍星城”现代产业新体系。积极融入新一轮科技革命、数字变革的时代大潮，牢牢抓住先进制造业这个根本，加快数字产业化和产业数字化，推动产业链供应链现代化、价值链高端化，形成具有全球竞争力、柯桥辨识度的现代产业体系。

培优培强现代产业体系。优先发展现代制造业。围绕制造业“1+3”支柱性产业，坚持数字赋能和创新驱动，实施新一轮制造业“腾笼换鸟、凤凰涅槃”攻坚行动，全域推进印染产业高质量发展，深化“织造印染产业大脑”“浙里工程师”等多跨场景应用，引育国内行业“10强企业”“塔尖企业”，全力打造世界级现代纺织产业集群，不断提

升柯桥纺织的国际竞争力和市场话语权。抢抓国家战略性新兴产业发展“风口”，培育壮大新材料、泛半导体、生物医药等新兴产业，大力发展高端装备制造，持续提高在制造业中的比重。大力发展现代建筑业。加快招引企业总部和建筑监理、设计、施工等海内外头部企业，打造“建筑强区”，巩固全省领跑地位。加快发展现代服务业。激发中国轻纺城主引擎作用，大力发展总部经济，做强做优现代金融、文化创意、数字经济、会展经济、研发检测、物流仓储等生产性服务业，积极发展旅游休闲、文化体育、医疗健康、养老托育等生活性服务业，全面构建高端服务业价值链、供应链。以融合理念发展现代农业，深入实施“双强”行动，全力打响特色“农字号”品牌，让农业成为有奔头的富民产业。

做强现代产业发展平台。重大平台是高质量发展的主引擎、压舱石。中国轻纺城要以命名30周年为契机，按照“线上+线下”融合发展、“实体+数字”双向并进、“国际+国内”双向循环，市场交易和商品交割有序分离的总体思路，纵深推动市场迭代升级，促进市场“线上+线下”年成交额向5000亿元迈进，进一步巩固国际第一专业市场地位。柯桥经济技术开发区要理顺与金柯桥科技城的体制机制，放大强强联合效应，突出传统产业集聚提升和新兴产业引进培育，全力打造“生命健康岛”“杭州湾数智港”，不断提升综合实力，力争开发区综合排名进入全省前5位、全国前30位。临空示范区绍兴片区要加快规划研究落地，争取萧山国际机场口岸功能延伸，培育发展现代仓储物流、泛半导体、光学仪器设备等为代表的临空高端制造业，促进高端制造业与航空服务业耦合发展，全力打造“万亩千亿”新平台、人才科创新高地、产城融合新引擎。兰亭文化旅游度假区要全面统筹兰亭、漓渚及南部三镇资源，重点发展生命健康、文旅康养产业，适度发展绿色智能制造业，谋划创建古越文化遗址公园，全力打造世界级兰亭IP。鉴湖旅游度假区要大力发展文化创意、运动休闲、旅游度假等高端文旅产业，全力创成国家级旅游度假区。

加大重大项目招引力度。牢固树立“项目为王”理念，依托平台优势，对标产业体系，坚持招大引强，不断提高产业链供应链竞争力。以更大气魄抓谋划。把握数字经济、未来产业新趋势，科学制定产业片区规划方案，积极谋划未来五年重大产业项目、基础设施项目、民生项目，抢占未来发展的战略制高点。以更大视野抓招引。健全完善招商体制机制，深入开展基金招商、专业招商、驻点招商、驻外招商、以商招商，实施“老绍兴回归工程”，大力引进世界500强、中国500强，纺企30强及链主企业、头部项目、未来项目，带动总部回归、产业回归、技术回归和人才回归。以更大力度抓推进。坚持“亩均论英雄”改革导向，积极争取上级政策和项目支持，发挥政府投资撬动作用，激发民间投资活力，形成有序有效的内生增长机制。全面实行项目全周期服务管理，优化用地政策和资源配置，推动政策、资源和要素向最有优势的重点行业倾斜，确保项目顺利落地见效。抓好项目履约管理，加快项目落地投产，以重点项目大突破带动未来发展大提升。

激发企业主体发展活力。坚持龙头领航。实施链主企业培育行动，鼓励优势企业强强联合、并购重组，力争实现世界500强、中国500强企业“零”的突破。坚持梯队优化。大力支持中小微企业走专精特新之路，加快推进“下升上”“个转企”“小升规”，精准培育更多隐形冠军、单项冠军企业。实施“凤凰行动”2.0版，新增上市企业18家，总市值超2000亿元、力争3000亿元。坚持数字赋能。以“产业大脑+数字工厂”为核心，推动企业数字化智能化改造，打造一批数字孪生工厂、未来工厂。全域改造提升小微企业园和创业创新园，支持和引导企业加大研发投入，不断激发企业发展活力。

（二）坚持“产城互动”，打造“国际纺都、杭绍星城”现代城市新风范。充分发挥柯桥区位优势、产城融合优势，做优城市品质，提升城市能级，加快建设更具国际风范、现代气派的新都市。

优化城市布局。突出全域城市化理念，对标绍兴现代化网络大城市架构，按照“北湾区、中都市、南花园”总体规划布局，重点打造“一核两区两翼”的城市发展格局，更好推进城乡空间重组、功能重塑、形态重建。

提升城市能级。以亚运效应提升美誉度，高水平承办亚运相关赛事，高品位完善城区国际化功能，持续擦亮“老绍兴·金柯桥”城市品牌。以未来理念提升品质度，高标准建设“柯桥未来城”，积极推进小赭等重点区块开发建设，大力招引实力型企业总部，力争打造绍兴融杭接沪联甬的“第一门户”。以立体交通提升环杭州湾通勤度，加快推进融杭道路建设，大力完善区域路网体系，优化内河水系航道功能，全力构建水陆并进、高快协同、外联内畅的综合立体交通网络。

彰显城市气质。结合城市风貌改造，充分挖掘古越文化特质，持续推进城市、人文、市场、产业深度融合，高标建设“水韵纺都”城市风貌样板区，全力打造柯桥城市新地标。大力拓展城市空间，实施城市片区化综合开发战略，着力推进成片规划、成片拆迁、成片开发、成片建设，更好推动“职住”平衡发展。持续优化城市肌理，加快建设未来社区，深化“微改造、精提升”，推动老旧小区改造提升，打造更多具有柯桥韵味的城市小品、特色街区。高质量建设美丽城镇、美丽乡村、未来乡村，进一步打响“花满棠棣”“鉴湖渔歌”特色品牌，让柯桥城市颜值更高、气质更佳。

做精城市管理。全面理顺城市运行管理体制机制，强化街道、社区城市管理职能，全力打通城市治理的“神经末梢”。加快城市数字化转型，充分运用5G、大数据等互联网技术手段，迭代升级“城市大脑”，不断提升城市管理和服务体系系统化、智能化、人性化水平。切实加强城市安全、极端天气、水利防洪、交通保障等应急安全基础建设，全面构建高效、智慧的城市安全防御体系，不断提升城市韧性生态和数字智控水平。

（三）坚持“开放创新”，激发“国际纺都、杭绍星城”现代发展新动能。改革创新是引领发展的动力之基、活力之源，要全面激活改革、创新、开放、消费“四大引擎”，为柯桥新一轮发展提供强劲动能。

强化改革引领。更好发挥数字化改革的引领、撬动、赋能作用，持续放大数字化改革红利，整体推动经济社会发展的质量变革、效率变革和动力变革。加快系统重构重塑。以最佳应用清单为标尺，集中力量推出发展所需、群众所盼、未来所向的重大应用，更好推动实现平台贯通高效率、应用贯通高质量、体制贯通高水平，确保数字化改革持续走在全省前列。打造共富标志场景。主动承接好全省共同富裕重大改革清单，重点推进“扩中”“提低”改革，争取列入全省共同富裕示范区建设试点，为全省提供更多可复制可推广的典型案例、标志性场景。撬动国有企业改革。坚持市场化专业化资本化总体方向，鼓励国有企业参与市场经营，推动国企投融资、资产保值增值、人事薪酬、经营管理、考核激励等改革，使国企真正成为区域高质量发展的“主力军”“火车头”。

强化创新驱动。深入实施人才强区、创新强区首位战略。放大人才集聚效应。突出“高精尖缺”导向，深化“鉴湖英才”计划，加大高层次人才引进力度，加强职业技术教育与企业的全方位合作，更好发挥人才对产业发展的支撑作用。每年新引进领军型创新创业人才100名以上、高校毕业生3万人以上。放大平台策源效应。主动融入杭绍甬科创大走廊“联盟”，高标准建设省级现代纺织技术创新中心、科大绍兴新材料研究院、清华碳中和实验室、西光所硬科技创新研究院等创新平台，不断提升外国高端人才创新集聚区功能，推动更多创新成果落地柯桥。放大科创生态效应。充分发挥企业创新主体作用，支持龙头企业建设创新创业联合体、民营人才创业园，深入实施“雄鹰行动”“雏鹰行动”“双倍增计划”，加快培育高新技术企业、科技型小微企业，不断促进创新要素向人才科技企业集聚。

强化开放带动。顺应经济全球化和区域一体化发展趋势，努力在更高层次、更广领域参与市场竞争、产业分工和要素配置。深耕两个市场。全面融入“一带一路”，用好RCEP贸易红利，发挥国家纺织外贸转型示范基地作用，深入开展“丝路柯桥·布满全球”行动，不断提升世界布商大会、纺博会、时尚周的对外美誉度影响力，确保外贸出口超1800亿元、力争2000亿元。打造高能平台。主动对接绍兴综保区，用足用好跨境电商、市场采购贸易两大开放平台，积极创新异地货站模式，争取设立海关监管站，努力打造内外贸贯通的区域性市场枢纽。促进协同发展。更加主动融入杭绍甬同城化、杭州大都市圈、绍兴网络大城市建设，推动规划共绘、产业共兴、设施共享、交通互联，完善“城际轨道 + 高铁 + 高速”的无缝对接网络，全面深化与长三角区域的合作。

强化消费支撑。主动顺应消费升级趋势，坚定不移促消费、扩内需，打造更多新型消费增长点。大力发展城市商圈。以轻纺城为核心、以瓜渚湖—大坂湖为主轴，全面推进环境、交通等配套建设，发展地铁经济，加快品牌提升、业态升级，积极构建现代商贸流通体系，努力打造现代核心商圈。鼓励现代时尚消费。融合轻纺城现代时尚元素，推动“柯桥优选”品牌计划，引进进口商品体验店，建设“老字号印象馆”，大力发展个性化、创意型等定制服务模式，不断做大时尚消费市场。做深“夜鲁镇”“鉴湖夜游”等项目，持续点亮夜间经济。招引高端消费业态。引入国内外高端消费资源，建设高品质步行街、特色商业街，培育直播经济、网红经济、体验经济等消费新模式，推动消费向品质化、多样化升级。

（四）坚持“共富先行”，提升“国际纺都、杭绍星城”现代生活新品质。坚持以人的全生命周期需求为导向，全域构建优质共享民生保障网，不断提升人民群众的幸福感获得感安全感，合力打造柯桥幸福家园。

重抓“发展共富”。围绕缩小收入差距，大力推进“扩中”“提低”，着力增加群众工资性、经营性、财产性收入，富足“大多数”、提升“平均数”、兜底“极少数”，在优化收入分配格局上取得积极进展。围绕缩小城乡差距，全面实施新一轮强村计划，着力拓宽村级集体经济增收渠道，全域推进党建共富联盟，继续加大对南部山区的扶持力度，支持发展茶叶加工、竹木加工等农副产品加工和时尚轻工等共富产业。围绕缩小区域差距，加快推动“飞地”合作项目建设，进一步放大优势互补效应，聚力打造东西部协作、“山海协作”升级版的全省样板。

重抓“民生共富”。打响“学在柯桥”品牌，深化教育“双减”和“教共体”改革，优化网点布局，推动职业教育产教融合，支持高校高质量发展，确保创成全国义务教育优质均衡发展区。打响“健康柯桥”品牌，进一步深化“医共体”改革，建成浙大二院柯桥院区，投用绍兴第二医院兰亭院区（康复医院）、绍兴第三医院新院区，实现村社卫生服务站全覆盖，推动与沪杭甬等地优质医疗资源的深度合作。打响“颐养柯桥”品牌，积极招引中高档康养型养老服务项目，实现村居（社区）居家养老服务日间照料中心全覆盖，建立居家社区机构相协调、医养康养相结合的多层次养老服务体系。打响“安居柯桥”品牌，坚持“房住不炒”，加大保障性租赁住房、人才租赁住房建设，推进房地产业良性循环和健康发展。打响“真爱柯桥”品牌，优化社会大救助体系，统筹做好慈善、助残、救孤、济困等工作，推动托底保障救助全覆盖，让弱势群体和困难群众生活得更有保障、更有尊严。

重抓“生态共富”。深入践行“绿水青山就是金山银山”理念，以碳达峰、碳中和为契机，探索人与自然和谐共生的绿色发展之路。建立完善减污降碳激励约束、“亩均”考核考评等机制，坚决整治高耗能企业和项目，大力创建绿色工厂、生态园区，开展低碳园区建设和“零碳”体系试点，更好发展循环经济、低碳经济、绿色经济。深入推进中央环保督察反馈问题整改，打好蓝天、碧水、净土、清废、治塑巩固提升持久战，加快推进全域“无废城市”建设，深化生活垃圾分类处理，一体开展道路扬尘、秸秆焚烧、工地扬尘等综合治理，确保空气质量优良率、$PM_{2.5}$平均浓度、断面水质等指标持续好转，全力争创国家生态文明建设示范区。守牢生态红线，严格耕地保护，落实基本农田、城镇开发等空间管控边界。开展生态修复，强化多污染物协同控制和区域协同治理。

重抓“文化共富”。丰富文化供给，积极打响“文艺五进”“百花大舞台”“相约礼堂”等群众文化品牌，扎实推进新时代文明实践中心建设，不断丰富人民群众精神文化生活。铸造文化高地，积极融入浙东唐诗之路、大运河文化带建设，加大文艺精品创作扶持力度，加强历史文化遗产保护，引导培养文化艺术消费习惯，持续做强文化产业，做深做透文旅融合文章。打造文明标杆，巩固提升全国文明城市创建成果，健全志愿服务体系，提升志愿服务水平，持续做强“最美”品牌，充分展示开放包容的城市文明形象。

（五）坚持“整体智治”，创树“国际纺都、杭绍星城”现代治理新样板。牢固树立“大平安”理念，统筹发展和安全，建立健全风险防范化解的管控闭环，巩固发展平安柯桥建设的良好态势。

持续加强基层治理。以纪念“枫桥经验”60周年为契机，创新发展新时代“枫桥经验”，迭代升级“一中心四平台一网格”体系，提升推广“四治融合”新模式，纵深推进“县乡一体、条抓块统”改革试点，努力在推动“1512”体系与“141”体系衔接贯通上争当全省样板。完善社会矛盾纠纷多元预防调处化解机制，全面推进信访标准化、规范化建设，集中攻坚化解一批疑难复杂信访积案。

全面推进法治建设。高标准实施“八五”普法规划，全面落实“谁执法谁普法”责任制，不断增强全社会的法治意识和法治信仰。加快推进法治政府建设，严格落实重大行政决策程序制度，加强重大决策风险评估，不断提高依法行政水平。持续深化司法体制综合配套改革、“大综合一体化”行政执法改革，不断提升执法司法质量、效率和公信力。

牢牢守住安全底线。持续完善公共卫生应急管理体系、自然灾害防治体系、社会治安防控体系，不断提升防灾减灾抗灾救灾能力。深入开展护航“中共二十大”“亚运会”等重大节点安保维稳行动，严厉打击刑事治安纠纷、侵财、电信诈骗、恶性刑事案件，统筹抓好消防安全、网络安全、生产安全、交通安全、食药品安全等工作，坚决遏制重特大事故发生，不断提升本质安全水平。

坚决抓好疫情防控。（略）

五、全面加强党的建设，为打造现代化“国际纺都、杭绍星城”提供坚强保障

实现今后五年的奋斗目标，关键在党、关键在人。我们要全面贯彻新时代党的建设总要求，大力弘扬伟大建党精神，深入实施“红色根脉强基工程”，加快打造党建统领的整体智治格局。

恪守绝对忠诚的政治品格。坚定不移贯彻落实习近平总书记重要讲话和指示精神，以高度的政治自觉，争做“两个确立”忠诚拥护者、“两个维护”示范引领者。要对党绝对忠诚，始终胸怀“两个大局”、心系“国之大者”，守牢意识形态主阵地，不断增强把握新发展阶段、贯彻新发展理念、构建新发展格局的政治判断力、政治领悟力、政治执行力。要严守政治纪律和政治规矩，坚持以身作则、以上率下，严肃党内政治生活，严格执行民主集中制和重大事项请示报告制度，严格落实“三重一大”决策监督机制，持续巩固党统揽全局的核心作用。

锻造唯实惟先的干部队伍。干部是干事创业的决定性因素。要树立开放大气的创新意识，敢于打碎坛坛罐罐，勇于打破条条框框，持续加强生成性学习，全力打造变革型组织，不断提升干部塑造变革能力。要突出实干实绩的工作导向，大力弘扬“靠作风吃饭、凭实绩说话”的优良传统，建立健全比学赶超赛马机制，激励全区上下争先创优、领跑竞跑，真正让想干事的有机会、能干事的有舞台、干成事的有地位。要营造宽容失败的干事环境，进一步落实容错纠错、澄清正名、心理关怀机制，促进“两个担当”良性互动，大力激发广大干部干事创业的积极性主动性。

筑牢全面过硬的战斗堡垒。深入实施“红色根脉强基工程”，持续擦亮驻村指导员制度“金名片”，加快提升东湖农场党建，迭代升级城市、“两新”、国企、机关、教体、卫健等领域“五星”系列创建，持续推进新业态新就业群体党建，全面实施党建统领未来社区、未来乡村建设，努力打造新时代基层党建高地。结合“浙里兴村（治社）共富”场景应用，全面加强村社干部、“三驻”干部、党员队伍建设，积极发挥党员干部示范引领作用，推动工作重心下移、力量下沉，切实把党的政治优势、组织优势转化为基层治理效能。

凝聚同心同向的强大合力。坚持和完善党领导经济社会发展的体制机制，注重发挥党委议事协调机构职能作用，不断提高把方向、谋大事、定政策、促改革的能力和水平。全力支持人大、政府、政协、监委、法院、检察院依法依章程履行职能、开展工作。充分发挥工会、共青团、妇联等群团组织

和各类社会组织的桥梁纽带作用。进一步密切军政军民关系，全力做好人民武装和双拥工作。巩固和发展最广泛的爱国统一战线，支持各民主党派、工商联和无党派人士参政议政，广泛团结凝聚港澳台同胞和海外侨胞力量，最大限度激发奋进新征程的磅礴伟力。

涵养风清气正的政治生态。纵深推进全面从严治党，严格落实管党治党政治责任，以“七张问题清单”为抓手，强化“四责协同”，抓问题、强整改，形成“问题发现靠党建、问题发生查党建、问题解决看党建”的新格局。推动政治监督常态化具体化，紧盯领导干部、看牢关键岗位，实现政治生态精准“画像”。深化“清廉柯桥”建设，持之以恒加强党风廉政建设和反腐败斗争，强化公权力运行监督，用好监督执纪“四种形态”，更好发挥巡察利剑作用，毫不手软、坚决查处腐败行为，一体推进不敢腐、不能腐、不想腐。驰而不息纠“四风”，严查各类隐形变异“四风”问题，持续纠治漠视侵害群众利益问题，深化清廉文化建设和家风家教建设，始终保持党同人民群众的血肉联系。

名词解释

1.“六稳”“六保”：“六稳”指稳就业、稳金融、稳外贸、稳外资、稳投资、稳预期；“六保”指保居民就业、保基本民生、保市场主体、保粮食能源安全、保产业链供应链稳定、保基层运转。

2. 县乡一体、条抓块统：把县乡当作一个整体来考虑，从县域范围统筹县级部门和乡镇（街道）功能、职责、编制、人员力量，优化条块运行机制。

3. 雄鹰行动：围绕制造业和生产性服务业，每年遴选 100 家左右优质企业，支持企业全面提升国际竞争力，加快迈向世界一流水平。

4.“七张问题清单”：即基于巡视巡察、审计、督查、生态环保、安全生产和自然灾害、网络舆情、群众信访七个方面形成的问题清单。

5.RCEP：指区域全面经济伙伴关系协定，即由东盟十国发起，邀请中国、日本、韩国、澳大利亚、新西兰等国家共同参加，通过削减关税及非关税壁垒，建立 15 国统一市场的自由贸易协定。

6. 制造业“1+3”支柱性产业：“1”即大纺织产业，“3”即新材料、集成电路（泛半导体）、生物医药等 3 大战略性新兴产业。

7. 农业“双强”行动：即科技强农、机械强农行动。

8. 临空示范区绍兴片区：杭绍临空经济一体化发展示范区绍兴片区。

9.“万亩千亿”：指面向重量级未来产业、万亩空间左右、千亿元以上产出的产业平台。

10.“一核两区两翼”：“一核”指培育一个城市经济发展核；“两区”指临空经济现代产业片区，鉴湖城郊文创休闲片区；“两翼”指柯北经济综合开发带和南部生态康养共富带。

11. 微改造、精提升：指采用微改造的绣花功夫对旅游核心吸引物、旅游目的地、旅游接待场所进行系统性提升，在提升过程中从挖掘文化内涵和提升游客微观感受入手，把控细节、聚焦内涵，不搞大拆大建。

12. 雏鹰行动：指中小微企业梯度培育发展的行动计划，其目的是打造创业创新的良好生态，引导企业走专精特新发展之路，培育细分行业的“隐形冠军”企业，推动中小微企业高质量发展。

13. 双倍增计划：指到 2025 年，奋力实现高新技术企业数、科技型中小企业数的倍增。

14. 飞地：指打破区划限制，以各类开发区为主要载体，在平等协商、自愿合作的基础上，以生产要素的互补和高效利用为直接目的，在特定区域合作建设开发各种产业园区，通过规划、建设、管理和利益分配等合作和协调机制，实现互利共赢的区域经济发展模式。

15. 碳达峰：指某个地区或行业年度二氧化碳排放量达到历史最高值，然后经历平台期进入持续下降的过程，是二氧化碳排放量由增转降的历史拐点。

16. 碳中和：指一个地区在一定时间内直接或间接产生的温室气体排放总量，通过植树造林等形式抵消，实现二氧化碳“零排放”。

17. 一中心四平台一网格：“一中心”指县级社会治理中心；“四平台”指综治工作、市场监管、综合执法、便民服务四个基层治理功能性平台；“一网格”指村(社区)全科网格。

18.“四治融合”:即自治、法治、德治、智治相融合的基层治理模式。

19:“1512”体系:“1”指一体化智能化公共数据平台;“5+1”即5个综合应用——党政机关整体智治综合应用、数字政府综合应用、数字经济综合应用、数字社会综合应用、数字法治综合应用和基层治理系统;“2”为数字化改革理论体系和制度规范体系。

20.“141”体系:即基层治理“一中心四平台一网格”。

21.六大机制:即精密智控指挥决策机制、“三责”联动激活机制、“三区”最小单元管控机制、“五快”循环落实机制、“三情”联动机制、分阶段清零机制。

聚力高水平网络大城市建设 在“两个先行”新征程上绘就“杭绍星城”新图景

——在区委二届二次全体（扩大）会议上的报告（摘要）

中共绍兴市柯桥区委书记 陈 豪

（2022年8月25日）

这次全会的主要任务是：深入学习贯彻习近平新时代中国特色社会主义思想，全面贯彻落实省第十五次党代会、市第九次党代会、市委九届二次全会精神，总结今年以来工作，部署下阶段任务，审议通过《中共绍兴市柯桥区委关于忠实践行“八八战略”坚决做到“两个维护”奋力在“两个先行”新征程上勇当标兵的决议》《中共绍兴市柯桥区委关于加快建设“杭绍星城”的实施意见》，动员全区上下凝神聚力、奋力竞跑，聚力高水平网络大城市建设，在“两个先行”新征程上绘就“杭绍星城”新图景，以优异成绩迎接党的二十大胜利召开。

一、充分肯定成绩，以更加坚定的信心迈上“两个先行”新征程

今年以来，面对错综复杂的外部环境、交织叠加的风险挑战，新一届区委班子在中央和省委、市委坚强领导下，围绕“疫情要防住、经济要稳住、发展要安全”三件大事，突出“稳进提质、除险保安、塑造变革”，攻坚突破、加压奋进，全方位落实区党代会各项决策部署，各项工作取得重大进展。真抓实干获国务院督查激励，未来社区建设、城乡风貌整治提升2项工作获省政府督查激励。

（一）突出稳进提质，经济大盘持续稳固。组建“9+1”工作专班，以超常规举措集中力量、集成政策、集聚要素，攻坚克难，化危为机，全面实施稳进提质八大攻坚行动，全力稳住经济基本盘。主要指标稳中向好。上半年GDP增长3.2%；1—7月，一般公共预算收入同口径增长3.8%；规上工业增加值增长9.7%；外贸出口增长31.8%；实到外资录报4.31亿美元；固定资产投资增长5.6%；轻纺城线上线下成交额1875.6亿元、增长8.9%；限上批发、零售、餐饮营业额分别增长27.3%、11.3%、18.1%；金融机构存贷款余额达到6219亿元。工业基础持续夯实。五大印染组团跨域集聚圆满收官，相关做法获省委省政府主要领导批示肯定；1—7月，大纺织产业实现产值718亿元、增长13.2%；战略性新兴产业、高技术制造业、装备制造业增加值分别增长10.7%、13.2%、35.6%。政策扶持精准有效。及时发布49项区级稳经济政策，总额达10.27亿元；顶格承接中央和省市各类助企惠企政策，资金兑现率100.2%；落实减免退缓税费61.74亿元，其中留抵退税39.1亿元。新增市场主体1.68万余家、小升规56家、上市1家；列入国家级专精特新“小巨人”公示企业12家。

（二）突出“双招双引”，动能活力持续迸发。以“重大项目攻坚年”活动为抓手，依托五大发展平台，重塑招商体制机制，每月开展实绩赛比，全力激发“大抓项目、抓大项目”的工作热情。平台能级蝶变跃升。依托柯桥经开区，加快形成数智港、健康岛、新材料园三大新兴产业集群；临空经济示范区绍兴片区获省政府正式批复设立；挂牌成立省现代纺织技术创新中心；成功签约科大绍兴新材料产业技术研究院、重庆医科大学绍兴医学检验技术研究

院等科创平台。项目招引亮点纷呈。深化“老绍兴回归工程”,成功举办第二届乡贤大会,开展两次项目集中签约,引进招商项目56个、总投资953.6亿元,其中百亿级项目4个。18个项目列入省“4+1”重大项目、14个项目列入省重点建设项目,项目数和总投资均为全市第一。6个省市县长项目、15个省集中开工项目全部开工。新开工入库项目183个、总投资355亿元。人才引育成效显著。迭代升级柯桥人才新政4.0版,深化人才招引“登高计划”,启动第七届“海创大赛”等活动,主动对接顶尖高校院所,签约落户高端人才项目31个,其中全职引进中国工程院徐建国院士和日本工程院倪庆清院士,累计集聚省级以上高层次人才276名,今年引进大学毕业生1.66万人。

(三)突出开放融合,城市能级持续跃升。融杭接沪加快推进。柯桥未来之城、浙大二院柯桥院区正式开工建设,绍兴地铁1号线全线开通,杭绍台高速建成通车,杭州中环柯桥段、杭金衢高速至杭绍台高速联络线、群贤路西延等融杭道路加快推进。城市更新全面提速。深化亚运城市行动,大力实施“微改造·精提升”,启动建设水韵纺都城市风貌样板区,鉴湖规划设计国际竞赛即将圆满收官,完成轻纺城大桥改扩建工程,亚运三大场馆顺利建成。全速推进拔钉清障、征收清零,1—7月成功啃下10块“硬骨头”、腾出净地801亩,完成拆迁签约172.2万平方米、腾空84.8万平方米、拆除71.2万平方米;新增做地1800余亩、供地5751亩;经营性土地出让面积879亩、出让金66.6亿元。生态环境持续优化。科学划定“三区三线”,持续打好污染防治攻坚战,1—7月,全区空气质量优良率81.6%;跨行政区域断面水质均为Ⅰ~Ⅲ类水,三夺大禹鼎银鼎;获评全省首批新时代美丽乡村示范县,成功挺进全国旅游综合实力百强区前十。

(四)突出共富先行,社会民生持续改善。获评2021年全省共同富裕示范区考评优秀、全省第九;“驻村指导员制度”相关案例入选省共同富裕最佳实践名单;“共富星村”成为全省第二批共同富裕试点、全市唯一。“扩中提低”稳步推进。全力做好稳岗就业,上半年新增就业5.8万人,城镇登记失业率控制在2.28%。城乡低保、低保边缘、特困供养标准分别提高至每人每月1050元、2070元和1905元;慈善发展指数全省第三。上半年,全区居民人均可支配收入41748元、增长4.8%;城乡居民收入倍差较同期下降0.04。城乡融合发展提速。以共富联盟为载体,开展“百名共富指导员进百村”行动,壮大三级强村公司矩阵,推动乡村片区化、组团式发展。1—7月,盘活宅基地(农房)538幢、吸引社会资本3.26亿元,完成全国首例农村宅基地资格权市域跨县有偿选位。王化村入选强村富民改革省级试点;棠棣村、香林村等六个村入选省级未来乡村建设试点。平王线成为全省首批“十大最美农村路”。公共服务优质均衡。成功上榜全国义务教育优质均衡先行创建区、省首批体育现代化县(市、区),健康浙江考核连续三年优秀;实现镇村两级养老服务照料中心全覆盖;入选全省首批公共文化服务现代化先行县;大渡社区通过全省第一批未来社区验收。上半年文旅产业稳进提质指数列全省第三。全力打造对口协作、山海协作升级版,山海协作连续6年获省考评优秀。

(五)突出除险保安,治理能力持续增强。疫情防控坚决有力。轻纺城市场仅局部休市3天即有序复市,做到以最小代价取得最大防控效果。基层治理不断加强。坚持和发展新时代“枫桥经验”,推广应用“浙里兴村治社”场景,“大综合一体化”执法改革高位推进,并在全省大会上作经验交流;“县乡一体、条抓块统”改革获全省改革突破奖金奖;党建统领网格智治加快推进,全面筑强最小作战单元。除险保安全面发力。深入实施“除险保安”八大行动,开展夏季治安打击整治百日行动,电诈、黄赌、交通事故警情同比大幅下降。在全市率先完成信访积案清零,相关工作获省委主要领导批示肯定;全域开展重大风险隐患排查整治,实施力度空前的消防安全提升工程,消防事故起数下降37.2%,未发生较大及以上生产安全事故,连续17年创成省“平安区”。

(六)突出党建统领,政治生态持续优化。高标准抓好习近平总书记对柯桥的重要指示批示精神的追本溯源,深学细悟《习近平浙江足迹》、省市党代会等重要会议精神,开辟“两个先行”看镇街等专栏,进一步弘扬正能量,牢牢把握意识形态领导权。

“七张问题清单”管控力指数全省领先、获评五星。深入实施“红色根脉强基工程”，全域构建“1+2+X”党建联盟体系，推动村社组织体系与“141”体系融合。开展镇街党委书记季度“领跑竞跑”工作测评、村社党组织书记领雁擂台赛，进一步激励干部担当作为。推动“四责协同”落地落实，一体推进正风肃纪反腐，全域建设清廉柯桥，系统谋划二届区委巡察工作，持续放大巡视巡察整改成效，全面营造良好政治生态。

纵观上半年工作，成绩来之不易。这是以习近平同志为核心的党中央坚强领导的结果，是新一届区委常委会坚定贯彻落实省委、市委决策部署的结果，是全区各级党组织和广大党员干部群众团结拼搏的结果，是广大老干部老同志、党外人士、人民团体、驻柯部队、在外乡贤大力支持的结果。

在肯定成绩的同时，我们也要清醒认识到，当前还面临着不少困难和问题：疫情防控形势依然严峻复杂，稳进提质基础还不够牢固；产业链供应链竞争力还有待提升；除险保安压力依然较大。对此，我们必须高度重视，在今后工作中切实加以解决。

二、坚持以省党代会和市委全会精神为指引，奋力在“两个先行”新征程上勇当标兵

省第十五次党代会，是我省迈入高水平全面建设社会主义现代化、高质量发展建设共同富裕示范区新征程召开的第一次党代会。袁家军书记代表省委所作的工作报告，通篇贯穿了习近平新时代中国特色社会主义思想，全面落实习近平总书记对浙江重要指示批示精神，深刻回答了未来五年浙江现代化之路怎么走、共同富裕示范区怎么建，在新征程上如何继续发挥先行和示范作用等重大问题，是指导浙江今后五年乃至更长一个时期各项工作的行动纲领。市委九届二次全会深入学习省市党代会精神，提出了全面对标“两个先行”、奋力推进“五个率先”、在高质量发展中加快建设高水平网络大城市的奋斗目标，为我们做好各项工作提供了具体指引。我们要深刻理解把握省党代会和市委全会精神实质，切实把思想和行动统一到省委市委决策部署上来，奋力在“两个先行”新征程上勇当标兵，以赶考的姿态大踏步迈向第二个百年奋斗目标。

（一）深刻理解“5大战略指引”和“11方面重要遵循”，以守好“红色根脉”的政治自觉，在“两个先行”中勇当标兵。省党代会把习近平总书记对浙江工作的重要指示、重大部署作为奋进新时代新征程的指路明灯，凝练了“5大战略指引”“11方面重要遵循”，集中体现了习近平总书记赋予浙江的重大使命，是浙江发展的战略指引和根本遵循。习近平同志在浙江工作期间，10次赴柯桥调研指导、5次给予批示或来信，对中国轻纺城市场建设、驻村指导员制度、“红色网上游”等给予充分肯定。我们要深刻认识“红色根脉”是党在浙江百年奋斗最鲜明的底色，以绝对忠诚之心牢牢守住“红色根脉”，把习近平总书记的殷殷嘱托转化为争做“两个确立”忠诚拥护者、“两个维护”示范引领者的政治自觉。

（二）深刻理解“9方面历史性成就”和“8方面规律性认识”，以践行“八八战略”的使命担当，在“两个先行”中勇当标兵。省党代会纵贯过去五年浙江蝶变的生动历程，系统回顾总结了“9方面历史性成就”和“8方面规律性认识”，全面展示了省委带领全省上下交出精彩浙江答卷的奋斗实践，充分彰显了“八八战略”的时代价值。我们要深刻认识“八八战略”是习近平总书记留给浙江取之不尽的宝贵财富，是引领浙江共同富裕和现代化先行的总纲领，坚定不移沿着“八八战略”指引的路子走下去，着眼迎接“八八战略”实施20周年、“重要窗口”建设5周年，谋深谋实任务举措，以更具说服力、更有影响力的实践成果当好“重要窗口”的优秀建设者、共同富裕和现代化先行的探路者。

（三）深刻理解“两个先行”奋斗目标和“八个高地”具体目标，以奋进“五个率先”的坚定信心，在“两个先行”中勇当标兵。省党代会站在全新的历史方位和视角，确定了未来五年“两个先行”的奋斗目标、“八个高地”的具体目标，这是浙江制胜未来的战略战术，集中展现了继续干在实处、走在前列、勇立潮头的浙江担当。“五个率先”是省委赋予绍兴的重大使命，全区上下必须完整准确全面贯彻新发展理念，对标“五个之城”建设要求，努力在综合实力上争先进位、在发展格局上争当节点、在共

同富裕上争树标杆、在人文生态上争做样板、在发展环境上争创一流，以“两个先行”“五个率先”的高分答卷为省市大局多作贡献。

（四）深刻理解“五大工作导向”和“十方面主要任务”，以聚力“网络大城市”的奋斗姿态，在“两个先行”中勇当标兵。省党代会明确提出“五大工作导向”和“十方面主要任务”，为我们基层打开新思路、解决新问题、干出新业绩提供了“金钥匙”。省党代会指出，支持绍兴融杭联甬打造网络大城市，赋予了绍兴更高的定位、更大的使命、更重的责任。市委全会指出，将以省党代会赋予绍兴的这一定位为契机，树立世界级眼光、世界级标准，把绍兴打造成世界级大湾区的闪亮明珠，为全国全省提供网络大城市建设“绍兴经验”。我们要切实把柯桥放到“网络大城市”的坐标中去思考、谋划和推动，全力在高水平网络大城市建设新征程上彰显柯桥作为、展现柯桥担当。

（五）深刻理解党的全面领导和全面从严治党，以推动自我革命的政治勇气，在“两个先行”中勇当标兵。高水平推进以自我革命引领社会革命的省域实践，是“两个先行”的政治保证。省党代会明确提出“打造新时代党建高地和清廉建设高地”，对加强党的全面领导和全面从严治党作出了系统部署，充分彰显省委以自我革命引领社会革命的坚定决心和坚强意志。我们要深刻领悟“推进‘两个先行’，关键在党”的重要论断，大力弘扬伟大建党精神、红船精神、胆剑精神，一以贯之推进全面从严治党，以党的建设统领各项工作，在建设现代化“国际纺都、杭绍星城”的进程中，全面塑造具有柯桥辨识度的工作作风、工作标准和工作状态，不断巩固山清水秀的政治生态。

三、加快推进“杭绍星城”新进程，在高水平网络大城市建设中展现最美风范

区第二次党代会提出的现代化“国际纺都、杭绍星城”奋斗目标，是区委站在新的历史起点，擘画的柯桥未来五年发展蓝图。此次市委全会上审议通过的《关于加快建设高水平网络大城市的实施意见》，明确提出“引领柯桥‘国际纺都、杭绍星城’建设”，充分说明区委关于“国际纺都、杭绍星城”的谋划部署，与市委全会精神一脉相承、高度契合；尤其是“杭绍星城”，作为柯桥未来的城市定位、发展方向，顺应了区域一体化以及未来城市发展趋势，与绍兴高水平网络大城市的要求相符、理念相通，是未来柯桥城市发展的主跑道。

本次区委全会以“杭绍星城”为主题，聚力“两个先行”、领跑“五个率先”，全面承接贯彻绍兴高水平网络大城市建设各项部署，在前期研究、谋划和实践基础上，制定《关于加快建设“杭绍星城”的实施意见》，重点解决“杭绍星城”如何建、谁来建、建成什么样子等问题，这既是对省党代会精神、市委全会精神的学习贯彻，也是对区第二次党代会部署要求的深化细化。为此，我们要进一步提高站位，深刻认识“杭绍星城”建设的重要意义，全力投入到高水平网络大城市建设中，绘就更具柯桥辨识度的现代化“杭绍星城”。

从宏观趋势看，建设“杭绍星城”是顺应一体发展的战略选择。区域一体化是未来城市发展的必然趋势。习近平总书记强调“推动城市组团式发展，形成多中心、多层级、多节点的网络型城市群结构”，为我国未来的城市化道路指明了方向。省党代会明确提出“支持绍兴融杭联甬打造网络大城市”。市委全会对建设高水平网络大城市作出了总体部署。我们要深入学习贯彻习近平总书记关于城市工作的重要论述，顺应城市化发展大趋势，抢抓长三角一体化、杭州大都市圈、绍兴网络大城市建设等战略机遇，进一步转变发展理念，实现以城市发展方式转变带动经济发展方式转变。

从区域竞争看，建设“杭绍星城”是实现强势突围的必由之路。一个地区的城市化水平高低，决定着一个地方项目承载力、人才集聚力和综合竞争力的强弱。近年来，柯桥区加快推进融杭接沪，城市空间有序拓展，产业布局逐步完善，城市竞争力不断增强。但与此同时，杭州、宁波的“虹吸效应”正在不断显现，周边县市区的城市化进程也都在加速推进，柯桥面临着“不进则退、慢进也是退”的严峻态势。我们必须锚定“杭绍星城”战略方位，充分发挥融杭优势，做优城市品质，提升城市竞争力，才能在区域一体化浪潮中赢得先机。

从自身发展看，建设“杭绍星城”是实现领跑竞跑的关键举措。纵观柯桥城市发展史，在历届党委政府的坚强领导下，柯桥区通过加快推进城市化和新型城镇化建设，城市面貌发生了翻天覆地的变化，目前柯桥建成区面积达80.2平方公里，拥有18层以上高楼430多幢，实现了从江南小镇向国际纺都的时代蝶变。在新一轮的发展中，我们必须持续放大优势，顺势而为、乘势而上，努力走出一条具有柯桥辨识度的城市化发展之路。

总的来说，建设“杭绍星城”，就是要充分展现产业“特而强”、机制“新而活”、功能“聚而合”、形态“精而美”的特色，优化产业体系，加速融杭接沪联甬，坚持改革开放创新，突出文化培根铸魂，推动共富示范先行，全力打造杭州大都市圈、绍兴高水平网络大城市中“综合实力领先、人文魅力独特、发展活力强劲、文明和谐幸福”的璀璨星城。主要目标是：对标绍兴高水平网络大城市建设要求，系统梳理城市空间，强化城市数字赋能，以产城融合理念推进未来城市建设，以绣花功夫提升城市管理品质，加速建成一批融杭标志性项目，优化城市平台承载力和服务功能，确保常住人口城镇化率达85%以上，核心区辐射带动作用显著提升，城乡一体加快融合，实现城市能级迭代跃升，全力推动柯桥在城市发展上争一流当标兵。

围绕上述目标，重点抓好“五大行动”。

（一）实施“全域规划提升行动”，加快形成内聚外联、深度融合的城市布局。对标网络大城市“一核六心多节点”空间布局体系，统筹全域规划，重塑空间布局，加快形成“一体协同、深度开放”的发展格局。

1. 推动全域一体规划。突出全域城市化理念，按照“东融西同”城市发展战略，完善“北湾区、中都市、南花园”城市布局，编制实施国土空间总体规划，围绕柯桥城市产业结构、功能布局，构筑“一核两区两翼”的网络型城市空间体系，带动全域整体协同、迭代跃升。“一核”指培育一个城市经济发展核；“两区”指临空经济现代产业片区、鉴湖城郊度假休闲片区；“两翼”指柯北经济综合开发带和南部生态康养共富带，逐步实现功能合理、特色明显、宜居宜业的城市发展新布局。同时，要强化中心引领，以柯桥、柯岩、华舍、齐贤等街道为重点，推进中心城区城市、市场、产业融合发展；探索推行城市总规划师制度，实施“两端着力、中间管控”的规划管理和“横向到边、纵向到底”的实施管控，真正实现规划的高质量实施与落地。

2. 打造高能发展平台。按照全市“2+6+N”城市产业平台体系，突出整合、提升两条路径，全域提升五大平台能级。中国轻纺城要彰显城市中心窗口地位，以中国轻纺城冠名30周年为契机，突出国际化、现代化，优化提升空间功能布局，打造时尚创意产业和内外贸双循环的现代服务业平台。临空示范区要按照“省级平台、市级引擎”定位，充分发挥空港、融杭优势，加快优化空间布局，规划建设杭绍融合发展特别合作区，大力发展光电信息产业和临空服务业，积极探索“产城人”融合发展新模式。柯桥经开区要积极推动传统产业新兴产业并进，加快产业链创新链融合，争创省级高能级战略平台和先进纤维及复合材料“万亩千亿”新产业平台。兰亭度假区要对标世界文化遗产标准，加强规划布局的整体把控，积极发展生态康养产业，启动建设古越文化遗址公园，打造“世界级兰亭IP”。鉴湖度假区要深入挖掘文旅资源，大力发展休闲旅游和时尚创意产业，最大程度应用鉴湖规划设计国际竞赛成果，做深做透“鉴湖”文章，全力建设世界一流的综合性旅游度假胜地、高标准创成国家级旅游度假区。

3. 打造特色节点片区。围绕绍兴网络大城市建设要求，加快打造“服务周边、带动乡村”的功能节点。以“钱清—杨汛桥”为主要节点，打造融杭接沪桥头堡、临空发展主平台；以“兰亭—漓渚”为主要节点，打造文旅融合大平台、康养共富示范地；以“平水”为主要节点，打造南部生态康养共富新城。要积极推行立体式复合型片区开发模式，充分利用地下、地面、近地、空中的立体空间，整合立体全时业态，统筹智慧市政设施配置与协同，整体提升现代城市的高品质、时尚度，重点推进华舍小赭片区、未来之城片区、齐贤阳嘉龙片区、福全未来社区片区、平水铜矿更新片区等首批17个片区开发，打造特色精品片区，不断提高城市综合承载力。

（二）实施“城市建设提升行动”，加快形成品质一流、配套完善的城市功能。打造城市核心地标，强化城市功能耦合，推进城乡空间重组、功能重塑、形态重建，提升城区国际化水平，进一步擦亮“老绍兴·金柯桥”城市品牌。

1. 持续提升城市品质。突出城市重大地标，高标建设柯桥未来之城，联动布局未来总部、未来科创、未来社区，一体推进浙大二院柯桥院区、省现代纺织技术创新中心等重大项目，重塑城市标志性空间场所；加快推进鉴水路TOD项目，以公园城市理念，构筑园城站一体的全新空间，打造宜居宜业宜游的高端国际商务新区；加快推进平水铜矿主题文旅综合体项目，以诗画铜梦矿坑主题公园为引擎，引水、连景、塑文打造城市文旅新地标。高度重视城区滨水区域开发，坚持生态优先、绿色发展，统筹生产生活生态三大布局，加快实现生产空间的集约高效，生活空间的宜居适度，生态空间的山清水秀。高标建设水韵纺都特色产业风貌区、坂湖宜居城市新区风貌区，打造柯桥版“富春山居图”。持续优化城市肌理，实施“百镇千点”微改造行动，推动老旧小区改造提升，打造更多城市小品、特色街区。加快城市有机更新，大力拓展城市空间，推进全域土地综合整治，着力推动成片拆迁、成片开发、成片建设。

2. 加快基本单元建设。推进全域未来社区建设，强化邻里活动、养老托幼、健康管理等公共服务，打造“15分钟社区生活圈”，聚焦“一老一少”“一病一残”等重点群体，推进“浙里康养”集成落地，构建网络化、无障碍、功能复合的公共生活网络，打造有归属感、舒适感、未来感的新型城市功能单元。加快推进未来乡村建设，以“共富星村”建设为抓手，迭代升级“五星3A”，深化强村富民集成改革，统筹抓好农村宅基地制度改革、闲置农房激活改革，全力打造未来乡村共同体。联动美丽城镇、美丽乡村建设，进一步打响“花满棠棣”“鉴湖渔歌”特色品牌，让城乡颜值更高、气质更佳。

3. 完善综合基础设施。适度超前、深入谋划对接通城大道—杭金衢连接线、彩虹快速路接钱滨线以及群贤路西延等一批交通融杭项目；加快建成杭州中环柯桥段、杭金衢高速至杭绍台高速联络线、柯诸高速等一批重大交通工程；加快推进钱清货运站、数字物流港建设；完善空、水、铁、公立体交通网络，构建“外联内畅互通”的城市综合交通体系。加强城市功能配套，统筹供排水、燃气、污水处理、园林绿化等设施规划建设。积极构建城市安全防御体系，切实加强水利防洪、交通保障、极端天气等应急安全基础建设，不断提升城市生态韧性。

（三）实施“产城融合提升行动”，加快形成以产促城、以城兴产的城市形态。充分发挥“产城人”融合发展新优势，以城市为基础，承载产业空间和发展产业经济，以产业为保障，驱动城市更新和完善服务配套，更好满足居民对城市美好生活的需要。

1. 提高城市产业竞争力。围绕“1+3”支柱性产业，开展新一轮制造业“腾笼换鸟、凤凰涅槃”行动，打造世界级现代纺织产业集群；大力引进培育新材料、生物医药、泛半导体等新兴产业，抢占新一代光电信息产业跑道，主动引领环杭州湾现代产业带发展。深入实施现代建筑业领跑计划，力争建筑业产值全省第一。放眼全球编制“招商地图”，深入实施“老绍兴回归工程”，大力引进国际国内500强企业。树立项目全周期管理理念，推动华天光学膜、宝武碳纤维、中南旷谷等百亿级项目尽早建成达产。支持本土企业长高长壮，培育更多专精特新“小巨人”企业，构建大企业“顶天立地”、中小企业“铺天盖地”的良好局面。

2. 提高城市创新驱动力。坚持人才强区、科技强区首位战略，积极融入杭绍甬科创大走廊，进一步谋划提升科创平台建设，打造“一院三中心N园区”（“一院”即未来科技研究院；“三中心”即省现代纺织技术创新中心、光电子技术创新中心、生物医药和高端医疗器械技术创新中心；“N园区”即N家科创人才园区）的科创平台体系，全力做大做强科创平台能级。深入实施“雏鹰行动”“雄鹰行动”“凤凰行动”，迭代升级“织造印染产业大脑”“浙里工程师”等应用场景，全力打造创新型城市。持续深化人才招引“登高计划”，全球视野招引高层次人才，更好发挥人才对城市、产业发展的支撑作用。抢抓“一带一路”、RCEP贸易红利，加快开通中亚班列，持续放大市场采购贸易、跨境电商两大平台效应；隆重纪念中国轻纺城冠名30周年，高规格举办世界布商大会，全面展现现代时尚、开放大气的城市品格。

3.提高城市服务承载力。坚持教育优先发展，深化“双减”工作，推进学前教育优质普惠、义务教育优质均衡、高中教育优质多元、职业教育产教融合、高等教育内涵提升，打响“学在柯桥”品牌。深化“三医联动”“六医统筹”集成改革，加快浙大二院柯桥院区建设，提升“医共体”服务能力，让老百姓在家门口享受到优质医疗资源。促进房地产健康发展，加大保障性租赁住房、人才租赁住房建设。优化社会大救助体系，统筹做好慈善、助残、救孤、济困等工作，推动托底保障救助全覆盖。

（四）实施“文明城市提升行动”，加快形成有礼有爱、和美与共的城市风尚。巩固提升全国文明城市创建成果，提升市容市貌、优化文旅品质、造浓文明氛围，持续做强“最美”品牌，充分展示开放包容的城市文明形象。

1.擦亮生态文明底色。抢抓亚运机遇，以“办好一个会，提升一座城”为目标，深化新一轮亚运城市行动，对标主办城市杭州，以更高标准、更严要求推进文明绿色共建、生态环境提升等工作，展示最美亚运城市形象。扎实开展碳达峰碳中和行动，严格落实能耗“双控”，持续打好蓝天、碧水、净土、清废、治塑攻坚战，建设“无废城市”，确保空气质量优良率、$PM_{2.5}$平均浓度、断面水质等指标持续好转，全力争创国家生态文明建设示范区。

2.提升城市文化内涵。大力实施文化铸魂工程，积极推进景城融合、文旅融合，深入挖掘唐诗、黄酒、书法等古越文化特质，传承弘扬“三缸文化”，加强历史文化遗产保护、文脉传承，打造具有独特韵味的文化标识。立足老绍兴文化本底，积极引育创作、鉴赏、展演、设计等文创主体，大力发展影视动漫、游戏电竞、网络文学等文化创意产业，推动文化资源与文化IP全链转化，打造高端文旅文创产业集群。以国家全域旅游示范区和国家级旅游度假区创建为抓手，积极融入浙东唐诗之路、大运河文化带建设，加快构建“15分钟品质文化生活圈”，厚植文化软实力，绘好全域“美丽图”。

3.强化文明城市创建。常态长效推进全国文明城市创建工作，巩固提升国家卫生城市成果，深入挖掘群众身边的时代先锋、道德模范、最美人物，持续擦亮“浙江有礼·柯桥有爱”文明品牌。迭代升级农村文化礼堂、新时代文明实践中心、“文明轻骑兵”等重大场景应用，大力弘扬志愿服务精神，完善“有礼有爱指数”机制，广泛开展文明单位、文明家庭、文明校园系列创建，构建“15分钟文明实践服务圈”。

（五）实施“城市治理提升行动”，加快形成整体智治、平安和谐的治理格局。加快理顺城市运行体制机制，探索数字赋能城市治理路径，全面提升城市管理服务精细化、智能化水平。

1.迭代升级“城市大脑”。以数字化改革为引领，广泛运用大数据、云计算、区块链、人工智能等前沿技术，推动城市管理手段、管理模式、管理理念创新。持续优化“城市大脑”建设，完善“决策—控制—反馈—改进”工作闭环，推进公共服务“一网通办”、城市运行“一网统管”、社会管理“一网共治”协同发展，加快打造“数字城市有机生命体”。深化“大综合一体化”数字应用省级试点，全域推广“一支队伍管执法”，全力打造城市智慧管理县域典范。

2.加快建设韧性城市。深入开展重大节点安保维稳行动，加强各类风险矛盾的预测预警和化解处置；深化网络生态“瞭望哨”工程，持续做大“新莓圈”，提高舆情引导处置能力。统筹抓好消防安全、生产安全、交通安全、食药品安全等工作，做好突发性自然灾害的预防处置，建立风险隐患“一本账”，全力打好“除险保安”攻坚战。纵深推进扫黑除恶，健全完善社会治安防控体系，努力让人民群众安全感更加充实、更可持续。

3.持续深化基层智治。推进现代城乡社区建设，以“浙里兴村治社”应用为统领，深化网格整合、多网合一，选优配强网格工作力量，不断激活基层治理“最小作战单元”。坚持和发展新时代“枫桥经验”，纵深推进“县乡一体、条抓块统”改革试点，持续优化信访生态。建强“城市守护者”队伍，创新民警驻村守望制，推动警务站(室)“四化”建设，完善退役军人服务保障体系，推进法治柯桥建设，全面营造尊法守法用法的良好氛围。

四、加强党的全面领导，加快形成实干争先、领跑竞跑的强大合力

深入贯彻省党代会精神，加快打造“杭绍星城”，核心在党、关键在人、重点在干。要深入贯彻新时代党的建设总要求，持续推动全面从严治党向纵深发展，不断推进以党的自我革命引领社会革命在柯桥生动实践。

(一)坚定立根铸魂的政治自觉。始终把政治建设摆在首位，全面落实省委加强政治建设“七大机制”，不断提升领导力、组织力、执行力。强化贯彻习近平总书记重要指示批示和党中央重大决策部署闭环落实机制，不断完善以“七张问题清单”为牵引的党建统领工作机制，确保上级各项决策部署在柯桥一贯到底、落地见效。健全党总揽全局、协调各方的领导体制，全力支持人大、政府、政协和监委、法院、检察院依法依章履职，巩固拓展大统战工作格局，全力做好党管武装、双拥、老干部等工作，努力塑造彰显党的政治优势和制度优势的干事格局。

(二)锤炼变革重塑的干部队伍。持续深化干部队伍系统性重塑，健全完善干部“培养链”，全力打造现代化干部队伍。贯彻落实新时期好干部标准，牢固树立“实干实绩”选人用人导向，注重在共同富裕、项目攻坚、疫情防控、积案化解等大战大考中精准考察干部，切实让有为者有位、吃苦者吃香；加大优秀年轻干部、女干部和党外干部培养选拔力度，全面优化干部队伍结构。健全落实容错纠错、澄清保护、基层减负、专项激励机制，全力激发干部干事创业的积极性和责任担当。

(三)打造全域建强的战斗堡垒。深入实施“红色根脉强基工程”，树牢大抓基层鲜明导向，推动基层党建全域建强、全面过硬。聚焦城乡社区现代化建设，系统推进“六大改革”“十大行动”，不断建强村社基本单元。聚焦“党建统领网格智治”，完善“村社—网格—微网格”治理架构，加快形成党建统领、平战一体、集成协同、精密数治的新型网格治理体系。聚焦基层党建全域提升，深化“五星双强”创建，打造“两新”党建示范样板。

(四)涵养风清气正的政治生态。严格落实中央八项规定精神，驰而不息纠治“四风”，全面加强对“一把手”和领导班子监督，一体推进“三不腐”工作，推动全面从严治党向纵深发展。以八大清廉单元建设为重点，带动“清廉柯桥”建设全域推进，打造清廉医院“四诊法”、清廉民企“五廉环”等清廉单元示范。高质量推进二届区委常规巡察和村(社区)巡察，持续深化省委巡视、市委巡察反馈问题整改落实。深化运用基层公权力监督平台，持续整治群众身边的腐败和作风问题，让群众在全面从严治党中感受到公平正义。

(五)营造领跑竞跑的浓厚氛围。传承“靠作风吃饭、凭实绩说话”的优良传统，增强“没有走在前列也是一种风险”的忧患意识，坚持自我加压、自提标杆，主动在全市全省乃至全国的大格局中找对手、定目标、拼成效，真正以“时不我待、只争朝夕”的姿态勇夺高分、争先进位。弘扬“一竿子插到底”的韧劲作风，对看准的项目、集体决议的事情，要以不获全胜决不收兵的毅力抓到底，形成干一件、成一件的“滚雪球效应”。各级领导干部要以上率下，一级带着一级干，团结带领人民群众干事创业、领跑竞跑、再创辉煌。

绍兴市柯桥区人民代表大会常务委员会工作报告（摘要）

—— 在绍兴市柯桥区第二届人民代表大会第一次会议上

绍兴市柯桥区人民代表大会常务委员会主任　朱晓董

（2022 年 2 月 21 日）

一、过去五年的主要工作及体会

过去五年，是柯桥区践行新发展理念、推动高质量发展取得辉煌成就的五年，也是人民群众获得感不断增强、民主法治建设不断深化、人大工作不断进步的五年。在区委坚强领导和上级人大的有力指导下，区人大常委会全面贯彻中央和省市区委人大工作会议精神，依法行使宪法和法律赋予的各项职责，不断加强和改进代表工作，积极践行全过程人民民主，圆满完成了区一届人大历次会议确定的各项目标任务。五年来，共召开常委会会议 45 次，主任会议 71 次，听取和审议专项工作报告 135 个，作出决议决定和审议意见 104 个，组织执法检查、常委会组成人员和代表视察等活动 62 次，依法任免国家机关工作人员 528 人次，各项工作巩固提升、传承创新，较好地发挥了地方国家权力机关的作用。

五年来，常委会不忘初心、牢记使命，在思想政治建设中“强信念、见忠诚”。

*认真学习政治理论。*深入开展“两学一做”学习教育、“不忘初心、牢记使命”主题教育和党史学习教育，全面贯彻习近平新时代中国特色社会主义思想，认真学习党的十九大和十九届历次全会精神，以及习近平总书记在庆祝中国共产党成立 100 周年大会上发表的重要讲话精神，持续从党的百年奋斗重大成就和历史经验中汲取力量，坚定不移做“两个确立”忠诚拥护者、“两个维护”示范引领者，不断筑牢对党绝对忠诚的思想根基。

*牢牢把握政治定位。*深入学习贯彻习近平总书记关于坚持和完善人民代表大会制度的重要思想，特别是在首次中央人大工作会议上的重要讲话精神，切实以党的创新理论武装头脑、指导实践、推动工作。全面贯彻落实省市区委关于推进新时代人大工作高水平发展的意见，提高站位、瞄准方位、找准定位，依法履行人大职权，充分发挥人大作用，有力推动人大制度优势转化为发展优势和治理效能。

*严格遵守政治规矩。*坚持党要管党、全面从严治党，不断加强人大常委会党组和机关党组建设，重大事项及时向区委报告，听取区委的意见建议，落实区委的决策部署，做到区委布置的任务坚决完成，区委的人事意图坚决贯彻。严格落实民主生活会、组织生活会和“三会一课”等制度，通过加强警示教育、开展主题党日活动、重温入党誓词等途径，加强党内政治生活锻炼，坚定理想信念，严守纪律规矩。

五年来，常委会围绕中心、服务大局，在助推改革发展中“有作为、敢担当”。

*聚力做强实体经济。*围绕弘扬优秀企业家精神、鼓励创业创新等课题深入开展调研，组织代表参加“政企面对面”“局长·代表面对面”等活动，跟踪督查“最多跑一次”改革，积极营造实体经济发展氛围。听取和审议企业股改上市、政府产业

基金、“两化”融合等工作报告，专题询问实体经济发展工作，先后对数字经济、建筑产业、特色小镇等发展情况开展监督，全力推动实体经济提质增效。多次视察招商引资、企业投资等工作，常委会领导还领衔组成重大项目督导组，深入了解情况、协调问题，不断增强实体经济发展后劲。

助力提升发展平台。以议案决议督办为载体，连续3年听取和审议轻纺城转型升级工作报告，助推新时期“国际纺织之都”建设提速见效。专题督查金柯桥科技城、民营科技园建设和知识产权保护、人才招引等工作，不断激发区域经济创新活力。聚焦各大产业平台和国资平台开展调研，视察临空示范区绍兴片区、兰亭文化旅游度假区等规划建设，助力构建高质量发展平台体系。督促加强全域土地综合整治、存量土地高效利用等工作，拓宽区域经济发展空间。坚持融合发展、交通先行，先后3次督查融杭路网规划建设，促进以轨道交通为龙头的一批重大工程加快建设、安全运行。

合力加强基层治理。认真受理人民群众来信来访，深入指导村（社）组织换届选举，支持区监委强化基层公权力监督和“两院”调解工作，依法维护社会稳定。结合执法检查先后对宗教事务管理、消防安全等工作开展督查，视察文明城市创建、卫生城市复评等工作，督促提高城市管理水平和居民文明素质。坚持系统观念、系统方法，对区镇村三级社会治理体系、基层应急管理体系和公共法律服务体系建设分别开展督查，围绕“基层治理四平台”组织代表约见，推动基层治理现代化水平全面提升。

全力开展疫情防控。坚决贯彻习近平总书记关于疫情防控工作的重要讲话精神，根据柯桥区疫情防控需要，多次动员全区人大代表和人大干部积极参与，合力打赢疫情防控阻击战。认真执行省、市人大常委会关于依法全力做好疫情防控工作的决定，持续加强督查落实，确保在法治轨道上统筹推进。发挥人大组织优势、工作优势，连续两年开展民营企业中人大代表大走访活动，帮助企业及时反映和解决困难，努力降低疫情产生的损失。

五年来，常委会依法行权、尽责履职，在民主法治建设中“站一线、当主力”。

依法组织换届选举。认真贯彻中央和省市区委关于换届选举的重要文件精神和相关法律规定，坚持党的领导、充分发扬民主和严格依法办事有机统一，结合我区实际和疫情防控形势，全面强化对换届选举各方面、各环节的组织协调和督促指导，确保代表选举工作有序顺利，全区共选举产生新一届区人大代表313名、镇人大代表334名，区镇两级人大代表换届选举工作圆满完成。

讨论决定重大事项。针对部分行政区划调整（部分镇实施撤镇设街）、矿产资源规划、古镇建设规划和“八五”普法规划等重大事项，通过法定程序作出决议决定。依法加强对“十三五”规划实施、“十四五”规划编制、经济社会发展计划、财政预算执行情况以及审计工作的监督，审查批准各年度财政决算报告，加强预算联网审查和审计查出问题整改督查，促进财政运行更加稳健、发展更可持续。制定出台荣誉市民称号授予办法，作出决定授予首批8人荣誉称号，表彰和鼓励为柯桥发展作出突出贡献的区外人士。

深入推动法律实施。对《中华人民共和国固体废物污染环境防治法》《宗教事务条例》《浙江省社会养老服务促进条例》《绍兴市水资源保护条例》等16部法律法规开展执法检查，探索开展专项评议，加强规范性文件备案审查，维护国家法制统一。依法听取区监委关于监察法贯彻落实情况报告，支持加强廉政治理。突出重点、逐项督查区法院各项审判职责和区检察院法律监督、公益诉讼职责履行情况，专题询问刑事司法工作，听取和审议司法体制改革工作情况报告，组织代表旁听法庭庭审、参加检察开放日等活动，推动“两院”依法公正行使职权。积极配合上级人大完善立法执法联动机制，建立健全立法调研联系点制度，聘请立法工作调研员，联动开展立法调研、执法检查和普法宣传等工作，全面营造良好的法治环境。

改进完善任免工作。坚持党管干部和人大依法任免有机结合，健全完善任前法律知识考试、法律职务资格审查、颁发任命书、任职表态发言等办

法，确保人事任免依法规范，促进地方国家机关组织建设不断加强。认真组织国家机关工作人员就职时向宪法宣誓，提高公职人员宪法意识。探索开展任后监督，首次对法官、检察官开展履职评议，推动提高履职水平。

五年来，常委会体察民情、回应民意，在推动民生改善中“重品质、求实效”。

推动落实民生实事。把实施民生实事项目票决制作为人民代表大会行使重大事项决定权的重要载体，抓住民生改善的“关键小事”，撬动民生大事，彰显了大会行权的权威性和严肃性。强化闭环监督理念，由常委会领导带队分组检查，组织代表集中视察，探索开展第三方绩效评估，聘请成立专家监督小组，以制度建设提高监督实效。在区政府及相关部门单位的共同努力下，本届人大历次会议票决产生的50个项目均已建成投运、惠及群众，取得了全社会的广泛认可，“由民做主”的票决制民主得到生动实践和持续发展。

推动解决“三农”问题。深入贯彻乡村振兴战略，先后对“花香漓渚”田园综合体国家级试点、“强村消薄”、农业高质量发展和农村人居环境改善等工作开展督查，打好监督组合拳，加快实现农业强、农村美、农民富。把握城乡融合和三产融合发展趋势，上下联动督查农村土地“三权分置”工作，组织代表视察省级茶叶产业集聚区试点、休闲农业发展、美丽乡村建设等工作，让美丽资源更好转化为美丽经济。坚守经济社会发展底线，督促落实粮食安全战略，全力维护人民群众切身利益。

推动发展社会事业。针对义务教育、职业教育、文化休闲、体育产业和非物质文化遗产保护中存在的问题短板，组织代表视察，加强面商交流。连续两年督促校外培训机构整治工作，推动青少年的文化教育环境持续改善。专题督查医共体改革、医保基金管理和中医药事业发展等工作，促进医疗服务和保障水平显著提升。组织代表视察镇村农贸市场提档升级、既有住宅加装电梯、社会养老服务等工作，专题询问城市道路交通治堵，督促加强退役军人服务保障，努力让人民群众更好共享改革发展成果。

推动加强生态保护。认真落实生态环境状况报告制度，深入各领域开展全要素督查，督促政府自觉履行生态环境保护责任。坚持“五水共治”，通过听取和审议专项工作报告、组织代表约见等方式，先后对饮用水水源地保护、生活污水智能化管理和印染集聚、防洪排涝等工程开展监督，促进人与水和谐共生；多次组织代表调研和视察大气污染防治工作，提出意见建议，助力打好污染防治攻坚战；聚焦“无废城市”建设试点，专题督查固体废物处置和垃圾分类等工作，让柯桥天更蓝、水更清、环境更优美。

五年来，常委会积极探索、实践创新，在发挥代表作用中“搭平台、拓渠道”。

强化代表履职意识。把握代表认识深化和能力增长规律，通过邀请专家学者辅导、优秀代表传授经验等方式，阶段性、有侧重地组织代表加强学习实践，确保与人大工作高质量发展相适应。坚持和完善代表列席常委会会议、参加立法调研和执法检查等制度，加强“浙江人大代表履职服务平台”和柯桥人大网站、杂志、微信公众号等应用，定期通报常委会工作和区情政情。健全常委会组成人员联系代表制度，加强代表履职登记和考评，组织开展全区“十佳履职优秀人大代表”评选活动，促进代表履职尽责、发挥作用。

拓展代表履职渠道。大力推动实体和网上代表联络站建设运行，高标准打造综合性活动平台，常态化开展“五个站”“五个日”“局长·代表面对面”等活动，推动代表密切联系选民群众，扩大人民有序政治参与。组建代表专业小组，率先在中国轻纺城建立全省首个专业市场代表联络站，率先在区矛调中心设立人大代表联络点，引导各级代表积极参与基层治理。持续深入开展领导干部代表带头进选区活动，区四套班子主要领导率先垂范，有力带动了广大代表依法履职，成功获评首届“浙江人大工作与时俱进奖”。

督办代表议案建议。充分尊重代表、服务代表，以标准化思维、规范化手段、精细化要求完善代表议案建议工作，全过程运用代表视察、集中面商、听取和审议办理情况报告等方式，不断加大督办力度，提升办理质效。经共同努力，关于全面提升城镇水患防御能力和加快推进轻纺城转型升级的两个议案均已顺利结案，“人大会议表决代表议案成新常态”，成功获评第二届“浙江人大工作与时俱进奖”；本届人大历次会议的1308件代表建议经“回头看”复查，均已督办落实、回复代表。

推动镇街人大工作。健全完善常委会领导和各委室分片联系机制，指导开展积分制考评、代表联民议事、政策见面会等工作微创新，“届中评议”镇级政府工作深入开展，街道议政会全面组建并实现规范化运行，民生实事项目票决（票选）制在各镇街实现全覆盖。认真贯彻《浙江省乡镇人民代表大会工作条例》《浙江省街道人大工作条例》，部署开展镇街人大工作“守正创新”三年行动计划，听取和审议人大各街道工委工作报告并交办工作，修订完善工作制度，组织实施年度考评，提升了全区人大工作的整体水平。

五年来，常委会健全制度、严格管理，在加强自身建设中“提效能、树形象”。

着力提升干部素质。坚持政治学习和人大业务学习相结合，每年组织人大系统干部集中培训，每月举办“人大讲坛”，常态化开展常委会专题学习和机关干部“周一夜学”，不断增强学习的系统性和实效性。鼓励和督促人大干部加强政治历练、实践锻炼，积极选派优秀干部到“急难险重”第一线开展工作，提高干部综合素质和能力水平。在区委重视和支持下，本届以来增设3个专门委员会、1个工作委员会，各镇街人大增设办公室，人大组织建设和干部配备得到加强，为高质量做好人大工作提供了有力保障。

健全完善制度流程。主动适应新形势新要求，制定完善常委会议事规则、组成人员守则和人事任免办法等一系列规章制度和操作规程，保障常委会依法规范行使职权。认真落实区委关于讨论决定重大事项、国有资产管理情况报告等文件要求，结合工作实际制定方案、细化流程，在党委领导下充分发挥人大优势和职能作用。强化制度约束激励，细化各专门委员会和常委会各委室职能分工，注重协调配合，全面做好组织视察督查、执法检查、议案建议督办以及人大数字化改革、老干部服务保障等工作。

不断增强宣传效果。联合区委宣传部门召开全区人大宣传工作会议，积极协调各类新闻媒体，精心组织开展建党100周年、地方人大设立常委会40周年、疫情防控人大代表在行动等重点报道，合力讲好人大故事。突出常委会会议、重点工作和重大活动，加强宣传报道和信息报送，连续多年在省市领先。注重人大资料收集、保存和理论研究，续编《柯桥区人大志（2007—2017年）》，编印区一届人大《代表风采》，摄制人大工作专题片，支持人大工作研究会工作，全方位展现我区人大工作实践创新取得的成果。

持续深化作风建设。围绕区委中心工作和人大监督事项，深入开展“三服务”“八联系”等活动，密切联系代表和群众，深入开展调查研究，提出的意见建议和多篇调研报告，得到区委区政府的高度重视、吸纳落实。坚持不懈加强党风廉政建设和作风建设，依法有序节俭召开人代会、常委会和主任会议，持之以恒纠治“四风”，以会风转变促进作风转变。严格机关内部管理，支持派驻人大机关纪检监察组开展工作，积极配合区委常规巡察，举一反三抓好问题整改，树立人大机关和人大干部的良好形象。

回顾五年工作，我们清醒地看到，常委会工作还存在一些薄弱环节和不足之处，如监督工作的刚性和实效有待进一步增强，发挥代表主体作用的载体需要进一步创新，人民群众对人大工作的有序政治参与尚有不足，常委会自身建设也有待进一步加强，等等。这些都需要在今后的工作中引起高度重视并切实加以解决。

五年的工作实践，使我们充分认识到，做好新时代人大工作：

——必须要有高度的政治自觉。坚持党的全面领导是做好人大工作必须坚持的最高政治原则。五年来，我们以高度的政治自觉、思想自觉、行为自觉，自觉维护党委“总揽全局、协调各方”的领导核心地位，切实把党的领导贯穿于人大履职全过程各方面，坚持重要工作和重大问题向区委请示报告制度，从制度上、程序上确保党委意图的顺利实现，确保人大工作尤其是创新工作的正确政治方向。

——必须要有强烈的责任担当。人民代表大会制度是坚持党的领导、人民当家作主、依法治国有机统一的根本政治制度安排，是国家治理体系和治理能力现代化的重要支撑。五年来，我们以服务改革发展大局的担当精神和为民履职的责任情感，认真履行宪法法律赋予人大的各项职责，持续加强和改进代表工作，不断发展全过程人民民主，努力在履职中体现作为，在尽责中服务全局，以高质量的人大工作推动区域经济社会高质量发展，取得了党和人民满意的效果。

——必须要有饱满的工作激情。激情是昂扬的斗志，是奋斗的动力。五年来，我们不断增强人大制度自信和岗位自信，始终保持良好的精神状态和饱满的激情热情，激发干劲、锐意进取，自我加压、争先创优，全身心投入人大工作，取得了一系列新成效、新突破。实践证明，只有始终保持对人大工作的激情热情，才能在学习实践中准确把握人大工作的规律和特点，积极改进方式、强化履职，主动联系代表、服务选民，更好地发挥基层人大的职能作用。

——必须要有更高的价值追求。人大制度和人大工作蕴含丰富的民主法治精神和人民至上的价值追求。五年来，我们守初心、担使命，始终坚持以人民为中心，以民主法治建设为己任，在人大的各项工作和建设中坚持与时俱进，坚持更高标准，努力在实践中发展、在创新中提高，不断把新时代人大制度和全过程人民民主的独特优势和价值充分展现出来，推动人大制度更加深入人心，形成全社会尊重和支持人大依法履职、发挥作用的良好氛围。

二、今后五年及 2022 年工作建议

站在第二个百年新的历史起点上展望前行路，区第二次党代会精准分析了宏观环境的危与机、区域竞争的进与退、高质量发展的破与立，精心擘画了现代化柯桥新图景。今后五年，我们将坚持稳中求进工作总基调，完整准确全面贯彻新发展理念，积极践行"五个率先"，主动融入绍兴现代化网络大城市建设，突出实干实绩，聚力领跑竞跑，加快构建更加现代化、更具开放度、更有时尚味、更富竞争力的"国际纺都、杭绍星城"，率先高质量发展建设共同富裕示范先行区。面对新的历史任务和目标要求，人大工作的责任更加重大、使命更加光荣。为此，向新一届区人大常委会提出如下工作建议：

（一）坚持党的领导，更好发挥人大制度的守正固本作用。坚持党的领导是人民代表大会制度的内在要求和政治优势。要始终把"两个确立"作为最坚定的政治立场，自觉以习近平总书记关于坚持和完善人民代表大会制度的重要思想统揽人大工作，做到头脑清醒、态度鲜明。要按照党委的部署要求履行职责，统筹安排重大事项决定、人事任免、监督、代表等各项工作，保证党的大政方针政策的贯彻和党委意图的实现。要切实发挥人大常委会党组把方向、管大局、保落实的政治保证作用，及时做好重大事项的请示报告，充分彰显人大机关的政治属性和人大工作的政治效果。

（二）坚持服务大局，更好发挥人大职能的担当推动作用。服务中心大局，人大责无旁贷。要坚持谋全局、议大事、抓重点，适时依法行使重大事项决定权，并严格督促落实。要紧扣区委中心工作和群众普遍关注的重大问题，寓支持于监督之中，切实加大监督力度；发挥法治建设的主导和表率作用，加强对"一府一委两院"的执法和司法工作监督，保证宪法法律的正确实施；探索完善专题询问、"两官"履职评议等刚性监督方式，加强对人大及其常委会的决议决定和审议意见、评议意见的跟踪督查，不断提高监督实效。要坚持党管干部原则，进一步完善人事任免程序，探索加强任前审查、任后监督，增强国家公职人员责任感和公仆意识。

（三）坚持根植人民，更好发挥人大代表的凝心聚力作用。代表工作是人大工作的基础。要尊重代表主体地位，创新代表工作机制，优化代表履职服务，健全完善常委会组成人员与代表、代表与选民的经常性联系机制，推动代表依法执行代表职务。要坚持以人民为中心，继续深化代表联络站、代表履职服务平台建设运行，完善代表议案建议督办机制，最大限度地激发群众推动改革发展、维护社会稳定的主动性和创造力。要不断加强镇

街人大制度建设，着力提高镇人民代表大会规范化水平，完善街道居民议事组织制度，更广泛地凝聚和调动基层力量，共创美好未来。

（四）坚持数字赋能，更好发挥人大机关的智治支撑作用。数字化改革是主动塑造变革的新载体。要以人大数字化改革为牵引，谋划建设一批具有人大辨识度和“柯桥味”的典型应用场景，推动人大及其常委会“四个机关”建设全面加强，加快融入党政机关整体智治系统。要强化人大数字化思维和变革能力，积极探索全过程人民民主的新思路、新方法，扩大人民群众有序政治参与，确保人大工作各方面、各环节都能听到来自人民的声音。要依托数字化管理，全面加强思想政治建设、组织建设和党风廉政建设、作风建设，更好保障和推动新时代我区人大工作再上新台阶。

今年是新一届区人大常委会履职的开局之年，我们建议重点抓好以下几个方面：一是依法任命新一届国家机关工作人员。二是组织新一届常委会组成人员专题学习和人大系统干部集中培训。三是聚焦“国际纺都、杭绍星城”，组织常委会专题视察重大产业项目，听取和审议柯桥未来城规划建设、科技型中小企业培育、国有资产、社会养老、土壤污染、强村工程等工作报告，围绕法治政府、食品安全、人力资源服务、学生“双减”工作、无障碍环境建设、“枫桥式”派出所创建等开展调研督查，全过程跟踪督查民生实事项目实施，组织代表视察会展业发展、海塘安澜工程和建议办理工作，依法加强预算监督，督促加强审计查出问题整改，对《中华人民共和国基本医疗卫生与健康促进法》《绍兴市物业管理条例》等法律法规开展执法检查，对区法院部分员额法官开展履职评议，监督和支持区检察院依法履行法律监督职责。四是组建新一届代表小组和代表专业小组，加强代表学习培训，优化代表信息化服务，丰富代表闭会期间活动。五是实质性启动“全过程民主·智能化议事”平台，以数字化改革赋能人大工作。

政府工作报告（摘要）

—— 在绍兴市柯桥区第二届人民代表大会第一次会议上

绍兴市柯桥区人民政府代区长　袁　建

（2022 年 2 月 20 日）

一、过去五年工作回顾

过去五年极不平凡。我们在上级党委、政府和区委的坚强领导下，高举习近平新时代中国特色社会主义思想伟大旗帜，全面贯彻落实中央和省、市各项决策部署，实干担当，领跑竞跑，较好完成区一届人大历次会议确定的各项目标任务，2021 年实现地区生产总值 1748.0 亿元、财政总收入 223.5 亿元、一般公共预算收入 147.1 亿元，较 2016 年分别增长 41.1%、35.3%、38.8%；城乡常住居民人均可支配收入达到 7.92 万元和 4.80 万元，较 2016 年分别提高 45.6% 和 52.4%，经济社会在高起点上实现高质量发展，综合实力迈进全国十强区。

这五年，我们持之以恒抓转型，经济更具竞争力。有效投资持续增长，固定资产投资 2862 亿元，到位内资 667.6 亿元，实到外资 15.3 亿美元，分别是上一个五年的 1.6 倍、1.5 倍、1.4 倍。新生动力加速形成，引进 5 亿元以上重大招商项目 139 个，恒鸣化纤、苏泊尔大家电等 186 个现代产业项目成功落地。印染产业凤凰涅槃，全域集聚圆满收官，跨域组团顺利承接，蓝印小镇日新月异，成为全国最大绿色印染基地。建筑产业现代化领跑全国，创成建筑领域首个省级创新服务综合体，打造国家级建筑产业基地 5 家，实现产值 843 亿元，装配式建筑比重达到 40.5%，分别是 2016 年的 3.4 倍、3.2 倍。数字经济迸发新活力，企业上云破万家，智能化改造 398 家，现役机器人 2700 台，构筑 3 个省级行业云平台，核心产业增加值较 2016 年增长 40%。市场更加活跃，净增主体 5.7 万家、“个转企”2218 家、“小升规”101 家，培育专精特新企业 45 家、“隐形冠军”2 家，主板上市 5 家。商贸物流、时尚创意等现代服务业蓬勃发展，社会消费品零售总额较 2016 年增长 47.4%。轻纺城国际化水平有力提升，市场采购贸易、跨境电商综试两大国字号平台效应叠加，“线上 + 线下”年成交额突破 3000 亿元，出口额首超 1000 亿元，分别较 2016 年增长 74% 和 60%。现代农业更具特色，建成国家级“花香漓渚”田园综合体和南部省级茶叶产业集聚区，打造市级以上美丽场园 42 家，创建农业绿色发展示范区 14 个，提升粮食生产功能区 1.6 万亩，平水日铸、稽东香榧、漓渚兰花成为区域公共品牌。三次产业比从 2.9∶51.6∶45.5 优化为 2.3∶50.0∶47.7。

这五年，我们持之以恒重创新，发展更添新动能。在数字化改革牵引下，“最多跑一次”等 140 项重点改革项目取得突破，成为全省全国样板。激发柯桥经开区体制机制活力，国家级开发区全省排名从第 16 位跃升到第 5 位。高标准打造金柯桥科技城，创建省现代纺织技术创新中心，创成绍兴人才创业园、浙江院士之家等省级科创平台，集聚中科大、东华大学等校地合作转化中心，科技园成为国家级孵化器，新增省级众创空间 16 家，引进省级以上领军人才 251 名，落地人才项目

400个。连年获评全省人才工作考核优秀单位。企业创新氛围更浓，国家高新技术企业、省科技型中小企业、省级企业研发机构分别较2016年增加374家、1441家和62家，实施省级新产品计划2680项，新增授权发明专利3535件，浙江绿筑获得国家科技进步一等奖，津膜科技牵头承担国家重点研发计划项目，全区研发投入强度从2.28%提高至3.1%，跻身全国科技创新十强区。"质量强区"建设纵深推进，新增"浙江制造"标准41项、"品字标"企业34家、"浙江制造"精品18项。

这五年，我们持之以恒促融合，城市更显国际范。坚定不移融杭联甬接沪，轨道交通1号线柯桥段投入运营，在全市率先开启"地铁时代"。规划建设17条融杭道路，杭绍台高速、钱滨线等相继通车，杭州中环柯桥段、杭金衢至杭绍台高速联络线等开工建设，大步推进"与杭同城"。形成"北湾区、中都市、南花园"城市格局，加快兰亭大开发，提升鉴湖度假区，启动未来城建设，实施华墟、阮社、小赭等重点片区有机更新，拆迁超过1000万平方米，建成区面积从64平方公里扩展至80平方公里，常住人口城镇化率从76%提高至82%。功能品质提档升级，国际会展中心、羊山攀岩中心等地标建筑拔地而起，柯桥、安昌等千年古镇焕发生机，世界布商大会、柯桥时尚周等国际活动声名鹊起，智慧城市、智慧交通等应用领跑全省。创成全省首批全域旅游示范区、AAAAA级景区城，获评全国最具影响力会展城市，游客人数和旅游收入均比2016年翻了一番。

这五年，我们持之以恒优环境，生态更富含金量。深入践行"两山"理论，高标准完成两轮中央环保督察整改任务，有效治理平水江水源地保护、污水处理总氮超标等突出问题，创成全省生态文明建设示范区。大力整治"低散乱污"企业，关停1100家、提升1700家，淘汰落后产能244项。"五水共治"成效显著，区控及以上断面水质常态保持Ⅲ类以上，两次捧回"大禹银鼎"，成为全国农村生活污水治理示范区。蓝天保卫战取得阶段性成果，$PM_{2.5}$下降5微克/立方米，空气优良率提高15个百分点。控新拆违有力推动，创新实施"四不予"政策，拆除违建900万平方米，创成全省"基本无违建区"。开展"无废城市"建设全国试点，垃圾分类实现城乡全覆盖，获评全省农村生活垃圾治理工作优胜区。废弃矿山"生态伤疤"全部修复，国土绿化1.5万亩，森林覆盖率提高到52.6%。提升县乡公路750公里，获评首批全国"四好农村路"示范县。推进美丽城镇、美丽乡村联创，实现五星达标村全覆盖，打造AAA级景区化示范村25个，漓渚棠棣创成国家级美丽宜居示范村，获评全省首批新时代美丽乡村示范县和美丽城镇建设优秀县。

这五年，我们持之以恒惠民生，群众更有幸福感。财政累计民生支出483.5亿元，较上一个五年增长59.3%，占一般公共预算支出80%。新增城镇就业30.8万人，城镇登记失业率降至1.8%较低水平，成为全省首批无欠薪示范县（市、区）。社保、医保基本全覆盖。低保金标准大幅提升，实现同城同标。大救助体系加快构建，慈善发展指数领跑全省。完成老旧小区改造。7200户住房困难家庭问题得到解决。"学在柯桥"成色更足，新（扩）建学校42所，全国义务教育优质均衡发展区和学前教育普及普惠示范区省级评估第一，高考连年取得佳绩，成为省教育基本现代化区。"医共体"建设领跑全省，引进浙大二院柯桥院区，打造9个沪杭名医工作室，卫生机构床位数、医护人员数分别较2016年增长49.5%、33.8%，健康浙江考核连续3年获优秀。"颐养柯桥"品牌加速培育，镇村居家养老服务（照料）中心实现全覆盖，养老服务体系持续健全。文化体育事业全面发展，编演《王阳明》《云水渡》等新时代文艺精品，舜王庙会入选国家级非遗名录，群众性文体活动蓬勃开展，成为杭州亚运会协办城市、全国群众体育先进单位，全省首批通过公共文化服务标准化体系验收。农贸市场星级化改造成为全省样板，创成省食品安全区。应急管理站模式全省推广，构筑"15分钟应急救援圈"，安全生产事故起数、死亡人数较2016年分别下降93.4%、86.1%。保持扫黑除恶高压态势，打掉黑社会性质组织4个、恶势力犯罪集团36个，刑事治安警情案件较2016年下降19.6%。率先在全省建成区镇村三级矛调中心体系，成功护航建党100周年、新中国成立 70 周年等重大活动，连续创成省“平安区”，夺取全省首批“一星平安金鼎”。

2021 年是“十四五”开局、现代化开启之年，全区实现地区生产总值增长 9.6%，财政总收入增长 10.6%，一般公共预算收入增长 7.2%，规上工业增加值增长 19.6%，外贸出口增长 35.6%，社会消费品零售总额增长 8.3%，城乡居民人均可支配收入分别增长 9.9% 和 10.5%，获评中国高质量发展十大示范县市，连续 12 年荣获中国全面小康十大示范区。

大力推动依法行政从严治政再上新台阶。深入开展党史学习教育，持续从党史中汲取智慧力量，推动学习成果转化为攻坚克难的信心动力。自觉接受人大法律监督和工作监督、政协民主监督、社会舆论监督，人大代表建议和政协委员提案办理满意率分别达到 100% 和 99.5%。创新开展政府大督查工作，认真完成“七张问题清单”整改。对口帮扶扎实有效，江山—柯桥山海协作产业园省级考核优秀，获评全国脱贫攻坚先进集体。大力支持工商联、工青妇、科协、文联、红十字会等开展工作，统计、邮政、档案、史志、民族、宗教、外事、侨务、对台事务和国防动员、民兵预备役、双拥、人防、国安等工作取得新成绩，老龄、残疾人、关心下一代等事业健康发展。

奋斗蕴含艰辛，经验弥足珍贵。主要体会有四条：大抓落实是政府工作的第一职责。我们始终靠作风吃饭、凭实绩说话，咬定目标不松劲，担当作为重落实，创新重点工作清单制、项目竞赛攻坚年等载体抓手，自加压力、勇争一流，连续五年获市对县（市、区）综合考评优胜。加快发展是政府工作的第一要务。我们始终以经济建设为中心，紧扣高质量发展主线，打好产业、城市、生态、文化并进“组合拳”，加快县域经济向城市经济再向都市经济转型升级，区域发展闯出新路径，综合实力迈上新台阶。变革创新是政府工作的第一动力。我们始终吃改革饭、走创新路，主动争取全省全国改革试点，创造了“亩均论英雄”、投资项目高效审批、数字化改革等柯桥样板，系统性重塑经济社会发展模式和政府管理体制机制，竞相迸发创新创业强劲活力。改善民生是政府工作的第一导向。我们始终坚持民之所盼、政之所向，聚焦群众急难愁盼问题，谋划实施老旧小区改造、交通治堵等一大批民生实事，提标提质公共服务，不断满足群众对美好生活的多层次、多样性需求。

我们也清醒地看到工作中存在一些不足，主要是产业转型升级任重道远，区域创新能力有待加强，资源要素保障仍需突破，网络城市建设亟待破题，生态治理压力持续加大，优质公共服务供给不够均衡，风险隐患防范化解任务艰巨，少数干部作风能力和法治意识还需加强等。我们一定高度重视这些问题，切实加以解决。

二、今后五年奋斗目标

今后五年将是柯桥积厚成势、大有可为的时期，柯桥区战略承接优势、交通区位优势、先发基础优势、“产业 + 市场”优势、人文底蕴优势叠加，机遇前所未有。同时，百年变局加速演进，世纪疫情催生新业态，低碳革命孕育新动能，信息技术激发新变革，区域发展步入新赛道，柯桥将面临更高层次、更大范围、更加激烈的竞争。我们要牢牢把握发展的历史性窗口期，坚定清醒、奋发有为，以“排头兵、领头雁”的姿态，推动高质量发展，走好现代化之路。

今后五年，政府工作的指导思想是：坚持以习近平新时代中国特色社会主义思想为指导，深入学习贯彻党的十九大和十九届历次全会精神，认真贯彻落实省、市和区委决策部署，坚持稳中求进工作总基调，立足新发展阶段，贯彻新发展理念，构建新发展格局，积极践行“五个率先”，主动融入绍兴现代化网络大城市建设，加快构建更加现代化、更具开放度、更有时尚味、更富竞争力的“国际纺都、杭绍星城”，率先高质量发展建设共同富裕示范先行区，努力为绍兴率先走出争创社会主义现代化先行省的市域发展之路贡献更多柯桥力量。

主要奋斗目标是：到本届任期末，力争地区生产总值突破 2500 亿元，财政总收入突破 350 亿元，一般公共预算收入突破 230 亿元，全区研发投入强度达到 3.6%，城乡常住居民人均可支配收入达到9.26万元和5.91万元,“十四五”主要目标任务全面完成,持续稳固全国十强区地位并努力争先进位。重点推进“四个地”建设。

——高标准打造现代制造集群地。坚持制造业强区战略,纵深实施产业基础再造工程,构建以现代纺织为主导,以新材料、生物医药、泛半导体为重点突破的“1+3”支柱产业体系,加快建筑产业现代化,打造经典标志性产业链;高技术产业、数字经济核心产业增加值实现倍增,战略性新兴产业占规上工业产值比重超过50%。

——高标准打造时尚创新策源地。扛起“国际纺都”建设使命,聚焦国际化、时尚化、智慧化,拓展贸易新业态,提升市场价值链,打造国际一流的创意会展基地。坚持人才强区、创新强区首位战略,实施新一轮“英才计划”“经纬计划”,打造全省领先的人才集聚区、科创新生态。

——高标准打造杭绍同城示范地。抢抓长三角一体化、杭绍甬同城化、网络化大城市建设机遇,打造杭绍临空经济示范区、未来之城等高能级产城融合平台,推进交通互联、产业互补、创新互动等跨区域高质量合作,合力建设杭州都市区南向枢纽节点,让“老绍兴·金柯桥”绽放新的时代魅力。

——高标准打造共富和美先行地。探索共同富裕模式路径,聚力“扩中提低”,推动大众创业、万众创新,打造“橄榄型”社会结构,持续缩小收入、城乡、区域差距。更好回应群众关切,构建以“一老一小”为重点的全龄友好型社会,加大优质供给,优化生态质量,提高文明素养,夯实安全基础,不断满足群众对美好生活的期盼,形成一批共同富裕标志性成果。

三、今年工作主要任务

2022年是党的二十大召开之年,也是新一届政府的开局之年。站在承前启后、继往开来的新起点上,做好今年政府工作至关重要。根据区第二次党代会部署,建议主要预期目标是:地区生产总值增长7.5%以上,财政总收入增长8%以上,一般公共预算收入增长7%以上,固定资产投资增长10%以上,社会消费品零售总额增长7%以上,研发经费支出占比达到3.2%,自营出口增长8%以上,城镇登记失业率控制在2.8%以内,城乡居民人均可支配收入增速与经济增长基本同步,完成省市下达的能源和环境任务。

围绕上述目标,重点抓好六方面工作:

(一)突出稳进提质,全力打造产业转型示范

推动先进制造集群发展。加快杭绍临空经济一体化示范区绍兴片区建设,深化规划编制,优化产业布局,强化交通互联,大力引聚临空产业项目,打造新的“万亩千亿”平台。提升柯桥经开区能级,力争国家级开发区排名跻身全国30强。谋划新材料产业园,建设华天光学膜、宝武碳纤维等百亿级项目,支持纺织企业拓展军用、医用、航空等新材料领域;推进健康岛、数智港等现代产业平台建设,积极构建生物医药、泛半导体产业链,打造省级“新星”产业集群。深入实施数字经济“一号工程”2.0版,推进五年倍增计划,大力引育互联网、大数据、云计算、区块链项目,新建5G基站500个,企业智能化改造200家,新增在役机器人380台,打造智能工厂2家,力争数字经济核心产业增加值增长12%以上。坚持“一把手”抓招商,突出建链强链补链,瞄准跨国企业、头部企业、链主企业,加强专业化、精准化招商,实施“老绍兴回归工程”,引进5亿元以上重大产业项目25个以上,力争50亿元以上项目不少于3个,引进内资125亿元,实到外资3亿美元,制造业投资180亿元、增长20%以上。

推动传统产业转型发展。深入开展新一轮“腾笼换鸟、凤凰涅槃”攻坚行动,推进工业全域治理,加快土地“二次开发”,出清“低散乱污”企业300家,盘活“四未一低”用地4000亩,确保规上工业增加值、亩均税收、亩均增加值分别增长8%、10%和12%以上,单耗持续下降。高质量发展印染产业,坚定“绿色高端、世界领先”目标,深化“亩均论英雄”导向,推动数字赋能、鼓励兼并重组、倒逼转型升级,加快培育工贸一体化集团型印染企业,实现行业“五增五减”。支持纺机、窗帘窗饰、品牌服装、印染后整理等延链提升发展。加速建筑产业现代化,推进绿色建材集群培育试点,确保

装配式建筑占比45%以上，力争产值破千亿，争创“鲁班奖”等国家优质工程10项以上，打响“柯桥建造”品牌。实施2.0版“雄鹰”“雏鹰”和“凤凰”行动，深化“金融普惠、融资畅通”工程，鼓励上规上限，支持股改上市，强化品牌建设，新增“个转企”500家、“小升规”50家、“下升上”100家，壮大纳税超亿元企业梯队，培育行业“小巨人”“隐形冠军”“单项冠军”企业各1家以上，主板上市2家以上，新增“品字标”企业6家以上。

推动现代文旅融合发展。发挥鉴湖度假区“三带叠合”优势，实施鉴湖规划国际竞标，谋划鉴湖源、鉴湖里等重点文旅区块，推进“微改造·精提升”，确保创成国家级旅游度假区。加快开发兰亭度假区，打造中南旷谷等重大文旅项目，争创省级文旅融合示范区。加大柯桥古镇、安昌古镇和湖塘黄酒小镇保护与开发，打造富有柯桥韵味、江南风味的省级特色街区。激发传统商圈新活力，积极引进现代商贸综合体，进一步繁荣城市经济、商圈经济、地铁经济、夜间经济。培育特色高产楼宇，引育发展创意、金融、物流等现代服务业，力争服务业增加值增长7.5%以上。

（二）突出塑造变革，全力打造开放创新示范

以数字化改革引领各领域改革。建设全省数字变革高地，坚持问题导向、多跨协同、系统集成，聚焦省级“三张清单”和“一本账”统建跑道，迭代升级体系架构，承接更多省级试点，打造城市地下空间集成治理等一批管用实用好用的标志性成果，争取“一地创新、全省推广”；完善一体化智能化公共数据平台，争当“1512”与“141”体系衔接贯通全省样板，努力实现重大应用“贯通率、日活跃率、好评率”3个100%；推动制度重构、流程再造，全面建成“掌上办事之区”“掌上办公之区”“掌上治理之区”。深化要素配置改革，迭代完善亩均评价体系，促进要素向重大项目集中、向优质企业流动。加快国际化、市场化、法治化营商环境建设，全面推进“一件事”集成改革，深入实施“10+N”便利化行动，试行“极简审批许可、便利开办登记”制，实现商事主体登记“零干预、零材料、零费用、零跑动”。加快国有企业市场化转型，优化资产配置，提高信用等级，做强国有资本，确保经营性收入增长10%以上。深化社会治理改革，推进“区镇一体、条抓块统”省级试点，优化“大综合一体化”行政执法体制，打造区域治理现代化标杆区。

以国际型市场拓宽双循环通道。紧抓纪念中国轻纺城命名三十周年契机，紧扣“国际纺都”定位，加快打造数字市场、时尚市场、品质市场，办好世界布商大会，提升纺博会、时尚周国际影响力，推动设计时尚化、时尚产业化，增强市场黏性，力争全年轻纺城线下、线上交易额分别增长8%、15%以上。深入推进“丝路柯桥·布满全球”行动，加快轻纺数字物流港建设，打造致景、布创等智慧供应链协同平台，积极向全球推介“柯桥优选”产品，拓展“一带一路”、RCEP等贸易新通道，创新市场采购、跨境电商等外贸新业态，组团参加巴黎国际面料展等知名境外展会，推进“海陆空铁”多式联运，更好推动纺织品“买全国卖全球”，力争出口突破1100亿元。

以高能级平台赋能产业链创新。重塑金柯桥科技城，双向融入杭州城西、绍兴两大科创走廊，高水平打造绍兴人才创业园，提升外国高端人才创新集聚区，做强基金小镇，支持民营科创园发展，构筑“一园两核多点”科创空间布局。围绕产业链部署创新链，加强政企研深度合作，争创清华长三角碳中和实验室，支持鉴湖实验室、西安光机所等核心平台建设；深入实施先进制造业领域关键核心技术联合攻关，实现规上企业研发活动全覆盖，净增国家高新技术企业80家以上、科技型中小企业150家以上、省级研发机构13家以上。精准实施人才引育“登高计划”，推行人才新政4.0版，更大力度“引育留用管”，新引进省级以上领军人才50名以上，引聚高校毕业生3万人。

（三）突出一体协同，全力打造网络城市示范

内聚外融空间界面。主动融入杭州湾都市带，构建高质量发展的国土空间布局和支撑体系，高标准编制重点片区城市设计和控制性详细规划。抢抓亚运契机，以阳嘉龙、羊山等片区为节点，开发边界区块，带动柯东整体发展，加快融合镜湖。以城际轨道和杭州中环为十字轴，重点开发小赭、钱杨等沿线片区，打造柯西活力中心，全面融入杭

州。依托水系生态，高起点开发阮社片区，完善城市功能，布局商业配套，打造山水生态城、文旅综合体，串起柯南区块，无缝融入主城区。更大力度建设马鞍片区，完善教育、医疗、文化等公共服务体系，打造产城融合示范地，积极融入北湾区。探索福全兰亭片区联动试点，加快新型城镇化建设，促进柯诸板块融合。

内畅外联区域交通。推进交通融杭，加快建设杭州中环柯桥段、杭金衢至杭绍台高速联络线等"杭"字头工程，谋划实施群贤路西延接萧山南秀路、万秀路北延接萧山东灵路等融杭新通道，积极推动中环高架接萧山彩虹快速路，全面完成杭甬高速柯桥互通改造，加快构建与杭同城半小时通勤圈。打造网络交通，开通104国道、329国道等智慧快速路，开建柯诸高速及其连接线，快速化改造镜水路北段、金柯桥大道北段，推动阮型路南延、上方山大道西接，启动绍大线、尹大线、杨绍线福全段等维修，完成车谷线、福漓线等改造，加快道路"三化一平"，提档"四好农村路"，升级低等级公路，打通一批市民呼声强烈的断头路、瓶颈路，构建"高速成环、高快协同、客货分流、内外畅通"的综合立体交通网络。

内优外彰功能品质。推进亚运城市行动计划，高标准完成场馆建设和周边环境提档升级，精心办好亚运赛事，展示最美柯桥形象。全面打造未来城，加快建设浙大二院柯桥院区、绍兴龙之梦等一批引领性项目，联动布局未来总部、未来科创、未来社区，力争"一年打基础、二年出形象、三年初建成"。加大城市有机更新力度，开展"拔钉清障"攻坚行动，力争拆迁150万平方米以上。深化"千万工程"，开展城乡风貌整治提升行动，争创省级美丽城镇2个、省AAAAA级景区镇2个，AAAA级景区镇3个，打造水韵纺都、鉴湖渔歌等风貌带，争创全省新时代富春山居图样板区。迭代"五星·AAA"建设，打造美丽乡村升级版，新增景区化示范村5个以上、新时代美丽乡村达标村40个以上。提高智慧化精细化管理水平，打造数字孪生城市，实现城市管理"一网通管、一键直达"，着力解决交通拥堵、停车秩序、市容市貌、垃圾分类、犬类管理等市民"揪心事"。强力控新拆违，健全长效机制，争创省"无违建区"。

（四）突出绿色低碳，全力打造生态文明示范

提升环境友好度。坚持铁腕治气、精准治气、全域治气，推进$PM_{2.5}$和臭氧"双控双减"行动，深入开展印染废气、建筑扬尘、秸秆焚烧、挥发性有机物等专项整治，确保全年空气质量优良率高于90%，$PM_{2.5}$力争降到29微克/立方米，争创全省"清新空气示范区"。深化"五水共治"碧水行动，推行"河（湖）长制"标准化管理，全域创建"污水零直排区"，力争区控以上断面水质Ⅱ类以上占比提高到50%以上，功能区水质100%达标，率先在全市夺取"大禹金鼎"。建设全域"无废城市"，实现再生资源镇街收购站、村级回收点全覆盖，提升固废无害化资源化处置水平。

提升资源节约度。科学有序推进"碳达峰、碳中和"，开展低碳园区建设和"零碳"体系试点，加大高碳行业治理，出清"两高一低"存量企业10家，淘汰落后产能30项，力争腾出18万吨标煤用能空间，争创全省低碳示范县。优化用能结构，支持绿色储能技术研究和示范应用，鼓励发展光电、风电、水电等可再生能源，新增光伏装机100兆瓦。全面落实节约战略，推进资源循环化利用，打造市级以上绿色工厂10家、清洁型生产企业30家，积极创建省级绿色制造示范基地。发展绿色交通运输，推广新能源车应用，加大充电桩配建，优化运输结构，倡导绿色出行。

提升生态修复度。积极参与长江经济带共抓大保护。强化"三线一单"管控硬约束，高标准落实中央和省级环保督察整改问题长效管理，全方位保护重点生态功能区和生态环境敏感区、脆弱区，保护生物多样性，争创国家生态文明建设示范区。完成国土绿化900亩，提升森林覆盖率。按期完成漓铁尾矿库闭库，加强土壤污染综合治理。

（五）突出普惠均衡，全力打造共同富裕示范

高质量夯实"三农"基础。加大政策倾斜力度，构建城乡共富联盟，推动南部山区可持续发展。实施"强村行动"三年计划，努力解决集体经济持续增收问题。落实"米袋子""菜篮子"任务，做好"非粮化""非农化"整治"后半篇文章"，稳定粮食播种面积和产量，稳步提高粮食自给率。推

进农业“双强”，打造东湖红色农场，支持茶叶、竹木、香榧、杨梅等特色农产品深加工，打响“柯农优品”公共区域品牌，农业增加值增长2%以上。大力发展都市农业，激活利用闲置农房、农地、农林设施，培育民宿经济、特色村落，促进农业增产、农村增美、农民增收。深化东西部协作，高水平推进江山—柯桥山海协作产业园建设，打造共富发展“飞地”，念好新时代“山海经”。

高水平优化社会保障。把稳就业摆在突出位置，健全多层次就业体系，完善失业保险稳岗返还政策，突出抓好高校毕业生、退役军人、就业困难人员就业，拓宽灵活就业渠道，新增城镇就业3万人，城镇登记失业率控制在2.8%以内。深化新时代“柯桥工匠”培育工程，开展金蓝领提升行动，完成职业技能培训3.3万人。加大欠薪行为治理，保障职工合法权益。扩面提质社保医保，提高困难人员代缴标准，统筹抓好医保支付方式改革，迭代“越惠保3.0”，实现应保尽保、应享尽享。完善“1+8+X”大救助体系，提升低保、特困、受灾等基本救助和兜底保障水平，促进志愿服务和公益慈善事业健康发展。深化国家级“居家和社区养老服务改革”试点，构建居家养老、机构养老、医养结合等优质服务链，鼓励社会资本兴办高端养老项目，打响“颐养柯桥”品牌。加大公租房有效供给，切实解决住房困难群体居住问题，实现“居者有其屋”。

高标准发展公共事业。打造全省一流教育，新（扩）建柯北高中、柯东小学等17所学校，力争市级现代化学校全覆盖。优质普惠发展学前教育，争创全国学前教育普及普惠示范区。优质均衡发展义务教育，深化“教共体”改革，优化城乡师资配置，办好“家门口”的每一所学校，创成全国义务教育优质均衡发展区。优质全面发展普高教育，加强学生身心健康教育，提升教育竞争力，进一步擦亮“学在柯桥”金名片。支持浙江工业大学之江学院、浙江树人学院本地化高质量办学。纵深推进“医共体”改革，加快绍兴二院兰亭院区、马鞍医院等建设，支持中医药事业发展，打造名院、名科、名医，提升医疗卫生服务水平，基层首诊率和区域内就诊率提高到66%和90%以上。推进“体育+”建设，联动发展群众体育、竞技体育、体育产业，打响“柯桥体育”特色品牌，创成全省体育现代化区。

高品质丰富群众文化。深化新时代文明实践中心建设，扩大“小柯开讲”等宣传影响力，推广志愿者服务，构建“15分钟文明实践服务圈”，大力弘扬社会主义核心价值观，高分通过国家文明城市复审。保护历史遗存遗迹，挖掘历代名人文化，谋划古越文化遗址公园，厚植“老绍兴·金柯桥”文化基底。打造“书香柯桥”，新建农家书吧35个以上，实现城市书房镇街全覆盖。传承发展越剧、莲花落等经典曲艺，创造更多鼓舞人心的现代文艺精品。办好第六届非遗嘉年华，深入开展百花大舞台等文化活动300场次以上，满足群众更高层次的精神追求。

（六）突出除险保安，全力打造整体智治示范

抓好疫情防控。（略）

抓实安全生产。针对防汛救灾暴露出的薄弱环节，加快海塘安澜、杭甬运河疏浚、新三江闸排涝等水利建设，实施极端天气“村安工程”，健全应急预案体系，提升监测预警能力，筑牢抵御自然灾害防线。落实各方责任，夯实基层基础，打造消防、防汛、处突、救援等一体化智慧指挥平台，构建“大安全、大应急、大减灾”体系，升级“15分钟应急救援圈”。深入开展“遏重大”攻坚战，聚焦“两房一店”、厂区仓库、道路交通、危化行业、食品药品等重点领域、薄弱环节，不遗余力、不留余地，扎实推进安全隐患大排查大整治，确保事故起数、死亡人数双下降15%以上，不发生重特大安全生产事故。

抓细维稳安保。创新发展新时代“枫桥经验”，加强社区建设，提升物业管理，推进“三治”融合，织密基层网格，推动“平安柯桥”建设再上台阶。加快“智安小区”“智安校园”等建设，常态化推进扫黑除恶，大力度打防电信诈骗，确保社会治安持续优化，打造最具安全感城市。重视初信初访，注重源头化解，清零信访积案，推动“事心双解”，全力护航党的二十大和北京冬奥会、杭州亚运会等重大活动，实现省平安区创建“十七连冠”。

新征程新使命新任务对政府工作提出了更高

要求。我们要始终把党的领导贯穿政府工作全过程，以“两个确立”“两个维护”的政治自觉，切实做到“五个坚持”。坚持服务至上，构建亲清政商关系，对企业家高看一眼、厚爱三分，做到有事必到、无事不扰。依法保护民营企业合法权益，加大新生代企业家队伍建设，千方百计助企惠企兴企，全面落实减税降费政策，充分激发市场主体活力，让关爱企业家、尊重企业家成为社会风尚。坚持依法行政，政府一诺千金，履行“契约精神”，构建社会诚信体系，打造“信用柯桥”。深化“法治政府”建设，深入开展“八五”普法活动，做到法定职权必须为、法无授权不可为。主动接受人大法律监督和工作监督、政协民主监督、社会舆论监督、监察审计监督。推进政务公开，积极回应舆情，让权力在阳光下运行。坚持担当实干，传承弘扬“靠作风吃饭、凭实绩说话”好传统，大力整治“中梗阻”“懒散慢”等不作为现象，落实正向激励、容错纠错、督考推动等机制，旗帜鲜明地为担当者担当、为负责者负责，每项工作都力争全市第一、全省领先、全国一流。坚持底线思维，增强忧患意识，超前系统部署，有效防范和化解金融、房地产、债务等“黑天鹅”“灰犀牛”事件，确保不发生系统性区域性风险。坚持清正廉洁，严格落实全面从严治党主体责任，切实整改“七张问题清单”，坚持为民用权、廉洁用权，从严查处侵害群众利益的不正之风和腐败行为。坚持“政府过紧日子”，每一笔钱都用在刀刃上，全年压减一般性支出10%以上。

名词解释

1.“品字标”：即具备品质高端、技术自主、服务优质、信誉过硬等优质特征的区域公共品牌标识。

2.“四不予”政策：对国有商住用地上涉及违法建筑的房屋，不予房产登记、不予提供贷款、不予登记发证、不予提供服务。

3.“五个率先”：率先走出腾笼换鸟、凤凰涅槃的智造强市之路，走出面向全国、走向全球的高效循环之路，走出人文为魂、生态塑韵的城市发展之路，走出全域覆盖、上下贯通的整体智治之路，走出以人为本、全面进步的共同富裕之路。

4.“英才计划”“经纬计划”：“英才计划”，即绍兴市面向海内外择优支持契合绍兴产业方向、引领产业发展、促进能级提升的领军型团队和高层次创新创业人才的人才引进计划；“经纬计划”，即纺织时尚创意设计人才引育计划。

5.“四未一低”：“批而未供”“供而未动”“拆而未用”“用而未尽”“低效用地”。

6.“五增五减”：亩均效益增、研发投入增、智能车间增、科技成果增、龙头企业增，污染排放减、能耗总量减、安全事故减、债务风险减、涉企信访减。

7.“1512”“141”体系：“1512”体系，“1”就是一体化智能化公共数据平台，“5”就是数字化改革大系统之下的党政机关整体智治、数字政府、数字经济、数字社会和数字法治等五个子系统，“1”即将基层治理作为独立系统，“2”是指构建理论和制度规范两套体系；“141”体系”，即基层治理“一中心四平台一网格”。

8.“10+N”便利化行动：“10”即营商环境便利化的主要指标，按照企业全生命周期分为企业开办、办理建筑许可、用电报装、用水报装、用气报装、不动产登记、获得信贷、纳税、跨境贸易、企业注销等；“N”即若干个无法量化的支撑性指标，具体有惠企政策、执行合同、知识产权保护、办理破产等。

9.RCEP：区域全面经济伙伴关系协定，是2012年由东盟发起，历时八年，由包括中国、日本、韩国、澳大利亚、新西兰和东盟十国共15方成员制定的协定。

10.“一园两核多点”：“一园”指浙江绍兴人才创业园，“两核”指柯北核心和柯西核心，“多点”指分布在柯北核心、柯西核心附近的“两大政府主导平台、十大共建平台、十大民营科创园”。

11.人才引育“登高计划”：聚焦人才引育关键性指标，深入开展“访千企、送政策、促引才”活动，推动招才和招商、人才和项目、大学生招聘和高层次人才招引同步谋划、一体推进的计划，从而提高引才精准性和实效性。

12.“三化一平”：洁化、美化、绿化和路面平整。

13. **“四好农村路”**:将农村公路建好、管好、护好、运营好,逐步消除制约农村发展的交通瓶颈,为广大农民脱贫致富奔小康提供更好的保障。

14. **“千万工程”**:“千村示范、万村整治”工程。

15. **“两高一低”**:高能耗、高排放、低效益。

16. **“三线一单”**:生态保护红线、环境质量底线、资源利用上线和生态环境准入清单。

17. **农业“双强”**:科技强农、机械强农。

18. **“1+8+X”大救助体系**:“1”指社会救助信息平台;“8”指低保、特困、受灾、医疗、教育、住房、就业、临时救助等基本救助;“X”为多元社会力量。

19. **“两房一店”**:居住出租房、村(居)民房、沿街店面。

20. **“三治”**:自治、法治、德治。

中国人民政治协商会议第一届绍兴市柯桥区委员会常务委员会工作报告（摘要）

—— 在政协绍兴市柯桥区第二届委员会第一次会议上

政协第一届绍兴市柯桥区委员会主席　孟柏千

（2022 年 2 月 19 日）

一、过去五年的工作

过去的五年，是我区政协工作守正创新、与时俱进、提质增效的五年。五年来，区政协高举习近平新时代中国特色社会主义思想伟大旗帜，坚决贯彻落实习近平总书记关于加强和改进人民政协工作的重要思想，在中共柯桥区委的坚强领导下，带领各党派团体和广大委员，发扬民主和增进团结相互贯通，建言资政和凝聚共识双向发力，充分发挥专门协商机构作用，与时俱进做好政协各项工作，为推动我区经济社会高质量发展作出了积极贡献。

（一）坚持政治引领，筑牢思想根基

政治方向把准把牢。始终把政治建设摆在首要位置。自觉将党的领导贯穿于政协履职的全过程和各个方面，确保在思想上政治上行动上同以习近平同志为核心的党中央保持高度一致。坚决贯彻区委决策部署，认真落实区委工作要求，自觉做到一切重要工作在区委领导下开展，一切重大活动围绕区委中心任务推进，始终与区委在思想上同心同德、目标上同向同行、工作上同步同力。

理论武装入脑入心。始终把加强党的创新理论武装放在突出位置。完善以党组理论学习中心组学习为引领的常态化、全覆盖、长效化学习教育制度体系，持续学懂弄通做实习近平新时代中国特色社会主义思想，深入学习贯彻习近平总书记关于加强和改进人民政协工作的重要思想，精心组织“不忘初心、牢记使命”主题教育和党史学习教育，广泛宣讲中共十九届历次全会精神，促进学思用贯通、知信行合一，筑牢团结奋斗的共同思想政治基础，更加自觉地忠诚拥护“两个确立”，坚决做到“两个维护”。

政协党建走深走实。始终树牢“做好政协工作必须首先抓好党建”的理念。加强党组班子建设，全面落实从严治党、意识形态、党风廉政建设主体责任，对重要精神、重大事项、重点工作专题研究、集体审议、全程把关，充分发挥了把方向、管大局、保落实的领导核心作用。率先成立机关党组，构建起政协党组、机关党组、机关党总支的组织架构，实现了党的组织对党员委员的全覆盖、党的工作对政协委员的全覆盖。党员委员自觉强化党员意识，政治上示范、行动上率先，充分发挥了先锋模范作用。

（二）坚持服务大局，强化责任担当

积极建言区委重大决策。围绕高质量发展建设共同富裕示范区先行地行动方案，在深入调研基础上组织专题政治协商，提出六个方面协商意见 26 条，得到区委决策充分吸纳。五年来，还先后就融杭接沪、建设人才强区、强化科技创新、“十四五”规划编制等，以政治协商、议政性常委会会议等形式组织专题协商 15 场次，累计提出协商意见 162 条，为区委重大决策提供了更加广泛的民意支撑和民智参考。

持续助力新冠疫情防控。第一时间落实区委

区政府决策,第一时间倡议发动。广大委员积极投身抗疫一线,参与病人救治、物资供应、文艺宣传,踊跃捐款捐物、志愿服务,涌现出了一批事迹突出的先进典型,在大战大考中交出了优秀的“委员答卷”。顺时因势调整履职重点,围绕“统筹推进农村疫情防控和春季农业生产工作”主题组织专题协商,就重点提案“重大传染病防控体系建设”开展专项督办,集中调研学校复学中疫情防控工作,及时反映加强疫情防控相关意见建议,积极助力“两手都要硬、两战都要赢”。

*奋力助推高质量发展。*精心组织政协全会大会发言,五年共提交发言材料182篇,区委区政府主要领导作出批示36篇。围绕加快打造“融杭接沪示范区”,召开常委会会议进行专题协商,从规划引领、交通先行、动能转换、人才支撑、文旅融合、民生共享等方面提出意见建议。围绕振兴实体经济,组织专题协商,为再创柯桥发展新优势添智力、增动力、聚合力。着眼优化营商环境,进行走访座谈,搜集梳理意见建议61条,建言以更大力度、更实举措进一步激发企业家的创业创新激情。五年来,聚焦打造国际纺织之都、提升发展中国轻纺城,每年以会议协商、专题调研、专项视察、提案督办等形式,持续发力给力,锲而不舍助力助推。五年来,还先后就做强做优印染产业、金柯桥科技城建设、基层治理等主题,开展各类协商12场次,为高质量发展贡献了政协智慧力量。

*主动参与重点任务推进。*牢固树立“一线”意识,以饱满的精神状态、严明的政治纪律、良好的工作作风,倾情倾力区委区政府中心工作。区政协领导深入基层、深入群众,走进村居、走访企业、联系人才、联络商会、督查项目、巡查河道,柯桥古镇对外开放,龙禧中心顺利解困,一批重点项目有序推进,在实干中充分展示了实绩。

(三)坚持履职为民,增进民生福祉

*重视民生热点对策研究。*专题调研残疾人庇护中心,针对问题隐患提出意见建议。紧扣被征地农民社保新情况新问题,形成专题调研报告。围绕提高公益性墓地建设管理整体水平,建议抓紧补齐工作短板。对城市违建进行明察暗访,组织现场协商力促强化管控。建言云门文化保护利用,推动成立云门寺禅文化研究基地。根据不同时期重点,先后就破产审判、公益诉讼、法院执行、司法改革、队伍建设等工作,听取政法部门情况通报,结合专题调研提出监督意见,更好满足人民群众对司法为民便民利民的新期盼。充分发挥社情民意信息“直通车”功能,及时反映各界群众利益诉求。五年共收集社情民意信息600余件,其中被全国政协录用9件,获省市领导批示11件,综合考评持续位居全市前列。

*助推山区农村共同富裕。*依托中国轻纺城委员会客厅,围绕乡村振兴、共同富裕举办系列专题恳谈活动。针对南部山区饮用水源保护地面临的实际问题,政协全会安排大会口头发言,就山区茶叶产业集聚区建设开展专题调研,就山区电商物流服务“村村通”、饮用水达标提标等开展专项监督。依托“请你来协商”平台,围绕“增强‘五星3A’创建后长效运行、可持续发展的能力”“加快发展南部山区休闲旅游业”等主题,组织专题协商,为乡村振兴、共同富裕出谋划策、献计出力。

*助力民生实事落地见效。*聚焦“最多跑一次”“最多跑一地”改革,省、市、区三级政协联动,开展专项集体民主监督,推动改革动真格、出实招,见质量、重效果。密切关注医共体改革省级试点工作,组织视察协商,力促广大群众在“家门口”享受到优质的医疗服务。实地视察杭绍城际轨道交通建设现场,专项监督城乡道路平安畅通提升行动落实情况,助力交通治堵取得更大实效。五年来,以视察、调研、专项监督等形式,先后就医养融合养老、公共卫生应急管理体系建设、城乡生活垃圾分类处理、青少年近视防控、校外培训机构规范化管理等问题开展多种形式的履职活动,用心用情用力推动解决群众急难愁盼问题。

*深入开展慈善公益行动。*成立区政协慈爱基金,募集资金218万元。联合区慈善总会,持续开展“进百村、访千户”行动,实施关爱孤儿、关爱学童、关爱老人、关爱患者、关爱弱者“五大行动”,举办自闭症儿童书画展,组织“有礼有爱”等各类活动。区政协领导带头,广大委员积极投身扶贫帮困、助孤敬老、助学送医和文化下乡、社区服务等活动。五年累计组织政协委员1200余人次,走访

农户4800余人次，捐款捐物410万元，进一步彰显了人民政协的亲民、爱民、为民情怀。

（四）坚持双向发力，广泛凝聚共识

在团结联合中汇聚人心。与区委统战部保持常态化联系，共同组织政治协商、政情通报、委员管理，同心同行架构起了大统战格局。健全政协领导和专委会联系界别制度，组织开展各具特色的界别履职活动。坚持定期走访、交流探讨，共同开展视察调研、协商议政，支持党派团体在政协平台上唱出好声音、汇聚正能量。五年来，党派团体共提交提案1070件，会议发言370人次，社情民意信息310件，分别占总数的70.9%、51.4%和56.3%。

在联系交流中集聚力量。把凝聚共识贯穿政协履职全过程，努力画出团结奋斗的最大同心圆。进一步加强与港澳台侨、民族宗教界人士的联系联谊，密切同党外知识分子、非公有制经济人士、新的社会阶层人士的沟通联络，引导他们为柯桥经济社会高质量发展多作贡献。重视政协之友社建设，为老同志贡献智慧、继续发挥作用提供了支持。公开征集提案线索，探索开展网络议政，邀请市民代表旁听政协会议，吸纳界别群众协商议政，让群众走进政协，让政协走进群众，进一步夯实了政协履职的群众基础。注重与省、市政协的上下协同，加强与兄弟政协的联络联系，进一步凸现了政协履职的联动协同效应。

在扩大影响中凝聚共识。编辑出版《柯桥文化》丛书，参与编撰《浙江文化记忆》《宋六陵古今》，联手开展“绍兴文史·百镇赋”采编；依托山阴书画院，开展书画采风、走亲活动，举办庆祝改革开放40周年、新中国成立70周年、建党100周年系列书画作品展，文化资政育人、团结联谊功能得到了有效发挥。加强与融媒体的合作，加大外宣力度，进一步扩大了政协履职的社会影响力。

（五）坚持守正创新，提升履职质效

协商议政更加深入。区委、区政府、区政协每年联合下发协商计划，明确全年各协商议题的时间、内容、形式和程序。搭建常态化的协商议政平台，区级层面的“请你来协商”平台严格落实“6+X”的协商频次要求，镇级层面固定场所的“民生议事堂”得到全面落实。丰富协商形式，建立起以全体会议为龙头，以议政性常委会会议和主席会议为重点，以专题协商、界别协商、提案办理协商等为常态的协商体系，探索开展电视议政、网络议政、现场协商，推动协商更加广泛地展开、更为灵活地进行。注重协商实效，全会期间围绕重大问题组织专题协商，区委主要领导面对面听取委员协商建言；第一时间梳理报送协商意见，注重后续跟踪督查，较好地促进了建言成果转化。

民主监督更加有效。精选监督主题，锚定政府民生实事工程和事关群众切身利益的实际问题。丰富组织形式，多层面组建监督小组，实行政协领导分片指导、专委会对口联系，区镇两级联动开展专项监督。注重工作方法，寓支持服务于监督全过程，帮助受派单位发现问题、改进工作、推动落实。完善工作机制，做到年初专题部署、年内专项监督、年底述职评议。五年来，共组织委派监督小组49个，先后就基本农田保护、中小学教室空调安装、宗教场所安全整治、电动自行车智能充电接口安装等41个主题，开展专项监督90余次，参与委员350余人次，实现了部门工作推进、民生实事落实和政协作用发挥的“多赢”。

提案工作更加规范。加强知情服务和征集引导，广辟提案素材来源，广泛汇集民意民智，把审查立案工作放在全会结束之后进行，加大并案力度，实现了提案由数量型向质量型的转变。完善提案办理机制，坚持党政领导领办重点提案，组织提案办理“回头看”，实行提案办理结果媒体公示，推动了提案办理由答复型向落实型转变。以“数字政协”建设为契机，积极为承办单位搭建交流平台，优化完善提案工作服务机制，推动提案工作由“传统型”向“数字型”转变。五年来，经审查立案的1370件提案均按期办复，多数意见建议被有关部门吸纳落实，有的还成为政府民生实事工程的决策参考，提案的综合功效得到了进一步发挥。

（六）坚持固本培元，加强自身建设

加强体制机制建设。提请区委出台《关于新时代加强和改进人民政协工作的实施意见》《关于加强和改进人民政协民主监督工作的实施意见》，坚持区委区政府主要领导参加政协专题协商制度，每年邀请区政府主要领导通报经济形势，邀请区纪委区监委主要领导通报党风廉政建设和反腐败工作情况。先后对区政协20多项规章制度进行修改完善，制定实施《加强和促进凝聚共识工作的实施意见》《推进建言资政和凝聚共识双向发力的若干意见》；实行专委会向政协常委会、镇（街道）工委向政协主席会议集体述职评议以及政协参加单位工作交流评议制度，进一步提升了政协履职的“三化”水平。

*加强委员队伍建设。*坚持政协领导走访约谈委员制度，通报政协工作，听取意见建议。组织开展集中培训，邀请专家学者和上级领导专题辅导，加强“书香政协”建设，较好提升了委员的履职能力。坚持正向激励和纪律约束并重，加强对委员履职过程的动态管理，注重委员综合评价结果运用。广大委员充分发挥主体作用，在议政建言、热心公益、遵章守纪上争当表率，树立起了良好的社会形象。

*加强政协机关建设。*及时调整政协内设机构，优化职能设置，做到职责更明确、运行更顺畅、联系更紧密。完善政协机关运行机制，加强理论学习，注重调查研究，控制会议活动，改进接待工作，机关服务管理更加高效规范。抓好区委巡察组对机关党组巡察反馈问题整改工作，全力支持派驻纪检监察组履行职责，持之以恒纠“四风”、转作风、树新风。

2021年是党和国家历史上具有里程碑意义的一年。我们以“建党百年”为契机，扎实开展党史学习教育，广泛宣讲中共十九届六中全会精神，引导广大委员和全体机关干部争做“两个确立”忠诚拥护者、“两个维护”示范引领者。充分发挥专门协商机构作用，政协全会期间聚焦作风建设举行专题协商，引发社会各界广泛共鸣；聚焦工业小区消防安全明察暗访、专题调研，区委主要领导批转区四套班子领导，区政府部署开展专项整治；求真务实推进镇（街道）“民生议事堂”建设工作，全市现场会典型发言，柯桥政协的影响力得到了进一步提升。

五年来，区委区政府主要领导参加区政协专题协商、政情通报等履职活动26次，对区政协调研报告、协商建议等作出肯定性批示32件次。所有这些，既是对政协工作的高度重视和有力鞭策，也是对全区广大政协委员的充分信任和极大鼓舞。

五年来，区政协继承发扬历届政协的优良传统，在传承中发展，在实践中创新，进一步深化了对政协工作的认识和体会：必须毫不动摇地坚持中国共产党的领导，把准把牢政协工作的正确政治方向；必须聚焦中心服务大局，把政协工作摆到区委区政府工作全局之中去思考和谋划；必须坚持人民政协为人民，以实际行动把履职为民的理念立得更牢、扎得更深、落得更实；必须坚持大团结大联合，广泛凝聚共识，同心聚力谱写高质量发展新篇章；必须牢牢扭住创新这个牛鼻子，积极探索灵活多样、鲜活管用、行之有效的履职新平台、新途径；必须严管和厚爱结合、激励和约束并重，让委员在政协履职中唱主角、担主责、当主力，坚决扛起人民政协制度参与者实践者推动者的政治责任。

与新时代新要求相比，工作中还有一些需要加强和改进的方面，主要是：凝聚共识的途径还需进一步拓展，双向发力的质量还需进一步提高，界别的作用还需进一步发挥，政协自身建设特别是党的建设还需进一步加强，等等。这些问题要高度重视，认真研究解决。

二、对新一届政协工作的建议

新一届政协要以习近平新时代中国特色社会主义思想为指导，深入贯彻中共十九大和十九届历次全会精神，全面落实区第二次党代会各项决策部署，充分发挥专门协商机构作用，着力强化思想政治引领，着力提高双向发力质效，着力加强专门协商机构建设，着力强化委员责任担当，为奋力打造现代化“国际纺都、杭绍星城”作出更大努力，以优异成绩迎接中共二十大的胜利召开。

（一）更加自觉地坚持党的全面领导。中国共产党的领导是人民政协事业发展进步的根本保证。要把深入学习贯彻中共十九届六中全会精神和今年即将召开的中共二十大精神，作为当前和今后一个时期的重要政治任务，在政协系统掀起新的学习热潮，让各党派团体、广大委员、各族各界人士从党的百年奋斗重大成就和历史经验中汲取智慧和力量，进一步明确未来目标方向，坚定不移做“两个确立”忠诚拥护者、“两个维护”示范引领者。全面落实中央和省委、市委、区委工作要求，自觉做到一切工作在政治上考量、在全局中定位、在大局中行动，确保党的决策部署在政协系统得到不折不扣贯彻落实。进一步加强新时代政协党建工作，推动政协党的组织和党的工作“两个全覆盖”从“有形”向“有效”转变，使人民政协更好成为坚持和加强党对各项工作领导的重要阵地。

（二）更加精准地服务高质量发展大局。服务和助推经济社会高质量发展是政协应有的责任担当。要紧扣区第二次党代会决策部署，围绕区委区政府工作大局，精心选择党政所需、群众所盼、自身所长的课题，广泛资政建言，积极献计出力。围绕加快构建更加现代化、更具开放度、更有时尚味、更富竞争力的“国际纺都、杭绍星城”，聚焦“智造强区”“产城互动”“开放创新”“共富先行”“整体智治”，广泛开展协商，积极助力助推。立足“补短板、促提升”，主动研究我区经济社会高质量发展面临的新情况新问题，深入基层一线，察实情、讲实话、谋实策，进一步提高资政建言的针对性和时效性，以研值提升言值，真正做到建有用之言、献务实之策、尽精诚之力。

（三）更加有效地践行为民初心使命。让老百姓过上好日子是政协一切工作的出发点和落脚点。要始终站稳群众立场，真诚倾听群众呼声，真实反映群众愿望，真情关心群众疾苦。紧抓群众关切的教育、就业、社保、医疗、养老、住房、环境等民生热点，开展视察调研、专项监督、提案督办，真正做到协商为民、监督利民、议政惠民，持续助力增进民生福祉。进一步加强社情民意信息工作，畅通和拓宽各界群众的利益诉求表达渠道，真正做到知民情、汇民意、聚民智。持续开展慈善公益活动，鼓励和支持广大委员积极参与，倾情倾力助解民困民忧民难，努力推动政协履职的过程成为增进民生福祉的过程。

（四）更加务实地推进专门协商机构建设。专门协商机构是新时代人民政协的性质定位。要聚焦协商主责主业，进一步优化协商流程、把控协商节奏，着力营造更为开放、互动、宽松的协商氛围，推动协商民主广泛多层制度化发展。完善“6+X”工作格局，进一步擦亮“请你来协商”特色品牌；持续推进镇（街道）“民生议事堂”平台建设工作，加快打造一批示范样板，推动政协工作向基层延伸、政协协商与基层协商有效衔接。大力推进“数字政协”建设，在专题协商、对口协商、界别协商、提案办理协商的同时，积极探索远程协商、网络议政，不断丰富数字化应用场景，努力提高政协工作现代化水平。抓好协商成果报送、反馈、落实、评议各环节，致力打通协商成果转化的“最后一公里”，推动政协履职从“做了什么”“做了多少”向“做出了什么效果”转变。

（五）更加充分地发挥凝聚共识功能。更加注重广泛凝聚共识，是新时代政协工作的鲜明导向和突出特点。要充分发挥人民政协统一战线组织优势，进一步完善大统战工作格局。加强同各民主党派、工商联、无党派人士的经常性联系，拓展联动共事、共商建言履职平台。以界别为主要依托，以联系走访机制建设为主要抓手，拓宽与党外知识分子、非公有制经济人士、新的社会阶层人士、出国和归国留学人员的沟通联络渠道，在更大范围、更深层次做好大团结大联合工作，广泛汇聚起众志成城促发展的磅礴力量。继续发挥好政协之友社、山阴书画院等政协工作平台作用，彰显特色，推动文脉延续、乡情永续，更好存史资政、团结育人。

（六）更加全面地加强自身建设。加强自身建设，是政协工作高质量发展的重要保障。要落实政协委员“懂政协、会协商、善议政，守纪律、讲规矩、重品行”的要求，注重学习培训，强化履职保障，完善履职考核，严格纪律要求，畅通退出渠道，更好扛起为国履职、为民尽责的政治责任，用实际行动交好政协履职和岗位奉献“两份作业”。坚持“一委一品”，进一步加强和改进专委会、镇（街道）工委工作，更好夯实政协工作根基。支持派驻政协机关纪检监察组工作，持之以恒强素质，驰而不息抓作风，全力打造忠诚、干净、担当的政协机关干部队伍，为确保政协工作有序开展、实现政协事业创新发展提供有力的组织保证。

类目编辑　陆　杨

专 记

实事项目

截至2022年12月底，柯桥区政府幸福养老提档工程、城乡道路平安畅通深化工程、基层应急救援能力提升工程、城乡水安全保障工程、学生“爱芽护苗”行动、重点人群疾病筛查工程、新时代“柯桥工匠”培育工程、沿街店铺消防安全守护工程、食品小作坊提升及食用农产品快速检测项目、极端天气“村安”工程10个方面民生实事项目完工。

2022年柯桥区政府十件民生实事完成情况一览表

表1

序号	项目名称	项目内容	完成情况
1	幸福养老提档工程	为全区80周岁及以上老年人发放重阳节高龄老年补贴；为全区70周岁及以上老年人购买“越惠保”；为全区养老机构新增认知症照护专区床位100张以上；为以南部山区为主的约500户老年人家庭开展适老化改造，让老年人晚年有保障、生活有滋味，享受到共富改革发展成果	为全区80周岁及以上老年人发放重阳节高龄补贴2411.9万元；为93339位70周岁及以上老年人购买“越惠保”；区社会福利中心（颐乐园）和金色年华养老服务中心新增认知症照护专区床位106张；适老化改造南部山区500户老年人家庭，让养老变“享老”
2	城乡道路平安畅通深化工程	按市下达任务要求建设智慧快速路，改造主要交通堵点3处。实施“断头路”打通工程，开展新一轮路面修补；拓宽升级山区道路，打通村级公路“最后一公里”。实施公交优先发展战略，新（改）建公交候车亭10个，新建公交电子站牌10个，新（改）建公交充电桩5个，新增或更新公交线路10条、公交车30辆以上。高质量运行“越安行”重点车辆管控平台，全面落实重点车辆户籍化管理	改造下大公路与兴工路口、群贤路与笛扬路口、群贤路与育才路口3处堵点；杭甬高速柯桥互通改造工程、104国道路面病害处理工作完工，全年累计修补路面85759平方米；拓宽升级稽东镇车谷线—大岭下等14条山区道路；新（改）建公交候车亭25个、公交电子站牌10个，新（改）建公交充电桩5个，新增（更新）公交线路12条，新增公交车83辆；高质量运行“越安行”重点车辆管控平台，企业、车辆和驾驶人备案率100%

续表 1

序号	项目名称	项目内容	完成情况
3	基层应急救援能力提升工程	在全区范围内选择 20 ~ 30 个村(居委会、社区),组建义务救援队伍,规范化配备消防安全、防汛防台、森林防火等应急救援物资装备,强化义务救援队队员业务指导,定期不定期开展应急救援演练和比武,推动基层应急救援能力有质的跃升	建立 24 支基层综合应急救援队伍,配齐配强应急救援物资装备;强化培训演练力度,开展 6 期队伍培训,7 次区级专项预案演练和 120 余次部门及镇级应急演练,提升基层应急能力
4	城乡水安全保障工程	提升水文监测能力,落实水利工程数字化、标准化管理,建设水文(水位)测站 5 处。开展山区水体治理,补齐南部山区防洪短板,消除病险山塘安全隐患,整治山区溪流 3 千米、病险山塘 5 座。开展美丽河湖创建,修护河湖生态环境,彰显河湖人文特色,增进河湖休闲体验,确保曹娥江(柯桥段)、瓜渚湖直江、大鸡笼水库等创成市级美丽河湖	新建水文(水位)测站 10 处;整治山区溪流 3.46 千米、病险山塘 5 座,有效提升山区抗洪能力;曹娥江(柯桥段)、瓜渚湖直江、大鸡笼水库等创建为市级美丽河湖
5	学生"爱芽护苗"行动	新增幼儿托位 860 个,其中普惠托位 520 个,平均托位数增加至 3 个 / 千人,镇(街道)托育服务机构覆盖率 75% 以上。为全区幼儿园、小学、初中在校学生免费接种流感疫苗(10.5 万人),为 3 ~ 6 岁儿童开展口腔局部用氟项目(5.8 万人次),为二年级学生实施窝沟封闭(于牙冠咬合面、颊舌面的窝沟点隙涂布材料,形成保护层,以预防窝沟龋)(2.9 万人次)。升级改造全区 22 所初中、40 所小学保健室,配备视力智能检测仪器,建立青少年视力健康指导站	新增幼儿托位 1291 个,平均千人托位数 3.31 个,镇(街道)托育服务机构实现全覆盖。为学生进行流感疫苗免费接种 57463 人次、窝沟封闭 2563 颗、口腔局部用氟 2.3 万人次。全区 22 所初中、40 所小学配置近视防控大数据平台、智能电子视力检查系统、智能屈光检查系统、智能眼科综合生物测量系统等设备,建立青少年视力健康指导站
6	重点人群疾病筛查工程	聚焦高危人群,开展肺癌、前列腺癌、老年痴呆等疾病筛查。对 2.6 万名 40 ~ 74 岁肺癌目标人群开展筛查;对 8700 名高危人群通过 5G+AI 区域影像人工智能诊断平台进行筛查、诊断;对 3 万名 60 岁以上男性开展前列腺癌筛查(对筛查阳性者跟踪随访并开通就诊绿色通道);对 4 万名 60 岁以上老年人开展老年痴呆筛查和早期干预	开展肺癌流调筛查 29345 人次,通过 5G+AI 区域影像人工智能诊断平台筛查 9253 人次,发现阳性人员 695 人;开展前列腺癌筛查 31530 人次,发现阳性人员 4018 人;开展老年痴呆筛查 41905 人次,实施精筛项目检查 3060 人

续表 1

序号	项目名称	项目内容	完成情况
7	新时代"柯桥工匠"培育工程	按照全省"金蓝领"职业技能提升行动工作要求，紧扣培育"新时代工匠精神"目标，上线"智慧技能"数字化技能培训平台，发放职业技能培训券10万张以上，培训各类职业技能人才3万人次，新增高技能人才0.5万人，彰显"柯桥工匠"影响力、适用性	推进新时代"柯桥工匠"培育工程，上线"智慧技能"数字化技能培训平台，发放职业技能培训券10.43万张，培训各类职业技能人才33652人次，新增高技能人才6357人。技能人才占从业人员比例35%
8	沿街店铺消防安全守护工程	在沿街店铺安装约8000个独立式无线烟感探测器，一旦发生火情，第一时间通过探测器、平台、手机App、短信、电话等进行报警，同步将信息推送给业主、社区网格员、物业管理人员、微型消防站等消防安全责任主体，及时排除隐患，赢取救援时间，提升消防安全水平	柯桥街道、柯岩街道、华舍街道、齐贤街道、湖塘街道、钱清街道、福全街道、马鞍街道、安昌街道、杨汛桥街道、夏履镇等镇（街道）沿街店铺共安装8000个独立式无线感烟探测器，提升沿街店铺消防安全水平
9	食品小作坊提升及食用农产品快速检测项目	扩大食用农产品快检覆盖范围，通过风险等级划分、检测方法优化等方式，筑牢食用农产品安全"防火墙"，守护百姓"菜篮子"安全。建立1家酱制品检验检测基地，确保酱制品小作坊食品抽检合格率95%以上。加大全区食品小作坊提升力度，实现登记建档全覆盖。新培育5S现场管理食品小作坊10家，传递民俗、传承文化食品小作坊5家	全年累计开展食用农产品快检401212批次，开展食品安全系列宣传活动12场。酱制品检验检测基地累计开展快检4635批次，开展惠民宣传服务9次。对辖区内86家食品小作坊进行登记建档，新培育5S现场管理食品小作坊38家和传递民俗、传承文化食品小作坊7家
10	极端天气"村安"工程	建设X波段相控阵雷达1套、驻村自动气象站63个、气象特种要素观测站10个，更新升级区域自动气象站10个，采购北斗卫星气象应急通信设备3部，形成空天地一体化的多灾种天气监测矩阵，实现行政村和重点区域自然村气象灾害监测全面覆盖、精准分辨，深化涉灾部门"多跨协同"灾害应急，提升基层极端天气监测预警和快速处置能力	X波段相控阵雷达在王坛镇完成建设并运行；建设63个驻村自动气象站、10个气象特种要素观测站，更新升级10个区域自动气象站，3套北斗卫星气象应急通信设备投入使用，实现全区行政村和山洪易发区、地质灾害风险区等气象灾害高风险区气象监测设施全覆盖

（孙　莹）

柯桥区数字化改革

2022年，柯桥区新增18个数字化改革领域全省试点；1个应用获评浙江省改革突破奖铜奖及浙江省数字化改革"最佳应用"；5个改革案例被省数字化改革《工作动态》或省《数字化改革(除险保安篇)》刊发；4个改革案例被省《竞跑者》栏目推介；2个应用入选"一地创新，全省共享"；数字化改革工作综合排名持续获得全省五星级，获年度考核全省优秀。

在党建统领整体智治系统领域，"七张问题清单"柯桥区管控力量化指数排名居全省第一方阵。推广使用"浙里兴村(治社)共富"场景应用，全区非城区镇(街道)和行政村居委会干部应用尽用。在数字政府系统领域，柯桥区公平竞争指数数字化平台获国家级试点。"智慧交通天网""浙里森防""数智治气—露天禁烧精密智控""数智执法—环保e企管"等7项改革获省级试点。在数字经济系统领域，创建为全省首批中小企业数字化改造试点县。"织造印染产业大脑"获评2021年度省优秀行业产业大脑、2021年度省数字经济系统优秀细分行业产业大脑。在数字社会系统领域，推进全省"浙里民生关键小事智能速办"重大应用的贯彻落地，51项"关键小事"点手机即可办理。大渡未来社区被确定为全省20个优秀未来社区之一。在数字文化系统领域，"e路畅游"智慧旅游应用场景上榜浙江省文化和旅游厅数字化改革第二批试点应用名单；"古榧保护和利用集成应用"被纳入"浙江乡村大脑"。在数字法治系统领域，发布全省首个知识产权领域司法行政数字化协作应用"版权AI智审"，获评2021年度省县乡法治政府建设"最佳实践"项目，嵌入全省法院办案办公平台实现与全省法院系统协同办案。在基层治理系统领域，承接贯通"社区矫正""e行在线"等10个省级重大应用。"大综合一体化"行政执法改革获副省长高兴夫批示肯定。

2022年7月14日，柯桥区委书记陈豪在全省"大综合一体化"行政执法改革暨深化基层管理体制改革推进现场会作交流发言

（区改革办　提供）

重点推进特色应用，加快建设一批具有柯桥辨识度的标志性成果。"县乡一体、条抓块统"改革和"纺织品花样数治"分别获全省改革突破奖金奖、铜奖。"纺织品花样数治""浙里城市生命线"分别获评全省数字化改革"最佳应用"和中国信息协会"2022数字政府创新成果与实践案例"，均入选"一地创新，全省共享"。"有限空间安全在线"改革案例在省《数字化改革(除险保安篇)》刊发；"浙里基财智控""严重精神障碍患者管理服务""纺织品花样数治""织造印染产业大脑"4个应用在省数字化改革《工作动态》刊发；"驻村指导员制度"入选《浙里改(上报中改办信息)》。"亚运场馆'一件事'""'柯移办'移民服务""工伤安心云""涉审中介管理改革"4项数字化改革做法被省《竞跑者》刊发。"助企帮民法律服务'一件事'""智慧交通天网""工程建设项目集成验收""'云帮办'警务E背包""未来乡村""浙里兴村(治社)共富""耕地智保""数智医保""民族e家亲""大综合一体化"等改革做法获相关省领导批示肯定，在促进共同富裕、优化营商环境、增进民生福祉、提档公共场所、赋能基层治理等方面均起到推进作用。

围绕教育、医疗、金融机构、国有企业等领域进一步延伸扩面。教育领域，建设"护翼天使"特殊学生关爱应用、"红色网上游"柯桥研学应用、"柯桥校园防疫服务"应用三大数改项目，均上架“浙里办”，为广大师生带去便利。医疗领域，建设“医保行业智律平台”，推进医保基金监管制度体系改革，相关做法被省府办专报刊登，获副省长成岳冲批示肯定；柯桥区在省、市医保行业现场会中作为现场参观点，作经验介绍。金融领域，在全市率先开展企业上市合法合规证明“一件事”集成改革，为25家次上市公司、拟上市公司及其子公司完成“一件事”办理。相关做法获省市区三级媒体宣传报道。柯桥区承办全市企业上市合法合规证明“一件事”集成改革现场会。国有企业领域，由轻纺城股份有限公司牵头建设“数字轻纺城产业平台”，注册会员1.6万家，上架面料4.1万款，智慧物流平台覆盖全国209条线路，提升轻纺城市场营商环境。由区水务集团牵头建设“柯桥区供水用户服务平台”，集团供排水地理信息系统建成并投入使用，实现饮用水、综合水、污水3类管道同平台维养管理，向广大用户提供更优质的线上服务。

承接贯通六大系统中省级重大应用，实现应通尽通、应用尽用。柯桥区浙里好干部、浙江质量在线、浙江知识产权在线公共资源交易服务、浙里金融综合服务应用、海外智慧物流在线等多个应用均实施区级模块建设、单位接入、推广应用等。推进基层贯通。柯桥区“141”承接“1612”(指1个平台，六大系统，12个“一件事”)基层智治系统，4个重点应用、15个业务模块、5个权责事项实现省市区贯通，贯通率100%，参加全省基层智治系统路演。鼓励各部门探索应用推广模式。建设“金柯桥数未来·柯小微数说应用”专栏，采用专栏、短视频、直播等多种形式，宣传推广柯桥区特色浙里办应用，推出的交通运输局“交通篇”和印染服务中心“人才篇”，累计吸引上万人次观看。

在建设应用成果的同时，注重将实践经验上升为理论和制度，形成一批理论成果和制度成果。《绍兴柯桥公安“驻村守望”制观察》《数字检察范式的实践应用》被新华社《高管信息》《新华每日电讯》等国家级刊物刊发。“柯桥区全面推进‘三治协同’提升有限空间安全治理水平”等5项改革案例被《浙江政务信息》刊发，其中“社区民警驻村守望制”得到副省长王成国批示肯定。《“云帮办”服务提速更便民》在《法治日报》等主流媒体刊登。出台《关于深化实施社区民警驻村守望制全面提升基层治理现代化水平的意见》《柯桥区有限空间从业人员安全培训考核指导意见(试行)》《柯桥区有限空间作业分级审批制度》《“1+X”基层财政管理制度体系》等10余项数字化改革工作制度。(张华芳)

共同富裕示范区先行地建设

2022年，柯桥区实现地区生产总值1901.36亿元，总量居全市第一、全省第十。全区全体居民可支配收入实现74770元，比上年增长5.2%，总量居全市第一；农村居民人均可支配收入实现51605元，比上年增长7.4%，居全省第一，城乡居民收入比大幅缩小至1.599。全区工业增加值实现840.95亿元，比上年增长6.0%。其中，规模以上工业增加值实现497.00亿元，比上年增长10.2%；高新技术产业增加值实现246.52亿元，比上年增长16.1%。全区批发业商品销售额实现4169.28亿元，比上年增长24.0%。受4轮汽车促消费政策、3000万元惠民消费券发放等正向因素激励，限额以上零售比上年增长18.8%，回升明显。《柯桥农民收入为何连连涨》在《浙江日报》头版头条刊登。

柯桥区找准全省共同富裕大跑道，紧扣缩小城乡差距这一共富的最大难点，创新作出建设共富星村建设的重要部署，在全省首创由十条标准构成的星标体系，激发先行示范星火效应，率先建设8个共富星村，全部满星通过验收。在全省率先建设党建统领“区级引领、镇街主抓、村级主体”三级强村公司共富矩阵，梳理总结出投资收益型、资产盘活型等9种有效模式，共组建三级强村公司46家，实现全区16个镇(街道)全覆盖。全区农村集体经济总收入18.84亿元，其中经营性收入11.68亿元，比上年增长13.27%，全区328个村集体经济组织平均经营性收入356万元。在2021年全面消除年经营性收入50万元以下经济薄弱村基础上，全面消除100万元以下的相对薄弱村。“传承发扬驻村指导员制度，打造推进共富硬核队伍”和“以‘共富星村’省级试点，助推强村富民乡村集成改革”分别入选全省第一批、第二批共富最佳实践，系绍兴市唯一一个第一批、第二批全省共同富裕示范区最佳实践都“榜上有名”的区县市。“激活慈善力量助推三次分配共富先行”等多个案例入选市首批试点、最佳实践，数量居全市第一。

“一组一办一团一中心六专班”组织体系系统推进更加顺畅，区共富领导小组每两月召开工作例会，牵头抓总作用得到凸显；出台《关于全面推进共富星村建设的七项政策》和《关于建立共富星村创建工作推进机制的通知》，迭代升级共富星村十大标准2.0版，出台共富星村评星定级考评细则，明确创建验收、运营奖励、用地政策、资源要素保障等政策措施，建立区领导挂联、镇（街道）主要领导包村、部门对口联系等工作制度；共同富裕顾问团实质性运作，顾问团专家开展共富星村课题调研7次，10月底召开全体顾问团调研咨询活动暨工作例会。传承和发扬驻村指导员制度，实施“红色根脉强基工程”，建强共富领头雁群；实施乡村“领雁人才”“头雁”培育工程，启动运营全市首个乡村人才创业园，有5个乡创团队入驻。

依法保护民营企业合法权益，加大新生代企业家队伍建设，助企惠兴企，落实减税降费政策，激发市场主体活力，让关爱企业家、尊重企业家成为社会风尚，获评企业家最具幸福感城市。持续加强民生服务9个实体场景功能，落实《共富星村场景创建标准》，建设“5分钟生活服务圈”“10分钟公共交通圈”“15分钟健身圈”“20分钟医疗圈”。举办第五届世界布商大会，推进轻纺城兴商隆市，释放线上与线下市场活力。获评2018—2021年度浙江省群众体育工作成绩突出集体。2022年全国综合实力和投资潜力百强区榜单中，柯桥区居2022年全国综合实力百强区第10位、全国投资潜力百强县市第36位。

关注未就业高校毕业生、下岗失业人员、退役军人和就业困难人员等重点人群，引入第三方培训教育资源开展各类技能培训3.37万人次，新增技能人才12377人、高技能人才6381人。以共富星村省级试点带动全域“共富工坊”“未来乡村”建设，实施“老绍兴回归工程”，推进“五朵金花”和“五棵摇钱树”特色优势产业提质增效，新增各类农村就业岗位2000个以上。实施新一轮强村工程行动，扩充运营1.08亿元“强村消薄”基金，全区累计引进社会资本23.83亿元，盘活农房建筑面积78.93万平方米，增加农户收入1.17亿元。实施“柯桥农匠”工程，通过就业技能培训平台开设育婴师、养老护理员、保育员、评茶员等10余个技能培训项目。新增各类农村就业岗位2000个以上。（李伊明）

未来社区建设

2022年，柯桥区围绕“一统三化九场景”要求，联动推进城乡风貌整治、未来社区、未来乡村等工作，探索未来社区、未来乡村联建联动并全域创建的柯桥模式。全区有13个未来社区被列入省级创建名单，其中大渡社区、下市头社区、新未庄社区通过省级验收挂牌，数量居全市第一。

2022年6月22日，绍兴市未来社区现场会在柯桥区大渡社区召开
（邵丹波 摄）

6月，绍兴市未来社区现场推进会在柯桥举办，柯桥区做典型发言。10月，柯桥区被浙江省城乡风貌整治提升工作专班办公室列入全域推进未来社区建设和城镇社区公共服务集成落地改革第一批试点，获省、市肯定。区政府常务会审议通过《柯桥区全域推进未来社区建设和城镇社区公共服务集成落地改革实施方案》，部署“4+9”工作体系，推动

以“三化九场景”为标志的优质公共服务从局域供给转向全域覆盖。11月，区委书记、区长牵头成立区建设高水平网络大城市工作领导小组，办公室设在区建设局，下设共同富裕基本单元建设组，牵头全区共同富裕现代化基本单元建设工作，重点关注未来社区省、市、区三级联创与全域未来社区试点创建工作。

新未庄社区地处街道核心位置，是鉴湖渔歌风貌带的起点，建有仿清代民居471幢，住户919户，社区有户籍人口2937人、流动人口2300余人。社区依托其红色党建资源，保留白墙黑瓦的江南水乡风貌特色，以“党建”为统领，“水乡”为基底，“鲁迅”为标志，“和”文化为特色，重点建设“党建+一老一小”场景，挖掘“红色研学游”运营模式，软硬结合，推进基础设施建设，扩大优质服务供给半径，推动公共服务集成落地改革，为共同富裕示范区建设和现代化先行奠定坚实基础。

下市头社区坐落于柯桥老城区，辖有5个小区，住户1347户。社区立足历史街区的文化优势基础，把握城市渐进式更新发展趋势，推动“产城人文”深度融合，紧抓未来社区创建契机，结合社区60周岁以上老年人口占比35%的人口结构特点，探索老年人社区全生活链服务需求，社区秉承“筑品牌、重服务、给实惠、促和谐”服务宗旨，做强以“3+5”计划为核心的“悦生活·下市头”老年服务品牌基地，织密社区养老服务网。

大渡社区是柯桥区最大城市社区，也是浙江省最大移民社区之一。自2021年入选全省未来社区旧改类创建名单后，大渡社区坚持把“为民、便民、安民”作为创建的根本出发点和落脚点，以“共享智享乐享”为创建宗旨，推动九大场景成为“享老”“乐学”“智治”等共富先行典范，整合组织、教育、民政、卫健等17个部门资源，共导入党建、文化、卫健、民政、教育等资源2万余种，发布生活资讯、健康宣传、电信反诈、微心愿等各类信息1.8万条，提供失智干预、康复护理、送教上门、志愿帮扶等服务惠及5000余人次，协调解决小区维修资金使用等各类问题600余件，直接受益居民2.5万人，建设具有柯桥特色的未来社区幸福共同体。（邵丹波）

2022年5月30日，柯桥区大渡社区入选浙江省首批未来社区样板名单 （邵丹波 摄）

城乡风貌整治提升

2022年，柯桥区推进水韵纺都特色产业风貌区、坂湖宜居城市新区风貌区、舜源古忆县域风貌区3个风貌区落地。“水韵纺都”“舜源古忆”获评省级风貌样板区，其中“水韵纺都”挂牌新时代富春山居图。

水韵纺都特色产业风貌区聚焦“全球轻纺创新引擎、新江南诗意城区典范、魅力生活城市中心”三大建设目标，以创高点、塑中心、兴风貌为路径，实施“水韵纺都”城乡风貌整治提升。坚持保护传承，挖掘“水韵纺都”文化内涵。注重保护修复，加强柯桥古镇空间保护与文化传承。建成运河岸线文化景观导视系统，建设“江南水乡”主题风貌。依托世界布商大会、纺博会、时尚周等活动赛事，集聚更多人气商气，凸显纺都文化标识；依托柯桥古镇，推出“柯桥夜泊”“柯桥十二月市”等系列活动，举办周末古玩集市，持续释放消费新活力。坚持数字变革，持续改善“水韵纺都”经营环境。新建“利可达”智慧物流平台，强化系统感知，实现统一揽收，推动货车快速有序配送，降低物流成本。建成投运全市首个中欧班列“柯桥号”，实现“各地货、柯桥组、柯桥出”，建设国际物流大通道。构建“数字轻纺”平台，全国首创“纺织品花样数治应用”，上线“浙江知识产权在线”，获评全省数字化改革“最佳应用”。坚持提质增效，提升“水韵纺都”环境品质。完善配套服务设施，挖掘闲置地下空间和地面“畸零空间”，解决停车难问题。推动“客货”交通适度分离，通过短驳车、水上巴士、慢行交通系统的复合构建，提升市场区域出行效率。改造提升轻纺城大桥，扩充运河岸线步行空间，建设系列“城市驿站”和“码头驿站”，为市民提供全天候休憩服务。建设柯桥街道下市头未来社区，加快补齐公共配套设施短板。

舜源古忆县域风貌区以“党建引领、共享共富”为主线，打通“绿水青山就是金山银山”转化通道，加快农文旅元素融合，形成独具本土特色的实践之路，建设舜源古忆县域核心场景与亮点工程。以杭绍台高速车头互通作为风貌区入口门户，以红色文化、共同富裕为主线，对绍甘线—车竹线沿线第一视线建筑立面、农田进行微更新·精提升；新增绿道约 5 千米，稽东与王坛实现绿道全线贯通。在区域性水源地的生态保护严格要求下，用存量更新的理念，引入和生态环境相适应的“会稽山国际研学营地”新项目；整合提档香榧传统产业，稽东香榧品牌管理服务中心正式运行，促成美丽环境向美丽经济的转化。依托国家宅基地制度改革试点的政策优势，探索宅基地流转和功能置换机制路径。王坛镇举办全市首次农村宅基地镇域跨村有偿选位竞拍，东村村对 15 处流转闲置房屋进行修缮改造，冢斜村引入知名画家进驻，计划形成画家聚落，为古村落注入艺术活力。

2022 年 2 月 22 日，浙江省建设厅副厅长姚昭晖（前排右二）调研柯桥区城乡风貌整治提升工作（邵丹波　摄）

构建舜德文化走廊，讲述舜王故事，传承红色文化，以四季（春分祭日、夏至祭地、秋分祭月、冬至祭天）与二十四节气巧结合，设计舜王形象 IP，一方面开发衍生 IP 相关文创产品与农创产品，另一方面在景观标识、文化活动中融入“舜王”文化形象，增强环境氛围感。（邵丹波）

类目编辑　宋如玲

大事记

1月

5日，浙江省委召开县（市、区）委书记工作交流会暨新冠疫情防控工作部署会，柯桥区领导陈豪、袁建、朱晓董、吴海洋、陈利华在区分会场参加。

同日，区委召开一届十二次全体会议，区委常委会主持会议。区委书记陈豪讲话，区委副书记袁建、诸剑明出席，区委副书记陈利华就中共绍兴市柯桥区第二次代表大会等有关工作情况作说明。

10日，区委常委会召开扩大会议，传达学习贯彻全省民营经济发展大会、市委八届十二次全体会议以及上级有关新冠疫情防控会议精神，研究部署区贯彻落实工作。区委书记陈豪主持会议并讲话，区委副书记、代区长袁建传达会议精神。

11—13日，柯桥区召开中国共产党绍兴市柯桥区第二次代表大会。13日，二届区委举行第一次全体会议。选举二届区委常务委员会委员，陈豪为书记，袁建、陈利华为副书记。同日，新一届区委召开第一次常委会会议，区委书记陈豪主持会议。

17日，以“年味‘非遗’柯桥有礼”为主题的首届柯桥“非遗”云上年货节开播，在一个半小时的直播过程中，观看量超16万人次，成交量近千单。

22日，柯桥区召开党史学习教育总结会议，区委书记陈豪讲话。

27日，浙江省亚运综合办主任杨戌标带队到柯桥区调研亚运场馆建设工作。

31日，柯桥区第二届纪律检查委员会第二次全体会议在区行政中心召开，区纪委书记李东代表常委会向会议作题为《全面学习把握落实党的二十大精神坚定不移推进全面从严治党在柯桥落地生根》的工作报告。会议回顾总结柯桥区2022年纪检监察工作，部署2023年任务。

2月

7日，柯桥区干部大会暨区委经济工作会议在区行政中心召开。区委书记陈豪讲话，区委副书记、代区长袁建主持并部署工作。

9—10日，浙江省委副书记、省长王浩到柯桥区调研企业生产经营情况，开展“助企开门红”活动。

10日24:00起，杭绍台高速公路齐贤枢纽至柯岩互通段正式通车运营，杭绍台高速绍兴金华段全线贯通。杭绍台高速公路绍兴金华段齐贤枢纽至柯岩互通段起自柯桥区齐贤街道，与杭甬高速钱江通道连接，经柯桥、越城，终于柯岩互通，全长13.09千米，设枢纽式互通1处（齐贤枢纽）、一般互通1处（镜湖互通）。

15日，“老绍兴回归工程”启动暨第一批重大项目集中签约仪式在鉴湖大酒店会议中心举行。包括“老绍兴回归工程”项目在内的20个重大项目进行现场集中签约，计划总投资510.85亿元，涵盖新材料、泛半导体、生物医药、智能装备、现代纺织、文化旅游、总部平台等领域。

同日，柯桥区召开征迁工作大会暨“拔钉清障”工作动员会，区委副书记、代区长袁建讲话。会前，与会人员实地踏看中国轻纺城国际物流中心拆迁项目。会上，区征收办（筹）部署2022年度柯桥区征迁工作及拆迁遗留户“拔钉清障”集中攻坚专项行动，柯岩、华舍、湖塘、钱清、齐贤、福全6个街道分别作表态发言。

18—22日，中国人民政治协商会议第二届绍兴市柯桥区委员会第一次会议在柯桥召开。会议审议通过区政协主席孟柏千代表区政协常务委员会所作的工作报告和区政协副主席陈爱霖受区政协常委会委托所作的提案工作情况报告；听取并通过区政协提案委员会关于区政协二届一次会议提案受理情况的报告；表决通过区政协二届一次会议决议；听取并协商讨论区人民政府代区长袁建所作的《政府工作报告》和其他报告，围绕柯桥区改革发展大局和群众关注的热点难点问题，提出意见建议。

19日，由省体育局、省体育总会主办的浙江省第六届冰雪运动嘉年华暨第八届全国大众冰雪季（绍兴柯桥站）在柯桥乔波冰雪世界开幕。此届冰雪嘉年华突出“庆冬奥、盼亚运”的特点，现场专门设置“圆梦冬奥、喜迎亚运”签名墙、“我与冬奥冠军有约”合影框，展出柯桥区中小学生创作的北京冬奥会主题优秀画作、画卷等作品。上百名柯桥少年合唱冬奥歌曲《2022，相约北京》，表达对冰雪运动的喜爱和对美好未来的向往。第八届全国大众冰雪季绍兴柯桥站活动，是柯桥区首次承办全国大众冰雪季活动。

23日，柯桥区第二届人民代表大会第三次全体会议召开，依法选举朱晓董为绍兴市柯桥区第二届人民代表大会常务委员会主任、袁建为绍兴市柯桥区人民政府区长、李东为绍兴市柯桥区监察委员会主任、楼颖为绍兴市柯桥区人民法院院长、钱昌夫为绍兴市柯桥区人民检察院检察长（须经绍兴市人民检察院检察长提请绍兴市人大常委会批准）。投票表决通过2022年区政府民生实事项目，表决通过绍兴市柯桥区第二届人大各专门委员会组成人员名单。

25日，柯桥区政府召开二届一次全体（扩大）会议。区委副书记、区长袁建作报告。常务副区长丁贵主持会议并部署分管线上重点工作。区政府领导袁笑文、陈钧、钟旌、陈勤、成诚、蒋其分别部署分管线上重点工作。区发改局、生态环境分局、应急管理局、土地和房屋征收办、兰亭度假区、齐贤街道分别围绕重大项目推进、治气、消防安全、土地征收、项目招引、迎亚运工作作表态发言。

3月

12日，区委书记陈豪主持召开新冠疫情防控会议，区委副书记、区长袁建，区委副书记陈利华等参加，副区长陈勤通报有关情况并作部署。

18日，区高质量发展推动共同富裕领导小组会议召开。区委书记、区高质量发展推动共同富裕领导小组组长陈豪主持会议并讲话。

21日，柯桥区第19届亚运会工作领导小组（扩大）会议召开。区委书记、区第19届亚运会工作领导小组组长陈豪作讲话发言，区委副书记、区长、区第19届亚运会工作领导小组组长袁建主持。

同日，柯桥区被省政府命名为浙江省体育现代化县（市、区）。

25日，由柯桥区文创企业“赋山传媒”参与制作、出品的大型纪录片《我住江之头》在央视一套首播。该片被誉为“‘中国故事、国际表达’的升级之作”，历时三年半拍摄完成。全篇共5集，围绕“三江源——国家的生命之源”这一核心主题展开，被列入中宣部“纪录中国”工程和国家广播电视总局“记录新时代”纪录片精品项目。

28日，全省清明节期间加强疫情防控工作电视电话会议召开。柯桥区委副书记、区长袁建在区分会场参加会议并作会后强调。

4月

2日，省委、省政府以视频形式召开全省建设平安浙江工作会议。会议表彰2021年度平安市、平安县（市、区）等一批先进单位和个人。柯桥区获2021年度“平安牌”，实现省级平安区“十七连冠”。

7日，区委书记陈豪带队实地踏看亚运线路。

11日，区“大综合一体化”行政执法改革暨“浙里兴村（治社）共富”场景应用现场推进会召开。区委书记陈豪讲话，区委副书记、区长袁建主持，区领导潘晓东、成诚作工作部署。

13日，市委书记盛阅春在柯桥区调度疫情防控工作。市委副书记、市长施惠芳在柯桥区指挥部召开视频调度会议，区领导陈豪、袁建、陈利华等参加相关会议或调研。

同日，浙江金道科技股份有限公司在柯桥区举行上市仪式，以“云敲钟”的形式正式在深圳证券交易所上市，成为2022年绍兴市首家上市企业，也是柯桥区首家在深交所创业板上市的企业。市委常委、常务副市长陶关锋，区委书记陈豪等出席活动。

15日，柯桥区召开新冠疫情应急处置联防联控指挥部会议。市委副书记、市长施惠芳讲话，市领导杜旭亮等参加就疫情防控工作提出要求。区委书记陈豪汇报当前疫情防控形势，区领导袁建、陈利华等在柯桥或马鞍指挥部参加。

同日，区委副书记、区长袁建带队到马鞍街道调研疫情防控工作，看望慰问一线工作人员。

16日，柯桥区召开疫情应急处置联防联控指挥部会议。区委书记陈豪主持会议并讲话，区委副书记、区长袁建讲话，区领导陈利华等参加并就疫情防控工作提出要求。

18日，水利部等六部委发布《关于公布典型地区再生水利用配置试点城市名单的通知》，柯桥区入选典型地区再生水利用配置试点城市名单。

19日，区委书记陈豪主持召开会议部署保障物流畅通促进产业链供应链稳定、复工复产复市工作。

同日，全市建设平安绍兴工作会议暨全国市域社会治理现代化试点城市迎检、“除险保安”和亚运维稳安保工作动员部署会召开，会议以视频形式召开。区委书记陈豪在区分会场参加并作交流发言。

20日，柯桥区被教育部确定为义务教育优质均衡先行创建县（市、区、旗）。

21日，区委召开“4·13”新冠疫情防控工作复盘会议。区委书记、区应急处置联防联控指挥部指挥长陈豪讲话。

24日，柯桥区重大项目攻坚一季度督查点评推进会暨迎亚运百日攻坚“三大行动”部署会召开。区委书记陈豪讲话，区委副书记、区长袁建主持。会上，通报二季度项目开工情况，一季度“重大项目攻坚年”整体推进情况；宝万碳纤维、迅实科技等开工项目代表作发言；柯桥经开区、兰亭度假区、柯岩街道、马鞍街道、轻纺城股份公司等项目责任单位领取督办单；13家项目责任单位作表态发言。会议部署迎亚运百日攻坚“三大行动”工作。

25日，全区建设平安柯桥工作会议暨“除险保安”大行动动员会在区行政中心召开。区委书记陈豪讲话。区委副书记、区长袁建主持。区委副书记、政法委书记陈利华宣读表彰文件并部署“除险保安”大行动、亚运维稳安保等工作。会上，区公安分局、区应急管理局、柯岩街道、齐贤街道负责人作交流发言，柯桥街道、杨汛桥街道、齐贤街道主要负责人签订“除险保安责任状”。会议表彰2021年度“平安柯桥”建设突出贡献集体和个人。

同日，全区数字化改革领导小组第五次全体（扩大）会议召开。区委书记陈豪讲话，区委副书记、区长袁建主持。会上，区改革办、区委办、区府办、区经信局、区发改局、区委宣传部、区委政法委、区大数据中心分别汇报2022年以来数字化改革进展情况和下阶段工作安排，团区委、区建设局、区数制科技分别作上线应用演示。

5月

6日，省农业农村厅厅长王通林一行到柯桥区调研强村富民乡村集成改革工作，实地调研平水日铸茶产业发展情况，宅基地改革、闲置农房激活工作情况。

7日，区高质量发展建设共同富裕示范区推进大会召开。区委书记陈豪讲话，区委副书记陈利华主持。

同日，全国自建房安全专项整治电视电话会

议召开。区委副书记、区长袁建在区分会场参加会议并作会后强调。

10—11 日，区委书记陈豪率考察团赴成都，实地考察四川大学等高校和企业，就进一步深化政校企合作、加快产学研转化等工作进行对接洽谈。

16 日，中国·绍兴第七届海内外高层次人才创新创业大赛启动仪式暨 2022 柯桥创新创业环境推介会在柯桥区举行。此届大赛以“柯创星城，智赢未来”为主题，旨在通过“以赛引才”“以赛选才”等形式，挖掘和支持一批具备核心竞争力和发展潜力的海内外优质创新创业项目。区委书记陈豪作柯桥城市推介。区委常委、组织部部长潘晓东发布柯桥区人才新政 4.0。绍兴金柯桥科技城(浙江绍兴人才创业园)建管委主任、党工委书记，绍兴柯桥经济技术开发区党工委书记祁力峰介绍浙江绍兴人才创业园创新创业环境。省、市、区各级领导，海内外专家学者，项目签约方，人才企业和科研院所代表，民营园区代表，投资机构等 200 余人以现场或视频方式参加活动。活动现场，柯桥区人民政府与法国埃夫里大学就“柯桥法国离岸孵化器”项目进行合作签约。滨会生物、鼎晶生物、酷凌时代等企业分别与合作方德诺资本、中科院资本、中科长光创业投资等机构进行基金投资合作签约。第六届海创大赛获奖项目代表分享落户柯桥创业故事。

18 日，区委农村工作会议暨强村富民推进会召开。区委书记陈豪讲话，区委副书记、区长袁建主持，区委副书记、政法委书记陈利华通报 2021 年度全区乡村振兴战略实绩考核结果、乡村振兴工作突出贡献集体和个人情况。会上，马鞍、福全、兰亭、平水、柯岩等重点镇(街道)递交《2022 年度粮食安全责任书》。区共富办、区农业农村局主要负责人作工作汇报。旅发集团、瑞丰银行、东湖农场、平水镇、湖塘街道香林村主要负责人作交流发言。

22 日，2022 柯桥时尚周(春季)启幕式暨中国纺织时尚趋势发布秀在中纺 CBD 东方米兰国际时尚发布中心举行。国际纺织制造商联合会主席、中国纺织工业联合会会长孙瑞哲，市委副书记、市长施惠芳，区领导陈豪、袁建等出席。活动现场，“中国纺织时尚趋势发布秀”作为此届时尚周首场大秀，由中国、法国、意大利的知名设计师和 8 家柯桥优秀面料企业联合呈现。现场举行第七届(2022 年)“金梭奖”全国十佳纺织面料设计师及培养单位评选颁奖典礼。

23 日下午，市委书记盛阅春到柯桥区疫情联防联控指挥部，实时掌握防控措施落实情况，指挥调度防疫工作。晚上，召开全市疫情防控视频会议。市委副书记、市长施惠芳，省卫生健康委副主任夏时畅到柯桥指挥部参加并讲话。

24 日，副省长成岳冲到柯桥检查指导疫情防控工作，先后到绍兴市中心医院、华舍街道社区卫生服务中心、唯乐口腔医院等重点场所进行检查指导。

同日，区疫情防控指挥部召开视频连线会议专题会商疫情防控工作。市委副书记、市长施惠芳参加并讲话，区领导陈豪、袁建、陈利华等参加。

25 日，全国稳住经济大盘电视电话会议召开。区委副书记、区长袁建在区分会场参加会议并作会后强调。

26 日，区疫情防控指挥部召开视频连线会议，通报当前疫情形势和疫情防控工作情况，研究部署下阶段工作。区委书记陈豪主持会议并讲话。

27 日，区委常委会召开扩大会议，传达学习贯彻全国稳住经济大盘电视电话会议精神，按照“两战赢”要求，研究部署下阶段疫情防控工作和经济社会发展工作。区委书记陈豪主持并讲话，区委副书记、区长袁建传达有关会议精神，部署复工复产复市工作。

28 日，区委书记陈豪实地调研轻纺市场复市工作情况。

31 日，区委书记陈豪赴柯桥街道、柯岩街道等地调研企业复工复产情况。

6 月

2 日，全区“除险保安”大行动领导小组会议召开。区委书记陈豪讲话，区委副书记、区长袁建主持。

同日，区委书记陈豪深入基层一线，实地检查社会面防控和复工复产工作等情况。

6日，区“七张问题清单”工作领导小组第二次(扩大)会议召开。区委书记陈豪主持会议并讲话。会上，区专班汇报1—4月“七张问题清单”相关工作情况及下一步打算，清单牵头单位作交流汇报，相关部门汇报“重点关注问题”整改情况。

同日，区对口工作暨山海协作工程领导小组会议召开。区委书记陈豪讲话，区委副书记、区长袁建主持。

7日，全市经济稳进提质攻坚大会召开，区委书记陈豪在区分会场参加并作交流发言。

9日，国务院办公厅发布《关于对2021年落实有关重大政策措施真抓实干成效明显地方予以督查激励的通报》，柯桥区上榜“高度重视重大决策部署督查落实工作，在创新优化督查落实方式方法、推动地区经济社会发展等方面成效明显的地方”名单，成为全省90个区(市、县)中唯一获此荣誉的单位。

同日，全市基层智治暨城乡社区工作会议召开。区领导陈豪、袁建、陈利华、李永杰、潘晓东、成诚在区分会场参加，柯岩街道主要负责人在区分会场作交流发言。

10日，为期3天的2022中国绍兴柯桥国际纺织品面辅料博览会(春季)在绍兴国际会展中心启幕。此届春季纺博会延续“国际、时尚、绿色、高端”这一系列主题，分纺织面料、时尚设计、印花工业、功能性纺织品四大展区，设立近1400个展位，参展企业500余家，从服装产线的上下游到设计创新与商贸交流均涵盖在内。纺博会推出“数字纺博”主题线上直播与线上采购对接会。

10—11日，以“汇智清华·创星柯桥”为主题的第七届清华校友三创大赛晋级赛(浙江赛区)在柯桥区举行。此次三创大赛通过初轮筛选，共计21个项目进入晋级赛，涵盖纺织创意、新材料、生物医药、人工智能、集成电路、现代建筑业等绍兴柯桥的特色产业、优势产业和未来产业。大赛分2个会场，同时进行种子组、天使组以及成长组的项目路演，最终角逐出进入总决赛的项目。启动仪式上，演绎《百年新潮》情景朗诵剧。区委组织部与清华大学浙江校友会签订人才交流战略合作框架协议，区委宣传部与浙江话剧团签约《新潮》话剧项目。现场还进行罗家伦书院项目签约仪式。会后，与会人员实地考察柯桥区人才服务综合体，参观钱清街道江墅村罗家伦祖居。

13日，柯桥区举办“喜迎七一·共富我先行”村社党组织书记领雁擂台赛。活动现场，16名来自各镇(街道)的村社党组织书记代表同台赛比，围绕“共富星村建设”主题，立足村社基本单元，通过“路演+答题”的方式，谈思路、比实绩、当标兵，角逐出“金牌书记”“银牌书记”。区委书记陈豪对参赛的村社党组织书记一一作点评，并就不断做大做强“共富星村”基础盘、推进强村富民集成改革、打造共富标志性成果等工作提出要求。

17日，全区经济稳进提质攻坚大会暨民营经济发展大会召开。区委书记陈豪讲话，区委副书记、区长袁建主持，区委副书记陈利华宣读有关表彰文件，区委常委、常务副区长丁贵，副区长陈钧、成诚分别围绕1—5月“重大项目攻坚年”推进、重大项目招引、重大交通项目推进等情况作点评。

同日，第十届中国(浙江)工艺美术精品博览会在绍兴国际会展中心开幕。此届博览会展览面积26000平方米，规模为历届之最。来自全省11个市和重点县(市)的千余名国家级、省级、市级工艺美术大师和工艺美术行业从业人员参加此次博览会，展出展品5万余件，汇聚工艺美术11大类。浙江省原副省长叶荣宝等领导出席开幕式，柯桥区委书记陈豪致辞。

20日，柯桥区“共同富裕基本单元——共富星村”项目入选全省高质量发展建设共同富裕示范区第二批试点改革探索类名录，柯桥区成为该批次绍兴市唯一入选区(县、市)。

同日，安昌古镇青少年思想小镇暨华语辩论世界杯初中小学组落户签约仪式在安昌古镇举行。

25日，2022第二届柯桥乡贤大会暨重大招商项目签约仪式在绍兴国际会展中心举行。市委副书记、市长施惠芳讲话。市委常委、统战部部长叶卫红出席。区委书记陈豪致辞。区委副书记、区长袁建作“国际纺都 杭绍星城”未来展望推介。现场还集中签约31个重大招商项目。

7月

1日，全市深化生活垃圾治理工作推进会召开，区委副书记、区长袁建在区分会场参加会议并作会后强调。

6—7日，峨边彝族自治县党政代表团到柯桥区考察，对接东西部协作相关工作。

12日，省现代纺织技术创新中心暨鉴湖实验室成立仪式在市行政中心举行。市委书记盛阅春、省科技厅厅长高鹰忠讲话并共同揭牌，浙江理工大学党委书记吴锋民讲话，浙江理工大学校长陈文兴介绍创新中心建设方案，市委常委、组织部部长王琴英主持，区委书记陈豪讲话。

14日，全省“大综合一体化”行政执法改革暨深化基层管理体制改革推进现场会在衢州召开，区委书记陈豪在主会场参加并作交流发言。

15日，柯桥区五大平台半年度实绩赛比工作汇报会在漓渚棠棣乡村振兴实训基地举行。区委书记陈豪讲话，区领导袁建、吴海洋、李永杰、袁笑文、潘晓东、任宏亮、诸剑明、成诚参加并作点评或汇报交流，陈利华主持会议。会上，督考办通报五大平台半年度实绩赛比总体情况，兰亭度假区、柯桥经开区(金柯桥科技城)、轻纺城建管委、鉴湖度假区、临空示范区负责人分别汇报半年度工作和赛比项目进展情况。区委组织部(人才办)、区改革办、区发改局、区自然资源分局、区征收办、区投资促进中心和各镇(街道)负责人分别作交流发言。

16日，第二届“新时代·中国美丽城市、美丽乡村巡礼”暨“2022中国文旅和景城融合发展峰会”在柯桥鉴湖大酒店会议中心举行。业界知名专家、全国各级党委、政府代表、新闻媒体和行业机构代表等百位嘉宾，分别以美丽乡村、共同富裕、景城一体发展、高品质城市等为主题，分享和探讨对文旅融合高质量发展的思考和实践。区委书记陈豪出席并致辞，区委常委、宣传部部长任宏亮作专场推介。

20日，区委召开“重大项目攻坚年”半年度督查点评推进会。区委书记陈豪参加会议并讲话，区委副书记、区长袁建主持。会上，区发改局负责人汇报上半年“重大项目攻坚年”整体推进情况；区经信局、区交通运输局、区建设局等专项攻坚行动牵头单位负责人汇报上半年专项攻坚行动推进进展情况；柯桥经开区、兰亭度假区、湖塘街道、建设集团等三季度应开项目责任单位负责人汇报应开项目进展情况；上半年百日攻坚“蜗牛”项目相关责任单位负责人作表态发言。

21日，省委召开全省除险保安百日攻坚行动工作推进会。会议以视频形式召开，区委书记陈豪在省主会场参加并发言。

25日，全市除险保安百日攻坚行动工作推进会召开。会议以视频形式举行。区领导陈豪、袁建、陈利华等在区分会场参加。柯桥街道主要负责人在区分会场发言。

同日，2022海内外青年人才柯桥周暨重点高校人才智力合作对接活动启动仪式在绍兴鉴湖大酒店会议中心举行，来自国内外70余所重点高校的100余名青年博士、70余名硕士研究生和各大高校就业部门负责人齐聚柯桥，开展引才洽谈对接，共商校地、校企、校际合作事宜，区委书记陈豪出席启动仪式并致辞。现场举行校地、校企、校际合作签约及授牌仪式，首批“校园引才推荐官”“青年人才体验官”聘任仪式。浙江材华科技有限公司创始人李军配作为来柯就业创业青年人才代表作交流分享。区人社局引才专员作柯桥区人才就业创业政策推介，并发布“千企万岗”引才需求。

26日，全区半年度经济形势分析会暨稳进提质攻坚行动工作会议召开。区委书记陈豪讲话，区委副书记、区长袁建部署工作。会上，区府办通报指标晾晒排名情况，区发改局通报全区半年度经济运行情况，区统计局通报地区生产总值指标增长情况。8个专班牵头单位分别汇报稳进提质攻坚行动进展情况。柯桥供电分局围绕工业、建筑业用电稳增长作表态发言。相关区领导分别围绕主要指标及相关工作作点评发言。

28日，县(市、区)委书记工作交流会暨全省经济稳进提质攻坚行动工作例会在杭州召开。

会议以视频形式举行，区委书记陈豪在区分会场参加并作交流发言。

8月

3日，十三届全国人大代表浙江第二小组到柯桥区开展专题调研，代表们先后视察中国轻纺城跨境电商产业园、鉴湖江及柯岩街道叶家堰居等地，从不同层面、不同角度全面了解柯桥经济社会发展成果。

6日，2022华语辩论世界杯初中小学组暨安昌古镇青少年思想节活动开幕式在柯桥区安昌古镇举行。2022华语辩论世界杯初中小学组暨安昌古镇青少年思想节活动设置辩论、演讲和论坛3项内容，围绕外交、法律、财经三大主题开展。此次活动由中共绍兴市柯桥区委、绍兴市柯桥区人民政府和华语辩论世界杯组委会共同主办，旨在为青少年群体搭建一个沟通交流平台，并以此为契机，将安昌古镇建设成为文旅与产学融合的特殊地域品牌。

8日，柯桥区除险保安百日攻坚行动工作推进会召开。区委书记陈豪讲话，区委副书记、政法委书记陈利华主持，相关区领导参加会议并部署线上工作。

11日，全市新一轮亚运城市行动计划暨喜迎二十大“清朗行动”部署会召开。会议以视频形式召开，区委书记陈豪在区分会场参加并作交流发言。

12日，全省服务业高质量发展大会在杭州召开。会议以视频形式召开，区委书记陈豪在省主会场参加并进行项目签约。

20日，全区新一轮亚运城市行动计划暨深化全国文明城市创建部署会召开。区委书记陈豪讲话，区委副书记、区长袁建主持。区委副书记、政法委书记陈利华部署新一轮亚运城市行动计划，区委常委、宣传部部长任宏亮部署全国文明城市创建迎检工作。会议以视频形式召开，各镇（街道）设分会场。会上，观看全国文明城市创建督查暗访视频。柯桥区亚筹办负责人汇报迎亚运百日攻坚“三大行动”工作情况，柯桥街道、区公安分局、区市场监管局、区综合执法局负责人作表态发言。

25日，区委召开二届二次全体（扩大）会议。出席此次全会的区委委员34人，候补委员7人，区委常委会主持会议。区委书记陈豪代表区委常委会作报告，并在全会结束时讲话。

26日，全区共富星村（未来乡村、先行村）建设推进会在兰亭街道谢家坞村文化礼堂举行。区委书记陈豪出席会议并讲话，区委副书记陈利华主持并部署共富星村建设工作，区委常委、组织部部长潘晓东部署全域组建共富党建联盟高质量打造共富星村工作，区政府党组成员毛学斌部署共富星村创建重点工作。

同日，绍兴市县域医共体医保行业自律建设现场推进会在柯桥区召开。省医保局副局长艾川、副市长胡敏出席会议并讲话。区委副书记、区长袁建致辞。与会人员实地踏勘区医共体医保管理中心、区医保大数据监管中心及区医保自律文化长廊。市医保局柯桥分局、绍兴市中心医院、诸暨市医保局相关负责人分别作经验介绍。会议还部署全市推进医共体医保行业自律建设工作。

30日，第二届中国城市高质量发展与国际合作大会在北京举行，大会由环球时报社主办，国内多个在高质量发展方面取得一定成效经验的城市代表、知名企业代表、品牌代表，以及经济发展领域的知名专家、学者参加，区委书记陈豪在会上作交流发言。大会发布《2022中国城市高质量发展评估报告》，柯桥区获“2022高质量发展十佳城区”称号。

9月

1日，2022年柯桥区“慈善一日捐”活动启动仪式在区行政中心举行。区领导陈豪、袁建、朱晓董、吴海洋、陈利华区四套班子领导，兰亭度假区管委会、科技城建管委主任等参加，并现场进行捐款。2022年“中华慈善日”活动主题为“携手做慈善传播真善美”，组织开展“慈善一日捐”活动，旨在鼓励民营企业、外资企业、个体工商户和广大市民积极参与，倡议党政机关干部、企事业单位职工每人自愿捐赠一天工资，机关、事业单位捐赠部分节约经费，企业捐赠一天利润。

1—2 日，江山市党政代表团到柯桥区学习考察，对接推进山海协作工程，召开柯桥—江山山海协作联席会议。区委书记陈豪、江山市委书记朱素芳讲话。

2 日，区工商联一届二次执委会议暨促进民营经济"两个健康"推进会在区行政中心举行，区委书记陈豪讲话。

8 日，柯桥区召开"中国轻纺城"冠名三十周年庆祝大会暨第五届世界布商大会筹备工作会议，区委书记陈豪主持会议并讲话。会上，轻纺城建管委负责人汇报"中国轻纺城"冠名三十周年庆祝大会暨第五届世界布商大会等系列活动筹备工作、筹备任务分工情况，与会人员作交流发言。

12 日，柯桥区高层次人才中秋恳谈会在鉴湖大酒店会议中心举行。中国科学院院士、中国科技大学教授俞书宏，中国工程院院士、清华大学教授罗毅，中国工程院院士、浙江理工大学校长陈文兴，日本工程院院士、省现代纺织技术创新中心常务副主任倪庆清等出席。市委常委、组织部部长王琴英讲话，区委书记陈豪致辞。会上进行光波技术研究院、中国纺织信息中心浙江分中心、重庆医科大学绍兴医学检验技术研究院、张江创新生态战略合作、复旦科技园柯桥创新中心等项目签约。俞书宏、罗毅、陈文兴等院士专家围绕"国际纺都、杭绍星城"建设作演讲。深迪半导体（绍兴）有限公司、重庆医科大学检验医学院、浙江材华科技有限公司等单位负责人作为科创人才代表，聚焦"人才强区、创新强区"建设作交流发言。

14 日，柯桥区入选教育部公布的首批"央馆人工智能课程"规模化应用试点区（校）名单，成为全国 27 个试点区之一，系全市唯一。柯桥区实验小学坂湖校区等 6 所学校上榜试点学校名单。

15 日，全市科技创新大会召开。市委书记盛阅春作讲话强调，市委副书记、市长施惠芳主持，市领导谭志桂、魏伟等参加，区委副书记、区长袁建在区分会场参加并作交流发言。

16 日，全省农业高质量发展大会在杭召开。会上，柯桥区入选浙江省农业"双强"行动"赛马"激励地区榜单，柯桥区南部省级现代农业园区入选 2022 年度十佳省级现代农业园区名单。

17—20 日，2022 年国际纺织制造商联合会年会在瑞士达沃斯举办。区委副书记、区长袁建代表 2023 年年会主办地柯桥应邀出席此次年会并致辞。年会期间，袁建听取国际纺织制造商联合会执行会长孙瑞哲所作的主旨演讲，与瑞士纺织品协会主席、瑞士纺织机械协会主席及 2 个协会的秘书长进行座谈。

20 日，省委常委、组织部部长王成到柯桥区实地调研柯桥街道大渡社区，浙江省现代纺织技术创新中心。调研期间，王成在柯桥区接待群众来访。

27 日，柯桥区疫情防控工作会议召开。区委书记陈豪主持会议并讲话，区委副书记、政法委书记陈利华传达有关文件精神，副区长陈勤、蒋其部署相关工作。

29 日，柯桥区"百县争创、千乡晋位、万村过硬"工程推进会暨"喜迎二十大·共富我先行"村社党组织书记领雁擂台赛在区行政中心举行。区委书记陈豪出席并讲话，区委常委、组织部部长潘晓东部署工作。16 名来自各镇（街道）的村社党组织书记代表同台赛比，围绕抢占"百千万"工程新赛道、建设"共富星村"主题，通过"路演＋答题"的方式，角逐出"金牌书记""银牌书记"。

10 月

9 日，杭绍临空经济一体化发展示范区绍兴片区揭牌仪式在柯桥区举行。揭牌仪式上，市委书记盛阅春，市委副书记、市长施惠芳，市人大常委会主任谭志桂，市政协主席魏伟为示范区绍兴片区揭牌。市委常委、组织部部长王琴英宣读省、市有关文件。市委常委、常务副市长陶关锋主持。临空示范区绍兴片区规划面积 115 平方千米，空间范围包括柯桥区华舍街道、钱清街道、杨汛桥街道的全部区域，按照"一个平台、一个主体、一套班子、多块牌子"的体制架构，遵循优化、协同、高效的原则，与绍兴市柯桥区综合设置管理机构，实行统一管理、统一规划、统一招商、统一协调。

13日，省纪委监委督导组到柯桥区调研监督除险保安工作。

14日，柯桥区入选2022年国家乡村振兴示范县创建名单，成为全市唯一入选的区县（市）。

30日，"超越·鉴湖新盛景"绍兴鉴湖概念规划与方案设计国际竞赛颁奖典礼暨跨界论坛在鲁镇演艺中心举行。区委书记陈豪出席并致辞，区领导袁建、朱晓董、吴海洋等出席相关活动。活动现场，举行颁奖典礼，为一、二、三等奖及最佳创意提案奖的获奖团队进行颁奖，获前三名的团队对各自的设计方案进行阐释。在跨界论坛环节，跨界嘉宾围绕人文城市、人居环境等话题，对鉴湖不同维度的"超越"进行交流与展望。现场还举行"柯桥'鉴湖新盛景'建设专家顾问团"授牌仪式。

11月

1日，全市党史工作会议召开，会议以视频形式召开。区委书记陈豪在市主会场发言。

3日，2022新丝路故事汇·柯桥论坛、第五届世界布商大会新闻发布会在绍兴国际会展中心举行。会上发布，11月15—20日，2022新丝路故事汇·柯桥论坛、第五届世界布商大会将与2022第24届中国绍兴柯桥国际纺织品博览会（秋季）、2022柯桥时尚周（秋季）在绍兴柯桥同期举行。新华社新华每日电讯总编辑方立新，省人民政府副秘书长蒋珍贵，市委常委、副市长王涛出席并致辞。国际纺织制造商联合会主席、中国纺织工业联合会会长孙瑞哲在线参加发布会，并视频致辞。区委书记陈豪介绍论坛和大会筹备情况，区委常委、宣传部部长任宏亮主持。

4日，浙江省第三届生态运动会（绍兴柯桥站）暨"迎亚运 共参与"2022柯桥区第六届运动休闲时尚周开幕式在瓜渚湖北岸公园举行。国家体育总局登山运动管理中心主任韩建国宣布开幕，省体育局党组副书记、副局长鲍学军等讲话，区委书记陈豪致辞，副区长陈勤主持。此届运动休闲时尚周以"迎亚运 共参与"为主题，更加突出柯桥特色、注重群众参与，组织安排浙江省第三届生态运动会、中国攀岩联赛分站赛、中国赛艇大师系列赛、绍兴国际公开水域游泳公开赛、浙江省龙舟精英赛以及滑雪、马术、高尔夫、击剑等15项大型赛事活动。

5日，以"大道之行——新时代的文化自信与守正创新"为主题的第五届会稽山讲坛·第十四届文化中国讲坛暨浙江名山公园走进会稽山活动在柯桥区举行。市委书记盛阅春致辞，中央文史馆馆员、南开大学终身教授叶嘉莹通过视频寄语，天津市政府首席督学、北京横山书院院长陈洪线上致辞，区委书记陈豪致欢迎辞。全国政协文化文史和学习委员会副主任叶小文，中国科学院院士周其凤、阎锡蕴，中国工程院院士程京、李兰娟，市领导叶卫红，区领导袁建等参加。

7日，2022中国·绍兴第七届海内外高层次人才创新创业大赛在柯桥区举行，区委书记陈豪致辞。12个高精尖项目同台路演，最终高效钙钛矿光伏组件的一体化制造与产业化、高性能机器人伺服关节组模—智能执行器2个项目获一等奖。2支创业团队可获30万元的大赛奖金，在落户柯桥后还能获最高500万元的项目资助资金及6个500万元的配套补助。

同日，全省文旅融合"五百五千"工程启动会在柯桥区举行。省文化和旅游厅党组书记陈广胜出席并讲话，省文化和旅游厅党组副书记、副厅长芮宏主持，区委书记陈豪致辞，区委常委、宣传部部长任宏亮作交流发言。文旅融合"五百五千"工程，包含"百县千碗""百县千宿""百县千艺""百县千礼""百县千集"五大部分。启动会现场还对获2021年"百县千碗"街区（镇）、2022年浙江优秀文创产品和旅游商品金奖名单进行授牌。衢州市开化县、丽水市、绍兴市柯桥区、杭州市和温州市分别就"百县千碗""百县千宿""百县千礼""百县千艺""百县千集"等相关工作进行交流发言。

8日，"砚田常耕"——朱长根书法作品展开幕式在柯桥美术馆举行。全国人大华侨委员会委员、省十二届人大常委会党组书记、副主任王辉忠宣布开幕,区委书记陈豪致辞,区委常委、宣传部部长任宏亮主持。此次展览展出浙江省文联第七届委员会委员、省书协理事朱长根70余幅作品。现场还举行朱长根书法作品捐赠仪式。

10日,浙江省深化"千万工程"建设新时代美丽乡村现场会在衢州市龙游县召开。会上表彰2021年度浙江省新时代美丽乡村示范县,柯桥区名列其中,为全市唯一获此荣誉的区(县、市)。区委书记陈豪在现场参加并领奖。"千万工程"即"千村示范、万村整治"工程,以农村生产、生活、生态的"三生"环境改善为重点,是浙江"绿水青山就是金山银山"理念在基层农村的成功实践。

11日,全国新冠疫情防控工作电视电话会议召开。区委副书记、区长袁建作会后强调。

15日,以"讲好'一带一路'故事、共享'一带一路'机遇"为主题的2022新丝路故事汇·柯桥论坛在柯桥开幕,约150名嘉宾参加展开研讨交流。省长王浩、新华社总编辑吕岩松出席论坛并致辞。国家有关部委和央媒、央企负责人牛一兵、田学军、甄忠义、郑庆东、陈贽分别在现场或通过视频作主旨演讲。市委书记盛阅春作主旨演讲。论坛由新华通讯社、浙江省人民政府主办。

16日,第五届世界布商大会主题大会在绍兴国际会展中心启幕。十三届全国人大常委会副委员长、民盟中央主席丁仲礼,工信部副部长王江平,副省长卢山,中国侨联副主席、省政协副主席吴晶,市委副书记、市长施惠芳,新华社新华每日电讯总编辑方立新分别在现场或通过视频致辞。国际服装联盟主席杰姆·阿尔坦,意中基金会主席、意中协会主席、意大利国家时尚商会荣誉主席马里奥·波塞利分别发视频贺词。国际纺织制造商联合会主席、中国纺织工业联合会会长孙瑞哲作主题演讲。区委书记陈豪作主旨报告。此届世界布商大会以"融通成就全球价值"为主题,通过"线上+线下"的双会场形式,从产业融通、数字化转型、可持续变革、融合创新等多个维度,全方位探讨新的时代大势下全球纺织产业革新与发展新趋势。会上还举行"中国轻纺城"冠名30周年功勋奖颁奖,发布《打造现代化"国际纺都"规划》和《中国印染行业绿色发展报告》,举行"丝路柯桥 布满全球"全球轻纺市场联盟(GTMA)签约仪式。

同日,为期3天的2022第24届中国绍兴柯桥国际纺织品博览会(秋季)在绍兴国际会展中心开幕。国际纺织制造商联合会主席、中国纺织工业联合会会长孙瑞哲,区领导陈豪、袁建、朱晓董、吴海洋等参加巡馆。此届秋季纺博会设展位2100个,共九大展区和1个直播专区,参展企业795家,展览面积41万平方米。

同日,2022柯桥时尚周(秋季)在柯桥东方米兰国际时尚发布中心启幕。工业和信息化部消费品工业司一级巡视员曹学军,国际纺织制造商联合会主席、中国纺织工业联合会会长孙瑞哲,市委常委、副市长王涛等出席。中国纺织工业联合会秘书长夏令敏,区委书记陈豪致辞。此次秋季时尚周,以"数实共生、'布'期而遇"为主题,突出数字经济对实体经济的推动作用,强调数字创意对时尚文化的传承创新,联合优秀服装设计师与柯桥特色纺织面料企业,共举办6个板块30余场活动,现场发布25个时尚品牌。

17日,2022第五届世界布商大会全球知名企业圆桌会议在绍兴国际会展中心举行。国际纺织制造商联合会、中国纺织工业联合会、中国商业联合会等行业协会嘉宾,以及华孚时尚、兰精纤维等知名企业代表参加。国际纺织制造商联合会主席、中国纺织工业联合会会长孙瑞哲,工业和信息化部消费品工业司一级巡视员曹学军,中国商业联合会监事长周京英,区委书记陈豪等参加会议。国家纺织产品开发中心主任李斌红主持。此次大会以"融通成就全球价值"为主题。

同日,2022国际时尚论坛暨中意青年未来时尚设计大赛颁奖典礼在柯桥区举行。活动现场清华大学中意设计创新基地分别与浙江工业大学之江学院以及"金点子纺织"等3家柯桥单位签署合作备忘录。

同日,2022中国(柯桥)时尚产业流通发展大会在绍兴国际会展中心会议中心举行,国内纺织服装流通产业上下游代表及产学研精英,共论国内纺织服装专业市场的优化升级新路径、新价值。大会现场，加快建设全国统一大市场联合行动正式启动，中国纺织服装创新市场等授牌仪式同期举行，中国轻纺城被授予“中国纺织服装产业流通共同富裕示范市场”称号。

18日，中欧班列“柯桥号”首发仪式举行。绍兴市委副书记、市长施惠芳宣布中欧班列“柯桥号”首列开行。柯桥区委书记陈豪作情况介绍。区委副书记、区长袁建主持。

同日，中国中小城市发展指数研究课题组和国信中小城市指数研究院发布2022年全国综合实力和投资潜力百强区榜单，柯桥区居2022年全国综合实力百强区第10位、全国投资潜力百强县市第36位。

19日，市政府召开全市安全生产工作紧急会议，分析柯桥马鞍“11·18”事故成因，研究部署下阶段安全生产工作。会议以视频形式召开，区领导陈豪、袁建、陈利华等在区分会场参加。

24日，柯桥区慈善总会第二次会员代表大会在区行政中心举行。省慈善联合总会会长陈加元、区委书记陈豪出席并讲话。区慈善总会会长马芳妹作工作报告。副区长陈勤主持。大会选举产生新一届区慈善总会领导班子，成立规模逾7000万元的“柯桥慈善·和美”系列慈善基金，发布“乐善柯桥”品牌logo，并为慈善活动基地授牌。

12月

1日，柯桥区委副书记、区长袁建率领柯桥区党政代表团赴江山市开展为期2天的考察，并在江山召开江山—柯桥山海协作联席会议。2022年是柯桥与江山开展山海协作20周年，也是江山—柯桥山海协作产业园成立10周年。多年来，双方合作从最初单纯的资金扶持拓展到产业投资、消费促进、乡村振兴、社会事业发展等更广泛多元领域，真正实现互动发展、合作共赢，并连续多年获得全省考核一等奖，成为山海协作的示范典型。会上，柯桥、江山两地签订乡镇结对、乡村振兴村企结对协议，举行教育资金捐助仪式。

2—6日，2022浙江网上农博会举行，柯桥区22家农业企业的30多种农特产品线上参展，其中越究·富硒米、小釜·桂花乌龙、埃玛尖·寺山红茶、野山仙·铁皮石斛、松盛园·母子酱油、鹅峰·香榧6种农特产品获优质奖。

6日，长三角一体化慈善论坛“第九届西湖论善”在义乌举行，活动发布《2021年浙江城市慈善发展指数报告》，柯桥区以总分82.42分，排名全省区（县、市）级第一，较上年排名上升2位。

8日，全省文物工作会议召开。区委副书记、区长袁建在区分会场参加会议并作会后强调。

同日，湖州市吴兴区委书记赵如浪率党政代表团到柯桥区考察传统产业改造提升、印染产业数字化改造、轻纺市场发展、古镇保护开发等工作。

16日，柯桥区“加速推进区域经济社会发展”“三全打造法治营商高质量环境”“共富星村的柯桥实践”分别入选《小康》杂志社发布的“2022县域高质量发展经典案例”“2022县域营商环境经典案例”“2022县域乡村振兴经典案例”。

21日，新华社《瞭望东方周刊》、瞭望智库联合主办的“2022中国幸福城市论坛”在杭州市举行，发布“2022中国最具幸福感城市”调查推选结果，柯桥区入选“2022企业家幸福感最强市（区）”名单。

同日，浙江省经信厅公布2022年浙江省纺织行业新模式新业态十大典型案例，柯桥区浙江东进新材料有限公司申报的“基于全产业链模式下的户外运动功能性服装面料柔性化制造”，绍兴乾雍纺织有限公司申报的“功能性锦纶织物数字喷印技术”，浙江省现代纺织技术创新中心——浙江迎丰科技股份有限公司共建实验室申报的“染整设计、工艺、装备、系统有机集成与智能化”3个案例分别入选，入选数居全省第一。

28日，省委书记易炼红到柯桥区浙江省现代纺织技术创新中心调研，考察共建实验室、院士工作站，了解产业用纺织品高能级技术创新平台助推传统纺织产业高质量发展情况，肯定该中心通过新技术新工艺、数字化赋能等推动纺织产业转型升级的成效。（王伟峰　祝申达）

类目编辑　宋如玲

区情概貌

历史 沿革

【越族繁衍】 柯桥,历史悠久。新石器时代,境内就有人类繁衍生息。在距绍兴偏西约100千米的建德山地,于1963年、1974年先后发现人类牙齿化石,距今约5万年,命名为"建德人",人们将此视为于越先祖蛰居山地、开辟草莱的发端。偏东69千米的余姚江南、四明山北,于1973年、1977年先后发掘的河姆渡文化遗址,测定距今6000~7000年,被视为越族创造文明的嚆矢。在北部平原古丘上,1984年发掘出马鞍山寺桥村凤凰墩文化遗址,距今约4500年。1985年又在附近发现仙人山文化遗址,距今约5000年,确认为新石器时代晚期越族祖先的聚落遗存。传说时代,在今上虞区去城15千米的地方,名姚丘,是舜的出生地。后来舜继承尧的事业,为华夏民族的首领。他推举鲧的儿子禹治理洪水,才有大禹治水的神话。传说大禹吸取父亲鲧用"堙"(堵)的办法治洪水失败被杀的教训,改用"疏""导"之策,劳身焦思,居外13年,"三过家门而不入",终于把洪水治平。因为这个功劳,舜把帝位禅让给禹。相传禹是越族的祖先,生于今之绍兴,在治水时曾"上茅山,大会计,爵有德,封有功",遂更名茅山为会稽山,"会稽"一名始此。大禹娶妻于涂山,妻名女娇,生子启。公元前21世纪前后,禹过世,葬于会稽,故有禹陵。启接禹位,打破禅让制,推行世袭制。启之后过了6世,约公元前19世纪,少康即位,怕禹祭断绝,封其庶子无余于越,以续香火。历史上遂有"于越"的名称。1991年,陶里壶瓶山文化遗址被发掘。该文化成于商时期,出土有石器、玉器和夹砂红陶器等文物。约公元前11世纪(周成王二十四年),《竹书纪年》记有"于越来宾",是为于越部族有文献记载之始。约公元前10世纪(周穆王三十七年),周"遂伐越,至于纡"。周定王六年(前601),越开始与楚结盟。周景王元年(前544),吴始伐越。此后吴越两国多有强事小争。周敬王十年(前510),吴王阖闾伐越,败越于槜李(今浙江嘉兴);周敬王十五年(前505),越王允常乘吴伐楚而入吴,以报槜李之败。自此,吴越之间的战争连绵不断,规模越来越大。

【越国兴衰】 史载,自无余封越,千有余岁,至勾践,越国兴起。周敬王二十三年(前497),允常病卒,勾践即位,迁都平水平阳。次年建元,打败吴国进攻,吴王阖闾被射伤而死。勾践三年(前494),吴王夫差为报父仇,大败越军。越向吴求和,越王勾践偕夫人、范蠡等入质囚吴,几乎灭国。行三年韬晦之计,于勾践五年(前492)得释返越,在范蠡、文种、计然等谋士辅助下,于勾践七年(前490)立郭树都,构筑小城、大城,作为政治、经济、文化中心,致力发展生产、增长人口、强化军事、安定国家。经过卧薪尝胆,"越十年生聚,而十年教训",越国炽富。

勾践十五年(前482),勾践乘夫差北会诸侯于黄池(今河南封丘)之机,率兵入吴,败吴师,杀吴太子。勾践十九年(前478),再战笠泽,大败吴师。勾践二十二年(前475),越大举攻吴,败吴军于没(吴地),又败之于郊,再败之于津,围吴城三年,以候时机。勾践二十四年(前473),越国灭吴,吴王夫差自杀。越国报仇雪耻之战告终。

勾践平吴之后，乃以兵北渡淮，与齐、晋诸侯会于徐州，并派使臣向周王室进贡，周元王遣使赐勾践胙，命为伯。时，越兵横行于江淮以东。勾践二十五年（前472），迁都琅琊，与齐、楚、秦、晋会盟，“诸侯毕贺，号称霸王”。

勾践三十二年（前465），勾践卒，子鹿郢立。越国在不寿、朱勾、翳、诸咎、错枝、无余之、无颛、无彊等代，均称强。但因后代国内频起杀伐，无彊伐楚失败，于周显王三十六年（前333）被楚威王杀死，楚国尽取故吴地至浙江，越国从此四散。诸族子争相自立，或为王、为君，滨于江南海上，服朝于楚。秦王政二十五年（前222），秦将王翦平定江南，越君降，越遂亡。

【秦汉会稽郡山阴县】 秦始皇二十六年（前221）平定天下，分海内为三十六郡。原越地称大越，隶会稽郡，治吴（吴县）；秦始皇三十七年（前210）秦始皇南巡，上会稽，祭大禹，刻石颂秦德，更名大越为山阴，山阴县始此。西汉高帝五年（前202），刘邦徙韩信为楚王，山阴属楚国。西汉高帝六年（前201）并丹阳、会稽两郡为荆国，封刘贾为荆王，山阴隶荆国。西汉高帝十二年（前195）荆国除，建吴国，刘濞为王，山阴属吴国。西汉前元三年（前154），刘濞叛，国除，恢复会稽郡，山阴属之。东汉永建四年(129)，析浙江以西为吴郡，浙江以东仍为会稽郡，山阴县为郡治。熹平三年(174)，孙坚开始在会稽图建国，建置不变。

西汉甘露年间（前53—前50），山阴人郑吉数出西域。东汉建武年间(25—56)，上虞王充著《论衡》，反对谶纬迷信。东汉永元年间(89—105)，太守马棱建回涌湖，治绩有声。永和五年(140)，太守马臻疏筑鉴湖，溉田9000余顷，造福百姓。

【魏晋南北朝会稽郡山阴县】 东汉建安元年(196)孙策击败严白虎，自领会稽太守。建安五年(200)，孙策死，孙权领会稽，谋建国。三国吴黄龙元年(229)，孙权称帝，建都建业，仍设会稽郡，山阴县为郡治所在地。天纪四年(280)，孙皓降晋，山阴仍为会稽郡治。西晋太康二年(281)，改会稽郡为会稽国，孙秀当国，治山阴县。永宁元年(301)，孙秀因参与赵王伦篡位，国除，复郡，治山阴。东晋建武元年(317)，司马睿在建康即晋王位，改元，次年称帝，史称东晋，山阴隶属不变。东晋咸和四年(329)，王舒任会稽内史，为避父讳，钦改会稽为郐稽。南朝宋永初元年(420)，晋恭帝禅位，刘裕称帝，建国号宋，次年复为会稽郡。南朝宋元嘉三十年(453)析扬州浙东五郡为会州，治山阴，旋罢。孝建元年(454)又析扬州浙东五郡为东扬州，治山阴。后屡有变易，但山阴为会稽郡治不变。南朝齐建元元年(479)，萧道成逼宋帝禅位，立南朝齐，会稽郡仍属扬州，治山阴县。南朝梁天监元年(502)，萧衍逼齐和帝禅位，建南朝梁。南朝梁普通五年(524)，置东扬州，治山阴县。南朝梁太平元年(556)罢东扬州，还复会稽郡，属扬州，郡治山阴县。南朝陈永定元年(557)陈霸先废梁自立，是为南朝陈，隶属依旧。陈后主时(583—589)析山阴县东部置会稽县（一说在永定年间），两县同城而治。会稽设县自此始。

在三国吴、西晋、东晋和南朝360年间，除西晋37年外，其他各朝均建都建康（今南京），故史称六朝。六朝期间，贺循疏凿浙东运河，造福百姓；司马睿称“今之会稽，昔之关中”，地位重要；王羲之修禊兰亭，会稽成书法圣地。

【隋唐五代越州山阴、会稽两县】 隋开皇九年(589)废郡置吴州，并山阴、上虞、始宁、永兴为会稽县，隶吴州。大业元年(605)改吴州为越州，治会稽。越二年仍复会稽郡。唐武德四年(621)，李子通克杭州，置越州，治会稽，旋改越州总管府。武德七年(624)改总管府为都督府，恢复山阴县。此后，山、会两县时有废复。元和十年(815)，山、会两县同城而治遂成定制。五代后梁开平元年(907)，朱温篡唐，史称后梁，封钱镠为吴越王，后称吴越国，越州为东府，山阴、会稽属之。后虽有后唐、后晋、后汉、后周更迭，山阴、会稽隶属不变，直至北宋太平兴国三年(978)。

在隋、唐、五代的380年间，越州为浙江东道之道治所在地，山阴、会稽县城为七州之首、钱镠行都。其间，观察使皇甫温、会稽县令李俊之和李左次先后增修百余里东江塘。山阴王叔文主持永贞革新。诗人贺知章告老归故里。李白、杜甫等诗人踏歌山阴道上，史称“唐诗之路”。越绫、青瓷闻名遐迩。

【宋元山阴、会稽两县】 后周显德七年(960)，赵匡胤陈桥兵变，夺取后周政权，建立宋朝。北宋太平兴国三年(978)，钱俶降宋，改东府为越州，山、会属之。

其间曾设两浙路，统州、县。建炎元年(1127)，赵构在南京称帝，史称南宋。绍兴元年(1131)，定都临安，改州称府，升越州为绍兴府，山阴、会稽隶属不变。元至元十三年(1276)，元军攻占绍兴，改府为路，山、会属绍兴路，直至元亡。

两宋、元400余年间，两宋经济有所发展。北宋开宝四年(971)开广州、杭州、明州市舶司后，越州丝绸、青瓷远销日本、印度、大食等国。纸币“会子”允许与铜钱并行。鉴湖围湖造田兴起，史有争论。州学书院代有所建。大中祥符五年(1012)，陆轸建陆太傅书院于牛峰寺；天圣九年(1031)，成悦等四任知州建州学于望花桥(今稽山中学)；崇宁二年(1103)，山阴、会稽两县学宫分建于阳堂山和竹园坊。其间，会稽县令杨宪重筑菁江石塘，知府赵彦倓修筑山阴海塘，知府汪纲疏浚西兴运河，拓建贡院、教场，缮治罗城诸城门，为世人称道。元朝时期，西僧杨琏真伽盗掘宋六陵，激起民变。

【明朝绍兴府山阴、会稽两县】 明洪武元年(1368)，朱元璋称帝，山阴、会稽两县属绍兴府。崇祯十七年(1644)明亡，绍兴处在南明小朝廷控制之下。清顺治三年(1646)，多铎部将博洛取绍兴，明鲁王逃亡舟山，绍兴归属清。

明朝统治绍兴近280年，由于前期执行休养生息的政策，生产发展，经济繁荣，资本主义因素萌生，绍兴第一家酱园“俞合兴”在城内开张营业。“一条鞭法”的推行，由实物税转入货币税。知府戴琥建麻溪坝，制“山会水则”；汤绍恩建三江闸，最后一次开通碛堰，造福山阴、会稽、萧山三县。王守仁、刘宗周分别创阳明心学和蕺山学派，皆为一代宗师；稽山、阳明、五云、和靖等书院兴旺；古小学重建。张景岳被誉为绍派伤寒之祖。其间，倭寇为患，汤和筑三江、沥海、白洋等所城防倭，姚长子抗倭殉难，均名垂史册。

【清朝绍兴府山阴、会稽两县】 清顺治三年(1646)，多铎部将博洛定绍兴，绍兴仍为府，山阴、会稽两县属之。前期，绍兴经济有所发展，但是由于大兴文字狱，禁用绍兴师爷，停止山会乡试、会试等民族歧视政策，曾多次发生民变。康熙、乾隆期间，康熙帝、乾隆帝采取到绍祭禹、削除绍兴堕民籍等举措，阶级矛盾有所缓和。知府俞卿修筑城垣和改建玉山斗门。李亨特立“十禁牌”以淳风俗，为世人称道。鸦片战争期间，葛云飞英勇抗击英军，壮烈牺牲。咸丰十一年(1861)太平天国将领陆顺德占据绍兴，设200余个乡官局施政，多次击杀英法雇佣兵和清兵。同治二年(1863)左宗棠收复绍兴，山、会仍属绍兴府。

19世纪60年代到90年代的洋务运动中，绍兴有识之士奋起救亡，徐树兰、徐友兰兄弟兴办实业，创立绍兴中西学堂。齐贤“益昌佩”绸厂、山阴“公豫源”丝厂相继开业。汤寿潜著《危言》，主张变法。蔡元培、陶成章建立“光复会”。徐锡麟、秋瑾、陶成章为建立中华民国先后牺牲，成为辛亥革命时期“绍兴三烈士”。清宣统三年(1911)十一月初六，浙江革命军攻克绍兴，废府存县，知府陈赞清为绍兴军政分府都督。4日后，王金发率部抵绍，成立绍兴军政分府，自任都督。次年1月，归属浙江省。

【民国时期绍兴县】 民国元年(1912)1月，奉浙江省军政府关于“调整县区，更改县名”令，山阴、会稽两县合并，成立绍兴县，直属省，治原会稽县衙。民国3年(1914)6月，省县间设道，绍兴县属会稽道。民国16年(1927)4月道废，直隶省。民国24年(1935)6月，设绍兴行政督察区，绍兴县属之，为区治所在地。民国25年(1936)4月，绍兴县改属第三行政督察区，仍为区治。民国37年(1948)4月改名第二行政督察区，绍兴县属之，区治迁至余姚县。1949年3月，中共绍兴县临时工作委员会(临工委)办事处(实为县人民政府)成立。4月6日，中共浙东临工委决定由会稽二支队、四明五支队一部和新越中队、绍兴办事处共500余人联合发起“车头战役”，获胜；10日，宣布成立南池、越南、漓渚、汤浦4个区人民政府。5月7日，浙东人民解放军第二游击纵队进驻绍兴城，绍兴解放；11日，中国人民解放军第三野战军21军61师先遣部队抵绍；12日，中共浙东临工委建立绍兴军管会。25日，成立绍兴市军管会。6月3日，中共绍兴县委成立，同时建立城郊、柯桥、齐贤、漓渚、进化、马山、东皋、汤浦、越南9个区分委；6日，绍兴县人民政府成立，同时建立9个区人民政府。

【中华人民共和国成立后】 1949年10月1日，中华人民共和国成立。是月，析绍兴县城区为绍兴市，市政府驻城区；绍兴县东部为会稽县，县治驻皋埠；西部仍为绍兴县，县治移驻柯桥。两县一市均属绍兴专区。1950年5月9日，两县一市合并为绍兴县，治城区，隶属仍旧。9月15日又析城区复置绍兴市（县级），县、市同城而治，隶属不变。1952年1月撤绍兴专区，绍兴县直属省，1953年2月改属宁波专区。1958年2月21日撤销绍兴市（县级），并入绍兴县，隶属仍旧。1962年1月11日，再析城区置绍兴市（县属）。1963年1月3日，再撤县属市建制，称绍兴县城关镇。1964年9月恢复绍兴专区，绍兴县属之。1968年5月改绍兴专区为绍兴地区，绍兴县属之。1978年9月又改名为绍兴地区行政公署，绍兴县属之。1981年3月31日，撤绍兴县，建绍兴市，仍县级，隶属不变。1982年2月8日国务院公布绍兴市（县级）为全国第一批24个历史文化名城之一。1983年7月23日，国务院批准实行市管县体制，撤绍兴地区行政公署，设绍兴市（地级），撤县级市，恢复为绍兴县，驻市。是年9月20日，省人民政府办公厅通知，析绍兴县城区和周边亭山、禹陵、灵芝、城东、梅山5个乡和东湖1个镇建越城区（县级），隶绍兴市，市、县、区同城而治。2000年7月，再析绍兴县之东浦、鉴湖、皋埠、马山、斗门5个镇归属越城区，以扩大其地域。是年10月，绍兴县行政中心搬迁柯桥试运行。2001年1月13日，经国务院正式批准，绍兴县治迁址柯桥。是年3月23日，举行绍兴县人民政府驻地迁址柯桥揭牌仪式。2013年10月，国务院批复同意浙江省调整绍兴市部分行政区划，撤销绍兴县，设立绍兴市柯桥区，原绍兴县的孙端镇、陶堰镇、富盛镇划归绍兴市越城区管辖。

绍兴县自1988年起，多次被列入全国财政收入“十大财神县”名单；1991年起，多次被评为中国农村综合实力百强县（市），名列十位前后。2000年，绍兴县在划出5个建制镇后，在中国县（市）社会经济综合发展指数排名中，名列综合位次第15位。2007—2013年，在全省城乡统筹水平综合评价中连续7年居各县（市）首位。2017年获浙江省首批“平安金鼎”。2020年，获全省首批“一星平安金鼎”，获评中国营商环境百佳示范县市。2021年，获评中国高质量发展十大示范县市、全国脱贫攻坚先进集体，综合实力迈进全国“十强区”。2022年，柯桥区实现地区生产总值1901.36亿元，比上年增长4.5%，蝉联全国综合实力“十强区”，2010—2022年连续13年获评中国全面小康十大示范县区，教育现代化发展水平居全省第一，文旅投资综合评价指数全省第一，慈善发展指数居全省区（县、市）第一，第三次获浙江省“五水共治”（河长制）工作优秀市县“大禹鼎”银鼎，获全省共同富裕示范区考评优秀，2006—2022年连续17年被授予全省“平安区”称号。（史　志）

人文　旅游

【名胜古迹】 柯桥区历史悠久，文化遗存丰富，名胜古迹众多，至2022年年底，辖区内有各级文物保护单位（文物保护点）168处，其中全国重点文物保护单位9处、省级文物保护单位8处，区级文物保护单位58处、区级文物保护点93处；有国家级旅游景区23个，其中AAAA级旅游景区5个、AAA级旅游景区5个、AA级旅游景区13个。

2022年柯桥区全国重点文物保护单位情况一览表

表2

序号	名称	时代	地址	公布日期
1	古纤道	明至清	柯桥街道、湖塘街道、钱清街道	1988年1月
2	印山越国王陵	春秋、战国	兰亭街道里木栅村	2001年6月

续表 2

序号	名称	时代	地址	公布日期
3	王守仁墓	明	兰亭街道花街洪溪鲜虾山	2006 年 5 月
4	徐渭墓	明	兰亭街道里木栅村	2006 年 5 月
5	柯岩造像及摩崖题刻	宋至清	柯岩街道柯岩风景区内	2013 年 3 月
6	舜王庙	清	王坛镇双江溪舜王山	2013 年 3 月
7	绍兴越国贵族墓群	春秋、战国	平水镇、漓渚镇	2013 年 3 月
8	大运河(浙东运河古纤道—绍兴渔后桥段)	春秋战国至中华人民共和国	柯桥街道、柯岩街道、华舍街道、湖塘街道、钱清街道	2013 年 3 月
9	绍兴古桥群(太平桥、融光桥、接渡桥)	元至民国	柯岩街道、柯桥街道	2013 年 3 月

2022 年柯桥区省级文物保护单位情况一览表

表 3

序号	名称	时代	地址	公布日期
1	萧绍海塘(绍兴段)(柯桥区段)	明至清	马鞍街道、安昌街道	1989 年 12 月
2	马鞍遗址	新石器时代	马鞍街道寺桥村	1997 年 8 月
3	鉴湖遗址、大王庙	东汉至清	钱清街道江南村虎象自然村	2011 年 1 月
4	善庆学校旧址	民国	柯岩街道州山村	2011 年 1 月
5	绍兴古桥群(西跨湖桥)	清	湖塘街道	2011 年 1 月
6	绍兴会稽山古香榧种植园——稽东古香榧林	唐至清	稽东镇占岙村、陈村、石岙村等	2013 年 4 月
7	羊山造像及摩崖石刻(含石佛寺)	唐至民国	齐贤街道石佛禅寺	2017 年 1 月
8	虹明桥	清	福全街道徐山村	2017 年 1 月

2022 年柯桥区国家级旅游景区情况一览表

表 4

序号	名称	级别	地址	公布日期
1	绍兴柯岩风景区	AAAA	柯岩街道柯岩大道 558 号	2001 年 1 月
2	柯桥区大香林乡村休闲旅游区	AAAA	湖塘街道岭下村	2007 年 2 月
3	绍兴市乔波冰雪世界旅游区	AAAA	柯南大道 2168 号	2013 年 10 月
4	绍兴酷玩小镇·东方山水乐园景区	AAAA	柯岩街道稽山南路 118 号	2018 年 5 月
5	绍兴安昌古镇旅游区	AAAA	安昌街道老街	2018 年 12 月
6	中国轻纺城市场景区	AAA	柯桥街道金柯桥大道 1639 号	2011 年 12 月
7	绍兴香雪梅海旅游区	AAA	王坛镇东村村	2011 年 12 月
8	绍兴舜王庙景区	AAA	王坛镇长林村	2012 年 12 月
9	绍兴会稽山千年香榧林·月华景区	AAA	稽东镇占岙村	2012 年 12 月
10	红豆仙霞旅游区	AAA	稽东镇龙东村	2017 年 12 月
11	印山越国王陵景区	AA	兰亭街道里木栅村	2001 年 6 月
12	陶元岭—金渔湾景区	AA	平水镇金渔村	2013 年 12 月
13	齐贤街道羊山景区	AA	齐贤街道石佛村	2013 年 12 月
14	夏履镇越王峥景区	AA	夏履镇越王峥村	2013 年 12 月
15	柯桥同康绿林竹海景区	AA	平水镇同康村	2014 年 9 月
16	平水镇平阳禅寺旅游景区	AA	平水镇平阳村	2015 年 1 月
17	绍兴王化旅游景区	AA	平水镇王化村	2015 年 1 月
18	陶宴岭·新联溪旅游景区	AA	王坛镇新联村	2015 年 1 月
19	巷深竹缘·小千养生谷旅游景区	AA	平水镇下灶村	2016 年 3 月
20	雪窦岭旅游景区	AA	稽东镇止步坑村	2016 年 3 月
21	五百岗·雄鹅峰旅游景区	AA	王坛镇丹家村	2016 年 3 月
22	龙池山·青陶峡谷旅游景区	AA	王坛镇青坛村	2016 年 3 月
23	钱清西天竺旅游景区	AA	钱清镇前梅村	2017 年 12 月

（吴树瑾　彭良保）

【名士之乡】 柯桥区（绍兴县）自越王勾践至当代伟人周恩来，可谓人才辈出，灿若星河。名闻全国以至世界者，有著名哲学家、思想家王叔文、王阳明、刘宗周，历史学家谢承、赵晔、范文澜，方志学家袁康、吴平、章学诚，文学家贺知章、陆游、张岱、鲁迅，画家徐渭、赵之谦、任颐，书法家王羲之、王献之，教育家蔡元培，日记大家李慈铭，科学家钱三强、陈建功、竺可桢，民族英雄葛云飞，革命志士秋瑾、徐锡麟、陶成章。自隋、唐兴科举至清光绪三十一年（1905）废科举，会试中试、钦赐进士者1400余人，明、清两朝还出现过“绍兴师爷”这一人才群体。近代以后，有为中华人民共和国英勇牺牲之在册烈士183人。至2022年年底累计有高级职称人员11761人。（史　志）

区域和行政区划

【区域地理位置和面积】 柯桥区位于浙江省中北部，地处杭州湾南岸，会稽山北麓，东与上虞区、越城区交界，东南、西南分别与嵊州市、诸暨市为邻，西部、西北部与杭州市萧山区接壤，北濒海。全区介于北纬29°42′01″～30°13′01″、东经120°16′52″～120°44′58″，东西宽45.28千米，南北长57.5千米，周边长407.45千米。区域面积106601.76公顷，计1066.02平方千米。（劳钢梁　屠世泽）

【行政区划和各镇街面积】 至2022年年底，柯桥区下辖11个街道、5个建制镇。区政府驻柯桥街道。

2022年柯桥区各镇（街道）地域面积统计表

表5　　单位：平方千米

地域	面积	地域	面积
柯桥街道	15.95	安昌街道	24.05
柯岩街道	45.32	福全街道	39.87
华舍街道	23.06	兰亭街道	82.85
湖塘街道	66.28	夏履镇	51.01
钱清街道	54.18	漓渚镇	36.64
杨汛桥街道	37.67	平水镇	173.39
马鞍街道	134.09	王坛镇	137.69
齐贤街道	32.48	稽东镇	111.50

说明：国有农场面积74.39平方千米包括在马鞍街道面积中，未单独计算　（屠世泽）

地形地貌

【概况】 柯桥区南靠会稽山，北濒海，故呈西南高、东北低的阶梯形地势，山脉、平原、海岸兼有，受江山—绍兴大断裂影响，山丘与平原间界限比较明显。西南部为低山丘陵河谷区，占全区总面积的约52%；中北部为水网平原区，占全区总面积的约31%,平均海拔6～7米,偶有孤山、残丘分布其间,其高度一般不超过200米,史称山会平原。东北部为滨海平原区,占全区总面积的11%,海拔5米左右,系淤涨型滩涂,地势平坦。

柯桥区内山地和丘陵在形态和成因方面有许多共同之处,其分布也紧密相连,犬牙交错,难以截然区分。区内群山连绵,山体抬升强烈,地形破碎,溪流短小湍急,一般在海拔300～400米,向东北急剧倾斜,降至海拔20米左右时,与无数山麓冲积扇和中北部冲积平原相连,坡度以15°～25°和大于25°为主。境内水系发育受地质构造及地貌形态制约,南部丘陵山地地面切割强度大,地形破碎,树枝状水系发育;北部水网平原地势低平,河湖密布,交织成网。

柯桥区境处于浙西山地丘陵、浙东丘陵山地和浙北平原三大地貌单元的交接地带,地貌类型复杂,以山地丘陵、丘陵盆地和河谷平原为主,有夏履、型塘、漓渚、兰亭、平水及小舜江河谷,王坛、平水盆地,其面积较小,山垄较狭,水流湍急,含沙量较高,土壤冲积明显。丘陵盆地与水网平原交界处均有大片坡地、阶地,漓渚、兰亭一带面积较大,坡度皆在10°以下,土层深厚,适宜农耕。

【西南部低山丘陵河谷】 会稽山脉尾闾进入柯桥区境内南部,构成崎岖低山、丘陵、河谷地,形成于1.3亿年前,长期基本稳定。新石器时代有频繁农垦活动,现辟为茶、桑、果等经济作物和旱粮种植地,在绍兴农业史中占有重要地位。

【中北部水网平原】 历史上,山会平原本是一片濒海沼泽,潮汐无常,今之漓渚、平水均为海水直拍的山地和海岸交界处,海退之后,海岸北移,海岸线轮廓已与今相似,浅海开始赤裸,加之山丘泥沙来源丰富,溺谷淤浅不畅,浅海逐渐垫高而变成咸潮出没的沮洳沼泽之地。约在公元前21世纪,经大禹治水,无余封越,越族居民才开始垦殖。距今3000年前后,越族酋长开始把聚落居民从会稽山地向北迁徙,山麓冲积扇和平原中一些较大孤丘及附近坡地被开发,中部冲积扇平原形成。公元前5世纪初,越王勾践把驻地迁至今之越城,经过筑城、立郭、围堤、筑塘、拒潮、蓄淡,造就会稽山北麓冲积扇以下的大片耕地。秦汉时,越人迫迁,北人南徙,潮沼地加快开发。东汉马臻浚筑鉴湖,开辟良田9000顷。唐垂拱二年(686)山阴与萧山间25千米界塘筑成,开元十年(722)会稽县令李俊之主持修筑山会海塘,后经大历十年(775)、大和六年(832)两次增修,才形成东起上虞、西至山阴、全长50余千米之防海塘,山会平原遂全面形成。

境内除偶有高不过200米的零星火成岩残丘外,皆为冲积、淤积、海积而成。地势平坦,平均海拔6～7米。靠近古海塘北部狭长地带,地势低平,平均海拔4.5米,河流较少,水面狭窄,为向滨海滩涂过渡地带。平原地区,则河流纵横,湖泊星散,有大量以溇、湖、埭、桥、江、墅、葑、塘、渎、堰、岸、港、浦等命名的村落。

【东北部滨海平原】 滨海平原是柯桥区棉、麻、甘蔗、西瓜等主产区,部分近海涂地系近代人工围垦而成。由于近钱塘江河口岸线受潮汐及曹娥江涌潮影响,极不稳定,需人工筑堤防护。明永乐至万历年间(1403—1620),钱塘江主槽北移,山、会两县海涂外涨,有人自发垦殖,植棉、麻,种水稻、瓜果、蔬菜。清咸丰年间(1851—1861),三江口乾、坤两号沙地,面积超过4万亩。清末民初,滩涂曾向杭州湾伸展10千米,有磨盘丘、豆腐畈等垦区。此后,由于钱塘江南股槽游移,滩涂大片坍方,至中华人民共和国成立前夕,几乎丧失殆尽。从1969年开始组织大规模人工围涂造地,至2001年围垦76平方千米,约占滩涂总面积的47%。2002年10月,启动“九七”丘二期工程,总投资1.58亿元,抢围低滩面积450公顷。2006年10月28日,最后一期口门治江围涂(西片)工程动工建设。此次围涂计划分三阶段实施,共抛筑堤坝两支,其中西堤全长1997米,北堤全长2186米,实际围垦面积为316.67公顷,抛筑石坝4183米,筑堤4130米。至2007年7月10日,口门丘治江围涂(西片)工程竣工。这块淤涨型滩涂,约占全区总面积的10%,区内地势平展,人工水系纵横交错,海拔5米左右,为滨海平原。

【主要山脉及主峰】 会稽山是曹娥江与浦阳江分水岭,主峰太白山在诸暨、嵊州交界处,海拔1000余米。其北脉自西南方由诸暨、嵊州边境进入柯桥区，主峰有2个。

真如山，在嵊州境内，海拔近800米，延伸到王坛镇孙岙，称五百岗，海拔近700米，余脉向东北伸展，达曹娥江畔。主要山峰有雄鹅峰、西峰山、衙堂山、龙塘山，皆在小舜江东岸。

骆家尖，在稽东镇龙西村焦坞西南，海拔700余米，为境内最高峰。沿主峰分出3支：

第一支向东过龙头岗、东桃林、木窝尖、铜盘山抵王城之仰山岭，称木窝尖山脉。

第二支向东北延伸，过独树尖大、小西岭至王坛，称独子山脉。

第三支逶迤经越大山、九曲岭、龙头岗、古博岭、铜井山、叶家山、越王峥至马社，称西干山脉，系柯桥区与诸暨市、杭州市萧山区的天然分界岭。

西干山脉又分出3条分支：

由五岩山向东过分水岭、化山、龙池山、皇姑山、陶晏岭、日铸岭，东折过捣臼坞、石泄岭入上虞区者称化山山脉。其中的诸葛尖、将军山、银山、稷山颇具史迹。

由捣臼坞北折过寺后山、九岗山、杨梅山到东湖绕门山，称东干山脉，其中的绕门山、吼山等紧依城区，独具自然景观。

由西干山脉乍丹岗向北伸展，过法华岭，折向东北，经峨嵋山、秦望山、横浜岭到香炉峰（宛委山之峰），称秦望山脉。秦望山如钳状环展于越城区南部和西南部，其中的石匮、侯山、塔山、种山、蕺山、亭山等各具典故，名著于世。

这三条支脉余脉散落在平原上的孤丘，自南而北主要有梅里尖、柯山、牛头山、梅山、金鸡山、西扆山、上方山、羊山、壶瓶山、白洋山、马鞍山、驼峰山、大和山等，为古越文明之摇篮，文化积淀深厚。

【火山地貌】 发生在中生代的燕山运动，给境内带来剧烈的火山喷发活动，后经长期外力作用，火山多已荡然无存，残留下来的死火山地貌在柯桥区境内仅五百岗火山群。这些死火山山顶都较平坦，火山锥形保存完整。五百岗位于柯桥、嵊州两地交界处，属江南少见的火山群地貌。山体由安山岩构成，有多座火山锥分布于喷出岩构成的高台地上，其中以主峰雌鹅凸（近700米）、雄鹅凸（600余米）最为典型。（屠世泽）

河流和湖泊

【概况】 柯桥区境内河流源于南部会稽山，除小舜江、浦阳江外，均流经中部平原，北注曹娥江、入钱塘江。经历自然水系、鉴湖水系、运河水系的发展演变过程。现分属小舜江、运河、浦阳江三大水系，又以运河水系为主。

【小舜江水系】 小舜江是曹娥江中游的最大支流。流域面积534平方千米，主流长72千米。辖区范围的流域面积为294平方千米。主要支流有南溪、北溪、双江溪、王化溪4条支流。

南溪，为小舜江的正源，发源于嵊州竹溪赤藤岗，东北流经谷来、显潭，在五间头流入柯桥区境内，过王城、王坛，到肇湖与北溪合流。在区境内起于童家泛、王城，经南子口，折东北到肇湖与北溪合流。主流长9.65千米，支流总长34.4千米，境内集雨面积67.47平方千米。

北溪，上游呈扇形，分别源于龙峰上王谷雨尖、越峰胡宅、越大山、九曲岭、相岙等，汇合于袁村，过上冯、车头、青坛、王坛至肇湖与南溪合流。主流全长23.15千米，支流总长69.45千米，集雨面积124.51平方千米，是小舜江上游的两大支流之一。

双江溪，由南溪和北溪在肇湖汇合而成，流经罗镇汇入汤浦水库，主流全长7.8千米，支流总长25.5千米，集雨面积43.91平方千米。

王化溪，源于王化上祝杨梅山，向东南流经宋家店、王化、青店，在登岸注入小舜江，主流全长14.4千米，支流总长11.15千米，集雨面积42.63平方千米。

【运河水系】 西干山脉与化山山脉之间丘陵、平原地区的溪、河、湖泊，总称运河水系，由山区河流、平原河网和平原湖泊三部分组成，流域面积为731平方千米。

【浦阳江水系】 在柯桥区境内流域面积15.8平方千米，主要涉及漓渚境内的弦腔溪、朱家坞溪和黄山畈溪等，属山区性河流，河道总长11.05千米。

【山区河流】 古称“三十六源”之水，源出于西干山脉和化山山脉，源短流急，由南向北，下注平原与萧绍运河通连，为平原河湖网的主要水源。境内自西往东的主要河流8条。

夏履江，发源于湖塘黄山岭下凉帽尖，流经华丰、夏履桥、汪家埭后，河道弯曲盘回，称九曲河，至前童、南钱清通连西小江。主流全长32.6千米，支流总长94.6千米，集雨面积148.47平方千米。

陌坞江，发源于湖塘陌坞一字岗，在西跨湖注入鉴湖。主流全长6.75千米，支流总长10.35千米，集雨面积14.03平方千米。

型塘江，发源于湖塘俞家山村九岭下，经潜家桥、型塘，出寿胜埠头注入鉴湖。主流全长18.65千米，支流总长16.6千米，集雨面积28.61平方千米。

项里江，发源于柯桥州山大洋水库冷水弯岗，经项里，在彤山西侧注入鉴湖大江。主流全长4.7千米，支流总长13.85千米，集雨面积13.78平方千米。

秋湖江，发源于福全街道樊迪豆腐尖，流经王七墩、秋湖，在彤山东侧注入鉴湖。主流全长6.6千米，支流总长16.5千米，集雨面积12.09平方千米。

漓渚江，发源于漓渚棠棣刘家村太山岭，流经九板桥、义桥、下溇、徐山，于钟堰汇入鉴湖。主流全长20.4千米，支流总长44.15千米，集雨面积57.23平方千米。

娄宫江，又名兰亭江，发源于兰亭街道大庆山，流经谢家桥、花街、分水桥、娄宫、凌江岸，在偏门汇入鉴湖。主流全长21.55千米，支流总长98.05千米，集雨面积111.31平方千米。

平水江，又名若耶溪，发源于平水镇上嵋岙茅园岭，流经岔路口、平水江水库、平水、铸铺岙、望仙桥后有上灶溪注入，出龙舌嘴，在稽山门汇入环城河。主流全长23.55千米，支流总长103.95千米，集雨面积152.42平方千米（含上灶溪），是运河水系中最长的山区河流。

【平原河网】 会稽山区河流，自南而北，涌入平原，或溢而为江，或潴而为湖，或为沼为池，或为溇为荡，形成纵横密布、四通八达的平原水网。水流总趋西南向东北，水位升降幅度受水闸节制。萧绍运河贯穿东西，其径流主要由西小江、直落江经新三江闸、马山闸等注入曹娥江。

萧绍运河，古名漕渠，又名西兴运河、浙东古运河，疏凿于晋代，历代加以浚治而成。至2022年年底，西起杭州市萧山西兴，东至上虞曹娥，全长78.5千米，与萧甬铁路线基本平行。运河在区境内，西起钱清街道，经柯岩、柯桥街道入越城区东浦，柯桥区境内全长17.9千米，为运河水系的主干河道。运河南面有夏履江、陌坞江、型塘江、项里江、秋湖江、漓渚江、娄宫江等汇入鉴湖与萧绍运河贯通，又有平水江、攒宫江等直接汇入萧绍运河。运河北面，与南北、东西向每条河道连接，主要经西小江、直落江及马山闸配套河道，由新三江闸、马山闸等注入曹娥江。

西小江，又名钱清江。宋、明期间，多次成为浦阳江下游干道；明嘉靖十六年（1537）建成三江闸前，为直通杭州湾之潮汐河流。明宣德年间（1426—1435），始筑临浦坝，复开碛堰山口，导浦阳江归复故道入钱塘江；明成化年间（1465—1487），又筑麻溪坝、新河闸，浦阳江与西小江分流，自此，西小江自成系统。上游为进化溪（古称麻溪，今萧山境内），源出萧山进化螽斯岭。经晏公桥入西小江，在境内杨汛桥街道上坂入境，流经江桥、杨汛桥，在钱清街道附近贯穿萧绍运河，又折而东北经南钱清，新甸、管墅、华舍、嘉会，下方桥、狭猱湖，流经袍江新区斗门，于荷湖与直落江汇合，由西入新三江闸江总干河，注入曹娥江。其中，上坂至钱清河段，为柯桥区与萧山之间界河；华舍至嘉会主干河道，因垦殖消失。西小江全长91.6千米，区境内长25.98千米（上坂至三江闸），为境内西部主要的灌溉、排涝和航运河流。

鉴湖，古鉴湖残留河道。西起湖塘街道西跨湖桥，东至越城区亭山东跨湖桥，全长19.2千米，最宽处300余米，最窄处10余米，面积294.8万平方米，容积875.9万立方米。鉴湖西通西小江，东连环城河，南有会稽山区河流夏履江、陌坞江、型塘江、项里江、秋湖江、漓渚江、娄宫江汇入，北岸古称南塘即古鉴湖西湖堤，有众多南北向小河与萧绍运河沟通，流域面积357平方千米。

杭甬运河，4 级内河航道。杭甬运河萧绍平原段起自浦阳江右岸的新坝船闸，由西向东穿过整个萧绍平原，于曹娥江左岸的塘角进入曹娥江。柯桥区境内的杭甬运河西起杨汛桥上坂，东至与嘉会村，河长总计 14280 米，河宽 60 ~ 80 米，水域面积 1.03 平方千米。杭甬运河在齐贤街道与三江大河汇合。杭甬运河与西小江、三江大河部分河段重合。

东小江，起于钱清西，止于安昌盐昌头，全长 15319 米，沿途河面宽为 30 ~ 80 米，是平原西部重要的排水河道之一。按地势流向和交汇河道情况不同，东小江分为两段，其一由钱清至吴江塘下，河道东西流动，东接三江大河；其二东小江改为南北流向，至北部安昌盐昌头，北接滨海大河。

南运河，位于浙东古运河以南，北接西小江，经钱清、宾舍、湖塘南纳入上鉴湖，河面宽度 30 ~ 130 米，全长 9940 米，河道具有行洪排涝、水量调蓄功能，南运河沿途两岸现状保存的历史遗存、文物文化资源丰富，与鉴湖组成河道水景长廊。

马山闸西江，位于绍兴平原中部，是马山闸集水、输水的重要东西向主干河道。西起吴江塘下，东接马山大河，柯桥区境内马山闸西江东至越城区交界处，河长 6869 米。沿途穿越大小坂湖。

滨海大河，起自安昌海盐，终于滨海闸，是向“海涂三闸”（红旗闸、东江闸、迎阳闸）及滨海闸输水的主河道。河道全长 35846 米，河面宽约 50 米。滨海大河是柯桥区平原地区向钱塘江排涝的一条快速通道。

三江大河，是新三江闸的主要输水河道。河道起点吴江塘下，终点至越城区界，河长 9235 米。

瓜渚湖直江，南起自鉴湖，经杭甬铁路，北终至滨海大河，河长 9775 米。

大坂湖直江，南起自鉴湖，经杭甬铁路，北终至安昌街道，全长 7492 米。

【平原湖泊】 公元前 2000 年左右海岸线自会稽山麓逐渐北移，至春秋时代出现山麓地带湖泊群，汉代出现中部地带湖泊群，其间产生大型人工湖泊——古鉴湖，唐代形成沿海地带湖泊群。境内曾存在大量湖泊群，较大湖泊 54 个。唐代以后，开始围垦湖泊，宋代加剧，湖泊锐减。明清两代，湖泊继续垦废。至中华人民共和国成立前，主要湖泊存 18 个；中华人民共和国成立后，湖泊仍遭局部围垦；20 世纪 90 年代，围湖现象得到明显遏制。

经历次行政区划调整，至 2022 年年底属柯桥区共有小型湖泊 9 个，其中水域面积大于 50 万平方米的湖泊 3 个，即瓜渚湖、大小坂湖及芝塘湖。其余 6 个湖泊分别为戾石湖、施家荡、南大池、前大荡、马宅池、岩塘。

瓜渚湖，位于区域中心柯桥街道，南濒萧绍运河，滨海潟湖。清初，“有前后两湖，广千余亩”，现存一湖，面积 144.53 万平方米，容积 414.80 万立方米。

大小坂湖，位于区西北 13 千米华舍街道，滨海潟湖。湖面积 67.30 万平方米，容积 222.75 万立方米。

芝塘湖，又称茭塘湖、菱塘湖、芝湖，位于区西北 24 千米杨汛桥街道。原为自然湖泊，明洪武二十七年（1394）始筑塘建闸，遂成为滞洪蓄水工程。历有围垦。至 2022 年年底，湖面积为 64.53 万平方米，容积 164.55 万立方米。（董利斌）

自然资源

【土地资源】 柯桥区（绍兴县）域历来变动较多，土地面积又疏于记载，从明朝万历年间，才有若干年份土地面积记录。

明万历《绍兴府志》载，洪武二十四年（1391），山阴、会稽两县（此两县旧时归属绍兴县）合计土地面积 2184279 亩。万历十三年（1585），山阴、会稽两县合计 2215007 亩。

清乾隆《绍兴府志》载，康熙十年（1671），山阴、会稽两县合计 2246859 亩。乾隆四十九年（1784），山阴、会稽两县合计 2263086 亩。

民国时期，据《重修浙江通志稿（标点本）》（2010 年版）载：民国 18 年（1929），绍兴县呈报公私土地面积为 2672558 亩。民国 24 年（1935），浙江省各县面积分析表列绍兴县总面积 3124832.26 亩。据宁波专署按浙江省统计局刊发《浙江省银行经济年鉴》反馈给县的资料，民国

35年(1946)、民国36年(1947)、民国38年(1949年9月30日止),绍兴县土地面积(不含海湾)均为287.35万亩。

中华人民共和国成立后,绍兴县域于20世纪50年代就变动11次,与1949年比,净减土地面积474.6平方千米。1959年土地总面积1441平方千米(不含海湾面积)。1983年撤地建市,恢复绍兴县,土地面积减至1392平方千米。据1991年土地资源详查资料,全县总面积1492.51平方千米(含海湾面积)。2000年7月,行政区域调整,减去划给越城区的东浦、马山、斗门、皋埠、鉴湖5个镇,计土地面积239.70平方千米,全县土地面积减到1252.81平方千米。2003年,绍兴县齐贤镇划出15个村,计19.21平方千米,绍兴县土地面积减到1233.6平方千米。

2013年10月,国务院批复同意撤销绍兴县设立绍兴市柯桥区,行政区划调整,减去划给越城区的孙端、陶堰、富盛3个镇土地面积136.42平方千米,据2013年12月31日土地利用调查的数据,柯桥区域土地面积106601.76公顷,计1066.02平方千米。(屠世泽)

【水资源】 柯桥区境内水资源的主要来源是雨水。常年雨量充沛,其年内时间分配随季节交替变化,差异明显。2022年全区按平均降水量计算,地表水资源量7.39亿立方米,地下水资源2.02亿立方米,两者重复计算水量1.27亿立方米,全区水资源8.14亿立方米,按年末常住人口计算,人均水资源占有量729.26立方米。(阮亭颜)

【生物资源】 柯桥区有植物8门、187科、931种。其中,属国家二级保护植物有鹅掌楸、杜仲、银杏、金钱松、天竺桂5种,国家三级保护植物有凹叶厚朴1种。有动物590种。其中,陆生野生动物有4纲、16科、200余种,主要是黑麂、穿山甲、山羊、野猪、黄鼬、赤腹松鼠、华南兔、麻雀、大山雀、喜鹊、大嘴乌鸦、草鸮、四声杜鹃、山斑鸠、环颈雉、五步蛇、竹叶青、乌梢蛇、大蟾蜍、泽蛙、北草蜥等。其中,黑麂、穿山甲为国家一级保护野生动物,鸳鸯、山羊、草鸮为国家二级保护野生动物,五步蛇、四声杜鹃、喜鹊等为省级重点保护野生动物。

【矿产资源】 柯桥区境内矿藏资源丰富。1958年陆续开展地质勘探后,探明32个矿种,85个矿点。内生矿为铁、铜、金、多金属、萤石等,是浙江省钢铁、冶金、化工、有色金属原材料及黄金的重要产地之一。外生矿有石煤、泥炭、钾、石英、石灰石、白云石等。境北部第四系地层中有天然气。金、铜、铁、铅、锌等多金属矿大多分布于元古界双溪坞变质火山岩中,石煤、磷、钾、石灰石、白云石等大多分布于西南部古生代地层中,萤石、墨曜石、珍珠岩则分布于上侏罗统火山岩中。(屠世泽)

名优特产

【"会稽山"黄酒】 会稽山绍兴酒作为"绍兴黄酒酿制技艺"非物质文化遗产传承基地,传承千年历史,延续百年工艺,以精白糯米、麦曲、鉴湖水为主要原料酿制而成。产品经多年陈酿,酒度适中,酒色橙黄清亮,酒香馥郁芬芳,幽雅自然,口味甘鲜醇厚,柔和爽口,营养丰富,是一种符合现代消费理念,具有较高鉴赏品位,适合世界潮流的低度营养酒,也是中国首批国家地理(原产地域)标志保护产品。

"会稽山"黄酒(原云集酒坊)创建于清乾隆八年(1743)。民国4年(1915),在美国旧金山举行的巴拿马太平洋国际博览会上为绍兴酒获得第一枚国际金奖,产品一直被国际友人誉为"东方红宝石""东方名酒之冠"。1951年,政府接收后更名为"地方国营云集酒厂"。1967年,更名为"绍兴东风酒厂"。1997年,在全国黄酒同行业中首家通过ISO 9002国际质量体系认证。1999年,"会稽山"商标被国家工商局认定为"首批国家重点保护商标"。2001年,经"中国绿色食品发展中心"认定批准"会稽山"绍兴酒为中国绿色食品。2005年,"会稽山"商标被评为"中国驰名商标"。2006年,会稽山绍兴酒股份有限公司技术中心被授予省级企业技术中心,成为国内黄酒业中二家省级企业技术中心之一,"会稽山"被商务部评定为第一批"中华老字号"。2007年,"会稽山"黄酒获"中国名牌"产品称号。2016年,"会稽山"牌名士二十年陈珍藏花雕黄酒获2015年度“青酌奖”酒类新品TOP10。2017年,会稽山“世博情缘黄酒”获评浙江省黄酒优秀新品。2020年,“会稽山”获评长三角名优食品。2021年,会稽山绍兴酒股份有限公司生产的1升装国潮兰亭黄酒,获2020年度中国黄酒类新品最高奖“青酌奖”。2021年,国潮兰亭黄酒获“2021年度浙江省优秀工业产品”称号。2021年,会稽山1743老酒获2021年“浙江特色伴手礼”称号。2022年,公司年黄酒设计生产能力15.5万千升,销售额超12亿元,有柯桥本部、嘉善黄酒股份有限公司、安吉乌毡帽酒业三大生产基地,总占地面积60万平方米,是世界最大的黄酒生产、出口基地之一,公司被浙江省文旅厅评为浙江省文化和旅游领域领军企业,会稽山干纯黄酒获“浙江省2022年酒类优秀新产品”称号。(袁宁蕾)

【平水日铸茶】 平水日铸茶又名“日注茶”“日铸雪芽”,因产于平水日铸岭而名,是中国历史名茶之一。创于北宋初年,自南宋起被列为贡品。南宋嘉泰《会稽志》:“日铸岭在会稽县东南五十五里,岭下有僧寺名‘资寿’,其阳坡名‘油车’,朝暮常有日,产茶绝奇,故谓之日铸。”欧阳修《归田录》:草茶盛于两浙,两浙之品,日铸第一。唐宋时期,制茶是以蒸青、研碾方法制成压型之团、饼茶为主;宋代时,日铸茶改蒸为炒,改碾为揉,改团饼为散茶,使茶叶形质为之一变,冲泡后其色、香、味、形更佳。陆游《安国院试茶》诗自注云:“日铸则越茶矣,不团不饼,而曰炒青,曰苍鹰爪,则撮泡矣。”平水日铸茶不仅开茶叶炒青法之先河,而且是茶叶撮泡法之鼻祖。明人张岱尝募歙人自制日铸茶,称其香味浓郁,色如竹箨方解,绿粉初匀,呼为兰雪,名过松萝。清代,朝廷在日铸岭专辟“御茶湾”,并专设“御茶监”,采制贡茶。1980年,恢复试制的日铸茶在浙江省供销系统名茶评比会上被评为省一类名茶。此后产量逐年增加。2010年,“平水日铸”成为绍兴县名茶主导品牌。2011年,绍兴县茶叶产业协会成立平水日铸茶品牌管理服务中心,以平水日铸茶产品质量管理为重点,从栽培、制茶到包装推行“六统一”(统一商标管理、统一生产、统一质量标准、统一产品包装、统一指导价格、统一品牌宣传)管理模式。日铸茶的制茶工艺分为杀青、回潮、揉捻、初炒、复炒、烘干等工序。2012年“平水日铸”获评中华文化名茶。2013年,“平水日铸”获评国家地理标志证明商标。2019年,平水日铸茶成为国家地理标志农产品。2022年3月,举办“平水日铸”开茶仪式,邀请全国各级新闻媒体作品牌宣传。11月,《绿色食品平水日铸茶生产技术规范》团体标准通过专家审定。2022年,“平水日铸”及其系列名优茶产量2230吨,产值4.32亿元,比上年分别增长1.36%、2.37%,“平水日铸茶1号”和“平水日铸茶2号”两个茶树品种获得农业农村部植物新品种权证书。(章　琪)

【稽东香榧】 稽东香榧有上千年的栽培历史。唐朝宰相李德裕曾云“木之奇者,有……稽山之海棠榧桧”。据考证,这里的先民宋朝初期开始大面积栽培香榧,种植面积几百亩。而后代代传承,扩种、补种,发展成大范围的香榧园区。会稽山古香榧群所在地稽东镇境内,为古香榧树的密集分布区域。20世纪60年代起,稽东镇年产香榧60～90吨。1999年,稽东镇被浙江省林业厅命名为浙江香榧之乡。2000年起年产105～250吨。2001年3月6日,绍兴县建立稽东香榧林自然保护区,面积200公顷。是年,稽东山娃子有机食品市场成立,香榧纳入有机食品生产范畴,“山娃子”香榧等3家香榧返销大户销售香榧50吨。2002年,稽东镇楼坞和陈村建设2处香榧示范园区,面积133.33公顷。生产技术上继续推广雄花授粉技术。是年6月13日,绍兴县稽东镇山娃子香榧合作社成立,共有42户农户参加,合作社按照绿色食品和森林食品的要求组织生产,全年销售香榧超100吨。是年,在杭州举办的浙江省农业博览会上,“山娃子”香榧被评为优质农产品金奖。2003年,“山娃子”香榧获浙江省绿色农产品和首届浙江省森林食品称号。2004年,“山娃子”香榧被农业部授予国家级无公害农产品称号。2007年6月,稽东镇被国家林业局命名为中国香榧之乡。2020年,注册“隋榧”“唐榧”2个稽东香榧年轮品牌,11月,“山娃子”香榧获第13届中国义乌国际森林产品博览会金奖。2021

年，柯桥区出台《关于加快推进柯桥区香榧产业提升的实施意见》，自2021年起，区财政安排6500万元专项资金重点扶持柯桥区香榧产业提升，实施期限为2021—2023年。2021年4月16日，成立柯桥区榧文化研究会；7月13日，成立柯桥区香榧品牌管理服务中心；8月，制定《稽东香榧产业发展规划》。确定“稽东香榧”为区域公共品牌，拍摄《稽东香榧》产地宣传片，推出“稽东香榧”之“唐榧”“古榧”“新榧”3款产品。2022年，在全市率先实现香榧集中区域无人机授粉3750亩，建成香榧专业村作业道、轨道车34千米。建成香榧示范园区、柯桥古榧保护和利用集成应用系统。该系统作为全省唯一的古榧保护系统，接入省“乡村大脑”平台，获评全省农业农村数字化改革“优秀应用”。推出全市首款香榧月饼，带动相关村集体增收30多万元。稽东山娃子香榧参加第一届全球重要农业文化遗产大会，稽东香榧品牌入驻萧山国际机场，香榧仁、香榧汁入选省“百县千碗”特色菜肴展示活动。至2022年年底，稽东镇有千年以上古树22棵、700年以上古树177棵、500年以上古树1020棵、百年以上古树28900余棵。投产总面积约5万亩，年产青果4000余吨，年产干果800余吨，年产值超亿元，远销日本、韩国、印度尼西亚、马来西亚等海外市场，产品供不应求。（金乐青）

【漓渚兰花】 漓渚镇兰花种养上溯于魏晋时期，起于宋朝、闻于明清、兴于民国、盛于当下，在业界有“中国春兰看浙江，浙江春兰看绍兴，绍兴春兰看漓渚”的说法。东汉《越绝书》记载“勾践种兰渚山”，故漓渚镇又被尊为“国兰祖地”“春兰故乡”。20世纪90年代初，漓渚镇每年深冬初春都有数千人进入会稽山、四明山、天台山、天目山、舟山等地采集兰花，在自家花圃中种植一段时间后再出售。90年代中后期，兰花经营突破从单纯的小苗、小花市场零售，发展到公司与农户结合的“产、供、销”一体化经营。2000年6月，漓渚镇被国家林业局、中国花卉协会评为中国花木之乡。2001年5月，绍兴县棠棣兰苑有兰花2000余盆，分春兰与蕙兰2个系列，300余个品种，其中春兰260余个品种，110个精品。2002年7月，中国兰花协会授予棠棣兰苑为“中国春兰样品园”称号，成为全国唯一的集培育、观赏、研究、交流于一体的兰花基地。2002年，漓渚镇兰花年产值5200万元，占全镇农业总产值的38%。2004年，漓渚镇建立绍兴县首个面积34公顷的石斛兰生产基地——银泉兰苑，年组织培养石斛兰幼苗2000万株以上。2010年，银泉兰苑占地面积0.31公顷，建有5个设施齐全的兰房，面积500余平方米，有新、老蕙兰品种91个，兰花1050盆，被浙江省兰花协会命名为浙江省蕙兰样品园，为省内唯一。在有史可稽的名贵兰谱中，漓渚镇有30余种。在国际、国内各级兰展和兰博会上，漓渚兰花曾先后获500余个奖项，其中金奖100余个。2022年，漓渚镇组建智能温室大棚，数字系统贯穿兰花培育全过程，增强产业集聚效能，促进兰农大幅增收。投入1200万元，镇企合作组建兰花组培中心，通过技术杂交，让科技赋予兰花更高附加值。鼓励兰花经营户直播带货，漓渚镇涉及兰花电商的有近30户。全镇有兰花大棚近千亩，有1000多户农民种兰卖兰，专业养兰农户近300家，上规模的兰花大户近30家，兰花年销售额1.2亿元，在浙江省百佳兰苑中漓渚镇占7席。（吕诚君）

【同康竹笋】 同康竹笋历史悠久，自古以来便是文人雅客的盘中珍馐。宋代陆游在《自九里平水至云门陶山历龙瑞禹祠而归凡四日八首·其六》有言：“还家莫道虚怀袖，笋蕨随宜亦满槃。”在浙东唐诗之路上有关于平水同康竹笋的古诗词自唐代起有40余首。2007年，平水镇因盛产竹笋被国家林业局命名为中国竹笋之乡，其中同康竹笋尤以色白、爽脆、略甜而独树一帜、名气最大。20世纪50年代早期的同康竹笋年产1000余吨。1995年，同康村通过科技兴林，投资1750万元实施集林科教、产加销和社会化服务于一体的毛竹四季笋基地改造工程。同康竹笋春有春笋、夏有鞭笋、秋冬有冬笋，一年四季皆产笋，故又名“四季笋”，可鲜食、盐制、晒干等多方式食用，远销上海、宁波、江苏等地，供不应求。2003年成功注册“同康”牌竹笋商标，先后被评为浙江省著名商标、浙江省名牌产品等，2010年获评国家农产品地理标志。2004年,以同康村为核心的全镇万亩毛竹四季笋示范区被浙江省林业厅命名为浙江省效益林业十大精品基地。2022年,同康地理标志区域竹林面积1855公顷,年竹笋产量1.71万吨,年产值6320万余元。(黄思煜)

【仁昌酱油】 仁昌酱油源于清光绪十八年(1892)徐仁昌创建的仁昌酱园。光绪三十二年(1906),由第二代传人章申甫盘进并进行扩建,保留"仁昌"字号。20世纪30年代仁昌酱园出现鼎盛时期,产品销往中国香港地区,出口马来西亚、新加坡。1955年10月1日,转为公私合营模式,后转为地方国营。2000年1月1日,实行经济体制改革,由国资转为民营企业。2018年主持完成"母子酱油""浙江制造"团体标准制定。仁昌酱园历经100余年保留厂址不变、古法酿造工艺不变、"仁信昌隆"祖训不变,先后获评中华老字号企业、浙江省非物质文化遗产传统酱油技艺传承基地、浙江省农业科技企业、浙江省农业龙头企业,"仁昌记"商标获评浙江省著名商标、"仁昌记"牌母子酱油获评浙江省名牌产品,多次被中央、省、市电视台及其他多家媒体包括新加坡电视台、电台等媒体采访报道,其古法工艺、产品被录入中央电视台《舌尖上的中国》,被新加坡电视台誉为"传说中的料理"。2022年,公司生产酱油1000吨、米醋800吨,总产值3500万元,酱窝油获评"长三角名优食品",360毫升母子酱油获评"浙江省名特优食品"。(魏璐怡)

【湖塘杨梅】 湖塘杨梅种植历史有1000余年。2001年,湖塘街道被浙江省林业厅命名为浙江省杨梅之乡。2003年,湖塘建成杨梅观光园,接待游客6000余人次。2005年,湖塘杨梅产量987吨,占绍兴县总产量的91.2%。2008年,湖塘街道被认定为浙江省森林食品(杨梅)基地;2010年,被国家林业局、中国经济林协会命名为中国杨梅之乡。湖塘杨梅大面积种植主要集中在古城、陌坞、湖塘、永信等村(社区)。湖塘本地的"水晶杨梅"以鲜美多汁备受市民青睐。与其他产地的杨梅相比,湖塘杨梅水分含量高,吃起来格外鲜嫩甜美。2022年,湖塘杨梅种植面积1.2万亩,产量1700多吨,实现产值约1800万元,带动周边餐饮住宿发展,增加经济效益400万元。(唐飞崖)

【王坛青梅】 王坛青梅其果宜食,其花可赏,栽培历史悠久。王坛镇域内的东村、赵岙山上有百年以上的老梅树,自古以来流传"三月三,梅子尝咸淡"之俗语。1985年,根据王坛镇气候、地理条件,定点在东村开始种植大青梅。当年种植青梅树苗6800棵,种植面积150亩,后连年扩种,以东村为中心,辐射王城、腾豪、新建等村,连片种植并逐步推广至全镇各村,建设全国单体连片面积最大的万亩梅林。20世纪90年代,绍兴县青梅生产以王坛镇为龙头,王坛镇青梅产量占全县总量的九成左右,王坛镇成为绍兴县青梅特色镇。1993年,王坛镇青梅面积超千亩,产梅72吨。1999年,青梅丰收,王坛镇产梅790吨。2001年,王坛镇兴办舜越绿色食品公司(青梅加工厂)和青梅酒厂(舜旺果酒有限公司),产品远销日本等地。至2007年,全镇24个行政村,50亩以上连片种植的有16个,梅园面积12810亩,产梅2000余吨,年产值300余万元。2008年,王坛镇被中国经济林学会命名为中国青梅之乡。东村青梅园区成为集产梅、旅游观光、休闲度假于一体的胜地。2011年,东村村"香雪梅海"旅游区成为国家AAA级旅游景区。2020年,王坛镇实施省级农村综合改革集成建设项目试点,对青梅产业进行提升改造,流转部分树龄较长的青梅树种,优化品种结构,形成以梅花文化内涵为主线的特色小镇,被浙江省文化和旅游厅评为省醉梅旅游风情小镇。2021年、2022年,王坛镇对"香雪梅海"青梅产业分别实施两期管理服务提升项目,对流转的青梅树进行复壮、嫁接、管护等良种优化改造,梅树品种从只有单一的大青梅树,通过嫁接,引进红梅品种32个,梅花花期从原来1个月延长至3个月,单棵梅树年产青梅从100千克增加到180千克。(凌萍燕)

【兰亭水蜜桃】 兰亭水蜜桃历来被誉为"仙桃寿果""瑶池珍品""琼浆玉露",有百年历史。兰亭水蜜桃栽培于20世纪20年代末,由奉化三十六湾引种而来,后逐年扩种形成生产规模。40年代达到鼎盛期,产品除满足绍兴外,还销往杭州市场。80年代，随着大田联产承包政策落实，当地农户先后从奉化购入“白凤”“玉露”等桃苗自行繁殖，种植面积扩大到100余亩。2003年，桃农联合将原有多而杂品种全面改良，形成以中晚熟、大果型，内在质量较高的“玉露”为主栽品种的格局。2009年，黄家坞水蜜桃专业合作社成立，兰亭水蜜桃实现统一标准管理、统一收购销售。2010年起，黄家坞水蜜桃基地在原有基础上选择性点状拓展，种植区域逐步覆盖至周边禾日农庄、印山人家、叙兰苑、漫田旅等多个现代农业园区。2012—2013年，黄家坞水蜜桃专业合作社的兰亭水蜜桃连续2年获评浙江省精品水果展销会金奖。2020年，兰亭水蜜桃被列入柯桥区首批柯农优品培育品牌名单。2022年，兰亭街道有580余亩水蜜桃基地、4万余株桃树，产量20余万千克，产值420余万元。（何　佳）

气象特征

【概况】 2022年柯桥区年平均气温18.8℃，较常年偏高1.2℃；年降水总量1412.8毫米，较常年偏少7%；年降水日数142天，较常年偏少14.1天；年日照时数1620.9小时，较常年偏少167小时。

冬季（1—2月），1月气温较常年偏高，2月气温较常年偏低，季内雨日和总降水较常年偏多，日照较常年偏少，季内出现持续低温雨雪等灾害性天气。春季（3—5月）平均气温较常年偏高，雨日、雨量较常年偏少，日照较常年偏少，季内出现冷空气、大风、强对流、霜冻、暴雨等气象灾害。夏季（6—8月）平均气温较常年偏高，雨日、雨量较常年偏少，日照较常年偏多，季内出现强对流、暴雨等气象灾害。秋季（9—11月）平均气温较常年偏高，雨日较常年偏少，雨量较常年偏多，日照较常年略偏少，季内出现台风、雷电、大雾、寒潮等气象灾害。12月平均气温较常年偏低，雨日较常年偏多，雨量较常年偏少，日照较常年偏多，出现大雾、寒潮等气象灾害。

年平均气温18.8℃，较常年偏高1.2℃，居历史第二位，近10年平均气温均高于常年值。年极端最高气温为41.3℃，出现在7月12日；年极端最低气温为-2.2℃，出现在12月24日。年高温日数（日最高气温≥35.0℃）55天，较常年偏多25天。年低温日数（日最低气温<0℃）13天，较常年偏少5.5天。

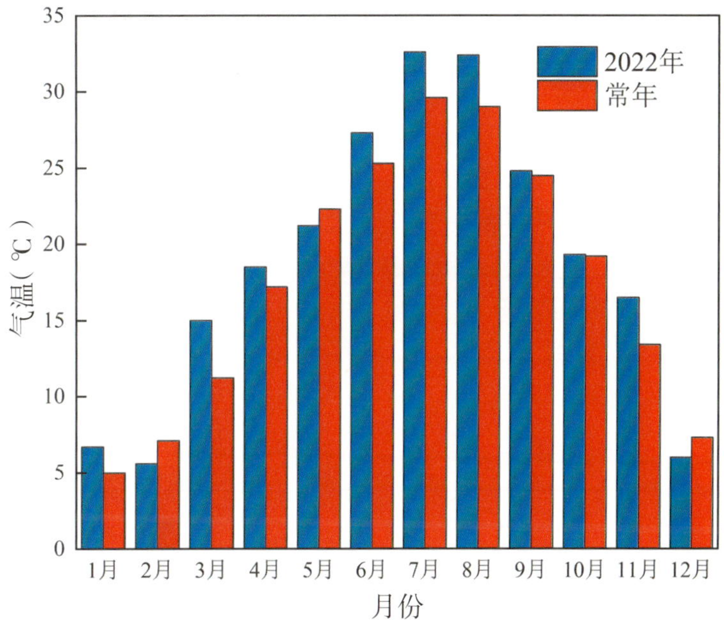

2022年柯桥区柯桥气象站各月平均气温与常年的比较情况

（王国祯　提供）

年降水量1412.8毫米，较常年偏少7%。降水时空分布不均匀，由南向北逐渐减少，山区多平原少。时间上不同月份差别不同，10月为全年降水最少月份，降水量为42.9毫米，约为常年同期五成；4月、5月、6月、7月、8月、10月、11月和12月降水量较常年偏少，分别不足常年的七成、六成、九成、五成、九成、六成、九成和八成；1月、2月、3月和9月降水量较常年偏多，分别为常年的1.3倍、1.4倍、1.4倍和1.6倍。年暴雨日3天，日最大降水量73.1毫米，出现在9月4日。全年雨日142天，比常年偏少14.1天。除1月、2月、3月和12月雨日比常年偏多外，其余月份雨日均比常年偏少。其中7月和8月雨日异常偏少，分别接近常年 7 成和 6 成。

年日照时数 1620.9 小时，较常年偏少 167 小时。年内 3 月、7 月、8 月和 12 月的日照时数较常年偏多外，其余月份日照时数较常年不同程度偏少。其中 2 月日照异常偏少，不足常年 6 成。

年平均风速 1.4 米 / 秒，年极大风速 22.3 米 / 秒(7 月 21 日)。小风日数(平均风速小于等于 2 米 / 秒的天数)313 天，大风日数(极大风速 17.2 ~ 20.7 米 / 秒的天数)4 天。全年盛行风向为东北偏东风。

年蒸发量 1139.4 毫米，为 2014 年来最高值，其中 8 月蒸发量为全年最多，184.2 毫米，比常年偏少 20.3 毫米。

年雪日 8 天，较常年偏多 0.9 天。

年雷暴天数 17 天。

年大雾日数 5 天，较常年偏少 13.7 天。

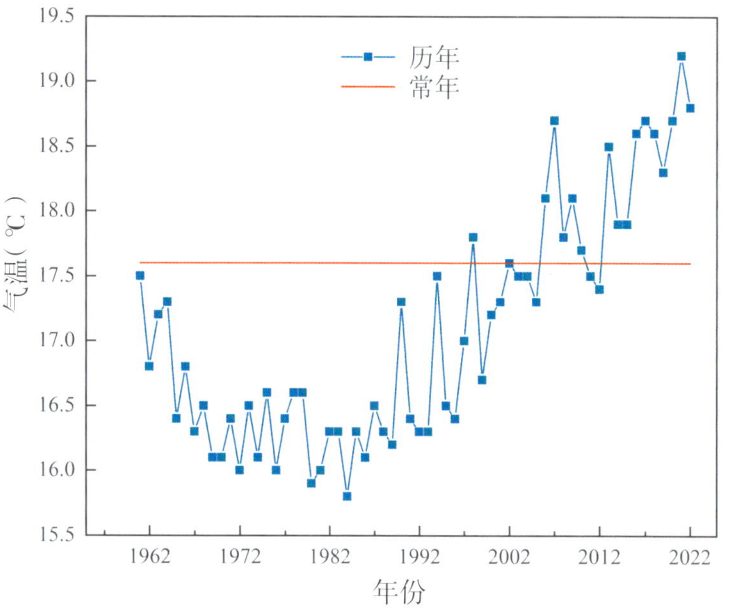

柯桥区柯桥气象站历年年平均气温曲线 （王国祯 提供）

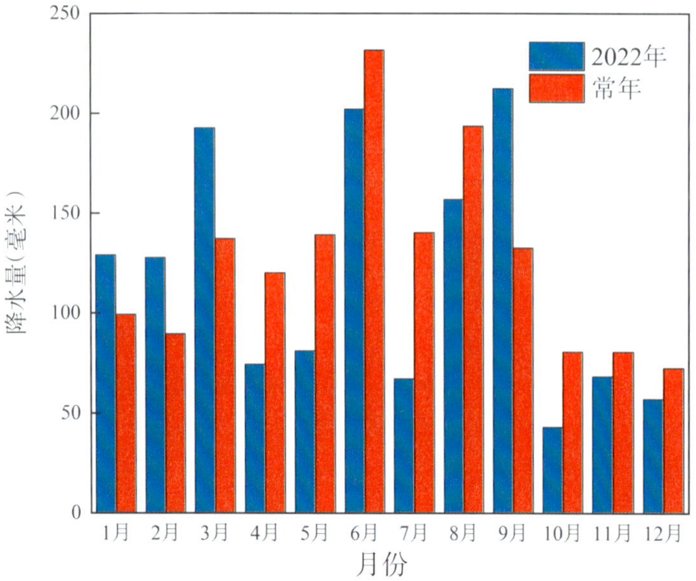

2022 年柯桥区柯桥气象站各月降水量与常年的比较情况 （王国祯 提供）

【重要天气事件】 气候变暖趋势持续。2022 年，柯桥区气温平均 18.8℃，较常年偏高 1.2℃，为柯桥国家气象站建站以来第二高。全年有 9 个月的月平均气温高于常年，其中 3 月、8 月和 11 月平均气温突破历史极值，气候变暖趋势持续。

高温日数达历史极值。最高气温 41.3℃，为柯桥国家气象站建站以来第二高。年高温日数为 55 天，比常年多 83.3%，达历史最高值。年最高气温高于 40℃的天数共 11 天，比 2013 年少 1 天，达历史第二。

台风影响偏晚，9 月秋台活跃。7—8 月出现空台期，9 月起先后受到 11 号超强台风“轩岚诺”和 12 号超强台风“梅花”的影响。“轩岚诺”的走向为有气象记录以来首次出现在台湾以东洋面的“V”形路径，其间柯桥区面雨量 132.2 毫米，2 站出现 8 级以上大风。“梅花”为 2022 年首个登陆华东沿海且登陆中国最强的台风，其间全区面雨量 123.6 毫米，22 站超过 100 毫米，4 站超过 200 毫米，最大为平水祝家 393.7 毫米，3 站出现 8 级以上大风，最大为稽东龙东 10 级。

出梅早、梅雨期短。6 月 10 日入梅，6 月 26

日出梅。入梅正常，出梅早，梅雨期比常年短14天。梅雨量74毫米，较常年梅雨量偏少七成。梅雨期间有3轮强降雨过程，分别为6月9日夜里至10日上午、12—13日，以及20日。

汛期降水少，人工增雨缓旱情。全区汛期降水偏少15%，其中5—8月偏少近三成。降水偏少导致气象干旱持续发展，森林火险等级不断提高，8月10日市生态环境局柯桥分局、区应急管理局、区气象局联合发布森林火险气象风险红色预警。常态化开展人工影响天气作业，其中火箭弹作业10轮次（发射火箭弹62枚），烟炉作业7轮次，保障汤浦水库蓄水和降低森林火险。

年初雨雪不断，日照时数偏低。1月22日至2月23日，连阴雨雪天气历时1个月，有6次雨雪过程，其中2月17—18日降雪最为明显，王坛丹家站积雪22厘米。平均降水量248毫米，是常年同期的2.6倍；平均降水日数26天，比历史同期偏多11天；平均日照时数67.3小时，为常年同期的57%。

国庆假期气温两极反转。9月30日至10月3日，酷热，10月3日最高气温38.2℃，破10月最高气温纪录；随后受冷空气影响，全区出现明显降温，日最低气温24小时下降9.6℃，于10月5日正式入秋。

春季频现强对流。春季出现强对流天气日数7天，3月14日午后出现雷阵雨，伴有6～7级大风、局地冰雹，其中平水镇新横溪出现15.3米/秒的极大风。4月25日下午多个镇（街道）出现8～10级局部11级雷雨大风，其中最大兰亭金庄11级（32.1米/秒），王坛、稽东等镇（街道）出现短时强降水，累计雨量最大为稽东镇稽东站32.0毫米，小时雨强最大为漓渚镇九板桥13.2毫米。全区3—5月发布强对流天气预警信号12条，强天气提醒信息5条。

秋末寒潮影响。11月28日至12月2日，受寒潮南下影响，出现剧烈降温、雷电大风和雨雪天气。全区48小时日最低气温平均降温幅度13.3℃，王坛丹家站温度低至-3.3℃。全区普遍出现降雪，屋顶、植被上有1～2厘米积雪，局部有3厘米。

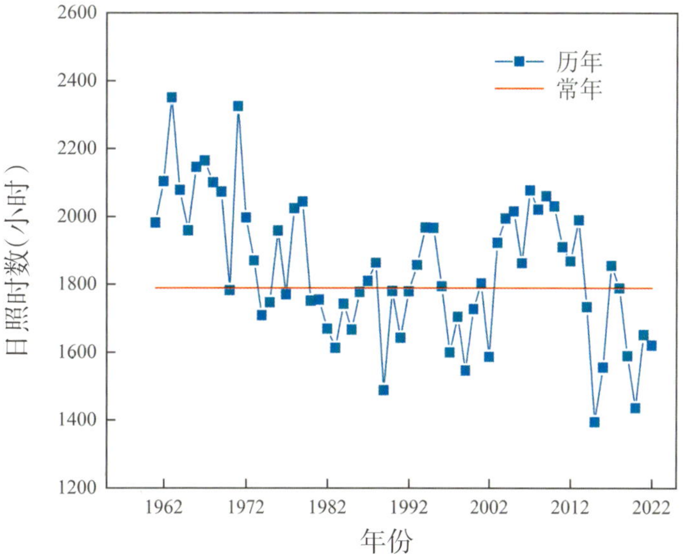

柯桥区柯桥气象站历年年日照时数曲线　（王国祯　提供）

春寒。3月16日最高气温29.1℃，3月20—23日受强冷空气和阴雨天气影响，温度明显下降，3月22日国家站最高气温9.4℃。南部平水、王坛、稽东三镇最低气温接近0℃，个别站点低于0℃，王坛丹家出现8级大风，对早春作物特别是春茶造成不利影响。（王国祯）

人口　民族

【人口】 2022年年末，柯桥区域总户数237562户，户籍人口701970人。其中男性341361人、女性360609人，分别占总人口的48.63%和51.37%；城镇人口436053人、农村人口265917人，分别占总人口的62.18%和37.82%。全年出生人口4384人，出生率为6.25‰；死亡人口4838人，死亡率为6.89‰。人口比上年增加3861人，自然增长率-0.65‰，比上年下降1.77个千分点。机械增长率6.15‰，比上年下降0.75个千分点。

【民族】 2022年年末，柯桥区境内户籍人口以汉族为主,人数694072人,占总人口的98.88%;少数民族人口7893人,占总人口的1.12%,比上年上升0.02个百分点。全区境内有壮族等36个少数民族人口居住。少数民族人口比上年增加205人,以女性为主,计5865人,占人口总数的74.30%;男性2028人,占人口总数的25.70%。男性人口比上年上升0.60%。

2022年柯桥区少数民族情况统计表

表6　　单位:人

序号	民族	男	女	序号	民族	男	女
1	蒙古族	59	81	19	佤族	0	2
2	回族	99	163	20	畲族	63	101
3	藏族	2	3	21	拉祜族	0	1
4	维吾尔族	44	27	22	水族	4	10
5	苗族	162	539	23	纳西族	43	310
6	彝族	58	219	24	景颇族	0	3
7	壮族	391	2330	25	柯尔克孜	1	2
8	布依族	68	283	26	土族	2	0
9	朝鲜族	473	459	27	达斡尔族	3	4
10	满族	153	185	28	仫佬族	4	33
11	侗族	42	87	29	羌族	3	8
12	瑶族	20	55	30	布朗族	0	2
13	白族	49	244	31	毛南族	6	21
14	土家族	221	472	32	仡佬族	11	31
15	哈尼族	7	43	33	锡伯族	1	1
16	傣族	2	16	34	怒族	0	1
17	黎族	17	93	35	乌孜别克族	14	6
18	傈僳族	5	29	36	京族	1	1

(沈力江)

经济和社会发展

【概况】 2022年,柯桥区地区生产总值1901.36亿元,按可比价计算,比上年增长4.5%。其中,第一产业增加值42.35亿元,比上年增长3.4%;第二产业增加值970.57亿元,比上年增长5.9%,

其中工业增加值840.95亿元，比上年增长6.0%；第三产业增加值888.45亿元，比上年增长3.2%。三次产业结构调整为2.2∶51.0∶46.7。人均地区生产总值（户籍）为271608元（按年平均汇率折算为40381美元），比上年增长3.8%。

【农业】 2022年，柯桥区农林牧渔业总产值61.00亿元，比上年增长3.6%。其中，农、林、牧、渔业产值分别为42.44亿元、6.52亿元、4.08亿元、7.18亿元，比上年增长1.8%、27.6%、8.3%、3.4%。粮食播种面积11639公顷，比上年下降10.1%；粮食总产量6.68万吨，比上年下降25.0%。经济作物播种面积14680公顷，比上年增长0.1%，其中蔬菜面积10392公顷，比上年增长2.3%。全年猪肉产量8304吨，比上年增长5.6%；禽肉产量856吨，比上年增长4.0%；禽蛋产量1283吨，比上年下降6.9%；茶叶产量7516吨，比上年增长2.6%；淡水产品产量22943吨，比上年增长2.9%。年末生猪存栏9.43万头，比上年增长32.6%；生猪出栏9.99万头，比上年增长4.4%。

【农村建设】 2022年，柯桥区安排2.65亿元乡村振兴"五星3A"迭代升级暨"未来乡村""共富星村"建设资金，建成5个未来乡村省级试点村、8个区级共富星村试点村、7个"五星3A"先行村、6个3A示范村、10个五星达标村。柯桥区入选"国家乡村振兴示范县"创建名单，建成全省首批新时代美丽乡村示范县。全年新增国土绿化造林面积91.67公顷，创建"一村万树"示范村6个。建成415.2公顷高标准农田，整治优化粮食生产功能区5193.33公顷。科盛生态农业有限公司、绍兴天圣牧业有限公司2个新建猪场完工并通过验收，核定产能15.46万头。浙江科强生态养殖有限公司和科盛生态农业有限公司被列入国家级生猪产能调控基地。

【工业】 2022年，柯桥区规模以上工业增加值497.00亿元，比上年增长10.2%。从产业结构上看，新兴产业发展态势良好，高新技术产业增加值246.52亿元，比上年增长16.1%；战略性新兴产业增加值167.50亿元，比上年增长5.1%；装备制造业增加值58.88亿元，比上年增长21.6%。纺织印染产业改造提升，优势印染企业兼并整合低效企业，柯桥区成为全国最大印染产业基地。全年规模以上工业亩均税收19.53万元/亩，比上年增长16.1%；规模以上工业亩均增加值160.83万元/亩，比上年增长34.1%。创建国家级智能制造试点企业2家，省级未来工厂试点企业1家。全年"个转企"719家，"小升规"171家。

【建筑业】 2022年，柯桥区建筑业总产值1439.39亿元，比上年增长4.3%；建筑产业现代化产值902亿元，比上年增长7%。全区新开工装配式建筑项目233万平方米，新开工钢结构装配式住宅25.55万平方米。新建民用建筑二星级以上绿色建筑40项，占比74.5%；实施绿色建筑面积444万平方米，其中太阳能等可再生能源应用建筑面积151.6万平方米。共创省级以上优质工程62项，其中国家级优质工程23项，包括鲁班奖4项、詹天佑奖1项。

【固定资产投资】 2022年，柯桥区固定资产投资比上年增长10.1%。其中，高新技术产业投资比上年增长12.9%，交通运输投资比上年增长35.8%，生态环境和公共设施投资比上年增长54.7%，民间投资比上年增长1.6%；制造业投资占比为31.6%，高于全市平均水平4.9个百分点。新增省重大产业项目3个，其中宝万碳纤维、宇越光学膜2个项目被列入省特别重大产业项目。19个项目被列入省重点建设项目。

【房地产业】 2022年，柯桥区房地产投资207.93亿元，比上年增长3.9%。房地产开发项目118个，比上年减少62个；施工房屋面积1057.20万平方米，比上年下降10.3%；竣工房屋面积241.89万平方米，比上年增长318.9%。商品房销售面积178.18万平方米，比上年下降34.0%；商品房销售额252.61亿元，比上年下降41.2%。

【国内贸易】 2022年，柯桥区建设消费地标，建成省级夜间经济样板城市。举办促销活动，开展"网上年货节"、暑期和国庆"城市购物节"，举办线上线下深度融合、商旅文游购娱一体的促消费活动。全年社会消费品零售总额401.10亿元，比上年增长4.6%。全年批发和零售业商品销售额4726.60亿元，比上年增长22.3%。其中，批发业商品销售额、零售业商品销售额比上年分别增长24.0%和11.1%。商品交易市场76家，全年商品交易市场成交额2562亿元，比上年增长7.1%。亿元以上市场成交额2549亿元，比上年增长8.5%。轻纺城市场群实现成交额2501.76亿元，比上年增长7.0%;轻纺城网上交易额809.13亿元，比上年增长15.3%。轻纺市场全年新注册市场主体6262家，其中新注册贸易公司1902家。春季纺博会共设1385个国际标准展位，展览面积2.6万平方米，参展企业542家，春季时尚周共开展启幕秀、2022两岸（绍兴）数字时尚论坛、时尚大讲堂、企业线上发布等11场活动。举办窗帘展，展览面积1.8万平方米，参展企业207家，3天共吸引采购客商22856人次。实施市场采购贸易方式国家级试点，联网平台共备案各类主体2408家。

【对外经济】 2022年，柯桥区货物进出口总额1361.19亿元，比上年增长22.4%。其中，出口总额1338.91亿元，比上年增长23.0%；进口22.29亿元，比上年下降4.3%。其中，对印度尼西亚出口78.74亿元，比上年增长41.4%，占全部出口的5.9%；对阿联酋出口74.42亿元，比上年增长22.2%，占全部出口的5.6%；对美国出口49.52亿元，比上年下降16.0%，占全部出口的3.7%。自营出口实绩企业5268家，其中出口100万美元、500万美元、1000万美元以上企业分别有2578家、912家和483家。组织630余家次企业参加纺博会、广交会、服贸会、浙江省出口网上交易会等交易会44场次。全年出口国家和地区206个，对“一带一路”共建国家出口比上年增长27.4%、RCEP（《区域全面经济伙伴关系协定》）成员国出口比上年增长33.5%。拓展海外营销渠道，阿里巴巴国际站、亚马逊等B2B、B2C平台活跃卖家2250家。有国（境）外企业常驻代表机构1597家、外商投资商业企业1168家。新批准“三资”企业126家，比上年增加3家，总投资17.39亿美元，注册资本9.03亿美元。全年合同外资8.20亿美元，实际到位外资5.07亿美元。

【交通】 2022年，柯桥区公路通车里程1587.64千米。其中，国道53.36千米、省道94.10千米、县道416.93千米、乡道356.11千米、村道655.16千米、专用公路11.34千米。全区实现客运量75.10万人次，旅客周转量4435.00万人千米，货运量3970.85万吨，货物周转量1451911万吨千米。绍兴地铁1号线柯桥段落实沿线配套公交线路47条，日发班次合计2984趟次，全区16个镇（街道）公交线路到地铁站全覆盖。杭甬高速北互通正式通车。

【旅游业】 2022年，柯桥区全年接待国内外旅游者687.03万人次，比上年增长1.7%。其中，国内旅游人数686.94万人次，比上年增长1.7%；入境旅游人数0.09万人次，比上年下降55.4%。实现旅游总收入81.26亿元，比上年增长5.7%。其中，国内旅游收入81.24亿元，比上年增长5.7%。推进国家全域旅游示范区创建，获评2022年全国最美全域旅游典范区、文旅融合创新典范区等荣誉。截至年末，全区有国家级旅游景区23个，其中AAA级旅游景区5个，AAAA级旅游景区5个。

【财政】 2022年，柯桥区财政总收入187.54亿元，比上年下降16.1%，其中一般公共预算收入132.59亿元，比上年下降9.9%，扣除留抵退税因素后同口径增长1.6%。财政支出137.27亿元，比上年增长3.3%，其中民生支出得到重点保障，公共安全、教育、科学技术、文化旅游体育与传媒、社会保障和就业、卫生健康、节能环保、城乡社区、农林水九项民生支出总计108.00亿元，占财政支出的78.7%。

【金融】 2022年末，柯桥区金融机构本外币存款余额3147.23亿元，比上年末增长18.7%，其中住户存款余额1662.52亿元，比上年增长26.1%。年末金融机构本外币贷款余额3300.63亿元，比上年增长17.3%。403家企业挂牌浙江省股权交易中心，其中30家为国际人才板。全年保费收入25.60亿元，比上年增长13.6%，赔付支出金额8.32亿元。全年证券交易额8055.58亿元，比上年下降7.9%。年末开户数23.57万户，比上年增长3.9%。

【教育】 2022年末，柯桥区有高等学校2所，在校学生1.95万人，专任教师1577人；拥有中等职业教育学校2所，在校学生8661人，专任教师638人；普通中学29所，在校学生3.75万人，专任教师3302人；普通小学50所，在校学生5.70万人，专任教师3173人。学龄儿童入学率100%，初中升学率100%。15名学子被北大、清华录取,"双一流"高校录取550人,特控上线1310人,上线率29.21%,高出全省平均9.21个百分点。职校学生获全省职业技能大赛、创新创业大赛一等奖8个,获全国职业技能竞赛金牌5枚,全省创业创新大赛一等奖2个。承办2022浙江省中小学生艺术节现场展演活动,柯桥区24个艺术表演节目、27个艺术作品获一等奖,居全省第一。鲁迅外国语学校新校区、柯岩中心小学、区六一幼儿园柯西园区、浙光幼儿园、漓渚中心幼儿园等新扩建工程建成投用,新增学位5040个。

【科学技术】 2022年,柯桥区新增国家高新技术企业213家(含复审),累计有554家;全年新增省级科技型中小企业335家,累计有2256家;有省级企业研发机构171家。全年实现技术市场交易额48.65亿元,比上年增长35.9%,总量和增幅均居全市第一。新增授权专利6480项,其中发明专利570项、实用新型专利4581项、外观设计专利1329项。新增国家标准22项、行业标准16项。引进落户人才项目38个、产业化人才项目4个。全市首个全职落户院士团队创业项目——迈亚塔研究院签约落地。第七届绍兴海内外高层次人才创新创业大赛18个项目17个为博士带队,12个注册。浙江绍兴人才创业园2.0——柯桥杭州湾科创中心项目启动,建成后可容纳100家企业,吸引5000名大学生就业。民营科技园建成60万平方米,新引进人才科技项目44个。

【文化】 2022年末,柯桥区有文化馆1个,艺术表演团体1个,剧场、影剧院12家,各级文物保护单位(点)168处,公共图书馆藏书162.3万册,有线电视用户41.80万户,电视覆盖率为100%。建成"15分钟品质文化生活圈"122个,新建城市书房9家、文化驿站16家,其中省级城市书房4家、文化驿站2家,城市书房镇(街道)全覆盖。村(社区)星级文化礼堂(文化家园)建成率100%。复排越剧《李慧娘》,创排越剧《酒葫芦》、莲花落《牢记使命共追梦》。越剧《苏秦》入选第五届中国越剧节展演剧目,莲花落小戏《住院》获省第十一届群众戏曲小戏大赛金奖。

【卫生】 2022年末,柯桥区有卫生机构533个(含村卫生室),其中,医院和卫生院34个;卫生机构实有床位6415张,卫生技术人员8888人,其中医生3774人。区中医医院通过三级乙等评审。第二医院肿瘤学通过第二批省市共建重点学科验收。浙二医院柯桥院区建设工程开工建设,工程桩基完成。第三医院迁建工程完工。柯桥区作为全省首批、全市唯一县(市、区)开展幼儿园、小学、初中在校生流感疫苗免费接种,重点人群免费接种流感疫苗30305剂次、肺炎疫苗11000剂次,学生免费接种流感疫苗57463剂次。

【体育】 2022年,柯桥区获金牌433枚,其中全国金牌2枚、全省金牌120枚。年末有群众体育健身活动场所3513个,社区体育健身设施1510个,社区健身场地面积14.65万平方米,体育场馆62个,其中标准体育场馆35个。羊山攀岩中心、轻纺城体育馆、鉴湖足球场三大亚运场馆建成并移交运行团队。

【环境保护】 2022年,柯桥区$PM_{2.5}$年浓度为32微克/立方米,O_3年浓度为166微克/立方米,AQI(空气质量指数)优良率为83.6%,累计污染天60天(中度污染10天,轻度污染50天)。全区国考断面(曹娥江大闸闸前)水质为Ⅱ类水,达到水环境功能Ⅲ类水要求;28个市对区考核断面中,手工监测Ⅰ类断面1个、Ⅱ类断面15个、Ⅲ类断面12个、Ⅰ~Ⅲ类断面28个,占比100%;28个断面水质满足功能要求,达标率100%。跨行政区域10个交接断面中,均为Ⅰ~Ⅲ类水,全部满足功能要求,出境水质达到Ⅱ类水质标准,考核结果为优秀。工业固废处置体系不断完善,处置工业垃圾16.32万吨。清运处置医疗废物及按医疗废物管理的生活垃圾2606.72吨。长效推进"无废城市"建设,"无废细胞"创建103个。推进生活垃圾分类"撤桶并点""定时定点"投放,清运生活垃圾51.42万吨。

【能源消耗】 2022年,柯桥区规模以上工业企业综合能源消费量661.88万吨标准煤,较上年上升1.4%;原煤消费792万吨,较上年上升25.7%;单位增加值能耗下降9.4%。能源利用效率提升,规模以上工业企业万元产值综合能耗0.29吨标准煤,较上年下降1.0%;耗能千吨以上企业万元产值能耗0.41吨标准煤,较上年下降17.3%。

【城乡建设】 2022年,柯桥区完成房屋征收项目34个,建筑面积303.5万平方米,净地约200公顷。1个镇(街道)创建为美丽城镇省级样板,4个镇(街道)通过美丽城镇省级考核验收。2个村创建省级美丽宜居示范村。舜源古忆县域风貌区、水韵纺都特色产业风貌样板区通过省级验收挂牌,水韵纺都获评"富春山居图"。大渡社区、下市头社区、新未庄社区通过省级未来社区验收挂牌,柯桥区入选浙江省全域推进未来社区建设和城镇社区公共服务集成落地改革第一批试点。新增停车位1500个,其中300个公共停车位。新建绿道10千米。既有住宅加装电梯,全区加装电梯新增完工55台。

【人民生活】 2022年,柯桥区居民人均可支配收入74770元,比上年增长5.2%。其中,城镇常住居民人均可支配收入82528元,比上年增长4.2%;农村常住居民人均可支配收入51605元,比上年增长7.4%。城乡居民收入比为1.60。全体居民、城镇居民、农村居民人均生活消费支出分别为42323元、46144元、30915元。

【社会保障】 2022年末,柯桥区城镇登记失业人员7114人,城镇职工登记失业率2.03%。全区新增城镇就业6.89万人,其中失业人员实现再就业1.27万人、就业困难人员实现就业0.25万人。组织开展线上职业技能培训10066人次,涉及企业31家次,开展线下职业技能培训23586人次。年末全区基本养老保险参保人数68.75万人,其中企业养老保险参保人数58.13万人、机关事业养老保险参保人数2.81万人、居民养老保险参保人数7.81万人。基本医疗保险参保人数84.31万人,其中城镇职工基本医疗保险参保人数52.27万人、城乡居民基本医疗保险参保人数32.04万人。生育保险参保人数39.40万人,工伤保险参保人数41.68万人,失业保险参保人数34.00万人。有社会福利院13家,床位2179张,收养人数598人。城镇居民最低生活保障1425人,农村居民最低生活保障3011人。接受社会捐赠款5346万元,受益124664人次。发放各类社会救助资金8835.17万元,惠及16.3万人次,发放孤困儿童救助金及物资404.5万元。城镇居民最低生活保障支出1431万元,农村居民最低生活保障支出2986万元。

说明:

1. 所列各项数据为年度初步统计数据,此后均以《柯桥区统计年鉴》数据为准。
2. 生产总值和各产业增加值绝对数是按现价计算的初步核算数,增长速度按可比价格计算,人均生产总值按户籍人口计算。
3. 由于计量单位取舍而产生的计算误差均未作机械调整。
4. 教育、体育数据来自区教体局;高新技术企业、科技型中小企业等数据来自区科技局;社会救助数据来自区民政局;财政数据来自区财政局;登记失业率、社会保障等数据来自区人力社保局;国土绿化数据来自区自然资源和规划分局;生态环保、空气质量数据来自区生态环境分局;垃圾清运数据来自区综合行政执法局;房屋征收数据来自征收办;城乡建设、建筑等数据来自区建设局;客运周转量、货物周转量等数据来自区交通运输局;美丽乡村建设等数据来自区农业农村局;出口、对外经济等数据来自区商务局;"三资"企业数据来自招商投资促进中心;旅游、艺术中心、文化馆、图书馆、博物馆等数据来自区文化广电旅游局;农村文化礼堂数据来自区委宣传部;卫生、医疗数据来自区卫生健康局;专利数据来自区市场监管局;货币金融、上市公司等数据来自区金融办;医疗保险数据来自区医保局;粮食生产数据、城乡居民收支来自国家统计局柯桥调查队;轻纺市场、展会等数据来自轻纺城建管委;人才数据来自金柯桥科技城。(章倩菁)

主要机构及负责人名单

【党政机构及有关部门负责人名单】

中共绍兴市柯桥区第一届委员会

书　记:陈　豪

副书记:袁　建　诸剑明　陈利华

常　委:李永杰　李　东

丁　贵　袁笑文
潘晓东　任宏亮
卢　江

中共绍兴市柯桥区第二届委员会
书　记:陈　豪
副书记:袁　建　陈利华
常　委:李永杰　李　东
丁　贵　袁笑文
潘晓东　任宏亮
方优美(女)
卢　江
马　川(2022 年 12 月任,兼)
说明:2022 年 1 月召开区党代会,进行换届选举

绍兴市柯桥区第一届人民代表大会常务委员会
主　任:朱晓董
副主任:蔡金标　胡国炜
沈祖卫　王张泉
刘　斌　郎煜江

绍兴市柯桥区第二届人民代表大会常务委员会
主　任:朱晓董
副主任:诸剑明　蔡金标
沈祖卫　裘江新
张伟江　郎煜江
说明:2022 年 2 月召开区两会,进行换届选举

绍兴市柯桥区人民政府
区　长:袁　建(2022 年 2 月任)
代区长:袁　建
副区长:丁　贵(2022 年 2 月任)
齐方良
陈　钧(2022 年 2 月任)
钟　旌(2022 年 1 月任)
陈　勤(女)(2022 年 2 月任)
成　诚(2022 年 2 月任)
蒋　其(2022 年 1 月任)
王艳春(女)(2022 年 7 月任,挂职)
孙　彦(2022 年 1 月免)
祝静芝(女)(2022 年 2 月免)
吴晓炯(2022 年 1 月免)
马亦忠(2022 年 1 月免)
傅纪明(2022 年 1 月免)
方优美(女)(2022 年 2 月免)

政协第一届绍兴市柯桥区委员会
主　席:孟柏干
副主席:骆学新　陈爱霖
裘江新　王茂荣(女)
王炳豪　余建林
秘书长:孙尧富

政协第二届绍兴市柯桥区委员会
主　席:吴海洋
副主席:陈爱霖　王茂荣(女)
王炳豪　余建林
陈丽娜(女)
秘书长:王其龙
说明:2022 年 2 月召开区两会,进行换届选举

区委办公室(区委台湾工作办公室)
主　任:张晓峰(2022 年 10 月任)
陈立根(2022 年 10 月免)

区人大常委会办公室
主　任:沈关祥
区人大常委会机关党组
书　记:沈关祥

区人大常委会监察和司法工作委员会
主　任:沈　强(2022 年 1 月任)
钱兔根(2022 年 1 月免)

区人大常委会社会建设工作委员会
主　任:张国生

区人大常委会财经工作委员会
主　任:陈广见

区人大常委会代表工作委员会
主　任：倪华丰(2022年1月任)
　　　　王　勤(2022年1月免)

区人大常委会教科文卫工作委员会
主　任：冯文华

区人大常委会城建环保工作委员会
主　任：徐智煊

区人大常委会农村经济工作委员会
主　任：寿红卫(2022年1月任)
　　　　高青泉(2022年1月免)

区人大常委会研究室
主　任：沈庭洋(2022年1月任)
　　　　杨高相(2022年1月免)

区人大监察和司法委员会
主任委员：沈　强(2022年2月任)
　　　　　钱兔根(2022年2月免)

区人大财政经济委员会
主任委员：陈广见(2022年2月任)

区人大社会建设委员会
主任委员：张国生

区人民政府办公室
党组书记：柯洪炜
主　　任：柯洪炜(2022年1月任)
　　　　　章金尧(2022年1月免)

区政协办公室
主　任：王其龙(2022年1月任)
　　　　孙尧富(2022年1月免)
区政协机关党组
书　记：王其龙

区政协研究室
主　任：王永华

区政协提案委员会
主　任：王　彪

区政协经济和港澳台侨外事委员会
主　任：汪建中

区政协文化文史和教科卫体委员会
主　任：吴青青(女)(2022年1月任)
　　　　丁兵康(2022年1月免)

区政协农业农村和人口资源环境委员会
主　任：杨金法(2022年1月免)

区政协社会法制和民族宗教委员会
主　任：王红坤(2022年1月任)
　　　　冯鹏英(2022年1月免)

区政协委员工作委员会
主　任：钱　鸿(2022年1月任)
　　　　陈永建(2022年1月免)

区纪律检查委员会
书　　　记：李　东
常务副书记：张晓峰
副　书　记：邵世昉

区监察委员会
主　任：李　东
副主任：张晓峰　邵世昉

区委组织部
部　　　长：潘晓东
常务副部长：周欢芬(女)

区委宣传部
部　　　长：任宏亮
常务副部长：鲁立新(2022年3月任)

徐　锐(2022 年 3 月免)

区委统战部

部　　长:方优美(女)

常务副部长:徐兴建

区委政法委

书　　记:陈利华

常务副书记:陆晓巍

区委全面深化改革委员会办公室

常务副主任:胡　爽(2022 年 4 月任)

罗　耀(2022 年 3 月免)

区委机构编制委员会办公室

主　任:孙其康(2022 年 12 月任)

阮建康(2022 年 12 月免)

区委巡察工作领导小组办公室

主　任:张海峰

区委区政府信访局

局　长:张国康(2022 年 3 月任)

何华均(2022 年 3 月免)

区委老干部局

局　长:朱国庆

区委党校

校　　长:潘晓东

党委书记:施关根(2022 年 4 月免)

常务副校长:施关根

说明:2022 年 4 月,建立区委党校校务委员会,撤销区委党校党委

区史志研究室

主　任:吴坚祥

区档案馆

党组书记、馆长:尹伟樑

柯桥传媒集团有限公司(区融媒体中心)

党委书记、董事长、总编辑,区融媒体中心主任:

朱利奇(2022 年 8 月任)

邹文伟(2022 年 8 月免)

党委副书记、总经理、副总编辑,区融媒体中心副主任:

张志方(2022 年 4 月任)

区深化服务指导中心

党组书记、主任:陈建春(2022 年 4 月免)

说明:2022 年 9 月,撤销区深化服务指导中心

区共同富裕指导中心

党组书记、主任:韩　峰(2022 年 9 月任)

说明:2022 年 9 月,成立区共同富裕指导中心

区社会治理中心

主　　任:陈利华(2022 年 9 月任)

陆晓巍(2022 年 9 月免)

常务副主任:王　磊(2022 年 9 月任)

说明:2022 年 9 月,区社会矛盾纠纷调处化解中心更名为区社会治理中心

区发展和改革局

党组书记:马建刚

局　　长:马建刚(2022 年 1 月任)

陈立根(2022 年 1 月免)

区经济和信息化局

党组书记:严　炜(2022 年 4 月任)

孙伟刚(2022 年 3 月免)

局　　长:严　炜(2022 年 5 月任)

孙伟刚(2022 年 5 月免)

区教育体育局

党工委书记、局长:徐　迅

区科学技术局

党组书记:孙爱珍(女)(2022 年 9 月任)

张咸良(2022 年 9 月免)

局　　长:俞小炜

市公安局柯桥区分局
党委书记：蒋　其
局　　长：蒋　其(2022年1月任)
　　　　　傅纪明(2022年1月免)
政　　委：沈　勇(2022年9月任)
　　　　　徐伟民(2022年9月免)

区民政局
党组书记：许立峰(2022年12月任)
　　　　　喻光耀(2022年12月免)
局　　长：喻光耀

区司法局
党组书记、局长：李兴成

区财政局
党工委书记：谭　科
局　　长：谭　科(2022年1月任)
　　　　　郁　伟(2022年1月免)

区人力资源和社会保障局
党组书记、局长：金伟梁

市自然资源和规划局柯桥分局
党委书记、局长：黄伟祥

市生态环境局柯桥分局
党工委书记、局长：张志华

区住房和城乡建设局
党工委书记、局长：鲁建潮

区交通运输局
党工委书记：赵忠根
局　　长：赵忠根(2022年1月任)
　　　　　柯洪炜(2022年1月免)

区农业农村局
党工委书记、局长：裘剑平

区商务局
党组书记：周雪峰
局　　长：沈琴梅(女)(2022年1月任)
　　　　　谭　科(2022年1月免)

区文化广电旅游局
党工委书记：徐　锐(2022年3月任)
　　　　　　鲁立新(2022年3月免)
局　　长：徐　锐(2022年5月任)
　　　　　鲁立新(2022年5月免)

区卫生健康局
党工委书记、局长：傅　超

区退役军人局
党组书记、局长：王国彪

区应急管理局
党委书记：李　江
局　　长：李　江(2022年1月任)
　　　　　赵忠根(2022年1月免)

区审计局
党组书记、局长：李伟根

区市场监督管理局
党委书记、局长：娄东寅

区政府金融工作办公室
党组书记：韩勇刚
主　　任：韩勇刚(2022年1月任)
　　　　　张志华(2022年1月免)

区行政审批局
党工委书记：丁　贵
局　　长：张咸良(2022年9月任)
　　　　　金阿根(2022年9月免)

区统计局
党组书记:金国龙(2021年12月任)
局　　长:金国龙(2022年1月任)
　　　　　沈琴梅(女)(2022年1月免)

市医疗保障局柯桥分局
党组书记、局长:胡斌钦

区综合行政执法局
党组书记:魏泽宇(2021年3月任)
　　　　　高卫军(2021年3月免)
局　　长:魏泽宇(2021年5月任)
　　　　　高卫军(2021年5月免)

区公共资源交易管理委员会办公室
党组书记、主任:宋彦扬(女)(2022年9月任)
　　　　　　　　孙爱珍(女)(2022年9月免)

区土地和房屋征收工作办公室
党组书记、主任:裘登华
说明:2022年4月,区城市更新改造工作办公室更名为区土地和房屋征收工作办公室

区大数据发展管理中心
党组书记、主任:陶　森

区招商投资促进中心
党组书记、主任:韩红锋

区机关事务服务中心
党组书记、主任:沈伟阳

区国际赛会服务中心
党组书记、主任:蒋志芬(女)(2022年9月免)
说明:2022年9月,撤销区国际赛会服务中心

区印染产业集聚升级服务中心
党组书记、主任:叶　港

区会展业发展中心
党组书记、主任:蒋志芬(女)

区柯桥古镇保护利用管理服务中心
党组书记、主任:马　明(2022年12月免)

区高校合作服务中心
党组书记、主任:朱坚敏(2022年3月免)
说明:2022年3月,区高校合作服务中心降为副科级事业单位

绍兴柯桥未来之城建设管理中心
党组书记、主任:董乐赢(2022年12月任)
　　　　　　　　朱坚敏(2022年3月任,2022年12月免)
说明:2022年3月,成立绍兴柯桥未来之城建设管理中心

市住房公积金管理中心柯桥分中心
党组书记、主任:陈晓峰

区水利发展中心
党组书记、主任:方　圆(2022年9月任)
说明:2022年9月,成立区水利发展中心

区人民法院
党组书记、院长:楼　颖(女)

区人民检察院
党组书记、检察长:钱昌夫

区总工会
党组书记、主席:陈　方

共青团绍兴市柯桥区委
书　　记:胡珊珊(女)(2022年8月明确为正科级)

区妇女联合会
党组书记、主席:于　琪(女)

区科学技术协会
党组书记、主席：马国勇

区归国华侨联合会
党组书记、主席：盛顺利（2022年12月免）

区工商业联合会（总商会）
党 组 书 记：孙成荣
主席（会长）：孙永根（2022年3月任）

区文学艺术界联合会
党组书记、主席：盛顺利（2022年12月任）
章慧娟（女）（2022年12月免）

区残疾人联合会
党组书记、执行理事长：陆群新

区红十字会
党组书记：陈建春（2022年9月任）
宋彦扬（女）（2022年9月免）
常务副会长（执行委员会主任）：
杨海燕（女）（2022年9月任）
宋彦扬（女）（2022年9月免）

国家税务总局绍兴市柯桥区税务局
党委书记、局长：孙伟民

国家统计局柯桥调查队
党组书记、队长：陈　线

区供销合作社联合社
党委书记、主任：施林涛（2022年8月任）
尉睦金（2022年8月免）

区水务集团有限公司
党委书记、董事长：单崇军（2022年8月任）
周　俭（2022年8月免）
总　　经　　理：朱志康

区中国轻纺城集团股份有限公司
党委书记、董事长：潘建华
总　　经　　理：王百通（2022年10月任）

区开发经营集团有限公司
党委书记、董事长：鲁麓树（2022年8月任）
单崇军（2022年8月免）
总　　经　　理：王海明（2022年8月免）

区建设集团有限公司
党委书记、董事长：滕建平
总　　经　　理：王海明（2022年8月任）
施林涛（2022年8月免）

区旅游发展集团有限公司
党委书记、董事长：邹文伟（2022年8月任）
徐忠良（2022年8月免）
总　　经　　理：徐海芳（女）

浙江绍兴杭绍临空示范区开发集团有限公司（区轨道交通集团有限公司）
党委书记、董事长：徐永祥
总　　经　　理：鲁麓树（2022年8月免）
说明：2021年12月建立浙江绍兴杭绍临空示范区开发集团有限公司党委，区轨道交通集团有限公司领导人员兼任对应职务

区国有资产投资经营集团有限公司
党委书记、董事长：徐忠良（2022年8月任）
虞伟强（2022年8月免）
总　　经　　理：李　刚（2022年8月免）
说明：2022年8月与区金控公司独立办公

区金融控股有限公司
党委书记：虞伟强（2022年8月任）
董 事 长：虞伟强
总 经 理：李　刚
说明：2022年8月建立区金融控股有限公司党委，与区国投集团独立办公

绍兴中石油昆仑燃气有限公司
董事长:胡建飚(2022年8月任)
娄国忠(2022年8月免)

绍兴天然气投资有限公司
总经理:尉睦金(2022年8月任)
胡建飚(2022年8月免)

瑞丰银行
党委书记、董事长:章伟东

杭绍临空经济一体化发展示范区绍兴片区
党工委书记(兼):陈豪(2022年9月任)
管委会主任(兼):袁建(2022年9月任)
党工委副书记(兼):陈利华(2022年9月任)
管委会常务副主任:诸剑明(2022年9月任)
党工委委员、纪工委书记(兼):李东(2022年9月任)
管委会副主任:马川(2022年9月任)
说明:2022年5月,成立杭绍临空经济一体化发展示范区绍兴片区

绍兴市兰亭文化旅游度假区
党工委书记、管委会主任:冯华林

绍兴金柯桥科技城(浙江绍兴人才创业园)
党工委书记、建管委主任:徐松杰(2022年12月任)
祁力峰(2022年12月免)

区中国轻纺城
党工委书记:袁笑文
建管委主任:王峻峰

绍兴柯桥经济技术开发区
党工委书记:徐松杰(2022年12月任)
祁力峰(2022年12月免)
管委会主任:孙伟刚(2022年3月任)

区鉴湖旅游度假区
党工委书记:任宏亮
管委会主任:钱钧

民革绍兴市柯桥区基层委员会
主委:陈爱霖

民盟绍兴市柯桥区基层委员会
主委:沈琴梅(女)

民建绍兴市柯桥区基层委员会
主委:陈金鲤(女)

民进绍兴市柯桥区基层委员会
主委:俞小炜

农工绍兴市柯桥区基层委员会
主委:陈丽娜(女)

九三学社绍兴市柯桥区基层委员会
主委:王茂荣(女)

【街道和建制镇党政正职名单】

柯桥街道
党工委书记:高卫军(2022年3月任)
陈勤(女)(2022年3月免)
办事处主任:曹俊

柯岩街道
党工委书记:陆高峰(2022年4月任)
办事处主任:冯建民(2022年4月任)
陆高峰(2022年4月免)

华舍街道
党工委书记:蔡万日
办事处主任:祝永熠

湖塘街道
党工委书记:徐俊
办事处主任:胡斌彬(2022年10月任)
楼建飞(女)(2022年8月免)

钱清街道
党工委书记:李永杰
办事处主任:董海帆(2022 年 12 月任)

杨汛桥街道
党工委书记:屠新永
办事处主任:毛佳丽(女)

马鞍街道
党工委书记:缪建军
办事处主任:马　斌

齐贤街道
党工委书记:胡伟炎
办事处主任:王　剑(2022 年 3 月任)

安昌街道
党工委书记:章　松(2022 年 12 月任)
　　　　　　许立峰(2022 年 12 月免)
办事处主任:周卓楠

福全街道
党工委书记:张华兴
办事处主任:马宇涛

兰亭街道
党工委书记:裘华建
办事处主任:孙晓峰

夏履镇
党委书记:朱坚敏(2022 年 12 月任)
　　　　　孙其康(2022 年 12 月免)
镇　　长:周　维(女)

漓渚镇
党委书记:罗　耀(2022 年 3 月任)
　　　　　郑　诚(2022 年 3 月免)
镇　　长:蒋红红(女)

平水镇
党委书记:姚建炜
镇　　长:喻孙坤

王坛镇
党委书记:王　剑(2022 年 11 月免)
镇　　长:姚伟方

稽东镇
党委书记:章　松(2022 年 12 月免)
镇　　长:吴华军

(张文斌)

类目编辑　宋如玲

中共绍兴市柯桥区委员会

重要会议

【区委一届十二次全体会议】 2022年1月5日，中共柯桥区委召开一届十二次全体会议，区委常委会主持会议。区委书记陈豪讲话。区委副书记袁建、诸剑明出席。区委副书记陈利华就中共绍兴市柯桥区第二次代表大会等有关工作情况作说明。

【区第二次党代会】 2022年1月11—13日，中共绍兴市柯桥区第二次代表大会在柯桥召开，来自全区各行各业、各条战线的350多名党代表出席会议。陈豪代表中共绍兴市柯桥区第一届委员会向大会作题为《永争一流 勇当标兵 奋力在社会主义现代化新征程中打造国际纺都杭绍星城》的报告。大会充分肯定过去5年的工作，一致赞同报告对过去5年取得的主要成就和经验的总结。大会一致同意报告提出的此后5年全区工作的指导思想、奋斗目标和任务举措。大会指出，此后5年，是柯桥区建设现代化"国际纺都、杭绍星城"，率先高质量发展建设共同富裕示范先行区的关键5年，全区各级党组织和广大党员、干部群众要坚持以习近平新时代中国特色社会主义思想为指导，认真贯彻落实上级决策部署，坚持稳中求进工作总基调，完整准确全面贯彻新发展理念，积极践行"五个率先"，主动融入绍兴现代化网络大城市建设，加快构建更加现代化、更具开放度、更有时尚味、更富竞争力的"国际纺都、杭绍星城"，率先高质量发展建设共同富裕示范先行区。要在综合实力、城市建设、营商环境、共富先行及党建统领上争一流当标兵。坚持"智造强区""产城互动""开放创新""共富先行""整体智治"。大会强调，要全面贯彻新时代党的建设总要求，为打造现代化"国际纺都、杭绍星城"提供坚强保障。大会审查中共绍兴市柯桥区第一届纪律委员会工作报告，选举中共绍兴市柯桥区第二届委员会，选举中共绍兴市柯桥区第二届纪律委员会，选举出席中共绍兴市第九次代表大会代表。

【区委二届一次全体会议】 2022年1月13日，中共柯桥区委召开二届一次全体会议，选举二届区委常务委员会委员，陈豪为书记，袁建、陈利华为副书记。审议通过区二届纪委常务委员会委员，李东为区纪委书记，张晓峰、邵世昉为区纪委副书记。审议通过《关于深入学习贯彻党的十九届六中全会精神 忠诚拥护"两个确立" 坚决做到"两个维护" 在奋力领跑"五个率先"上贡献柯桥力量的决议》。

【全区干部大会暨区委经济工作会议】 2022年2月7日，柯桥区干部大会暨区委经济工作会议在区行政中心召开。区委书记陈豪在会上强调，要深入贯彻落实全省高质量发展建设共同富裕示范区推进大会精神，紧扣忠实践行"八八战略"、奋力打造"重要窗口"和加快实现"五个率先"主题主线，大兴实干文化、永葆竞跑风姿，奋力打造现代化"国际纺都、杭绍星城"，为全省高质量发展建设共同富裕示范区、全市建设高水平网络大城市贡献更多柯桥力量，以优异成绩迎接中共二十大胜利召开。区委副书记、代区长袁建主持会议并部署工作。区领导朱晓董、孟柏千、吴海洋、陈利华等参加。

【第二届柯桥乡贤大会】 2022年6月25日，2022第二届柯桥乡贤大会暨重大招商项目签约仪式在绍兴国际会展中心举行。280 多名乡贤参加。现场集中签约 31 个重大招商项目。市委副书记、市长施惠芳讲话。市委常委、统战部部长叶卫红出席。区委书记陈豪致辞。区委副书记、区长袁建作“国际纺都 杭绍星城”未来展望推介。区领导朱晓董、吴海洋、陈利华等参加。

【区委二届二次全体(扩大)会议】 2022 年 8 月 25 日,柯桥区委召开二届二次全体(扩大)会议。出席全会的区委委员 34 人,候补委员 7 人,区委常委会主持会议。区委书记陈豪代表区委常委会作报告,并在全会结束时讲话。区委副书记袁建、陈利华出席。全会高举习近平新时代中国特色社会主义思想伟大旗帜,全面贯彻落实省第十五次党代会、市第九次党代会、市委九届二次全会精神,总结 2022 年上半年工作,部署下阶段任务,审议通过《中共绍兴市柯桥区委关于忠实践行“八八战略”坚决做到“两个维护”奋力在“两个先行”新征程上勇当标兵的决议》《中共绍兴市柯桥区委关于加快建设“杭绍星城”的实施意见》,动员全区上下凝神聚力、奋力竞跑,聚力高水平网络大城市建设,在“两个先行”新征程上绘就“杭绍星城”新图景,以优异成绩迎接中共二十大胜利召开。

【2022 新丝路故事汇 · 柯桥论坛】 2022 年 11 月 15 日,以“讲好‘一带一路’故事、共享‘一带一路’机遇”为主题的 2022 新丝路故事汇 · 柯桥论坛在绍兴柯桥开幕,约 150 位嘉宾参加,展开深入研讨交流。省长王浩、新华社总编辑吕岩松出席论坛并致辞。国家有关部委和中央媒体、中央企业负责人牛一兵、田学军、甄忠义、郑庆东、陈赞分别在现场或通过视频作主旨演讲。市委书记盛阅春作主旨演讲。市长施惠芳,区领导陈豪、袁建、朱晓董、吴海洋、陈利华等参加。

【区委常委会会议】 2022 年,中共柯桥区委共召开 19 次常委会会议。

1 月 5 日会议。会议听取关于中共柯桥区第二次代表大会工作报告、区二届纪委工作报告起草情况的汇报,听取关于区第二次党代会相关情况的汇报。

1 月 13 日会议。会议学习毛泽东《党委会的工作方法》,传达学习习近平总书记在省部级主要领导干部学习贯彻中共十九届六中全会精神专题研讨班开班式的重要讲话精神,传达学习习近平总书记在中共中央政治局党史学习教育专题民主生活会上的重要讲话精神,听取关于 2021 年区政府党组落实全面从严治党主体责任情况和《政府工作报告(送审稿)》的汇报,听取关于区人大常委会、区政协 2021 年工作总结和 2022 年工作思路及 2021 年区人大常委会党组、区政协党组落实全面从严治党主体责任情况的汇报,听取关于区法院、区检察院 2021 年工作总结和 2022 年工作思路及 2021 年区法院党组、区检察院党组落实全面从严治党主体责任情况的汇报,听取关于 2021 年全区公安工作总结和 2022 年工作思路的汇报,听取关于全区 2021 年社会稳定及平安创建、信访工作总结和 2022 年工作思路的汇报及春节前相关工作安排,听取关于全区 2021 年安全生产、食品药品安全工作总结和 2022 年工作思路的汇报及春节前相关工作安排,听取关于区委党校 2021 年工作总结和 2022 年工作思路的汇报,听取关于 2021 年全区人才工作总结和 2022 年工作思路的汇报,听取关于加快建设新时代“名士之乡”人才强区若干政策的汇报,听取关于“鉴湖英才计划”实施意见的汇报,听取关于建立区领导“一联九”工作机制实施方案的汇报,听取关于 2021 年度柯桥区政府质量奖评审概况和拟奖单位的汇报,听取关于 2020 年度工业“亩均效益”综合评价情况的汇报,听取关于柯桥区国有建设用地使用权转让、出租、抵押实施意见的汇报,听取关于绍兴市柯桥区征收集体所有土地房屋补偿实施办法(试行)的汇报,听取关于出席绍兴市第九届人民代表大会代表候选人初步人选建议名单的汇报,听取关于柯桥区二届政协委员、常委候选人人选建议名单的情况汇报,听取关于区委常委分工建议方案的汇报,听取“一把手”个人有关事项内部公开的汇报。

1 月 29 日会议。会议传达学习习近平总书记在中共中央政治局第三十六次集体学习时的重要讲话精神,传达学习中央政法工作会议、省委政法工作会议暨全省政法队伍教育整顿总结会议精神,传达学习十九届中央纪委六次全会、省纪委十四届七次全会和市纪委八届七次全会精神,传达学习全省宣传思想工作会议、全国扫黄打非工作电视电话会议精神，听取关于1—12月区政府“大督查”工作进展情况的汇报，听取关于做好排查整顿农村发展党员违规违纪问题工作的汇报，听取关于一届区委巡察工作综合情况的汇报，听取关于柯桥区2021年国民经济和社会发展计划执行情况及2022年国民经济和社会发展计划草案的汇报，听取关于柯桥区2021年财政预算执行情况及2022年财政预算（草案）报告的汇报，听取关于印染企业全域整治行动情况、整治提升行动方案和整合提升实施意见的汇报，听取关于2021年度金融支持实体经济发展考核结果的汇报，听取关于建立“大督考”工作机制的实施意见的汇报，听取关于2021年度柯桥区改革发展贡献奖（区长奖、经济发展贡献奖）评比情况的汇报，听取关于2021年度机关部门、镇街、平台工作目标责任制考核有关情况的汇报，听取关于2021年度“五星双优”先进机关基层党组织表彰建议的汇报，听取关于区管领导及区机关部门退职领导干部2021年度考核优秀等次（嘉奖）建议名单的汇报，听取关于区政协二届一次会议有关事项的汇报，听取关于区第二届人民代表大会第一次会议有关组织领导机构名单的汇报。

2月9日会议。会议传达学习中共浙江省委副书记、省长王浩在柯桥调研时的讲话精神，传达学习全省高质量发展建设共同富裕示范区推进大会、全市干部大会精神，传达学习浙委发〔2022〕7号文件精神，研究确定2月重点工作安排，听取关于杨汛桥街道民房火灾处置及下一步工作举措情况的汇报，听取关于一季度“开门稳开门好”及复工复产工作情况的汇报。

3月12日会议。会议传达学习习近平总书记在中央党校（国家行政学院）中青年干部培训班开班式上的重要讲话精神，传达学习省委农村工作会议暨粮食安全工作会议精神，传达学习市委文化工作会议精神，听取关于2022年全区干部教育培训工作要点以及培训班次有关情况的汇报，听取关于第九届市政协委员提名推荐工作情况汇报，听取关于2022年度区委、区政府和区级有关单位与区各民主党派、工商联及无党派人士协商通报计划的汇报，听取关于柯桥区城市社区布局规划(2021—2035)的情况汇报，听取关于进一步完善和落实劳动模范医疗补助待遇的汇报，听取关于柯桥区新增综合行政执法事项划转工作的汇报，听取关于柯桥区齐贤街道“一支队伍管执法”改革试点工作实施方案的汇报，听取关于2022年柯桥区拆迁计划的汇报，听取关于柯桥区第三次全国国土调查主要数据公报的汇报，听取关于中国·绍兴第七届海内外高层次人才创新创业大赛实施方案及2022柯桥创新创业环境推介会方案的汇报，听取关于柯桥区数字化改革项目管理办法的汇报，听取关于柯桥区“大综合一体化”机构编制调整工作的情况汇报，听取关于柯桥区“重大项目攻坚年”行动方案的汇报，听取关于2022年柯桥区现代产业重点项目建设计划的汇报，听取关于2022年柯桥区政府投资年度计划、政府投资项目建设计划及国有投资项目建设计划的汇报，听取关于1—2月重点工作推进情况及3月工作安排的情况汇报，听取关于2021年度平安柯桥建设突出贡献集体和个人建议名单的汇报，听取关于柯桥区“除险保安”大行动方案的汇报，研究其他有关事项。

3月28日会议。会议传达学习市委书记盛阅春在柯桥调研时的讲话精神，传达学习市委、市政府主要领导在关于柯桥区全省竞跑的情况汇报上的批示精神，传达学习近期中央、省委关于巡视巡察工作部署要求主要精神，听取关于柯桥区台办2021年工作总结及2022年工作计划的汇报，听取关于柯桥区2022年度督查检查考核计划及“大督考”工作事项清单的汇报，听取关于2022年五大平台实绩赛比活动方案的汇报，听取关于2022年工作目标责任制考核意见的汇报，听取关于2021年意识形态和社会舆情综合分析的汇报，听取关于中国共产党绍兴市柯桥区第二届委员会巡察工作规划(2022—2026年)（试行）的汇报，听取关于促进柯桥经济高质量发展若干意见的汇报，听取关于柯桥区营商环境优化提升行动方案的汇报，听取关于省“4+1”重大项目的情况汇报，听取关于进一步建立健全柯桥区消防安全工作体系实施意见的情况汇报，听取关于加快推进柯桥区生物医药产业创新发展若干政策意见的汇报，听取关于柯桥区驻点双招双引工作实施方案的汇报，听取关于柯桥区大气污染防治工作责任追究办法(试行)和2022年柯桥区大气污染防治考核办法的汇报,听取关于柯桥区加快发展保障性租赁住房实施方案的汇报,听取关于柯桥区城镇住房保障家庭租赁补贴实施意见的汇报,听取关于落实市对区2021年度全面从严治党主体责任检查及任职廉政谈话反馈意见的整改方案的汇报,听取有关案件的情况汇报,研究其他有关事项。

4月29日会议。会议学习传达省政协“民生议事堂”“浙江数字政协”建设工作推进会、市政协主席会议精神,听取关于“除险保安”大行动开展情况汇报,听取关于加快推动“三农”高质量发展若干政策意见的汇报,听取关于柯桥区综合行政执法事项扩展工作的汇报,听取关于低效工业用地“二次开发”操作细则补充意见的汇报,听取关于柯桥区2022年金融支持实体经济发展考核办法的汇报,听取关于柯桥区引进金融机构奖励办法的汇报,听取关于省统计执法检查有关情况的汇报,听取关于一季度柯桥区“七张问题清单”工作情况的汇报,听取关于《柯桥区专项奖励实施办法(试行)》的汇报,听取关于《关于完善区属国有企业领导人员管理的若干意见》的汇报,研究其他有关事项。

6月1日会议。会议传达学习浙委办发〔2022〕18号文件精神,传达学习习近平总书记在庆祝中国共产主义青年团成立100周年大会上的讲话精神,传达学习全国稳住经济大盘电视电话会议精神和全省经济稳进提质攻坚行动工作推进会议精神,传达学习习近平总书记关于数字化改革的重要论述精神,传达学习省委保密委员会全体会议精神,传达学习中央巡视办举办的省市两级巡视巡察办主任培训班、全市巡察工作会议暨九届市委第一轮巡察工作动员部署会精神,传达学习《中国共产党机构编制工作条例》,传达学习中办发〔2022〕31号文件精神,传达学习全省组织部长会议精神,传达学习《关于落实省委意识形态工作责任制问题整改工作的通知》《关于2021年度全市各级党委(党组)落实意识形态工作责任制综合情况的通报》《关于2021年度柯桥区委意识形态工作责任制落实情况重点检查的反馈意见》,研究整改工作,听取关于2022年工作目标责任考核细则的汇报,听取关于2022年镇(街道)工作目标责任制考核经济指标分解建议的汇报,听取关于柯桥区“两稳一保”工作汇报,听取关于开展全区“走企业、优服务、提信心”活动的情况汇报,听取关于做好“常态化+”疫情防控工作实施方案的汇报,听取关于一季度全区社会稳定及平安创建、信访工作和下步打算的汇报,听取关于一季度全区安全生产和食品药品安全工作的情况汇报,听取关于开展综合比选优秀年轻干部工作方案的汇报,听取关于发展党员违规违纪问题排查整顿工作的汇报,关于2022年柯桥区党风廉政建设和反腐败工作组织领导与责任分工,以及2022年柯桥区落实全面从严治党主体责任考核办法的汇报,听取有关案件情况的汇报。

6月13日会议。传达学习浙委发〔2022〕21号文件精神,传达学习全省消防安全大排查大整治暨安全生产工作会议精神,听取关于柯桥区“老绍兴回归工程”行动方案的汇报,听取关于加快推进柯桥区全域旅游高质量发展若干政策的汇报,听取关于柯桥区促进建筑业高质量发展若干意见的汇报,听取关于柯桥区全面推进人防工程产权制度综合改革实施方案的汇报,听取关于柯桥区住宅房屋征收市场化安置实施办法的汇报,听取关于柯桥区进一步加强统计基层基础建设意见的汇报,听取关于柯桥区《信访工作条例》贯彻落实意见和全区信访积案化解清零行动进展情况汇报,听取关于对口工作和山海协作有关情况的汇报,听取关于柯桥区贯彻落实扎实稳住经济一揽子政策措施实施方案的汇报,研究其他有关事项。

7月4日会议。传达学习省第十五次党代会精神,传达学习习近平总书记关于统计工作重要讲话指示批示精神,传达学习《防范和惩治统计造假弄虚作假重要文件选编》精神,传达学习《防范和惩治统计造假弄虚作假重要文件汇编》精神,听取关于柯桥区学习宣传贯彻省第十五次党代会精神工作方案的汇报,听取传达省纪委关于挖湖造景等问题追责问责情况通报精神及柯桥区贯彻落实情况的汇报,听取传达全省落实国家统计督察反馈意见整改工作动员部署视频会议精神及柯桥区贯彻落实情况的汇报,听取关于优秀年轻干部综合必选工作进展情况的汇报。

7月25日会议。会议传达学习《深入学习贯彻习近平总书记关于“三农”工作的重要论述 持续擦亮浙江“三农”金名片实施方案》(浙委农发〔2022〕3号)文件精神,传达学习习近平总书记关于机关事务工作重要指示精神,传达学习全省违规建设楼堂馆所专项整治部署会议精神,传达学习开展领导班子和领导干部推进经济稳进提质攻坚行动专项考核工作和激励干部担当、健全落实关心关爱机制等有关文件精神,传达学习上级领导关心柯桥发展相关精神,听取关于区人大常委会、区政协上半年工作情况和下半年工作安排的汇报,听取关于区人民法院、区人民检察院上半年工作情况和下半年工作安排的汇报,听取关于区公安分局上半年工作情况和下半年工作安排的汇报,传达学习全省、全市除险保安百日攻坚行动工作推进会精神及关于上半年全区“除险保安”、社会稳定工作情况和下半年工作安排的汇报,听取关于上半年全区信访工作情况和下半年工作安排的汇报,听取关于上半年全区食品药品安全工作情况和下半年工作安排的汇报,传达学习全国、全省安全生产电视电话会议精神及关于全区上半年安全生产工作情况和下半年工作安排的汇报,听取关于2022年柯桥区印染企业全域提升评分细则的汇报,听取关于工业厂区“低散乱污”整治提升补充意见的汇报,听取关于促进柯桥区文化产业高质量发展的二十条扶持政策的汇报,听取关于柯桥区中小学储备教师管理办法(试行)的汇报,听取传达学习全省“大综合一体化”行政执法改革暨深化基层管理体制改革推进现场会精神及关于柯桥区“大综合一体化”行政执法改革工作进展情况的汇报,听取关于区级总林长、区级林长名单及区领导林长制联系点的汇报,听取关于柯桥区稳进提质“9+1”攻坚行动推进情况的汇报,听取关于2022年柯桥区现代产业重点项目建设计划半年度调整情况的汇报,听取关于2022年柯桥区政府投资及国有投资项目建设计划半年度调整情况的汇报,听取关于柯桥区“共富星村”建设省级试点进展和调整部分共同富裕指标目标的汇报,听取关于柯桥区上半年经济运行形势的汇报,听取关于柯桥区“七张问题清单”半年度工作情况的汇报,听取有关案件情况的汇报。

8月22日会议。传达学习习近平总书记在省部级主要领导干部“学习习近平总书记重要讲话精神,迎接中共二十大”专题研讨班上的重要讲话精神,传达学习十九届中共中央政治局第四十一次集体学习会议精神,传达学习《领导干部接到请托事项记录报备制度(试行)》解读精神,传达学习市委九届二次全体(扩大)会议精神,传达学习全省、市人大常委会主任学习会精神,传达学习全省政协主席暑期读书会暨专题研修班主要精神,传达学习全省政法领导干部加强政治建设专题研讨班及政法改革推进会精神,传达学习中央统战工作会议、省委常委会学习贯彻中央统战工作会议精神,听取关于区二届人大一次会议代表建议督办工作情况的汇报,听取关于区政协二届一次会议提案办理工作情况的汇报,听取关于精功集团纾困有关工作情况的汇报,听取关于除险保安百日攻坚行动情况的汇报,听取关于区委二届二次全体(扩大)会议方案、工作报告、决议和实施意见起草情况的汇报,听取关于全区年轻领导干部配备总体情况及加快年轻干部培养选拔十条举措的汇报,研究其他有关事项。

9月16日会议。会议传达学习省委常委会会议精神,传达学习国办发〔2022〕25号文件精神,传达学习全省宣传文化系统专题研讨班精神,传达学习《关于当前我省意识形态领域形势的通报》精神,听取关于当前柯桥区意识形态领域形势及区委意识形态工作组织领导和责任分工的汇报,听取关于2022年区直属国有企业经营业绩考核意见的汇报,听取关于调整绍兴市柯桥区安全生产委员会及其专业委员会的情况汇报,听取关于柯桥区粮食生产功能区整治优化情况的汇报,听取关于除险保安百日攻坚行动情况的汇报,听取关于柯桥区反恐工作情况的汇报,听取关于柯桥区经济稳进提质攻坚工作的汇报,听取关于2022年度民生实事1—8月进展情况的汇报及区政府有关领导分工情况的汇报,研究其他有关事项。

9月26日会议。会议传达学习中办发电〔2022〕20号文件精神、省委书记袁家军及市委书记盛阅春有关批示精神,传达学习浙纪通〔2022〕10号文件精神,传达学习省委常委、组织部部长王成到绍兴调研精神，传达学习省委统战工作会议精神，听取关于除险保安和中共二十大维稳安保工作的汇报，听取有关案件情况的汇报，研究其他有关事项。

10 月 31 日会议。会议传达学习中共二十大会议精神，传达学习贯彻习近平总书记在中共中央政治局第一次集体学习时的重要讲话精神，传达学习《关于中央审计委员会第 5 次会议主要精神及中央有关文件的情况汇报》精神，传达学习《中共浙江省委办公厅 浙江省人民政府办公厅〈关于进一步加强统计工作〉的通知》文件精神，传达学习绍兴市市长施惠芳调研柯桥区全省竞跑工作时的讲话精神，听取关于《深入学习宣传贯彻党的二十大精神 广泛开展"六学六进六争先"学习实践活动工作方案》的汇报，听取关于前三季度全区平安稳定(除险保安)工作情况的汇报，听取关于第三季度全区信访工作及党的二十大信访保障情况的汇报，听取关于全区三季度安全生产、食品药品安全工作情况的汇报，听取关于全省竞跑指标体系相关工作情况的汇报，听取关于 2021 年度服务业企业"亩产效益"综合评价情况的汇报，听取关于柯桥区推进"义新欧"班列组货的若干政策的汇报，听取关于 2022 新丝路故事汇·柯桥论坛、第五届世界布商大会等系列活动方案的汇报，听取关于与新华社合作共推"柯桥与新丝路"传播项目情况的汇报，听取关于柯岩街道、湖塘街道全域土地综合整治试点的汇报，听取关于绍兴市柯桥区推进高质量发展建设"浙里康养"工作方案(2022—2025 年)的汇报，听取关于柯桥区新一轮亚运城市行动计划(2022—2023 年)情况的汇报，听取关于落实市委亚运筹办工作专项巡察反馈意见整改工作方案的汇报，听取关于柯桥区全域推进未来社区建设和城镇社区公共服务集成落地改革实施方案的汇报，听取关于绍兴市柯桥区综合行政执法事项统一目录(2022 年)的汇报，听取关于柯桥区"七张问题清单"三季度工作情况的汇报，研究其他有关事项。

11 月 29 日会议。会议传达学习习近平总书记关于疫情防控的重要指示精神，以及省委书记袁家军，省委副书记、省长王浩对做好当前新冠疫情防控工作的重要批示精神；传达学习省委副书记、省长王浩在 2022 新丝路故事汇·柯桥论坛上的讲话精神；传达学习市委书记盛阅春在《柯桥区全力打造新时期国际纺织之都擦亮"重要窗口"纺城名片》专报上的批示精神；传达学习全省深化"千万工程"建设新时代美丽乡村现场会精神；传达学习国务院、省、市新冠疫情防控工作有关会议精神；听取柯桥区的贯彻落实工作情况的汇报；听取关于 2023 年柯桥区政府投资年度计划、政府投资项目建设计划及国有投资项目建设计划情况的汇报；听取关于 2023 年柯桥区现代产业重点项目建设计划情况的汇报；听取关于 2022 新丝路故事汇·柯桥论坛和第五届世界布商大会等系列活动举办情况的总结汇报；听取关于浙江天马实业股份有限公司废水处理与回用工程亡人事故的复盘汇报；听取关于永利集团纾困工作情况的汇报；研究其他有关事项。

12 月 5 日会议。会议传达学习中央、省委有关文件精神，部署柯桥区做好江泽民同志治丧工作事宜，传达学习中共浙江省委《贯彻落实中央八项规定实施细则的办法(修订征求意见稿)》精神，听取关于柯桥区二届人大二次会议、政协二届二次会议筹备工作情况的汇报，听取关于 2023 年全区主要经济指标建议安排的汇报。

12 月 23 日会议。会议传达学习中共中央政治局会议精神，传达学习省委副书记、省长王浩在绍兴调研时的讲话精神，听取关于落实市委巡察指导督导反馈意见整改落实情况的报告、2022 年度区委巡察工作和整改落实情况的汇报，听取关于市委亚运筹办工作专项巡察反馈意见整改进展情况报告的汇报，听取关于重要改革实施方案的汇报，汇报柯桥区贯彻落实情况，听取关于提请区政协常委任免事项的汇报，听取关于区委二届三次全体(扩大)会议方案、报告和《关于深入学习贯彻党的二十大精神在全面推进中国式现代化新征程上奋力展现"全省竞跑、示范先行"柯桥风采的决定》起草情况的汇报。

12 月 23 日会议。会议传达学习中共中央政治局委员、国务院副总理孙春兰在绍兴调研指导新冠疫情防控工作时的重要讲话精神，传达学习省委专题会议、全省领导干部会议和市委常委会会议精神，听取关于柯桥区现阶段新冠疫情防控工作部署落实和下阶段工作安排的情况汇报，听取关于全区经济运行情况的汇报，传达学习全省“七张问题清单”应用贯通推进会精神，听取柯桥区“七张问题清单”工作情况的汇报，听取关于全区信访积案化解工作、不稳定因素摸排情况的汇报。

12 月 29 日会议。会议传达学习习近平总书记在中央农村工作会议上的重要讲话精神，传达学习省委常委会研究部署省委巡视及巡视整改工作精神，传达学习省委书记易炼红在柯桥调研时的讲话精神，传达学习省委书记易炼红对全省党委办公室工作的批示精神和全省党委系统办公室工作会议精神，听取关于区人大常委会、区政协 2022 年工作总结和 2023 年工作思路及 2022 年区人大常委会党组、区政协党组落实全面从严治党主体责任情况的汇报，听取关于 2022 年区政府党组落实全面从严治党主体责任情况和《政府工作报告（送审稿）》的汇报，听取关于 2023 年度区政府民生实事候选项目情况的汇报，听取关于 2023 年度柯桥区“1+1+9”政策修订情况的汇报，听取关于柯桥区 2022 年国民经济和社会发展计划执行情况及 2023 年国民经济和社会发展计划草案的汇报，听取关于绍兴市柯桥区 2022 年财政预算执行情况及 2023 年财政预算（草案）编制情况的汇报，听取关于区法院、区检察院 2022 年工作总结和 2023 年工作思路及 2022 年区法院党组、区检察院党组落实全面从严治党主体责任情况的汇报，听取关于 2022 年全区公安工作总结和 2023 年工作思路的汇报，听取关于 2022 年全区平安稳定总体情况和除险保安工作的汇报，听取关于 2022 年全区信访工作总结和 2023 年工作思路的汇报，听取关于 2022 年全区安全生产、食品药品安全工作总结和 2023 年工作思路的汇报，听取关于 2021 年度工业“亩均效益”综合评价情况的汇报，听取关于绍兴市柯桥区深化基层卫生健康综合改革实施方案的汇报，听取关于事业单位管理岗位职员等级晋升制度实施办法的汇报，听取关于近三年来巡视巡察反馈问题整改落实情况的汇报，听取关于近三年来审计整改情况的汇报，研究其他有关事项。

·小资料· “1+1+9”政策

“1+1+9”政策中的第一个“1”是聚焦“开门稳”，出台《2023 年柯桥区“抢开局、稳增长、抓落实”若干政策措施》，包括 5 个方面 27 条。“1+1+9”政策中后面的“1+9”则是聚焦“需求准”，高标准修订以《柯桥区关于进一步促进民营经济高质量发展的若干意见》为总领，农业、工业、服务业、建筑业、科技、人才、文化、开放型经济、金融九大类专项产业政策为重点的“1+9”产业政策体系。（王伟峰）

组织工作

【概况】 2022 年，柯桥区优化调整 9 批次 317 名区管领导干部，持续做好初任公务员赴基层见习锻炼与公务员平时考核省级联系点工作，做法获《中国组织人事报》报道。发布《驻村指导员工作规范》，驻村指导员制度获评浙江省高质量发展建设共同富裕示范区最佳实践案例。党建统领强村富民做法获省委领导批示肯定。“共富工坊”做法获《人民日报》报道。党建统领网格智治做法获省委组织部主要领导现场调研肯定。《这样入党，就违规了》获评“浙江组工”微信公众号年度十大好作品。全年引进省级以上领军人才 51 人，其中入选国家引才计划建议名单 19 人、入选省引才计划建议名单和省特支计划 14 人，“瑞金计划”率先实现全市“零”的突破。引进落户高质量人才项目 74 个。全市唯一省级技术创新中心（鉴湖实验室）建设成效获省委主要领导现场调研肯定。人才项目智能化评价模型做法获中央组织部《组工信息》刊发。

【重点专班保障】 2022 年，柯桥区聚焦亚运会筹备、新冠疫情防控、除险保安、数字化改革、双招双引等重点工作任务，面上抽调精干力量予以保障，同步做好“上挂下派”工作，全年抽调选派 206 人到各级重点工作专班和外单位挂职锻炼。

【一把手交流测评】 2022 年，柯桥区持续开展镇街党委书记季度工作测评，由区领导、部门正职、“两代表一委员”3 个层面的评委对 16 个镇（街道）进行分档评价，量化计分后排名结果在区委常委会上通报，“一对一”反馈镇（街道）党委书记。对测评连续居末尾、工作实效不明显的镇（街道）党委书记，加强测评结果运用，1 名镇（街道）党委书记调离岗位。

【干部激励保障】 2022年,柯桥区出台《柯桥区专项奖励实施办法(试行)》,对新冠疫情防控、项目攻坚、除险保安等领域作出贡献的干部给予及时表扬和嘉奖。共评选出单位集体三等功10个、个人三等功21人,单位集体嘉奖100个、个人嘉奖500人。1名镇(街道)党委书记获评省"担当作为好干部"。

【年轻干部培养选拔】 2022年,柯桥区实施"星青年·塑成长"计划,制定加快年轻干部培养选拔的十条举措,召开年轻干部培养选拔工作座谈会。实施党政储备干部"三年100"(3年面向"双一流"高校选聘100名左右党政储备人才)引才计划,面向"92后"机关事业干部择优选拔12名副科级领导干部。

【公务员管理】 2022年,柯桥区招录公务员88人,选调县乡机关人员8人。278名公务员获职级晋升,47人纳入行政执法类公务员管理。5家单位被确定为市级平时考核创建点。初任公务员驻村(社区)见习机制满10年。

【驻村指导员制度传承】 2022年,柯桥区发布《驻村指导员工作规范》,明确驻村指导员在选派、职责、职权、管理、考核等方面的内容。还通过实行竞争选拔、导师帮带、捆绑考核等激励约束机制,促使指导员队伍提升质量。实施驻村指导员制度"三专"(专职选派有精度、专业能力有高度、专管体制有温度)计划,开展"百名共富指导员进百村"行动,相关做法获省委主要领导批示肯定。

【党建联建机制】 2022年,柯桥区出台《深化党建联建机制实施意见》,组建140余个党建联建实践项目,相关做法获省委领导批示肯定。推动村(社区)、企业等党组织结对共建,建成109个"共富工坊",吸收农户就近就业5700余人次,带动村级增收2000余万元。

·小资料· "共富工坊"

由村(社区)、企业等党组织结对共建,利用农村党群服务阵地、闲置房屋土地等创办而成,通过送项目到村、送就业到户、送技能到人,引导企业将适合的生产加工环节布局到农村。在有效吸纳农村剩余劳动力、低收入农户"家门口"就业的同时,降低企业生产用工用地成本,拓展乡村产业增值增效空间,推动形成"人人有事做、家家有收入"的新机制新气象。按照生产方式、产业特点和组建形式,"共富工坊"分为来料加工式、定向招工式、电商直播式、农旅融合式、品牌带动式、产业赋能式六种主要类型。

【现代社区建设】 2022年,柯桥区构建完善党建统领网格智治"五个一"工作体系、严抓网格"开门四件事"、用实"浙里兴村治社"一个平台为核心的"541"工作体系,全区共划分网格1391个,相关做法获省组主要领导现场调研肯定。推广"红色业委会"工作,探索业委会主任与小区党支部书记"一肩挑"模式。

2022年2月,柯岩街道梅泽嘉园小区"红色业委会"成立,图为业委会成员中党员集体重温入党誓词 (区委组织部 提供)

·小资料· "五个一"工作体系

一面旗帜强统领、一支队伍强合力、一个平台强协同、一套标准强履职、一组机制强闭环。

·小资料· "开门四件事"

进行一次身份集中亮相、举办一场网格集中培训、开展一轮清底集中走访、实施一次问题集中排查。

【基层党组织建设】 2022年,柯桥区制定《建强基本单元打造党建高地若干意见》,排查新发展农村党员7981人，发现并处理问题党员55人，区级及以上“零信访”。举办2期村社党组织书记领雁擂台赛，组建569支“纺都先锋”党员志愿者队伍共1.71万名党员。推广流动党员固定活动日制度，在流动人口集聚区域建设“流动党员之家”。

【新业态新就业群体党建】 2022年，柯桥区新选派1775名驻企服务员，重点为356家年营业收入1亿元以上企业和专精特新企业提供服务。开展“政企面对面”8场次，对话企业家111人次，收集问题150个，办结率89.3%。强化网络青年群体政治引领，建设“纺都星播客”品牌。巩固深化“小哥驿家”等新业态新就业群体试点成果，完成50人以上企业党组织建设攻坚行动。

2022年5月16日，中国·绍兴第七届海内外高层次人才创新创业大赛启动仪式暨2022柯桥创新创业环境推介会在柯桥区举行

（区委组织部 提供）

2022年6月30日，浙江绍兴东盛实业集团有限公司在慧客空间开展“循足迹 悟初心”沙龙活动 （区委组织部 提供）

【人才引育】 2022年，柯桥区举办第七届海内外高层次人才创新创业大赛、第七届清华校友三创大赛、“才聚柯桥”青年引才专列等大型人才活动，国家、省海外引才计划申报并通过复审232人，其中入选国家引才建议名单19人、入选省级引才建议名单12人、省领军型创新创业团队1个、省特支计划1人。引进落户高质量人才项目74个。引育高层次创业人才、创意设计等高端人才72人。新增就业大学生4.05万人、青年博士87人、高技能人才6357人。

【人才平台提档】 2022年，柯桥区签约落地重庆医科大学绍兴医学检测技术研究院、天津工业大学绍兴研究院，与哈工大材料学院合作共建柯桥创新中心。建设省现代纺织技术创新中心（鉴湖实验室），依托工程师协同创新中心和“浙里工程师”探索“卓越工程师”培养体系。民营人才园新增双创空间20万立方米，新引进人才项目52个。外国高端人才创新集聚区新引进外国人才项目15个。

【人才服务】 2022年，柯桥区出台人才政策4.0和人才项目政策工具箱，兑现人才资金1.99亿元，兑现额较上一年增长17%。完善“政策+基金”的人才项目支持体系，人才项目智能化评价模型做法获中组部《组工信息》录用。投资15亿元建设鉴湖英才综合体，交付人才租赁住房2297套。上线人才项目全周期管理平台“创管家”，559个人才项目全部实现数字化管理。（阮雪松）

宣传工作

【概况】 2022年,柯桥区通过理论学习、全域宣讲、新闻报道学习宣传贯彻中共二十大精神。强化主体联动,推出系列重大课题,课题报告《关于将"最美群像"打造为浙江共同富裕精神标识的调查与思考》被《浙江社科要报》刊发,获中共浙江省委常委、宣传部部长王纲批示。持续推进媒体融合改革和对外宣传推介,营造正面主流舆论,处置系列突发舆情。推进文艺精品创作生产,电视纪录片《我住江之头》在中央电视台综合频道首播。文化产业综合实力自2012年起连续11年居全市首位。文化礼堂持续领跑,齐贤街道齐贤村文化礼堂入选省级"红色礼堂",光明居朱华良被评为省级"最美礼堂人";马鞍街道"文化礼堂评价激励机制"获省级"赋能计划"提名,宝业集团入选全省首批"企业文化中心"。

【中共二十大精神学习】 2022年,柯桥区下发《中共绍兴市柯桥区委关于认真学习宣传贯彻党的二十大精神的通知》《区委理论学习中心组(扩大)专题学习会方案》等文件,区、镇、村三级组织专题学习400余场次。下发《深入学习宣传贯彻党的二十大精神广泛开展"六学六进六争先"学习实践活动工作方案》,组建"6+N"区委中共二十大精神巡回宣讲团,深入一线开展"沉浸式"宣讲1200余场次,举办柯桥区中共二十大精神巡讲启动仪式暨"礼赞二十大 青春颂华章—柯桥青年TALK秀"活动。全媒体开设"数字话成就 百姓有感受 喜迎二十大特别报道"等专题专栏8个,刊发报道460余篇,利用Inkeqiao栏目推出中共二十大中英双语金句专题。

【主题宣讲活动】 2022年,柯桥区推进省第十五次党代会精神学习宣传工作,组建"后生可谓——省党代会精神青年宣讲团",推出系列视频8个,全网累计点击量超10万次。推动"小柯开讲"微宣讲提质增效转型升级,创作作品1000多个,推出"小柯优选"200期,累计点击量超2000万次。深化"五老五进"宣传活动,"五老"讲师张尚明的莲花落《喜迎二十大》视频被"央视频"播出点赞。策划举办"共同富裕·青年说""非凡十年·强国复兴有我"等宣讲大赛,朱敏忠的忠哥宣讲工作室获评省委宣传部首批浙江省理论宣讲名师工作室。

【省级以上主流媒体刊发报道】 2022年,柯桥区围绕共同富裕、文旅融合、杭州亚运、轻纺城冠名三十周年等主题,结合重大赛会活动,加强宣传策划,积极对接沟通,输出重磅稿件,在省级以上主流媒体刊发报道390余篇,包括中央电视台6篇(《新闻联播》4篇)、《新华每日电讯》21篇(头版6篇)、《人民日报》17篇。

【立体式媒体融合传播矩阵建设】 2022年,柯桥区在区级媒体持续推出"喜迎二十大""稳进提质 领跑竞跑""项目为王 实干开新局"等专题专栏74个,累计刊发报道1445篇。利用媒体深度融合优势,在新冠疫情期间营造同心战"疫"氛围,全媒体发布报道800余条,原创短视频近160条次,总点击量超2000万次。笛扬新闻客户端"战疫求助平台"解决群众诉求47条,完成率100%。

【舆情处置】 2022年,柯桥区牵头抓好"七张问题清单""除险保安"等中心工作,发现并化解风险隐患17个,通过"网络民生直通车"平台派发给相关单位处置舆情。与区公安部门严厉打击恶意炒作、造谣传谣等行为。

【"有礼有爱"品牌升级】 2022年,柯桥区结合"有礼有爱"品牌,升级建设"浙江有礼·柯桥有爱"区域文明新实践。提档升级公益宣传,在主城区1200个重要点位设置"浙风十礼"公益海报,400个点位更新"文明代言人"元素,开展镇级以上"浙江有礼·柯桥有爱"品牌活动37场次;着力挖掘身边好人,入选浙江好人5人、绍兴好人14人,入选"最美绍兴人"3人,评选"柯桥好人"20人,1人入选第一批绍兴文明代言人名单。

【文明创建长效督查】 2022年,柯桥区启动"专班模式",组建文明创建工作专班,建立长效督查机制,编发创建日报45期、周报6期、专题督办单9条,下发问题5282起,整改4892起,下发网上资料组迎检提示卡852份,完成网上资料申报350例。按季度对各镇(街道)开展"文明创建指数"测评,共测评实地点位462个,发现问题

1074个。牵头开展迎亚运百日攻坚“洁美行动”、实施亚运形象景观提升工程，组织开展“公筷公勺”“文明排队”“文明出行”等专项整治活动79场次。

【文明实践活动】 2022年，柯桥区在实现镇、村两级实践站(所)全覆盖的基础上，建立老干部志愿服务、妇女儿童之家等特色实践点(基地)80个，提档升级文明实践所4个，完成区级中心布展。持续孵化特色志愿项目团队，选育十佳特色志愿项目、百个示范场景。推广“志愿浙江”平台，构建“15分钟志愿服务圈”，共开展志愿服务活动32853场次，参与服务213817人次，服务时长356232小时。开展“迎亚运·共文明”实践行动，招募2468名亚运城市侧志愿者，累计开展相关志愿服务活动1976场次。(赵昕怡)

统一战线工作

【概况】 2022年，柯桥区在《柯桥日报》累计刊登“喜迎二十大·柯桥统战同心行”系列报道25期，在“柯桥统战”微信公众号刊登中共二十大精神学习、热议18篇。发挥统一战线各界人士作用，协商建言。组织召开组统联席会议，推进党外干部配备工作。承办全省民族宗教现场会，组织开展“共话端午情”、“饼承心意情满中秋”、区民族运动会等，全年累计开展各类民族活动80余场次。主动承接2022年浙江省各族青少年夏令营活动150余人次。组建“小小石榴籽”宣讲团、红领巾宣讲团，增进各族青少年交流融合。民族团结阵地“柯桥石榴红家园”全年开展各类参观交流、学生研学游等50余场次。在省委统战工作会议上，区委书记陈豪以“聚焦共同体 厚植石榴情”为主题作交流发言，获省委书记袁家军肯定。“民族e家亲”数字化应用参加全省第二批数字统战赛比并获全省第三，在全省数字统战建设推进会上交流发言，获综合评价五星，获省民宗委主任鲍秀英肯定，国家民委副主任赵勇在柯桥调研时对“和融指数”给予高度评价。推进宗教领域法治建设，开展普法教育培训17场次，实现全区85个宗教场所法治宣传栏(窗)全覆盖。会稽山龙华寺获评首批“浙江省佛教中国化实践基地”。省委统战部副部长吴炳芳多次在柯桥调研基层统战工作，对柯桥在海外统战和侨务工作方面的成绩表示肯定。“一带一路”海外侨务联络新干线项目被列入2022年度全省侨务工作创新品牌。落实“同心共富·乡贤通”场景贯通，累计贯通服务10项、通道10个，入库乡贤1150名。完成11个异地商会(联络处)、乡贤驿站挂牌工作，新成立武汉、大连异地商会(联络处)。

【协商建言】 2022年，柯桥区委统战部围绕区委区政府中心大局，制订年度政党协商通报计划，累计开展专题协商6次，提出建议80余条。围绕“高质量发展建设共同富裕示范先行区”调研课题，组织各民主党派、工商联、知联会开展重点课题调研，形成8篇调研报告。报送各民主党派、知联会直通车信息13篇，其中6篇获得区委主要领导批示。

【“老绍兴回归工程”恳谈会】 2022年1月29日，柯桥区在湖塘黄酒小镇黄酒博物馆举办“老绍兴回归工程”恳谈会。区委书记陈豪与区各商会和协会代表及企业家代表共25人面对面座谈交流，区领导袁建、朱晓董、吴海洋、方优美、陈钧参加。会上，副区长陈钧通报柯桥区2021年经济运行情况和柯桥区未来5年产业发展重点。参加会议的各商会会长和协会会长作交流发言。

【“寻美绍兴”推进会】 2022年9月28日，柯桥区“寻美绍兴”推进会之“走进柯桥”活动正式启动。市委常委、统战部部长叶卫红，市委统战部常务副部长黄浙平，市侨联副主席沈国出席活动，全市150余名新的社会阶层人士、党外知识分子参加活动。黄浙平、沈国为“绍兴市党外知识分子和新的社会阶层人士创新实践基地——柯桥古镇”揭牌，区委常委、统战部部长方优美致欢迎辞，与会代表参观叶家堰村、柯桥古镇“同心活动基地”，观看市、县两级“寻美绍兴”系列优秀短视频，听取柯桥区委统战部“寻美”的经验做法。

【第二届柯桥乡贤大会】 2022年6月25日，第二届柯桥乡贤大会暨重大招商项目签约仪式在绍兴国际会展中心举行，近280名乡贤参加，共谋发展。绍兴市委副书记、市长施惠芳发表讲话。绍兴市委常委、统战部部长叶卫红出席。区委书记陈豪致辞。区委副书记、区长袁建作“国际纺都、杭绍星城”未来展望推介。区四套班子领导参加。参会乡贤280余人,现场集中签约31个重大招商项目,计划总投资超400亿元。开展“最美乡贤”评选,集中表彰马建荣、李兰娟、马仕秀、姚国梁等12名为家乡作出积极贡献的“最美乡贤”。

2022年6月25日,2022绍兴市柯桥区最美乡贤颁奖仪式在国际会展中心举行 （区委统战部 提供）

【为侨服务】 2022年,柯桥区委统战部开展新冠疫情防控常态化下的稳侨、安侨、暖侨工作。开展重点侨界人士春节、中秋走访慰问350余人次,帮助印尼归侨海外寻亲。立足省侨联法顾委分站,建设“共享法庭”等平台机制,探索涉侨纠纷多元化解路径,全年妥善化解涉侨信访9件。

【沿着总书记足迹考察及主题沙龙活动】 2022年7月15日,柯桥区新企联在东盛慧谷产业园举办新生代企业家沿着总书记足迹考察及主题沙龙活动,区委常委、统战部部长方优美,区委统战部副部长赵建兴,区经信局、科技局、商务局、市场监督局相关领导出席本次活动。会长庞巍祥主持活动,40余名新生代企业家参加,讨论企业创新与发展。

【新企联外出考察交流活动】 2022年8月25—26日,柯桥区新企联组织举行新生代企业家共23人参访衢州名企活动。考察团一行先后实地走访浙江宝红建筑工业化制造有限责任公司、浙江夏特新材料有限公司、浙江天硕氟硅新材料科技有限公司和衢江区高性能纸及纤维复合新材料产业创新服务综合体,与衢州市新生代企业家围绕企业传承与创新、责任与担当等话题开展座谈交流。

【乡贤娘舅工作培训班】 2022年11月9日,柯桥区委统战部在柯桥区委党校举办全区乡贤娘舅工作培训班,区委统战部副部长李菲出席并作开班动员讲话。入驻乡贤娘舅工作室娘舅、各镇(街道)乡贤娘舅代表共40余人参加培训。培训结合中共二十大精神宣讲、乡贤专题讲解、实践教学等多种模式进行授课,学员实地参观柯岩街道叶家堰村乡贤工作阵地。(袁 飞)

机构编制

【概况】 2022年,柯桥区召开编委会2次,审议批复32个机关事业单位请示54件。核准136家机关事业单位年度用编计划573人,核准72个机关事业单位调整用编计划239人。办理机关事业单位人员进编手续1326项,出编手续1082项,核准使用中层领导职数321项。审核编外用工计划568项,办理机关事业单位编外人员增加手续254项,编外人员减少手续866项。对3个单位进行机构编制审计。各部门(单位)、镇(街道)向区委编委报送机构编制重要事项报告共计89份。设立登记事业单位5家,变更登记事业单位171家。新发放机关、群团的社会统一信用代码证1家,变更33家。对340家事业单位年度报告进行审查,在事业单位登记管理网站进行公示。先后举办2022年度柯桥区事业单位法定代表人素质能力提升班和机构编制干部素质能力提升班。

【“大综合一体化”行政执法改革】 2022年,柯桥区出台《柯桥区部门执法人员编制“区属镇用”

管理办法》，锁定“区属镇用”编制622人，占全区执法编制总数的76%，下沉执法人员565人，下沉比例占82%。结合数字化改革，在全市率先开发数字化场景应用，对下沉人员实行实名制备案管理，探索开展执法编制使用质效评估。梳理编制涉改划转事项目录、镇（街道）综合行政执法事项目录，完成监管库内事项划转，全面完成各镇（街道）赋权镇街事项认领。

2022年3月24日，柯桥区召开“大综合一体化”行政执法队伍下沉工作推进会　　（高越峰　摄）

【重大战略机构编制保障】 2022年，柯桥区设立杭绍临空经济一体化发展示范区绍兴片区管理委员会、杭绍临空经济发展服务中心、区共同富裕指导中心、区土地和房屋征收工作办公室、绍兴柯桥未来之城建设管理中心，推进机构职能重塑。设立区委教育工作委员会，优化学校党建领导体制。迭代升级社会治理中心，推进中心从“三大功能”向运行监测、矛盾调处、分析研判、协调流转、应急指挥、督查考核“六大功能”迭代。整合国际赛会服务中心和会展业发展中心，优化赛会、展会服务保障工作职能。升格区水利发展中心为区政府直属正科级事业单位，相应调整机构职能。完成登记设立类事业单位绍兴光电研究中心的登记工作。增加招商投资促进中心、兰亭文化旅游投资服务中心等单位若干名事业编制。

【机构编制资源配置】 2022年，柯桥区统筹60名编制建立镇（街道）编制“周转池”，安排其中6名事业编制，用于网格治理任务重特别是融合型大社区大单元较为集中的镇（街道），实行单列管理。探索镇（街道）党政机关中层职数周转管理，核定中层周转职数20人，用于解决镇（街道）中层职数满额情况下阶段性、临时性使用中层职数的需求。增加镇（街道）卫生院（社区卫生服务中心）事业编制共80人，加强基层医疗卫生机构人员力量。

【镇（街道）权责事项管理】 2022年，柯桥区梳理形成共计1782项事项的涉镇（街道）事项清单。编制143项部门延伸到镇（街道）政务服务事项清单。按照地域分布、产业特色，分城区镇（街道）、中心镇（街道）、一般镇（街道）3个类别，梳理赋权镇（街道）清单，分别赋权687项、618项、588项，确保执法事项“放得下、接得住、管得好”。

【监管事项管理】 2022年，柯桥区建立未认领监管事项“动态清零”机制，对事项库实行每日“双巡”，确保及时完成新增监管事项认领。截至2022年12月底，全区监管事项认领9374项，认领率为100%。

【“基层治理一件事”改革】 2022年，柯桥区落实“非法行医查处”“林业有害生物检疫监管”两个省级“基层治理一件事”改革试点工作，开发上线“非法行医查处”“林业有害生物检疫监管”“一件事”应用。将全区“基层治理一件事”事项库从16项扩充到30项，按照职责调整情况，梳理新增事项牵头部门、协同部门、镇（街道）职责，推动部门间多跨协同。

【基层管理体制改革】 2022年，柯桥区出台“1+4”镇（街道）管理体制改革系列文件，包括《关于加强镇（街道）编制统筹管理 深化基层管理体制改革的实施意见》和《柯桥区镇（街道）人员岗位管理办法（试行）》《关于进一步深化镇（街道）机构编制分类管理的通知》《柯桥区镇（街道）编制周转使用管理办法（试行）》《柯桥区镇（街道）党政机关中层职数周转使用管理办法（试行）》，明确推进镇(街道)人员岗位管理、建立镇(街道)“平战结合”机制等16项改革任务。

【机构编制数字化监管平台建设】 2022年,柯桥区上线机构编制数字化监管应用,形成“问题发现—问题判断—问题整改”的闭环运转体系。完成省数字化监督管理平台预警规则清单校验,落实实名制数据报告制度,完成实名制数据压力测试和统计年报工作。依托机构编制实名制管理系统自动分析功能,编印12期月度和4期季度机构编制分析刊物。

【编外用工规范化管理】 2022年,柯桥区印发《关于进一步从严从紧管理编外聘用人员的通知》,明确全区原则上不再新增编外聘用人员总量,现有编外聘用人员减少的按70%比例予以补充,每一年度仅限补充一次。开展教育系统编外用工专项检查,推进编外用工规范管理。开展柯桥区编外聘用人员核减工作,提前完成省下达“十四五”期间编外聘用人员核减任务。上线编外聘用人员“一件事”系统,制定《编外聘用人员一件事操作手册》,通过数字化办理,推动编外用工规范化管理。(高越峰)

信访工作

【概况】 2022年,柯桥区贯彻落实《信访工作条例》,推进信访积案清零专项行动。柯桥区信访局被评为全省信访系统“人民满意窗口工作突出集体”和2022年度全省“无信访积案县(市、区)”,获2022年度人民网网上群众工作民心汇聚单位奖。

【信访超市接访】 2022年,柯桥区深化区领导值守接访、部门联合接访机制,实行重点部门集中常驻、一般部门轮流入驻、涉事部门随叫随驻,建设信访矛盾化解终点站。9月20日,浙江省委常委、组织部部长王成到区信访超市接访群众,共接访2批2人次。截至12月31日,区领导共接待来访群众602批792人次。

2022年12月,绍兴市柯桥区委绍兴市柯桥区人民政府信访局获评2022年度人民网网上群众工作民心汇聚单位 (唐艳妍 摄)

【信访积案化解】 2022年4月22日,柯桥区提前实现省交办的464件和市交办的38件积案“动态清零”目标任务。9月20日,再次实现信访积案“动态清零”。截至12月底,完成省、市交办的化解任务。

【信访干部业务培训】 2022年7月13—14日,柯桥区在区委党校举办信访干部业务培训班。区委副书记、政法委书记陈利华作开班动员,邀请市信访局、市委党校等专家老师为学员讲授

2022年7月13—14日,2022年全区信访干部业务培训班在柯桥区委党校举行 (唐艳妍 摄)

《信访工作条例》、浙江省第十五次党代会精神、社情调研与报告撰写、干部心理健康与压力等内容。区相关部门（单位）分管负责人、业务科室负责人，各镇（街道）分管负责人、综治办主任和具体经办人，区信访局干部职工等共180余人参加学习培训。

【《信访工作条例》集中宣传月活动】 2022年5月6日，柯桥区、镇（街道）、村（居委会）共600余人通过视联网远程参加省信访局《信访工作条例》集中宣传月活动启动仪式。在区首届法治文化节上，通过悬挂横幅、摆放展板、发放宣传单、设置咨询台等形式，向群众宣传新颁布的《信访工作条例》，累计发放宣传资料300余份，接受群众现场咨询50余次。全区各单位通过多种形式组织《信访工作条例》专题学习培训。（龚亚萍）

2022年11月10日，"礼赞二十大 银龄心向党"柯桥区老年教育成果展演在区文化馆音乐剧场举行 （赵 炜 摄）

2022年4月27日，柯桥区信访局在区首届法治文化节上开展《信访工作条例》集中宣传月活动 （唐艳妍 摄）

老干部事务

【概况】 2022年，柯桥区组织老干部理论研讨会2次、主题报告会5次。举办"喜迎党的二十大，银耀共富新时代"主题艺术展和"礼赞二十大 银龄心向党"老年教育成果专场演出，全年困难帮扶83人次16.4万元。市县联动承办联合召开社区"四就近"工作会议，深化康养保障。组织开展"老少同乐庆元宵""欢乐过端午·清风扬正气""孝亲敬老·快乐重阳"等孝亲敬老活动7场，为老干部学习活动提供服务853次。区委老干部局获评全省老干部工作"优秀创新案例"、全省老干部工作部门十佳信息工作先进单位。

至年底，全区有离休干部69人（党员离休干部52人）。其中，易地安置在外的6人；抗战前期入伍的1人，抗战后期入伍的6人，解放战争时期入伍的62人；享受县（处）级待遇的25人，副科级待遇的44人；行政单位的20人，事业单位的28人，企业单位的21人。代管外省市易地到柯桥区安置的离休干部1人，代管副区级以上退休干部40人。

【老年教育资源整合全省试点工作推进会】 2022年8月16日，浙江省老年教育资源整合试点工作推进会在绍兴市柯桥区召开。副省长王文序出席会议并讲话，绍兴市委书记盛阅春致辞，省委组织部副部长、老干部局局长龚和艳和省教育厅、省卫生健康委负责人作工作部署，区委书记陈豪介绍柯桥区老年教育资源整合经验做法。会前，省领导和联盟指导委员会成员单位负责人现场考察区老年大学本部、区老年大学鉴湖校区、钱清街道老年学校、柯岩街道叶家堰居老年学堂。

【离休干部精准服务】 2022年，柯桥区制定《关于进一步加强离休干部精准服务工作的通知》，提升精准关爱帮扶力度，上线“柯桥离休干部”微信小程序，动态掌握离休干部情况，为全区38名离休干部签约“金牌”家庭医生，提供日常居家医疗服务。提升居家养老空间品质，按照8000元/户标准开展适老化改造，为全区28名离休干部家庭完成改造。购买社会化服务，与仁本家政公司合作，为居家养老51名离休干部发放社会服务券。

【离退休干部党建】 2022年，柯桥区制订《关于加强柯桥区新时代离退休干部基层党建工作的实施意见》，召开全区离退休干部基层党建工作会议，建设柯桥区“银晖红”离退休干部党建品牌，完善离退休干部融入基层党建工作机制。新建“银晖红”临时党组织38个，创建25个省级规范化离退休干部党支部，其中2个被评为市级“银领五星示范支部”。

【文化养老阵地拓展】 2022年，柯桥区深化活动中心“满意家园”建设，实施共建共享赛事共搞。升级“乐活驿站”2.0版本，建立“七彩驿”银晖综合体，新建成第二批市级“乐活驿站”13个。获评市级银尚达人50个，钱清街道“七彩驿”银晖综合体被评为省级“乐活驿站”。拓展老年教育网点，新成立老年大学鉴湖校区和柯岩街道老年学校，提档升级18所“家门口”老年大学，柯桥街道、平水街道老年学校获评全省首批优质老年学校。

【“银助共富”典型示范】 2022年，柯桥区开展“银耀助力共同富裕”行动，团结引领离退休干部为共同富裕贡献力量，获市级“银助共富”优秀团队（个人）8个、市级“银领”矛盾调解工作室5个、市级“银领”金牌调解员6名、“银助共富”好故事4个；组建区级“银色人才库”，收录260名银色人才。（董国华）

档案事业

【概况】 2022年，柯桥区档案馆完成数字扫描近4万页，民国档案修复1886页，完成档案数字化成果抽检10万余件，优化档案服务，完善接收征集，完成档案馆专用库房场外路面铺装、密集架组装、配电房通电及相关设备的安装调试，制定专用库房档案管理制度。

2022年12月，柯桥区新建成的档案馆专用库房
（区档案馆　提供）

2022年4月29日，柯桥区委老干部局发布“银耀纺都·惠风畅”志愿服务活动logo
（董国华　摄）

【档案数字化】 2022年，柯桥区档案馆在档案协同管理系统升级改造的基础上，对接新版OA（办公自动化）系统，强化公文电子化归档效能；按照省局要求，对系统进行迭代升级，建设区域数字档案管理服务一体化平台，整合局、馆现有业务，推进系统功能模块化，对接大数据中心，启动一体化平台上云工程；收集、梳理区内各机关、乡镇、企事业单位共计73家自媒体数据，完善自媒体电子档案采集；完成家谱、孙孚凌、婚姻、疫情、教体局5个类目15个全宗的馆藏档案数

字化,共计扫描396675页,电子条目著录44605条。

【档案信息化】 2022年,柯桥区档案馆开展馆藏档案及柯桥街道、鉴湖旅游度假区管委会、公管办、农办、平水镇等单位进馆档案数字化成果抽检5000余卷、10万余件;按照大数据中心数据归集共享标准,对2021年登记备份系统、2020—2021年婚姻档案及出生医学证明档案进行数据检查、录入和共享。启动馆藏文书档案数字化成果OCR(光学字符识别)加工项目,举行项目招标并进场,实现档案数据从图像到信息的彻底转换;建成各等级数字档案室10余家单位,并通过测评。

【档案服务提质增效】 2022年,柯桥区档案馆优化服务流程,启用档案查阅"厅+网+掌"服务模式,实现便民服务一窗受理,省内跨馆查档24小时办结,实行民生档案全市域一站式远程查询和全方位布点现场出证。档案窗口共受理办结6634人次,市远程查阅共受理办结2876件,省远程查阅共受理办结879件,跨省查阅共受理办结4件。对40余家机关部门、镇(街道)、村(居委会)和企事业单位进行上门业务指导,多领域开展档案业务知识宣传和讲解,共整理照片档案910张,文书档案1214件。

【档案接收】 2022年,柯桥区档案馆接收各类档案进馆,预验收区妇联、人力社保局、统计局、发改局、科技局、福全街道、杨汛桥街道等14家单位档案,接收区水利水电局、老干部局、柯桥街道、鉴湖旅游度假区、农业和农村工作办公室、马鞍街道、平水镇、钱清街道8家单位的纸质文书档案进馆;接收公共资源交易中心纸质业务档案进馆;接收柯桥区建设集团有限公司、绍兴铁路货代物流中心、浙江省电力实业总公司、中国铁路上海局集团有限公司宁波车务段、国网绍兴供电公司、中国能源建设集团浙江火电建设有限公司、浙江塔牌绍兴酒有限公司7家国有企业退休人事档案进馆;接收2021年婚姻、出生医学证明等民生档案进馆;整理2021年度档案资料入库;收集整理党史学习教育、2021年布商大会等重大活动资料,共接收文书档案1100余件、照片2000余张、音视频及电子档案5G。

【档案宣传】 2022年,柯桥区档案馆配合市馆"越里乡愁·绍兴特藏"系列档案文化宣传活动,馆藏档案微信推文7期,举行2022年国际档案日宣传活动,为省、市"6·9"国际档案日宣传报送馆藏档案资料,在区行政中心和档案馆大厅举办"2022喜迎二十大·档案颂辉煌——绍兴市柯桥区档案馆党代会专题图片展"。基本陈列厅共接待参观党员群众21批次400余人,孙越崎纪念馆共接待5批次38人;承接总工会"喜迎二十大,建功新时代"全市职工书画摄影展以及美术馆书画作品展等临时展陈;承办高层次人才学习教育、绍兴文理学院——中国岩石力学与工程学会"众心向党、自立自强"党史学习教育主题党日、之江大学汉语言文学专业现场教学等各类活动5场。出版《记忆柯桥2021》,于2022年区两会期间进行分发。(钟燕萍)

史志工作

【概况】 2022年,柯桥区史志工作按照职能,做好存史、资政、育人等工作,为助推"国际纺都 杭绍星城"建设贡献史志智慧和力量。在7月1日召开的全省党史工作会议上,柯桥区史志研究室被评为全省党史和文献工作先进集体。

【档案资料搜集2万多份】 2022年,柯桥区为开展党史三卷正本写作,驻点区档案馆,共查阅10万多份档案,筛选出2万多份1979—2012年对编写党史三卷有用的档案资料,并按照档案时间、性质和内容进行整理分类,为编写党史三卷奠定资料基础。

【党史三卷资料长编撰写】 2022年,柯桥区组建由6人组成的写作班子,采用分工包干的形式编写党史三卷资料长编,至年底,基本完成。资料长编按时间阶段分为3编,包含档案资料4000多份,文字资料6万多字。

【绍兴县党史一卷重印】 2022年,柯桥区组织力量,对2002年出版的《中共绍兴县党史(第一卷)》进行两轮审订,修订55处错误,增添1000多字内容和51张珍贵的历史照片,并按中央最新要求进行重新排版。8月,重印1500本,并面向全区机关事业单位进行赠送。

【村志部门志审校】 2022年,柯桥区史志工作部门审阅指导安昌街道《九鼎村志》、福全街道《新迪埠村志》《胜利村志》、柯岩街道《里庄村志》，文字量超120万字。其中《九鼎村志》《新迪埠村志》完成两轮审稿。《蜀阜村志》完成出版。提升部门志质量，对《柯桥区慈善志》《柯桥区地名志》《柯桥区文化广电志》进行指导，参与志稿修改。其中《柯桥区慈善志》完成出版社三审三校，《柯桥区地名志》进入出版程序。

【《柯桥年鉴(2022)》出版】 2022年12月，《柯桥年鉴(2022)》由方志出版社公开出版。总篇幅84.9万字，全面反映2021年柯桥区在自然、政治、经济、文化、社会、生态文明建设等方面取得的新进展新成就和新经验。（详见本书“区人著述·书目提要”）

【历史文献保护整理】 2022年，柯桥区完成《申报》绍兴县史料集萃的数字化工作，完成印刷出版招投标工作。点校《历代山阴会稽志》，送出版社审稿进入出版程序。《绍兴名人手札》由中华书局正式出版。撰写首部文字视频共享地情书《阮社记忆》文稿，从大事记、历史与建制、民间祭祀与“会”社、民间艺术与技艺、古村台门等若干方面记录讲述阮社地情。梳理辑录绍兴历史上清官廉吏的有关事迹史料，12万字，涉及清官廉吏近200人，于年底出版。

【史志宣传】 2022年，“柯桥史志”微信公众号坚持周更，发布各类地方史料、编研成果等信息27条。设置稽山鉴水、越地名士和史志精选3个栏目和11个子栏目，传阅历史、传承文化、传播正能量。深耕柯桥地域文化，发掘传承红色根脉，做优学术刊物《越地春秋》，出刊4期，发表文章40余万字。开展史志成果“七进”（进机关、进校园、进企业、进社区、进村居、进军营、进网络）活动，向社会各界赠送《绍兴县志》（二卷）2000多册，重点向全区45个城市书房（图书馆）赠送历年来的史志编研书籍5000余册，实现城市书房地情书籍全覆盖。（史　志）

党校教育

【概况】 2022年，柯桥区委党校举办计划内班次50期，培训学员4200余人次；计划外培训班次35期，培训学员2400余人。组织下基层宣讲208场次，受众1.4万人次。新备各类课程共计34门。共提交《决策参考》6期，1期获得市委书记批示肯定；编印《区情研究》4期。农村新社区发展研究中心再次入选绍兴市哲学社会科学重点研究基地。获评全省党校系统精品课优秀奖1门，全省社院系统精品课1门，全市党校系统精品课2门；全年在省市社科系统、党校系统课题立项37项，其中厅局级21项、县处级16项。在理论文章、咨政成果等评比中获奖17项，其中厅局级一等奖5项、二等奖1项、三等奖3项。获评“2022年度全省党校（行政学院）系统成绩突出集体”。

【微课视频发布】 2022年，柯桥区委党校制作发布《党代会报告热词解读——国际纺都 杭绍新城》《党建引领共同富裕》《擦亮驻村指导员制度金名片》《党的二十大报告关键词解读：中国式现代化》等中共二十大精神、省党代会精神、共同富裕系列、柯桥特色实践相关的“不一样的思政课”精品微党课视频26个，经验做法在《绍兴日报》等地方主流媒体和省委党校《干部教育研究》、全国知名党建刊物《党课参考》上刊登。“不一样的思政课”入选柯桥区“十佳宣讲品牌”。

【新录用公务员初任培训班】 2022年11月13日至12月6日，柯桥区新录用公务员初任培训班在区委

2022年11月17日，柯桥区新录用公务员在收看2022年全国新录用公务员初任培训班开班仪式　（金　乔　摄）

党校举办。共有88名新录用公务员参加此次全封闭脱产培训。培训突出适应性和实用性，主要包括军事训练、党性教育、廉政教育、区情教育、技能教育五大板块内容。培训坚持理论联系实际、学用一致的原则，综合运用讲授式、研究式、互动式、体验式等方法，调动教员和学员两个方面的积极性。公安系统、税务系统的新录用公务员以及2022级选调生，共40余人参加国家统一课程的学习。（吴晓灵）

机关党务

【概况】 2022年，柯桥区坚持以习近平新时代中国特色社会主义思想为指导，把学习贯彻习近平总书记指示批示精神和党中央重大决策部署定为首要政治任务，作为机关党组会议、理论学习中心组学习、周一夜学和党支部会议的“第一议题”。落实“红色根脉强基工程”，推进“清廉机关、模范机关”建设，区直机关各基层党组织弘扬大兴实干作风，促进机关党建与中心工作融合，服务数字化改革、驻企帮扶、文明城市创建、参保“越惠保”、慈善一日捐等工作。坚持党建带群建，落实关怀帮扶制度，深化活力机关、温暖机关建设，为37名入党50周年老党员发放“光荣在党50年”纪念章，慰问困难党员、职工。举办机关乒乓球、象棋、围棋、游泳等各项文体比赛。发挥机关党建在推动发展、服务群众、凝聚人心、促进和谐上的作用。

2022年6月27日，柯桥区组织机关新党员进行集体入党宣誓仪式（区委组织部 提供）

【青年理论提升工程】 2022年，柯桥区招募机关“85后”青年组建“星火”宣讲团，通过开展靶向专题培训、举办“大兴实干·青年当有为”“共同富裕·青年在基层”等线上、线下系列宣讲活动，让更多的青年站上党的理论宣讲舞台，引领成才成长。经过1年的历练，区直机关“星火”宣讲团入选2022年度柯桥区十大宣讲品牌。

【十佳案例赛比】 2022年，柯桥区开展“十佳服务举措”“十佳制度创新”“十佳项目推进”案例赛比活动，共有59个机关部门（单位）党组织申报77个案例，通过线上和线下综合评选赛比，涌现出一批在项目推进、城市建设、民生改善、安全稳定、营商环境、共富先行等各项中心工作中的好经验好做法，促进机关党建与中心工作有效融合。（孙 艳）

社会治理工作

【概况】 2022年，柯桥区社会治理中心围绕“除险保安”主题主线，聚焦“诉前调解”“要案化解”“数智疏解”三大任务，创新调解模式，协同多方力量，做好上下对接。2022年全区累计摸排化解各类矛盾纠纷58182件，区级中心平台化解4833件，群众满意率97.73%。扎实做好“141”体系迭代升级，梳理规划基层智治系统平台整体布局、核心数据提取和区级驾驶舱展示，做实做细指挥中枢的优化设计，积极推动应用贯通落地。

【中心迭代升级】 2022年8月，柯桥区顺应数字化改革大势，根据省“141”基层治理体系迭代升级要求，在区社会矛盾纠纷调处化解中心基础上，整合基层治理指挥中心等工作平台，赋能基层智治综合应用，迭代升级为区社会治理中心，主要承担运行监测、矛盾调处、分析研判、协调流转、应急指挥、督查考核等职能。

·小资料· “141”基层治理体系

“141”基层治理体系是基层智治系统的基本架构，纵向分为县级社会治理中心、乡镇（街道）“基层治理四平台”、基层网格3个层级，横向分为党建统领、经济生态、平安法治、公共服务 4 条跑道，全面覆盖基层治理核心业务，承接省级六大系统重大应用基层贯通，综合集成基层特色场景应用，实现上下联动、左右协同。

【除险保安矛盾纠纷化解专项行动】 2022 年，柯桥区根据市、区“除险保安”工作部署，做好社会矛盾化解组相关工作，督查、协调未化解的突出矛盾纠纷。全年上报市级清单事件 199 件，化解 192 件，化解率为 96.48%。高标准开展社会矛盾风险排查化解行动。围绕“排查无遗漏、化解真闭环”目标，出台“矛盾纠纷化解行动实施细则”，细化任务目标，制定工作举措，明确责任分工。全区累计摸排矛盾纠纷 58671 件，化解 58182 件，化解率 99.17%。开展矛盾纠纷重点领域调研，撰写专报信息《关于近期建设领域劳动纠纷高发频发的成因分析及对策建议》，得到区委主要领导批示肯定。联合区根欠办开展“清欠护平安”行动，全年发出通报 24 期，劳动纠纷化解率得到显著提升。

【“共享法庭”建设】 2022 年，柯桥区社会治理中心联合区委政法委、区法院推进“共享法庭”建设，聚焦完善社会治理三级体系，将“共享”理念融入基层法治建设中，不断提高“共享法庭”的使用率，增强“用户黏性”，让群众和基层干部想得起、能应用。强化镇（街道）“主阵地”作用，依托镇级、村居矛调中心等场所，推动矛调功能和“共享法庭”相融合，建立镇街、村社法庭联调模式，提升线上线下联动化解实效，建设一站式诉讼服务、一站式多元解纷、一站式基层治理的最小支点。（章卫良）

类目编辑　吴坚祥

绍兴市柯桥区人民代表大会

综　述

2022年，柯桥区召开人大常委会会议8次，主任会议13次，听取和审议专项工作报告31个，作出决定、决议和审议意见23个，依法任免国家机关工作人员116人次，组织执法检查、常委会组成人员和代表视察活动17次，形成调研报告13篇，获区委、区政府主要领导批示18次。（陈仲华）

重要会议

【区二届人大一次会议】 2022年2月20—23日，绍兴市柯桥区第二届人民代表大会第一次会议在柯桥举行。会议应到代表313名，实到代表303名。会议听取和审议区人民政府、区人大常委会、区人民法院和区人民检察院等工作报告，审查、批准《政府工作报告》等6个报告的决议；选举产生新一届区人大常委会主任、副主任和委员，区长、副区长，区监察委员会主任，区人民法院院长，区人民检察院检察长，区出席绍兴市第九届人民代表大会代表；表决通过2022年绍兴市柯桥区人民政府民生实事项目、绍兴市柯桥区第二届人大各专门委员会组成人员名单。

会议期间，举行预备会议1次、全体会议5次、主席团会议5次。会议收到代表议案、建议和意见263件。

2022年2月20日，绍兴市柯桥区第二届人民代表大会第一次会议在柯桥蓝天大剧院开幕　（区人大办　提供）

【区一届人大常委会第四十四次至区二届人大常委会第六次会议】 2022年，柯桥区人大常委会召开8次会议，履行重大事项决定权、监督权和人事任免权。

1月14日，区一届人大常委会举行第四十四次会议。会议听取和审议区二届人大一次会议筹备工作情况的报告，作出关于召开绍兴市柯桥区第二届人民代表大会第一次会议的决定；听取和审议区政府关于2022年区政府民生实事候选项目建议方案的报告、区人大常委会各街道工作委员会工作报告，表决通过绍兴市柯桥区人大常委会关于人大各街道工委工作报告的决议；审议并通过绍兴市柯桥区人大常委会向人大街道工委交办的2022年度工作事项，进行人事任免。

1月29日，区一届人大常委会举行

第四十五次会议。会议听取和审议区二届人大一次会议大会主席团、秘书长等建议名单，表决通过区二届人大一次会议列席人员名单；审议区政府关于2022年区政府民生实事候选项目完善方案的报告，进行人事任免。

2月24日，区二届人大常委会举行第一次会议。会议听取和审议区第二届人大常委会代表资格审查委员会组成人员名单（草案），进行人事任免。

3月24日，区二届人大常委会举行第二次会议。会议听取和审议区政府关于贯彻执行《中华人民共和国土壤污染防治法》工作情况的报告。

5月31日，区二届人大常委会举行第三次会议。会议听取和审议区政府关于2021年度全区企业国有资产管理情况的专项报告，区政府关于2021年度全区国有资产管理情况的综合报告，区政府关于实施强村工程、促进农业农村共同富裕示范区先行地建设工作情况的报告，对有关事项进行表决，进行人事任免。

7月27日，区二届人大常委会举行第四次会议。会议听取和审议区政府关于2022年绍兴市柯桥区国民经济和社会发展计划上半年执行情况和下半年工作意见的报告、关于绍兴市柯桥区2021年财政总决算和2022年上半年财政预算执行情况的报告、关于2021年度绍兴市柯桥区本级预算执行和其他财政收支的审计工作报告和关于绍兴市柯桥区2022年地方政府债券专项预算调整方案（草案）的报告，表决通过批准2021年区级财政决算的决议和批准2022年地方政府债券专项预算调整方案的决议，进行人事任免。

9月28日，区二届人大常委会举行第五次会议。会议听取和审议区政府关于社会养老服务体系建设工作情况汇报，开展专题咨询，对有关事项进行表决，进行人事任免。

11月18日，区二届人大常委会举行第六次会议。会议听取和审议区政府关于2022年绍兴市柯桥区政府民生实事项目完成情况的报告、区政府关于区二届人大一次会议代表建议办理情况的报告、区政府关于绍兴市柯桥区2022年财政预算调整方案（草案）的报告、区人大常委会监察和司法工委关于2022年度规范性文件备案审查工作情况的报告、区政府关于2021年度绍兴市柯桥区本级预算执行和其他财政收支审计查出问题整改情况的报告、区监委关于依法正确行使职权推进监察工作规范化法治化专项工作情况的报告、区人大社会建设委员会关于化工企业安全生产工作情况报告的初步审议意见；审议区政府关于柯桥区化工企业安全生产工作情况的报告，并对实施情况进行评议，对有关事项进行表决，进行人事任免。

【区一届人大常委会第七十次主任会议至区二届人大常委会第十二次主任会议】 2022年，柯桥区人大常委会召开13次主任会议。

1月10日，区一届人大常委会举行第七十次主任会议。会议研究提出区一届人大常委会第四十四次会议建议议程。

2月24日，区二届人大常委会举行第一次主任会议。会议研究通过区人大常委会主任会议成员分工及常委会组成人员参加有关工作安排方案、区人大常委会主任会议议事规则、区人大常委会2022年度工作要点、区人大常委会2022年度监督计划。会议研究提出区二届人大常委会第一次会议建议议程，研究区第二届人大常委会代表资格审查委员会组成人员建议名单，同意提交区二届人大常委会第一次会议表决。

3月17日，区二届人大常委会举行第二次主任会议。会议围绕区二届人大常委会第二次会议议题，视察漓铁集团兰亭尾矿库闭库工程，调研土地污染防治工作情况。会议研究提出区二届人大常委会第二次会议建议议程，研究通过关于调整立法调研联系点、关于聘请区第二届人大常委会立法工作调研员名单、关于开展镇街人大工作"守正创新"优胜单位评选活动等事项。

4月27日，区二届人大常委会举行第三次主任会议。与会人员先后实地视察安昌派出所和区人力资源市场，听取区政府关于"枫桥式公安派出所"创建工作情况的报告和关于柯桥区人力资源服务业发展工作情况的报告。会议研究通过2022年重点督办代表建议推荐方案、区人大常委会关于聘请柯桥区第二届人大常委会财政预算咨询小组成员的通知、区人大常委会关于贯彻执行《中华人民共和国土壤污染防治法》工作情况报告的审议意见。

5月19日，区二届人大常委会举行第四次主任会议。与会人员视察轻纺城股份公司和亭山桥村，调研企业国有资产管理情况和实施强村工程、促进农业农村共同富裕示范先行地建设工作情况。会议研究提出区二届人大常委会第三次会议建议议程，研究通过2022年镇（街道）人大工作考评办法、关于开展《浙江省综合行政执法条例》执法检查的实施方案和关于开展乡村振兴“一法一条例”执法检查的实施方案。

6月22日，区二届人大常委会举行第五次主任会议。与会人员先后实地视察华舍街道绸缎社区和浙江精功机器人智能装备有限公司，听取区政府关于科技型中小企业培育工作情况的报告和区政府关于柯桥区无障碍环境建设情况的报告。会议还研究关于2022年度对区人民法院部分法官开展履职评议的工作方案，柯桥区各级人大代表助力经济稳进提质工作方案，关于对柯桥区2021年度全区国有资产管理情况的审议意见和关于实施强村工程、促进农业农村共同富裕示范区先行地建设工作情况报告的审议意见。

7月19日，区二届人大常委会举行第六次主任会议。与会人员先后实地视察鲁迅外国语学校纺都路校区新建工程和浙江越剑智能装备股份有限公司，听取区政府关于柯桥区行政争议化解工作情况的报告和区政府关于柯桥区贯彻落实《浙江省综合行政执法条例》工作情况的报告。会议研究提出区二届人大常委会第四次会议建议议程，研究通过关于组织柯桥区内市区镇三级人大代表开展履职情况报告的工作方案、关于打造践行全过程人民民主基层单元工作方案。

8月29日，区二届人大常委会举行第七次主任会议。与会人员视察华舍街道天圣大越府小区、安昌古镇官酱园和区酱醉制品检验检测基地，听取区政府关于柯桥区贯彻执行《绍兴市物业管理条例》工作情况的报告和区政府关于柯桥区创建浙江省食品安全示范区工作情况的报告。会议还研究通过柯桥区人大常委会关于对柯桥区国民经济和社会发展计划、财政预算执行及财政同级审计情况报告的审议意见。

9月19日，区二届人大常委会举行第八次主任会议。与会人员先后视察柯桥街道柯东居家养老中心和柯桥未来医学中心项目现场，听取区政府关于柯桥未来之城开发建设工作情况的报告。会议还研究提出区二届人大常委会第五次会议建议议程，研究通过关于开展柯桥区社会养老服务体系建设工作情况专题询问的方案、镇街人大工作“守正创新”优胜单位评选活动实施方案。

9月28日，区二届人大常委会举行第九次主任会议。会议研究区人民法院有关人事任命事项，并提请区二届人大常委会第五次会议审议表决。

10月20日，区二届人大常委会举行第十次主任会议。与会人员先后视察华舍小学和华舍中学，听取区政府关于“双减”工作情况的报告和区人民检察院关于开展法律监督工作情况的报告。会议还研究通过柯桥区人大常委会关于社会养老服务体系建设情况报告的审议意见、柯桥区人大常委会关于对区人民法院部分法官履职情况的评议意见。

11月14日，区二届人大常委会举行第十一次主任会议。会议研究提出区二届人大常委会第六次会议建议议程，研究通过2022年选举（补选）区二届人大代表工作建议方案和关于柯桥区化工企业安全生产工作情况评议的实施方案。与会人员实地视察柯桥区气象局和浙江万丰化工股份有限公司，调研民生实事项目实施情况和化工企业安全生产工作情况。

12月30日，区二届人大常委会举行第十二次主任会议。会议书面交流区人大常委会各委室2022年工作总结和2023年工作思路。会议研究提出区二届人大常委会第七次会议建议议程，研究通过区人大常委会关于对2022年区政府民生实事项目完成情况报告的审议意见，区人大常委会关于化工企业安全生产工作情况报告的审议意见。

【区人大宣传信息工作会议】 2022年2月15日，柯桥区人大常委会召开人大宣传工作会议。会议总结回顾2021年全区人大宣传信息工作，通报表扬2021年度全区人大宣传信息工作先进集体和个人，作宣传信息工作业务培训，部署安排2022年工作。

【民生实事项目集中监督交流会】 2022年11月4日，柯桥区人大常委会召开民生实事项目集中监督交流会。会议结合《浙江省民生实事项目人大代表

2022年11月4日，柯桥区人大常委会召开民生实事项目集中监督交流会 （区人大办 提供）

票决制规定》的颁布实施和单位工作实际，交流民生实事项目完成情况和相关意见建议等。（陈仲华）

人大代表建议

【概况】 2022年，柯桥区人大常委会完善代表建议督办和办理流程，开展重点督办建议的领衔代表、办理单位负责人、政府领办领导人和人大常委会督办联系领导集中面商。区二届人大一次会议期间，代表共提出议案和建议、批评、意见263件，经过大会主席团研究决定，全部作为代表建议处理。区政府及74个主、会办单位全部办复，满意率100%。其中，解决或基本解决的176件，占66.9%；部分解决或列入计划解决的70件，占26.6%；受条件限制留作参考或不可行的17件，占6.5%。

2022年柯桥区人大常委会重点督办代表建议情况一览表

表7

建议号	领衔代表	所在小组	建议题目	主办单位	督办委室
2	李　莉	钱清街道	关于加快杭绍临空经济一体化发展示范区绍兴片区建设，助推杭绍星城高质量发展的建议	临空示范区管委会（筹）	办公室 研究室
7	陈洪江	王坛镇	关于加快推进南部山区均衡发展，打造山区共同富裕示范区柯桥样板的建议	区发改局	财经工委
11	陈丙田	柯桥街道	关于完善中国轻纺城经营户银行卡解冻措施的建议	轻纺城建管委	监察和司法工委
106	倪黎君	华舍街道	关于加强柯桥区小区物业管理的建议	区建设局	城建环保工委
114	钱勇征	湖塘街道	关于推进粮食生产功能区整治优化，促进共同富裕的建议	区农业农村局	农经工委

续表 7

建议号	领衔代表	所在小组	建议题目	主办单位	督办委室
150	周　维	夏履镇	关于提升基层消防安全应急救援能力的建议	区应急管理局	社会建设工委
161	沈子平	马鞍街道	关于地铁时代实现各种交通设施有效接驳的建议	区交通运输局	城建环保工委
175	胡月萍	齐贤街道	关于联动盘活教育资源,推动“双减”政策落实的建议	区教体局	教科文卫工委
201	濮坚锋	安昌街道	关于推进印染产业数字化的建议	区经信局	财经工委
224	邵红卫	漓渚镇	关于加快实施兰渚大道改造提升工程的建议	兰亭文化旅游度假区	代表工委

【重点督办建议集中面商会】 2022 年 9 月 27 日,柯桥区人大常委会召开重点督办建议集中面商会。与会人员观看重点督办代表建议办理情况专题片,听取 10 件重点督办建议承办单位办理情况汇报。区人大常委会督办领导点评办理情况,区政府领办副区长作表态发言。(陈仲华)

主要活动

【“助企开门红”活动暨企业中人大代表走访活动】 2022 年 1—2 月,区人大常委会带领机关各委室负责人和联系镇街人大负责人,走访联系企业及企业中的柯桥区人大代表,召开座谈会,宣讲党的十九届六中全会精神,中央、省委、市委经济工作会议精神和区第二次党代会精神,帮助企业反映和协调解决实际问题,为区委、区政府工作提供决策参考。

【人大代表集中视察】 2022 年,柯桥区人大常委会组织区人大代表开展集中视察 5 次。4 月 20 日,组织部分区人大代表视察公共卫生监督执法工作,实地踏看柯桥区智慧卫监综合执法监管平台和柯桥区妇幼保健院,听取关于柯桥区公共卫生监督执法工作情况的报告,提出意见建议。6 月 20 日,组织部分区人大代表视察重大产业项目落地投产情况,实地察看宝武碳纤维项目、宇越光学膜材料制造项目、

2022 年 6 月 20 日,柯桥区人大常委会部分人员视察重大产业项目落地投产情况　（区人大办　提供）

国周纺织等重大产业项目建设现场，听取区政府关于全区重大产业项目建设情况的汇报。8月19日，组织部分区人大代表视察建议办理工作，到绍兴地铁1号线中国轻纺城站和华舍街道华隆府小区，视察地铁口各种交通设施有效接驳、高层住宅和楼宇消防维保管理、小区生活垃圾分类和处理工作，听取区建设局、区交通运输局、区综合行政执法局有关建议办理工作情况汇报，并提出意见建议。9月20日，组织部分市、区人大代表视察海塘安澜工程建设，实地踏看柯桥区海塘安澜工程建设现场，听取关于柯桥区海塘安澜工程建设工作情况的报告，就确保工程质量、加强工程管理、提升防御标准、做好要素保障等方面提出意见建议。10月26日，组织部分区人大代表视察柯桥区会展业发展工作情况，实地踏看绍兴国际会展中心，听取区会展业发展中心关于柯桥区会展业发展工作情况的报告，围绕柯桥区会展业发展提出意见建议。

【"人大讲坛"举办】 2022年，柯桥区举行"人大讲坛"7次，内容包括《中华人民共和国监察法实施条例》《中华人民共和国体育法》《浙江省医疗保障条例》《绍兴市物业管理条例》《浙江省土地管理条例》《绍兴市大运河世界文化遗产保护条例》《中华人民共和国审计法》等相关知识的专题讲座。相关党政干部、人大代表等1500余人次参加。

【人大信息宣传】 2022年，柯桥区拍摄柯桥人大工作宣传片1部，刊出人大杂志4期、《柯桥日报》人大专版10期，推送微信公众号和网站文章800余篇，被省人大及省级以上媒体录用信息43篇，《群众调解工作室共同化解邻里纠纷》获浙江省第三十届人大新闻奖三等奖。整理和编印《区二届人大一次会议文件汇编》、2021年度《人大常委会工作纪实》、《人大宣传册》、《区人大常委会调研文集》、常委会会刊和《柯桥区人大志(2007—2017)》等。

【人大工作数字化改革】 2022年，柯桥区继续推动人大数字化改革工作，开发应用人大智能议事平台，开展"智能议事助推共同富裕"活动，建成柯桥人大代表联络总站，强化数字赋能工作，指导各镇(街道)全面投入使用省建模块(代表联络站、参与立法监督、主题活动)和市建模块(智汇民情、局长代表面对面、民生实事、履职通)。自主开发的"全过程民主、智能化议事"平台获"浙江人大工作与时俱进通报表扬"提名奖。

2022年8月，"全过程民主、智能化议事"平台获第三届"浙江人大工作与时俱进通报表扬"提名奖

（区人大办　提供）

【群众来信来访受理】 2022年，柯桥区人大常委会受理人民群众来信来访42件，按照信访案件办理程序做好登记、转办、督办等工作，通过与区信访局、各镇(街道)配合，化解重点信访积案8件。(陈仲华)

类目编辑　王　翊

绍兴市柯桥区人民政府

重要会议

【区政府二届一次全体(扩大)会议】 2022年2月25日,柯桥区政府召开二届一次全体(扩大)会议。区委副书记、区长袁建作报告。会议强调,全区政府系统要抓住有效投资、亩均效益、$PM_{2.5}$浓度等要点,推动稳增长、促转型、优生态等重点工作取得成效;精准把握进度,加强督考问效,做好总结复盘,实现工作全过程闭环;找寻新冠疫情防控、消防安全、人才招引等工作中的问题,更新体制机制,推动各项工作打开新局面。要求政府系统干部职工争做学习型干部、担当型干部、服务型干部、廉洁型干部,落实党风廉政建设主体责任,扛起"一岗双责",营造风清气正干事创业环境。

【区政府二届二次全体(扩大)会议】 2022年9月1日,柯桥区政府召开二届二次全体(扩大)会议。区委副书记、区长袁建作报告。会议强调,全区政府系统围绕"疫情要防住、经济要稳住、发展要安全"3件大事,突出稳进提质、除险保安、变革重塑3条主线,巩固制造业,复苏服务业、房地产和建筑业,开拓市场,抓好项目招引落地,扩大投资;推动全域数字变革、人才科技创新、重点领域改革,建设网络城市、生态城市、精品城市,抓实新冠疫情防控、生产安全和社会稳定,办好民生实事、民生服务、民生共富,交出经济和社会两张高分报表。要求政府系统干部职工树牢"唯实唯先、善作善成"理念,强化长远意识、改革意识、担当意识,提升素养,保持廉洁,奋力争当"两个先行"排头兵。

【区政府常务会议】 2022年,柯桥区人民政府召开13次常务会议,审议政府相关工作。

1月28日,区政府召开第一届区政府第六十三次常务会议。会议听取并审议区发改局关于柯桥区2021年国民经济和社会发展计划执行情况及2022年国民经济和社会发展计划草案的汇报,区应急管理局关于2021年全区安全生产工作情况的汇报,区消防救援大队关于2021年全区消防安全形势分析情况的汇报,区审计局关于全区2021年审计整改工作情况、近五年来审计发现问题长效整改工作情况的汇报,兰亭度假区关于漓铁兰亭尾矿库闭库工作的汇报,区金融办关于2021年度金融支持实体经济发展考核结果的汇报,区商务局关于柯桥区促进汽车消费实施意见的汇报,区经信局关于印染企业全域整治行动情况、整治提升行动方案和整合提升实施意见的汇报,区司法局关于2021年度柯桥区法治政府建设工作报告、2022年度柯桥区政府常务会议学法计划的汇报,区政府办关于2021年度柯桥区改革发展贡献奖(区长奖、经济发展贡献奖)评比情况、区政府二届一次全体(扩大)会议方案、《政府工作报告(送审稿)》的汇报。

2月24日,区政府召开第二届区政府第一次常务会议。会议听取并审议区发改局关于柯桥区"重大项目攻坚年"行动方案的汇报,区发改局关于促进柯桥经济高质量发展若干意见、2022年柯桥区现代产业重点项目建设计划、2022年柯桥区政府投资年度计划、政府投资项目建设计划及国有投资项目建设计划的汇报,区总工会关于进一步完善和落实劳动模范医疗补助待遇的汇报,区自然资源分局关于发布柯桥区第三次全国国土调查主要数据公报的汇报，区商务局关于2022年度柯桥区小微企业出口信用保险政府联保项目资金预算的汇报，柯桥经开区关于中科芯辰半导体材料和芯片项目有关政策方案的汇报，科技城建管委关于中国·绍兴第七届海内外高层次人才创新创业大赛实施方案及2022年柯桥创新创业环境推介会方案的汇报，区投资促进中心关于加快推进柯桥区生物医药产业创新发展若干政策意见、柯桥区驻点双招双引工作实施方案的汇报，区大数据中心关于柯桥区数字化改革项目管理办法的汇报，柯桥水务集团关于下属污水处理企业污泥处置情况的汇报，区民政局关于柯桥区城市社区布局规划（2021—2035年）的情况汇报，区综合执法局关于柯桥区新增综合行政执法事项划转工作，柯桥区齐贤街道“一支队伍管执法”改革试点工作实施方案的汇报，王坛镇、夏履镇关于控新拆违工作滞后的情况汇报，区建设局关于成立柯桥区城乡风貌整治提升（未来社区建设）工作专班的通知及柯桥区城乡风貌整治提升行动实施方案的汇报，区交通运输局关于绍兴市柯桥区亚运城市绿色与智慧交通年建设行动方案的汇报，土地和房屋征收办（筹）关于2022年柯桥区拆迁计划的汇报，区建设集团关于引进智奥会展实施场馆合作运营的汇报。

3月23日，区政府召开第二届区政府第二次常务会议。会议听取并审议区发改局关于柯桥区营商环境优化提升行动方案的汇报，区应急管理局关于进一步建立健全柯桥区消防安全工作体系实施意见的汇报，区人才办关于合作共建哈尔滨工业大学材料科学与工程学院柯桥创新中心的汇报，区改革办关于2022年五大平台实绩赛比活动方案、2022年工作目标责任制考核意见的汇报，区生态环境分局关于柯桥区大气污染防治工作责任追究办法（试行）和2022年柯桥区大气污染防治考核办法的汇报，区建设局关于柯桥区“污水零直排区”排水设施运行维护管理实施意见、柯桥区加快发展保障性租赁住房实施方案、柯桥区城镇住房保障家庭租赁补贴实施意见的汇报，湖塘街道、夏履镇关于控新拆违工作滞后的情况汇报。

4月28日，区政府召开第二届区政府第三次常务会议。会议听取并审议区应急管理局关于全区一季度安全生产工作情况的汇报，区金融办关于柯桥区2022年金融支持实体经济发展考核办法、柯桥区引进金融机构奖励办法的汇报，区国赛中心关于2022年柯桥区各类政府性赛会活动预算的汇报，轻纺城股份公司关于浙江中国轻纺城城市服务有限公司组建方案的汇报，区经信局关于低效工业用地“二次开发”操作细则补充意见的汇报，区生态环境分局关于深化生态文明示范创建高水平建设新时代美丽柯桥规划纲要（2021—2035年）、明确2022年柯桥区主要污染物政府储备指标出让价格、2022年柯桥区主要污染物政府储备指标余量情况的汇报，区印染服务中心关于继续与江南大学合作共建江南大学柯桥轻纺产业技术中心的汇报，区科技局关于共建现代纺织技术创新中心（一期）协议的汇报，区综合执法局关于柯桥区综合行政执法事项扩展工作的汇报，区建设局关于柯桥区促进建筑业高质量发展若干意见的汇报，区农业农村局关于加快推动“三农”高质量发展若干政策意见的汇报，区公安分局关于2022年柯桥区城乡交通平安畅通综合治理工程实施方案的汇报，区司法局关于2022年度区政府重大行政决策事项目录、绍兴市柯桥区律师行业扶持政策实施意见的汇报，区残联关于柯桥区“全链条”无障碍建设先行区工作实施方案的汇报，区财政局关于进一步规范预算追加相关事项的汇报。

5月31日，区政府召开第二届区政府第四次常务会议。会议听取并审议区改革办关于2022年工作目标责任考核细则的汇报，区发改局关于2022年镇（街道）工作目标责任制考核经济指标分解建议、关于对口工作和山海协作有关情况的汇报，区自然资源分局关于进一步明确柯桥区土地整治工作政策意见、柯桥区落实最严格的耕地保护制度全面推行田长制的汇报，临空示范区关于智能计量表具终端制造产业基地建设项目有关政策方案的汇报，区统计局关于柯桥区进一步加强统计基层基础建设意见的汇报，区应急管理局关于实施安全生产委托执法工作的情况汇报，柯桥经开区关于旗滨集团（绍兴）新材料产业园项目优化调整方案的汇报，区大数据中心关于柯桥区一体化智能化公共数据平台（平台＋大脑）建设情况的汇报，区委统战部关于柯桥区“老绍兴回归工程”行动方案的汇报，区经信局关于印染企业有机更新有关情况的汇报，柯桥街道、柯岩街道、华舍街道、马鞍街道、平水镇、稽东镇关于相关镇街大气污染防治工作滞后的情况汇报，区防控办关于做好“常态化+”新冠疫情防控工作的情况汇报，区文广旅游局关于加快推进柯桥区全域旅游高质量发展若干政策的汇报，区旅发集团关于影视剧《经纬之间》合作项目的情况汇报，区建设局关于柯桥区全面推进人防工程产权制度综合改革实施方案、柯桥区住宅房屋征收市场化安置实施办法（试行）的汇报，区征收办关于2022年柯桥区房屋征收相关配套政策的汇报，区农业农村局关于加快强村公司培育发展指导意见、建立柯桥区全面推行河湖长制工作联席会议制度的汇报，齐贤街道、王坛镇关于控新拆违工作滞后情况的汇报。

7月4日，区政府召开第二届区政府第五次常务会议。会议传达学习浙江省落实国家统计督察反馈意见整改工作动员部署视频会议精神，听取并审议区统计局关于国家统计督察问题整改工作的汇报，区建设局关于柯桥区农村老旧民房实施电气线路及漏电保护、老（旧）高层住宅小区电气线路及消火栓系统改造提升实施方案的汇报，区消防救援大队关于柯桥区上半年消防安全工作情况的汇报，区发改局关于柯桥区稳进提质“9+1”攻坚行动推进情况的汇报，区自然资源分局关于福全中祥废弃矿山地质灾害应急抢险治理工程的汇报，区财政局关于柯桥区2021年财政总决算（草案）报告及2022年地方政府债券专项预算调整方案（草案）报告、2022年第二季度部门预算追加项目的汇报，区市场监管局关于进一步加强全区纺织品知识产权保护工作实施意见的汇报，区开发经营集团关于绍兴国际会展中心C1区酒店品牌加盟运营的情况汇报，柯桥经开区关于迎丰股份土地置换方案的汇报，区未来之城建管中心关于未来之城总部片区建设实施意见的汇报，柯桥水务集团关于将区农业农村局实施的柯桥区瓜渚湖直江柯北拓浚工程两项资产无偿划拨给柯桥水务集团、将绍兴水处理发展有限公司厂区内闲置土地出租的汇报，区治水办关于2022年“五水共治”建设项目资金的汇报，齐贤街道、钱清街道、杨汛桥街道关于2022年1—4月相关镇街大气污染防治工作滞后的情况汇报。

7月21日，区政府召开第二届区政府第六次常务会议。会议听取并审议区公安分局关于优秀见义勇为人员申报政府荣誉的汇报，华舍街道关于7月一审行政诉讼败诉率排名靠后情况的汇报，区应急管理局关于学习传达全国、全省安全生产电视电话会议精神及全区半年度安全生产工作情况的汇报，区发改局关于2022年柯桥区现代产业重点项目建设计划半年度调整情况、2022年柯桥区政府投资及国有投资项目建设计划半年度调整情况的汇报，区自然资源分局关于区级总林长、区级林长名单及区领导林长制联系点的汇报，区气象局关于柯桥区极端天气“村安工程”实施方案的汇报，区审计局关于全区2022年上半年审计整改工作情况的汇报，区财政局关于水务大厦资产划拨方案的汇报，区商务局关于中国轻纺城服装市场直播基地建设方案的汇报，区综合执法局关于推进柯桥区“大综合一体化”行政执法改革工作进展情况的汇报，区经信局关于2022年柯桥区印染企业全域提升评分细则、工业厂区“低散乱污”整治提升补充意见的汇报，柯桥经开区关于青旅羊山生态城综合开发项目处置意见的汇报，区民政局关于柯桥区社会救助帮扶服务联合体建设实施方案的汇报，区委宣传部关于促进柯桥区文化产业高质量发展的二十条扶持政策的汇报，区教体局关于柯桥区中小学储备教师管理办法（试行）的汇报。

8月5日，区政府召开第二届区政府第七次常务会议。会议专题研究精功集团纾困有关工作。

8月25日，区政府召开第二届区政府第八次常务会议。会议听取并审议区卫生健康局关于柯桥区高质量推进“浙有善育”民生实事项目指导意见的汇报，兰亭度假区关于若耶·铜谷小镇项目的情况汇报，区财政局关于部分国有企业资产股权无偿划转及转让相关事宜方案、2022年区直属国有企业经营业绩考核意见的汇报，区安委办关于调整绍兴市柯桥区安全生产委员会及其专业委员会、基层应急和消防力量一体化规范化建设的情况汇报，区人才办关于优化人才项目“政策工具箱”助推经济稳进提质实施意见的汇报，马鞍街道关于浙江万丰化工有限公司年产2000吨功能性染料技改项目基本情况的汇报，区建设局关于柯桥区第二批老(旧)高层住宅小区电气线路及消火栓系统改造提升实施方案的汇报，区商务局关于柯桥区引进培育进口主体相关政策的汇报，区科技城建管委关于重庆医科大学绍兴医学检验技术研究院共建方案的汇报，柯桥经开区关于鼎晶生物精准医疗产业基地项目有关政策方案、长鼎电子偏光片功能性光学离保膜及AG防眩膜项目有关政策方案的汇报，区科技局关于2022中国设计智造大奖(DIA)福布斯中国设计评选(FCD)双奖颁奖典礼系列活动合作协议起草情况的汇报，区水务集团关于要求将原绍兴县给排水工程管理处土地证(含不动产权证)所有权人变更为绍兴柯桥排水有限公司的汇报，乡村振兴暨"五星达标、3A争创"领导小组办公室关于柯桥区2022年乡村振兴"五星达标、3A争创"迭代升级暨"未来乡村""共富星村"建设资金安排建议方案的汇报，华舍街道、平水镇关于2022年6—7月控新拆违工作滞后情况的汇报。

9月14日，区政府召开第二届区政府第九次常务会议。会议听取并审议区自然资源分局关于柯岩B-48住宅地块处置方案、进一步加快推进批而未供及闲置土地消化工作、进一步加快推进耕地"两非"问题处置工作的汇报，柯桥街道关于复旦科技园柯桥创新中心建设方案的汇报，区生态环境分局关于平水江水库饮用水水源保护区举一反三问题整改工作方案的汇报，柯桥经开区关于微知卓人工肝细胞项目有关政策方案、鹰游碳纤维复合材料制造应用项目有关政策方案的汇报，临空示范区关于光电集成电路光刻掩膜版项目有关政策方案的汇报，区建设局关于加快推进柯桥区既有住宅加装电梯工作实施意见、进一步提升全区城市道路建设品质实施意见的汇报，区农业农村局关于柯桥区粮食生产功能区整治优化情况的汇报，区反恐办关于柯桥区反恐怖工作情况的汇报，柯岩街道关于8月一审行政诉讼败诉的情况汇报。

10月26日，区政府召开第二届区政府第十次常务会议。会议听取并审议区发改局、区商务局关于2021年度服务业企业"亩产效益"综合评价情况的汇报，区应急管理局关于全区三季度安全生产工作情况的汇报，区应急管理局、柯桥经开区关于滨海化工集聚区区块调整情况的汇报，区自然资源分局关于柯岩街道、湖塘街道全域土地综合整治试点的汇报，区人力社保局关于进一步落实在建工程"六项制度"实施意见的汇报，区消防救援大队关于2023年车辆装备采购计划的汇报，区财政局关于2022年第三季度部门预算追加项目的通报，轻纺城建管委关于2022新丝路故事汇·柯桥论坛及第五届世界布商大会等系列活动方案、与新华社合作共推"柯桥与新丝路"传播项目情况的汇报，区商务局关于柯桥区促进汽车消费实施意见、柯桥区推进"义新欧"班列组货的若干政策的汇报，柯桥经开区关于年产15万吨绿色再生新材料项目有关政策方案、圣哲医疗医疗器械制造项目有关政策方案、再极生物医药项目有关政策方案的汇报，区亚筹办关于柯桥区新一轮亚运城市行动计划(2022—2023年)的汇报，区民政局关于绍兴市柯桥区推进高质量发展建设"浙里康养"工作方案(2022—2025年)的汇报，区建设局关于柯桥区全域推进未来社区建设和城镇社区公共服务集成落地改革实施方案、柯桥区高层住宅二次供水设施改造实施方案的汇报，区综合执法局关于绍兴市柯桥区综合行政执法事项统一目录(2022年)、明确城市市容重点区域及主要街道和环境卫生责任区通告的汇报，区农业农村局关于绍兴市柯桥区抱团物业管理有限公司筹建方案的汇报，杨汛桥街道、福全街道关于2022年8—9月控新拆违工作滞后的汇报，杭绍临空经济发展服务中心关于清华大学院士罗毅团队绍兴光波技术研究院项目情况的汇报。

11月28日，区政府召开第二届区政府第十一次常务会议。会议听取并审议区生态环境分局关于汤浦水库和平水江水库饮用水源保护区优化调整工作情况的汇报，柯桥经开区关于重大产业项目电力配套方案、中信重工特种机器人研发及产业化项目优化调整方案的汇报，科技城建管委关于柯桥杭州湾科创中心项目情况的汇报，区经信局关于浙智专委和柯桥区开展数字经济高质量发展合作事项的汇报，区建设局关于加强柯桥区拆迁安置小区物业管理工作实施意见、柯桥区消防救援人员申请住房保障租赁补贴实施意见的汇报，区征收办关于

2023年柯桥区计划拆迁项目情况的汇报，区综合执法局关于柯桥区2022年生活垃圾分类工作推进情况的汇报，杭绍临空经济发展服务中心关于半导体光罩项目情况的汇报，区发改局关于2023年柯桥区政府投资年度计划、政府投资项目建设计划、国有投资项目建设计划及现代产业重点项目建设计划情况及进一步加强固定资产投资项目节能审查管理意见的汇报，区财政局关于柯桥区盘活存量资产扩大有效投资实施方案的汇报，区行政审批局关于绍兴市柯桥区行政许可事项清单管理(2022年)情况的汇报，纾困专班关于有关企业纾困工作情况的汇报。

12月28日，区政府召开第二届区政府第十二次常务会议。会议听取并审议区发改局关于绍兴市柯桥区2022年国民经济和社会发展计划执行情况及2023年国民经济和社会发展计划草案、2023年度柯桥区“1+1+9”政策修订情况的汇报，区应急管理局关于全区烟花爆竹“双禁”工作的汇报，区人力社保局关于事业单位管理岗位职员等级晋升制度实施办法的汇报，区审计局关于近三年来审计整改情况的汇报，区财政局关于绍兴市柯桥区2022年财政预算执行情况及2023年财政预算（草案）编制情况的汇报，区经信局关于2021年度工业“亩均效益”综合评价情况的汇报，柯桥经开区关于蓝廷新能源固态电解质复合膜制造应用项目有关政策方案的汇报，区卫生健康局关于绍兴市柯桥区深化基层卫生健康综合改革实施方案的汇报，区建设局关于加快实现全区非居用户燃气报警装置在线监测实施方案的汇报，兰亭街道、夏履镇关于2022年10—11月控新拆违工作滞后的汇报，杭绍临空经济发展服务中心关于射频通信模块及车载控制和交互芯片系统项目有关政策方案、创新激光设备制造项目情况的汇报，区府办关于《政府工作报告（送审稿）》、2023年度区政府民生实事候选项目的情况汇报，柯岩街道关于11月一审行政诉讼败诉情况的汇报。（祝申达）

政务信息

【概况】 2022年，柯桥区向市政府办公室上报各类信息848篇，录用245篇，其中专报信息5篇，获得市政府主要领导批示2篇。向省政府办公室报送各类信息105篇，录用45篇，其中专报信息29篇，获省政府领导批示21条。信息考核排名全省第三、全市第一。

【获省领导批示信息】 2022年，柯桥区有19篇政务信息获省领导批示。具体是《闭环管理 分析测评 提效增速 柯桥区创新涉税风险管理取得成效》《柯桥区推进数字时代贸易转型 迭代建设“中国轻纺城”数智版》《柯桥区大力推进闲置农房盘活利用 全域激活“沉睡资源”助推乡村振兴共富》《柯桥区深化数字化改革全面促进公共法律服务融合发展》《柯桥区建立社区民警驻村守望制 强化服务群众参与治理主责主业》《绍兴柯桥区创新举措推动耕地保护提质扩面》《柯桥区全面推进“三治协同”提升有限空间安全治理水平》《柯桥区以数字化催生新优势 推动纺织印染产业驶上智造路》《柯桥区高标准提升康养品质 努力让优质养老服务触手可及》《柯桥区开展农户宅基地资格权市域跨区有偿选位的探索、问题及有关建议》《柯桥区坚持目标导向 精准施策 强化信访积案化解清零显成效》《集中优势资源 赋能项目建设 加速“飞地”腾飞——柯桥区攻坚17天迎来百亿级“飞地”项目开工建设》《柯桥区大力培育“柯桥工匠”着力增技能保就业》《柯桥区推进医共体医保行业自律省级试点建设 有效提升管理服务水平》《柯桥区打造优路畅行经济带 织密乡村振兴共富网》《基层反映麻醉医师短缺影响医疗机构服务开展亟待关注》《柯桥区以“一证式”管理为突破口 推动印染行业绿色健康发展》《柯桥区“活化”古运河历史文化街区 赋能文化和旅游深度融合发展》《基层反映四方面原因造成部分员工“提前返乡”》《基层反映地铁“最后一公里”衔接不畅亟须重视》《平台优化过程管控 主体协同 柯桥区华舍街道扎实提升城市管理精细化水平》。（周莹芳）

综合政务工作

【协调督查】 2022年，柯桥区政府围绕年初的政府工作报告，省、市、区三级民生实事工程和阶段性中心工作，开展重点工作督查活动16次，省、市、区三级民生实事督查活动15次，编发《政务督查》13期、《督查通报》23期、《批示专报》47期，办理市政府下达督办事项9件、市政府主要领导批示件188件、区政府主要领导批示件1131件，办理省级人大建议1件、市级人大建议和政协提案35件，推进办理区级人大建议263件、政协提案283件。

【建议办理】 2022年，柯桥区政府承办区二届人大一次会议建议263件，其中，属于经济建设方面的68件，占25.9%；城乡发展方面的101件，占38.4%；民生社会方面的86件，占32.7%；其他方面的8件，占3%。至年底，263件建议全部办复，满意率100%。其中，解决或基本解决的176件，占66.9%；部分解决或已列入计划解决的70件，占26.6%；受条件限制留作参考或不可行的17件，占6.5%。

【提案办理】 2022年，柯桥区政府承办区政协二届一次会议提案283件。其中，有关经济、生态建设等方面的79件，占27.8%；有关文化建设等方面的63件，占22.3%；有关政治、社会建设等方面的141件，占49.9%。至年底，283件提案全部办复，满意率99%以上。其中，解决或基本解决的134件，占47.3%；列入计划逐步实施的145件，占51.2%；因条件限制留作参考的4件，占1.4%。（孙　莹）

人事工作

【概况】 2022年，柯桥区招聘事业单位工作人员433人，其中教师104人、教练6人、卫技类人员226人、其他事业单位97人。

【事业单位管理岗位职员等级晋升】 2022年，柯桥区在保持现有事业单位管理人员岗位等级设置和晋升制度不变的基础上，将管理岗位职员等级和岗位等级适当分离，每个岗位等级可对应多个职员等级，形成与岗位等级晋升制度并行的新的职员等级晋升通道。至年底，全区符合晋升六级职员2人，七级职员14人，八级职员221人，九级职员10人。现聘人员中，可晋升职员等级的人数占管理岗位现聘人数的37.4%。（娄　懿）

行政审批

【概况】 2022年，柯桥区行政服务中心共办理各类行政审批事项240.62万件，日均办理9624.8件。

【掌上便捷办事】 2022年，柯桥区加强掌上便捷办事建设，梳理出100余项涉及民生高频“掌上办”事项清单，在区行政服务中心大厅设立“掌上办”体验专区，在镇（街道）便民服务中心建设“掌上办”体验点，集成智能导服、线上指引、人员管理等智慧化功能和线上线下数据回传功能，提升服务效率与质量，实时分析全区政务服务运行状况，为决策提供数据依据。

【重大项目代办】 2022年，柯桥区优化重大项目代办工作，成立代办团队，通过线上、线下沟通协调，开展项目服务。全年，深度代办的12个项目中有10个完成手续办理并动工，完成率83%。

【政务服务2.0智慧平台建设】 2022年，柯桥区16个镇（街道）均建设政务服务2.0智慧平台，对网点信息、人员授权、事项配置和硬件对接开展维护，梳理更新县域内通办事项清单，推动村级办事收件统一使用政务服务2.0智慧平台。至年底，全区政务服务“一网通办”比例和大厅“一网通办”比例均90%以上。（徐一鸣）

公共资源管理

【概况】 2022年，柯桥区公共资源交易（含限额以下）32043项，成交金额308.92亿元。其中，限额以上建设工程245项，成交金额163.70亿元；限额以下建设工程1414项，成交金额21.24亿元；政府采购（含电子卖场）22723项，成交金额16.76亿元；国企采购（含电子卖场）7582项，成交金额15.77亿元；土地交易61项，成交金额88.05亿元。产权交易18项，成交金额3.40亿元。

【交易事项简化流程】 2022年，柯桥区精简项目申请资料，理顺招标文件公示与备案流程，优化中标通知书格式和签发程序，编制各类交易操作指南36份，梳理“一窗办”事项38项，完成“小招在线”咨询量100余条，保持事项网办率、即办率100%。开辟区内重点工程“加速受理”通道，实施标前会商、标中监管、标后跟踪，实现全年建设工程领域“零”投诉。

2022 年 7 月，柯桥区公共资源交易中心实时监察开评标现场
（区公管办　提供）

【采购交易成本降低】 2022 年，柯桥区实施“提高政府采购价格评审优惠幅度”“提高中小企业中标预付款比例”“取消小额工程投标保证金”“下调政府采购履约保证金最高缴纳比例”“推行工程投标保证金电子保函”等措施，降低制度性交易成本。全年，政府采购项目中小企业中标率 92.8%，产生预付金 2.54 亿元，减免投标保证金 9.5 亿元、履约保证金 0.19 亿元。

【采购市场开放】 2022 年，柯桥区分类分级汇编政策法规，清理修订地方规章制度，推广省招标文件示范文本，对外来企业不设门槛、不附条件，实时办理信息登记入库；制定“优化评标入围方式”“鼓励联合体投标”“规范评审因素设置”等优化建设工程招投标管理的工作举措，促进招投标市场竞争择优。全年，办理市场开放相关事项 2.4 万件，登记入库企业 6800 余家。

【数字应用场景拓展】 2022 年，柯桥区落实省、市应用对接要求，完成 CA 签章互认、数据接口改造、综合专家库数据推送等工作，保障数据贯通共享。至年底，累计办理数字 CA 证书 1400 余家。

【智慧监管体系建设】 2022 年，柯桥区构建“智慧 + 协同 + 信用”闭环管理模式，完善招投标系统监察功能，实施大数据分析、常态化检查、跨部门协作，加强信息公开和数字见证，打击串标围标、出借资质等违法违规行为，营造守信激励、失信惩戒的市场氛围。全年，查处工程项目违规企业 44 家、网超违约供应商 75 家，实现招标投标实时监察 100% 全覆盖。

【限额以下公共资源交易监察】 2022 年，柯桥区出台《关于加强限额以下公共资源交易管理的指导意见》，提出“严格执行进场标准”“规范招标方式审批”“严格落实企业纾困政策”等工作建议，开展限额以下公共资源交易专项督查。全年，通过全区 70 余个交易分中心和限额以下交易系统，累计监察限额以下工程招投标项目 1414 项，合计金额 21.24 亿元，监察覆盖率 100%。

【招投标监管】 2022 年，柯桥区制定招标人工作目标责任制考核，落实省库评标专家信用评价制度，完善招标代理机构从业行为评价，加强招标代理机构“中介超市”信息公示，严格执行专家抽取审核制度，防范人为因素干扰和廉政风险。全年，抽查招标代理机构代理项目 237 个，发现违规问题 330 个，上报评审专家扣分记录 24 条。（蒋竞书）

机关事务管理

【概况】 2022 年，柯桥区对区行政中心消防系统、中央空调管路系统、VRV 系统、照明系统、电梯等设施设备开展检修、维护和保养，实行维修热线和 24 小时值班制度，确保设施高效、顺畅运行。政府机关实行出入管控、全面清洁消杀、调整就餐模式，做好新冠疫情防控工作。区行政中心会场共保障会议 1435 场次，与会 73817 人次。行政中心大厅共布展 37 期，补种绿植 350 平方米，更换各类草花 16800 棵。完成区两会、全市赛比活动、老绍兴回归工程、第二届乡贤大会、第五届世界布商大会等重要会议和大型活动的服务保障。柯桥区人民政府（行政中心）创建为全省第一批“零碳”公共机构，区行政中心机关食堂创建为全省第一批“公共机构绿色食堂”。

【餐饮保障】 2022 年，柯桥区行政中心食堂推出养生套餐、轻食套餐，丰富用餐品类，完成食堂“不锈钢热风循环消毒房”施工，落实规范化消毒管理；

开展“百县千碗”赴省行政中心菜肴展示，全方位展现柯桥美食的文化内涵和独特魅力；开展“柯桥十碗头”进机关系列活动；组织开展机关食堂第四届厨艺比拼活动；加强“光盘行动”宣传，杜绝餐饮浪费。

【办公用房管理】 2022年，柯桥区完成全区党政机关办公用房基础数据征集录入工作，调整区农业农村局等9家部门（单位）的办公用房，核准部分单位办公用房的维修预算资金。开展党政机关办公用房规范使用自查自纠工作，专项检查区矛调中心等19家部门（单位）的办公用房。完成2022年度办公用房信息统计报告填报，印发《柯桥区党政机关办公用房租用管理办法（试行）》。

【重点公务用车保障】 2022年，柯桥区完善“重点公务用车优先保障方案”，确保车辆保障安全平稳有序。分别于4月、11月分2批共完成14辆重点公务用车更新及2021年度柯桥区党政机关公务用车统计报告工作，开展夏季、冬季2次公车公司夏季行车安全教育和随车物品情况督促检查，每月围绕落实中央八项规定精神等内容开展专项督查。全年保障区重要会议、重大活动、调研、考察、接待等公务用车6116辆次。

【区行政中心设施改造】 2022年，柯桥区改造区行政中心会场硬件设施，完成冷水机组控制系统改造，设置会场电子屏指引系统，对贵宾厅、1号会议室、鉴湖厅进行软硬件提档升级，更换24家单位410间办公室的窗帘、窗纱。

【区行政中心停车场改造】 2022年，柯桥区项目总投资320万元，改造区行政中心停车场，包括内部生态停车场、行政中心外东、西两侧停车场共3块区域，总面积20200平方米；新增车位213个、遮阳车棚125个。投入运行后，停车位使用率日均95%以上，方便办事群众，缓解周边停车压力。（张　弦）

【重要接待】 2022年，柯桥区接待中央、部委、省、市、县各级领导等161批3504人次，其中接待省部级以上领导36批45人次。

2022年柯桥区接待省部级领导及以上考察团情况表

表8

日期	考察人员	考察内容
1月12日	浙江省人大常委会副主任史济锡	开展“助企开门红”活动
2月9日	浙江省委副书记、省长王浩	调研有关工作
2月18日	浙江省副省长王成国	开展“助企开门红”活动
2月24日	浙江省政协主席、党组书记黄莉新	围绕助推高质量发展建设共同富裕示范区开展调研
3月2日	西藏自治区政协副主席卓嘎	考察有关工作
3月23日	浙江省副省长高兴夫	调研有关工作
4月21日	浙江省副省长徐文光	调研有关工作
5月9日	中国国民党前主席洪秀柱	调研有关工作
5月24日	浙江省副省长成岳冲	指导督查新冠疫情防控工作
6月30日	中央军民融合办副主任王树年	调研有关工作

续表 8

日期	考察人员	考察内容
7 月 6 日	国家卫生健康委党组成员、全国老龄办常务副主任、全国老龄协会会长王建军	调研老龄工作
7 月 12 日	浙江省副省长王文序	调研有关工作
7 月 15 日	国务院参事室党组书记、主任高雨，省人大常委会原副主任、省文史研究馆馆长王永昌	调研有关工作
7 月 20—21 日	浙江省高级人民法院党组书记、院长李占国	参加全省法院“四项建设”推进会
7 月 24 日	国家民委副主任赵勇	调研民族工作
8 月 10 日	浙江省委常委、宣传部部长王纲	调研媒体融合等工作
8 月 16 日	浙江省副省长王文序	参加全省老年教育资源整合试点工作推进会
8 月 17 日	浙江省委常委、统战部部长邱启文	调研有关工作
8 月 18 日	全国人大教科文卫委员会副主任委员宋普选，全国人大常委会委员、教科文卫委员会副主任委员杜玉波、杨树安，全国人大常委会委员、教科文卫委员会委员古小玉，省人大常委会党组书记、副主任梁黎明	调研学前教育立法和义务教育改革发展等方面工作
8 月 24 日	浙江省副省长高兴夫	调研有关工作
9 月 1 日	中国红十字会党组书记、常务副会长王可	调研红十字会工作
9 月 11 日	浙江省原副省长、浙江省人大党组书记、人大常委会副主任王永明，杭州市人大常委会原党组书记、主任于跃敏	参加 2022 柯桥区钱清街道乡贤大会
9 月 21 日	浙江省人大党组副书记、副主任熊建平	调研有关工作
9 月 22 日	杭州市政协党组书记、主席马卫光	考察有关工作
10 月 11 日	浙江省政协副主席陈铁雄	调研有关工作
10 月 13 日	四川省高院党组书记、院长王树江	调研有关工作
10 月 25 日	浙江省人大常委会党组书记、副主任梁黎明	调研有关工作
11 月 8 日	全国人大华侨委委员、浙江省十二届人大常委会党组书记、副主任王辉忠	考察有关工作

续表8

日期	考察人员	考察内容
11月10日	中共中央政治局原委员、中华全国总工会主席，十一届全国人大常委会副委员长、党组副书记王兆国	考察有关工作
11月14—15日	新华社党组副书记、总编辑吕岩松	参加2022新丝路故事汇·柯桥论坛主论坛
11月15日	浙江省委副书记、省长王浩	参加2022新丝路故事汇·柯桥论坛主论坛
11月23日	浙江省政府党组成员刘忻	调研有关工作
11月24日	浙江省政府原副省长、党组副书记，十一届省政协副主席、党组副书记，省慈善联合总会会长陈加元	出席区慈善总会第二次会员代表大会
12月3日	财政部党组成员、副部长朱忠明，省委常委、常务副省长徐文光	开展督导“回头看”工作
12月14日	浙江省委副书记、省长王浩	调研有关工作
12月28日	浙江省委书记易炼红，省委常委、秘书长陈奕君	调研有关工作

（滕燕兰）

类目编辑　王　翊

政协绍兴市柯桥区委员会

综　述

2022年，政协绍兴市柯桥区委员会召开全体会议1次、常委会会议6次、主席会议12次、“请你来协商”协商6次。全体会议期间，组织大会发言37篇，区委、区政府主要领导对其中27篇作出批示；围绕进一步做好政府工作，从7个方面提出42条协商意见；围绕区委重大决策开展专题政治协商，在区委二届三次全会重大决策前进行政治协商，就全面推进中国式现代化新征程上奋力展现“全省竞跑、示范先行”风采主题，召开专题常委会会议，从培育税源经济、振兴实体经济、建设创新平台、打造“共富星村”、关注“一老一小”、统筹区域医院发展、严管厚爱干部等方面提出具体建议，相关意见建议被区委决策吸纳。立足“请你来协商”平台，围绕“高标准建设‘柯桥未来之城’”“高质量完成场馆建设、高标准提升城乡风貌迎亚运”“切实加强企业消防安全隐患整治”“‘双减’背景下提升义务教育优质均衡发展”“完善‘双控’政策，推动能源结构转型，引导绿色低碳发展”“高质量推进‘凤凰行动’计划”等议题，举行6场专题协商，会后形成协商纪要，报送区委、区政府供决策参考。高质量推进“民生议事堂”建设，成立工作领导小组，出台相关规范性文件，把“民生议事堂”平台建设纳入区委、区政府对镇（街道）岗位目标责任制考核，落实“六个有”“六统一”标准，提前实现镇（街道）“民生议事堂”、村社“协商驿站”全覆盖，推动“民生议事堂”与委员工作室、社情民意信息联系点“三位一体”建设，相关做法得到省政协主席黄莉新肯定。加强和改进提案工作，完善提案质量评价办法，区委常委会专题研究政协提案办理工作，区委、区政府主要领导带头领办政协提案，区政协领导领衔督办重点提案，推动提案成果转化。组建12个监督小组，分别就极端天气“村安”工程、城乡道路平安畅通深化、“柯桥工匠”培育、城乡水安全保障、食品小作坊提升及食用农产品快速检测、基层应急救援能力提升等民生关键小事开展专项监督。镇（街道）工委划片组建的5个监督小组，围绕“幸福养老提档升级”，实行区政协领导分片指导、专委会对口联系、区镇两级政协组织联动开展专项集中监督。着眼更好发挥公检法在基层治理中的主力军作用，召开主席会议，专题听取区公检法情况通报，提出监督协商意见。继续开展“政协促共富”系列慈善公益行动，在全区范围内继续开展慈善精准助困行动。继续实行专委会向区政协常委会、镇（街道）工委向区政协主席会议集体述职评议以及区政协参加单位工作交流评议制度。依托“数字政协”平台，探索开展远程协商、网络协商，丰富数字化应用场景。（朱丹清）

重要会议

【区政协二届一次会议】 2022年2月18—22日，中国人民政治协商会议第二届绍兴市柯桥区委员会第一次会议在柯桥召开。会议审议通过区政协主席孟柏干代表区政协常务委员会所作的工作报告和区政协副主席陈爱霖受区政协常委会委托所作的提案工作情况报告；听取并通过区政协提案委员会关于区政协二届一次会议提案受理情况的报告；表决通过区政协二届一次会议决议；听取并协商讨论区人民政府代区长袁建所作的《政府工作报告》和其他报告，围绕柯桥区改革发展大局和群众关注的热点难点问题，提出意见建议。

2022年2月19日，中国人民政治协商会议第二届绍兴市柯桥区委员会第一次会议现场　（胡劲松　摄）

【区政协一届三十三次至二届五次常委会会议】 2022年1月14日，柯桥区政协召开一届三十三次常委会会议。会议审议通过区政协有关人事事项和二届区政协委员名单，审议二届区政协常委会组成人员候选人建议名单，审议通过召开区政协二届一次会议的有关事项及2021年度区政协工作先进单位和先进个人。会议听取2021年度反映社情民意信息工作情况的报告，审议修改区政协常委会“两个报告”（中国人民政治协商会议第一届绍兴市柯桥区委员会常务委员会工作报告和中国人民政治协商会议绍兴市柯桥区委员会常务委员会关于提案工作情况的报告）。

3月17日，区政协召开二届一次常委会会议暨提高履职能力读书会议。会议学习传达贯彻全国政协十三届五次会议精神，审议通过二届区政协专门委员会主任、副主任、委员名单。会议听取主题为“人民政协是什么”“基层政协常委怎么做”的专题辅导报告。

5月19日，区政协召开二届二次常委会会议。会议学习传达习近平总书记关于开展委员读书活动重要指示、全省政协系统“民生议事堂”建设工作推进会、省政协“浙江数字政协”建设工作推进会精神，审议通过区政协有关专委会副主任职位任免事项、有关委员调整事项和区政协常委会关于加强自身建设的决定、委员管理办法等有关制度。

8月16日，区政协召开二届三次常委会会议暨统战系统半年度经济社会发展情况通报会议。区委副书记、区长袁建应邀到会，并作上半年经济形势和下半年经济工作重点的通报。会议审议通过有关人事事项。区政协副主席、秘书长、常务委员，各参加单位主要负责人，各镇（街道）工委主任，各民主党派基层委、区知联会骨干成员，部分区政协委员以及政协机关全体干部参加会议。

10月18日，区政协召开二届四次常委会会议，重点协商“高质量推进杭绍临空经济一体化发展示范区绍兴片区建设”。区政协组建4个课

2022年10月18日，区政协召开二届四次常委会会议，围绕“高质量推进杭绍临空经济一体化发展示范区绍兴片区建设”开展集中协商　（高晶彬　摄）

题组，分别以“立足通道互联，统筹规交布局”“立足生态共建，统筹生态布局”“立足保障共筹，统筹要素布局”“立足产业互融，统筹产业布局”子课题先后进行协商发言。4名委员就临空示范区绍兴片区融杭路网完善、生态环境优化、要素保障落实、产业布局适配等方面提出意见建议。区临空示范区管委会、区交通运输局、区生态环境分局、区自然资源和规划分局、区金融办、区投资促进中心、区会展中心作交流回应。会后形成区政协常委会建议案，报送区委、区政府供决策参考。

11月18日，区政协召开二届五次常委会会议。会议学习传达中共二十大精神，要求把学习宣传贯彻中共二十大精神作为政协系统的首要政治任务；把学习中共二十大精神与习近平总书记关于新时代加强和改进人民政协工作的重要思想相结合，与贯彻落实中央和省市区委决策部署相结合，努力把党的二十大精神转化为推动柯桥政协工作高质量发展的具体行动。会议听取2022年政协提案办理工作情况的通报、区政协各专委会2022年履职工作情况和2023年度履职工作安排汇报，接受常委会会议组成人员评议。

【区政协一届六十五次至二届十次主席会议】 2022年1月7日，柯桥区政协举行一届六十五次主席会议，专题听取2021年度党风廉政建设和反腐败工作情况通报。区委常委、区纪委书记、区监委主任李东应邀到会，通报相关工作情况。

1月14日，区政协召开一届六十六次主席会议。会议审议有关人事事项，召开区政协二届一次会议有关事项，2021年度区政协工作先进单位和先进个人、优秀提案，研究讨论2022年区政协主要履职议题，讨论修改区政协常委会“两个报告”。

2月25日，区政协召开二届一次主席会议，研究部署新一年政协工作。会议审议通过区政协主席会议成员主要工作分工方案，区政协中共主席会议成员联系民主党派、工商联和人民团体方案，区政协主席、副主席联系镇（街道）工作委员会方案；审议二届区政协专门委员会、镇（街道）工作委员会组建方案；审议区政协2022年工作要点，以及重点履职任务分解和责任分工方案；决定于3月下旬召开区政协二届一次常委会会议暨提高履职能力读书会。

3月25日，区政协召开二届二次主席会议。会议审议通过《中国人民政治协商会议绍兴市柯桥区委员会主席会议工作规则》等工作制度、有关协商课题、协商会议方案，审议《区政协常委会关于加强自身建设的决定》等工作制度，听取区政协二届一次会议提案立案情况的报告。

4月25日，区政协召开二届三次主席会议。会议学习传达“浙江数字政协”建设工作推进会精神，审议二届区政协有关工作制度；审议通过《政协绍兴市柯桥区委员会关于习近平新时代中国特色社会主义思想学习座谈会办法（试行）》、区政协工作先进单位和先进个人考核评选办法、“政协促共富”慈善公益行动方案、“请你来协商”活动方案，研究确定2022年重点提案、重要提案及区政协领导、室（委）负责人督办方案，研究决定召开区政协二届二次常委会会议。

5月31日，区政协召开二届四次主席会议暨习近平新时代中国特色社会主义思想学习座谈会。会议集中学习中共中央办公厅《关于加强和改进新时代市县政协工作的意见》、习近平总书记最新重要讲话精神，以及习近平总书记对绍兴工作的重要指示精神。审议区政协相关专委会副主任职务任免事项，研究决定召开区政协二届三次常委会会议。

6月24日，区政协召开二届五次主席会议。会议传达学习全市民营经济暨制造业高质量发展大会、全区经济稳进提质攻坚大会暨民营经济发展大会等精神，审议通过“率先高质量发展建设共同富裕示范先行区”主席会议重点协商方案、民生议事堂“助力共同富裕示范区建设专题协商议事月”活动方案等事项。会议还审议区政协相关专委会副主任职务任免等事项。

7月21日，区政协召开二届六次主席会议，专题听取柯桥区公检法半年度工作情况通报。区公安分局、区人民法院、区人民检察院先后就上半年工作和下半年安排作通报，区政协主席会议成员发表协商意见。会议审议通过区政协“奋力打造现代‘国际纺都’”专题调研方案，“请你来协商”——区政协“完善‘双控’政策，推动能源结构转型，引导绿色低碳发展”专题协商会议方案。会议研究决定召开区政协二届三次常委会会议暨统战系统半年度经济社会发展情况通报会议。

8月24日，区政协召开二届七次主席会议，专题督查评议2021年度重点提案办理落实工作。区政协提案委汇报2021年度重点提案办理落实工作督查评议情况。区政协领导对各自领衔督办的重点提案发表督查评议意见。区委常委、区政府党组成员到会听取督查评议意见。

9月28日，政协召开二届八次主席会议，专题协商“率先高质量发展建设共同富裕示范先行区”。区发改局通报柯桥区“率先高质量发展建设共同富裕示范先行区”工作情况，党建共富、扩中提低、民生补短、平安共富、三次分配及未来乡村6个工作专班分别就有关情况作书面通报。区政协主席会议成员发表协商意见。区委副书记陈利华应邀到会，听取协商意见。会议还审议有关人事任免事项。

10月26日，区政协召开二届九次主席会议，集中评议2022年度区政协委派民主监督小组工作。区委常委、常务副区长丁贵应邀到会，听取评议意见。区人力社保局、区农业农村局、区民政局等8个部门和柯桥街道、齐贤街道等5个镇（街道）分别通报新时代“柯桥工匠”培育工程、城乡水安全保障工程、“幸福养老提档”等民生实事项目开展情况，区政协12个委派民主监督小组分别汇报监督工作。区政协主席会议成员对受派部门、单位和委派民主监督小组工作进行评议。会议审议通过有关人事任免事项，研究决定召开区政协二届五次常委会会议。

11月30日，区政协召开二届十次主席会议，听取区政协镇（街道）工委年度工作述职并进行集中评议。会议审议区政协委员、常委调整事项，及区政协相关专委会人事任免事项，研究决定召开区政协二届六次常委会会议。

【“请你来协商”专题协商】 2022年2月22日，区政协立足“请你来协商”平台，围绕“高标准建设柯桥未来之城”开展专题协商。区委书记陈豪应邀到会并讲话。6名政协委员和专业人士分别从体制机制、规划建设、要素保障、招商引资等不同角度进行协商发言，提出意见建议。区未来之城建管中心、区自然资源分局、区财政局、区发改局、区卫生健康局等部门主要负责人作互动交流。

5月7日，围绕“高质量完成场馆建设，高标准提升城乡风貌迎亚运”开展专题协商。区委副书记、区长袁建应邀到会并讲话。会议听取柯桥区亚运筹备工作情况的书面通报。6名政协委员和界别群众代表围绕亚运场馆建设运行、场馆周边及沿线风貌整治提升、城乡风貌展示、公共卫生安全保障、宣传阵地建设、迎亚运健身氛围营造等内容作协商发言。区亚筹办、区综合执法局、区委宣传部、区文广旅游局、区卫生健康局、区教体局等部门主要负责人现场作交流回应。

6月10日，围绕“切实加强企业消防安全隐患整治工作”开展专题协商。区委常委、常务副区长丁贵应邀到会，听取协商意见。与会人员观看企业消防安全隐患专题片，听取2022年以来企业消防安全情况通报。6名政协委员、界别群众代表围绕健全乡镇应急救援和消防安全工作体制机制建设、强化消防隐患闭环整改、“智安园区”建设提质扩面、落实安全生产企业主体责任、加大消防安全违法打击力度、加强企业消防安全宣传教育培训等主题进行协商发言。区委编办、区应急管理局、区消防救援大队、区经信局、区公安分局、区综合执法局、区建设局、区委宣传部相关负责人进行交流回应。

7月20日，围绕“‘双减’背景下提升义务教育优质均衡发展”主题开展专题协商。副区长陈勤应邀到会，听取协商意见。会议听取区教体局关于全区教体系统“双减”工作情况的通报。6名政协委员、专业人士从加强校外培训机构监管、丰富课后服务供给、推动优质教学资源线上共享、关注中小学生心理健康、探索实施“教师关爱”工程、加强中小学生教师编制保障等方面作协商发言。区文广旅游局、团区委、区科协、区教体局、区卫生健康局、区委编办相关负责人作互动回应。

9月16日，围绕“推动能源结构转型，引导绿色低碳发展”开展专题协商。副区长陈钧应邀到会，听取协商意见。7名政协委员就加强印染行业绿色制造与清洁生产、推进柯桥区交通运输行业节能降耗、加强建筑行业节能新技术和新装备推广应用、柯桥区光伏发电引导和培育发展、探索“储能”应用加强能源综合利用、把好“三关”优选低碳项目准入、倡导绿色生活方式等内容作协商发言。区交通运输局、区建设局、区发改局、区市场监管局等相关部门进行交流回应。

9月23日，围绕“高质量推进‘凤凰行动’计划”开展专题协商。区委常委、常务副区长丁贵应邀到会，听取协商意见。区金融办通报“高质量推进‘凤凰行动’计划”工作进展情况。7名政协委员、界别群众代表和专业人士围绕强化资源要素配置、助推科技成长型企业进入资本市场快车道、加快化工园区改造提升、更好发挥地方政府引导推动作用等主题作协商发言。区委组织部、区自然资源分局、区经信局、区人力社保局、区金融办、区财政局、区市场监管局、区应急管理局、区税务局等相关部门进行互动回应。（朱丹清）

建言献策

【概况】 2022年，柯桥区政协二届一次会议期间，组织大会发言37篇，区委主要领导对其中15篇作出批示，区政府主要领导对其中12篇作出批示。其中《区政协疫情防控工作专项民主监督情况报告》《关于“率先高质量发展建设共同富裕示范先行区”的协商纪要》，区委书记陈豪作出批示；《关于“高质量推进杭绍临空经济一体化发展示范区绍兴片区建设”的建议案》，区委书记陈豪，区委副书记、区长袁建分别作出批示。报送“请你来协商”协商纪要6件，其中区委书记陈豪对《关于“推动能源结构转型，引导绿色低碳发展”的协商纪要》《关于“高质量推进‘凤凰行动’计划”的协商纪要》作出批示，区委副书记、区长袁建对《关于“‘双减’背景下提升义务教育优质均衡发展”的协商纪要》作出批示。

【提案工作】 2022年，柯桥区政协二届一次会议期间及会后，各界委员、各党派团体以及各专委会、镇（街道）工委以提案形式提出意见建议352件，经审查，立案（并案处理后）283件。其中集体提案52件、委员提案231件，全部办理答复。提案所提问题解决或基本解决的134件，占47.3%；列入计划正在逐步实施的145件，占51.2%；因条件限制无法办理、留作参考的4件，占1.4%。区政协提案委共收到委员对提案办理情况反馈意见表283件，对办理结果表示满意的282件，答复满意率99.6%。

【社情民意信息收集】 2022年，柯桥区政协开展社情民意信息工作，为党委、政府科学民主决策提供有益参考。全年收集社情民意信息253篇，编报112期，被全国政协采用3篇，被省政协采用11篇（1篇得到省政府分管领导批示），被市政协采用89篇，获评2022年度全市政协系统反映社情民意信息工作特等奖单位。

【“三位一体”建设】 2022年，柯桥区贯彻落实省市政协部署要求，在镇（街道）层面建成固定场所的“民生议事堂”16个、委员工作室22个、社情民意信息联系点16个；在村级层面建成“协商驿站”337个，其中示范型37个，镇村两级平台累计开展各类活动855场，兰亭街道、安昌街道、稽东镇、王坛镇4个镇（街道）相关做法入选省政协典型案例；柯桥街道和齐贤街道“民生议事堂”、委员工作室、社情民意信息联系点获评市级“三位一体”（“民生议事堂”、委员工作室、社情民意信息联系点）优胜单位；8个“民生议事堂”“协商驿站”协商活动案例获评市级优秀案例；34个村（社区）“协商驿站”获评市级优胜单位；获人民政协报、新华网、省政协《联谊报》等省级主流媒体宣传推介19次，其中《联谊报》以《一场场协商换来了一张张群众的笑脸》为题，在头版头条宣传推介。（朱丹清）

民主监督

【概况】 2022年，柯桥区政协开展委派民主监督工作，组建12个监督小组，分别就极端天气“村安”工程、城乡道路平安畅通深化、“柯桥工匠”培育、城乡水安全保障、食品小作坊提升及食用农产品快速检测、基层应急救援能力提升，以及幸福养老提档升级等民生关键小事开展专项监督。镇（街道）工委划片组建的5个监督小组，围绕“幸福养老提档升级”建设主题，实行区政协领导分片指导、专委会对口联系、区镇两级政协组织联动开展专项集中监督。10月26日，召开二届九次主席会议，监督小组报告年度工作，受派单位通报相关情况，主席会议成员逐一开展评议。

【区政协新任政协委员培训】 2022年1月20日，柯桥区举办政协绍兴市柯桥区第二届新任委员培训班。区政协副主席余建林出席开班式并作动员讲话。区政协委员工委主任钱鸿主持。区政协秘书长孙尧富，区政协研究室主任王永华和绍兴文理学院商学院教授、越商研究院院长李生校，分别就人民政协的基本知识、反映政协社情民意信息、撰写高质量政协提案等开展讲解。

【“政协促共富”慈善公益基金成立】 2022年6月24日，柯桥区举行“政协促共富”慈善公益基金成立仪式。区慈善总会会长接收政协捐赠支票，并向区政协领导颁发基金证书。区政协、区慈善总会领导向捐资的21名委员颁发捐赠证书。“政协促共富”慈善公益基金主要用于以南部山区为重点的困难群众精准帮扶救助，内容包括“困难老人帮扶”“特殊儿童帮扶”“送医下乡服务上门”，使用期限为2022—2026年。（朱丹清）

2022年6月24日，柯桥区举行“政协促共富”慈善公益基金成立仪式
（高晶彬　摄）

类目编辑　韩兰芳

中共绍兴市柯桥区纪律检查委员会 绍兴市柯桥区监察委员会

综　述

2022年，柯桥区保持惩治腐败高压态势，以零容忍态度减存量、遏增量，处置问题线索1136条，比上年增长35.4%，给予党纪政务处分289人，移送司法机关处理9人。全面从严治党成效度为98.34%，继续位居全市前列。

【政治监督】 2022年，柯桥区结合实际，以“四清单”“两档案”“两报告”（政治监督任务清单、责任清单、问题清单、落实清单，廉政档案、政治生态建设档案，政治生态建设自评自查报告、政治监督情况报告）为基本框架，构建“10+2+N”（省市重点监督项目10个、区级自定监督项目2个、各派驻纪检监察组自选监督项目N个）政治监督项目体系，聚焦贯彻落实习近平总书记对绍兴工作28次指示批示精神，梳理问题清单91项，提出整改清单134项。

【中心工作监督】 2022年，柯桥区围绕共同富裕示范先行区建设、亚运会筹办、疫情防控、除险保安等重点工作，持续做好“防疫情、稳经济、保安全”专项监督，构建区、镇、村“三级联动”立体式监督体系，检查重点场所2067个，发现问题213个，处理21人。

【“四责协同”动态监管】 2022年，柯桥区运用“四责协同”（党委的主体责任，纪委的监督责任，党委书记的第一责任以及班子成员的“一岗双责”责任协同）动态监管平台，督促各责任主体报送履责事项1.48万项，向19个党组织反馈意见建议57条，对32名领导干部开展问责。倒逼责任落实，回复党风廉政意见254人次。

【纪检监察体制改革】 2022年，柯桥区深化派驻机构改革，派驻机构处置问题线索138条、立案22件。理顺开发区纪检监察体制机制，在杭绍临空示范区和柯桥经济开发区设立纪检监察工作委员会，破解同级监督难题。在全市率先试点国企纪检监察工作规范化建设，探索形成4个方面12项工作机制。

【区纪委二届二次全会】 2022年1月31日，中国共产党绍兴市柯桥区第二届纪律检查委员会第二次全体会议在柯桥区行政中心召开，中共绍兴市柯桥区纪委书记李东代表常委会向会议作题为《全面学习把握落实党的二十大精神坚定不移推进全面从严治党在柯桥落地生根》的工作报告。会议坚持以习近平新时代中国特色社会主义思想为指导，全面贯彻落实中共二十大精神，按照二十届中央纪委二次全会、省纪委十五届二次全会、市纪委九届二次全会和区委二届三次全会决策部署，回顾总结柯桥区2022年纪检监察工作，部署2023年任务。会议由区纪委书记李东主持，区四套班子领导，区法院院长、区检察院检察长，区人武部部长，兰亭度假区管委会、科技城建管委主任，开发区主要负责人，各镇（街道）党（工）委书记，区级机关部门主要负责人等270余人参加会议。（李　巍）

巡察工作

【概况】 2022年,柯桥区贯彻落实上级关于巡视巡察工作新部署新要求,围绕"三个聚焦"、突出"五个监督"深化政治巡察,编制二届区委巡察工作五年规划,启动二届区委巡察,组织开展二届区委第一、二轮常规巡察和第一轮村(社区)巡察,与绍兴市上下联动开展亚运筹办工作专项巡察,配合做好中央巡视、省委巡视、市委巡察反馈问题整改工作。

·小资料· "三个聚焦""五个监督"

"三个聚焦"是聚焦基层贯彻落实党的理论路线方针政策和党中央决策部署情况,聚焦群众身边腐败问题和不正之风,聚焦基层党组织领导班子和干部队伍建设。"五个监督"是突出党中央决策部署和省委、市委、区委部署要求落地见效情况的监督,突出推进乡村振兴促进共建共享情况的监督,突出清廉村居建设推进"阳光治理"情况的监督,突出基层组织建设深化固本强基情况的监督,突出党员干部履职强化担当作为情况的监督。

【一届区委巡察成果复盘】 2022年,柯桥区对一届区委巡察发现的10646个问题进行梳理汇总、归纳提炼,形成共性问题专题分析报告,并按机关事业单位、镇街平台、国有企业、村(社区)4种对象列出问题表现、典型案例和整改路径,编印《共性问题清单》供全区对照检查。

【二届区委巡察】 2022年,柯桥区委常委会6次专题研究巡视巡察工作,区委书记专题会议3次听取巡察情况汇报;区委书记、区委巡察工作领导小组组长陈豪9次对巡视巡察工作作出批示要求。3月23日,全区巡察工作会议暨二届区委第一轮巡察工作动员部署会召开,启动二届区委巡察。全年完成2轮常规巡察,1轮村(社区)巡察,累计巡察单位党组织29个、村级党组织94个,共发现问题1286个,移交问题线索13条,留置2人,党纪政务处分5人。

【巡视反馈问题整改】 2022年年初,柯桥区2021年尚未办结的省委巡视3个问题办结销号,省委巡视反馈的39个具体问题全部完成整改销号。按照省、市、区上下联动开展整改的要求,推进中央巡视问题整改,26个具体问题100条措施全部完成或基本完成整改。《深化浙江省委巡视整改成果 绍兴柯桥全力打造"中国轻纺城"数智版》等10篇巡视整改经验做法文章在人民网、新华网、省纪委省监委网站等省级以上媒体刊载。

【问题清单评价指数全市第一】 2022年,柯桥区重大巡视问题清单评价指数排名省级月度排名最高列全省第二,市级年度排名第一。"贯彻新发展理念不够到位、在推动高质量发展上存在差距""对驻村指导员制度的批示精神重视不够"2个问题整改案例分别入选省、市示范榜。

【巡察模式创新】 2022年,柯桥区在一届区委村(社区)巡察"四式"巡察法(下沉式、组团式、点穴式、回头式)基础上,探索对村(社区)巡察新模式,首次采取"组团式、大兵团、小分队"联动巡察模式,以队伍相对稳定的区委常规巡察组为基础,新组建巡察组联动巡察镇(街道)和村(社区)党组织,整体打包驻点巡察2个多月,由区委常规巡察组组长一体统筹指挥。在选配优秀组长、副组长、副科级巡察专员和联络员的基础上,每个组再增配成员10人,主要负责对村(社区)巡察具体工作,共抽调巡察干部74人,其中具有镇(街道)工作经历的占比70%以上。

【巡察指导督导反馈问题整改】 2022年5—6月,绍兴市委巡察指导督导组对柯桥区委巡察工作开展指导督导。柯桥区按照指导督导组要求提供台账资料,协助进行个别谈话、开展下沉调研、召开座谈会。针对指导督导组反馈的三方面10个需重点关注的具体问题,梳理39条整改措施,所有问题一次性整改销号。

【亚运筹办工作专项巡察】 2022年,柯桥区根据市委统一部署,与市委专项巡察组上下联动开展专项巡察。针对市委专项巡察组反馈的7个具体问题,会同区亚运综合办起草整改方案、召开整改工作任务分解会、送审整改材料。抽调精干力量组建区委专项巡察组,对承担柯桥赛区筹办工作重点任务的13个区机关部门(单位)和2个属地街道开展集中巡察,发现问题73个,督促抓

好问题整改。（冯　森）

党风政风监督

【**概况**】 2022年，柯桥区运用“1+X”专项督查机制，纠治违规吃喝、违规收送礼品礼金、违规发放津补贴等问题，查找天价茶、烟票、酒驾醉驾背后的“四风”问题，查处享乐奢靡问题15起19人，党纪政务处分12人，通报曝光典型案例6起8人。严格落实“三个区分开来”，对15名党员干部和2个党组织的失实举报问题予以澄清正名。

·小资料· “1+X”专项督查

“1”指区纪委围绕“监督的再监督”的职能定位，对区级各相关职能部门（单位）履行落实中央八项规定精神监督、检查和管理职责情况的再督查；“X”指区级各相关职能部门（单位）根据职责履行落实中央八项规定精神的管理主体责任，按照“谁主管、谁负责”的原则，在职责范围内对各级各部门落实中央八项规定精神情况开展经常性督查，对监督检查中发现的问题，按照管理权限依法依规进行处置。

·小资料· “三个区分开来”

把干部在推进改革中因缺乏经验、先行先试出现的失误和错误，同明知故犯的违纪违法行为区分开来；把上级尚无明确限制的探索性试验中的失误和错误，同上级明令禁止后依然我行我素的违纪违法行为区分开来；把为推动发展的无意过失，同为谋取私利的违纪违法行为区分开来。

【**清廉家风培树**】 2022年，柯桥区持续倡树新风正气，举办“好家风助清廉”文艺作品展等活动，推动领导干部带头廉洁修身、从严治家，组织展出14场次，吸引900多人次参观。

【**“四风”问题查处**】 2022年，柯桥区贯彻落实党中央和省委、市委、区委决策部署，严肃查处“做选择搞变通、表态多调门高、行动少落实差”等“四风”问题，查处问题48起63人，党纪政务处分24人。（李　巍）

纪律审查和监察调查

【**概况**】 2022年，柯桥区针对性开展粮食购销、区属国企、交通运输等重点领域腐败问题整治，查办全市首例粮食购销领域留置案件。实行“走读式”（与被谈话人进行不滞留过夜的谈话）谈话，规范留置场所使用监管，确保依规依纪依法安全文明办案。

【**片区协作机制**】 2022年，柯桥区发挥纪检监察室、派驻纪检监察组、镇街纪（工）委各自优势，解决人员力量不足、办案经验不够、基层单位人情困扰等问题。6个片区协作组开展集体会商264次、监督联动191次、联解疑难信访64件、联办案件33件。

【**基层监督规范**】 2022年，柯桥区创造性发展运用新时代“枫桥经验”，以基层监督“巩固深化年”活动为抓手，加强镇（街道）纪检监察工作规范化建设，推进村级监察工作联络站标准化建设，持续建强“群众家门口的纪委监委”。报送问题信息3102条，转交问题线索204条。

【**“一案五必须”**】 2022年，柯桥区落实“一案五必须”（每查结一起案件都必须进行案件通报、必须进行查摆剖析、必须进行警示教育、必须进行整改建制、必须进行回访督促）制度，制发纪检监察建议书35份，开展回访教育16人次，拍摄制作由纪检监察干部自编自导的正风肃纪短视频2条。（李　巍）

廉政宣传教育

【**概况**】 2022年，柯桥区全域推进清廉柯桥建设，协助区委召开全区清廉建设推进会，构建“7+1+N”（“7”是指机关、村居、国企、民企、医院、学校、交通，“1”是指清廉文化，“N”是指自选单元）清廉单元建设体系，建设一批具有柯桥特色的示范标杆。柯桥区获评浙江省清廉村居建设示范区。

【**亲清政商关系构建**】 2022年，柯桥区制定亲清政商关系“双十条”，推动马鞍街道创建亲清政商关系示范街道，入选省工商联2022年第一批揭榜挂帅项目，指导齐贤街道成立全市首个由村委、民企亲清合作、共促发展的“亲清廉盟”。

【清廉文化建设】 2022年，柯桥区深化“五廉并举”（梳廉脉、编廉文、演廉戏、铺廉路、建廉馆）机制，组织开展“我心中的清廉柯桥”“喜迎二十大 奋进新征程”清廉主题系列活动。“一钱太守”纪念馆入选省廉洁文化教育基地，浙光中学、鉴湖中学入选全省首批清廉学校建设示范校。（李　巍）

类目编辑　胡建华

民主党派

综　述

2022年11月9日，柯桥统战“同心行”志愿服务走进安昌古镇
（许达卡　摄）

2022年，柯桥区全区6个民主党派基层组织共计913名成员，其中省人大代表1人、省政协委员1人、市人大代表8人、市政协委员11人、区人大代表31人、区政协委员128人。各民主党派基层委发挥特色优势，履职尽责，党派成员在各级人大、政协会议上共提交各类提案、建议200余件，上报直通车15件，其中《关于以“纺都水乡＋时尚硅谷”的战略定位将柯桥古镇打造成最具辨识度的江南古镇的建议》《关于优化柯桥区青少年心理健康服务体系的建议》等6篇被区委、区政府主要领导批示。推进政党协商制度，围绕区委区政府中心工作，制定“高质量发展建设共同富裕示范区”协商通报会、法检两院协商通报会、半年度经济形势协商通报会和大综合一体化改革工作情况等8次政党协商通报计划，提出意见建议100余条；牵头召开2022年度重点调研课题现场对接会，进行先期探讨和对接，组建8个课题组，详细制定调研方案，形成8篇调研报告，调研文集汇编成册。

【同心基地建设】 2022年，柯桥区统战部门专题走访调研柯桥、柯岩、平水、安昌、兰亭、钱清等镇（街道），鼓励支持建设同心基地，扩大基地覆盖面和影响力。至此，建成柯桥古镇、叶家堰村、小舜江村3个同心基地，共开展活动30余次，参加人员2000余人次。

【喜迎“二十大”系列活动】 2022年，柯桥区以“喜迎二十大，奋进新征程”为主题，指导各民主党派开

2022年9月28日，“寻美绍兴”推进会之“走进柯桥”启动仪式在绍兴鉴湖大酒店举行
（张桂平　摄）

展相关活动20余场次，参加人员近万人。拍摄“寻美柯桥”小视频，设立“寻美柯桥”抖音账号，发布多期特色视频，总播放量突破10万次。承办“寻美绍兴”推进会之“走进柯桥”活动，组织全市150余名新的社会阶层人士现场参观古镇、叶家堰村2个同心基地，并举行启动仪式。寻美活动在笛扬新闻、中华网、中国网等媒体上进行宣传。

2022年10月31日，柯桥区在秋瑾中学开展“思政第一课”教育（沈　玮　摄）

【党外代表人士队伍建设】 2022年8月22—26日，柯桥区在浙大华家池校区举办党外骨干成员培训班。52名党外代表人士骨干成员参加这次活动。召开组统联席会议，落实组统联席会议机制，专题召开会议深入交流分析全区党外干部源头储备、党外干部队伍建设、党外干部教育培训等方面的工作现状和存在问题，明确党外干部配备、培养和提拔使用等有关问题。落实对党外代表人士的双走访制度，以数字化改革为契机，增进对统战成员的了解。党外代表人士全链条管理系统共录入527名党外代表人士信息，开展党外代表人士双走访305人次，走访率近60%。

2022年8月22日，浙江大学—柯桥区党外骨干成员培训班在浙江大学华家池校区开班（许达卡　摄）

【思政课内涵拓深拓宽】 2022年，柯桥区发挥特色思政课《历史为什么选择中国共产党》的宣传教育功能，组织秋瑾小学、安昌小学和秋瑾中学、安昌中学400余名师生走进党外人士之家开展专题思政课教育，结合“石榴红家园”的民族知识，开展学生暑期研学游活动，全区6批次300余人参加。（金红红）

民革柯桥区基层委员会

【概况】 2022年，民革柯桥区基层委有党员104人，其中担任市人大代表1人、政协委员2人；担任区人大代表1名、政协委员20人。下设3个支部，基层委主委为陈爱霖。参政议政，不断提高履职能力，坚持示范引领，不断加强自身建设。基层委获民革省委会“优秀民革党员之家”、年度民革全省宣传思想工作先进集体等称号，获评民革市委会年度先进基层委员会二等奖、年度基层组织优秀调研成果三等奖。

【重点课题调研】 2022年，民革柯桥区基层委开展重点课题调研工作，成立参政议政工作小组，深化参政议政激励机制，组织党员参与“重点人群疾病筛查工程”、民生实事项目推进情况、民主监督、区政协重点提案专项督察等。开展省“中小企业惠企助企政策落实”“推动山区26县高质量发展”“为省第十五次党代会建真言、献良策”等网络议政活动。参加山娃子协商驿站专题协商、临空产业园水环境治理工作调研活动。全年提交各类调研报告19篇，人大建议1件，其中《加大帮扶力度，推进南部山区共同富裕》

2022 年 10 月 26 日，民革柯桥区基层委员会在区党外人士之家召开对口联系部门工作交流会　（童昊霞　摄）

被市委会录用，《推动老旧小区适老改造，破解居家养老难题》被立项为市委会集体课题。

【协商议政】 2022 年，基层委政协委员积极参加各类协商议政活动，开展“杭绍临空一体化发展示范区绍兴片区建设”“柯桥区南部山区共同富裕”课题调研。在区政协二届一次会议上作题为《关于培育壮大数字经济，助推经济高质量发展的建议》的发言，获区委书记陈豪批示。全年提交团体提案 1 件，个人提案 18 件，其中党员个人提案《以农促农大力发展竹产业，推动山区农业增收农民致富》得到落实。

【社情民意信息】 2022 年，民革柯桥区基层委成立社情民意信息工作小组，出台相关奖励办法，鼓励党员聚焦百姓关注的民生问题，撰写社情民意信息。全年提交社情民意 20 余篇，被市委录用 1 篇，市政协录用 3 篇，民革省委会录用 2 篇。其中《俄乌紧张局势升级对我国纺织企业造成不利影响亟须引起关注》被民革省委会、市委办、市政协录用；《基层反映〈契税法〉实施半年以来因政策之间相互矛盾存在“无需缴纳”“缴纳时间差”两大税收征管漏洞亟待优化完善》被省委会录用；《养殖屠宰业的废水排放标准亟需及时更新》《基层托育机构亟须规范引导与长效监管》被市政协、区政协录用，《关于平水镇同康村新农村建设的建议》获区委书记批示。

【基层组织队伍建设】 2022 年，民革柯桥区基层委员会修订《基层组织工作条例》《参政议政工作制度》《宣传工作制度》《经费使用和管理规定》等规范，提升基层委组织管理制度化、规范化、科学化水平。强化基层支部后备力量的梯队建设，选派 50 余名优秀骨干党员、新任政协委员参加省、市、区举办的社情民意信息工作等各项专题培训，提高党员政治理论和参政履职能力。

【社会服务】 2022 年，民革柯桥区基层委员会发动党员参加各类社会服务活动，展现新时代民革党员新风貌。依托民革法律援助工作站平台，为群众开展免费讲座和法律咨询服务，受助群众百余人。推荐 3 名党员担任“益心为公”检察云平台志愿者，组织党员参加区委统战部组织的“柯桥统战同心行”社会服务活动，为群众免费提供法律、医疗和书画服务。组织陈芬娟、祝志娟、陈红花、钱秦明、何军涛、胡天虹 6 名党员赴马鞍抗击新冠疫情，并支援上海、嘉兴等地疫情防控工作。党员任祥的企业建设毛竹加工基地，助力强村富民，成为浙江省首批林业机械装备创新试验基地，并与柯桥区农技推广基金会签订“竹基纤维材料原料竹林生产管理技术”建设项目，成为柯桥区农业技术推广基金会首次设立的区级民办农技推广平台建设项目，被评为中央财政林业科技推广示范资金项目。

【海峡两岸文化交流】 2022 年，民革柯桥区基层委员会关注对台联系和“祖统联谊”这一民革传统特

2022 年 6 月 14 日，柯桥区政协副主席、民革柯桥区基层委员会主委陈爱霖（前排中）带领 10 余名柯桥民革党员参加绍兴、台湾两地书画篆刻展　（诸丹萍　摄）

色工作，参与绍兴市台胞台属联谊会“馨香翰墨 两岸一家”绍兴、台湾两地书画篆刻展，市委会“迎中秋・促祖统”座谈会，绍兴市海峡两岸经济文化交流协会联合举办的“两岸数字时尚创新论坛”等海峡两岸联谊活动，利用党员社会影响，加强对台联系，宣传对台工作方针与政策。（童昊霞）

民盟柯桥区基层委员会

【概况】 2022年，民盟柯桥区基层委员会共有盟员136人，全年发展新盟员8人。在职盟员占63.5%，盟员中具有大学以上学历占67.9%。全年基层委把学习习近平新时代中国特色社会主义思想作为党派建设的首要政治任务，落实省委会、市委会和区委的各类会议精神，开展“矢志不渝跟党走・携手奋进新时代”教育活动，组织开展红色经典朗诵比赛、主题创作征文比赛等活动。区基层委主委沈琴梅，副主委王慧、杨海燕、周鹏程，各支部盟员代表40余人参加。

2022年8月30日，民盟柯桥区基层委员会开展“矢志不渝跟党走・携手奋进新时代”红色经典朗诵比赛活动 （许达卡 摄）

【沈肃文纪念馆揭牌】 2022年，民盟柯桥区基层委员会配合“走基地、悟初心”等活动，建设用好“盟员之家”，发挥阵地示范辐射作用。11月4日，位于钱清记忆小村的沈肃文纪念馆揭牌开馆。纪念馆总面积200平方米，总投资50余万元。分展厅和会议室两部分。展厅包括肃文传略、肃文与民盟、肃文与浙光中学、浙光延绵4个部分。会议室共两层，一楼展示盟员书法作品，二楼是会议室。该馆作为省盟员传统教育基地，拍摄宣传片《从前的先生》，讲述民盟故事，宣扬民盟精神。

【参政议政】 2022年，民盟柯桥区基层委员会中有31名盟员，担任市、区两级人大代表和政协委员，全年向各级两会提交发言材料1篇。团体提案3件、个人提案34件、个人建议4件。《关于健全公共卫生应急管理体系的建议》被列入区重点提案，完成“回头看”，相关提案、建议均获得办理部门的回复和采纳。向民盟市委会、区政协、区委统战部报送社情民意信息68篇，其中28条建议被省委会、市政协等录用。组建骨干盟员29名参政议政团队；按季度召开工作会议，组织调研课题协商等活动。盟员陆启迪、田华、徐志君、吴琼明、单小燕、孙明美、曹峰等围绕重点、热点问题提出意见建议。提交“直通车”材料3则。盟员杨海燕、周鹏程、蒋勇、章利萍等担任各级各部门特约监督员。

【调研活动】 2022年，民盟柯桥区基层委员会调动盟员人大代表、政协委员及部分骨干盟员人才智力优势，开展专题调研活动。基层委层面牵头完成省级调研课题“‘双减’背景下家校社协同共育推进素质教育发展的实践探索”，完成省级理论课题“关于进一步加强民主党派内部监督机制的研究”，完成市级课题“关于落实能源双控，推动企业转型升级的建议”“关于高质量推进杭绍临空经济一体化发展示范区绍兴片区建设的建议”，完成区级重点课题“优化区域医疗资源配置，推进优质医疗服务共享”“关于推动南部山区生态经济化和经济生态化的建议”。

【社会服务体系】 2022年，民盟柯桥区基层委员会建设“爱心同行・激情盟动”服务品牌，做好“一支部一品牌”深化工作，结合支部特色，完善支部社会服务体系。两次走访慰问爱心共建基地——雅博庇护中心；柯中支部和鲁高支部组织开展“送教下乡”活动；文艺支部和机关支部于重阳节前夕组织慰问平水福利院老人，提供医疗服务和文艺表演。盟员施金裕、赵承安、李乐、蒋伟伟、林立等多次发挥自身特长，在市委会“盟员之家”、柯桥区党外人士之家组织专题讲座。借助“三下乡”活动，送医、送戏、送书法等。

2022年8月31日，民盟柯桥区基层委员会组织盟员走访爱心服务基地——绍兴市柯桥区雅博残疾人庇护中心　（许达卡　摄）

【“青蓝同行”结对活动】 2022年，民盟柯桥区基层委员会创建省级“双十佳”模范基层组织。7月组建“盟新工作坊”，由新盟员组队，自发策划、共同协作开展主题活动。开展“矢志不渝跟党走·携手奋进新时代”红色经典朗诵比赛、“爱心同行·激情盟动”重阳敬老服务活动、“发扬光荣传统，凝聚奋进力量”红色主题作品诵读技巧提升分享交流会等活动。为关怀老盟员，增强与老盟员的联络联谊，促进新老盟员之间思想交流，从而打造“青出于蓝而敬蓝，蓝寄于青而育青”的良性循环，于8月启动“青蓝同行”结对活动，共有31对青蓝结对帮扶。（许达卡）

2022年7月31日，江苏广电总台原电视节目主持人、国家级普通话测试员、民盟柯桥区基层委员会盟员唐栋在“越声·同心讲堂”作题为《语言艺术提升误区破除及方法指南》的朗诵专题讲座　（许达卡　摄）

民建柯桥区基层委员会

【概况】 2022年，民建柯桥区基层委员会下属8个支部，共有会员190人，当年新加入会员7人，其中从事外贸、新材料、建筑等经济行业及相关工作人员6人。现任主委陈金鲤。区基层委在建英支部和建爱支部已创建“会员之家”的基础上，又在建邦支部会员企业内设立“会员之家”，作为支部开展活动的固定场所。在基层委员会中有20多人次受聘担任各类特约监督员和机关作风效能建设监督员，并和基层委主要负责人行使监督的职责，参加各类通报会、协商会，就高质量发展建设共同富裕示范先行区、区法院破产审判工作情况、坚持发展新时代“枫桥经验”助推区域治理现代化工作情况、大综合一体化改革工作情况等提出意见和建议。印发《民建绍兴市柯桥区基层委员会开展“矢志不渝跟党走、携手奋进新时代”政治交接主题教育实施方案》，各支部通过多形式、多层次、多主题开展教育活动。根据省市区统战部门和上级民建组织的安排，组织会员参加培训学习49人次。在第12号台风“梅花”来袭时，第一时间投入抗台工作，为华舍街道、湖塘街道、夏履镇、王坛镇和稽东镇送去260张折叠床，协助街道提前做好转移群众的安置工作。在各节庆假期组织会员踏青赏景、对退休会员进行走访慰问等活动。柯桥区基层委被评为2022年度民建绍兴市委会先进集体。

2022年9月14日，第12号台风"梅花"来袭，民建柯桥区基层委员会赴华舍街道、湖塘街道、夏履镇、王坛镇和稽东镇，协助镇（街道）提前做好转移群众的安置工作 （民建区基层委员会 提供）

【组织建设】 2022年，民建柯桥区基层委员会发挥会刊、微信公众号和微信群优势，宣传会内履职活动和先进会员事迹。全年，基层委微信公众号上发表报道28篇，其中《探索社会服务新途径，拓展新平台——柯桥民建设立生命关爱基金》被中国统一战线网、人民网、浙江新闻、腾讯网等11家媒体转载报道。

【参政议政】 2022年，民建柯桥区基层委员会有市、区人大代表和政协委员39人，在2021年区两会期间，共提交集体提案1件，委员个人提案29件，其中洪国标委员的《关于将切实加强高危人群癌症筛查纳入政府民生工程的建议》提案被列为2022年度区政协室（委）督办重要提案。（阮丽娜）

【建议方案】 2022年，民建柯桥区基层委员会组织开展调研工作，围绕区委统战部"高质量发展建设共同富裕示范先行区"和"杭绍临空经济一体化发展示范区绍兴片区建设"重点调研课题，分别成立由副主委陈立柱、洪晓鸿为组长的调研小组，通过实地走访、座谈交流等多种形式，整合多方资源信息，掌握大量数据资料，最终形成《强化要素保障，厚植农业沃土，着力打通柯南山镇共同富裕"最后一公里"和《关于加快推进杭绍临空经济一体化发展示范区绍兴片区建设的建议》方案，引起上级领导的重视。（陈立柱 洪晓鸿）

【社情民意撰写】 2022年，民建柯桥区基层委员会全年撰写社情民意56篇，其中《三方面因素制约外贸企业享受》《区域全面经济伙伴关系协定》《RCEP贸易红利需关注》3篇被全国政协录用。《纺织大区反映国际海运费暴涨外贸企业生存难亟待干预破解》《基层反映岁末年初农贸市场疫情防控三大难点亟需关注》《关于完善废旧国旗处理机制的建议》《建议我省逐步将加强高危人群癌症筛查纳入政府民生工程》《涉疆法案生效使我国纺织产业出口风险骤增亟待关注》《纺织企业出口美国市场受多重因素影响下降明显亟待关注》分别被省委会录用。市委办录用2篇，市委统战部录用2篇，市委会录用19篇。（阮丽娜）

【"柯桥民建·生命关爱"百万基金启动】 2022年4月，民建柯桥区基层委员会正式启动"柯桥民建·生命关爱"百万基金，计划5年内定向用于柯桥区生命博爱体验馆内的生命关爱公益体验课程，以及配置户外救援队装备、应急物资采购等项目，旨在使参训学生通过实景体验和主题培训，有效提高学生的安全意识和逃生技能，增强学生自救自护能力。截至12月底，购买急救包5000只、担架60只、森林消防泵1只。累计开展中小学生研学游、暑期急救课堂30余班次，集中培训中小学生累计2020余人。

2022年4月29日，"柯桥民建·生命关爱"基金启动仪式在区生命博爱体验馆举行 （民建区基层委员会 提供）

【社会服务】 2022年，民建柯桥区基层委员会依托民建经济政策咨询工作室，每周一、三、五下午安排资深业务人员为全区企业提供法律、社保、税务、环保等经济政策咨询服务。建中支部赴王坛蒋相村开展支部“共同富裕助困帮扶”活动，建华支部前往王坛镇万乔村开展困难群众走访慰问活动，建兴支部和建国支部赴兰亭街道开展“民建联盟·助力共富”活动。会员孙珧凤、马华杰赴安昌街道参加区委统战部组织的“三下乡”活动，为村民提供社保政策咨询；会员殷阿四通过区红十字会向兰亭街道卫生院捐赠价值288万元的CT机1台。（阮丽娜）

2022年7月9日，民进柯桥区基层委员会举行九届六次全体（扩大）会议暨省党代会精神专题学习会 （胡萍英 摄）

2022年11月9日，民建柯桥区基层委员会在党外人士之家召开对口联系部门工作座谈会 （阮丽娜 摄）

民进柯桥区基层委员会

【概况】 2022年，民进柯桥区基层委员会共有9个支部，会员182人，2021年新发展会员12人，包括区人大代表1人、区政协委员2人，去世会员1人，调入1人。主委俞小炜。会内人大代表、政协委员多次参加区人大、政协组织开展的“代表议事”“请你来协商”等活动，为政府大事要事出谋划策。多位会员被各级部门聘为监督员，履行民主监督职能。修订完善《支部标准化建设年度考核细则》，鼓励引导各支部和会员争创优秀支部、优秀会员，又制定《信息员管理制度》《社会服务活动（项目）准入制度》等，规范基层组织活动要求。民进区基层委获“2017—2021年度民进全省先进集体”“民进绍兴市先进基层委”称号；职教支部获“2022年度民进浙江省优秀基层组织”称号；小教支部、机关支部、鲁迅中学支部获“2022年度民进绍兴市先进支部”称号；俞小炜获“民进全国信息化建设先进个人”称号；金国琴、金海华获“2017—2021年度民进浙江省优秀会员”称号；金红红获“2017—2021年度民进浙江省优秀会务工作者”称号；金海华获“2022年度民进浙江省优秀基层组织负责人”称号；14人获“民进绍兴市先进个人”称号；9人获“民进绍兴市单项先进个人”称号；2人获民进省委会理论征文奖项。

【舆论宣传引导】 2022年，民进柯桥区基层委员会围绕“矢志不渝跟党走，携手奋进新时代”政治交接主题，参与“政治交接·民进记忆”主题征文共5篇。4名会员参加省委会“开明教育”论坛征文获二等奖1名、优秀奖1名。组织会员参加统一战线理论知识学习，组织新会员学习会章会史共30人次。“柯桥民进”微信公众号全年发布推送82期；“柯桥民进”视频号全年发布推送10期。

【“云阵地”建设】 2022年，民进柯桥区基层委员会建设“云阵地”，将基层委和各支部的“开明嘉苑”汇聚建成“开明·金柯”e嘉苑，将基层委和各支部资料陈列、风采展示从线下实地展陈搬到线上展示，全天候开启云上嘉苑窗口，展示组织面貌，全年点击量2000余次。

【参政议政工作】 2022年，民进柯桥区基层委员会在市、区两级两会上，24名人大代表、政协委员共递交各类建议、提案32件，其中集体提案2件。多名代表、委员的建议、提案获相关部门的回复和采纳。开展信息沙龙，建言献策，寻找参政议政着力点，其中8篇信息被民进中央录用，1篇被省委办录用、3篇被省政协录用，多篇信息被省民进、市政协、区政协等各级部门录用。深入乡镇开展调研，6月完成《有效实现城乡融合发展，因地制宜推进农村公共服务提标扩面》的调研报告。配合市委会年度课题工作要求，做好课题“高标准构建技工教育体系，高质量培养技术技能人才的路径探索”的资料收集、数据提供、撰写等工作。上报直通车5篇，其中2篇调研材料获区委书记陈豪批示。

2022年7月，民进柯桥区基层委员会赴马鞍街道亭山桥村开展“推进共同富裕”重点课题调研　（徐慧娟　摄）

【“开明·金柯”互联网+公益课堂】 2022年，民进柯桥区基层委发挥“开明·金柯”互联网+公益课堂优势，第六年开展“开明·金柯”高考志愿填报公益讲座，采用线上线下同步进行的模式，在线上收看点击率32万多次。开展“开明·金柯”送医送教送法服务和扶贫援助活动。

2022年6月19日，由民进柯桥区基层委员会主办的“开明·金柯”高考志愿填报公益讲座开播　（金红红　摄）

【社会服务】 2022年，民进柯桥区基层委员会探索社会服务新亮点，为王坛镇南溪书舍捐赠近2万元图书，并开展现场图书阅读辅导，给山区百姓送去书香和爱心。在作协的会员为孩子们开设儿童文学讲座，40多名孩子参加讲座，有特殊教育经验的会员为10多名特殊儿童开展关爱服务。有二级救护师资格的会员在暑假期间，为学生们开设“预防溺水”应急救护技能培训课堂，参与学习培训的学生300多人。（金红红）

农工党柯桥区基层委员会

【概况】 2022年，农工党柯桥区基层委员会下属5个支部，有党员173人，其中市人大代表1人、市政协委员2人、区人大代表3人、区政协委员17人。推荐发展新党员6人，其中区政协委员1人，副高以上职称3人。主委陈丽娜。在市、区两会上以个人或联名形式提交提案建议20余件，内容涵盖“青少年关爱、养老服务、文化传承、城市管理”等多项主题。基层委副主委王啸澜代表区基层委在二届一次政协会议上以《关于守正创新·加快区域中医药能力建设的建议》为题作大会发言，获区委书记陈豪批示。全年“柯桥农工”微信公众号推送消息50余篇，向农工党市委会“绍兴农工党”微信公众号、区委统战部“柯桥统战”微信公众号输送30余篇稿件。

【青年骨干培养】 2022年，农工党柯桥区基层委员会在日常履职工作中，吸收年轻党员包括“90后”党员。在全区年轻干部综合比选中，基层委2名“90后”党员，1名提任副科级领导，1名提任单位中层正职。明确信息骨干季度例会制度，形成一支以“85后”“90后”党员为核心的信息骨干队伍。向上级部门共递交30余篇社情民意信息，供决策参考。录用数和报送数，在全市农工党组织中位列第一。

【外籍人士医疗服务研究】 2022年，农工党柯桥区基层委员会围绕共同富裕主题，确定外籍人士医疗服务保障的课题方向，赴区公安分局、绍兴市中心医院、外国人才集聚区等实地考察，最终形成《关于提高柯桥区常住外籍人士医疗保障服务水平，助力高质量发展共同富裕示范先行区》的调研报告。各支部也一并围绕共同富裕主题，确定子课题，分赴柯岩、福全、平水等镇(街道)开展实地调研，形成调研成果。基层委报送的直通车《关于完善我区特殊儿童"医社联动"机制的调研——基于高尔夫社区"蜗牛之家"公益项目的调查研究》获得区委副书记陈利华的批示肯定。

【健康宣教活动】 2022年，农工党柯桥区基层委员会发挥党派界别优势，开展"农工党·鉴水情"健康宣教活动，以健康宣教为主要内容，线上线下齐头并进。线下以"鉴水大讲堂"为品牌名，赴区颐乐园、燕甸园社区、钱清九岩村等开展宣教讲座，共开展4期;线上以"鉴水云讲堂"为品牌名，以"柯桥农工"视频号为平台，推送4期健康宣教短视频。明确各支部服务基地，二院一支部联系服务稽东高阳村，中心医院支部联系服务钱清九岩村，综合支部联系服务区颐养院，医卫联合支部联系服务柯岩高尔夫社区。全年开展社会服务16次。

【王坛镇医疗服务基地授牌仪式】 2022年6月，农工党柯桥区基层委员会在王坛镇南溪书舍举行医疗服务基地授牌仪式暨大型义诊活动，区政协主席吴海洋，区政协副主席、农工党区基层委主委、区中医医院院长陈丽娜，王坛镇党委副书记、镇长姚伟方等出席活动。绍兴二院、绍兴市中心医院、柯桥区中医医院、柯桥区妇保院的10余名农工党医疗专家们为当地村民开展现场义诊。服务基地正式授牌后，农工党柯桥区基层委不定期组织医生党员在此开展义诊和宣教，服务基层群众健康。

2022年6月9日，农工党柯桥区基层委员会在王坛镇举行医疗服务基地授牌仪式暨大型义诊活动 (单明铭 摄)

【社区义诊】 2022年10月，农工党柯桥区基层委员会组织20余名农工党医疗专家赴福全金三角社区开展义诊，为村民们提供健康咨询、报告单解读、慢病随访等健康服务。义诊所涉医学门类有肿瘤外科、心胸外科、神经外科、中医内科、内分泌科、皮肤科、眼科、骨科等多个领域。(袁　飞)

2022年10月28日，农工党柯桥区基层委员会组织医疗专家在福全金三角社区开展义诊 (单明铭 摄)

九三学社柯桥区基层委员会

【概况】 2022年，九三学社柯桥区基层委员会下属4个支社共有社员128人，其中省人大代表1人、市人大代表2人、市政协委员1人、区人大代表8人、区政协委员19人，区人大常委会副主任1人、区政协副主席1人。主委为王茂荣。基层委组织规范化建设持续推进，工作运行机制不断完善，编写《九三学社柯桥区基层委工作规程》(以下简称《规程》)，《规程》共涵盖13项制度办法，经区基层委八届六次委员会议讨论通过后印发。区基层委获

2022年11月3日，九三学社柯桥区基层委员会在平水镇小舜江村举行“学习党的二十大精神，助力平水小舜江共富”揭牌活动
（王　璟　摄）

社中央“2021—2022年社会服务先进集体”荣誉称号，获社市委2022年度先进基层委员会一等奖，柯桥区二支社荣获社省委2022年度社会服务先进基层组织称号，一支社、四支社分别获社市委2022年度先进支社一等奖、三等奖，4名社员获得社省委先进荣誉，18名社员获得社市委先进荣誉。

【参政议政】 2022年，九三学社柯桥区基层委员会在基层委小舜江村社会服务基地客厅设置政协委员工作室和人大代表联络室，鼓励和发动社内各级人大代表、政协委员参政议政。基层委11名人大代表提交14件建议，20名政协委员提交24件提案，其中区政协大会发言提案《关于高标准建设“柯桥未来之城”的建议》，受到区委主要领导批示；向社市委、区政协投稿社情民意信息共27篇，录用22篇次。完成年度调研课题6项，主题涵盖共同富裕、碳达峰碳中和、市政基础等热点领域。上报直通车材料3篇，其中周建军社员撰写的《关于大力推进“杭绍星城”林荫道规划建设的建议》《关于赋予井盖文化功能为杭绍星城添彩的建议》受到区委主要领导批示。

【协商履职】 2022年，九三学社柯桥区基层委员会履行民主党派参加中国共产党领导的政治协商的基本职能，认真做好政党协商、政协协商建言资政工作，全年有陈明贤、祝自力、李涛3名社员委员作为发言代表参加3场“请你来协商”活动。基层委主委代表党派参加“高质量发展建设共同富裕示范先行区”“大综合一体化改革工作情况”“2022年法检‘两院’重点工作”等主题通报会6场，完成2份专题调研报告。

【社会服务】 2022年，九三学社柯桥区基层委员会落实结对共建年度计划，助力小舜江村创建红色生态共富示范品牌，协调村委及强村公司，共同挖掘乡村发展潜力；利用社员专业优势，组织参与村里开展的义诊、义工、义助服务；支持社市委“越九三·越温暖”项目，向项目捐款2万元用于救助困难群众；全年开展“礼赞二十大，之江同心行，九三学社送文艺促共富”惠民演出活动、“中医服务进社区，义诊暖人心”社区活动、“同心共庆二十大，团结奋进新征程”科普讲座等大型义诊系列主题活动14场。

2022年11月6日，九三学社柯桥三支社在兰亭街道谢家坞村开展科普讲座、大型义诊系列活动
（应　静　摄）

【人才队伍建设】 2022年，九三学社柯桥区基层委员会新发展7名社员入社，其中硕士以上学历的2人。提前筹划下一年队伍发展工作，引导和鼓励全体社员立足本职、爱岗敬业、服务发展，不断取得更加优异的岗位成绩。邢遵胜社员作为卡塔尔世界杯主场馆钢结构建设项目经理，相关事迹被社中央、社省委、《团结报》、团结网、九三学社之声等宣传；陈明贤社员领导的东进新材料有限公司被认定为“2022年度浙江省科技‘小巨人’企业”和浙江省第二批制造业“云上企业”。（沈　玮）

类目编辑　高祖钿

群众团体

柯桥区总工会

【概况】 2022年，柯桥区建设红色工会、实干工会、为民工会、数智工会、品牌工会，全区工会获评全国级荣誉3个、省级荣誉9个、省级试点2个，承办省级竞赛3场，成为全省推进非公有制企业产业工人队伍建设改革十大样板，在全省产改现场会上交流发言。全区新建工会组织156家，新增会员7421人。制定区总工会联系指导新业态头部（重点）企业工会制度，确定浙江金蝉布艺股份有限公司与申通快递结对共建试点。报送省总工会新领域基层工会建设创新案例，为快递行业等3家单位申报省总工会新业态基层工会专项经费补助。浙江金昌房地产集团有限公司爱心暑托班被评为全国工会爱心托管班，浙江天圣化纤有限公司被评为全国“安康杯”竞赛优胜单位，柯桥街道大渡社区张晓鸿被授予“全国五一劳动奖章”。轻纺城国际物流园等3个项目参加市级重点项目立功竞赛，联合区发改局组织9个项目开展区级重点项目立功竞赛。镜水路南延公路工程项目工程管理组获评浙江省工人先锋号，2个集体、3名职工分别获评浙江省立功竞赛先进集体、先进个人。浙江迎丰科技股份有限公司等3家企业获评全国节水型企业，浙江越新印染有限公司被评为全国节水创新先进集体。

【劳模工匠选树】 2022年，柯桥区强化劳模工匠选树，推选市劳动模范12人、模范集体2个。获评浙江工匠5人、绍兴工匠13人、柯桥区杰出工匠10人，创建区劳模（工匠）创新工作室4家、优秀劳模（工匠）创新工作室3家。

【劳模工匠精神宣讲】 2022年，柯桥区拍摄宣传劳模工匠系列短视频、纪录片11部。优选20名代表组成劳模工匠宣讲团，选送3名劳模工匠参加“小柯开讲”宣讲团，开展各类示范宣讲78场次，全国五一劳动奖章获得者范静波在全市458所中小学同步直播宣讲。

【技能竞赛】 2022年，柯桥区承办浙江省银行机构反假币知识与技能竞赛等3场省级技能竞赛，申报黄酒酿造、网店客户服务2场竞赛为省级百场最受好评乡镇（街道、园区、产业集聚区）特色职工职业技能竞赛。开展第十届“金梭奖”职业技能大赛，确定装表接电、民宿服务等12个比赛项目，年度表彰

2022年7月22日，浙江省银行机构反假货币知识与技能竞赛在柯桥举行
（区总工会　提供）

"金梭奖""银梭奖"各12人。

【产业工人队伍建设改革】 2022年,柯桥区组织召开产业工人队伍建设改革推进会,制定2022年柯桥区产改工作方案,指导5家市级产改示范单位完成建设任务,3家单位完成幸福共同体企业领头雁行动建设任务,并通过考核验收。对评估合格及以上的各级试点镇(街道)、产业(行业)、企业共补助25万元。柯桥区"三步走'靶向'提升产业工人技能素质"做法被评为浙江省推进非公有制企业产改十大样板,并在全省镇街(园区)产改工作现场推进会上作经验介绍,试点单位精工钢构集团"心福"工程入选浙江省非公有制企业产改十大案例。

【职工生活关爱】 2022年,柯桥区申报省级提升职工生活品质之新就业形态劳动者温暖行动试点,"王大姐"志愿服务队被列为省级关爱职工公益伙伴纽带计划试点。在中国电信柯桥分公司建立工会户外劳动者服务站点,启用覆盖全区的20个"爱心翼站"。开展"清凉有礼、柯桥有爱"和"诚心'橙'意送温暖——'柯工惠'开心年夜车"活动,获人民日报手机端发布点赞。开展夏季户外职工高温慰问活动,共慰问一线职工999人,慰问金额19.7万元。组织"柯工缘"技能职工、有志青年等8场联谊活动,授牌安昌古镇、柯桥古镇2个青年交友基地。

2022年11月10日,柯桥区举行"柯工缘"抗疫职工专场联谊活动（区总工会 提供）

【和谐劳动关系建设】 2022年,柯桥区开展"法院+工会"工作室调解,在职工人数最多的马鞍街道增设工会工作室。柯桥区工会工作室调解纠纷被评为全市"枫桥经验"工会实践论坛优秀案例一等奖,在全市工会劳动争议多元化解现场会上作交流发言。开展15场"尊法守法·携手筑梦"服务农民工公益法律服务行动。(娄丽芳)

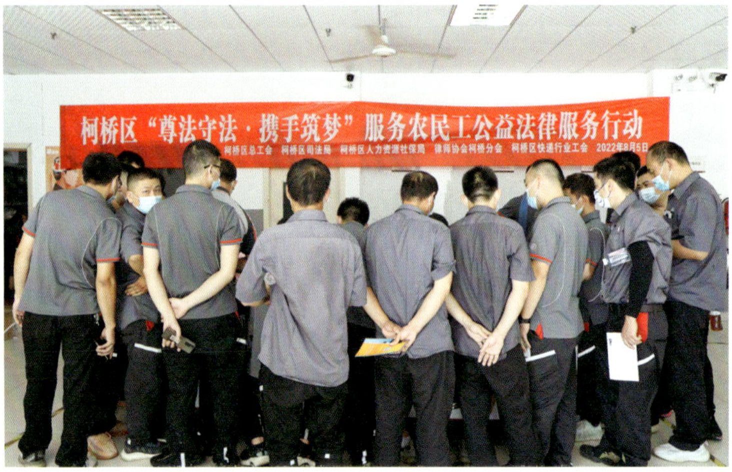

2022年8月5日,柯桥区"尊法守法·携手筑梦"服务农民工公益法律服务行动在区顺丰速运网点开展（区总工会 提供）

共青团绍兴市柯桥区委员会

【概况】 2022年,柯桥区有基层团委501个,基层团工委26个,团总支67个,团支部1446个,共青团员27767人。完成县域共青团基层组织改革全国试点工作。齐贤街道团委书记于莹莹被授予全国优秀共青团干部称号,刘奕杨团队水系锌离子电池项目获"创青春"浙江省青年创新创业大赛总冠军,柯桥区青少年宫获评浙江省科普教育基地,纺织之都的"洋娘舅"——外籍人士矛盾纠纷调解志愿服务项目获浙江省青年志愿服务项目大赛银奖,柯桥街道团委被授予"浙江省五四红旗团委"称号,鲁迅中学团委书记赵杨女被授予"浙江省优秀共青团干部"称号,夏履镇社事办工作人员张琛被授予

"浙江省优秀共青团员"称号，杨汛桥紫薇小学六(5)中队少先队员张紫若、柯岩中心小学中队辅导员俞袁萍、区青少年宫培训部部长张小琴被授予"浙江省少先队成绩突出个人"称号。

【理论宣讲品牌建设】 2022年，柯桥区推出"纺城星声代"青年理论宣讲品牌，组织开展党的二十大精神巡讲启动仪式暨"礼赞二十大 青春颂华章"柯桥青年TALK秀(脱口秀)，邀请挪威工程院院士郁志新、清华大学博士后李军配等高层次人才开展"院士开讲啦"交流论坛暨"名师网上课堂"。建设"星潮优选"品牌项目，组织开展"青春共话二十大"围炉煮茶等活动。常态化开展一月一讲·云讲堂，累计覆盖青年3.4万人次，获新华网客户端报道；借助齐贤星火龙山党团队基地，推出原创"红色剧本杀"《机业黎明》，沉浸式理论宣讲模式获《浙江日报》头版报道。

【青年志愿队伍建设】 2022年，柯桥区围绕"我在窗口写青春 逐梦星城迎亚运"，组建柯桥赛区亚运志愿服务队伍，推动"柯桥有意思"本土地方文化课程列入之江学院学生选修课。举行"纺城青年 志愿先行"志愿者培训出征仪式，发布品牌形象"小青蚕"。组织青年志愿者3385人次，助力新冠疫情防控工作。

【青年留才兴城场景建设】 2022年，柯桥区制定引、育、留全链条式青年人才星睿计划，邀请承接清华大学、浙江工商大学、浙江音乐学院等8支名校实践团队到柯桥调研，成立大学生校地合作志愿服务基地，推动清华大学乡村振兴实践站柯桥站点建设，组织开展"家燕归巢"暑期社会实践，举办"学子故乡行"活动；聚焦"服务青年"让青年人才爱上柯桥，承办绍兴市人才峰会子活动"嗨青春·畅未来"高层次人才联谊活动，制作团市委青年发展型城市建设主题视频，浙江新闻浏览量超32万人次。

2022年11月6日，共青团柯桥区委在东方山水乐园承办"嗨青春·畅未来"高层次人才联谊活动 (叶雨梦 摄)

2022年11月17日，柯桥区"小青蚕"们助力第五届世界布商大会 (叶雨梦 摄)

【青年助力共富计划】 2022年，柯桥区实施"青春共富联盟"项目，在各镇(街道)建立青年企业家协会青创联盟，举办青年"共富说"宣讲。联合青年网红开展青耕中国主题系列直播活动3场，累计带动农旅产品销售超35万元，帮助王坛镇农户销售1000余千克滞销蓝莓。

【党团队育人"一条链"】 2022年6月16日，柯桥区青少年宫少工委成立。区青少年宫创新建设少年科学院电子创新社团、洞洞兽少儿手作社团，开展纺城小游侠助力"双减"活动90场次，获评浙江省科普教育基地。在湖塘街道、漓渚镇、王坛镇、稽东镇等地，建立酒香书舍、花满棠缤纷乐园等4个红领巾e站，累计开展活动158场，服务青少年6500余人，市级民生实事项目完成比例200%。承办2022年浙江省少先队“红领巾学院”学员培训暨争章挑战营柯桥站活动，柯桥队员代表绍兴市获全省一等奖。

2022年8月1日，共青团柯桥区委承办2022年浙江省少先队“红领巾学院”学员培训暨争章挑战营柯桥站活动　（叶雨梦　摄）

【“青春益家人”帮扶行动】 2022年，柯桥区成立全省首个社区矫正人员帮扶虚拟社区“青澄社区”，打造“平台+站+点”三级联动帮扶体系。“青澄之家、青澄课堂、青澄港湾、青澄驿站”帮扶矫正对象及其子女，推进街道社工常态化运行。新冠疫情后期开展爱心药箱互助行动，获中新网、《中国法制报》报道。（陆筱筱）

柯桥区妇女联合会

【概况】 2022年，柯桥区开展“我奋斗·家国美”故事汇、喜迎二十大“伊家畅聊会”等各类活动50余场，针对不同的女性创业群体开展家政育婴、电商直播、乡村旅游等培训83场，举办“春风送岗位”等就业对接会，开展助力新冠疫情防控、文明创建、垃圾分类等巾帼志愿服务856场。集中开展家庭教育宣传月活动，累计开展《中华人民共和国家庭教育促进法》解读、亲子绘本阅读、普法宣传等活动20余场，播放家教家风公益宣传片上千次，2万余人参与线上有奖竞答活动。组织开展暖心关爱活动，走访慰问儿童330人，结对帮扶留守儿童、困境儿童101人，助学结对女童资金7.5万元。发挥“都是伊家”慈爱基金作用，发放“伊家·扶贫帮困”子基金4万元，惠及家庭8户。柯桥区妇联获评全省县（市、区）妇联平安家庭建设优秀单位。柯桥街道楼宇企业妇联获评省示范新领域妇联组织，平水镇妇联获评省示范乡镇（街道）妇联。获评省级巾帼建功标兵2人，获评绍兴市巾帼科技创新工作室1家，获评“绍兴市最美巾帼科创奋斗者”2人。获评全国家庭工作先进个人1人，获评省级最美家庭3户，获评市级最美家庭14户，获评区级最美家庭17户。获评省级绿色家庭2户，获评市级绿色家庭8户，获评区级绿色家庭32户。创建省级巾帼文明岗2家、市级巾帼文明岗8家，区级巾帼文明岗获认定57家。

【镇（街道）妇联组织换届】 2022年，柯桥区以柯桥街道妇联、平水镇妇联2个试点为基础，完成16个镇（街道）妇联组织换届，选举产生镇（街道）妇联领导班子82人，平均年龄39.74岁，其中本科61人、研究生及以上11人；镇（街道）妇联执委264人，平均年龄41.23岁，其中本科152人、研究生及以上19人。

2022年4月22日，柯桥街道妇联召开第五次妇女代表大会　（区妇联　提供）

【“巾帼共富工坊”建设】 2022年，柯桥区启动各镇（街道）“巾帼共富工坊”建设，重点建设平水镇合心村竹制品工坊、安昌街道酱制品工坊等“巾帼共富工坊”。结合乡村旅游、直播经济等热点，联合区供销社、各创业联盟、女性社会组织等帮助女性开展农产品销售。

【“肖姐姐有话说”维权品牌】 2022年，柯桥区妇联联合区法院建立特设“共享法庭”，联合区司法局在“律动浙里”上线“肖姐姐”妇儿驿站，联合网易绍兴开设访谈栏目《肖姐姐有话说》并推动栏目播放“进地铁”。

【妇女儿童驿站建设】 2022年，柯桥区系统整合妇联各类工作平台，创建省级三星妇女儿童驿站1家、市级二星妇女儿童驿站5家、区级一星妇女儿童驿站59家。爱心企业绍兴清蓝母婴护理有限公司捐赠1万元资金设立“绍兴悦悦满”慈善基金，定向用于资助柯桥区妇女儿童驿站等项目，首笔善款1000元注入平水镇妇女儿童驿站。

2022年9月30日，柯桥区组织的“喜迎二十大 齐家助清廉”文艺作品展在区行政中心展出 （区妇联 提供）

【“好家风助清廉”文艺作品征集活动】 2022年，柯桥区妇联与区纪委监委、区教体局、区文联联合开展“我心中的清廉柯桥”之“好家风助清廉”文艺作品征集活动，累计收到摄影、绘画手工、诗歌作品500余幅，评出获奖作品33幅。

【区女企业家协会换届】 2022年7月18日，柯桥区召开区女企业家协会第十次会员大会暨换届大会，大会首次推行轮值会长团队模式。各女企业家代表分别与“南山姐姐”创业联盟、“香林嫂”妇字号农家乐联盟、“花联盟”女性创业共同体、伊家创业联盟“结亲”，助力项目的资金、推广、销售、生产等。（赵梦迪）

柯桥区科学技术协会

【概况】 2022年，柯桥区在“柯桥e科协”微信公众号推送科普信息600余篇；在“柯桥e科普”抖音号推送短视频110个。依托柯桥“双e”平台，传播科学文化，普及科普知识。在全区范围内进行走访摸排，申报市级基层特色科普馆4家、农村科普示范基地1家、科普书吧5家。

【区科协一届二次常委会会议】 2022年9月6日，柯桥区举行科协一届二次常委会会议，区科协党组书记、主席马国勇代表区科协第一届委员会常务委员会作工作报告。会议审议通过区科协第一届委员会副主席、常委、委员等人事调整变更事项。

【“科创中国”促共富浙江省级试点单位示范创建现场会】 2022年12月1日，“科创中国”促共富浙江省级试点单位示范创建现场会在柯桥区召开，柯桥区在会上作典型发言。会议组织实地考察东盛慧谷民营科技园院士专家工作站、柯桥区印染产业集聚升级服务中心、盖科（浙江）生物科技有限公司博士创新站等，调研柯桥区在“科创中国”柯桥实践中取得的发展成果，向全省提供“科创中国”省级试点区的“柯桥经验”。

【青年科学家数字时尚智造论坛】 2022年11月24日，柯桥区举办“科创中国”主题活动

2022年11月24日，柯桥区举办“科创中国”主题活动暨青年科学家数字时尚智造论坛 （区科协 提供）

暨青年科学家数字时尚智造论坛，论坛围绕全区时尚产业发展，致力搭建“数字赋能、创新引领、产业驱动”的政产学研用联动交流平台。上海交通大学讲席教授、日本工程院外籍院士李颉等3位专家作主题报告，分享前沿技术与行业心得。会上举行院士(专家)工作站、绍兴市博士创新站等授牌仪式。

【校地合作】 2022年8月29日，柯桥区举办“科创中国”主题活动暨齐贤街道和中国计量大学机电工程学院全面合作签约仪式，签约院士专家工作站1家、博士创新站3家、研究生实习基地3个、产学研基地3个，与浙江省电机动力学会、浙江省自动化学会共同建立数智科创服务工坊。

2022年8月29日，绍兴市柯桥区举行“科创中国”主题活动暨齐贤街道和中国计量大学机电工程学院全面合作签约仪式（区科协　提供）

【院士“进家”活动】 2022年，柯桥区发挥浙江院士之家——柯桥院士小镇作用，多次邀请冯长根、王琪冰等院士到柯桥开展院士讲座、院士论坛、院士义诊、院士进企业等活动。2月，院士冯长根参加揭牌建站、柯桥中学专题讲座活动；5月，院士李兰娟、郑树森夫妇参加绍兴第二届康养休闲文化节暨第六届乡贤名医义诊活动，成立全国首家小镇“双院士”乡贤名医工作室；6月，院士谭建荣在柯桥区委理论学习中心组作专题报告。7月，院士王琪冰在梅轮电梯作专题讲座。

【“一家三站”工作】 2022年，柯桥区继续开展“一家三站”工作，“一家”即“浙江院士之家”，“三站”即院士工作站、专家工作站、博士创新站。9月14日，浙江省数字经济学会与柯桥区印染工业协会达成战略合作，数字经济学会柯桥服务站成立。10月，浙江省数字经济学会柯桥服务站入选第九批绍兴市创新驱动助力工程学会服务站。全年新建A类专家工作站1个，B类专家工作站3个；认定首批“浙江省博士创新站”1家，市级博士创新站15家。

【“全国科普日”系列活动】 2022年9月15—21日，柯桥区在“柯桥e科协”微信公众号开展“喜迎二十大 科普向未来”2022年柯桥区全国科普日科普知识网络大赛，参与人员1.7万人次。联合多部门共同开展“全国科普日”线下科普活动，展出科普展板近70块，发放科普资料、宣传物品12000余份，接受现场咨询1000余人次。

【青少年科技创新大赛】 2022年11月15日，第38届绍兴市柯桥区青少年科技创新大赛在华舍中学举办，共收到各类作品及方案近265件(个)，评出获奖作品165件(个)，推选优秀作品参加省、市科技创新大赛，获省级比赛奖项13项、市级比赛奖项81项。

【中科院老科学家科普演讲团进校园活动】 2022年10月28日至11月4日，柯桥区邀请王文利、何林、许木启、卢汉

2023年10月28日至11月4日，柯桥区邀请5位中国科学院老科学家科普演讲团成员到全区各大、中、小学校及科普教育基地开展科普报告巡讲活动（区科协　提供）

清、夏青5位中国科学院老科学家科普演讲团成员到全区各大、中、小学校及科普教育基地开展科普报告巡讲活动45场，参加师生1万余人。（虞伟杰）

柯桥区归国华侨联合会

【概况】 2022年，柯桥区组织开展侨情调查，完善侨情数据资料库。举办“侨聚柯桥”2022侨界峰会，邀请80余名侨商分享创业故事、共话柯桥发展。推荐培育省“乡村侨舍”2家，创建省侨界创新创业基地1家、推荐申报2家，新建海外侨务工作联络站1家。镇（街道）侨联换届4家，新建楼宇侨联工作站2家、村（社区）侨联1家，平水镇、柯岩街道、稽东镇等“侨胞之家”获评省“星级侨胞之家”。

【“侨聚柯桥”2022侨界峰会】 2022年12月14日，柯桥区举办“侨聚柯桥”2022侨界峰会，主题为“以侨为桥·筑梦柯桥”。省、市、区各级领导和海内外侨商共100余人出席。新西兰新中友好文化艺术交流中心主席、新西兰利杰国际董事长曾险，柯桥区海创会会长、绍兴大鱼纸业有限公司董事长王君，柯桥区侨商会常务副会长、浙江金蝉服饰有限公司总经理杨卫，浙江材华科技有限公司创始人、CEO李军配等侨界人士分别作创业经验与心得交流。

2022年12月14日，柯桥区举办“侨聚柯桥”2022侨界峰会
（区侨联 提供）

【区侨联一届二次全委（扩大）会议】 2022年9月2日，柯桥区召开侨联一届二次全委（扩大）会议。区侨联领导班子，区侨联委员、海外侨团、区侨商会、海创会负责人代表，部分重点归侨侨眷代表等80余人参加。会议传达学习上级侨联有关会议、区委二届全委（扩大）会议等会议精神，补选浙江工业大学之江学院信息工程学院党总支书记杜丰为区侨联第一届委员会常务委员、副主席。

2022年9月2日，柯桥区召开侨联一届二次全委（扩大）会议
（区侨联 提供）

【信息经济产业考察】 2022年11月5日，柯桥区组织区侨商会、海创会企业家30余人，赴上虞省侨联创新创业基地——e游小镇，学习考察上虞信息经济产业。考察团先后实地考察上虞浙江秀合传媒集团有限公司、浙江玩美数据科技有限公司，听取两家公司在信息产业、云计算平台建设和人才引进等方面的经验介绍，并就信息技术的开发与创新，大数据、云计算对现代企业的发展与促进开展讨论。

【现代农业产业项目考察】 2022年8月17日，柯桥区组织区侨商会、海创会企业家40余人，赴平水参观考察现代农业产业项目。考察团先后到浙江海丰生物科技有限公司、绍兴中禾竹木制品有限公司，学习考察发展高质量农业绿色经济，助推乡村振兴、农民增收等方面做法。

【庄莉萍到柯桥调研】 2022年8月4日，浙江省侨联党组书记、主席庄莉萍一行到柯桥调研。市委常委、统战部部长叶卫红，区委常委、统战部部长方优美，区侨联主席盛顺利参加调研。庄莉萍先后走访省华侨国际文化交流基地——柯桥区非遗馆、柯桥区科技园、东盛慧谷产业创新服务综合体等单位，在浙江迅实科技有限公司、浙江材华科技有限公司等侨企进行座谈交流。

【获评“世界华人学生作文大赛”优秀组织单位】 2022年5月，柯桥区被第二十二届“世界华人学生作文大赛”组委会评为优秀组织单位。大赛由中国侨联、全国台联、《人民日报》（海外版）、快乐作文杂志联合举办，45个国家和地区的300多万名华人华侨学生参赛。柯桥区选送参赛作品523篇，绍兴鲁迅中学获评优秀组织示范校。

2022年5月，浙江省绍兴市柯桥区归国华侨联合会荣获第二十二届世界华人学生作文大赛优秀组织单位称号 （区侨联 提供）

【柯桥区墨西哥海外侨务工作联络站成立】 2022年8月17日，柯桥区墨西哥海外侨务工作联络站成立暨签约仪式在柯桥举行，签署《绍兴市柯桥区海外侨务工作联络站协议书》。至8月，柯桥区在美国旧金山、俄罗斯莫斯科、日本东京、加拿大多伦多、新西兰奥克兰、澳大利亚墨尔本、阿联酋迪拜、法国巴黎等16个国家和地区城市建立海外侨务工作联络站。

【3家“侨胞之家”获评2021年度省“星级侨胞之家”】 2022年，根据《浙江省侨联系统“星级侨胞之家”选树管理实施办法》规定，经省侨联实地考察和各相关单位专家联合评审，柯桥区3家“侨胞之乡”获评省“星级侨胞之家”，其中兰亭街道“侨胞之家”获评五星级侨胞之家、柯桥街道柯福社区“侨之家”获评四星级侨胞之家、柯岩街道高尔夫社区“侨家大院”获评三星级侨胞之家。（徐炎法）

柯桥区工商业联合会（总商会）

【概况】 2022年，柯桥区工商业联合会（总商会）有镇（街道）商会16个、行业商会15个、异地商会25个，会员超1万家。柯桥区入围中国民营企业500强榜单企业3家，分别为浙江宝业建设集团有限公司、精工控股集团有限公司、浙江宝业住宅产业化有限公司（“宝业住宅”为新增企业）；入围中国制造业民企500强3家，分别为浙江天圣控股集团有限公司、浙江力博控股集团有限公司、浙江永利实业集团有限公司；入围市百强企业榜单企业26家。全年开展“三服务”走访慰问企业223家次，收集并解决问题68个。开展提振企业家信心调研活动，走访行业商会5家、企业86家，梳理反馈印染、窗帘等政策类执法类问题28个。柯桥区“倾力打造知识产权保护‘柯桥模式’”入选省工商联“两个健康”年度最佳实践案例。

【区工商业联合会（总商会）一届二次执委会】 2022年9月2日，柯桥区召开工商联（总工会）一届二次执委会议。区工商联主席、

2022年9月2日，柯桥区工商联召开一届二次执委会议暨促进民营经济“两个健康”推进会 （区工商联 提供）

总商会会长首次由企业家担任，新增浙江华天实业有限公司、浙江健然物资有限公司、浙江迎丰科技股份有限公司、浙江凡特思国际贸易有限公司4家民营企业负责人为工商联副主席。增补柯桥区工商联（总商会）第一届执行委员会委员7人，常务委员会委员6人。

【共富联盟建设】 2022年，柯桥区开展“共富·先行”对口帮扶、山海协助，动员89家执常委企业帮扶86个相对经济薄弱村开展结对帮扶，建设共富联盟，帮扶四川省乐山市峨边县4个村，组织基层商会购买峨边农特产品120万元。

2022年9月9日，柯桥区在王坛镇举办“共富·先行”村企合作结对帮扶启动仪式 （区工商联 提供）

【老绍兴回归工程】 2022年，柯桥区建设“老绍兴回归工程”服务联合体，建立“老绍兴回归工程”信息库，推动总部、产业、技术、人才、信息、感情六回归。摸排筛选有效信息30条，其中“1+3”（“1”是指大纺织，“3”是指新材料、泛半导体、生物医药）产业项目6个，计划总投资超71亿元，其中超10亿元项目2个、超5亿元项目5个。组织民营企业家代表参加“老绍兴回归工程”政企恳谈会、启动仪式等活动。

【政企恳谈会】 2022年，柯桥区开展以政策解读、专题交流、普法宣传等为主要内容的亲清直通车·政企恳谈会4次。1月29日，主题为“老绍兴回归工程”恳谈会，参加企业22家，反馈问题12个，全部解决。4月22日，主题为落实减税降费、优化营商环境，参加企业11家，反馈问题14个，全部解决。5月13日，主题为稳外贸、拓市场，参加企业10家，反馈问题10个，全部解决。11月17日，主题为“服务保障民营经济发展”，参加企业21家，反馈问题16个，全部解决。（张 月）

柯桥区文学艺术界联合会

【概况】 2022年，柯桥区文学艺术界联合会下辖11个直属协会，分别为作家协会、书法家协会、美术家协会、戏剧家协会、曲艺家协会、音乐家协会、舞蹈家协会、摄影家协会、电影电视艺术家协会、民间文艺家协会和朗诵协会，16个镇（街道）文联。2部文学作品出版，20篇原创作品在省市乃至国家级杂志发表；获国家级奖项8项、省市级奖项91项；举办书法、美术、摄影、拼布等各级各类展览20场次，线下现场观看近1万人次；《鉴湖》文艺双月刊全年出刊6期；组织开展培训、讲座、展演、送春联、文艺走亲等各类文艺志愿服务和文艺惠民活动100余场次。

【李平野作品纪念展】 2022年1月18日，“惯看秋月春风”——2022壬寅虎年李平野作品纪念展在柯桥美术馆举行，展期29天。展览由中共绍兴市柯桥区委宣传部、绍兴市柯桥区文学艺术界联合会主办，柯桥美术馆承办。展出作品主要为虎系列，包括《我上高岭避浮名》《惯看秋月春风》《月是故乡明》等。

【长三角书画名家邀请展】 2022年4月2日，“长忆江南”长三角书画名家邀请展在柯桥美术馆举

2022年4月2日，“长忆江南”长三角书画名家邀请展在柯桥美术馆举行 （区文联 提供）

行，展出由上海市闵行区文学艺术界联合会、上海中外文化艺术交流协会、中共绍兴市柯桥区委宣传部、绍兴市柯桥区文学艺术界联合会主办。展览选取沪、浙、苏、皖四地艺术家创作的61幅书画作品，通过不同视角、题材、风格反映长三角区域艺术家的创作风貌。

【中国轻纺城冠名30周年绍兴名家作品邀请展】 2022年5月25日，“国际纺都·喜迎二十大”中国轻纺城冠名30周年绍兴名家作品邀请展在柯桥美术馆开展。展览由中共绍兴市柯桥区委宣传部、中国轻纺城建管委、绍兴市柯桥区文学艺术界联合会共同主办，用艺术的方式，再现中国轻纺城30年的发展历程。

【古韵轩藏“绍兴十老”暨当代绍兴籍名家书画展】 2022年6月8日，古韵轩藏“绍兴十老”暨当代绍兴籍名家书画展在柯桥美术馆举行。展览以传播推广“绍兴十老”（“绍兴十老”是在2004年评选出来的，分别是周砥卿、冯亦摩、周庸邨、骆流善、钱彰武、宋子宇、郭子美、甘稼泥、蔡旺林、沈定庵）作品为重点，展示当代绍兴书画艺术风采，共展出由古韵轩会馆收藏的当代绍兴籍名家书画作品50余件。

【文艺骨干培训班】 2022年6月9日，柯桥区文艺骨干培训班在区委党校开班，主题为学习贯彻中共十九届六中全会精神，推进“艺术乡建”“六百工程”（百名作家写柯桥、百名诗人吟柯桥、百名画家画柯桥、百名摄影家摄柯桥、百名书法家书柯桥、百名歌者咏柯桥活动）工作。培训班为期2天，采取专题讲座、视频教学、学员讨论等方式，重点学习中共十九届六中全会精神、“艺术乡建”的思考、摄影与文献、面向新时代的文艺与创作等内容。

【百幅宋代书画精品特展】 2022年7月31日，“宋画经典 盛世重光”——百幅宋代书画精品特展在柯桥美术馆开展。展览由绍兴市柯桥区文学艺术界联合会主办，柯桥美术馆和停云馆承办，共展出宋画高清复制作品100余件，包含山水、花鸟、人物、书法等。

【“六百工程”主题创作文艺作品展】 2022年10月25日，“喜庆二十大 艺路共富行”——柯桥区“六百工程”主题创作文艺作品展开幕式在柯桥美术馆举行。展览以书法、美术、摄影、民间工艺美术等为表达载体，展出270余件主题文艺作品，作品由柯桥区书法家协会、柯桥区美术家协会、柯桥区摄影家协会、柯桥区民间文艺家协会等协会的150余名文艺工作者提供。

2022年10月25日，柯桥区“六百工程”主题创作文艺作品展开幕式在柯桥美术馆举行 （区文联 提供）

2022年6月9日，柯桥区文艺骨干培训班在区委党校开班 （区文联 提供）

【兰亭书会40周年庆书法作品展】 2022年9月23日，“抚今追昔”——兰亭书会40周年庆书法作品展在柯桥美术馆展出。作品展由绍兴市柯桥区文学艺术界联合会、兰亭书会共同主办，共展出60余件作品，均为20世纪80年代兰亭书会活动部分留存作品及部分名家题贺作品。

【朱长根书法作品展】 2022年11月8日，砚田常耕——朱长根书法作品展开幕式在柯桥美术馆举行。主要展出朱长根近期创作的百余件作品，展览作品以行草为主，篆、隶、楷兼具。展览由浙江警察学院、浙江省警察协会、浙江省书法家协会、中共绍兴市柯桥区委宣传部主办，绍兴市柯桥区文学艺术界联合会承办，绍兴市柯桥区书法家协会、柯桥美术馆协办。（沈嵩妮）

柯桥区残疾人联合会

【概况】 2022 年，柯桥区换届选举村（社区）残协、镇（街道）残联和区残联。落实残疾人社保补助政策，8847 名残疾人参加城乡居民医疗保险并获全额资助，1381 名灵活就业残疾人获社保补贴。开展残疾学生及残疾人子女助学助教工作，发放助学资金 25.4 万元。落实康复服务，实施残疾儿童基本康复服务 110 人次，减免康复经费 124.65 万元。

2022 年 11 月 4 日，绍兴市柯桥区残疾人联合会召开第二次代表大会（童佳萍 摄）

【重要公共场所无障碍改造】 2022 年，柯桥区对柯岩街道卫生院、柯岩客厅、建设银行东升支行、瑞丰银行柯岩支行、柯岩街道便民服务中心、华舍街道便民服务中心、福全街道便民服务中心、齐贤街道便民服务中心、钱清街道便民服务中心、漓渚街道便民服务中心 10 个重要公共场所实施无障碍改造，共改造点位 71 个。

【困难残疾人家庭无障碍改造】 2022 年，柯桥区对 152 户困难残疾人家庭开展“一户一设计、一户一方案”无障碍改造，投入资金 945292 元，包括卫生间改造、地面平整及坡化、辅助器具适配、净居亮居改造等，改善残疾人居家环境。

【残疾人创业就业辅助】 2022 年，柯桥区面向残疾人群体依法推动按比例就业，搭建招聘平台，免费开展职业技能培训，新增残疾人就业 170 人。为 15 个符合条件的残疾人发放就业创业补贴 2.35 万元。（童佳萍）

柯桥区红十字会

【概况】 2022 年，柯桥区红十字会实施全民应急救护能力提升工程，培训初级救护员 6848 人，普及红十字现场救护知识 7.3 万人次。入库造血干细胞采样 195 人，登记人体器官（遗体）捐献 758 人，实施造血干细胞捐献 4 例、人体器官捐献 3 例、遗体捐献 4 例。接受社会捐赠资金 1033.71 万元，支出 944.79 万元，其中完成东西部扶贫 383.67 万元。被浙江省红十字会授予“2022 年度浙江省红十字工作先进单位”称号。

【王可到柯桥调研】 2022 年 9 月 1 日，中国红十字会党组书记、常务副会长王可，中国红十字会秘书长李立东一行到柯桥专题调研红十字工作，浙江省人民政府副省长、省红十字会会长成岳冲，绍兴市委副书记、政法委书记杜旭亮，绍兴市人民政府副市长、市红十字会会长胡敏，柯桥区委副书记陈利华，柯桥区副区长陈勤等相关领导参加调研。王可一行分别考察柯桥区生命博爱体验馆、玉兰社区红十字博爱家园，在柯桥区生命博爱体验馆，参观了解相关建设、运营管理和研学游活动情况；在柯桥区玉兰社区，参观博爱家园建设，考察爱心屋、红十字云服务平台、名师工作室，了解红十字基层组织建设和服务阵地作用发挥情况。

【全民应急救护能力提升工程】 2022 年，柯桥区落实绍兴市“全民应急救护能力提升工程”民生实事工程，设立区级应急救护工作联席会议制度，应急救护持证培训 6848 人，普及培训 7.3 万人次，普及率排名全市第一。建成标准化应急救护基地 3 个、校园“救护培训工作坊”1 个、AAAA 级旅游景区救护站1个，举办师资培(复)训班2期；增设公共场所AED(自动体外除颤器)25台，全区累计配置AED 152台，每万人AED配备2.5台。

【造血干细胞捐献】 2022年2月，柯桥区农业水产技术推广站工作人员李瑜捐献造血干细胞混悬液264毫升，成为柯桥区第11例造血干细胞捐献者；9月，柯桥区特警大队辅警易海龙捐献造血干细胞混悬液246毫升，成为柯桥区第12例造血干细胞捐献者；10月，湖塘街道办事处工作人员张成炳捐献造血干细胞悬混液236毫升，成为柯桥区第13例造血干细胞捐献者；10月，柯桥区综合行政执法大队安昌中队队员潘建尧捐献造血干细胞混悬液100余毫升，成为柯桥区第14例造血干细胞捐献者。

【人体器官、遗体捐献】 2022年，柯桥区分别实施人体器官捐献5例、遗体捐献4例。1月11日，兰亭街道的屠某某因意外受伤离世，其家人捐出他的眼角膜和遗体；5月12日，四川籍何某某因意外离世，其家人捐出他的肝脏；8月28日，安昌街道谢某某因病离世，其家人捐出他的遗体；9月29日，广西籍韦某某因意外离世，其家人捐出他的眼角膜和肾脏；11月13日，安昌街道陈某某因病离世，其家人捐出她的眼角膜和遗体；12月27日，云南籍张某某因意外离世，其家人捐出她的肾脏和肝脏；12月30日，安昌街道寿某某因病离世，其家人捐出他的遗体。

【人道救助工程】 2022年春节前期，柯桥区在全区范围内开展"情暖柯桥·红十字博爱送万家"主题慰问活动，慰问对象为城乡易受损贫困家庭、贫困学生、遭受突发意外家庭、麻风病患者和柯桥区"三献"(无偿献血、捐献造血干细胞、捐献人体器官)家庭等，区本级慰问困难群众258户，慰问金额29.6万元。

【"群众身边的红十字会"建设】 2022年，柯桥区建成"博爱家园"28家，镇(街道)博爱家园覆盖率100%，创建市级博爱家园8家。深化红十字生命教育工作，获国家级表彰2个、省市级先进集体15个、省市级先进个人19人次。其中，柯桥街道玉兰社区获全国红十字模范单位称号，安昌街道党工委书记许立峰获中国红十字会"会员之星"称号。

2022年9月，柯桥区"救在身边·志愿同行"文明实践行动在柯桥街道港越社区开展　（区红十字会　提供）

【红十字青少年活动】 2022年，柯桥区依托研学基地、生命博爱体验馆等载体培育校外红十字青少年社会实践基地，建设生命博爱体验馆研学游路线，开设亲子心理课堂，暑期接待研学游63批次，中小学生9500余人次。开展红十字救护培训进校园活动，包括救护知识讲座、"我是红十字人"主题宣誓活动等，累计开班50次，培训中小学生6.3万人次。(丁　璐)

2022年8月，柯桥区举行"红十字青少年走进红十字会"夏令营活动(柯桥站)　（丁　璐　摄）

类目编辑　韩兰芳

外事·侨务·港澳台事务

外　事

【概况】 2022年，柯桥区受理因公出国（境）团组2批6人次，应对和处置涉外突发事件10起，涉及8个国家19人。通过“浙外防”平台和网格化摸排，掌握全区17家在外企业和1500多在外人员情况。在乌克兰危机爆发后排查全区在乌克兰人员情况，做好情绪安抚，跟踪安全引导。参与中国绍兴第四届国际友城大会、绍兴柯桥春季纺博会、第五届世界布商大会等重大活动涉外官方人员的会见接待工作和备案工作。开展企业外国人来华邀请函网上办理工作，服务柯桥企业顺利办结全市首件外国人来华邀请函，自8月恢复办理申请起，累计办结企业申请34件，居全市首位。联合区传媒集团和绍兴文理学院，做好官方微信平台英文栏目IN KEQIAO的建设和维护，全年累计推送中英双语文章130余篇，累计点击量超26万人次。

【重大公务出访】 2022年9月17—22日，柯桥区委副书记、区长袁建一行5人赴瑞士达沃斯参加国际纺织制造商联合会年会，赴法国洽谈对接多项公务活动。在瑞士期间，代表团参加2022年国际纺联年会，与参会人员洽谈绍兴柯桥纺织产业与国外纺织业的合作项目，与瑞士纺织品协会主席、瑞士纺织机械协会座谈纺织品产业发展问题。区长袁建接棒2023年国际纺联年会向大会发出邀请。在法国期间，代表团实地参观位于图尔昆的欧洲纺织品创新中心，调研有关纺织品回收循环利用、资源再造技术，与中心首席执行官帕斯卡尔·德尼扎特等进行商务洽谈，签订推动纺织品创新和可持续发展的友好合作备忘录。代表团还和欧洲华人青年联合总会进行专场对接，区长袁建对青年联合会扎根欧洲，推动华夏文化世界传播，促进各国与中国的友谊做出的贡献表示赞赏和肯定，邀请对方组织参加2023年纺联年会。区长袁建还与法国华商会洽谈产业合作意向，邀请其参加2023年国际纺联年会。2022年11月25—29日，柯桥区招商投资促进中心副主任娄宏霞随绍兴市招商投资促进中心所带团组赴马来西亚参加半导体行业高层对接会。在马来西亚访问期间，代表团拜访邀请单位Key ASIC Berhad参加马来西亚半导体企业茶话会，实地参观考察马来西亚半导体企业及Key ASIC科技产业园，洽谈对接半导体及相关国际合作项目，积累头部项目招引资源，推进柯桥区半导体集成电路产业聚集。

2022年9月17—22日，柯桥区委副书记、区长袁建（右十二）一行5人赴瑞士达沃斯参加2022年国际纺联年会。图为区长袁建与参会人员合影　（区外事办　提供）

【服务外向经济】 2022年7月21日，浙江省首场省、市、县三级联动的APEC（亚太经合组织）商务旅行卡宣介会在柯桥召开，全区80家外贸企业90名企业代表参会。会上，浙江省外办副主任陈江风和省对外服务中心工作人员介绍省外办出台的《服务保障我省“必要人员”走出去便利化举措》，讲解APEC商务旅行卡的申办要求、注意事项、管理办法等情况。现场企业代表表达外贸企业“走出去”的诉求和对APEC商务旅行卡的兴趣，57家企业现场达成办卡意向136张。

2022年7月21日，浙江省首场省、市、县三级联动的APEC商务旅行卡宣介会在柯桥召开　　（区外事办　提供）

【国际友好交流】 2022年，柯桥区运用“互联网+”手段，推进国际友城务实合作，协助做好中国绍兴第四届国际友城大会，邀请1个国际友城线上参会，落实1个涉外签约项目。参与“中国轻纺城”冠名三十周年庆祝大会暨第五届世界布商大会相关工作，与友好城市及外国驻华使领馆沟通联系，收到芬兰米凯利市、俄罗斯得米特罗夫区、菲律宾卡加延省、韩国大邱市、日本菊川市等友城反馈。（虞永扬）

侨　务

【概况】 2022年，柯桥区开展侨情汇集工作，召开全区侨情汇集动员会、商协会、轻纺城市场等重点区域推进会，动员各镇（街道）及12家部门单位的侨情督导员、联络员、调查员，深入基层调查，收集、分发信息5万余条。完成全区侨情汇集工作，建成3.6万余人的侨情数据库，编制2022年柯桥区侨情汇集报告。

【侨务项目】 2022年，柯桥区开展侨务“一市（校）一品”项目化工作。12月9日，由省委统战部副部长吴炳芳带队的全省各市统战部领导一行40余人到柯桥区考察，听取《布行“一带一路”——柯桥区建设国际纺都海外侨务联络新干线》工作汇报，观看成果展示，参观现代纺织技术创新中心（鉴湖实验室）和侨资企业浙江迅实科技有限公司。

【2022侨界峰会】 2022年12月14日，柯桥区举办“侨聚柯桥——2022侨界峰会”，省侨联副主席周松一、鲁维明与区相关领导参加会议。此次会议以“充分发挥侨界力量，服务柯桥纺织产业及杭绍同城化发展，助推‘国际纺都·杭绍新城’建设”为主旨，进行“国际纺都·杭绍星城”未来展望推介，侨商大厦项目签约，侨界代表创业分享等议程。（杨春燕）

港澳台事务

【概况】 2022年，柯桥区组织柯港澳青年主题活动3次，参与人员70余人。9月1日，柯桥区开展“同心同行 逐梦星城”柯港澳青年主题交流暨中秋慰问活动，20余名在柯港澳青年泛舟瓜渚湖。9月6日，柯桥区邀请在柯桥的港澳青年参加布行“一带一路”国际纺都海外侨务联络新干线建设座谈会。11月16日，柯桥区邀请在柯桥的港澳青年参加第五届世界布商大会，参观中国轻纺城冠名三十周年大型主题展览。11月18日，柯桥香港联络联谊会议在两地以视频连线的形式同步召开。柯桥区接待和慰问台胞、台属40余人次，走访台企、台商20余次，赴台企服务2次。

【柯桥香港社团结对】 2022年，柯桥区爱心娘子军公益中心与香港荃湾葵青区妇女会举行“云上”

2022 年 12 月，柯桥区爱心娘子军公益中心和香港荃湾葵青区妇女会“云上结对”　　（区委统战部　提供）

结对签约仪式。柯桥区委统战部副部长赵建兴，香港绍兴柯桥同乡会会长倪伟虎，柯桥区爱心娘子军公益中心负责人施菊英，香港荃湾葵青区妇女会理事长陈纯纯等参加会议。双方负责人表示，此后将积极互动，相互学习，相互借鉴，凝聚两地巾帼力量，共建美好社会。

【台湾居民居住证办理】 2022 年，柯桥开展台湾居民居住证办理工作，新办居住证 19 人次，累计办理居住证 212 人次。

【台商“看绍兴　品柯桥”活动】 2022 年，柯桥区开展在柯台商“看绍兴　品柯桥”活动，50 余名台商赴柯桥区平水镇王化村调研“金秋家园”康老养老项目。

【台资企业引进】 2022 年，柯桥区新引进台资企业 7 家，其中轻纺企业 2 家，科技类企业 2 家、服务类企业 3 家，总计注册资本 1035 万美元，合同外资 647 万美元。

【柯桥籍学生被台湾各类大学录取】 2022 年，柯桥区新增赴台学生 1 人，为公立台湾大学硕士。截至 2022 年年底，柯桥区累计赴台学生 9 人，其中本科生 1 人、硕士生 8 人。（金　蕾　钱之源）

类目编辑　高　锋

法　治

政法委与综治

【概况】 2022年，柯桥区政法系统坚持和发展新时代"枫桥经验"，开展数字法治改革，提升基层治理现代化水平，维护全区政治安全、社会安定、人民安宁局面。坚持"政法委牵头，宣传、信访、公安协力，事权单位、属地镇街机动"的"1+3+N"（"1"是指政法委，"3"是指宣传、信访、公安，"N"是指事权单位、属地镇街）协同策略，一键调动维稳力量。实现风险评估在重大政策、重大项目、重大改革领域的全覆盖，全年立项备案风险评估事项220件，比上年增长24.29%。自2005年起，连续17年创建为省"平安县(区)"。

【干警关爱基金成立】 2022年9月，柯桥区在全市率先成立"金盾·元垄"干警关爱基金，对因公牺牲、致残致伤以及因患重大疾病导致家庭生活困难的政法干警给予应急性、过渡性、鼓励性救助。截至2022年年底，共慰问、救助、奖励政法干警515人，发放资金217.97万元，与金汇通航达成空中医疗紧急救援机制，打通依法履职造成人身伤害的政法干警医疗急救"绿色通道"。

【"数字化"涉案财物共管中心】 2022年8月，柯桥区与"阿里资产"（阿里巴巴旗下资产处理平台）平台签订战略合作协议，加强对涉案物品管理处置、网络拍卖等方面合作，实现涉案财物处置高效、规范、联动，成为全市首家开启"数字化"升级的刑事诉讼涉案财物共管中心。至年底，拍卖危险化学品2000余件，成交率100%。

【网格化服务管理】 2022年，柯桥区利用"733"法（行政事业、工业企业、商圈市场、商务楼宇、基础设施、拆建地块、其他7类专属网格，属地、主管部门、单位三方责任，运用平安共富应用的"平安督导""掌上协同""一键响应"三大功能模块）破解网格治理难题，聚焦细化治理颗粒度，探索专属网格7类划分法，细分7类专属网格295个，形成治理"一张图"，通过压实三方责任，不断创新优化专属网格管理模式，建设"纺城网格"等特色品牌。

【数字法治】 2022年，柯桥区"大综合一体化"执法监管数字应用、平安法治迭代、现代公共法律服务应用等6个应用纳入"2022年全省重大改革（重大应用）'一本账S2'"、"平安共富"、诉讼服务一体化、法护知产等6个应用纳入"2022年数字法治系统一本账S2""版权AI智审"获最高人民检察院检察长张军肯定，"律动浙里"2个应用得到副省长高兴夫批示肯定，1个应用经验介绍被省委《数字化改革工作动态》刊发，6个应用获评全市数字法治好应用，占全市的40%。

【网格智治体系升级】 2022年，柯桥区委政法委会同区委组织部开展党建统领网格智治行动，按照"1+3+N"配备模式，协同配强网格力量，构建网格智治"五个一"工作体系。全区共划分网格1393个（其中城市社区网格589个、行政村网格509个、专属网格295个），微网格7916个，配备专职网格员4378人，兼职网格员1361人，网格长919人。

·小资料· "五个一"

指一面旗帜强统领、一支队伍强合力、一个

平台强协同、一套标准强履职、一组机制强闭环。

【基层社会治理】 2022年，柯桥区依托浙江特色的“一中心、四平台、一网格”（“一中心”，区社会治理中心；“四平台”，镇街“基层治理四平台”；“一网格”，村社网格）社会治理体系，进一步迭代升级“基层治理四平台”和全科网格，推进“矛盾化解”“风险防控”“公共服务”三大模块建设，实现社会治理信息共享流转、矛盾风险三级化解。全年通过“四平台”上报事件279886件，办结278785件，办结率99.61%。

2022年5月17日，柯桥区召开法治政府建设工作会议

（王一依 摄）

【平安宣传活动】 2022年，柯桥区运用广播、电视、“平安柯桥”微信公众号等平台开展全方位平安宣传，发动网格员、平安志愿者走村入户进企开展“面对面”宣传，提升群众知晓率、参与度和满意度。全年累计开展各类平安宣传活动50余场，分发宣传页68万余份，张贴宣传海报2万余份，发送短信100万余条。（周佳滨）

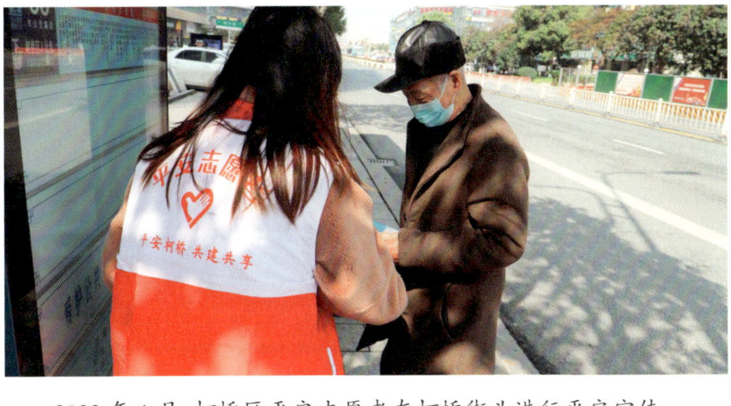

2022年1月，柯桥区平安志愿者在柯桥街头进行平安宣传

（区委政法委 提供）

法治政府建设

【概况】 2022年，柯桥区作为全省唯一综合试点地区，推进“大综合一体化”行政执法改革。全年办理简易程序案件1377件，一般程序案件1540件，综合执法领域覆盖率71.43%。有效承接省“大综合一体化”执法监管数字应用，行政行为码、案件线索移送等功能全面落地。推进乡镇（街道）法治建设综合改革。系统部署“枫桥式”法治乡镇（街道）建设工作，细化制订3年培育工作计划，全区首批2家单位申报并创建成功，创建成功率100%。区数字法治系统建设获评全省五星；警银协作安心支付项目获全国公安机关基层技术革新奖一等奖表彰；“平安法治迭代”“基层法治一网通”等6个应用纳入“2022年全省重大改革（重大应用）‘一本账S2’”，版权AI智审获全省试点项目，“助企帮民”法律服务一件事获评市级最佳应用。

【行政决策质量提升】 2022年，柯桥区完善审查制规工作体系。出台《绍兴市柯桥区人民政府办公室关于进一步加强行政规范性文件备案审查工作实施办法》等，落实行政规范性文件“三统一”制度（行政规范性文件统一登记、统一编号、统一公布）。全年审查区政府常务会议及区长办公会议议题113件，规范性文件26件，区政府重大行政合同7件，受理行政规范性文件异议审查申请1件。出台《2022年度区政府重大行政决策事项目录》，指导部门、镇（街道）制发本单位目录并进行网上公示，促进行政决策合法合规。提升法律顾问服务质效，督促各单位配齐配强法律顾问，区政府部门法律顾问配备率提升至82.33%。组织区政府法律顾问参与处理区政府重大涉法事务13件，提出法律意见8起，防范

政府决策风险。

【法治营商环境建设】 2022年,柯桥区发挥创新赋能作用,简化审批手续。推行简易低风险项目“拿地即开工”,优化重大攻坚项目代办员制度,全年代办10个项目。落实“证照分离”,落实区级行政审批申请件4925件,降低准入门槛,42家市场主体实现一次申请、一步到位。试行“极简审批许可、便利开办登记”制,全年市场主体开办网办率81.57%。开展“法助共富”系列活动,走访企业35780家,解答企业法律咨询23240次,生成有效法治体检报告23148份,帮助解决各类法律问题8612个。探索建立律师服务社会机制,共为33个高端项目引进工作提供全方位法律评估,为12家印染企业开展数字化改造试点提供系统性法律论证。认真落实“双随机、一公开”监管工作要求,全年检查企业7866户次,检查抽查事项覆盖率、任务完成率、检查结果公示率均为100%。对企业负责人、经营骨干涉经济犯罪坚持宽严相济,全年对犯罪情节轻微的121名涉企经营人员作出不捕、不诉决定,力防企业因案陷入困境。

【行政执法行为规范】 2022年,柯桥区深入推进行政执法“三项制度”(行政执法公示制度、行政执法全过程记录制度、重大执法决定法制审核制度)。实施司法部“1234”行政执法协调监督工作体系试点,制订年度监督工作计划,出台行政执法监督“1+6”(司法行政机关与人大、政协、纪检监察、信访、法院、检察机关的协作,凝聚行政执法监督与人大监督、民主监督、纪检监察监督、信访监督、审判监督、检察监督合力)协作机制,整合监督合力,提升监督效能。全年累计开展联合巡察监督4次,涉及镇(街道)、部门28家次,通报反馈问题62处。规范行政执法证件管理,重新确认公告执法主体45个,持有效证件1767本,全区持证率95.2%。推广应用省统一行政处罚办案系统,加强“掌上执法”常态化运行,全区应用率和网上办案率均100%。推进绍兴“两法衔接”信息分析研判平台运用,移送各类案件51起。成立区重点领域执法工作专班,每周统计分析全区行政处罚案件办理情况,每月晾晒通报九大重点领域行政处罚情况,全年执法部门办理处罚案件18405件,赋权镇(街道)1261件,重点领域处罚办案数比上年增长27%。开展证明事项清理统计,建立定向联系制度,全区证明事项总数557项,办件量412350件。围绕市容环境卫生等执行情况开展监督检查,常态化建立13张清单每月监督检查模式。

【全闭环加强基层社会治理】 2022年,柯桥区全年各类调解组织(室)累计化解矛盾纠纷9414件,调解成功率99.6%,涉及金额20.46亿元。开展行政诉讼“双下降、双提升”攻坚行动,全区一审行政诉讼收案225件,败诉9件,败诉率3.9%,行政机关负责人出庭应诉率100%。全年办结行政复议案件361件,行政复议调撤率67.4%,无复议后败诉案件。开展“法护平安”“法护青春”等系列普法活动563场,累计覆盖企业1.2万家、群众28万人次,评选区级法治素养观测点34家。创成国家级民主法治村(社区)1家、省级20家、市级58家;培育“法治带头人”646人、“法律明白人”1645人、“尊学守用示范户”1663户。全年省一体化平台和国家平台线索件办结欠薪案4310件,办结率94.13%,为1856名劳动者追回工资3200余万元。向公安机关移送涉嫌拒不支付劳动报酬案件14件,涉案金额1096.08万元。全年共受理法律援助案件1007件,解答法律咨询2072次,为困难群众挽回或避免经济损失约2900万元。

【权力监督】 2022年,柯桥区增强权力监督效能,区政府自觉接受区人大及其常委会法律监督、区

2022年6月1日,柯桥区人大行政争议化解工作调研座谈会召开
(王一依 摄)

政协民主监督，定期向区人大报告工作、区政协通报情况。全年办理人大代表建议268件，政协提案283件，按时办复率100%。按照规定向人大常委会报送备案区政府规范性文件28件、区法院2件、区检察院3件。拓宽社会监督渠道，坚持以公开为常态，不公开为例外，发布各类政务信息14200余条，其中政府信息公开专栏主动公开政府信息1626条。有效规范政务新媒体开设、变更、整合、关停、注销流程，建立健全政务新媒体备案制度。编制本级政务公开事项标准目录，实行政务过程和结果全公开，以高质量的政务公开服务企业、群众日常工作生活。加强内部监督力度，严格审计监督，重点对政府重大投资项目和资金、民生项目和资金、生态环保项目和资金等方面进行审计。聚焦小微权力运行风险，开展柯桥区镇村二级公共资金管理使用情况专项审计调查，共移送违法违纪案件线索18起，收回资金1.8亿元。

【司法监督体系构建】 2022年，柯桥区做好政法队伍教育整顿“后半篇文章”，组织区政法各单位全面深入贯彻落实八个多跨制度（八个跨部门跨领域制度，包含加强政法干警依法履职保护工作、执法司法信息共享工作、依法规范诉讼行为工作、规范减刑假释工作、解决“判实未执、应收未收”问题、开展涉民营企业刑事诉讼“挂案”问题专项整治、规范处置管理刑事诉讼涉案财物、规范法官、检察官、人民警察与律师不正当接触交往行为）工作要求，全年召开推进会、会商会、督查会50余次，开展各类专项行动10余次，出台文件31份。制定出台区刑事诉讼涉案财物管理处置实施细则，明确涉案财物流转处置“四个一律”〔涉案物品，一律送交保管室（物证室）或集中保管场所统一保管。保证金，一律存入保证金专门账户。涉案款项，一律送交本级警务保障部门或直接存入公安机关专用账户，并逐案建立明细台账。判决生效后，涉案财物除依法返还被害人外，一律通过中央财政汇缴专户缴入中央国库〕要求。开展对积压在共管中心的涉案财物的拍卖、销毁、返还等工作，委托信息技术公司联合“阿里资产”，对先期382件涉案物品进行拍卖，所得价款均上缴国库。落实认罪认罚从宽制度，全年认罪认罚适用率89.38%，确定刑量刑建议提出率99.92%，确定刑量刑建议采纳率97.99%。依法惩治虚构“带租拍卖”等恶意逃避履行大额债务行为，查办案件4件，帮助债权人挽回经济损失2000余万元。查办花样著作权领域虚假诉讼案件62件。督促治理被污染、侵占河道水域20013.33万平方米，督促清除建筑垃圾等固体废物7万余吨。（杨灵锦）

公 安

【概况】 2022年，柯桥区公安部门有内设机构和派出机构51个，其中内设机构、直属机构32个，派出所19个。有民警913人，其中大学及以上学历813人、专科及以下学历100人。在发展新时代“枫桥经验”，传承弘扬驻村指导员制度上，紧扣固本强基、推动善治、护航共富的目标任务，围绕治理主体、治理机制和治理工具三大要素，以警务站（室）“四化”建设为依托，以体制、机制、技术“三轮驱动”为路径，探索实施社区民警驻村守望制，激活基层治理，化解风险隐患。接警总量39.15万起，比上年上升2.46%，其中有效接警总量20.96万起，下降0.66%。全年打处各类刑事犯罪嫌疑人2663人，超额5.26%完成全年任务；治安拘留3560人，比上年下降3.55%。3起现发命案实现全破，破获当地命案积案2起，“雷霆”打击行动总体绩效位居全市第二。有43个集体、163名民警立功受奖，特别是分局获评2022年全国“扫黄打非”先进集体，反恐大队荣立集体一等功，刑侦大队获评全国公安机关命案积案攻坚行动成绩突出集体，安昌所获评全省优秀基层所队，兰亭派出所获评全省“三能”（平常时间能看得出来，关键时刻能冲得出来，危急时刻能豁得出来）警队；局领导史炜被评为全国优秀人民警察，反恐大队魏波被评为全省优秀人民警察，涉网大队蒋钢锋被评为浙江平安建设先进个人，安昌所詹锋丽被评为全省最美警察，夏履所辅警韩银霞被评为全省优秀辅警，交警大队辅警王烈刚、兰亭所辅警王昌辉被评为全省最美辅警，柯桥所夏福贤妻子陈华英被评为全国公安机关好警嫂，办公室民警陆筱小母亲韩桂仙荣获全国公安机关爱警母亲称号。

2022 年 12 月 30 日，柯桥区公安分局安昌派出所获评“全省优秀公安基层单位”
（区公安分局 提供）

【社区民警驻村守望制实施】 2022 年，柯桥区针对日常警情高发、风险隐患突出、基础要素失管、治安热点凸显、重大安保维稳五大类 15 项重点情形，对标实施社区民警必住、中层干部领住、机关基层联住、乡警回归合住、警务站点分级住的“住村蹲点”行动，点对点开展隐患整治、矛盾排解等工作，确保“人在点上住、事在一线办”。驻村守望制实施后，全局社区民警平均下基层时间较原先提升 16.5%，警民双向熟悉率比上年上升 7.9%，矛盾纠纷排查率、化解率比上年分别上升 15.3% 和 18.6%。7 月 2 日，全市现场会在柯桥区召开，相关做法得到副省长王成国批示肯定，并在《法治日报》头版头条刊发。

【公安改革成绩显著】 2022 年，柯桥区坚持“三轮驱动”（体制、机制、技术）；对准“五大跑道”（处突、服务、治理、打击、保障），制订改革方案和任务清单，建立“专班 + 例会”〔（1（改革办）+3（三轮驱动）+5（五大跑道）工作专班〕工作机制。深化数字化改革推进“公安大脑”建设，一体推进 207 项重点建设任务。主动认领省厅揭榜挂帅项目 1 个、市局项目 6 个，承接市级试点项目 2 个，均完成并通过验收。“安心码”（通过“治理码”与“支付码”融合，构建政府、公安、银行、商铺、用户等多元主体主动参与、高效协同的“码上共治”基层治理新模式）项目获评公安部基层技术革新一等奖，严重精神障碍患者管理服务项目在省数字法治主展厅展出，“柯移办”项目在省委改革办《竞跑者》刊发，“云帮办”项目入围公安部基层技术革新专项评比；智安小区境外人员无感闭环管控、柔性执法、严重精神障碍患者管理服务 3 个子场景纳入全省数字法治“一本账 S3”（由省委政法委牵头的数字化改革重点多跨场景应用）；街（路）面勤务指数、双网安全态势、严重精神障碍患者风险指数、网络涉毒生态指数 4 个指标指数接入省厅指标指数管理平台。

【公安队伍建设】 2022 年，柯桥区学习贯彻中共二十大精神，开展“三能”主题教育实践活动，实施“红色根脉强基工程”和队伍建设“三大工程”（人才队伍建设、年轻干部培养、先进典型培育），提升队伍凝聚力、战斗力。出台《队伍严管六项措施》和《民警积分管理办法》，落实政工例会、风险预警、监督集成、执纪问责、责任传导、警示提醒等制度，抓实抓细队伍精细化管理，纪律作风进一步提升。建立健全人才强警战队培育机制，选拔组建 14 支人才战队，按照“每周有培训、每月有互学、每季有比武”的要求，常态开展实战练兵。网安大队陈胜涛获评电子数据取证分析省级专家，巡特警大队马海谱获评省级特警人才库首批入库人员，相关工作做法在全市推广。（沈力江）

检 察

【概况】 2022 年，柯桥区检察机关深入推进党风廉政建设工作，不断巩固深化政法队伍教育整顿成果，落实防止干预司法“三个规定”，让有问必录成为铁规矩。实施《中华人民共和国反有组织犯罪法》，常态化开展扫黑除恶斗争，打击违法拖车讨债犯罪，严防“套路贷”死灰复燃；依法惩治严重暴力犯罪及侵犯公民人身安全犯罪，起诉 108 人，营造平安稳定社会环境。参与维护信访秩序专项行动，依法打击各类非法信访行为，相关做法在全市信访工作会议上作经验交流。全年办理刑事、民事、行政、公益诉讼各类监督案件 2590 件。

· 小资料 · “三个规定”“套路贷”

“三个规定”：中办、国办《领导干部干预司法活动、插手具体案件处理的记录、通报和责任追究规定》，中央政法委《司法机关内部人员过问案件的记录和责任追究规定》和最高法、最高检、公安部、国安部、司法部《关于进一步规范司法人员与当事人、律师、特殊关系人、中介组织接触交往行为的若干规定》。

“套路贷”，是对以非法占有为目的，假借民间借贷之名，诱使或迫使被害人签订“借贷”或变相“借贷”“抵押”“担保”等相关协议，通过虚增借贷金额、恶意制造违约、肆意认定违约、毁匿还款证据等方式形成虚假债权债务，并借助诉讼、仲裁、公证或者采用暴力、威胁以及其他手段非法占有被害人财物的相关违法犯罪活动的概括性称谓。

【安全风险防范】 2022年，柯桥区检察机关落实落细除险保安检察责任，针对办案中发现原地扣押存储危险物品存在的安全隐患，牵头联合法院、公安、应急管理部门出台会议纪要，推动以变卖为主的先行处置方式，处置危险物品2300余桶；开展燃气使用安全和消防安全监督，针对发现的各类隐患问题，制发检察建议，督促职能部门依法整改，筑牢安全生产“防火墙”。助力防范化解区域金融风险，妥善办理人民群众反响强烈的“中油溢家”非法集资案、“4·4”二手房买卖合同诈骗案及吴某某等特大骗取银行贷款案等案件，累计涉案金额41亿余元，涉被害人1100余人，依法起诉130余人，协同推进追赃挽损。

2022年5月11日，柯桥区委副书记、区长袁建(前排中)走访调研区检察院
(区检察院 提供)

【民生实事办理】 2022年，柯桥区检察机关聚焦人民群众“舌尖上的安全”，依法惩治危害食药品安全犯罪，起诉制售有毒有害食品、假药劣药等犯罪17人。在办理1起向众多高血糖患者销售含违禁成分的保健品案中，依法提起刑事附带民事公益诉讼，提出10倍惩罚性赔偿金共计980万元的诉讼请求，获法院判决支持，让违法者“痛到不敢再犯”。加大特殊群体司法保护力度，守护“夕阳红”，参与打击整治养老诈骗专项行动，办理销售“伪劣洗洁精”“假锡箔”等案件，依法批捕21人，起诉75人；拍摄涉老反诈主题系列宣传片，被“学习强国”学习平台等多个平台转发。

【司法保护弱势群体】 2022年，柯桥区检察机关呵护未成年人健康成长，在全市率先将校外培训机构工作人员纳入入职查询范围；落实侵害未成年人强制报告专项监督，联合卫健部门通过开展专项培训、推送《强制报告制度提示单》等多项举措，引导报告2起侵害未成年人合法权益重大刑事案件。推进校园普法，原创法治课程《爱的城堡》获评全国检察机关“法治进校园”精品网课二等奖。全年办理司法救助案件50件，发放司法救助金72.3万元。对诉讼能力偏弱的老年人诉请支付赡养费、未成年人诉请支付抚养费、农民工讨薪等案件，依法支持起诉20件。

【经济保障服务】 2022年，柯桥区检察机关坚持依法惩治与平等保护相结合，打击各类侵犯企业权益犯罪，起诉各类破坏市场经济秩序犯罪212人。针对外市一公司以花型著作权“维权”为名，长期实施碰瓷式诈骗敛财行为，对主要涉案人员依法批捕起诉，以检察利剑斩断黑色产业。坚持依法能不捕的不捕、不诉的不诉、不判实刑的提出适用缓刑的量刑建议，全年对犯罪情节轻微的121名涉企经营人员作出不捕、不诉决定，力防企业因案陷入困境。搭建检企互动平台，在创意大厦建设以服务民营企业为重点的轻纺城检察室，内设“护航民营经济法治服务基地”展厅、“检企面对面”会客厅，倾听企业呼声，回应企业关切。推进涉案企业合规改革，开展全市首例全链条合规试点，实现“办理一案、治理一片、合规一域”。

2022年4月21日，轻纺城检察室挂牌成立　（区检察院　提供）

【区域社会治理】 2022年，柯桥区检察机关践行新时代“枫桥经验”，持续擦亮驻区社会治理中心“检察蓝（来）调解”品牌，落实“群众来信件件有回复”制度，累计接访群众644人次。通过领导包案、公开听证、联合调解等多种方式，将矛盾化解在检察环节，既解“法结”，又解“心结”。推进区域诉源治理，依托驻公安机关侦查监督与协作配合办公室，对拟移送审查逮捕和起诉案件开展必要性实质审查，拦截无逮捕必要、无移送审查起诉必要案件，减少诉讼增量，诉前羁押率、轻刑起诉率均处于全市最低水平。对情节轻微不起诉案件，提出行政处罚检察意见68件，避免“不诉了之”影响执法司法质效。依法查办徇私枉法、滥用职权等犯罪。

2022年4月7日，柯桥区副区长，公安分局党委书记、局长蒋其（中）与区检察院党组书记、检察长钱昌夫（右三）一同为侦查监督与协作配合办公室揭牌　（区检察院　提供）

【刑事检察监督】 2022年，柯桥区检察机关对公安部门应当立案而不立案、不应当立案而立案的，监督立案、撤案18人；对应当逮捕而未提请批准逮捕、应当起诉而未移送审查起诉的，追捕、追诉22人；对认为确有错误的刑事裁判提出抗诉7件，在办理一起性侵案件中，通过多次走访取证，跨省助力纠正涉2名未成年人被冒名顶替的错误刑事判决，还当事人清白；对应收监执行的社区矫正对象未收押、判处实刑罪犯未执行刑罚情况开展持续清理，监督收监执行32人。持续引领宽严相济刑事司法政策落实，对不构成犯罪或证据不足的不批捕13人、不起诉79人；准确把握涉众型犯罪案件分层次打击原则，最大限度减少社会对立面，促进社会内生稳定。在办理一起涉134人的电信网络诈骗案中，对53名涉案骨干依法提起公诉，对81名犯罪情节轻微的低层级业务人员，作出不起诉或建议公安机关撤回起诉决定。落实认罪认罚从宽制度，全年认罪认罚适用率89.38%，确定刑量刑建议提出率99.92%，确定刑量刑建议采纳率97.99%。

【民事检察监督】 2022年，柯桥区检察机关建立被执行人房产、车辆等“八大类财产线索”查询清单，对被执行人隐匿财产行为开展调查核实，移送拒不执行犯罪线索6件9人，追回被执行人财产2200余万元；开展司法网拍专项监督，依法惩治虚构“带租拍卖”等恶意逃避履行大额债务行为，查办案件4件，帮助债权人挽回经济损失2000余万元。推进虚假诉讼监督，查办花样著作权领域虚假诉讼案件62件，牵头与法院出台相关工作方案，遏制花样著作权恶意维权行为。拍摄制作《保护花样版权，检察与您同行》宣传片，深入轻纺城市场窗帘布、印染等行业协会开展普法宣传。

【行政检察监督】 2022年，柯桥区检察机关开展行政违法行为检察监督，就规范大货车超载行政执法、理顺“行刑衔接”程序、净化“空壳公司”等事项，先后向相关行政执法单位发出检察建议，推动依法行政。协同相关部门共同推动研究解决土地执法领域中存在的难点、堵点问题，办理相关案件4件。常态化开展行政争议实质性化解，对诉讼程序终结但实质诉求仍未解决的案件，延伸法律监督触角，化解案件4件。

【公益诉讼检察】 2022年，柯桥区检察机关监督推动治理被污染、侵占河道水域200余亩，清除建筑垃圾等固体废物7万余吨。针对1起利用快递运单获取被害人信息，实施恶性犯罪案件所暴露出的问题，对全区快递运单公民个人信息隐匿化措施开展全面调查，就职能部门怠于履职问题发送诉前检察建议，促进其开展专项治理行动。深入农村摸排“非农化”“非粮化”问题，督促治理被侵占基本农田4万平方米，对1起涉4000平方米的违法用地案件，依法提起刑事附带民事公益诉讼。对一起侵犯“绍兴老酒”“绍兴黄酒”注册商标案件支持民事起诉，保障地方产业健康发展。

2022年7月29日，绍兴黄酒知识产权案支持起诉公开听证会现场

（区检察院　提供）

【数字检察办案】 2022年，柯桥区检察机关落实最高检“检察大数据战略”，加强执法司法数据互联共享，归集各类数据80余万条，全年数字检察监督成案14件，2次在全省检察机关重点工作会议上作数字办案经验交流，公租房管理类案监督案获评最高检典型案例，3件案件被省检察院“数字办案案例指引”收录。区检察院获评首届全省检察机关数字检察示范院，探索总结的《数字检察范式的实践应用》理论文章，被中国刑法学研究会2022年数字法治大会论文集收录。（何家鸣　严奇彪）

2022年9月30日，柯桥区人民检察院党组书记、检察长钱昌夫在全省检察机关“聚力‘三查融合’，提升监督质效，构建具有浙江辨识度的检察一体化机制”重点工作推进会上作交流发言

（区检察院　提供）

法　院

【概况】 2022年，柯桥区法院受理案件21067件，办结20399件（含上年结存，下同），比上年分别上升8.30%和4.44%。未结案件2758件，一线法官人均结案367件。

【刑事案件审理】 2022年，柯桥区新收一审刑事案件905件，审结906件，比上年分别下降5.14%和3.82%，判处罪犯1455人，判处五年以上有期徒刑133人。严惩暴力犯罪和危害公共秩序犯罪，审结故意伤害、抢劫、强奸、聚众斗殴、寻衅滋事等犯罪案件67件68人。审结电信诈骗案件6件66人，打击利用正规医院名义虚假问诊实施电信诈骗的王某某犯罪集团。通知法律援助中心为408名被告人提供律师辩护，对678名被告人

适用缓刑。审结未成年人犯罪案件7件11人，非监禁刑适用率46.67%。

【法治柯桥建设】 2022年，柯桥区新收一审行政案件220件，审结212件，比上年分别上升5.77%和2.91%。行政机关负责人出庭应诉率继续保持100%，行政机关败诉率4.25%，比上年下降3.03个百分点。延伸司法职能，为行政机关授课2次，向行政机关发送司法建议4份。一工伤保险待遇行政给付案例入选"中国法院2022年度案例"，一行政允诺案例入选"绍兴法院服务保障民营经济典型案例"。

【案件执结】 2022年，柯桥区新收执行案件6819件，执结6157件，比上年分别上升13.07%和2.07%，执行到位7.93亿元。开展执行事务分段集约改革，制定工作指引，纳入集约处置财产291宗，处置完毕118宗，处置金额2.14亿元。推进"执行一件事"改革，查封不动产217处、车辆49辆，司法网拍成交额2.14亿元。开展"春猎""执行夏季攻势""百日攻坚"等专项集中行动，共拘传、拘留362人，罚款28万余元，执行到位2.72亿元。三地协同进行异地财产处置，腾退占地1.5万平方米酒店1处。开展刑财案件专项清理活动，共排查刑财案件16352件，移送集中执行849件，执行到位金额8890万余元。打击拒执行为，纳入失信被执行人名单6522人次，限制高消费和出境6989人次，向公安机关移送涉拒执罪案件33件36人，判处拒执类犯罪24件27人。

【《中华人民共和国民法典》施行】 2022年，柯桥区施行《中华人民共和国民法典》，新收一审民商事案件12399件，审结12408件，比上年分别上升8.36%和7.67%。审结买卖、承揽、租赁等合同纠纷3111件。审结追索劳动报酬、劳务合同等案件1102件，化解1起涉900余名职工的群体性劳资纠纷。审结建设工程、房屋买卖等涉不动产案件436件。加强套路贷等违法犯罪线索甄别，定期更新职业放贷人名录，受理民间借贷纠纷1283件，比上年下降4.68%。开展打击虚假诉讼专项行动，甄别虚假诉讼案件98件53人，训诫22人，罚款11.8万元，依法追究刑事责任4人。

【"除险保安"诉源治理行动】 2022年，柯桥区印发《"除险保安"诉源治理攻坚行动方案》，走访各镇街及相关部门对接诉源治理工作36次。协调完善行业调解等非诉纠纷化解机制，将588件案件委派至保险协会调委会、工会工作室等调解组织，化解171件。践行"当事人一件事"理念，深化程序空转治理，通过主动释明撤诉风险，为当事人在原诉讼程序内提供补救机会，减少重复起诉案件224起，实现纠纷"一次性解决"。

【"示范法院"创建活动】 2022年，柯桥区开展"为群众办实事示范法院"创建活动，细化实施127项具体创建举措。审结柯桥区某教育培训有限公司诉讼案，判令被告返还80名原告剩余课时费用84万余元。畅通欠薪纠纷快速处理机制，帮助劳动者实现工资债权1000万余元，1件案例入选省高院拒不支付劳动报酬犯罪十大典型案例。与妇联建立婚姻、抚养等家事纠纷诉调对接机制，以促和谐稳定。发出人身保护令5份，家庭教育指导令1份，家庭教育告知书78份，家庭教育提醒书9份。发挥司法救助"托底"作用，为142名当事人缓减免交诉讼费380万余元，对15名生活困难当事人发放司法救助金83万余元。

【"共享法庭"建设】 2022年，柯桥区出台《关于全面加强"共享法庭"建设的实施意见》，发布"共享法庭"六大典型案例，建成镇(街道)、村(社区)、特设"共享法庭"352个，提供法律咨询4049次，指导调解1570件，在线诉讼707次，法治宣传2363场，受众82381人次。马鞍街道"共享法庭"入选全省

2022年8月10日，柯桥法院"共享法庭"入驻杨汛桥人大代表联络站，法官对一起案件进行调解 （胡剑飞 摄）

第二批示范“共享法庭”；杨汛桥街道人大代表联络站“共享法庭”入选绍兴市“枫桥式共享法庭”。上线“司法公正在线”，通过“一案一码一图一指数”全流程、全时空评判监测司法公正，倒逼审执质效提升、诉讼服务优化运行以来，赋码响应案件2744件，反馈信息576条，服判息诉率比上年上升0.89%。

2022年11月3日，柯桥法院党组书记、院长楼颖担任审判长在轻纺城人民法庭开庭审理一起侵犯绍兴黄酒商标权纠纷案
（胡剑飞　摄）

【智慧法院建设】 2022年，柯桥区扩容“版权AI智审”在线溯源数据底池，研发具有“查、比、看、争”4项功能的小程序下沉市场、服务商户，获评全省2021年度县乡法治政府建设“最佳实践”项目、全市“第一批数字法治好应用”。制定刑事、行政案件集约事务流转细则，完善集约中心量化考核。专线电话、专岗办理推进“判后一件事”改革，运行以来，执前督促案件2000余件，全额履行117件，履行标的1841万元。

2022年11月30日，由柯桥法院研发的“版权AI智审”微信小程序在中国轻纺城北市场正式发布　　（胡剑飞　摄）

【法治化营商环境建设】 2022年，柯桥区审结各类涉企纠纷7348件，涉案标的87亿余元。全年出清土地398.82亩，腾退房产面积20.45万平方米，安置职工145人，促进产业转型升级。发挥破产审判拯救功能，审结破产案件105件，比上年上升40%，推动绍兴中海投资发展有限公司重整成功；审结精功集团有限公司等9公司破产重整案。发布《金融案件审判白皮书(2016—2021)》，向企业发送司法建议24份。审结侵犯绍兴黄酒商标权纠纷等各类知识产权案件375件，判决侵权人赔偿损失共计1323万余元。（徐少华）

司法行政

【概况】 2022年，柯桥区司法局围绕“依法行政、全民守法”工作主线，以“法助共富、法护平安”专项行动为抓手，履行法治建设和司法行政工作职能，促共富、保平安。柯桥区司法局获评全省司法行政系统法治建设工作成绩突出集体、全省司法行政系统数字化改革工作成绩突出集体，在全市司法系行政系统年度工作考评中位列第一。安昌司法所、华舍司法所创建为省级“枫桥式”司法所。1人获评“全国司法行政系统先进工作者”。

2022年5月6日，群众在柯桥区宪法文化公园扫码学法
（袁赵今婧　摄）

【公民法治素养“码”上行项目】 2022年柯桥区以“律动·浙里”数字化法治应用平台为依托，从群众法治素养采集、分析、决策、服务4个环节出发，构建法治素养持续提升建设路径。主要涵盖“观测点申报”“观测点列表”“任务上报”三大核心场景，建立“码”上学法、“码”上评测、“码”上建议、“码”上咨询、“码”上服务五大服务模块，构建“需求收集、多元供给、效果评价、质效提升”工作闭环，推动全过程、全领域、全生命周期提升公民法治素养。该项目入选“2022年度浙江省十大普法影响力事件”。自上线后，累计浏览量超490万人次。

【“柯以调”调解品牌发布】 2022年，柯桥区加强和创新基层社会治理，坚持发展“枫桥经验”，培育具有柯桥文化特色、发展特征的区域调解品牌“柯以调”，该品牌于11月10日正式发布。“柯以调”因地制宜、因势利导，集聚739家调委会、38家特色人民调解工作室、2277名调解员，发挥人民调解在化解矛盾纠纷中的作用。新培育特色调解室3家，1家调解室获评省级金牌调解室，新增行业调解组织1家，全区各类调解组织（室）累计化解矛盾纠纷9414件，调解成功率99.6%，涉及金额20.46亿元。

【“心愿矫”小程序推广】 2022年，柯桥区坚持因地制宜、因人施矫原则，培育16个社区矫正公益活动品牌基地，创新社区矫正应用场景，在全区推广使用“心愿矫”小程序。通过畅通社区矫正对象认领任务、自行申请任务的双向选择渠道，科学落实公益活动，帮助社区矫正对象修复社会关系，提高社会责任感和参与感。自上线后，累计发布并组织开展公益活动64场，参与1992人次。

2022年7—10月，柯桥区社区矫正对象通过“心愿矫”小程序认领公益活动任务，图为“心愿矫”小程序任务发布页面

（区司法局　提供）

2022年11月10日，柯桥区召开“柯以调”品牌发布会

（区司法局　提供）

【“助企帮民”法律服务一件事】 2022年，柯桥区在“律动·浙里”“一键找法”接单、派单、跟单模式的基础上，迭代升级“1+6+N”公共法律服务多跨场景应用，建设“助企帮民”法律服务一件事数字化应用场景。该应用自5月20日起，承接法律服务23261件，好评率99.99%。相关做法获《光明日报》、中新网、《浙江法制报》等10余家媒体专题报道，获评省司法厅数字司法好应用、绍兴市数字法治好应用，获副省长高兴夫“做好一地创新，全省推广工作”的批示。（王一依）

类目编辑　高祖钿

军　事

国防教育

【概况】 2022年，柯桥区利用八一建军节、国庆、全民国防教育日、国家公祭日、征兵宣传等契机，开展形式多样的国防教育宣传活动，推动国防教育和双拥宣传进机关、进学校、进企业、进农村、进社区。

【国防·双拥主题公园建设】 2022年，柯桥区投资300万元，以中和公园为依托，建设柯桥区国防·双拥教育主题公园。公园占地19.2万平方米，园内布置拥军主题雕塑、小品、艺术造型等，突出柯桥元素，高标准打造具有柯桥辨识度的红色拥军基地。

【轻纺城小学国防教育长廊】 2022年，柯桥区轻纺城小学在校内设置特色国防教育长廊，将国防教育内容渗透到少先队活动之中，使国防教育融知识、思想、科学、技能、趣味为一体，让青少年学生国防意识在潜移默化中得到锻炼和提高。轻纺城小学创建为全国国防教育示范学校。

【学生军训】 2022年，柯桥区选出95名思想素质好、技能过硬、作风优良的军训教官，为绍兴文理学院元培学院和浙江树人学院杨汛桥校区两所高校共7725名学生开展军事训练，并为参加军训的学生组织国防教育授课，激发广大青年学生的爱国主义情怀和献身国防的热情。（张一弛）

2022年9月14日，浙江树人学院杨汛桥校区军训开训动员

（区人武部　提供）

军民共建

【概况】 2022年，柯桥区主动把军民共建工作融入经济社会发展全局，做到有机贯通、一体推进。

【百余场拥军崇军活动】 2022年，柯桥区开展拥军崇军活动百余场，开展“双拥在基层”“清明祭

2022年9月18日，柯桥区组织预定新兵祭扫烈士陵园

（区人武部　提供）

英烈”“八一芳华”等系列活动。举行“拥军贷”“请老兵看电影”“老兵红色游”“守护你的爱”等社会化拥军活动，建设“越甲老兵”志愿品牌和最美退役军人品牌，在全社会形成尊重军属、尊崇军人的良好风尚。

【基层武装规范化建设】 2022年，柯桥区人武部根据年度基层抓建计划，按照“三室一库”（办公室、资料室、民兵活动室、器材库）和“一部一室”（民兵连部、民兵活动室）的要求，全区11个街道、5个镇、338个村居社区，各镇（街道）按相关功能要素基本全面落实，柯岩街道、华舍街道、齐贤街道、兰亭街道、钱清街道、漓渚镇6个武装部被绍兴军分区评为“五星”级武装部；华舍街道、兰亭街道被军分区评为先进基层武装部；柯桥区人武部被军委国防动员部评为全国正规化建设先进单位。（张一弛）

兵役工作

【概况】 2022年，柯桥区完成兵员征集任务，在所征集新兵中，新兵质量总体较高，无政治、身体原因退兵的人员。

2022年9月20日，柯桥区举行新兵欢送暨“从戎之剑”赠剑仪式

（夏先龙 摄）

【新兵入伍教育】 2022年，柯桥区在突出预定新兵队列条令学习、内务基础、体能训练等强化培训的基础上，制定多样化政治教育活动。组织预定新兵走进烈士陵园重温先烈革命精神，树立学习楷模、建功军营的人生目标；举行新兵欢送暨“从戎之剑”赠剑仪式，增强预定新兵传承亮剑精神、军人精神的光荣感和使命感。（张一弛）

民兵预备役

【概况】 2022年，柯桥区军事训练工作坚持按纲施训、以战领训，坚持体系练兵、科技练兵，纠治训练领域和平积弊，持续兴起大抓军事训练热潮，增强应急应战能力，完成各项军事训练任务。

2022年3月，柯桥民兵护航中共二十大平安大巡防

（夏先龙 摄）

【守护二十大平安大巡防】 2022年，柯桥区出动民兵，在柯桥古镇、步行街、万达商贸圈等主城区12个重要场所开展“守护二十大、平安大巡防”活动，共处置儿童走失、打架斗殴、失火救援、醉酒闹事、紧急送医等突发情况42起。

【民兵岗位练兵大比武】 2022年6月22日，柯桥区人民武装部组织民兵参加全市第五届民兵岗位练兵大比武，获得重要目标防卫第一、第二，战场救护第一，无人机应急搜救第二和轻武器分解结合第三的成绩。（张一弛）

武　警

【概况】 2022年，武警柯桥中队与区监管中心联合开展监管羁押对象防逃制逃联合演练4次，召

开队所联席会议12次。中队被武警浙江省总队评为“装备管理先进单位”。在群众性大练兵比武竞赛中，杨建峰获得手榴弹投远单课目第一、叶佳丽获得后勤专业兵第一的成绩；慎泽非、叶佳丽荣立三等功一次。开展“军营开放日”活动，与湖塘街道、湖中村签订军民共建协议，推进书香军营建设。（慎泽非）

【监管羁押对象防逃制逃联合演练】 2022年，武警柯桥中队官兵联合看守所民警进行演练。每季度末，安排一次演练，全年4次。通过演练加强武警中队与柯桥看守所信息共享和沟通协调，提升应对突发事件快速反应能力、实战处突能力和协同作战能力。（曹文华）

人民防空

【概况】 2022年，柯桥区开展人防工程产权制度综合改革，出台《柯桥区全面推进人防工程产权制度综合改革实施方案》。组织完成人防专项规划研究和地块人防规划研究编制和评审，完成规划设计条件中防空设施配置要求。

【人防数字化改革试点】 2022年，柯桥区作为全省人防运维在线场景试点单位，探索开展人防工程维管数字化管理，初步完成人防工程项目输入浙人防数字化平台；人防警报器全部实施网格员管理，每月完成警报数字巡检任务，实现“智慧服务、智慧管理、智慧指挥”。

【人防宣传教育】 2022年3月，柯桥区在柯桥街道大渡社区开展以“建设高水平网络大城市 打造新时代共同富裕地”为主题的人防工程宣传月活动，引导群众关注人防、了解人防、参与人防，不断增强群众国防人防观念。福全街道徐山村被评为全省首个“人防文化村”。

·小资料· 人防工程宣传月

2022年3月，柯桥区在柯桥街道大渡社区开展以“建设高水平网络大城市 打造新时代共同富裕地”为主题的人防工程宣传月活动。浙江省人防办党组副书记、副主任（副局长）、一级巡视员吴家曦，绍兴市政府副市长罗延发，柯桥区政府副区长成诚，市人防办、柯桥区人防办主要领导，相关人防重点镇（街道）等领导30余人参加。先后走访柯桥区福全街道徐山村人防文化村、柯桥街道大渡社区，实地踏勘绍兴市人防工程建设与美丽乡村、未来社区相结合的标志性成果。参加宣传月群众达2000余人，引导群众关注人防、了解人防、参与人防，不断增强群众国防人防观念，进一步推动人防工程融入未来社区建设，更好服务经济社会发展。福全街道徐山村被评为全省首个“人防文化村”。（诸旷怡）

类目编辑　高祖钿

经济管理

发展改革管理

【概况】 2022年，柯桥区以指标预测、晾晒排名、短板提醒、动能分析为内容，精准监测分析经济稳增长动态。2021年、2022年，柯桥区连续两年位居全国综合实力十强区，实现地区生产总值1901亿元，比上年增长4.5%，总量继续保持全省第十位；城乡居民人均可支配收入分别增长4.7%和7.6%。绍兴柯桥经济技术开发区入选第二批全省高能级战略平台。

【3个项目被列入2022年浙江省重大产业项目清单】 2022年，柯桥区新增省重点建设项目14个，“华天光学膜”“宝武碳纤维”2个项目被列入浙江省特别重大产业项目清单，实现全区特别重大产业项目“零”的突破，“建信佳人新材料”被列入引领性重大产业项目。6个省市县长项目和15个参加省集中开工项目全部开工入库，数量规模全市第一位。获得土地奖励指标128.93万平方米，占全省总量的1/8、绍兴市的一半，居全省第一位。

【临空示范区绍兴片区揭牌】 2022年，柯桥区编制《临空示范区绍兴片区发展战略规划》，推进融杭交通、基础设施和产业项目建设。5月，浙江省政府正式批复，同意设立杭绍临空经济一体化发展示范区绍兴片区。根据省政府批复，临空示范区绍兴片区规划面积115平方千米，空间范围包括柯桥区华舍街道、钱清街道、杨汛桥街道的全部区域，按照“一个平台、一个主体、一套班子、多块牌子”的体制架构，与绍兴市柯桥区综合设置管理机构，实行统一管理、统一规划、统一招商、统一协调，建设全国一流临空智造区、杭绍同城合作创新区、绍兴未来城市实践区。10月9日，杭绍临空经济一体化发展示范区绍兴片区揭牌。

【对口协作项目】 2022年，柯桥—江山山海协作“产业飞地”建设启动，“飞地”产业园引进“宇越新材料”光学高性能多功能薄膜和“建信佳人”年产15万吨绿色再生新材料两个项目。总投资100亿元的宇越新材料光学薄膜项目于5月底开工建设，全年完成投资4.41亿元；建信佳人再生新材料项目于12月底摘牌动工。吉林对口合作“辽源黑猪合作项目”入选省对口工作典型案例。山海协作实现省绩效考核一等奖“六连冠”。

2022年，柯桥—江山山海协作产业园全景　（区发改局　提供）

【各类惠企政策资金兑现】 2022年，柯桥区出台《促进柯桥经济高质量发展的若干意见》等16个惠企政策和稳住经济大盘一揽子49项政策，总资金超过10亿元。利用“越快兑”平台，兑现政策资金12.22亿元，完成率147.2%。兑现服务业亩产效益

A 类企业及领跑者奖励、2021 年度柯桥区服务业项目奖励、服务业企业“下升上”及做大做强奖励资金 597.994 元。(诸旷怡)

国有资产管理

【概况】 2022 年,柯桥区有国有全资及控股企业 191 家,其中区直属国有企业(含下属子公司及管理企业)130 家,其他国有企业〔机关部门、镇(街道、开发区)管理的国有企业〕61 家。有“AA+”主体信用评级 4 家、“AA”主体信用评级 7 家。

【国企综合改革体系】 2022 年,柯桥区摸排 183 家国有企业股权结构、运营、对外投资、薪酬管理等情况,出台国有企业改革三年行动方案,搭建起 1 个总纲、9 个区直属国有企业一企一策改革方案和 N 个体制机制的“1+9+N”综合改革体系,重组区金融控股有限公司,推动国有企业改革走深走实。

【国有存量资产盘活】 2022 年,柯桥区按全口径、全覆盖标准盘清国资家底,建立清底、确权、盘活、考核全周期管理机制,拓宽资产盘活路径渠道,激发国有存量资产新活力。推动 334 处大宗闲置资产挂牌交易,划转公司股权 4 家,公交场站确权 13 宗,盘活存量资产 43 亿元。启用线上公务舱平台,对区级行政事业单位可调剂使用的国有资产实行统一管理,通过自用、共享、调剂、出租、处置等多种方式,推进行政事业单位资产盘活利用。

【国有企业融资能力提升】 2022 年,柯桥区开展降本降息专项行动,分档压降存量债务融资成本,逐笔置换高利率融资贷款,全年节约融资成本 1.84 亿元,助力国有企业轻装上阵。“一企一策”推进国有企业提升信用评级,增强整体融资议价能力,提升 AA+ 级信用评级 1 家。试点中国轻纺城仓储物流项目 REITs,新组建混合所有制企业 3 家,提升国有企业市场竞争力。

·小资料· REITs

Real Estate Investment Trusts 的缩写,即房地产信托投资基金。是房地产证券化的重要手段。房地产证券化就是把流动性较低的、非证券形态的房地产投资,直接转化为资本市场上的证券资产的金融交易过程。房地产证券化包括房地产项目融资证券化和房地产抵押贷款证券化两种基本形式。

【国有经营性房产租金减免政策】 2022 年,柯桥区落实小微企业承租国有经营性房产租金减免政策,助力解难纾困、恢复发展。全年行政事业单位、直属国有企业及下属单位共减免租金 2230 万元,惠及小微企业、个体工商户 880 户。(王森剑)

财　政

【概况】 2022 年,柯桥区完成财政总收入 187.54 亿元,比上年同口径下降 0.8%,自然口径下降 16.1%;其中一般公共预算收入 132.59 亿元,比上年同口径增长 1.6%,自然口径下降 9.9%。一般公共预算支出 137.27 亿元,比上年增长 3.3%。全面推进预算管理一体化系统建设,上线预算执行、会计核算两大模块,修订预算指标管理办法,重塑预算指标审批流程,升级“柯桥财政服务 E 平台”,逐步实现预算管理活动全过程数字化管理。

【政策资金兑现】 2022 年,柯桥区按照“成熟一批、审核一批、兑付一批”原则,调整优化业务环节和兑现流程,实现“即时兑”“按比例兑”。全年兑现“5+4”稳进提质政策资金 14.26 亿元。对符合条件的市场主体发放用电补贴 2973.5 万元;发放多轮消费券、汽车补贴及购房契税奖励 1.41 亿元;安排 1.32 亿元用于企业留工稳岗、招工引才。

·小资料· “5+4”稳进提质政策

即浙江省“5+4”稳进提质政策体系,包括扩大有效投资、减负强企、科技创新、“两稳一促”(稳外贸稳外资促消费)、民生保障五大政策包,以及财政、自然资源、金融、能源 4 张要素清单。

【专项债券资金】 2022 年,柯桥区抓住专项债券政策机遇,按照“储备一批、发行一批、建设一批”的滚动接续机制,加大优质项目摸排、筛选和储备力度,以更多的项目储备争取更多的专项债券支持。全年共向上申报储备项目 50 个,资金总需求 291.09 亿元;争取到专项债 52.50 亿元,惠及项目 10 个。

【民生支出】 2022 年,柯桥区构建共富型财政政策体系和工作机制,实施农村转移人口市民化财力保障机制等 3 个省级试点改革项目,推进基本公共服务均等化。全年民生支出 108.0 亿元,比上年增长

2.7%。安排教育支出31.32亿元，支持学前教育、义务教育、职业教育、民办教育等均衡优质发展，深化教育“双减”、教共体改革，优化城乡教育资源配置。围绕困难群众保障和帮扶，全年投入救助资金2800万元，惠及困难群众5.8万人次。城乡最低生活保障标准从890元/（人·月）提高到1050元/（人·月），增长18%。按照500元/人标准发放实体消费券和一次性生活补贴，保障新冠疫情防控期间困难群众基本生活。

【支出压减】 2022年，柯桥区落实党政机关带头过“紧日子”要求，在年初运转类经费预算安排压减10%的基础上，分两轮压减支出2.08亿元，统筹用于新冠疫情防控及稳经济大盘支出。加大财政资金统筹力度，结合收支预测、债务偿还、留抵退税等加强库款监测分析，库款保障水平始终控制在0.3～0.8。建立健全资金收回使用和定期清理机制，专项清理历年结余资金，累计收回部门存量资金1.34亿元，清理财政专户结余0.77亿元。

【产业基金建设】 2022年，柯桥区聚焦现代产业体系，修订产业基金管理办法3.0版，发挥政府产业基金投资撬动和重大项目牵引作用，对接招引优质产业和项目落地。全年新设产业基金9支，认缴出资22.82亿元，撬动社会资本投资44.08亿元。

【“三保”支出】 2022年，柯桥区坚持“三保”（保基本民生、保工资、保运转支出）预算足额安排、支出优先保障，全年拨付“三保”支出48.14亿元，保“三保”风险底线。制定“一企一策”政府隐性债务化解方案，综合运用财政拨款、土地变性、资产注入等各类举措，按计划完成年度化解目标任务。加大财政监督力度，推进“七张问题清单”整改落实，先后组织楼堂馆所整治、项目招引财政扶持政策资金、公款竞争性存放、落实政府“过紧日子”等专项督查检查。

【数字财政建设】 2022年，柯桥区推进实施“浙里报”省级试点，实现公务报销“一网智办”和财政资金“一链智管”。完善“浙里基财智控应用”建设，在16个镇（街道）上线运行，实现区域全覆盖。在绍兴市率先开展“会计e家”应用建设，注册2314名会计从业人员，绑定6.4万户单位纳税人和140户涉税中介机构。启动国资国企数字化监管平台建设，完成初步框架搭建。（王森剑）

税务

【概况】 2022年，柯桥区税收收入（财政口径）162.06亿元，一般公共预算收入107.11亿元。全年办理出口退税126.5亿元，其中生产企业12.25亿元，外贸企业114.25亿元；审核通过免抵税额6.32亿元，比上年同期增长8.6%；办理免抵调库3.5亿元，比上年同期下降49.19%，组织社保费收入（含职业年金）91.8亿元；划转税务征收的非税收入95.5亿元。

【各类税款减免】 2022年，柯桥区累计落实各类减免退（缓）税费89.00亿元，比上年增长232%；惠及纳税人113.2万户次，比上年增长234%。其中落实增值税留抵退税46.36亿元，惠及纳税人1.18万户次；落实“六税两费”〔资源税、城市维护建设税、房产税、城镇土地使用税、印花税（不含证券交易印花税）、耕地占用税和教育费附加、地方教育附加〕减免3.08亿元，惠及纳税人75.15万户次；办理制造业中小微企业税费缓缴15.55亿元，惠及纳税人5.58万户次；落实特困行业阶段性企业社会保险费缓缴4729万元，惠及纳税人102户次。

【“云税中心”建设】 2022年，柯桥区搭建的枫桥式智税平台——“云税中心”平稳运行，整合涉税咨询电话为“0575-88012366”，“云税中心”无法解决的问题通过协同工单下发至各分局所，推动税费咨询集中“一站式”解决。“云税中心”月均咨询量6801次，转人工接通率72.44%，协同工单共下发1854件，平均占有效接听电话量的2.3%。

【再投资递延纳税项目】 2022年，柯桥区创新开展再投资递延纳税全周期闭环管理，以电子化数据传递为载体，打造项目准入阶段提前辅导、产生未分配利润阶段精准辅导、进行利润分配阶段个性管理、收回投资阶段后续管理的外资非居民企业再投资业务全周期服务与管理。2022年2—12月，抽取5名外语水平较高的业务骨干，组成“双语化”专业服务团队；按照“区块完整、户数均衡”原则，把符合的外资企业划分7个网格，开展日常管理；构建“部门联动、信息共享”机制，从商务部门获取区内外资流动情况，通过信息共享掌握企业信息5次；实地走访145户，实现重点企业100%覆盖。

【出口退税"整体智治"】 2022年，柯桥区探索建立出口企业"信用+风险"动态分类监管体系，实行"绿码不打扰、黄码强研判、红码快处置"出口退税管理和服务，评定绿、黄、红码出口企业12009户、140户、14户，开展风险应对43户，查补（含追回）税（费）款777万元。

【"精诚共治"保增长工具箱】 2022年，柯桥区创建"精诚共治"保增长工具箱，继续按照"清单化、模型化、网格化、项目化"方式，实施重点税源企业、重点税源行业、重点经济区域、重点风险事项的分类精准监管。全年工具箱共涉及36个项目，入库税费款6.81亿元。

【税收风险事项闭环管理机制】 2022年，柯桥区印发《税收风险管理闭环工作机制》，运用评估协查成效管理系统，形成事前扎口管理、事中精准落实、事后强化监管的闭环链，实现全程"有人管"。全年下发各类风险管理事项任务360批，发现疑点企业5620户，补缴税款51402.14万元。

【"浙里·会计e家"应用场景】 2022年，柯桥区运用"服务+信用+风险"数字化变革理念，建设"浙里·会计e家"应用场景，提升涉税机构、会计人员的纳税遵从度，累计注册会计人员5114名、绑定企业9365户，152户涉税专业服务机构100%纳入管理。

【新时代"枫桥式"税务分局（所）创建】 2022年，柯桥区融合"枫桥经验"与税收工作，在浙江省税务局、绍兴市税务局提出的框架基础上，形成福税共富驿站、"和·福"调解机制、"春强智税E+"党员工作室等一批标志性成果。柯桥区税务局福全税务所创建浙江省税务系统首批新时代"枫桥式"税务分局（所），1个项目入选"枫桥经验"税收创新实践点。

【纺织业全产业链链式监管】 2022年，柯桥区针对纺织行业上下游企业众多、行业税收比重较大的特点，通过"一行业一模型一指引"链条式风险预警管理，运用"能耗税收""投入产出率"等风险指标，逐步构建纺织业全产业链链式监管，完善化纤加弹、针织、拉毛、印染4个行业模型并制定行业税收管理指引，堵塞纺织产业税收漏洞。全年风险应对入库税款9688万元。

【全电发票工作推广】 2022年，柯桥区构建企业反馈需求+专员梳理信息+股所协调解决联动机制，协调解决企业全电发票冲红、入账归档等相关诉求，依托浙江省税务局征纳沟通平台等在线平台，利用大数据分析，由税务干部采取创意业务政策海报、短信电话提醒、上门政策宣讲等形式推广全电发票工作。全年累计1770户重点企业和6642户非重点企业预先服均100%落实。

【税务综合网上办税】 2022年，柯桥区推行"非接触式"办税缴费模式，推动"不动产智治"掌上办理，纳税人、缴费人通过手机或计算机操作，可获取税费信息，完成办税缴费，实现"办税云见面、服务不打烊"。全区税务综合网上办税率98.51%，位居绍兴市各县（区）局第一。

【税收风险应对】 2022年，柯桥区针对低中高三类风险等级，采取提示提醒、纳税评估、移送稽查局等不同应对措施，完成税收风险应对任务5833户，补缴税费滞纳金4.93亿元，调整退税和调减留抵490.1万元。

【出口退税企业分类管理】 2022年，柯桥区根据《退税规范2.0版》和《出口退（免）税企业分类管理办法》规定，分类管理评定全区12163户备案且正常开业出口退税资格认定企业，符合评定条件的一类企业11户（占比0.09%），二类企业4054户（占比33.33%），三类企业5209户（占比42.83%），四类企业2889户（占比23.75%）。按照分类管理办法，对四大类企业实施差别化出口退税申报受理和退税管理，鼓励企业规范申报、诚信纳税。

【司法途径入库税款】 2022年，柯桥区通过司法途径入库税款1.69亿元。其中通过组织核实破产企业欠税费情况，向区法院申报破产债权104户次，申报破产债权14214.13万元（含滞纳金），受领破产分配款5759.28万元；通过司法拍卖"一件事机制"，向区法院申请参与分配司法拍卖款168户次，入库税费11135.82万元。

【企业所得税汇算清缴】 2022年，柯桥区对55517户企业开展企业所得税汇算清缴工作，对402户企业开展后续审核，补缴企业所得税4047

万元，全年汇算清缴入库企业所得税 16.57 亿元，比上年增长 15.07%。

【土地增值税入库税额】 2022 年，柯桥区通过出台清算团队管理办法、建立清算例会工作制度、明确案卷质量考评办法等措施，完成土地增值税项目清算 93 个，全年入库土地增值税 26.54 亿元。

【纳税信用管理】 2022 年，柯桥区对 6 万户参评纳税人开展纳税信用等级评价工作，评定 A 级纳税人 0.93 万户，比上年减少 24.09%；对 5.55 万户参评个体工商户和其他类型纳税人开展纳税信用评价工作，评定 A 级纳税人 299 户；依纳税人申请信用修复 26 户次。（余　烨）

审　计

【概况】 2022 年，柯桥区实施审计项目 24 个，审计查出主要问题金额 54282 万元，其中管理不规范金额 32899 万元、违规金额 21382 万元；移送处理事项 20 件，移送处理金额 179 万元。编发《审计提醒您》10 期、《审计专报》30 期，审计报告、审计专报等获得领导批示 57 篇次。柯桥区审计局获评全省审计机关考核先进单位，柯桥区镇、村两级公共资金管理使用情况专项审计调查项目获 2022 年全国审计机关优秀审计项目一等奖。

【预算执行审计】 2022 年，柯桥区开展区本级 2021 年度预算执行审计、区级部门 2021 年度预算执行审计以及 2 个街道、3 个部门的财政预算审计，审计查出主要问题金额 28716 万元。

【财政决算审计】 2022 年，柯桥区完成 1 个镇（街道）财政决算（收支）审计，结合领导干部经济责任审计项目同步实施，发现存在资金转借长期挂账等问题，审计查出主要问题金额 2029 万元。

【行政事业项目审计】 2022 年，柯桥区对绍兴市中心医院医共体等单位开展审计调查，主要揭示和反映资产管理和建设项目管理、财务收支状况和内部管理情况等方面存在的问题，审计查出主要问题金额 152 万元。

【专项资金项目审计】 2022 年，柯桥区实施十大民生实事、农业高质量发展、学前教育经费管理、消除集体经济薄弱、招商引资政策执行等专项审计调查项目 8 个，审计查出主要问题金额 20909 万元。

【经济责任审计】 2022 年，柯桥区对 10 个单位 15 名领导干部实施经济责任及自然资源资产审计，查出主要问题金额 2059 万元。出台《区管领导干部经济责任审计结果反馈实施办法（试行）》，规范区管领导干部经济责任审计结果反馈工作。

【政府投资项目审计】 2022 年，柯桥区完善《区公共投资项目工程审计管理办法（试行）》《区公共投资项目工程结算审计操作规程（试行）》，实施公共投资项目建设管理情况专项审计调查和 2022 年政府投资项目工程结算审计项目，加强对工程质量安全、工程进度等方面的审计监督。抽审政府投资项目工程结算审计项目（标段）33 个，结算审核价 5.53 亿元，发现问题金额 778.89 万元。

【内部审计监督指导】 2022 年，柯桥区出台《关于进一步加强区直属国有企业内部审计工作的意见》，9 家区直属国有企业设置总审计师职位，区直属国有企业内审机构负责人任前征求区审计局党组意见。扩大内审新规宣传覆盖面，提升内审督导影响力，提高内审项目质量，2 个内审项目获省级优秀。

【“七张问题清单”重大审计问题清单工作】 2022 年，柯桥区成立重大审计问题清单工作专班，建立“工作专班‘每日一商’、领导班子‘半月一议’、中层干部‘每月一谈’”会商研判机制，推动柯桥区重大审计问题清单指数排名连续 6 个月名列全市第一、连续 6 个月名列全省前十（其中 6 月、7 月名列全省第一），1 个审计整改示范案例入选省审计厅和市级示范榜。至年底，共发布 2 个省级、11 个市级、7 个区级重大审计问题清单，除 2 个省级问题外，均整改销号，完成 5 个异地示范榜整改，清退、收缴、拨付各类资金 76317.52 万元，完善相关政策制度 32 项。

【大数据审计】 2022 年，柯桥区在浙政钉平台正式上线“智慧投审”应用系统，实现政府投资项目工程结算审计项目的大数据分析、一键抽取项目、一键分配中介等模块线上操作。至年底，完成 154 个工程结算备案，发出 82 条黄色预警，自动生成 89 个疑点数据。（邵凯瑜）

统　计

【概况】 2022年，柯桥区优化统计服务体系，提高统计数据质量，常态化开展数据核查、执法检查，对工业、批零住餐、能源、投资、房地产、劳动工资、科技等专业共84家企业单位开展“双随机”（随机抽取检查对象、随机选派执法检查人员）执法检查。稳定基层统计队伍，提高基层统计队伍业务素质，统计继续教育覆盖2376人。

【统计基层基础建设】 2022年，柯桥区发布《关于进一步加强统计基层基础建设的意见》，成立柯桥区基层统计网格智治工作领导小组，印发《柯桥区基层统计网格智治工作制度汇编》，推进统计“网格智治”、配强镇（街道）力量、夯实企业基础等举措，形成现代化统计基层治理体系。至12月底，全区划分一级网格1个、二级网格20个、三级网格195个，注册网格企业3380家。全区建立“统计之家”16个，开展网格活动500余次，组织业务培训500余人次。

【经济形势研判】 2022年，柯桥区统计部门挖掘统计资料，撰写统计简明信息、统计分析专报等资料，反映经济运行中趋势性、苗头性问题，准确反映经济运行的“形”和“势”，为区委区政府提供信息参考。完成统计分析专报8篇、统计快讯65篇、问题信息5篇，其中4篇分析（信息）获得领导批示。（蒋依玲）

价格管理

【概况】 2022年，柯桥区重点监测重要民生商品、“菜篮子”等民生价格。设立八大类17个监测点，根据实际按周（月）报送价格数据，每月编制《柯桥区主要商品价格监测月报》和市场商品价格监测简析，编印印发月报3150份。在节假日、台风天、疫情应急响应等特殊时期，加强市场价格巡查，关注市场价格变动情况。全年价格认定案件投诉率及复核率均为零。

【用水、用电、用气企业减负】 2022年，柯桥区协调供用热企业关系、优化完善计算核定方式，保持集中供用热供应与价格基本稳定。通过成本监审核减不合理定价成本费用2.96亿元，通过下调气价、到户水气、延缓调整污水处理费等措施为企业减负1.43亿元。（诸旷怡）

市场监督管理

【概况】 2022年，柯桥区商品市场成交额2561.93亿元，比上年增长7.12%。其中消费品市场成交1878.66亿元，比上年增长8.21%；生产资料市场成交683.27亿元，比上年增长5.53%。其中中国轻纺城成交1826.83亿元，比上年增长8.38%；钱清中国轻纺原料城成交675.38亿元，比上年增长3.31%。至年底，全区有各类商品交易市场76个，其中消费品市场69个、生产资料市场7个。创建13家省放心农贸市场，新增4个星级文明规范市场，对绍兴市柯桥区平水镇会稽农贸市场、绍兴市柯桥区湖塘农副产品综合市场2家商品市场实施“五化”（便利化、智慧化、人性化、特色化、规范化）改造，通过省市场监督管理局验收认定。新增市场主体2.83万家，累计有在册市场主体17.24万家，其中公司等企业6.18万余家，居全市第一。新增“个转企”（个人工商户转型升级成企业）719家，新增科技型小微企业228家。市场主体开办网办率81.57%，其中企业开办网办率99.97%。（杨为其　叶泽天　李　尧）

【农贸市场改造提升】 2022年，柯桥区创建浙江省放心农贸市场13家，包括绍兴市柯桥区红丰农副产品综合市场、绍兴市柯桥区百舸农贸市场、绍兴市柯桥区大坂旺角农副产品综合市场、绍兴市柯桥区华阳农贸市场、绍兴市柯桥区安昌农副产品综合市场、绍兴市柯桥区齐贤龙山农贸市场、绍兴市柯桥区马鞍农副产品综合市场、绍兴市柯桥区滨海金旺角农副产品综合市场、绍兴市柯桥区王坛旺角农贸市场、绍兴市柯桥区型塘农副产品综合市场、绍兴市柯桥区湖塘农副产品综合市场、绍兴市柯桥区江桥农副产品综合市场、绍兴市柯桥区夏履镇农贸市场。推进镇村农贸市场及室内农产品集散中心改造提升，完成2家。对88个完成改造的农贸市场及农产品集散中心进行督查、考核、奖补，其中柯桥区滨海秋实农贸市场、柯桥区大坂旺角农副产品综合市场、绍兴市柯桥区裕民农副产品综合市场等10家农贸市场(集散中心)被评为2022年度最佳农贸市场。

【新增省三星级文明规范市场】 2022年1月,柯桥区新增4家省三星级文明规范市场,分别是绍兴市柯桥区中国轻纺城国际面料采购中心市场、绍兴市柯桥区迎驾农贸市场、绍兴市柯桥区平水镇会稽农贸市场、绍兴市柯桥区永进农贸市场,有效期3年(2022—2024年)。(杨为其)

【小微主体金融纾困】 2022年,柯桥区落实降本减负、融资增效等纾困扶持政策,区市场监管局联合区金融办组织银行开展小微主体金融纾困,为13460户个体工商户发放贷款100.3亿元;落实企业开办"零成本"政策,全年为企业减费157万元。(李　尧　叶泽天)

【小微企业三年成长计划】 2022年,柯桥区新增小微企业6731家,其中八大重点产业小微企业1429家,完成个转企719家,新增股份公司19家,新增科技型小微企业228家,发放科技创新券490.14万元,完成小微企业职业技能培训2028人次。柯桥区获评浙江省"小微企业三年成长计划"工作优秀县(市、区)。(车　敏)

【放心消费在柯桥行动】 2022年,柯桥区创建各类放心消费单位3503家,有效放心消费商圈(街区)6个,其中放心工厂929家和无理由退货承诺单位1761家,创建数量均名列绍兴市第一,全年受理并调处各类投诉、举报、咨询14743件。区市场监管局与柯桥传媒集团联合开办"消费维权碰碰碰"栏目,通过线上+线下互动,展示具有代表性、启迪性的维权事件及处理应对方法。(杨晓艳)

质量技术监督管理

【概况】 2022年,柯桥区加快现代纺织质量产业质量提升,加大"品字标"公共品牌培育力度,新增"品字标"认证企业8家、"浙江制造"认证证书18张,20家企业41个产品获得绿色产品认证;全年兑现"品字标"公共品牌建设相关奖励资金300万元、绿色认证奖励资金410万元。开展"碳足迹标识"认证省级试点,《产品碳足迹评价技术规范 化纤面料》立项绍兴地方标准。推进检验检测高技术服务业集聚区建设,新增检验检测机构2家,全年检验检测业务营收2.4亿元,比上年增长10%。(叶泽天)

【"品牌强区"建设】 2022年,柯桥区完善"浙江制造"品牌梯度培育体系,对重点企业进行点对点推进。以品牌服务产业发展为导向,从品牌基础建设、品牌培育行动、品牌应用和推广等多维度推动本地企业品牌化建设。推动"品字标"品牌建设提质拓面,全年新增浙江制造"品字标企业"10家,涉及18种产品。在原有工业制造业领域基础上,推动"品字标"品牌建设向农业、服务业延伸,绍兴柯桥东方茶业有限公司、绍兴市柯桥区玉龙茶业有限公司成为绍兴市仅有的2家2022年度"品字标浙江农产"品牌企业。

【"质量强区"建设】 2022年,柯桥区21家企业的44个课题参评绍兴市优秀QC活动小组成果,获一等奖13个、二等奖14个、三等奖17个,一等奖数和获奖课题总数自2020年起连续3年位居绍兴市第一。精工工业建筑系统有限公司被评为2022年绍兴市市级表彰奖励项目(质量类)获奖企业(原市长质量奖),成为柯桥区第9家获此荣誉的企业。柯桥区纺织产业质量基础设施"一站式"服务平台获评省级示范点。

【"标准强区"建设】 2022年,柯桥区主导制定国家标准1项、行业标准1项、全国性团体标准8项、浙江制造标准5项,参与制定国家标准21项、行业标准7项。国家食品及相关产品标准化试点(黄酒)项目获批第二批国家级消费品标准化试点项目,全市唯一。以数字化改革推动标准化管理水平提升,"浙江标准在线"企业应用2401家,应用企业数全市第一。(杜佳颖)

【纺织产业一站式服务平台建成】 2022年,柯桥区建成纺织产业质量基础设施一站式服务平台,新建保障民生的基础计量强制检定项目3项、质量检验项目17项。为280余家单位提供免费法定计量器具强制检定3万余台(套),提供纺织印染产品免费国标标准检验800余批次。通过一站式服务平台,分别研制1项国家标准和1项行业标准,填补国家标准和行业标准的空白。推进国家检验检测高技术服务业集聚区绍兴园区柯桥辐射区建设,新增检验检测机构2家,检验检测业务营收超2.4亿元,比上年增长10%以上。(黄　华　童珈珈)

【特种设备安全监管】 2022年，柯桥区市场监督管理局出动执法人员3535人次，检查特种设备使用单位1924家，检查特种设备4415台(套)，发出《安全监察指令书》66份，消除安全隐患1317处，全年全区未发生特种设备安全责任事故。完善“智慧电梯”运行管理，维护管理5020台(含2022年新安装2032台)住宅电梯的物联网监控系统，监测故障报警689958起、不文明乘梯现象超300万起，发生困人报警2792起，解救被困人员4024人，平均救援时间缩短至7.44分钟，较未接入信息化系统前提速1倍以上，协助处置“110”“119”“96333”接入告警208起。(赵建刚)

食品药品监督管理

【概况】 2022年，柯桥区提升食品小作坊管理水平，开展网络餐饮治理行动，实现药品数字智慧监管。抽检食品4512批次，合格4398批次，抽检合格率97.47%；完成药品市抽170批次、医疗器械省抽14批次，合格率均为100%；收集上报药品不良事件报告1288例、医疗器械不良事件报告数444例。组织开展各类食药械化专项整治，办结食品药品医疗器械化妆品案件876件，移送案件8件，罚没款163.59万元。农村家宴中心建设发放规范提升奖补资金1030万余元。全年未发生重大食品药品安全事件。(叶泽天　娄　婷)

【食品安全包保责任】 2022年，柯桥区深化食品安全包保责任制，智慧监管手段赋能食品产业高质量发展，促进食品安全现代化治理能力提升。食品安全包保责任体系实现19家A级、117家B级、489家C级、18423家D级主体，1898名包保干部100%对应覆盖。

【食品安全监督检查】 2022年，柯桥区食品安全“守底线、查隐患、保安全”专项行动累计出动执法人员2500余人次，检查单位7342家次，发现并监督整改问题351项。食品安全监督抽检4285批次，食品安全快检43.4万批次。

【食品小作坊智慧共治体系建设】 2022年，柯桥区在全市率先实现小作坊“六个一”智慧共治体系建设，完成数字驾驶舱建设及智慧共治系统运行。在安昌古镇建设并运行具有地方特色的柯桥区酱醉制品检验检测基地，从源头把关特色地产食品质量安全。建设“五化”(标准化建设、园区化管理、文旅化融合、数字化监管、阳光化共治)精品食品作坊，对其中40家肉制品小作坊进行“5S”(整理SEIRI、整顿SEITON、清扫SEISO、清洁SHITSUKE、素养SHITSUKE)现场管理建设，根据地域特色，打造传递民俗、传承文化的“双传”精品作坊7家，食品作坊“5S”现场管理推进工作覆盖率列全市第一。柯桥区市场监督管理局被浙江省食品药品安全委员会办公室评为浙江省食品安全工作成绩突出集体。(娄　婷)

·小资料·　“六个一”智慧共治体系建设

即应用一个智慧共治系统，成立一个行业协会，制定一个标准规范，建立一支管理队伍，设立一个智慧共享检测室，推行一套评价机制。(陈　蕾)

【网络餐饮治理行动】 2022年，柯桥区加快“浙江外卖在线”系统应用落地，持续推进外卖商家“阳光厨房”建设，“阳光厨房”建设率动态保持90%以上，推广“外卖封签”制度，常态化开展监督检查，提升网络餐饮食品安全保障水平。(沈燮辉)

【药品数字智慧监管】 2022年，柯桥区将中药饮片纳入浙江省药品安全智慧监管“黑匣子”应用，完成品种接入60个，专网专云占全市的60.8%。推广“浙里药店”应用向零售药店扩展，233家连锁门店单体药店率先将进销存等日常经营数据接入“浙里药店”，接入率86%。民生药事服务站和24小时“网订店送”药房提供非接触式服务12.4万人次。柯桥区市场监督管理局被浙江省药品监督管理局评为浙江省药品安全治理与技术赋能成绩突出集体。

·小资料·　浙江省药品安全智慧监管“黑匣子”系统

“黑匣子”系统借鉴民航“黑匣子”理论，按照“一盒管数据、双向管安全、过程可追溯、风险可预警”的要求，利用药品生产企业自身信息化系统，在企业安装用于接收存储关键数据的数据仓(“黑匣子”)，自动收集企业生产源头采集的影响药品质量的关键参数，并进行数据内容智能校验、风险信号

及时预警,逐步实现药品安全非现场智能化监管。(王　樱)

【食药械化安全专项治理】 2022年,柯桥区围绕民生领域"铁拳"行动和"亮剑2022"专项执法行动,依法严厉打击违法行为,立案1512件,结案1451件,其中大要案177件,移送公安机关追究刑事责任20件。某检测技术服务有限公司出具不实检验检测报告案等9件案件分别被国家总局、省市场局评为典型案例,某公司销售不合格产品案专案组被授予省市场监管系统集体三等功。柯桥区市场监督管理局被浙江省打击侵犯知识产权和制售假冒伪劣商品工作领导小组办公室评为浙江省市场监管执法工作成绩突出集体,被浙江省市场监督管理局评为浙江省药品稽查执法工作成绩突出集体。(王珊珊)

知识产权管理

【概况】 2022年,柯桥区新增注册商标5126件,新增专利授权6480件,其中发明专利570件。兑现知识产权扶持资金2174万元,每万人高价值发明专利拥有量8.38件,全年完成知识产权质押融资21.63亿元。发挥国家级知识产权快维中心作用,持续开展"雷霆""蓝天"系列和专业市场知识产权保护专项行动,完善知识产权纠纷调处机制。绍兴市柯桥区市场监管局获评2021年度知识产权保护工作成绩突出集体,柯桥区入选全国第一批知识产权纠纷快速处理试点地区,为全市唯一;柯桥区创建成为国家知识产权强县建设示范县,为全市唯一。

【知识产权保护服务】 2022年,柯桥区联合浙工大之江学院成立全市首家县(市、区)级知识产权学院,建设区知识产权综合体,完善知识产权快速协同保护体系,新增贯标企业23家、国家知识产权优势企业4家、首批省知识产权示范企业10家,开展知识产权质押融资21.63亿元。

【纺织品花样数治应用建设】 2022年,柯桥区"纺织品花样数治应用"入选"一地创新,全省共享"清单和省数字化改革"最系列"之最佳应用。建设纺织品花样数治数字化场景应用,涵盖全流程登记、区块链备案和存证、AI自助查重、云调处等功能,实现花样版权登记、管理、维权全链条线上服务。该场景应用数据库收录浙江省近12年登记的花样版权图片12.66万件,通过新登记的花样版权图片不断扩容数据中心库,为一图一ID的户籍式管理打下基础。到年底,开展花样AI比对34.04亿次,提供查重服务12.59万次,查重率10.85%;受理花样版权登记申请10147件、发证8656件,比上年分别增长16.52%、14.74%。(汪国林　姚晓琳)

国家调查

【概况】 2022年,柯桥区完成居民收支调查、劳动力调查、农民工监测调查、采购经理调查、工业生产者价格调查、粮食监测调查、畜禽监测调查、农产品生产者价格调查和中间消耗调查。开展文明城市测评、全面从严治党民意调查、城市公共交通分担率和交通满意度调查、公民科学素质等专项调查。撰写统计分析74篇,其中28篇获区领导批示。

【住户调查大样本轮换】 2022年4月起,柯桥区开展两轮住户调查大样本轮换抽样框信息核实工作,经过国家分层抽样、落实调查小区、选聘培训调查员、召开动员会议、开展摸底调查、抽选落实调查户、填报开户问卷、开展试记账等阶段,12月1日起开始正式记账工作。其间,抽选住宅5656宅,抽取调查户300户,开展试记账和正式记账户300户,轮换住户调查大样本。(曹佳一)

类目编辑　陆　杨　韩兰芳

农业农村

综　述

2022年，柯桥区实施乡村振兴战略，落实农业农村优先发展，入选"国家乡村振兴示范县"创建名单、省农业"双强"（科技强农、机械强农）行动"赛马"激励地区名单。柯桥区农业农村局获省农村宅基地工作成绩突出集体称号、省新时代乡村集成改革工作成绩突出集体称号。

新建高标准农田面积247.8公顷，完成整治优化5193.3公顷，完成率100%。粮食作物统计监测面积和产量分别为12307公顷和6.68万吨。水稻主导品种率94.34%，创建水稻新优品种展示点1个，优质稻米示范方3个。

全年生猪总饲养量19.92万头，其中存栏生猪9.50万头、能繁母猪存栏0.99万头，出栏10.42万头。科盛生态农业有限公司和绍兴天圣牧业有限公司两个生猪场均通过竣工验收，浙江科强生态养殖有限公司和科盛生态农业有限公司均被列入国家级生猪产能调控基地。

全区清洁能源利用率85%，农作物秸秆综合利用率97.01%。实现农药减量2.88吨，绿色优质农产品比率59.15%，重大动物疫病强制免疫病种免疫密度均为100%。

建成区级及以上农业龙头企业28家，其中国家级1家。新注册农民专业合作社3家、家庭农场12家，新认定省级示范性家庭农场2家，全区累计注册家庭农场141家。"日铸茶文化休闲体验之旅"入选2022年"浙里田园"休闲农业与乡村旅游精品线路109条，香林村被评为2022年中国美丽休闲乡村。

柯桥区入选浙江省强村富民乡村集成改革试点地区，村级集体经济年收入18.85亿元，村级集体经济经营性收入11.68亿元，全面消除年经营性收入100万元以下经济相对薄弱村。全区农民人均可支配收入51605元，比上年增长7.4%，居全省第一位。柯桥区获评省级清廉村居建设示范县，"村级物资一网采购"制度被省农业农村厅作为清廉村居小微权力监管制度清单模板之一，在全省推广应用。（章　琪）

农业产业化经营

【概况】 2022年，柯桥区农业产业化发展保持基本稳定。有区级及以上农业龙头企业28家，区级及以上示范性农民专业合作社23家，区级及以上示范性家庭农场44家，区级及以上农家乐15家。

【农业龙头企业认定】 2022年，柯桥区推进省级农业龙头企业认定工作，组织农业龙头企业参加国内外大型展会活动，推介并扶持一批龙头企业牵头、家庭农场和农民合作社跟进、广大小农户参与的农业产业化联合体，实现抱团发展。指导开展农业产业化联合体培育工作，发挥其联农带农、促进共富作用。当年新认定省级农业龙头企业2家（浙江海大饲料有限公司、绍兴和兴茶叶有限公司）、市级农业龙头企业4家（浙江科盛宠物食品有限公司、浙江科强生态养殖有限公司、绍兴学友超市有限公司、绍兴盛和园林建设有限公司）。全区累计有区级及以上农业龙头企业28家，其中国家级1家、省级8家、市级11家、区级8家。

【农民专业合作社建设】 2022年，柯桥区引导合作社规范提升内部运作机制和管理机制，提高农民专业合作社运营规范水平和服务成员、参与市场竞争、带动产业发展的能力。开展合作社负责人培训，鼓励农民专业合作社做大做强，新注册农民专业合作社3家（柯桥区桃园里农业专业合作社、绍兴越之南竹笋专业合作社、柯桥区天鹿毛竹专业合作社）。至年底，全区有各类农民专业合作社232家，行业覆盖全区主导产业和农机、植保等农业服务业。

【家庭农场规范发展】 2022年，柯桥区把家庭农场的发展和提升作为培育新型农业经营主体的一项重要措施，提高家庭农场的经营管理水平和生产社会化水平。继续开展对示范性家庭农场的认定和规范，当年新注册家庭农场12家，柯桥区五百岗农场和滨海王家泰家庭农场被认定为省级示范性家庭农场。全区累计注册家庭农场141家，其中省级示范性家庭农场23家、市级示范性家庭农场2家、区级示范性家庭农场19家。

【农家乐休闲旅游业建设】 2022年，柯桥区按照提升发展、农旅融合的思路，提升农家乐休闲旅游发展水平，丰富休闲业态和休闲产品。“日铸茶文化休闲体验之旅”入选2022年“浙里田园”休闲农业与乡村旅游精品线路109条。香林村被评为2022年中国美丽休闲乡村。至年底，全区有区级及以上“农家乐”15家，其中省四星级4家、省三星级11家。全年接待各类游客75.65万人次，直接营业收入8124万元，带动游客购物收入2386万元。（韩群超）

2022年，浙江省四星级“农家乐”柯桥区巷深竹缘农庄外貌

（韩群超　摄）

种植业

【概况】 2022年，柯桥区粮食作物统计监测面积和产量分别为12306.6公顷和6.68万吨，完成“非粮化”整治优化5193.3公顷，完成率100%。蔬菜播种面积8826.7公顷，比上年增长0.08%；总产量28.59万吨，比上年增长0.03%；总产值9.80亿元，比上年增长0.69%。定量抽检各类农产品865批次，合格率99.42%；全区绿色优质农产品比率59.15%。3家单位被认定为绍兴市级“菜篮子”蔬菜基地，建立保障型蔬菜基地7000亩，挽回农作物病虫害产量损失6.45万吨，对重大病虫预测准确率接近100%。实现农药减量2.88吨，全区受污染耕地安全利用率93.6%。（张惠泽　徐晓鹭　张美平）

【农产品监测】 2022年，柯桥区定量抽检各类农产品865批次，其中监督抽查378批次，风险监测487批次，检出不合格农产品5批次，合格率99.42%。开展快检33888批次，其中镇（街道、开发区）及基地完成农残快检14388批次、瘦肉精快检19500批次。

【绿色优质农产品申报】 2022年，柯桥区成功申报绿色食品3个，即柯桥玉龙茶叶有限公司的“小釜”（平水珠茶）、柯桥寺山茶叶有限公司的“埃玛尖”（平水日铸茶）和“越地”（黄茶）。全区绿色优质农产品比率59.15%，比上年增长0.69%。

【农产品承诺达标合格证制度】 2022年，柯桥区推行食用农产品承诺达标合格证制度（指农产品生产者根据国家法律法规和农产品质量安全国家强制性标准，在严格执行现行的农产品质量安全控制要求基础上，对所销售的食用农产品自行开具并出具质量安全合格承诺证），新增可追溯主体4家，全区168家可追溯主体累计打印“一证一码”信息码18.7万张。（张美平）

【保障型蔬菜基地建设】 2022年，柯桥区建立保障型蔬菜基地466.6公顷，柯岩先锋果蔬专业合作社、柯桥宏大蔬菜瓜果专业合作社及绍兴田源梦生态农业有限公司3家单位被认定为绍兴市级“菜篮子”蔬菜基地，总面积31公顷。（徐晓鹭）

【粮食作物技术示范与推广】 2022年，柯桥区强化粮食作物高效示范工作，创建水稻新优品种展示点1个、优质稻米示范方3个，展示早晚稻新优品种34个。评选出区级水稻高产攻关方4个、粮食作物示范方19个，创建市级新品种展示示范方1个和市级绿色高产示范方2个，1个省级产业团队项目通过验收。加强粮油生产新技术、新模式的集成应用，及时发布主导品种和主推技术，推进农业生产结构布局优化，推动良种良法良制相配套，水稻主导品种率94.34%。开展首次优质稻米食味品尝活动，评选群众喜爱的优质稻米品种，培育优质稻米产销一体化示范点3个，有效延伸稻米产业链，提高农户种粮效益。（张惠泽）

【农作物病虫害防治】 2022年，柯桥区以区病虫测报站为龙头，在福全、兰亭、安昌等地建立8个病虫观测点，开展病虫定期调查监测，全年发布《病虫情报》15期，对重大病虫预测准确率接近100%。全区主要粮油、蔬菜作物发生病虫草鼠面积11.72万公顷，实施防治面积18.71万公顷，挽回产量损失6.45万吨。

【农作物绿色防控区建设】 2022年，柯桥区建有省级绿色防控示范区2个、市级绿色防控示范区1个、区级绿色防控示范方5个，推广绿色防控技术应用面积9466.7公顷。实施病虫害专业化统防统治7800公顷，主要农作物统防统治面积6766.7公顷，培育认定统防统治示范性服务组织6家。实现农药减量2.88吨，有效控制农业面源污染。（金　亮）

【储备种子工程】 2022年，柯桥区检查储备种子及抽样检测3个品种，种子数量到位，质量合格。根据种子市场需求情况，动用区级早稻储备种子（中早39）1.3万千克，满足市场需求。签订2022年度农作物储备合同，80.4吨农作物储备种子全部入库。

【农作物种质资源普查】 2022年，柯桥区在湖塘、王坛、平水等镇（街道）开展粮食、蔬菜等农作物种质资源普查，提交种质资源19份，超额完成任务。（张惠泽）

2022年11月25日，浙江省农科院专家在柯桥区柯岩街道秋湖村调研本地四季青种质资源　　（张惠泽　摄）

【受污染耕地安全利用】 2022年，柯桥区推进受污染耕地安全利用工作，对划分为安全利用类耕地，综合采取低积累品种替代、土壤酸化治理、土壤改良、肥水调控、叶面阻控等技术措施，做到技术全覆盖。加强农产品质量安全检测，在受污染耕地安全利用区域采集144个（其中省级26个）土壤、农产品样品，检测结果全区受污染耕地安全利用率93.6%。

【中央环保督察整改】 2022年，柯桥区根据中央环保督察整改工作要求，采集1062个土样，完成化验13795项次；开展化肥减量试验示范10个；更新柯桥“浙样施”App，包含种粮、蔬菜主体，更新土样测试结果；出台配方肥、商品有机肥补贴政策，申请补贴数量1858.44吨，补贴资金202.1万元。（陶娟花）

【高标准农田建设】 2022年，柯桥区在柯岩、马鞍、杨汛桥、平水、王坛、稽东6个镇（街道）开展高标准农田（指土地平整、集中连片、设施完善、农田配套、土壤肥沃、生态良好、抗灾能力强，与现代农业生产和经营方式相适应的旱涝保收、高产稳产且划定为永久基本农田的耕地）建设，总投资1293.14万元，新建高标准农田面积247.8公顷。（沈琼华）

养殖业

2022 年，柯桥区绍兴天圣牧业有限公司 （杨鸣洲 摄）

【概况】 2022 年，柯桥区生猪总饲养量 19.92 万头，其中存栏生猪 9.50 万头、能繁母猪存栏 0.99 万头、出栏 10.42 万头；家禽总饲养量 72.82 万羽，其中存栏 30.07 万羽、出栏 42.75 万羽。兔饲养量 0.33 万只，羊饲养量 0.70 万头。禽蛋产量 2228.97 吨，肉类总产量 8078.55 吨。系统化开展养殖场和定点屠宰场畜禽产品质量安全抽样，全年开展监督、风险抽样 45 家次，抽取生猪尿液样品 35 个、羊尿液样品 6 个、猪肝样品 21 个、猪肉样品 21 个、禽肉禽蛋样品 16 个、蜂蜜样品 1 个；协同部、省、市相关部门到规模养殖场、定点屠宰场开展监督、风险、例行等形式的抽样 55 家次，抽取各类样品 105 个。全区重大动物疫病强制免疫病种免疫密度均为 100%，散养畜禽免疫密度继续保持在 97% 以上。

【猪场建设项目】 2022 年，柯桥区科盛生态农业有限公司和绍兴天圣牧业有限公司两个生猪场通过竣工验收，两场合计核定产能最大出栏量 15.46 万头。浙江科强生态养殖有限公司和科盛生态农业有限公司被列入国家级生猪产能调控基地。科盛生态农业有限公司通过省级数字农业工厂验收、绍兴天圣牧业有限公司通过省级美丽生态牧场验收。

【兽用抗菌药减量化和饲料环保化】 2022 年，柯桥区继续推进兽用抗菌药减量化和饲料环保化建设，采取“一人一场”制度和“一场一方案”推进实施，聘请专家对养殖场业主进行培训，完成 1 个示范场和 3 个试点场的抽样任务，检查结果均符合量化要求。

【抗体监测】 2022 年，柯桥区共检测抗体 5409 份，平均合格率 93.7%。其中禽流感 2226 份，合格率 92.8%；新城疫 150 份，合格率 95.3%；口蹄疫 808 份，合格率 99.1%；猪瘟 618 份，合格率 90.6%；蓝耳 155 份，合格率 92.2%；非洲猪瘟 1136 份，均为阴性；小反刍 100 份，合格率 88%；布病非免疫抗体 100 份，均为阴性；马传贫非免抗体 18 份，均为阴性；马鼻疽 18 份，均为阴性；狂犬病抗体检测 80 份，合格率 100%。

2022 年，柯桥区科盛生态农业有限公司 （杨鸣洲 摄）

【畜禽检疫】 2022 年，柯桥区实施畜禽产地检疫 15.2 万头（羽），实施生猪屠宰检疫 30.6 万头，实施生猪宰前瘦肉精抽检 2 万余份，合格率 100%。（杨鸣洲）

【南美白对虾苗种检测】 2022 年 3—7 月，柯桥区实施 54 批次的白对虾样品白斑综合征病毒（WSSV）等 5 种常见病毒的检测，总检测率 18.87%。（金斐君）

林 业

【概况】 2022 年，柯桥区有重点公益林地面积 15448.3 公顷。完成营造林面积

91.7公顷，清理枯死松树面积1129.9公顷。全区森林面积（乔木林、竹林、灌木林面积之和）56161公顷，森林覆盖率52.68%。新增“一村万树”示范村6个，5个村被认定为省级森林人家，4地被评为“浙江森林氧吧”。稽东镇冢斜村被授予“浙江省生态文化基地”称号。

【“我为亚运种棵树”义务植树活动】 2022年3月11日，柯桥区在杭州亚运会攀岩场馆（上方山大道）开展“我为亚运种棵树”义务植树活动，市、区两级总林长及区绿委会成员单位100余人参加，种植各类树种150余株。

2022年3月11日，柯桥区党政军领导在齐贤上方山大道参加义务植树活动（朱　颖　摄）

【“一村万树”示范村创建】 2022年，柯桥区创建“一村万树”示范村（指一个行政村范围内，适地适树种植乡土树种、珍贵树种、经济树种1万株以上，为乡村振兴提供绿化美化示范的村庄）6个，分别为柯桥区福全街道新迪埠村、柯岩街道丰项村、钱清街道江墅村、稽东镇竹田头村、漓渚镇九板桥村、夏履镇莲西村。

【省级森林人家认定】 2022年，柯桥区有5个村被认定为省级森林人家（指以行政村或自然村为单位，以良好的森林生态环境为依托，建设融森林文化与民俗风情为一体的生态友好型的综合体），分别为平水镇若耶村和下灶村、稽东镇大桥村、王坛镇青坛村、夏履镇联华村。

【“浙江森林氧吧”评定】 2022年，柯桥区有四地被评定为“浙江森林氧吧”（指以森林等自然环境为基础，高含量负氧离子等为根本，提供以森林康养产品和服务为主体功能的森林生态精华之地），分别为柯桥区东村村森林氧吧、柯桥区红豆仙霞森林氧吧、柯桥区双叶村森林氧吧以及柯桥区梅园郉·禅居森林氧吧。（朱　颖）

【枯死松树清理】 2022年，柯桥区在平水镇、王坛镇、稽东镇和杨汛桥街道清理枯死松树1.12万株，面积1129.9公顷，投入劳力13000余工。

【松木检疫执法行动】 2022年，柯桥区开展林业检疫执法专项行动，针对全区木材加工利用企业、涉木市场、涉及松木包装材料生产（经营）的企业（个人）、使用松木包装材料的单位和房前屋后松疫木清理情况，按镇（街道）自查、区核查形式，对各单位、个人进行实地核查。出动执法人员54人次，检查涉木企业45家，总体检查情况良好，未发现违反植物检疫法规进行加工、经营、使用的松木及其制品，和擅自存放、使用染疫松科植物及制品的行为。

【野生动物救护】 2022年，柯桥区开展野生动物救护工作，共出动人员救护59起，救助野生动物71只，包括画眉、猫头鹰、斑鸠、刺猬、白鹭等。

【森林防火】 2022年，柯桥区开展森林火灾安全隐患排查整治、查处违规用火行为专项活动和林区输配电设施火灾隐患排查整治工作，共出动检查组6组，人员26人次，发现安全隐患10处，均完成整改。“无人机＋森防天眼”项目（指由自控平台、高位监控实时监测、无人机巡护三大部分组成，实现重点林区全覆盖巡航立体化监控，提升森林防火预警能力）建设完工。（尉月琴）

农业服务

【概况】 2022年，柯桥区农业机械总动力16.88万千瓦，其中柴油机4.09万千瓦、汽油机0.32

万千瓦、电动机12.47万千瓦。新增农业机械531台，总投入资金1304.64万元。创建1个省级农机服务中心，3个省级全程机械化应用基地。全区水稻生产耕、种、收综合机械化率87.5%，水稻、油菜、小麦耕种收机械化率91.66%。全区清洁能源利用率85%，农作物秸秆综合利用率97.01%。发布农业主导品种75个、主推技术53项。其中，种植业主导品种50个、主推技术22项，畜牧业主导品种12个、主推技术10项，渔业主导品种13个、主推技术11项，综合类主推技术10项。新建2条氮磷生态拦截沟渠。培训乡村振兴带头人422人，招收农业专业中专生70人，组织全区农技人员参加农业农村部农业技术人员知识更新远程培训12期1248人次，创建"薪农人"读书角6个。获2022年省级农业水价综合改革年度工作绩效考评优秀。滨海金秋家庭农场职业农民卜秀梅被浙江农林大学农林经济管理专业录取，成为浙江省现代农业经营领军人才培养人员。（陈培仙　张国锋　钱　英）

【农业机械投入】 2022年，柯桥区新增农业机械531台，总投入资金1304.64万元，其中享受中央补助366万元、省级补助16.74万元、区级补助25.11万元。报废更新农业机械15台（套），获中央报废更新补贴20.1万元。

【秸秆综合利用】 2022年，柯桥区新建1个市级秸秆收储利用点，总投资40.17万元，建有标准化活动推拉棚约400平方米，单天收贮能力24吨，全年收贮秸秆量1500吨以上，实现秸秆打捆离田率和综合利用率均为100%。示范点收储能力辐射范围覆盖周边镇（街道、开发区），其中水稻面积533公顷。拨付2022年度120户秸秆利用样本户和212户农村生活能源消费情况入户调查农户的调查补助资金6.64万元。

【氮磷生态拦截沟渠建设】 2022年，柯桥区分别在兰亭街道和平水镇各建设1条汇水面积40公顷以上的生态沟渠系统（在沟渠内种植绿色植物，安装活性炭等装置，以吸收氮磷，降低氮磷含量），拨付对两条沟渠系统的补助49.8372万元。完成对7条已建沟渠的维护管理考评，拨付财政补助11万元。（陈培仙）

【省级高品质绿色科技示范基地认定】 2022年，柯桥区3个基地被认定为省级高品质绿色科技示范基地，分别为绍兴市柯桥区花坞茶叶专业合作社、绍兴清泽农业科技发展有限公司和绍兴市柯桥区禹凡家庭农场。（张国锋）

【高素质农民培育】 2022年，柯桥区培育高素质农民422人。其中，继续实施以村"两委"成员为培训对象的"成雁计划"，提升全区乡村振兴新生力量的综合素养、管理能力和服务意识，当年培训98人，累计培训199人；聚焦电商直播、休闲农业、乡村旅游等新产业新业态，培训高素质农民324人，建设"特色旅游＋农产品＋直播销售"产业发展模式，加快一、二、三产业融合，助力乡村振兴。

【农民技能培训】 2022年，柯桥区以千万农民素质提升工程为载体，以提升培训对象职业技能水平、创业创新能力为宗旨，开展家政服务、家庭教育、特色小吃、电商直播、休闲养老、茶艺技能等技能培训，培训农村实用人才49期2394人；以提升农民科技素养，推动农业绿色高质量发展为目标，开展粮食、蔬菜、水果、水产等产业的技术推广培训，培训8期481人。

【农业专业中专生招生】 2022年，柯桥区持续推进职业农民学历教育，新招入"休闲农业生产与经营"专业中专生70人；2020级"观光农业经营"专业毕业70人，毕业率100%。至年底，在校农业中专班学员140人，其中，2021级直播电商服务专业学员70人、2022级"休闲农业生产与经营"专业中专生70人。

【农技人员知识更新培训】 2022年，柯桥区分6批组织区、镇（街道）两级57名农业产业团队专家和农技指导员到宁波市农业科学院、浙江省农业科学院、金华职业技术学院、嘉兴职业技术学院、浙江农林大学进行集中培训；组织全区农技人员参加农业农村部农业技术人员知识更新远程培训12期1248人次。培训内容包括农业种植技术、化肥农药减量技术和农业信息化等。

【"薪农人"读书角创设】 2022年，柯桥区在城市书房、成人学校和社区（村、居委会）阅览室创设"薪农人"读书角6个，赠送农业科技书籍2200余册。（钱　英）

2022 年，柯桥区在农校创设的"薪农人"读书角　（钱　英　摄）

【农业水价综合改革"五个一百"示范工程完工】 2022 年，柯桥区投入 296 万元，在全区实行农田灌溉泵站机埠更新升级行动，提升改造机埠 77 座，在马鞍、福全、杨汛桥、安昌、兰亭建成"五个一百"〔全省每年创建各 100 个（座）优秀典型的泵站机埠、堰坝水闸、灌区灌片、农民用水管理主体和示范村〕示范点 13 处，其中 5 个案例获评省级改革优秀典型。建成平水江水库灌区供水计量设施 10 处，全区农田灌溉水有效利用系数 0.627，出台《柯桥区"十四五"时期农业灌溉工程更新升级实施方案》，获 2022 年省级农业水价综合改革年度工作绩效考评优秀。（沈琼华）

【东湖农场建设】 2022 年，柯桥区总投资 5.4 亿元的东湖农场建设提升项目（一期）工程正式启动，开展 94 户住宅、3 户非住宅征迁工作，征收房屋建筑面积 16142 平方米。新建东湖农场精神传承馆 8179.71 平方米，桩基建设及地下室土方开挖完工，开展传承馆展陈布展设计及展品征集工作。（徐　萍）

农村经营管理

【概况】 2022 年，柯桥区入选浙江省强村富民乡村集成改革试点地区。村级集体经济年收入 18.85 亿元，村社平均 574.69 万元；村级集体经济经营性收入 11.68 亿元，村社平均 356.23 万元；全面消除年经营性收入 100 万元以下经济相对薄弱村。全区农民人均可支配收入 51605 元，比上年增长 7.4%，位居全省第一，城乡居民收入比缩小至 1.599。农村集体"三资"管理累计完成网上审批支付 148.8 万笔、金额 72.1 亿元。农村产权交易信息化管理系统公开交易 683 宗，村集体大宗物资采购交易 1097 宗。获评省级清廉村居建设示范县，"村级物资一网采购"制度被省农业农村厅作为清廉村居小微权力监管制度清单模板之一，在全省推广应用。（章　琪）

【柯桥区入选浙江省强村富民乡村集成改革试点地区】 2022 年，柯桥区通过发展培育强村公司、打造强村矩阵、实施闲置农房激活等举措，持续推进强村富民集成改革，被列入浙江省强村富民乡村集成改革试点地区。（洪　锋）

【农村集体"三资"管理】 2022 年，柯桥区在"浙农经管"系统中村出纳账全面应用，会议管理、合同管理、资产资源台账管理数据库全面补充完善，启用农村集体"三资"管理预警模块。截至 12 月底，累计完成网上审批支付 148.8 万笔，金额 72.1 亿元，录入合同 8500 余份、资产资源卡片 22500 张，完成预警问题整改 12000 余条。开展村级务工支出专项检查，全区共检查 2022 年 1 月至 5 月底合计务工支出 7308 笔，涉及务工支出金额 1894.44 万元，其中不规范支出 2000 笔，涉及金额 540.49 万元。

【农村集体产权交易】 2022 年，柯桥区经区农村产权交易信息化管理系统公开交易 683 宗，交易金额 1.17 亿元；经区村集体大宗物资采购交易平台公开交易 1097 宗，成交金额 7066.9 万元，平台累计完成企业或个体工商户资格审核并入库 988 家。

2022 年 10 月 25 日，柯桥区夏履镇夏东村举行耕地出租竞价会　（沈　琴　提供）

2022年，柯桥区安昌街道大山西村 （沈 琴 提供）

【清廉村居建设】 2022年，柯桥区获评省级清廉社区（村、居委会）建设示范县（市、区），福全街道和安昌街道大山西村分别被评为省级清廉村（居）建设示范镇街和示范村（居）；柯岩街道余渚居等16个村（居）被评为市级示范村（居）。柯桥区“村级物资一网采购”制度被省农业农村厅作为清廉村居小微权力监管制度清单模板之一，在全省推广应用。（沈 琴）

农业行政执法

【概况】 2022年，柯桥区查处各类渔业违法案件48起，完成农产品抽检259批次、水产品抽检221批次。出动执法人员726人次开展“绿剑”集中执法、农资打假系列行动，查处农药案3起。非洲猪瘟PCR（聚合酶链式反应）检测达到全覆盖标准，屠宰环节未检测出非洲猪瘟阳性样本。化解宠物诊疗纠纷5起。完成12家红火蚁、黄瓜绿斑驳花叶病毒等疫情监测点的设置调整工作。完成农药废弃包装物回收41.94吨，回收率和处置率均为100%。（章 琪）

【农产品质量抽检】 2022年，柯桥区抽检农产品259批次、农业投入品101批次、初级水产品221批次。办理农产品质量案3起。组织开展春季、夏季、秋季“绿剑”集中执法、农资打假系列行动，出动执法人员726人次，检查农资经营主体86家、农产品生产主体120家、初级水产品养殖单位108家，查处农药案3起。（许春水 陈 甫）

【生猪屠宰监管】 2022年，柯桥区组织生猪屠宰环节执法检查85次，其中联合执法5次。非洲猪瘟PCR检测实现全覆盖，屠宰环节未检测出非洲猪瘟阳性样本。核实查处禽蛋禁用药超标及未经检疫动物案各1起，化解宠物诊疗纠纷5起，调查处理群众举报22起。（俞 峰）

【渔业违法查处】 2022年，柯桥区依法开展严厉打击“电、毒、炸”鱼等违法行为，先后组织开展“春潮1号”专项执法行动周、钱塘江一线海塘柯桥段清理整治鳗苗网执法行动、“中国渔政亮剑2022”系列等专项执法行动，组织执法检查145次，查处各类渔业违法案件48起，其中“电、毒、炸”鱼刑事案件42起，移送司法机关处理42人，收缴行政罚款9000元，清缴非法渔具4153只（张）。（李 敏）

2022年9月5日，柯桥区农业行政执法队在钱塘江沿岸开展渔业执法收缴非法捕捞工具 （李 敏 摄）

【重大农业植物疫情防控】 2022年，柯桥区设置调整12家红火蚁、黄瓜绿斑驳花叶病毒等疫情监测点，组织各镇（街道、开发区）开展加拿大一枝黄花春、秋两季防控工作和植物疫情日常监测，考核植物疫情防控和监测点情况。（许春水）

水资源管理

【概况】 2022年,柯桥区落实最严格水资源管理制度,强化用水计划管理,树立“节水优先”理念,完成柯桥区节水行动实施方案的年度各项任务,完成绍兴市平水江水库饮用水源安全保障达标评估工作。全年开展企业水平衡测试10家,创建省级节水型企业6家、省级节水型单位1家、省级节水型小区4个、水利行业节水型单位2家、区级公共机构节水型单位14家,完成企业清洁生产审核30家。推进实施节水“六大工程”(农业节水增效工程、工业节水减排工程、城乡节水降损工程、非常规水利用工程、节水标杆示范工程、全民节水宣传教育工程),发挥节水标杆示范引领作用。创建节水标杆5个,其中1个节水标杆校园、2个节水标杆小区和2个节水标杆企业。实施城区“幸福河湖”建设工程,计划通过3年时间,投资1亿元对柯桥城区涉及华舍、齐贤等街道的大坂湖直江、瓜渚湖东直江等城区主要河道进行整治,对未达到规划河道宽度的进行拓浚、砌礀,沿河绿化提升、改建景观桥梁等工程内容。开展河道巡查169次,累计巡查河道长度超过1100千米,审批开发建设项目水土保持方案项目60个,入选国家典型地区再生水利用配置试点。柯桥区曹娥江(柯桥段)、瓜渚湖直江被评为省级“美丽河湖”;柯岩街道、湖塘街道被评为“水美乡镇”。(俞圣达　阮亭颜)

【河道水事巡查】 2022年,柯桥区开展河道巡查169次,累计巡查河道长度超过1100千米,全面检查涉及防汛安全的河道、水库、堤防等各类水利工程,确保防汛隐患及时发现。调查回复市信访局交办单25件、市水利局交办单1件,调查回复群众电话举报7件、来信1件,移交区综合行政执法局立案查处15件,强制拆除违章2处。

【河湖“清四乱”攻坚战】 2022年,柯桥区通过巡查、摸排,针对发现的各类问题,建立问题清单,制定方案措施,区农业农村局联合属地镇、街道和综合执法局等部门,开展联合执法行动2次,自查发现的16个“清四乱”(对乱占、乱采、乱堆、乱建等河湖管理保护突出问题开展专项清理整治行动)问题,全部销号。9月,省水利厅下发无人机航拍“清四乱”全年图斑97处,经区农业农村局现场复核销号94处,剩余3处移交区综合执法局立案查处。

【遥感图斑整改】 2022年,柯桥区对水利部下达的16个遥感疑似违建图斑,经内外业核查,确定未批先建生产项目4个,完成整改。完成省水利厅2022年度两期生产建设项目卫星遥感监管图斑复核111个,确定未批先建生产项目16个,全部完成整改。

【水土保持监管】 2022年,柯桥区审批开发建设水土保持方案项目60个,其中登记表51个、报告书和报告表9个,对区农业农村局备案项目25个全部开展水土保持验收核查,现场核查结果均为合格。(俞圣达)

【水法规宣传和水情教育】 2022年,柯桥区利用第30届“世界水日”和第35届中国水周、城市节水周、宪法宣传日等纪念日开展水资源宣传活动,通过传统纸媒、公交移动新媒体、社区设摊宣传等方式面向社会公众开展水情教育,提高公众节水、护水、爱水意识。全年发放宣传资料和宣传品700余份。

【典型地区再生水利用配置试点】 2022年,柯桥区由水利部、国家发改委等6个部委正式公布为首批国家典型地区再生水利用配置试点城市,编制《绍兴市柯桥区再生水利用配置试点实施方案》实施污水收集及再生处理工程和再生水工业供水工程。截至2022年年底,累计利用再生水量385.6万吨。

【水利工程长效管护政策实施】 2022年,柯桥区开展池塘整治、河道水域综合整治,对实施农村池塘整治达到标准的按投资额的95%、最高50万元进行补助;实施河道水域综合整治按单边700元/米进行补助;实施河道清淤的按40元/立方米进行补助,全年发放补助182.4万元。(阮亭颜)

【渔业资源增殖放流】 2022年,柯桥区为促进水生生物资源恢复和水域生态环境改善,通过渔业资源增殖放流苗种公开招投标,在鉴湖江及周边水域放流鲢鱼、鳙鱼和青鱼超过1071万尾。(陈　甫)

【饮用水和农田灌溉供水保障】 2022年,柯桥区平水江水库向绍兴市制水有限公司平水江水厂供水3431.4万立方米,为计划取水的98.9%,向水库下游(柯桥区平水镇,越城区鉴湖街道、富盛镇和皋埠街道)近1133.34万平方米农田提供灌溉供水792.64

万立方米，与2021年灌溉供水相比，增加近六成。（李红波）

【水资源费减征缓征政策】 2022年，柯桥区根据浙江省助力市场主体纾困水资源费减免政策及省节水型企业水资源费减免办法，所有取水企业在现有征收标准基础上全面减免20%，减免时效为2022年1月1日至2023年12月31日止，省级节水型企业在普惠政策减免的基础上再减免20%，省级节水标杆在普惠政策基础上再减免50%，2022年全区累计惠及企业减免1030万元，其中节水型企业减免近151万元；根据省政府政策安排，于9月1日起水资源费全面实施缓征政策，据用水量上报统计，缓征金额654万元。

【企业取水许可延续评估】 2022年，柯桥区按照“企业申请、中介评估、专家评审、职能科室（审批）把关”的思路，科学核定新批水量。共有6家取水许可证到期的企业开展评估，6家取水企业全部在规定期限内完成延续，重新制作电子证照发放到位。

【取水户计量监测建设】 2022年，柯桥区根据取水许可管理要求，实施农业灌溉、农村饮用水工程取水计量与监测建设，是年完成2个镇26个点的农村饮用水取水工程的取水计量与监测安装工作，全部接入省、区平台。为加强农业小型灌区水量统计工作，探索实施以镇（街道）为单位的小型灌区样板灌区计量监测安装建设，采用以电折算水量统计的方式，推算出各镇（街道）总的农业灌区水量。至年底，全区完成15个镇（街道）的计量与监测安装，共计安装30个点，全部接入区平台。（濮永金）

水利工程建设

【概况】 2022年，柯桥区围绕“浙水安澜”，大干项目、大干民生，全力谋项目、抓建设，促进水利高质量发展。当年完成水利投资7.8亿元，小舜江北溪综合治理工程（大桥至冢斜段）通过完工验收，海塘安澜工程开工，防洪排涝河道整治一期工程西小江至长虹闸段河道治理工程通过竣工验收，全年整治山区溪流5条，治理总长度2.269千米，除险加固水库2座、整治山塘7座。（章　琪）

【小舜江北溪综合治理工程通过验收】 2022年10月28日，小舜江北溪综合治理工程（大桥至冢斜段）通过完工验收，工程主要建设内容包括治理河道3.61千米，改造原有堰坝7座，改建农桥2处、过道3处，对2处现有桥梁进行整修加固，重建2处引水渠等。该工程于2022年5月30日开工，建设单位为王坛镇人民政府。工程建成后，可增强河道的防洪排涝能力，提升北溪周边水环境。

【柯桥区海塘安澜工程开工】 2022年8月31日，柯桥区海塘安澜工程开工仪式在柯桥区钱塘江一线海塘举行。该工程为浙江省重点工程，被列入《浙江省海塘安澜千亿工程建设规划》。工程建设内容包括海塘工程、滨海闸工程和融合提升工程，其中海塘工程为提标加固一线海塘5.85千米，新建丁坝14座；水闸工程为提标加固滨海排涝闸及盘头；融合提升工程为结合省级3号绿道改造，增设海塘生态节点2.2万平方米，新建观潮驿站1座，海塘生态休闲平台1处、绿道节点1处，并提标加固二线海塘5.3千米。工程概算总投资5.81亿元，建设工期30个月，工程由绍兴市柯桥区水利投资开发有限公司建设。建成后海塘的防潮标准将由100年一遇

2022年8月31日，绍兴市柯桥区海塘安澜工程开工仪式在柯桥区钱塘江一线海塘举行　（祝　娟　摄）

提高至300年一遇，实现集海塘安全提标、生态提质、融合提升、管护提效等综合功能于一体的目标。

【西小江至长虹闸段河道治理工程通过验收】 2022年7月21日，柯桥区防洪排涝河道整治一期工程西小江至长虹闸段河道治理工程通过竣工验收。此工程于2007年启动，是省重点工程，主要建设内容包括东小江、滨海大河综合整治51.30千米、新建滨海排涝闸和节制闸以及河道沿线阻水桥梁（闸）改建等相关配套工程。西小江至长虹闸段河道治理工程是其中重要组成部分，工程全长40.35千米，概算投资5.8亿元，工程由绍兴县河道防洪排涝整治工程建设指挥部承建。工程建成后，可打通全长51.3千米直通钱塘江的快速排涝通道，使整个防洪排涝河道工程效益得到发挥，提高防洪排涝能力，消除柯桥区北部平原镇街在台汛期的受淹风险；加速水体流动，提升河道水质，改善沿河水环境。（赵龙军）

【水闸安全鉴定】 2022年12月，柯桥区东江闸、迎阳闸安全鉴定项目通过市、区水利专家组评审。绍兴市水利局同意东江闸、迎阳闸属“一类闸”。此次安全鉴定，为绍兴平原河网大中型水闸的安全运行管理提供依据，提高防汛抗洪排涝能力。（沈闻雄）

·小资料· 东江闸、迎阳闸

东江闸是绍兴市柯桥区主要中型排涝水闸，位于柯桥区海涂九〇丘，曹娥江出口左岸侧，主要承担着柯桥区海涂的排涝任务，于1992年动工兴建，1992年12月竣工，为Ⅲ等水利工程。迎阳闸是绍兴市柯桥区主要中型排涝水闸，位于柯桥区海涂九一丘，曹娥江出口左岸侧，距离曹娥江大闸约3.5千米，主要承担着柯桥区海涂的排涝任务，于1992年12月动工兴建，1993年6月竣工，为Ⅲ等水利工程。

【山区溪流整治】 2022年，柯桥区整治王坛、稽东、杨汛桥、漓渚、兰亭镇（街道）山区溪流5条，治理总长度2.27千米，总投资857万元，建设内容包括堤脚加固、堰坝新建改建、砌筑河磡等山区溪流，使防洪、灌溉能力得到提升。（沈琼华）

【山塘水库整治】 2022年，柯桥区全年完成水库除险加固2座、山塘整治7座。其中夏履镇长征水库加固改造工程总投资876.09万元，王坛镇早稻湾水库加固改造工程总投资536.38万元。整治前坞岙、柴狗湾、茶埠、方家坑、烂田湾、马家坞、秀才坞7座山塘，总投资约1325万元。山塘水库整治重点包括大坝除漏、坝坡护砌、重建溢洪道和放水设施的整修加固等，整治完成后消除山塘坝体老化、存在渗漏隐患、防洪不达标等问题。（宋钧炜）

【平水江水库大坝安全鉴定】 2022年，柯桥区平水江水库大坝安全鉴定将于2023年6月到期，根据水利部《水库大坝安全鉴定办法》，2022年平水江水库开展大坝安全鉴定项目，项目计划投资58万元。安全鉴定内容包括水库安全鉴定工作大纲、水库安全评估、工程安全检测等，完成安全技术认定报告编写与评审。于2022年10月8日完成招标工作，承担安全鉴定单位为浙江省水利河口研究院（浙江省海洋规划设计研究院）。至年底，完成现场检查和资料收集等工作。（李红波）

【水文防洪薄弱环节提升项目完工】 2022年6月，柯桥区水文防洪薄弱环节提升项目开工，于8月完工，总投资165.71万元。工程主要内容为新建10处水位站的水位、雨量观测场。涉及柯桥街道（古运河）、华舍街道、杨汛桥街道（江桥片）、柯岩街道（鉴湖）、稽东镇（陈村）、王坛镇（双江溪）、王城镇（南溪）、漓渚镇、兰亭街道（大庆村）、平水镇（合心村）。项目按照“补短板、强基础”的要求，主要为梅雨、台风等自然灾害期间提供第一手资料，确保汛期安全。

【冢斜水文站新建时差法流量计项目完工】 2022年12月26日，柯桥区冢斜水文站新建时差法流量计项目完工，总投资26.8万元。由浙江天禹信息科技有限公司承建，于2022年11月18日开工，工程主要内容为新建1套时差法流量监测站、1套声学全断面视差法流量站及1项流量校核。此项目能更精确观测冢斜水文站北溪流量，全面了解水位和流量情况并且能够将数据累计，积累水雨情资料，为此后的防汛决策提供科学依据。（胡金迪）

类目编辑　傅炳荣　高祖钿

工 业

综 述

2022年，柯桥区规模以上工业产值2322.02亿元，比上年增长2.5%。规模以上工业增加值497亿元，位居全市第二；比上年增长10.2%，增速高于全省、全市平均5.3个和0.5个百分点，增速位居全市第三。规模以下工业增加值比上年增长2.7%，增速位居全市第四。增加市场主体2.82万家，“小升规”（小微企业升级为规模以上企业）企业172家。

聚焦新兴产业培育壮大。柯桥经济开发区推进华天光学膜、宝武碳纤维等百亿级新材料项目；临空片区签约引进5亿元以上光电信息产业项目9个，总投资125亿元；健康岛签约引进生物医药项目16个，总投资100亿元。累计申报国家启明计划创新青年人选142人，入选13人；申报省级创新长期人选70人，入选4人。

创新“三区”企业闭环生产模式，在全省大会上获省委书记袁家军点评肯定。《基层反映四方面原因造成部分员工“提前返乡”》《柯桥区以数字化催生新优势推动纺织印染产业驶上智造路》2篇政务信息分别获常务副省长徐文光和副省长卢山的批示。柯桥区被列入全省中小企业数字化改造试点和第一批“浙江制造”省级特色产业集群核心区名单，碳纤维与复合材料集群入选省级“新兴”产业群培育名单。（金　丹）

数字经济

【概况】 2022年，柯桥区推进数字经济综合应用系统建设和织造印染行业产业大脑建设，培育数字经济核心产业发展，营造数字经济生态环境。柯桥区获评2021年度数字经济系统建设优秀区，成为全省首批中小企业数字化改造试点区。

【数字经济综合应用系统建设】 2022年，柯桥区推进数字经济综合应用建设。“纺织品花样数治应用”上线浙江知识产权在线应用，接入著作权登记企业及个体户400多家，完成版权作品登记26000余个，花样AI比对33亿余次，收录数据12万多条；获2022年浙江省数字化改革突破奖和最佳应用称号。“成果转化追踪应用”上线浙江省网上技术市场3.0平台试运行，录入成果转化项目189个，技术交易额12208万元。“限下贸易数据采集”完成项目招投标，同步在微信和浙里办上线限额以下贸易数据采集小程序，上报台账资料的企业32家。

【织造印染行业产业大脑建设】 2022年，柯桥区完善“产业大脑＋未来工厂”建设模式，推进设备能力管理、组件能力管理、上线应用迭代、行业数据仓和数据能力建设，加快产业大脑在印染行业的深度应用。织造印染行业产业大脑累计接入数字供应链、设备云联、数字排产等应用场景20个，企业1800多家，基本实现全区印染企业全覆盖，入选省级产业大脑优秀案例和第一批行业产业大脑全省应用推广名单。

【数字经济产业生态系统建设】 2022年，柯桥区推进“一核多中心”数字经济核心产业布局，实施数字经济产业链精准招商，建设恒生凤凰数字经济产业园、数智港等一批园区，引进豪微科技、华芯云等集成电路重点项目，培育深迪半导体、君万微等

集成电路设计企业。全区有规上数字经济核心产业企业36家，通过绍兴市集成电路企业认定3家。（杨 君）

企业服务

【概况】 2022年，柯桥区完善中小企业梯度培育体系建设，新增国家专精特新"小巨人"企业12家，省专精特新中小企业54家，创新型中小企业122家，"小升规"企业171家。深化"亩均论英雄"改革，参评工业企业(小微企业园)2115家。

【企业纾困】 2022年，柯桥区出台49条经济稳进提质政策，兑现企业纾困补助资金13亿元(工信政策资金3.4亿元)，省困难中小企业纾困资金兑现877.46万元，全部化解中小企业无分歧拖欠账款。落实各类减免退(缓)税费89亿元，惠及纳税人113万户次。各类市场主体累计减负57.4亿元，完成率111.46%。

【"小巨人"企业培育】 2022年，柯桥区建立"起跑库""加速库""冲刺库"3个梯度培育库，在厂房"二次开发"、金融科技支持和亩均效益评价等方面对专精特新企业进行扶持。浙江高强度紧固件有限公司等12家企业创建为国家级专精特新"小巨人"企业，浙江精功科技股份有限公司等54家企业入选省专精特新中小企业，绍兴百立杰环保科技有限公司等122家企业入选省创新型中小企业。

【"亩均效益"综合评价】 2022年，柯桥区开展2021年度工业领域"亩均效益"综合评价，在综合考虑亩均税收、亩均工业增加值、单位能耗工业增加值、单位排放工业增加值等多维度评价指标的基础上，结合实际经营情况实施定档、调档、提档和降档操作，对评价对象企业分类分业开展综合评价。全区有规模以上工业企业1270家、占地2000平方米以上的规模以下工业企业830家，建筑工业化企业8家、省级小微企业园29家参评。(周栋尧)

化纤 织造 服装家纺

【概况】 2022年，柯桥区化纤行业总产值392.49亿元，比上年增长14.9%。恒鸣化纤被评为共同富裕示范区市域范例建设先进集体。浙江兴发化纤集团有限公司被中国化学纤维工业协会在中国切片纺涤纶民用长丝细分领域产量年度预排名中名列全国第一。规模以上服装家纺企业产值16.62亿元，比上年增长32.7%；销售16.88亿元，比上年增长43.5%；上缴税金0.43亿元，比上年增长38.8%。绍兴乾雍纺织有限公司获浙江省专精特新中小企业称号，承接冬奥会和冬残奥会官方服装制作。浙江东进新材料有限公司入选工信部第二批专精特新"小巨人"企业。(张 伟)

【浙江省现代纺织工业研究院入选国家工业设计研究院培育对象名单】 2022年7月，位于柯桥区的浙江省现代纺织工业研究院入选工业和信息化部公布的第二批国家工业设计研究院培育对象名单，是全区唯一入选单位。浙纺院以纺织印染为主要领域，在培育和推进纺织创新、创意产业方面领先行业，承担着一批国家重大科技支撑计划、省部级重大重点科技项目和企业委托开发项目。

【中国(绍兴)纺织新材料展通过国际展览业协会认证】 2022年11月，由中国长丝制造协会、柯桥区会展业发展中心、浙江三博会展股份有限公司、柯桥区中国轻纺城展会有限公司共同举办的中国(绍兴)纺织新材料展获得国家展览业协会认证，也是绍兴首个通过认证的展会。该展会是纺织上游新材料领域专业型展会，于8月举办第四届，形成新材料、新织造、新设备、新面料、后整理五大核心供应展区，汇聚300多家各产业链环节专业展商企业，展品10万余款。(张 伟)

印 染

【概况】 2022年，柯桥区印染行业总产值544.61亿元，比上年增长7.4%；印染企业新产品产值179.85亿元，比上年增长7.9%。鸿大印染组团投产，相关配套项目建设同步推进。实施印染企业全域提升行动。3个项目纳入省重点节能降碳技术改造项目，获得省级财政补助2050万元。浙江宝纺印染有限公司、浙江迎丰科技股份有限公司、浙江红绿蓝纺织印染有限公司入选"2022年度中国印染企业30强”。

【印染行业绿色提升行动】 2022年,柯桥区实施印染企业绿色提升行动。推广应用能源梯级利用、“无水印染”、废水循环等技术,构建以绿色企业、产品、供应链、园区为支撑的绿色印染制造体系。至年底,创建市级绿色工厂13家,国家级绿色设计产品2个,累计兑现支持绿色创建政策奖励资金220万元。

【鸿大印染组团投产】 2022年7月31日,鸿大印染组团投产暨原厂区关停退出仪式在浙江鸿仁纺织印染有限公司举行,标志着柯桥区承接越城区印染企业整合集聚工作全部完成。鸿大印染组团由越城区14家企业整合而成,为五大印染组团中体量最大,项目总占地131386.67平方米,总投资20多亿元。

【印染工程师管理评定办法公布】 2022年8月,柯桥区举行2022年中国绍兴纺织印染协同创新论坛,现场公布柯桥区印染产业工程师协同创新星级评定管理办法、染整工程专业中级专业技术职务任职资格评审办法以及选聘柯桥纺织产业链全职工程师的实施办法。根据办法,对纺织印染工程师采取积分制管理,分为五星级、四星级、三星级、二星级及一星级;在纺织印染工程师的评选上,突破学历限制,更注重实绩;在纺织印染工程师的聘用上,设置染整技术、智能制造、绿色环保、纤维材料、时尚设计5个专业领域工程师岗位。(张　伟)

装备制造

【概况】 2022年,柯桥区装备制造业实现规模以上总产值227.03亿元,比上年下降9.9%;销售产值207.99亿元,比上年下降5.5%;出口交货值15.99亿元,比上年增长33.6%。装备制造业规上总产值占规上工业总产值比重9.8%,比上年同期下降3.8个百分点。规模以上企业营业收入201.08亿元,比上年下降0.1%;利润总额22.31亿元,比上年增长43.3%,比规模以上工业利润增速高57.4个百分点。

【制造项目培优申报】 2022年,柯桥区开展各类工业制造项目摸排报送工作,筛选一批行业带动性强、进展顺利的优势项目申报区、市、省各类示范项目。全区有85个项目被列入2022年千亿技改重点项目计划(省级),14个项目被列入2022年重大制造业项目计划(省级),3个项目被列入浙江省生产制造方式转型示范项目计划,7个项目被列入浙江省“五个一批”重点技术改造示范项目计划,74个实施类项目被列入市重点工业投资项目计划。全年完成制造业投资184.67亿元,比上年增长18.1%,制造业投资占固定资产投资比重31.6%。

【智能制造】 2022年,柯桥区在传统行业中摸排确定230家规模以上企业,实施智能化改造,推动848家规模以上企业开展智能制造成熟度评估,加快构建以“未来工厂”为引领的新智造企业群体。索密克汽车配件有限公司的“产线柔性配置”系统入选2022年国家智能制造试点示范项目(优秀场景),浙江迎丰科技股份有限公司入选浙江省“未来工厂”培育试点企业,绍兴电力设备有限公司、浙江新舒纺织有限公司、浙江元筑住宅产业化有限公司被认定为2022年度浙江省智能工厂(数字化车间)。(罗楚晓)

【浙江省首台(套)装备】 2022年,柯桥区对当年认定为国际、国内、省内首台(套)整机装备、成套装备的,在获省级奖励200万元、100万元、50万元的基础上,区级再给予1:1配套奖励;当年认定为国际、国内、省内首台(套)关键零部件的,区级分别给予一次性奖励100万元、50万元、25万元。认定产品还可享受首台(套)装备保险补偿,按国际、国内和省内首台(套)装备首年度实际保费的90%、80%和70%给予补偿,比例逐年递减10%,最多3年。全年推荐6个产品申报省级装备制造业首台(套)装备,浙江精工集成科技股份有限公司JCTX300E型千吨级碳纤维生产线、浙江百立盛新能源科技有限公司“RTC中温太阳能+”清洁能源智慧节能供热系统和浙江捷众科技股份有限公司汽车塑料齿轮精密模具3台(套)装备获认定,其中精功科技JCTX300E型千吨级碳纤维生产线成为全区第一个国内首台(套)装备。(田小琴)

能源工业

【概况】 2022年度,柯桥区规模以上工业综合能源消费量 769.38 万吨标煤，比上年下降 0.1%；规模以上工业单位增加值综合能耗比上年下降 9.4%；规模以上工业原煤消费总量 637.14 万吨（不包括滨海热电统调发电用煤），比上年增长 34.2%。全社会用电量 174.19 亿千瓦时，比上年下降 2.36 %，其中工业用电量 144.57 亿千瓦时，比上年下降 5.56%，占全社会用电量 82.99%。全社会（不含福全、兰亭、漓渚、平水）用气量 104976.06 万立方米，比上年增长 7.22%。热电厂供热量 3791.96 万吨，比上年下降 0.33%。

【用能企业节能监察】 2022 年，柯桥区对重点用能行业单位产品能耗限额标准执行情况开展监督检查，全面推行“双随机”（监督对象、监察人员均随机抽取）抽查监管办法，采取省、市、区联动模式，对 28 家重点用能企业开展节能监察，对问题企业下达整改通知书，对 104 家印染企业开展应淘汰落后机电设备检查。

【热电企业装机容量 131.7 万千瓦】 2022 年，柯桥区有热电企业 5 家，装机容量 131.7 万千瓦。其中地方公共热电企业 4 家，装机容量 42.9 万千瓦，全年供热量 1866.45 万吨，供电量为 21.38 亿千瓦时。省统调热电企业 1 家（浙能滨海热电），装机容量 88.8 万千瓦，对外供热量 1829.97 万吨，供电量为 46.7 亿千瓦时。地方公共热电企业中资源利用热电企业 1 家（龙德环保热电），装机容量 13.7 万千瓦，对外供热量 496.29 万吨，供电量 6.02 亿千瓦时。

【新能源利用】 2022 年，柯桥区有 298 个光伏项目并网发电，装机容量 231.6 兆瓦。推广新能源汽车，发展清洁公共交通，建成充电桩 248 个，采用新能源公交车占总客车数的 96% 以上。（诸旷怡）

其他工业

【食盐工业】 2022 年，柯桥区做好 2021 年度食盐储备工作。由浙盐集团绍兴市盐业有限公司负责专仓储存，共储备小包装口食盐 700 吨，储备服务费 35 万元。区经信局每季度开展例行检查，储备期满后委托第三方做好审计工作，确保全区储备食盐安全。组织开展食盐宣传活动，发放宣传折页 5000 份、环保袋 5000 个、食盐 15000 包，提高市场经营主体和人民群众对科学控盐的认识。（陈　霞）

2022 年 4 月，柯桥区政府储备盐仓库　　（区经信局　提供）

【黄酒酿造】 2022 年，柯桥区有黄酒企业 17 家，全行业产值 20.11 亿元左右，比上年增长 6.4%，实现规模以上工业增加值 6.26 亿元，比上年增长 0.7%，规模以上利润总额 2.57 亿元，比上年下降 36.4%。其中，行业龙头骨干企业 2 家（会稽山绍兴酒股份有限公司、浙江塔牌绍兴酒有限公司）。（袁宁蕾）

上市企业

【概况】 2022 年，柯桥区有境内外上市公司 16 家，其中境内 14 家（8 家上海主板、5 家深圳主板、1 家深圳创业板），境外 2 家；累计融资 254.57 亿元，其中首发融资 92.74 亿元，再融资 161.83 亿元。至年底，总市值 723.07 亿元。在新三板挂牌企业 7 家。

【浙江金道科技股份有限公司上市】 浙江金道科技股份有限公司成立于 2003 年，主要从事各类叉车等工业车辆变速箱的研发、生产及销售，是国内首批进入叉车变速箱领域的民营企业之一。2022 年 4 月 13 日，在深圳证券交易所挂牌上市，证券代码 301279。2022 年营业收入 6.54 亿元，净利润 8163.86 万元。（黄　琳）

2022 年 4 月 13 日，“金道科技”上市　　（区金融办　提供）

招商引资

【概况】 2022 年，柯桥区实施招商引资“一号工程”，举行 3 次集中签约仪式，签约引进重大招商项目 56 个，其中 5 亿元以上产业项目 32 个、100 亿元以上产业项目 4 个，人才项目 5 个，涵盖新材料、泛半导体、生物医药、智能装备等多个产业，计划总投资 938 亿元，内资到位资金 155.5 亿元。出台《驻点“双引双招”工作实施方案》等文件，成立北京、上海、深圳、西安 4 个招商驻点组，围绕京津冀、长三角、珠三角、中西部等重点区域开展驻点招商。

【外商投资项目】 2022 年，柯桥区新设外商投资企业 126 家，外商投资企业增资 26 家、减资 6 家。新设及增资企业中，总投资 1000 万美元以上企业 7 家，3000 万美元以上企业 4 家，5000 万美元以上企业 3 家，其中当年签约、当年到资、当年落地、当年开工的企业 4 家（宇越新材料、豪微科技、艾比奥、力笙科技）。批准外商投资项目 126 个，合同利用外资 8.20 亿美元；实际利用外资 5.07 亿美元，比上年增长 97.4%，位居全市第一，其中计划利用外资 1 亿美元以上项目 2 个（宇越新材料、豪微科技）。豪微科技新一代泛半导体产业园项目、宇越新材料光学膜制造项目被列为国家重大外资项目。宇越新材料光学膜制造项目被列入省政府主导的重大产业项目，当年实际利用外资 1.01 亿美元。（应惠娟）

类目编辑　王　翊

2022 年 2 月 15 日，柯桥区在鉴湖大酒店举行 2022 年第一批重大项目签约仪式　　（区招商投资促进中心　提供）

建筑业

综　述

2022 年，柯桥区建筑业总产值 1439 亿元，比上年增长 4.3%；省内产值 983 亿元，比上年增长 11.5%；建筑安装工程投资 391 亿元，比上年增长 11.5%。建筑业纳税 14.8 亿元，占全区税收总额的 9.6%。建筑业增加值占全区总产值比重的 6.8%。（费继飚）

勘察设计

【概况】 2022 年，柯桥区制定《绍兴市柯桥区勘察设计市场和质量监管专项整治行动方案》，开展全区勘察设计质量检查 1 次，共抽查项目 20 个，涉及图纸审查机构 10 家、设计单位 19 家。审查新建民用建筑节能项目 50 项，其中三星级绿色建筑 7 项、二星级以上绿色建筑 40 项。实施绿色建筑面积 444 万平方米，太阳能等可再生能源应用建筑面积 152 万平方米。柯桥区实现绿色建筑 100% 全覆盖。

【建筑节能工作全省领先】 2022 年，柯桥区获评浙江省建筑节能与绿色建筑工作优秀县（市、区）。中国建筑节能研究中心被评为全省建筑领域碳达峰相关工作优秀案例。（侯　超）

质量管理

【概况】 2022 年，柯桥区创新监管模式，强化服务意识，开展监督抽查，加强事前事中监管，守住质量底线，全年无一例重大质量事故发生，全区建设工程质量基本可控。出台《关于进一步加强建设项目施工现场从业人员管理的通知》《住宅工程竣工验收前配套工程验收确认书》《关于进一步加强混凝土质量管理的补充通知》《关于进一步加强预拌混凝土质量监管的通知》《关于进一步提升全区城市道路建设品质的实施意见》等多项质量相关文件。累计检查工程 600 余次，开具各类质量处罚单 109 张，整改完成率 100%。开展建筑工程混凝土、钢筋原材料、安装材料、住宅工程装饰阶段等专项检查 5 次，会同市人防办开展人防工程施工质量专项检查 1 次，检查工程 53 项，检查建筑面积 763 万平方米，发现质量问题 110 余项，限期整改完成率 100%，提交行政处罚 2 项。

【分户验收制度】 2022 年，柯桥区强化住宅工程质量监管，执行分户验收制度，重点盯防装饰阶段的全装修住宅工程，对全装修住宅工程要求相关责任主体委托第三方检测机构进行分户验收，将《住宅工程竣工验收前配套工程验收确认书》作为工程竣工验收评定内容之一，对镜园、水韵蓝湾等 10 个住宅工程进行竣工验收，验收交房后投诉情况较往年略有下降。

【工程数字化监管改革】 2022 年，柯桥区推广“浙里建”应用平台，建筑工程项目使用覆盖率 100%，推进“工程建设项目集成验收”应用建设，完成联合验收测试项目 79 个。（钟　坚）

2022年12月24日，柯桥区建设局安质管中心工作人员赴柯桥未来医学中心项目现场对新进场混凝土抽查，采用信息化手段单独制作试块　（钟　坚　摄）

行业管理

【概况】 2022年，柯桥区晋升、引进一级企业6家，核准其他建筑业企业资质27项。创建省级以上优质工程62项，其中国家级优质工程23项，包括鲁班奖4项（总承建1项、参建3项）、詹天佑奖1项。编制国家标准2项、地方标准8项；获发明专利32项、实用新型专利98项、国家级QC（全面质量管理）成果8项、全国BIM（建筑信息模型）应用比赛大奖6项；创建省级工法19项，获其他省级以上科技成果70项。浙江宝业建设集团有限公司、精工控股集团有限公司、浙江宝业住宅产业化有限公司入选中国民营企业500强；浙江宝业建设集团有限公司、精工控股集团有限公司入选浙江省百强企业。

【市场拓展】 2022年，柯桥区建筑业年度新签合同1242.3亿元，比上年下降8.3%。完成省外产值456.5亿元，比上年下降8.6%。9个省级区域性市场实现增长，其中江西、湖北、广东、海南等市场增幅超过20%。上海、江苏市场分别完成建筑业产值92亿元、83亿元。（费继飚）

建筑工业化

【概况】 2022年，柯桥区出台《绍兴市柯桥区人民政府办公室关于加快推进绿色建筑和新型建筑工业化发展的实施意见》。新建装配式建筑项目233万平方米，政府投资项目和中心城区民用项目全部实现装配式建造；新建钢结构装配式住宅26万平方米。

【建筑工业化获奖成果】 2022年，柯桥区获评浙江省建筑工业化优秀县（市、区）。浙江元筑住宅产业化有限公司“低碳智能制造加气混凝土示范工厂”入选工信部“建材工业智能制造数字转型典型案例”。（费继飚）

安全生产

【概况】 2022年，柯桥区出台《关于使用盘扣式等工具式模板支撑体系的通知》《关于建立柯桥区建设工地现场非道移动机械绿色编码登记备案制度的通知》《绍兴市柯桥区2022—2023年秋冬季国控站点周边建设施工扬尘攻坚行动工作方案》《关于进一步加强建设项目施工现场从业人员管理的通知》。召开施工扬尘攻坚部署会议、文明城市复评迎检动员会议、建设工地消防安全百日攻坚工作会议等各类会议10余次。开展节前安全检查、节后复工检查、疫情防控专项检查、消防安全专项检查、起重机械检查、文明城市复评迎检专项检查、扬尘整治行动等，严控施工危险源，严查违法违规行为，出动执法人员700余人次，发现问题75项，均整改到位，摸排从业人员2.2万人。

【建设工地安全质量管理】 2022年，柯桥区组织建设工地新冠疫情防控、消防安全、防汛防台、深基坑、起重机械、“除险保安”、文明城市复评、人员到岗履职等检查11次。在极端天气、重大活动期间，通过轮值巡查、专项检查、联合执法等方式，开展联合执法检查3次，落实建设工地安全生产及文明施工各项要求，检查工地840余次，对230项工程出具限期整改意见，对85项工程责令全线停工整改，对15项工程提交行政处罚，累计罚款13.3万元。

【建设工地扬尘管控专项行动】 2022年,柯桥区通过日常巡查、专项检查、联合执法检查等措施,启用快速处置通道,实行平时一月一通报、攻坚期间周周通报,整治建设工地扬尘污染问题。开展建设工地扬尘管控专项检查8次,对95项工程进行全区通报批评,对72项工程责令全线停工处理,对130项工程予以不良行为扣分,对40项工程进行企业负责人约谈,对38项工程提交行政处罚,累计处罚金额40.2万元。(王　强)

类目编辑　高　锋

房地产业

综　述

2022年，柯桥区新建商品房成交4645套，比上年下降65.58%；成交面积56.85万平方米，比上年下降64.44%；成交金额120.85亿元，比上年下降61.96%；成交均价21257元/平方米，比上年上涨6.95%。其中，新建住房成交3673套，比上年下降70.84%；成交面积48.4万平方米，比上年下降67.67%；成交金额112.04亿元，比上年下降63.35%；成交均价23148元/平方米，比上年上涨13.35%。（包一娜）

开发投资

【概况】 2022年，柯桥区房地产完成投资207.93亿元，比上年增长3.89%；商品房累计新开工面积276.48万平方米，比上年增长17.01%；商品房累计竣工面积241.89万平方米，比上年增长318.93%。房地产税收累计上缴40.11亿元，占全区税收比例达25.95%。新建商品房网签面积56.85万平方米，比上年下降64.44%；网签套数4645套，比上年下降65.58%；网签金额120.85亿元，比上年下降61.96%。商品房成交均价21257元/平方米，比上年增长6.95%，其中商品住宅成交均价23148元/平方米，比上年增长13.35%。

【房票安置新政策】 2022年，柯桥区落实房地产交易税款补贴政策，凡在2022年9月30日前和在2022年12月31日前购买柯桥区商品住宅（含二手房）的，分别按所缴契税地方留存部分50%和30%给予补贴，即所谓的“房票”政策。截至2022年年底，累计受理商品住房（含二手房）财政补贴申请2793户，涉及补贴金额2954.63万元，拨付财政补贴2307户，共计2272.67万元；累计受理房票413张，金额127307万元。（王晓莹）

【柯桥夏季纳凉房展】 2022年8月18—21日，柯桥区夏季纳凉房展于柯桥瓜渚湖北岸公园举办，此次房展联合宝业、元垄、禹洲、天圣、勤业等10多家房产公司，推出20多家品质楼盘。本次房展为期4天，人流量超3万人次。

【柯桥线上房博会】 2022年10月28日至12月25日，柯桥区举办“安居柯桥 安心购房”2022柯桥秋冬线上房博会。此次线上房博会是“2022柯桥夏季纳凉房展”的延续和升级，由“政府搭台、企业唱戏”，并运用“数字+房产”的创新营销思维和手段，通过“云逛展”“云购房”的模式，为广大市民提供一个安全放心的房地产项目线上展示平台，展会期间，参展商在现有优惠的基础上再让利，最大让利幅度可达10个点。（喻　芳）

交易市场

【概况】 2022年，柯桥区二手房（不含工业厂房）成交总面积67.7万平方米，比上年下降15.18%；成交5500宗，比上年下降18.25%；成交金额71.39亿元，比上年下降24.62%。其中二手住宅成交面积57.04万平方米，比上年下降16%；成交4681套，比上年下降18.8%；成交金额65.13亿元，比上年下降25.25%。（王晓莹）

【二手房交易公共服务平台】 2022年,柯桥区完善二手房交易公共服务平台,新增自主交易服务功能,在自主交易模块增加公证处开展房源调查、网签和融资服务、资金提存监管等功能,通过公证提存监管,维护二手房交易市场秩序。2022年,柯桥区有房地产经纪机构281家,从业人员748人。(王立菊)

住房保障

【概况】 2022年,柯桥区完善住房保障体系,建立多主体投资、多渠道供给、租购并举的住房制度,解决柯桥区新市民、青年人等群体住房困难。加大公租房有效供给,解决住房困难群体居住问题,实现"居者有其屋"。出台《柯桥区加快发展保障性租赁住房实施方案》《柯桥区加快发展保障性租赁住房操作细则》,明确保障性租赁住房的项目认定、优惠政策、项目管理、准入条件、运营管理、监督管理、考核目标等方面内容,认定保障性租赁住房项目12个,筹集保障性租赁住房7004套。(童　林)

【公共租赁住房应保尽保】 2022年,柯桥区新增公租房保障对象2602户,其中城镇中等偏下收入住房困难家庭50户,就业大学毕业生75户,新就业职工2477户。截至年底,公租房保障对象共3316户。保障对象实物配租类型中,城镇中等偏下收入住房困难家庭在保496户,就业大学毕业生(含创业创新人员、军转干部人员)在保255户;保障对象租赁补贴类型中,中等偏下收入住房困难家庭租赁补贴在保67户,全年累计发放租赁补贴65.79万元,新就业职工公租房租赁补贴在保2498户,全年累计发放租赁补贴790.71万元。加大公租房保障力度,出台《绍兴市柯桥区城镇住房保障家庭租赁补贴实施意见》,公租房单位面积租赁补贴标准提高到每月25元。(陈乐乐　沈鑫涛)

物业管理

【概况】 2022年,柯桥区下发《柯桥区"强社惠民"集成改革工作方案》,探索城市社区集体经济发展路径和模式。推进无物业管理住宅小区清零攻坚行动,实现基础物业管理全覆盖,实现无物业管理住宅小区425个。优化拆迁安置小区物业服务考核奖励政策,出台《关于加强柯桥区拆迁安置小区物业管理工作的实施意见》。以柯岩街道为试点,在全区开展"红色业委会"工作,柯岩梅墅水庄小区党支部单建率,红色楼道长覆盖率,业委会主任、小区党支部书记"一肩挑"率均为100%。做好高层住宅小区消防平安暗访工作,会同属地镇(街道)开展高层住宅小区安全检查工作,共检查高层住宅小区54个。规范业主委员会与物业选聘运作,推行《柯桥区业主大会和业主委员会指导规则》,提升属地镇(街道)、社区业务指导能力。完成业委会新建、换届34个。参与指导华舍街道万和宸章府小区物业企业续聘、选聘工作,规范物业服务企业选聘程序。参与柯桥街道米兰公寓、万商京都、金柯嘉园和华舍街道阳光城璞悦及安昌街道彩虹府小区等物业纠纷协调工作,减少物业矛盾纠纷。鼓励优秀物业企业发挥示范引领作用,指导玉兰花园等4个小区完成省级"红色物业"创建工作,指导天圣大越府等3个小区完成市级"优秀物业管理小区"创建工作。

【民生实事工程】 2022年,柯桥区推进既有住宅加装电梯工作,推进连片式加装电梯工作,会同相关部门对柯桥街道广厦公寓、瓜渚住商楼等小区连片式加装条件现场踏勘,会同华舍街道考察杭州缤纷未来社区,推进双周小区、西周嘉园连片式加装工作摸底工作。深化既有住宅加装电梯工作数字化改革创新,完成"加梯E网通"应用系统验收工作,完成线上审批14台。加强指导无障碍社(街道)充分结合老旧小区改造、美丽城镇建设、绿色社区建设等工作,调整无障碍社区建设计划,改造无障碍社区26个,创建绿色社区15个,鲁镇社区创建为省级无障碍社区。(王立方)

住房公积金管理

【概况】 2022年,柯桥区实际归集住房公积金198056万元,当年提取公积金137830万元,归集余额476930万元。实际发放住房公积金贷款24555万元,收回贷款34872万元,贷款余额278479万元,存贷比 58%；实际业务收入 12848 万元，其中委托贷款利息收入 9176 万元；业务支出 7106 万元，其中住房公积金利息支出 6704 万元。实际新增扩面职工 15592 人，净增职工 2284 人，净增率 2.6%；贷款逾期率 0.0003%。实现公积金增值收益 5742 万元，收益率 1.29%；提取贷款风险准备金 3445 万元，提取管理费用 586 万元，提取城市廉租住房建设补充资金 1711 万元。

【灵活就业人员住房公积金管理】 2022 年，柯桥区改进缴存模式，取消 8% 的缴存比例限制，允许灵活就业人员根据个人意愿和经济条件在 5% ~ 12% 自主选择缴存比例，建立灵活就业人员自愿缴存、自愿退出机制，确保灵活人员与建制单位缴存职工享受同等待遇。优化办事服务，取消个人缴存登记中的“现户籍证明”申请材料，凡能通过部门间信息共享平台获取的证明材料，不得要求办事群众自己提供。

【公款竞争性存放公开招标】 2022 年 3 月 10 日，柯桥区 2022 年第 1 期住房公积金存款存放招标，资金标的额总计 60000 万元，资金存放期限为 1 年。招标结果为浙江绍兴瑞丰农村商业银行股份有限公司中第一标段，可存储资金为 14000 万元；中国银行股份有限公司柯桥支行中第二标段，可存储资金为 13000 万元；中国工商银行股份有限公司绍兴柯桥支行中第三标段，可存储资金为 12000 万元；中国农业银行股份有限公司绍兴柯桥支行中第四标段，可存储资金为 11000 万元；中国建设银行股份有限公司柯桥支行中第五标段，可存储资金为 10000 万元。3 月 10 日，柯桥区 2022 年住房公积金增值收益存款存放招标，资金标的额总计人民币 31900 万元，资金存放期限为 1 年。中国建设银行股份有限公司柯桥支行中第一标段，可存储资金为 16550 万元；中国工商银行股份有限公司绍兴柯桥支行中第二标段，可存储资金为 15350 万元。8 月 2 日，柯桥区完成 2022 年第 2 期住房公积金存款存放招标，资金标的额总计 95000 万元，资金存放期限为 1 年。招标结果为浙江绍兴瑞丰农村商业银行股份有限公司中第一标段，可存储资金为 21000 万元；中国银行股份有限公司柯桥支行中第二标段，可存储资金为 19000 万元；中国工商银行股份有限公司绍兴柯桥支行中第三标段，可存储资金为 17000 万元；中国农业银行股份有限公司绍兴柯桥支行中第四标段，可存储资金为 15000 万元；中国建设银行股份有限公司柯桥支行中第五标段，可存储资金为 13000 万元；绍兴银行股份有限公司柯桥支行中第六标段，可存储资金为 10000 万元。（朱明智）

类目编辑　高　锋

商贸业

综　述

2022年,柯桥区出台多项促消费政策和活动,主要有汽车促消费政策、新能源汽车政策、“柯爱有你”消费券活动,投入资金1亿多元。引导传统商业模式转型升级,推进数字生活新服务,开展网上年货节专项活动。加快直播电商应用,推动传统企业开展直播带货,参与直播的商品实现网络销售额8.49亿元。发展新零售,其中阿里网络销售额1.04亿元,比上年增长16.7%。销售散装水泥114.37万吨,比上年减少15.0%,水泥散装率90.1%。供应预拌混凝土529.38万立方米,比上年减少34.4%;生产供应预拌砂浆77.49万吨,比上年增长1.9%。加快散装水泥行业数字化转型,搭建信息平台,实现操作简单化、管理扁平化、信息透明化、统计自动化。通过省级预拌砂浆企业试验室验收1家,发挥试验室在技术开发、产品检验和质量控制方面的作用。实现社会消费品零售总额401.1亿元,比上年增长4.6%,其中限额以上社会消费品零售额143.0亿元,比上年增长9.6%。(陈　瑛)

批发零售业

【概况】 2022年,柯桥区批发业销售额比上年增长24.0%;零售业销售额比上年增长11.1%。限额以上批发零售业销售额2140.6亿元,比上年增长27.5%,其中限额以上批发业销售额2017.3亿元,比上年增长28.0%;限额以上零售业销售额123.3亿元,比上年增长18.8%。

【柯桥城市购物节】 2022年7—8月,柯桥区举办2022年“欢乐盛夏 柯爱有你”柯桥城市购物节;9—11月,举办2022年“柯桥城市购物节”。举办线上线下深度融合、商品服务同步促销、商旅文游购娱一体的促消费活动。国庆期间重点监测的8家商场超市,实现销售额4979万元。(许胜男)

粮油购销

【概况】 2022年,柯桥区加强粮油批发和零售点价格监测力度,反馈粮油价格异动信息。加强粮食流通监管,采取即时检查与“双随机”抽查相结合的方式,开展各类专项检查23次。举办2022年世界粮食日和粮食安全宣传周活动。完善应急救灾物资管理和救灾救援储运体系,提高救灾应急能力。

【完成粮食轮换任务】 2022年,柯桥区轮换成品粮。增加粮食储备,晚稻储备比例提高至全部储备量的40%。

【救灾物资和粮食应急体系】 2022年,柯桥区完善应急救灾物资管理和救灾救援储运体系,完成应急救灾物资的轮换、采购、管理,确保救灾物资在最短时间内抵达受灾地区。建设粮食应急供应体系,有应急供应点34个、粮食应急保供企业2家、应急加工点3个、应急运输企业1家、应急配送中心1家。(诸旷怡)

供销合作商业

【概况】 2022年,柯桥区供销系统完成两级农民合作经济组织联合会换届选举工作。创建农事服务中心2家，新建杨梅产业农合联1家，成立新型庄稼医院2家。协办稽东香榧文化旅游节，和稽东镇、巧克力公司联合开发“宋榧巧克力”并于年底上市。协办湖塘杨梅文化旅游节，打响“醉梅湖塘·香见恨晚”旅游品牌。与王坛镇政府合作，搭建蒋相村农副产品共富平台。储备农药3.6吨、化肥860吨，保障农资供应。至年底，供销社总资产4.45亿元，所有者权益4.17亿元，利润1885万元。

【“村村通”工程】 2022年，柯桥区山区农村电商物流“村村通”工程通过省发展和改革委物流创新发展试点验收工作，该工程系绍兴市唯一、浙江省供销系统唯一。入选绍兴市高质量发展建设共同富裕示范区最佳实践首批名单“公共服务优质共享先行示范”单元。平水、湖塘、夏履3个物流区域中转站和89个村级综合服务社运行平稳，邮政、“四通一达”等主要快递品牌入网率达100%，实现村级邮快件（农产品）投递、自取和揽收“一站式”服务。全年快递总量超120万件，比上年增长20%。

【合作经济】 2022年，柯桥区供销社参股企业华通商贸集团介入农产品流通领域，试点实施农产品集采业务。华通市场公司新增托管农产品集散中心，创建各类规范化农贸市场，创建“智慧市场”8个。新供销供应链公司拓宽销售渠道，优化农产品品质，同步推动本地、对口帮扶地区农产品销售。（洪益炯）

住宿餐饮业

【概况】 2022年，柯桥区住宿业营业额比上年增长6.8%；餐饮业营业额比上年增长5.3%。限额以上住宿餐饮业营业额13.0亿元，比上年增长9.2%。其中，限额以上住宿业营业额3.5亿元，比上年增长1.7%；限额以上餐饮业营业额9.5亿元，比上年增长12.3%。

【消费提档升级】 2022年，柯桥区获评第二批浙江省夜间经济样板城市。柯桥历史文化街区获评第三批浙江省高品质步行街。宝龙广场、天虹商场、银泰百货获评浙江省绿色商场。万达广场获评首批绍兴市夜间经济集聚示范区。钱清星隆城、柯岩雷迪森璞祺艺境酒店、富悦·温德姆酒店等重点商贸项目投入运营。

【“柯爱有你”消费券】 2022年7月8日至8月6日，柯桥区投入3000万元发放“柯爱有你”惠民消费券，活动通过支付宝平台分3轮投放资金，累计核销金额2763.04万元，核销率92.1%，撬动消费金额11676.11万元，撬动比率为4.23%。

【汽车促消费政策】 2022年3月、6月、9月、10月，柯桥区分别投入2600万元、1500万元、1000万元、1500万元促进汽车消费，包括一次新能源汽车补贴，合计撬动汽车销量超1.14万辆，购车金额19.6亿元。（许胜男）

汽车服务业

【概况】 2022年，柯桥区有成品油经营企业（点）55家、油库1家，其中加油站48家、民营加油点6家、管理公司1家。销售成品油29.43万吨，比上年减少3.3%，其中汽油20.64万吨，比上年减少5%；柴油8.8万吨，比上年增长0.9%。有备案二手车市场4个，二手车交易2.7万辆，成交额8.1亿元。

【加油站事务】 2022年，柯桥区审批漓（渚）福（全）加油站迁建项目，完成高家加油站、客运中心油气站、国际加油站等成品油零售经营批准证书事项变更、到期换证、注销等审核转报20件。平水加油站、浙石加油站等8家加油站通过二级加油站反恐验收。（陈炯宇）

会展业

【概况】 2022年，绍兴国际会展中心、中国轻纺城国际会展中心举办各类会展活动21场，总展览面积22万平方米，吸引客商近25万人次。

【2022中国绍兴柯桥国际纺织品面辅料博览会（春季）】 2022年6月10—12日，2022中国绍兴柯桥国际纺织品面辅料博览会（春季）在中国轻纺城国际会展中心举行。这届纺博会由中国纺织工业联合会、中国商业联合会指导，中国纺织品进出口商会协办，绍兴市柯桥区中国轻纺城建设管理委员会、绍兴市柯桥区会展业发展中心、绍兴市柯桥区国际赛会服务中心主办，中国轻纺城展会有限公

司、上海歌华展览服务有限公司承办，设展位1385个，参展企业542家，展览面积2.6万平方米，分为纺织面料展区、时尚设计展区、印花工业展区、功能性纺织品展区四大展区。主要展品为纺织面料（辅料）、家用纺织品、创意设计、纺织机械等。

【第24届中国绍兴柯桥国际纺织品博览会（秋季）】 2022年11月16—18日，第24届中国绍兴柯桥国际纺织品博览会（秋季）在绍兴国际会展中心举行。这届展会由中国纺织工业联合会、中国商业联合会指导，由中国国际贸易促进委员会纺织行业分会、绍兴市柯桥区中国轻纺城建设管理委员会、绍兴市柯桥区会展业发展中心等主办，中国纺织品进出口商会协办，绍兴市柯桥区中国轻纺城展会有限公司承办。设展位2100个，参展企业795家，展览面积4.1万平方米。主要展品为纺织面料、纺织辅料、家用纺织品、创意设计、纺织机械等。

【第十届中国（浙江）工艺美术精品博览会】 2022年6月17—20日，第十届中国（浙江）工艺美术精品博览会在绍兴国际会展中心举办。这届展会由柯桥区人民政府、浙江省工艺美术行业协会主办，绍兴市工艺美术行业协会、浙江天颂传媒有限公司承办，展会共举办开幕式1场、座谈会2场、数字工艺美术发布会1场，参展企业1035家，展出面积26000平方米，展出新品5万余件，汇聚工艺美术十一大类。线上观看276万人次，线下参观2.5万人次，达成意向成交合作累计1.8亿元。

【2022第十届绍兴柯桥中国轻纺城窗帘布艺展览会】 2022年8月1—3日，2022第十届绍兴柯桥中国轻纺城窗帘布艺（墙布）展览会在绍兴国际会展中心（新馆）举办。这届展会由中国家用纺织品行业协会、绍兴市柯桥区中国轻纺城建设管理委员会主办，绍兴市柯桥区中国轻纺城窗帘布艺协会承办，浙江萤火虫会展有限公司执行。展会以“数智成品·绿色新态”为主题，设展位1200个，展览面积1.8万平方米，参展企业200余家，现场设墙布展示区、成品帘加工展示区、电商平台孵化区及展会直播间。

【第四届中国（绍兴）纺织新材料展】 2022年8月12—14日，第四届中国（绍兴）纺织新材料展在绍兴国际会展中心举办。这届展会由中国长丝织造协会、绍兴市柯桥区会展业发展中心主办，浙江三博会展股份有限公司、柯桥中国轻纺城展会有限公司承办。展会为期3天，吸引纺织原料企业、面料与加工企业、服装品牌商及专业采购买手等行业人群1.3万人，线上展会直播观看12万人次。

【2022绍兴国际纺织机械智能智造展览会】 2022年11月16—18日，2022绍兴国际纺织机械智能智造展览会在绍兴国际会展中心举办。这届展会由中国机械国际合作股份有限公司、绍兴市商务局、中国国际贸易促进委员会绍兴市委员会、中国国际商会绍兴商会主办，中国纺织品进出口商会、中国国际贸易促进委员会浙江省委员会指导，西麦克国际展览有限责任公司承办。展览面积7500平方米，设展位379个。

【第100届中国电子展】 2022年11月24—26日，第100届中国电子展在绍兴国际会展中心举办。这届展会由中国电子器材有限公司主办，中电会展与信息传播有限公司承办。展览面积1.3万平方米，设展位515个，展会内容涉及基础电子元器件、集成电路、数字经济、汽车电子、5G物联网、军工电子等电子信息行业众多热点。

2022年中国轻纺城国际会展中心会展情况一览表

表9

序号	展会名称	时间	主办单位	承办单位	展览面积（平方米）	展位数量（个）
1	2022绍兴第四十一届中国轻纺城(春季)汽车博览会	3月11—14日	绍兴市柯桥传媒集团有限公司	绍兴市柯桥传媒集团有限公司	20000	1000
2	2022中国绍兴柯桥国际纺织品面辅料博览会(春季)	6月10—12日	中国商业联合会	绍兴市柯桥区中国轻纺城建设管理委员会、绍兴市柯桥区会展业发展中心、中国轻纺城展会有限公司、上海歌华展览服务有限公司	19000	911
3	2022柯桥时尚设计展(春季)	6月10—12日	柯桥区人民政府	绍兴市柯桥区中国轻纺城建设管理委员会	1000	50
4	中国绍兴功能性纺织品博览会	6月10—12日	浙江省纺织面料设计协会 浙江三博会展股份有限公司	绍兴三博会展有限公司	2960	206
5	2022柯桥国际纺织工业展览会 2022柯桥国际纺织品印花工业展览会	6月10—12日	上海歌华展览服务有限公司	上海歌华展览服务有限公司	3150	218
6	第十届中国(浙江)工艺美术精品博览会	6月17—20日	柯桥区人民政府、浙江省工艺美术行业协会	绍兴市工艺美术行业协会、浙江天颂传媒有限公司	26000	1035

续表 9

序号	展会名称	时间	主办单位	承办单位	展览面积（平方米）	展位数量（个）
7	2022 第十届绍兴柯桥中国轻纺城窗帘布艺展览会	8 月 1—3 日	中国家用纺织品行业协会、绍兴市柯桥区中国轻纺城建设管理委员会	绍兴市柯桥区中国轻纺城窗帘布艺协会	17000	810
8	第四届中国(绍兴)纺织新材料展	8 月 12—14 日	中国长丝织造协会、绍兴市柯桥区会展业发展中心	浙江三博会展股份有限公司、柯桥中国轻纺城展会有限公司	21000	900
9	2022 绍兴第四十二届中国轻纺城(秋季)汽车博览会	9 月 9—12 日	柯桥传媒集团有限公司	柯桥传媒集团有限公司	20000	1000
10	2022 浙江省优秀文创产品和获奖旅游商品展	8 月 15 日至 9 月 18 日	浙江省文化和旅游厅	绍兴市柯桥区文化广电旅游局	8000	421
11	2022 绍兴华夏家博会(夏)	9 月 16—18 日	浙江华墨会展服务有限公司	浙江华墨会展服务有限公司	13000	790

续表 9

序号	展会名称	时间	主办单位	承办单位	展览面积（平方米）	展位数量（个）
12	第24届中国绍兴柯桥国际纺织品博览会(秋季)	11月16—18日	中国国际贸易促进委员会纺织行业分会、绍兴市柯桥区中国轻纺城建设管理委员会、绍兴市柯桥区会展业发展中心	绍兴市柯桥区中国轻纺城建设管理委员会、绍兴市柯桥区会展业发展中心	19400	957
13	2022绍兴国际服装供应链博览会	11月16—18日	绍兴市商务局、绍兴市贸促会	绍兴博达商务会展有限公司	3100	200
14	2022柯桥时尚设计展(秋季)	11月16—18日	柯桥区人民政府	绍兴市柯桥区中国轻纺城建设管理委员会	700	78
15	2022绍兴国际纺织贸易服务展览会	11月16—18日	柯桥区商务局	浙江时代展览有限公司	2000	58
16	“科创中国”纺织科技成果展	11月16—18日	绍兴市柯桥区中国轻纺城建设管理委员会	绍兴市柯桥区中国轻纺城建设管理委员会	300	38

续表 9

序号	展会名称	时间	主办单位	承办单位	展览面积（平方米）	展位数量（个）
17	“柯桥优选”成果静态展	11月16—18日	绍兴市柯桥区中国轻纺城建设管理委员会	绍兴市柯桥区中国轻纺城建设管理委员会	500	56
18	2022柯桥国际纺织工业展览会(秋季)2022柯桥国际纺织品印花工业展览会(秋季)	11月16—18日	艾特怡(亚洲)展览有限公司、上海歌华展览服务有限公司、上海艾歌展览服务有限公司	艾特怡(亚洲)展览有限公司、上海歌华展览服务有限公司、上海艾歌展览服务有限公司	3750	228
19	2022年绍兴国际纺织机械智能智造展览会	11月16—18日	中国机械国际合作股份有限公司	西麦克国际展览有限责任公司	7500	379
20	中国绍兴柯桥纺织辅料｜后整理展览会	11月16—18日	浙江中国轻纺城集团股份有限公司	绍兴市柯桥区金柯桥展会有限公司	3750	200
21	第100届中国电子展	11月24—26日	中国电子器材有限公司	中电会展与信息传播有限公司	12670	515

（施　斌）

类目编辑　高　锋

商务服务

法律服务

【概况】 2022年,柯桥区有律师事务所14家,法律服务所8家,执业律师249人,公职律师143人,法律援助律师2人,法律服务工作者54人。全区律师事务所办案9225件、担任法律顾问1275家、收费1.8亿元;法律服务所办案1746件、担任法律顾问125家、收费1027万元。参与社会政治生活的律师7人,其中市人大代表1人、市政协委员2人、区人大代表2人、区政协委员2人。参与学习活动的律师600余人。梳理出较为"活跃"的律师抖音号、微信公众号等账号14个,安排专人做好值守预警工作。落实司法行政机关派员旁听律师代理涉黑恶案件庭审制度,累计派员旁听庭审8起。严格督促检查,开展"双随机"检查7次,利用掌上执法平台,完善检查事项。区司法局与区信访局联合制定《关于开展律师参与信访积案化解清零行动的实施方案》,组建专业律师团队6支,实行"团队包案"。参与重难点信访积案26件,走访信访积案相关人员及单位160余次,提出法律建议50多条。开展"百所联百会"工作,为商会会员提供24小时在线法治体检和涉企纠纷调解,通过走访服务,帮助商会和企业息诉减纷、减轻劳资压力、恢复经济。为53410家企业提供精准体检分析,生成有效报告42855份,解决法律问题12310个;调解涉企纠纷586起,涉及标的3600余万元。

【涉农法律援助】 2022年,柯桥区根据农村困难群众法律需求,简化涉农法律援助办事流程,为农民工排忧解难43件,为农村老年人、残疾人、重症病人等群体提供上门法律援助服务31次。农村法律顾问利用塔群及时分享法律资讯、实时解答村民法律咨询,参与把关涉村务管理合同165件。

【践行"法护平安"】 2022年,柯桥区受理法律援助案件756件,受援人数760人次,其中刑事案件453件、民事案件303件。解答法律咨询2903次,其中"12348"热线电话咨询1575人次,现场咨询323人次。为困难群众免除法律服务费180万元,为受援人挽回或避免损失1518万元,法律援助案件受理满意率100%。简化民事法律援助申请程序,将原先的经济困难审核制简化为经济困难承诺制,提升群众申请便捷度,办理经济困难承诺制97件。扩大刑事通知类法律援助范围,将审查起诉阶段案件纳入全覆盖。

【法律服务】 2022年,柯桥区在"律动·浙里""一键找法"接单、派单、跟单模式的基础上,迭代升级公共法律服务多跨场景应用,建设"助企帮民"法律服务一件事数字化应用场景。该应用承接法律服务23261件,好评率99.99%。相关做法获《光明日报》、中国新闻网、《浙江法制报》等10余家媒体专题报道,获评浙江省司法厅数字司法好应用、绍兴市数字法治好应用,得到浙江省副省长高兴夫"做好一地创新,全省推广工作"批示。推行律师行业行政审批和备案事项全程网办,受理律师执业申请50起、律师实习申请25起、律师变更执业机构申请4起、律师执业注销申请4起、律师事务所变更申请6起、基层法律服务工作者执业注销申请3起、基层法律服务所变更申请3起。开展律师事务所、法律服务所、律师、基层法律服务工作者年检工作,申报年检注册的各项材料,完善律师执业年度档案。全

区所有执业律师、法律服务工作者、公职律师、法律援助律师均完成年检备案工作。（潘晨斐）

2022年柯桥区“助企帮民”法律服务一件事数字化应用场景　　（区司法局　提供）

公证服务

【**概况**】 2022年，柯桥区接受各类公证咨询5266人次，办理各类公证事项4307件，其中国内公证事项3399件。农房确权案件初步建档65010件，完整建档22585件，登记发证2328本。参与司法辅助送达1361件，调解案件683件，其中调解成功200件，调查取证80件，司法文书辅助4216件。协同办理银行抵押登记、注销抵押登记事务2143件。办理继承公证1419件（其中小额遗产继承17件），委托公证847件，声明134件，遗嘱13件，赠与4件，出生、生存、死亡46件，婚姻状况、亲属关系、收养关系40件，身份、经历、学历、学位、职务、职称2件，公司章程4件，签名、印鉴196件，合同（协议）149件，现场监督493件，文本相符公证209件，有无违法犯罪记录150件，保全证据185件，证书、执照232件。涉及金融类赋予强制执行效力2件，执行证书4件。办理各类涉外及港澳台公证事项908件，其中涉港澳28件，涉台13件；所办公证主要用于旅游、商务、留学、移民、工作，使用地包括日本、韩国、德国、美国、澳大利亚、加拿大、法国、阿根廷、意大利、乌兹别克斯坦等51个国家和中国台湾地区。

【**政府中心工作公证**】 2022年，柯桥区办理政府采购现场监督公证157件；服务政府项目建设工程，办理招投标公证245件；服务国有土地出让“招拍挂”，办理现场监督公证61件；服务国有资产产权拍卖，办理网络拍卖公证11件；办理国有建设用地使用权出让网上交易成交确认书公证61件；办理国有建设用地使用权出让合同公证57件；办理其他现场监督类项目68件。

【**农村农房工作公证**】 2022年，柯桥区设立农房业务部，下设遗产继承公证专项办证组4个，机动组4个，赴平水等16个镇（街道）开展培训、辅导、咨询、调查、统计、建档、受办等工作。接受咨询627次，受理公证案件456件，参与保全39件，下基层52次，办结送达继承公证案件437件。新拓展分家析产协议书公证及代办代批事项。在11个镇（街道）开展调查、统计、培训、指导、咨询、建档、受办、审核、提案、代为发证等工作，投入56134人次、386311.5工时，补充档案资料78282件，初步建档65010件，完整建档22585件，初步确权19660件，移交确权档案6452件，联审确权3748件，发证2328本。

【**司法辅助公证服务**】 2022年，柯桥区司法部门参与送达司法文书1361件，协助法院开展刑财案件执行排查工作，排查14174件。与中国轻纺城法庭合作，就知识产权保护、民商案件的调解、调查取证、财产保全等方面，调解683件，其中调解成功200件，花样维权现场调解成功1件，执行中调查取证80件，拟稿检查504件，制作调解笔录462件，清理应退账款558件，涉外案件统计459件，司法文书辅助共计4216件。

【不动产交易服务平台介入】 2022年，柯桥区完成绍兴市首例公证全程介入的二手房自主交易，实现一窗受理、一站办证、一次跑定，保障交易资金安全；完成柯桥区首例“公证提存＋带押过户”二手房交易服务，实践二手房交易新模式，将原本抵押注销、房产转移、抵押新设3个环节整合为1项抵押权变更与不动产转移登记的并联业务，降低交易成本、提升交易安全，保障交易双方的合法权益。（周倩倩）

广告服务

【概况】 2022年，柯桥区新增广告经营单位104家。开展房地产广告、教育培训广告、漠视侵害群众利益问题网络直播营销违法行为等专项整治行动，查处房地产、教育、医疗、食品等广告违法行为65起，罚没金额24.73万元。

【轻纺城广告创意产业园】 2022年，中国轻纺城广告创意产业园入驻广告专业企业63家，园区关联类企业293家，广告创意人才超1000人，广告类企业产值1.26亿元。（姚晓琳）

商标服务　会计服务

【概况】 2022年，柯桥区商标申请5760件，成功注册5126件，注册增量位居全市第一。全区现有有效注册商标38669件。开展企业商标权质押融资，商标权质押贷款超3亿元。

2022年，柯桥区有会计师事务所5家（兴业会计师事务所、集财会计师事务所、宏泰会计师事务所、中审会计师事务所、中景会计师事务所），其中有限责任事务所2家，普通合伙事务所3家。会计师事务所从业人员132人，其中注册会计师37人。全年业务收入2006.61万元。会计人员31241人，其中硕士及以上学历189人、本科学历7248人、大专学历9068人，具有高级及以上职称138人、中级职称2085人、初级职称6619人。（阮　芳　姚晓琳）

【商标行业品牌培育】 2022年，柯桥区开展商标行业品牌培育，新增省级指导站4个，分别为跨境电子商务行业、商贸服饰行业、危险化学品行业、印染产业品牌。截至年底，全区有省级指导站7个。开展专业市场商标侵权整治、地理标志专用标志保护等专项执法行动，打击侵犯知识产权违法行为。（姚晓琳）

人力资源市场

【概况】 2022年，柯桥区开展各类人才引聚活动226场次，引聚各类高校毕业生40542人，新增青年大学生31609人，全年累计兑现毕业生引聚政策资金6893万元，为各类人才申领公共租赁房和人才专项租赁住房278套。举办全市新春首场招聘会——“2022年柯桥区新春人力资源交流会”。组织精工钢构、宝万碳纤维、东盛慧谷等22家重点企业，赴浙江理工大学参加2022年校地企地融合促

2022年2月10日，2022年柯桥区新春人力资源交流会在区人力资源市场举办
（区人力社保局　提供）

就业专场招聘会。

【"万名青年大学生来柯见实习"首场活动】 2022年6月24日，柯桥区启幕"万名青年大学生来柯见实习"首场活动，来自浙江理工大学的50余名大学生集聚柯桥，引才专员解读柯桥区高校毕业生引才留才相关政策，东盛慧谷等重点企业人力资源负责人发布最新引才需求。来访学子实地参观东盛慧谷产业创新服务综合体，调研精工钢构等龙头企业，走进柯桥古镇感受水乡风貌，了解柯桥产业发展情况和人才生态环境。

2022年6月24日，"万名青年大学生来柯见实习"——浙理工学子柯桥行活动现场　　（区人力社保局　提供）

【引才工作】 2022年，柯桥区与西安交通大学等15所西安重点高校就业部门负责人座谈交流，校地双方就人才招引、拓岗访企、实习见习等合作事项进行对接。之江学院等用人单位与青年博士洽谈，当场达成博士引进及博士后科研合作等意向65人次。精工钢构等13家重点单位设摊招才，推出优质岗位400余个，当场达成就业和见实习意向170余人次，其中硕士以上学历68人次。7月13日，柯桥区夏季人才交流暨高校毕业生就业服务季首场活动在区人力资源市场开场，依托微信"云聘汇"小程序平台求职引才，开设"才聚柯桥"哔哩哔哩直播间，邀请4家重点企业直播连线带岗招聘。精功科技、格洛博机械等重点企业携高薪岗位600余个，与绍兴籍学子及离校未就业毕业生对接，当场达成意向150余人次。7月25日，柯桥区海内外青年人才柯桥周暨重点高校人才智力合作对接活动启动仪式在鉴湖大酒店会议中心举行。来自国内外70余所重点高校的100余名青年博士、70余名硕士研究生和各大高校就业部门负责人齐聚柯桥，共商校地、校企、校际合作事宜。9月19日，柯桥区招才引智秋季线下专列第一站驶入哈尔滨工业大学，区人力社保局和精工钢构引才专员向50余名硕士、博士推介柯桥区情，解读柯桥区高校毕业生引才留才相关政策和企业人才培养规划，当场收到简历35份。10月20—26日，柯桥区引才小分队携40余家用人单位、1170余个高薪优岗赴浙江工业大学、浙江理工大学、杭州电子科技大学等高校，收到求职简历1074份。

【名企优岗直播招聘专场】 2022年12月6日，柯桥区举行青年人才招引活动暨名企优岗直播招聘专场，区人力社保局相关负责人现场讲述柯桥区情区貌，引才专员全方位解读柯桥区青年人才引聚相关政策。精工控股等企业提供高薪优岗200余个，介绍招聘需求、薪资福利等内容。直播间最高热度超13万人，进入直播间查看招聘信息、与招聘方交流互动的求职者超2万人次。（王　飞）

类目编辑　高　锋

开放型经济

综　述

2022年，柯桥区稳外贸拓市场，深化跨境电商与市场采购贸易两项国字号试点，全区外贸出口实现较快增长，自营进出口1361.19亿元，比上年增长22.4%。组织630家次企业参加第131届、132届网上广交会，2022浙江出口网上交易会等44场次。首次以代参展形式组织60家次企业抱团参加美国纽约展、拉斯维加斯展2场境外纺织面料代表性展会，自办“丝路柯桥——赶集古镇”外商集市、第三届贸易服务展等。全年与208个国家和地区有贸易往来，其中出口超1000万元的国家和地区148个。

2022年11月16日，第三届中国绍兴柯桥国际纺织贸易服务展览会开展首日，国际纺联主席、中国纺织工业联合会会长孙瑞哲（前排右二），柯桥区委书记陈豪（前排左二）巡馆　　（区商务局　提供）

升级“订单＋清单”监测管理系统，发布各类预警信息170条。运用商务运行调查监测系统，调整优化监测范围，提高企业填报时效性和准确率。兑现扩大出口、参展拓市、出口信保等各类开放型经济政策6984.58万元，惠及企业4291家次。实施小微企业出口信用政府联保项目，为3296家企业投保出口信用保险，实现政府全额补助。鼓励企业参加出口信用保险，中国出口信用保险公司绍兴办事处2022年接到柯桥企业报损案件177起，解决和赔付58起，为企业挽回损失495万美元。

开展走企业、优服务、提信心大走访活动，累计走访企业350余家次，调研分析境外局势对出口影响情况，为上级决策提供依据；组织1300余家次企业参加线上线下培训37场次，帮助协调解决企业实际困难。累计签发一般原产地证书6.99万份，比上年增长0.3%。建设全省首个外贸共享客厅，创新融合共享客厅与原产地证书自助打印点走基层，完善“互联网＋政务服务”的不见面办公模式。（陈　瑛）

对外贸易

【概况】 2022年，柯桥区自营进出口1361.19亿元，比上年增长22.4%。其中出口1338.91亿元，比上年增长23%，增速分别高于全国、全省12.5个和9个百分点，总量继续居全市首位，出口占全国份额的5.59‰，创历史新高；进口

22.29 亿元，比上年减少 4.3%。一般贸易进出口额 1158.7 亿元，比上年增长 18.3%；加工贸易进出口额 15.13 亿元，比上年减少 11%。纺织品出口额 1040.48 亿元，比上年增长 20.6%，占全区出口总额的 77.7%。对外贸易进出口实绩企业 5376 家，其中出口实绩企业 5268 家，比上年增加 252 家。出口实绩企业中，贸易型出口企业 4507 家，比上年增加 252 家；出口额 1154.12 亿元，比上年增长 27.8%。轻纺市场出口企业 2372 家，比上年增加 147 家；出口额 595.63 亿元，比上年增长 26.7%。生产型出口企业 761 家，与上年持平；出口额 184.79 亿元，比上年减少 0.5%。对外贸易进出口国家和地区总数 208 个，其中出口国家和地区 206 个，出口超 1000 万元的国家和地区 148 个。"一带一路"共建国家和地区出口额 784.45 亿元，比上年增长 27.4%，占全区出口总额的 58.6%。出口额前三大洲为亚洲、非洲、拉丁美洲，分别出口 724.24 亿元、206.13 亿元、199.72 亿元；出口增幅前三大洲为拉丁美洲、亚洲、非洲，比上年分别增长 32.3%、29.1%、22.2%。出口额居前五位国家为印度尼西亚、阿联酋、越南、巴西、印度，分别出口 78.74 亿元、74.42 亿元、66.75 亿元、56.56 亿元、55.60 亿元，比上年分别增长 41.4%、22.2%、13.2%、45.3%、4.3%。组织 317 家企业参加第 131 届、132 届网上广交会；组织 1300 余家企业参展中国绍兴柯桥国际纺织品博览会；组织 80 家次企业参加 34 场次 2022 浙江出口网上交易会。

【政策资金"一网智办"】 2022 年，柯桥区制定《促进柯桥经济高质量发展的若干意见》《柯桥区贯彻落实扎实稳住经济一揽子措施实施方案》，围绕扩大出口、参展拓市、出口信保等方面加大政策支持，累计兑现各类外贸政策资金 6984.58 万元，惠及企业 4291 家次，政策资金兑现全部上线"越快兑"等平台，实现扶持政策"一网发布"、奖补申请"一网受理"、政策兑现"一网智办"。

【以代参展模式抱团参展】 2022 年，柯桥区制定"丝路柯桥—代您出海"系列组团项目，首次通过"抱团代展、统一形象"的代参展模式组织企业参展，共组织 60 家次企业抱团参加美国纽约展、拉斯维加斯展 2 场境外纺织面料代表性展会。两场展会展出产品 3700 余款，对接客户超 1000 人次，累计达成意向成交额 2640 万美元。

2022 年 7 月 20 日，2022 柯桥区举行"丝路柯桥—代您出海"代参展项目启航暨纽约国际服装面料展开幕式　（区商务局　提供）

【区域出口品牌培育】 2022 年，柯桥区加大出口主体培育，引导品牌"出海"，加强自主品牌培育建设，推动更多企业由贴牌向品牌出口转变，推进"柯桥优选"纺织品区域公共品牌建设。累计申报省出口名牌 6 家次、市出口名牌 16 家次。

【海外仓推广】 2022 年，柯桥区引导企业自建海外仓，指导入驻"海外智慧物流平台"，通过足不出户线上租仓，实现产品海外直销，以低成本和当地配送提高客户体验和品牌价值。累计有 4 家企业在海外设立 7 个海外仓，全区海外仓上线企业 2771 家，上线率 76.7%。（娄　颖）

市场采购贸易

【概况】 2022 年，柯桥区市场采购贸易方式出口 27.45 亿美元，比上年增长 54.0%，占全市市场采购贸易方式出口总额的 61.1%，出口额、出口增速均居同批次试点中全省前列。

【中国轻纺城联网信息平台】 2022 年，柯桥区启用联网信息平台2.0版，升级集装箱场所辅助系统，完善车辆进场预约功能设置，实现采购贸易“云上走”，服务事项“在线办”，日通关能力超过200箱，累计结关超2.88万票。

【公共服务配套】 2022年，柯桥区建成全市首个市场采购集货仓，与内陆口岸查验区和海关监管仓紧密衔接，为“小批量”市场采购货物提供运前集中仓储。由商务、海关、建管委协同，为市场主体提供散货预配、货物集结、分类整理、装柜报关等前置服务，利用集装板板位，科学装柜提高出运装载量，集货仓专业装柜人员平均每柜可多装约4立方米货物，总体可为企业节省近70%的时间成本和30%的运输成本。11月18日，中欧班列“柯桥号”成功首发。

【中欧班列“柯桥号”首发】 2022年11月18日，中欧班列“柯桥号”在柯桥铁路口岸首发，是柯桥地区首条中欧班列线路。至年底，累计开行2个班次，搭载62个集装箱货值约571万美元的纺织品发往哈萨克斯坦、乌兹别克斯坦、塔吉克斯坦等“一带一路”共建国家和地区。

【市场采购外贸主体培育】 2022年，柯桥区通过外引内育，加快主体培育，召开2022市场采购贸易方式培训营4期，覆盖企业近百家。梳理出口俄罗斯、乌克兰的外贸企业，精准入户宣讲，纺织原料及纺织制品类占比从上年的15.6%增加到21.9%。至年底，平台新增备案市场主体542家，累计2280家，其中供货商2051家、外贸公司209家、报关行20家。（朱兰萍）

对外经济合作

【概况】 2022年，柯桥区新批（备案）境外投资企业10家，总投资6888万美元，其中中方投资额6198万美元，比上年增长311%。完成对外承包工程实际营业额4148.7万美元，比上年减少5.5%。全区累计有获批准（备案）的境外投资企业527家，分布于68个国家和地区。

【对外承包工程】 2022年，柯桥区企业新拓展泰国、日本等境外工程市场，完成工程营业额1224万美元。对外承包工程实际营业额4148.7万美元，完成市对区考核目标的165.95%，市定目标任务完成率连续4年（2019—2022年）居全市第一位。

【境外投资项目】 2022年，柯桥区企业赴境外多点试水，新设境外投资企业10家。其中，浙江凯利新材料有限公司在越南投资薄膜项目，总投资4680万美元；浙江锦林控股有限公司总投资1150万美元的纺织项目落户印度尼西亚。

【外经企业奖补资金】 2022年，柯桥区有7家外经企业获得2021年度促进柯桥经济高质量发展财政专项资金奖励，累计166.7万元，其中齐贤街道1家、安昌街道1家、马鞍街道1家、柯桥街道1家、柯岩街道1家、华舍街道2家。（阮忠意）

服务贸易

【概况】 2022年，柯桥区服务贸易进出口46.46亿元，比上年增长12.8%，其中服务贸易出口46.00亿元，比上年增长13.2%，进出口额、出口额均居全市第一。服务贸易总额占对外贸易总额比重3.3%。运输、个人文化娱乐服务、旅行位列服务贸易进出口前三位，占比分别为61.5%、19.3%、8.9%。全区累计有服务外包认定企业118家，承接国际服务外包离岸合同4151.70万美元，完成服务外包离岸执行额3642.98万美元，比上年增长30.2%。发包地主要为美国、日本等。

【统计监测服务】 2022年，柯桥区主动向服务贸易企业提供数字贸易高质量发展重点项目、数字贸易创新应用优秀案例申报等指导服务。服务贸易重点监测企业直报管理应用审核通过合同1183份，实现服务出口执行金额1.96亿美元；服务外包管理应用审核通过合同1257份，完成服务外包离岸执行额3642.98万美元。

【服务贸易以展促市】 2022年，柯桥区组织8家企业赴新加坡、北京参加浙江服务贸易（新加坡）通讯服务展、中国国际服务贸易交易会。举办2022中国绍兴柯桥国际纺织贸易服务展览会，55家金融、物流、质检等七大板块服务企业通过展览及论坛等方式，与货物贸易企业实现精准对接。举办2场柯桥外商集市，来自土耳其、韩国、埃及等20个国家的130余名外籍采购商选品直采，累计达成意向交易额700万美元。

【服务贸易产业基础配套】 2022年,柯桥区组织85家企业参加第4期全国《区域全面经济伙伴关系协定》(RCEP)系列专题培训、浙江省2022年数字贸易管理人才线上出国(境)培训等5场次。协调解决技术出口备案、国际货运代理服务售后等问题10个。指导6个服务贸易创新发展项目争取到2022中央外经贸发展专项资金支持,其中"精工工业"的钢结构深化设计项目获技术出口资金支持(全市唯一)。9家服务外包企业获柯桥区鼓励支持开放型经济发展(推动服务贸易出口)政策支持。(朱兰萍)

跨境电商

【概况】 2022年,柯桥区实现跨境电商监管方式出口2.28亿美元,其中"9610"方式出口12658万美元,"9710"方式出口9555万美元,"9810"方式出口576万美元。兑现政策资金408.7万元,惠及企业79家。全年新增B2B平台本地新签店铺190余家,"NICETOWN""TOPICK"2个品牌入选2022度浙江跨境电商出口知名品牌。

·小资料· "9610""9710""9810"

"9610"是境内个人或电子商务企业通过电子商务交易平台实现交易,并采用清单核放、汇总申报模式办理通关手续,海关监管方式代码为"9610"。

"9710"简称"跨境电商B2B直接出口",指国内企业通过跨境电商平台开展线上商品、企业信息展示并与国外企业建立联系,在线上或线下完成沟通、下单、支付、履约流程,实现货物出口的模式,海关监管方式代码为"9710"。

"9810"简称"跨境电商出口海外仓",指境内企业通过跨境物流将货物出口至海外仓,通过跨境电商平台实现交易后从海外仓送达购买者,海关监管方式代码为"9810"。

【跨境电商企业培训】 2022年,柯桥区完善跨境电商服务体系,通过"好货中心"展示窗口,完善多平台孵化课程体系,搭建抖音、视频号等线上内容,举办跨境电商培训活动43场,累计培训企业430余家。

【跨境电商海外营销】 2022年,柯桥区利用亚马逊、速卖通、Shopee、Lazada、沃尔玛、Wayfair、TikTok、独立站等平台,推介柯桥家纺品牌,拓展海外营销渠道,开设跨境店铺120余个,注册国际商标120个,孵化企业41家,线上交易额累计300余万美元。

【跨境电商配套服务】 2022年,柯桥区中国轻纺城跨境电商监管中心改造提升项目获年度省级产业集群跨境电商发展专项激励。举办全区跨境电商监管方式出口推进会暨数字化营销培训会和第二届跨境电商直播节。兑现电商领域79家企业408.7万元的政策资金。指导浙江西大门新材料股份有限公司跑通"9610"首单报关单模式申报退税业务。3家企业申报获批第八批省电商培训机构及实践基地。(陈怡梦)

2022年6月29日,2022柯桥纺织品牌出海独立站营销峰会暨"双百"行动第二届纺织产业跨境直播节活动在中国轻纺城跨境电商公共服务中心举办 (区商务局 提供)

外商服务

【概况】 2022年,柯桥区接待临时出入境外商28713人次,比上年增长5.0%;常驻外商2425人,比上年增长14%。增加国(境)外企业常驻代表机构13家，累计1597家；增加外商投资商业企业95家，累计1168家，实现出口34.07亿元，占全区出口额的2.5%。区商务局联合区教体局审核外籍子女入学50人。邀请100余名外商参加2022世界布商大会、柯桥纺博会、纺城三十年系列采风、外商座谈会等各类政务活动。《融入浙江自贸区创新试点 赋能世界级纺织产业集群》课题报告获浙江省商务厅2022年对策类课题二等奖。

【外国人来华商务邀请函常态化受理】 2022年6月，柯桥区启动全口径受理商务邀请函业务，由新冠疫情期间的临时性快捷通道转变为常态化服务举措。通过浙江省商务厅外国人来华通道办理邀请函59人。

【跨部门涉外管理联系制】 2022年7月28日，柯桥区公安分局、柯桥区商务局联合印发《建立跨部门涉外管理联系机制实施方案》，推动跨部门涉外信息互通、数据互联、服务互动，全年签发居留许可延期建议联系单343人次，签发首个贸易类4年期外国人居留许可。

【以外知外·海合会市场专题交流会】 2022年9月27日，柯桥区举办以外知外·海合会市场专题交流会，叙利亚、也门籍客商，中国出口信用保险公司绍兴办事处负责人参会，邀请中国纺织品进出口商会负责人线上参会并作指导性发言，帮助企业研判形势，前瞻性开拓重点细分市场。（皮金燕）

类目编辑　陆　杨

中国轻纺城

综 述

2022年,柯桥区以中国轻纺城冠名三十周年为契机,高标准承办2022新丝路故事汇·柯桥论坛、第五届世界布商大会等系列活动,提升柯桥"产业+市场"的国际影响力和行业话语权。推进"丝路柯桥·布满全球"行动,推出线上线下深度融合对接模式,加快实施轻纺数字物流港项目和"柯桥优选"纺织品区域公共品牌建设,保持繁荣稳定发展态势。

中国轻纺城市场群实现成交额2501.76亿元,比上年增长6.96%。其中面料市场成交额1826.38亿元,比上年增长8.38%。轻纺城网上实现成交额809.13亿元,比上年增长15.31%。市场新注册市场主体6262家,其中新注册企业1902家。(沈 瑜)

轻纺市场

【概况】 2022年,柯桥区对轻纺城落实各项惠企政策,为市场经营户补贴物业服务费用1621万元,退还增值税5760.91万元。以数字化改革为引擎,通过直播平台、物流平台,助力轻纺城发展。

【"水韵纺都"城市风貌样板区创建】 2022年,柯桥区高效推进"水韵纺都"城市风貌样板区创建,以轻纺城市场为核心,以水乡文化、轻纺产业、城市生活为主要特色,对范围5.5平方千米的区域进行改造提升,以实现轻纺城市场区域全域提升、全域美丽、系统重塑。至年底,完成运河两岸环境提升工程、东市场和联合市场立面改造、古镇区块的沿河环境提升和立面改造、沿线亮化工程等项目,正式列入浙江省风貌办第三批省级风貌样板区名单。

【"柯桥优选"纺织品区域公共品牌建设】 2022年,柯桥区实施"柯桥优选"品牌企业培育计划,从产品服务和人才服务两个维度为优选企业提供深度服务。开展两批累计35家企业品牌策划、营销运营推广等培训,完成首批各8家面料类、窗帘类试点企业评选。在2022秋季纺博会设"柯桥优选"成果静态展,集结浙江懿纱纺织科技有

2022年11月,秋季纺博会期间的"柯桥优选"成果静态展区
(轻纺城建管委 提供)

限公司、绍兴瑞采纺织品有限公司、绍兴乾雍纺织有限公司等35家入选2022“柯桥优选”品牌计划培育的优质面料企业，开展“一展一秀多直播”系列活动，推进“柯桥优选”品牌输出。

【中国轻纺城市场采购贸易方式试点】 2022年，中国轻纺城市场采购贸易方式国家级试点继续推进，全面完善联网信息平台功能，引导市场经营户运用市场采购贸易方式开展外贸业务。至12月底，联网平台备案各类主体2408家，2022年累计结关货值44.84亿美元，其中柯桥区27.41亿美元，比上年增长53.99%。

【现代物流平台搭建】 2022年，柯桥区构建现代化物流信息体系和现代物流生态圈，建设轻纺智慧物流货运平台，实施中国轻纺城“数字物流港”项目。项目总投资约48亿元，规划用地面积31万平方米，建筑面积近100万平方米，功能涵盖联托运、智能仓储、异地货站、跨境电商、市场采购贸易等。至年底，一期项目及公共立体智能仓全面进场开工，桩基工程全部完成。（沈　瑜）

丝路柯桥

【概况】 2022年，柯桥区积极推动柯桥纺织企业和市场经营户“走出去”，提升中国轻纺城国际品牌和影响力，实施“丝路柯桥·布满全球”行动，全年组织开展中亚、摩洛哥网上对接会等80余次活动。与国内外高端纺织服装企业、产业基地、纺织行业协会等建立合作关系，线上线下共举办各类云展和对接会26场，邀约2000余家市场经营户参与网上洽谈。

【“丝路柯桥·布满全球”中亚线上精准对接会】 2022年5月23—26日，“丝路柯桥·布满全球”中亚线上精准对接会举行，31家柯桥企业与80多家中亚买方“一对一”深度速配，完成100余次“一对一”连线对接，畅通产业链双循环。

【“丝路柯桥·布满全球”摩洛哥线上精准对接会】 2022年6月1—3日，“丝路柯桥·布满全球”摩洛哥线上精准对接会，云展提前挖掘买家需求，25家柯桥企业与30余家摩洛哥企业“一对一”接洽。（沈　瑜）

2022年6月1—3日“丝路柯桥·布满全球”摩洛哥线上精准对接会举行。图为对接会现场　（轻纺城建管委　提供）

世界布商大会

【概况】 2022年11月15—20日，第五届世界布商大会在柯桥召开。大会通过主题大会、圆桌论坛、柯桥时尚周、秋季纺博会、平行论坛、经纬对接会等主要活动，法国、意大利、西班牙、土耳其、日本、韩国、新加坡、印度、越南等60多个纺织行业重点国家的行业协会、知名品牌和企业代表参会。大会期间，开展“科创中国”纺织科技成果展、2022中国（柯桥）时尚产业流通发展大会、2022中国纺织时尚品牌创新发展论坛、中亚班列开通启动仪式、2022全球纺织品数码喷墨印花柯桥峰会等多个平行活动。

【第五届世界布商大会】 2022年11月16日，以“融通成就全球价值”为主题的2022第五届世界布商大会在柯桥区举行。第五届世界布商大会主题大会从产业融通、数字化转型、可持续变革、融合创新等多个维度，全方位探讨新的时代大势下全球纺织产业革新与发展新趋势。全球布商、纺织界专家学者等通过线上线下形式进行交流或主题演讲。会上还举行“中国轻纺城”冠名三十周年功勋奖颁奖、现代化“国际纺都”建设规划发布和《中国印染行业绿色发展报告》发布、“丝路柯桥 布满全球”全球轻纺市场联盟(GTMA)签约仪式等活动。大会在新冠疫情常态化防控的基础之上,实行“线上+线下”的双会场模式,线上大会面向全球多个国家和地区进行同步直播,线下参会近900人,线上观看累计149.66万人次。

【2022柯桥秋季纺博会】 2022年11月16—18日,2022第24届中国绍兴柯桥国际纺织品博览会(秋季)(以下简称2022柯桥秋季纺博会)在绍兴国际会展中心开幕。展会面积超4万平方米,近800家展商设2100个展位,是展会历史上最大规模展出。此届秋季纺博会由中国纺织工业联合会、中国商业联合会指导,中国国际贸易促进委员会纺织行业分会、绍兴市柯桥区中国轻纺城建设管理委员会、绍兴市柯桥区会展业发展中心主办,中国纺织品进出口商会协办,绍兴市柯桥区中国轻纺城展会有限公司承办。展会在B区1号馆设纺织面料展区、时尚设计展区、服装展区、服务贸易展区、“科创中国”纺织科技成果展区、“柯桥优选”成果静态展区,在C区展馆一层设印花工业展区、纺织机械展区和后整理展区,通过纺织面料、辅料、家用纺织品、创意设计等产品和技术展示企业创新动态和成果。

【2022柯桥时尚周(秋季)】 2022年11月16日,2022柯桥时尚周(秋季)在柯桥东方米兰国际时尚发布中心启幕。此次秋季时尚周以“数实共生‘布’期而遇”为主题,举办包括品牌发布会、时尚设计展、时尚论坛、赛事评选、时尚服务进市场、时尚大讲堂等6个板块30余场活动,现场发布25个时尚品牌。启幕秀上,11家柯桥优秀面料企业联合来自中国和瑞典的重量级设计师,举行2023/2024秋冬中国国际时尚趋势发布秀。现场还举行2022中国时尚面料设计大赛颁奖典礼,从316家企业的近2000款精品面料中,评选出223款优秀产品,颁发金奖、银奖、铜奖3项综合大奖,及时尚色彩奖、创新科技奖、优可丝·市场应用奖、莱赛尔市场应用奖4项单项大奖。(沈　瑜)

2022年11月16日,2023/2024秋冬中国国际时尚趋势发布秀在柯桥举行　　(轻纺城建管委　提供)

2022年11月16—18日,第24届中国绍兴柯桥国际纺织品博览会(秋季)在绍兴国际会展中心举行。图为会展中心外景　　(轻纺城建管委　提供)

创意产业

【概况】 2022年,柯桥区纺织工业创意设计基地企业设计服务性营收3.79亿元,比上年增长8.1%;带动服务对象形成销售收入449.23亿元,比上年增长8.2%。全年兑现提升时尚创意产业政策资金917.77万元。

【创意设计人才经纬计划】 2022年,柯桥区完成“经纬计划”2批次高层次人才专家评审工作,年度入选创意设计人才52人,其中包括清华大学美术学院教授姚建伟、金顶奖获得者武学伟等，累计入选 97 人。兑现 3 批次人才政策资金 235.72 万元。

·小资料· 创意设计人才“经纬计划”

创意设计人才“经纬计划”2020 年实施，每年选拔培育一批在柯桥区范围内大纺织产业链上（纺织新材料、面料及花型、服装服饰、家居布艺、纺织装备等）从事设计开发工作，专业能力突出，在该领域有较大影响力或突出贡献的高端创意设计人才，完善“中国轻纺城设计精英人才库”。原则上每年评审不超过 2 批次，按照人才层次分 A、B 两类，其中 A 类人才入选占比不超过 50%。

【创意设计基地建设】 2022 年，柯桥区建设提升纺织工业创意设计基地，以创意大厦、轻纺城创意园等为核心打造“时尚创意谷”，以蓝印时尚小镇为主建设染整艺术中心，以绍兴纺织装备特色产业基地为主建设纺织装备设计创新中心。纺织工业创意设计基地入驻企业 417 家，其中工业设计企业 149 家、专职设计人才 1205 人，集聚签约网上纺织服务设计师 7200 人，年均设计花型 4 万幅。

【中意未来时尚创新中心项目】 2022 年，柯桥区中意未来时尚创新中心项目举办第二届中意青年时尚设计大赛和中意未来时尚馆 2 次展览，配合秋季时尚周举办“智创·智造·智续——2022 国际时尚论坛”。时尚设计大赛于 5 月启动，征集 11 个国家 213 个机构及自由设计师的 1382 件作品，评出 3 个赛道的 3 个金奖和 27 个单项奖。

【创意时尚活动】 2022 年，柯桥区推进实施“2022 天天时尚”活动计划，新推出“地标秀”和“经企汇”两大系列活动。举办第十一届、第十二届柯桥时尚周等各类时尚活动 132 场次，其中包括线下活动 72 场次，线上直播、课程等活动 60 场次。

【市级及以上工业设计中心认定】 2022 年，柯桥区有新认定中国纺织行业工业设计中心 1 家，为浙江小轩窗家居股份有限公司工业设计中心；新认定绍兴市市级工业设计中心 9 家，具体为浙江宇光照明科技有限公司工业设计中心、浙江西大门新材料股份有限公司工业设计中心、绍兴一叶电子股份有限公司工业设计中心、绍兴永乐纺织机械有限公司工业设计中心、绍兴海成化工有限公司工业设计中心、浙江迎丰科技有限公司工业设计中心 6 家企业设计中心，绍兴轩尼诗新时尚文化创意有限公司、绍兴市柯桥区左拉时装设计有限公司、绍兴璇溢服装设计有限公司 3 家工业设计企业。（沈　瑜）

类目编辑　陆　杨

旅游业

综　述

2022年，柯桥区文化旅游业围绕稳进提质、共同富裕、除险保安等工作，开展国家全域旅游示范区创建、旅游业“微改造、精提升”，推进文化旅游融合发展，柯桥区先后获“全国旅游综合实力十强区”“全国文旅融合创新典范区”等称号，鉴湖旅游度假区创建为国家级旅游度假区，全区文化事业和文旅产业稳进提质指数名列全省第一。全区接待国内外游客687.03万人次、旅游总收入81.26亿元，比上年分别增长1.65%、5.70%。（吴维郎）

景区建设

【概况】 2022年，柯桥区推进绍兴龙之梦、绍兴国学文化研学、温德姆酒店等各类文旅项目44个，总投资412.62亿元，其中5亿元以上项目15个、20亿元以上项目7个。计划投资85.42亿元，实际完成投资104.74亿元，投资完成率122.62%。根据浙江省文旅厅发布《2022年全省文化和旅游项目投资情况通报》，柯桥区文旅项目投资推进综合指数在全省90个县（市、区）中名列第一。（杨兴红）

【AAA级以上景区镇（街道）创建】 2022年，柯桥区落实浙江省“百千万”景区化建设工程，开展A级景区镇（街道）建设，经绍兴市文广旅游局评定，马鞍街道、稽东镇、夏履镇、杨汛桥街道、齐贤街道、钱清街道获评浙江省AAAA级景区镇（街道）。柯桥区16个镇（街道）实现AAA级以上景区镇（街道）全覆盖，高等级景区镇（街道）覆盖率93.75%。（彭良保）

【乡村民宿建设】 2022年，柯桥区有民宿（拥有特种行业许可证）68家，客房数883间，床位数1523床，合筑民宿、棠棣驿站获评浙江省（非遗）文化主题民宿，律行慈舍获评浙江省银宿。（周凤梅）

旅游营销

【概况】 2022年，柯桥区举办首届柯桥礼物文创大赛，持续推进“跟着小百花·享游金柯桥”戏曲＋旅游＋互联网推介模式，举办“心动盒集柯好玩”2022柯桥文旅线上盲盒活动以及第三届“桥首以盼·享游柯桥”柯桥文旅产品网络消费季活动，入驻杭州2022年亚运会官方平台“智能亚运一站通”，上线柯桥品牌体验馆。参加省市文旅交易会，开展系列推介活动，强化“老绍兴·金柯桥”城市品牌印记。

【文旅企业纾困】 2022年，柯桥区结合绍兴市应对疫情旅游业补助政策，根据区内文旅企业实际参加“爱绍兴游绍兴”优惠活动申请情况，对2022年一季度参与活动的A级景区、星级酒店、等级民宿、旅行社，根据不同等次进行奖励补贴，符合补助要求的旅游企业69家，补助资金共计146.1万元。开展线上惠民消费券发放活动，支持住宿餐饮、文化旅游等行业消费，助力受新冠疫情影响严重、就业容量大的A级景区、星级酒店、等级民宿、旅行社等文旅企业纾困，累计发放5628.5万元，核销率99.55%。

【消费新优势培育】 2022年，柯桥区持续推进“跟着小百花·享游金柯桥”2022柯桥区全域旅游长三角推广季活动，全年开展推介活动21场。以越剧为

2022 年 6 月 3 日，柯桥区举行全域旅游长三角推广季活动
（区文广旅游局　提供）

媒，“小百花”导游，推出“戏曲 + 旅游 + 互联网”为主题的系列短视频和直播，推荐柯桥印象之旅、享游之旅、夜景之旅、鉴湖食汇柯桥十碗等特色文旅线路及产品，直播间观众累计 10 万余人次，累计送出奖品 1200 份。举办 2022 年首届柯桥礼物文创大赛，青沉居舍、律行慈舍、平水养心谷等特色民宿以及兰曦秀、王星记扇等区内文创企业新开发文创产品近 150 件参赛，评出区一等奖 3 个、二等奖 6 个、三等奖 15 个。组织 10 家文旅企业参加 2022 年浙江省文化和旅游商品大赛，获省金奖 1 个、银奖 1 个、铜奖 3 个。

【城市文旅品牌建设】 2022 年，柯桥区加强线上线下推广，开展“心动盒集柯好玩”2022 柯桥文旅线上盲盒活动以及第三届“桥首以盼 · 享游柯桥”柯桥文旅产品网络消费季活动。“一百天带你吃遍柯桥”官方美食视频号——柯桥贪吃舌推出 52 期。联动 IN KEQIAO（在柯桥）进行美食、非遗、线路、景点等中英文宣传推介。加大在杭州地铁的宣传投放，入驻杭州 2022 年亚运会官方平台“智能亚运一站通”，上线柯桥品牌体验馆。“老绍兴 · 金柯桥”城市品牌馆参加 2022 春季、秋季绍兴柯桥国际纺织品博览会、2022 新丝路故事汇 · 柯桥论坛、第七届清华校友三创大赛晋级赛（浙江赛场）等。配合做好“绿水青山·风味浙江”、“坐地铁·游绍兴·品宋韵”达人体验柯桥采风活动。开展“一城三古镇”夜生活潮玩节暨城市形象网络传播活动、杭州都市圈市民体验日暨柯桥区第 12 届“夏日欢乐冰雪节”等活动。“柯桥古镇 12 月”获评 2022 中国旅游创业创新精选案例；“柯桥夜泊”系列夜游活动获评浙江古镇文旅创新十佳实践案例。“稽山鉴水唐诗路 运动酷玩黄酒源”诗路柯桥自驾游特色线路获评浙江共享共富十佳自驾旅行精品线。

旅游行业管理

【概况】 2022 年，柯桥区有国家级旅游度假区 1 个，国家 AAA 级以上旅游景区 10 个，三星级以上旅游饭店 5 家。柯桥区查办的绍兴柯桥阿西礼书画店未经备案从事艺术品经营活动案获文旅部通报表扬。

【护航二十大文旅除险安保】 2022 年，柯桥区印发《“平安护航二十大，顺利保障亚运会”文化广电旅游领域安全生产总体保障方案》，开展文旅市场安全生产暨消防安全大检查等专项行动，排查 A 级景区 67 家次，酒吧、密室逃脱及剧本杀 42 家次，艺术类培训机构 177 家次，KTV、网吧 273 家次，整改问题和隐患 619 处。（张海萍）

2022 年 6 月 10 日，柯桥区“一城三古镇”夜生活潮玩节在柯桥古镇启动
（区文广旅游局　提供）

类目编辑　韩兰芳

金融业

综 述

2022年末，柯桥区存贷款规模6447.86亿元，比上年增长17.96%，其中存款余额增长18.67%。全年存贷款增量981.68亿元，比上年增长228亿元。

出台《进一步促进金融业发展扶持办法》，招引落地宁波通商银行（分行级）和稠州银行，区内银行机构增至30家，分行级增至5家，新增华龙证券落户，审批落地私募基金18家。

浙江金道科技股份有限公司在深交所创业板上市，融资7.8亿元，为2022年全市首家上市企业和柯桥首家创业板上市企业。浙江万丰化工股份有限公司（万丰股份）主板上市通过证监会初审会审核，浙江古纤道股份有限公司报浙江证监局辅导，浙江捷众科技股份有限公司新三板挂牌并报辅导，新增上市、报会、辅导4家次。加强上市后备培育，22家企业挂牌省股权交易中心，其中国际人才板16家，新增股份公司31家，引入股权融资10亿元。出台高质量推动上市发展激励政策，2家上市公司债券融资50亿元，全区上市公司总市值723亿元。创新优化上市服务，率先落地上市合法合规证明"一件事"集成改革试点工作，并在全市推广，企业获得证明时间从15天缩短至3天，为25家次企业完成"一件事"办理。

制定稳经济措施金融7条等政策，组织召开全区金融业服务稳进提质工作会议，强化金融政策集成落地和直达快享。全年兑现金融政策资金2108万元，减免利息2151.32万元，延展期贷款183.72亿元。推动金融机构对中小微市场主体支持，小微企业和制造业贷款余额分别为1065.01亿元和536.80亿元，比上年分别增长32.24%和13.41%。知识产权质押贷款余额4.71亿元，排污权抵押贷款余额19.76亿元，"无还本续贷"类业务余额253.17亿元。推出"乡村振兴保""杨梅采摘期降雨气象指数保险"等特色产品，落地全省首单线上农民工工资支付履约保证保险，保险赔付支出超7亿元。入选国家级人才计划1人，为全市唯一且首个入选人员。"村银企"共富联盟促强村富民成为绍兴市高质量发展建设共同富裕示范区首批试点。数字人民币对公钱包数、交易笔数、交易金额、建设应用场景数等指标居全市第一。

设立防风险专班，各银行处置不良贷款13.06亿，全区不良贷款余额12.44亿元，不良率0.38%，低于全市平均0.24个百分点。政策性融资担保公司在保余额3.18亿元，为上年同期的1.51倍。

（黄 琳）

银 行

【概况】 2022年，柯桥区有银行30家，分别为瑞丰银行、浙商银行、上海银行、天津滨海、泰隆银行、通商银行、工商银行、农业银行、中国银行、建设银行、交通银行、绍兴银行、中信银行、招商银行、华夏银行、浦发银行、民生银行、村镇银行、邮储银行、义乌农商行、杭州银行、民泰银行、宁波银行、北京银行、广发银行、嘉兴银行、平安银行、台州银行、兴业银行、稠州银行。其中5家银行为分行级机构，分别为浙商银行、上海银行、天津滨海银行、泰隆银行、宁波通商银行，2家银行为一级法人银行，分别为瑞丰银行、柯桥联合村镇银行。全区银行存贷款余额6448亿元，比上年增长18.0%。其中存款余额增长18.7%，贷款余额增长17.3%。全年存贷款增量千亿元，比上年增长228亿元。

【瑞丰银行创设绍兴市首个共富基金】 2022年11月24日，瑞丰银行成立"瑞丰共富"基金，为绍兴市首个共富基金。2022年中国服务业民营企业慈善公益500强榜单中，瑞丰银行跻身全国慈善百强。

【农行绍兴柯桥支行存贷款规模】 2022年9月末，农行绍兴柯桥支行存贷款规模703.17亿元，其中各项存款余额364.34亿元，较年初增加33.91亿元；各项贷款余额338.83亿元，较年初增加37.53亿元，为全区首家突破700亿元的国有大型商业银行。

【农行绍兴柯桥支行存款总量】 2022年6月30日，农行绍兴柯桥支行个人存款总量首超200亿元，达207.75亿元，较年初增加18.67亿元，在四大行中首家超200亿元，余额市场占比45.06%。年末，各项存款余额375.9亿元，较年初增加45.6亿元。其中个人存款余额218.8亿元，较年初增加29.7亿元，总量、增量均列四大行首位。

【农行绍兴柯桥支行贷款】 2022年，农行绍兴柯桥支行出台《柯桥农行关于助力柯桥区经济稳进提质的实施意见》，制定稳经济16条措施。全年净增各项贷款41.2亿元，年末余额342.5亿元，总量继续保持列四大行首位。

【农行绍兴柯桥支行资产规模】 2022年11月末，农行绍兴柯桥支行资产业务总和首超400亿元，实现"四年翻番"，余额400.47亿元，较年初增加77.43亿元，增长24%。

【农行绍兴柯桥支行法人信贷客户数】 2022年6月末，农行绍兴柯桥支行有用信余额法人信贷客户数1001户，较年初净增183户。上半年新客法人贷款累计投放37.6亿元，用信法人客户数增长率22%，在28个月内实现用信客户数翻番。全行法人表内外资产业务总额238.4亿元，较年初净增49.2亿元。

【农行绍兴柯桥支行结售汇量】 2022年，农行绍兴柯桥支行履行国际业务重点行责任，服务客户需求，开展企业汇率风险中性宣传，促成企业的外汇交易。全年实现结售汇量10亿美元，比上年同期增加0.38亿美元。

【农行绍兴柯桥支行涉农贷款】 2022年，农行绍兴柯桥支行落地首笔农业固定资产贷款2.2亿元，首笔村级经济流动资金贷款200万元等。年末，涉农贷款余额147.44亿元，惠及区内68家企业及8000余名农户，累计为9.5万户农户完成建档工作。

【农行绍兴柯桥支行银行卡分期业务】 2022年，农行绍兴柯桥支行以"消费金融"为支点，推动分期业务快速发展，全年信用卡分期交易额突破10.0亿元，其中汽车分期交易额7.7亿元。

【农行绍兴柯桥支行员工劳模精神"云宣讲"】 2022年4月21日，全国五一劳动奖章获得者、农行绍兴柯桥支行高级副经理范静波以《守住初心 不忘匠心》为题，用现场直播的方式，为全市458所中小学40余万名学生上"匠心传承第一课"，结合当前诈骗的高发形势，开展防电信网络诈骗宣传。

【台州银行绍兴柯桥支行助企纾困政策】 2022年，台州银行绍兴柯桥支行实施小微企业、个体工商户贷款符合延期还本付息政策"应延尽延"、符合续贷条件企业"应续尽续"、已授信贷款"应贷尽贷"，并对享受政策的小微企业、个体工商户实施名单制管理、台账管理，缓解小微企业、个体工商户财务困境。全年办理无还本续贷产品客户27户，金额5520万元。

【台州银行绍兴柯桥支行助企产品】 2022年，台州银行绍兴柯桥支行以"客户为中心"，针对快递物流行业推出"快递贷"产品，缓解快递行业资金压力。针对批发零售行业客户推进易收款"T+0"服务，帮助商户加快资金到账速度。加大园区易贷、园区租金易贷以及购建厂房企业等中长期贷款投放，助力园区建设及企业后续运营。推出"e购贷"授信产品，借助"e购贷"产品嵌入"生意圈"平台，解决供应链核心企业与下游小微企业融资难点。

【台州银行绍兴柯桥支行"连续贷＋灵活贷"机制】 2022年，台州银行绍兴柯桥支行发放信用贷款839户，金额8.83亿元。推广"连续贷＋灵活贷"服务机制，落实到期预处理工作，落实白名单、电子合同签约、扫码贷等措施，提高小微企业、个体工商户等融资可得性、便利性及满意度。截至2022年年末，共发放“连续贷+灵活贷”机制贷款金额14.04亿元。

【台州银行绍兴柯桥支行绿色贷款机制】 2022年，台州银行绍兴柯桥支行优化授信政策，加大对低碳产业、“6+1”重点领域的支持力度，面向制造业企业推出绿色节能贷款产品，提供信用贷款或利率优惠等措施，鼓励该类群体购买节能设备或改进生产流程降低生产能耗，实现节能减少碳排放目的，促进企业转型升级，全年新增投放绿色贷款630万元。

【邮储银行绍兴市福全工业区支行终止营业】 2022年11月24日，中国邮政储蓄银行绍兴市福全工业区支行因网点客流量日益减少、业务发展空间狭窄、网点交易量低、可替代性较大，终止营业。

【宁波通商银行落户柯桥】 2022年7月29日，宁波通商银行绍兴分行揭牌成立并对外营业，开业当天分行存贷规模达50亿元。宁波通商银行是国内首家由外资银行改制而来的政府主导、民营主体、市场化运作、财政直接管理的混合所有制地方法人银行。

【中国银行柯桥支行普惠金融业务】 2022年，中国银行柯桥支行立足区域经济特色，支持小微企业发展，着力发展普惠业务。截至12月末，普惠金融“两增两控”口径贷款余额90.2亿元，较年初增加21.52亿元，余额和新增额均列中国银行绍兴辖内第一。

【中国银行柯桥支行线上贷】 2022年，中国银行柯桥支行继续推广普惠线上产品，截至12月末，线上贷业务合计新增16.52亿元，完成市行任务的156%。

【中国银行柯桥支行制造业贷款】 2022年，中国银行柯桥支行制造业贷款新增11.32亿元，增量名列中行绍兴辖内第一，超额完成全年任务。

【中国银行柯桥支行带押过户业务】 2022年，中国银行柯桥支行实现柯桥区公证处账户突破，打通二手房带押过户流程，于11月25日落成绍兴市全行业首笔带押过户业务。

【中国银行柯桥支行境外债发行】 2022年3月9日，中国银行柯桥支行以全球协调人身份为绍兴市柯桥区国有资产投资经营集团有限公司承销发行境外债，金额3亿美元，系柯桥区首笔境外债。

【中国银行柯桥支行出口海外融资业务】 2022年8月15日，中国银行柯桥支行投放绍兴全辖首笔出口海外融资业务，金额1000万元，为绍兴全辖跨境客群和贸易融资客户拓展提供新渠道。

【中国银行柯桥支行风险管理】 2022年，中国银行柯桥支行继续实施全面风险管理工作，截至12月末，支行不良率0.05%，为四大行最低，其中公司不良贷款余额全年保持为零。

【中国银行柯桥支行世界布商大会金融服务】 2022年11月16—18日，第五届世界布商大会在绍兴柯桥举行。中国银行柯桥支行作《中国银行 全球陪同》的主题演讲，为参展企业和客商提供金融服务。

【中国银行柯桥支行公益活动】 2022年7—8月，中国银行绍兴柯桥支行组织开展“清凉有礼 中行有爱”夏季送清凉公益活动。支行辖内4家网点均设立爱心冰箱，配备防暑用品和各类爱心物资，每天供应矿泉水100余瓶，保证每个点位的户外工作者可以免费领取水或饮料。

【中国银行柯桥支行汇率走势分析会】 2022年9月29日，中国银行绍兴柯桥支行举办2022年助力外贸企业汇率走势分析会，旨在为当地企业提供服务咨询，提升中行服务外贸企业的质量与水平，区内20余家外贸企业参加分析会。

【兴业银行绍兴柯桥支行市场商户服务】 2022年，兴业银行绍兴柯桥支行针对柯桥轻纺城商户发放普惠经营贷款，全年投放商户59户，金额1.5亿元，户均250万元。

【中信银行绍兴轻纺城支行战略新兴科技贷款】 2022年，中信银行绍兴轻纺城支行落地战略新兴科技贷款金额4.03亿元，入选为柯桥区金融助力稳进提质典型案例，在10月21日《柯桥日报》中“党的二十大特别报道”栏目刊登。

【中信银行绍兴轻纺城支行普惠金融业务】 2022年，中信银行绍兴轻纺城支行公司普惠金融业务余额40052.43万元，总量继续位列绍兴全辖第一，余额占比为绍兴全辖的19.3%，比年初新增8075.97万元，完成率108.72%。截至2022年年底，个贷普惠余额82757万元，总量继续位列全辖第一，余额占比为绍兴全辖的 21.06%，比年初新增 6955 万元，完成率 129%。

【柯桥联合村镇银行“联合快贷”随借随还业务】 2022 年，柯桥联合村镇银行推广“联合快贷”随借随还业务，根据客户实际资金需求，灵活安排还款期限，减少财务成本。全年发卡新增“联合快贷”随借随还 1314 张，累计金额 34187 万元。截至 2022 年年末，通过“联合快贷”产品服务柯桥区普惠小微企业 955 户，授信金额共计 28506 万元。

【柯桥联合村镇银行“无还本续贷”业务】 2022 年末，柯桥联合村镇银行推广“无还本续贷”业务，全年累计发放无还本续贷客户 366 户，金额 30554.49 万元，存量客户无还本续贷发放金额占比 100%，为小微企业节省转贷资金占用成本。

【柯桥联合村镇银行线上合同启用】 2022 年 6 月，柯桥联合村镇银行启用电子合同，累计使用电子合同发放贷款 120 笔 3668 万元，提升客户体验，减少合同抄写时间，提高放款效率。

【工行绍兴柯桥支行存贷款】 2022 年年末，工行绍兴柯桥支行本外币各项存款余额 214 亿元，当年增加 42.68 亿元；各项贷款余额 309 亿元，当年增加 93.74 亿元，增量创历史新高。

【上海银行绍兴分行首笔“加成贷”】 2022 年 8 月，上海银行绍兴分行为企业开通绿色通道，向绍兴市品点餐饮有限公司发放 80 万元贷款，成为杭州分行落地绍兴的首笔“加成贷”贷款。

【北京银行绍兴柯桥支行境外债投资】 2022 年 3 月 9 日，北京银行绍兴柯桥支行投资绍兴市柯桥区国有资产投资经营集团有限公司首笔境外债券，发行规模 3 亿美元，投资 3000 万美元，该债券是柯桥区首次发行的境外美元债券。7 月 28 日及 11 月 24 日，北京银行绍兴柯桥支行连续投资绍兴市柯桥区建设集团有限公司明珠债，该债券是柯桥区首次发行的上海自贸区离岸债，一期、二期累计发行规模 18.8 亿元，累计投资 3 亿元，创明珠债无国际评级累计发行最大规模。（黄　琳）

其他金融业

【保险】 2022 年，柯桥区有保险机构 24 家，其中产险和寿险机构分别为 15 家、9 家。产险有人保财险、太保产险、平安产险、天安财险、中华联合、大地保险、华安财险、太平财险、大家财险、都邦保险、阳光财险、国寿财险、长安责任、安诚保险、浙商保险，寿险有中国人寿、太保寿险、平安人寿、泰康人寿、新华人寿、太平人寿、富德生命、人保人寿、信泰保险。全区保险公司实现保费收入 25.6 亿元，比上年增长 13.6%，各项赔款支出 8.3 亿元。

【典当】 2022 年，柯桥区有典当行 6 家，分别为天业、盛兴、兴发、汇银、瑞兴、鼎盛柯桥公司，合计实收注册资本 7058 万元。全年累计提供典当融资服务 136 笔，典当总额 31351 万元；典当余额 6519.63 万元。

【证券期货】 2022 年，柯桥区有证券机构 22 家，分别为财通柯桥、财通钱清、财通柯北、中信证券、国元证券、浙商柯桥、浙商钱清、银河证券、山西证券、华林证券、光大证券、东北证券、天风证券、东吴证券、联储证券、长城证券、方正证券、国信证券、华福证券、开源证券、兴业证券、华龙证券。有期货公司 1 家，为大越期货。全区累计实现证券交易 8055.58 亿元，期货交易 605.62 亿元。

【小额贷款】 2022 年，柯桥区有小额贷款公司 10 家，分别为绍兴柯桥汇金小额贷款股份有限公司、绍兴市柯桥区永利小额贷款股份有限公司、绍兴市柯桥区富邦小额贷款有限公司、绍兴柯桥华联小额贷款股份有限公司、绍兴市柯桥区贤盛小额贷款股份有限公司、绍兴市柯桥区日月小额贷款有限公司、绍兴市柯桥区宏泰小额贷款有限公司、绍兴市柯桥区兴发小额贷款股份有限公司、绍兴市柯桥区屹男小额贷款有限公司、绍兴市柯桥区振东小额贷款股份有限公司，合计实收注册资本 18.20 亿元。全年累计发放贷款 669 笔，金额 28.23 亿元。

【融资担保】 2022 年，柯桥区有融资担保公司 2 家，分别为经济技术融资担保、中轻融资担保，合计实收注册资本 1.4 亿元。全年累计提供担保 169 笔，金额 33284 万元，在保余额 41639 万元。

【民间融资管理创新试点】 2022 年，柯桥区有民间融资管理创新试点单位 8 家，其中民间资金管理企业 1 家（绍兴柯桥区稽山力合民间资本管理有限公司），民间融资信息服务企业6家（浙江汇普金融服务集团有限公司、绍兴市柯桥区振东金融服务有限公司、绍兴柯桥荣生金融服务有限公司、浙江越商融资租赁有限公司、绍兴万国金融服务有限公司、绍兴柯桥耀光金融服务有限公司），民间融资服务中心1家。1家金融服务公司转贷业务发放103笔，累计发放24.2亿元。

【企业上市】 2022年，柯桥区累计实现上市23家，现有上市公司16家，其中境内14家（上海主板8家，"轻纺城""精工钢构""会稽山""梅轮电梯""越剑智能""西大门""迎丰股份""瑞丰银行"；深圳主板5家，"精功科技""三力士""亚太药业""明牌珠宝""浙农股份"；深圳创业板1家，"金道科技"），境外2家（"宝业集团""浙江永安"），累计上市融资254.57亿元。2022年末，全区境内外上市公司总市值723.07亿元，14家境内上市公司总市值703.47亿元。累计实现新三板挂牌15家，有新三板挂牌企业7家（古纤道、沐家家居、鼎峰科技、正昕智能、富米丽、吉麻良丝、捷众科技）。浙江股权交易中心挂牌企业403家，其中成长板92家、创新板311家。（黄　琳）

类目编辑　韩兰芳

自然资源管理

综　述

2022年，柯桥区国土资源管理工作在加强耕地保护管理、加强矿产资源管理、加强土地执法巡查等常规工作的基础上，启动2021年度国土变更调查。按照“项目跟着规划走，要素跟着项目走”的过渡期规划空间额度管理要求，争取规划指标使用额度644.84万平方米。（屠世泽）

土地资源管理

【概况】 2022年，柯桥区履行招拍挂审批程序，土地成交72宗272.66万平方米。争取各类新增建设用地计划指标530.85万平方米，外购跨县建设用地增减挂钩节余指标（含耕地占补平衡指标）40.02万平方米。

【土地成交】 2022年，柯桥区履行招拍挂审批程序，全年成交土地72宗272.66万平方米，成交金额95.3291亿元，其中经营性用地出让28宗81.27万平方米，出让金额82.9711亿元；工业用地出让44宗191.39万平方米，出让金额12.3580亿元。国有划拨和集体使用供应土地94宗，面积355.18万平方米。

【建设用地计划指标新增】 2022年，柯桥区争取各类新增建设用地计划指标570.87万平方米，其中盘活奖励和重大产业项目等计划指标241.85万平方米，省级重大单独选址项目专项指标248.74万平方米，农房专项国家指标0.38万平方米；争取跨县增减挂钩新增建设用地指标79.90万平方米。实际完成农转用审批26个批次，新增建设用地530.85万平方米。

【工业用地出让改革】 2022年，柯桥区落实工业用地“标准地”出让改革，在省级及省级以上平台实行工业项目用地全部“标准地”出让，全年出让“标准地”44宗，面积191.39万平方米。

【存量土地盘活】 2022年，柯桥区实施存量建设用地盘活，推动批而未供土地消化利用和存量土地盘活，全年消化利用批而未供土地126.93万平方米，盘活存量土地307.02万平方米，城镇低效用地再开发项目供地147.87万平方米。

【永久基本农田占补平衡政策】 2022年，柯桥区因重大基础设施项目杭金衢高速至杭绍台高速联络线（杭金衢高速公路柯桥联络线）工程（绍兴段）及杭州至宁波国家高速公路（杭绍甬高速）杭州至绍兴段（柯桥区）占用永久基本农田48.12万平方米，经批准落实数量、质量和空间布局相当的永久基本农田48.12万平方米。发放耕地保护补偿资金634.39万元。

【2021年度国土变更调查】 2022年1月，柯桥区开展2021年度国土变更调查工作，掌握2021年度国土利用变化情况，维护更新“三调”（第三次全国国土调查）成果，保持国土调查成果现势性。2月，完成省级检查和整改；5月，完成国家级核查和整改；11月，完成验收。（屠世泽）

地质环境保护

【概况】 2022年，柯桥区地质灾害类型主要为滑坡、崩塌和泥石流，规模以小型为主，主要分布于南部山区，短时强降雨及人类不规范工程活动是引发地质灾害主因。全区有地质灾害突发性易发区面积594.22平方千米，占全区面积的55.74%；所有排查的地质灾害隐患均落实综合治理措施。设置专业监测点7处，进行永久监测。

【地质灾害防治】 2022年，柯桥区编制《2022年度地质灾害防治方案（报批稿）》《柯桥区地质灾害防治"十四五"规划》，修编《柯桥区突发地质灾害应急预案》，更新《突发地质灾害应急操作手册》。召开2022年柯桥区地质灾害防灾知识培训会，印发新版《柯桥区地质灾害防治手册》。在梅汛期间，对风险防范区累计检查16组216人次，巡查累计215处。入梅后，发现险情16处，开展即查即治应急排险。启动应用"地灾智防"App进行全域风险管控，与气象、应急等部门建立联合会商机制，共同发布地质灾害气象风险预警。启动地质灾害气象风险黄色预警12次、橙色预警3次、红色预警2次，累计发送短信1万余条。台风"梅花"期间，组织7支应急小分队、4组专家组，下沉全区16个镇（街道）开展地质灾害风险防治工作，累计巡查地质灾害风险防范区点位2600余个，新发现并处置地质灾害出险点3处，均会同镇（街道）、村（居委会）落实风险点的应急排险措施，转移群众201人。全年没有发生一起因地质灾害形成的人员伤亡事故。（屠世泽）

矿产资源管理

【概况】 2022年，柯桥区有探矿权2宗，具有采矿权的单位3家，其中金属矿产2家，建筑石材矿1家。对1处废弃矿山进行生态修复。原绍兴县福全中祥石料场区域通过县级和市级交工验收。推进绿色矿山建设专项行动，全区经营性生产矿山均完成绿色矿山建设工作。

【矿产资源勘查开采监督管理】 2022年，柯桥区依法规范矿产资源勘查开采和监督管理工作，落实矿业权人信用监管制度。全年开展矿山储量动态检测12次，进行矿山动态巡查260余次。结合浙江省地矿综合监管系统和浙江省地矿信用信息公示平台，对矿业权人矿产资源勘查开采信息公示工作进行督促指导与服务，监督检查矿业权人公示信息的真实性、完整性，规范开展实地核查，确保矿产资源勘查开采和信用公示监管工作落实到位。

【矿山环境粉尘专项整治行动】 2022年，柯桥区开展矿山环境粉尘专项行动，在矿山粉尘防治长效管理机制基础上，把经营性露天矿山纳入检查范围。根据《浙江省矿山粉尘防治管理暂行办法》《浙江省矿山粉尘防治技术规范（暂行）》等文件要求，每月定期联合对矿山粉尘防治情况进行检查打分，对重点环节的粉尘防治措施内容提出问题、要求整改，建立矿山粉尘防治管理台账。（屠世泽）

类目编辑　韩兰芳

生态环境

综　述

2022年，柯桥区国家考核断面（曹娥江大闸闸前断面）水质为Ⅱ类，达到Ⅲ类水环境功能区目标要求。7个省控及以上断面Ⅰ～Ⅲ类比例为100%；在28个市对区考核断面中，手工监测Ⅰ类断面1个，Ⅱ类断面15个，Ⅲ类断面12个，Ⅰ～Ⅲ类断面28个，占比100%；28个断面水质满足功能要求，达标率100%；跨行政区域10个交接断面中，水质为Ⅱ类的断面7个、Ⅲ类3个，全部满足功能要求，跨行政区域考核继续保持优秀。空气质量优良率为83.6%，比2021年下降6.3个百分点；$PM_{2.5}$均值32微克/立方米，比2021年上升2微克/立方米。完成印染行业环境统计与排污许可管理国家级改革试点，构建以排污许可证为核心的固定污染源监管制度体系，形成"一门出"数据、"一张表"应用、"一证式"管理的柯桥模式，获副省长卢山批示肯定。印染产业整治示范案例入选"七张问题清单"省委示范榜，连续3年获"五水共治"工作"大禹鼎"银鼎，"数智蓝网"纳入全省生态环境系统重点应用"一本账S0"。（赵晓丰　沈铁佳）

环境监察与稽查

【概况】 2022年，柯桥区强化涉水、涉气案件查处，依法从重从严打击各类环境违法行为，维护区域环境安全。组织开展生态环境安全"除险保安"专项行动暨环境风险源排查整治行动，"放射性废物（源）清零"专项行动。开展执法大练兵，推动跨部门"双随机"执法，抽调执法人员参加市级交叉执法检查工作。加强应急管控，区域内无重大环境突发事件发生。（赵晓丰）

【省委专项督察问题整改】 2022年，柯桥区2021年省委专项督察问题中，整改销号信访件19件；4个反馈问题（牵头问题3个，配合问题1个），制定省委专项督察反馈问题整改方案，基本完成整改。（朱永欣）

【环境违法案件查处】 2022年，柯桥区立案查处环境违法案件106件，处罚金额908万元。移送公安行政拘留2件，拘留2人。（章一飞）

【"除险保安"暨环境风险源排查整治行动】 2022年，柯桥区组织开展生态环境安全"除险保安"专项行动暨环境风险源排查整治行动，检查企业371家，发现问题48个，完成整改48个，立案查处5家。实施危废等领域安全专项整治，检查企业263家，发现问题24个，完成整改24个。（陈　唯）

【臭氧污染攻坚战】 2022年，柯桥区开展臭氧污染攻坚战，共出动70人次，检查点位34个，发现涉气问题10个，指导帮扶28家，完成整改17家。（茅一航）

【环境信访群众满意率95%以上】 2022年，柯桥区继续设立夜间应急值班小组，应对和处置各类突发环境污染事件。全年受理信访投诉608件，比上年下降46.8%，调处回复率100%，群众满意率95%以上。（陈　唯）

环境监测及管理

【概况】 2022年，柯桥区监测考核断面水质、发布与预警AQI日报、监督监测和在线比对重点污染源、开展区域环境质量监测及分析评价等工作，强化突发性事件的快速响应能力和应急监测能力。完成年度岗位责任制各项任务和检验检测机构资质认定复查扩项评审。全年提交各类监（检）测报告 577 份，获手工监测数据 17695 个，其中常规政府指令性监测报告 83 份，重点污染源监督性监测报告 36 份，执法监测 259 批次、报告 157 份，其他报告 301 份。4 个农村集中式饮用水水源地水质每月均保持在Ⅱ类及以上。参加应急演练 2 次，实战化应急监测 1 次。按要求对 5 个边界核查点、29 个动态核查点进行核查记录、拍照、系统上报。（王　挺）

【水环境质量预警】 2022 年，柯桥区推行镇（街道、开发区）环境质量预警机制，对河道断面水质状况超过预警值或者排名落后的镇（街道、开发区）及时发出信函督促整改。全年发出水环境质量预警函 81 份。（杨金松）

【区域大气质量】 2022 年，柯桥区空气质量优良 83.6%，较 2021 年下降 6.3 个百分点，$PM_{2.5}$ 年均浓度 32 微克 / 立方米，比上年上升 2 微克 / 立方米，增长 6.7%；臭氧第 90 百分位数为 166 微克 / 立方米，比上年上升 10 微克 / 立方米，增长 6.4%；二氧化氮均值 28 微克 / 立方米，比上年下降 3 微克 / 立方米，下降 9.7%；二氧化硫均值 7 微克 / 立方米，与上年持平；PM_{10} 均值 53 微克 / 立方米，与上年持平；一氧化碳第 95 百分位数为 0.9 微克 / 立方米，与上年持平。（金宏伟）

【城市噪声环境监测】 2022 年，柯桥区完成年度 30 个道路交通噪声和 112 个区域环境噪声的监测工作，2022 年，柯桥区区域环境噪声平均等效声级 Leq 为 59.8 分贝，达到 60 分贝及以下生态文明城市创建要求；按季度完成 7 个功能区噪声监测，配合做好柯桥区功能区噪声管控工作，做好柯桥区功能区噪声自动监测系统数据监控及手工监测比对，并对噪声超标情况进行分析。（茅一航）

【亚运场馆周边水质保障监测】 2022 年，柯桥区制定《2022 年柯桥区亚运环境质量监测方案（初稿）》，内容涵盖绿色亚运空气质量保障预警预报，水环境质量监控保障、噪声、辐射安全监测，突发环境事故应急监测。全年亚运场馆周边水质监测 10 次，累计 30 个断面 152 个项次。（杜　曼）

2022 年 4 月 18 日，绍兴市生态环境局柯桥分局开展“迎亚运百日攻坚清朗行动”专项检查　　（市生态环境局柯桥分局　提供）

污染防治管理

【概况】 2022 年，柯桥区以改善和提升环境质量为工作核心，坚持“水、气、土”合治，推进区域环境空气质量提升和污染防治工作。开展印染企业定型机废气实时用电情况监管，2655 台定型机及配套 984 台静电处理设施安装用电监控设备并实现联网。推进复合、烫金、印花等特色行业和家具、汽修行业挥发性有机物整治，764 个排查问题基本完成整改，18 家企业完成源头替代，48 家企业完成低效设施改造升级。全年检测车辆 151405 辆。（茅一航）

【“数智蓝网”（一期）完成验收】 2022 年，柯桥区“数智蓝网”（一期）完成验收，具有柯桥辨识度的“数智治气”“数智无废”“数智执法” 3 个场景基本建成，上架浙政钉端，纳入全省生态环境系统重点应用“一本账 S0”。（梁丽青）

【土壤污染排查管控】 2022 年，柯桥区督促 39 家土壤环境重点监管单位落实污染防治责任。开展用途变更地块开发利用情况排查；落实建设用地调查评审制度，评审地块 30 个。柯桥区未发生污

染地块被开发利用情况，区污染地块安全利用率100%。（郑新胡）

【“无废城市”建设】 2022年，柯桥区组织开展3次“无废城市”建设主题活动，印发《2022年柯桥区“无废城市”创建工作方案》《柯桥区全域“无废城市”创建考核细则》，每月调度“四张清单”（目标清单、责任清单、任务清单、项目清单）完成情况，开展并通过市级无废细胞审核103家。

·小资料· “无废城市”创建工作方案

按照源头“能减则减、应分尽分”、过程“应收尽收、可用尽用”、末端“应建必建、应管严管”这24字的要求，实现五大类固废回收体系全面覆盖并基本完善，综合利用水平稳步提升，处置设施能力有效满足，环境风险安全管控，数字化改革持续迭代深化，制度体系更加完备，减废降碳协同效应初步显现，“无废亚运”理念宣贯到位，危险废物“趋零填埋”、建筑垃圾综合利用等硬核任务取得突破性进展，通过全域“无废城市”建设评估。（洪 林）

【水质持续保护】 2022年，柯桥区开展碧水行动及“找寻查挖”专项行动，手工监测28个，完成1756个涉水问题整改，投资5513万元建成21个“污水零直排”提质增效工程项目，创建省级“污水零直排区”标杆镇街2个、美丽河湖3条，区控断面水质达到市定目标。（赵晓丰）

【排污权交易】 2022年，柯桥区健全排污权基本账户制度，开展排污权有偿使用和交易。全年废水指标通过二级市场交易成交40宗，废水交易成交量1652.85吨，成交金额3238.83万元。开展废气排污权储备指标交易37宗，涉及二氧化硫指标118.24吨、氮氧化物指标925.5吨，总交易金额651万元。（王国献）

节能减排

【概况】 2022年，柯桥区做好污染物减排工作，促进环境质量的持续改善。2022年市局对柯桥区4项主要污染物指标（化学需氧量、氨氮、氮氧化物、挥发性有机物）的减排任务分别为510吨、318吨、1140吨、46吨。柯桥区通过上报污水预处理建设工程减排项目、印染关停项目及RTO（蓄热燃烧）治理设施项目等措施，确保各项减排目标任务完成。（沈铁佳）

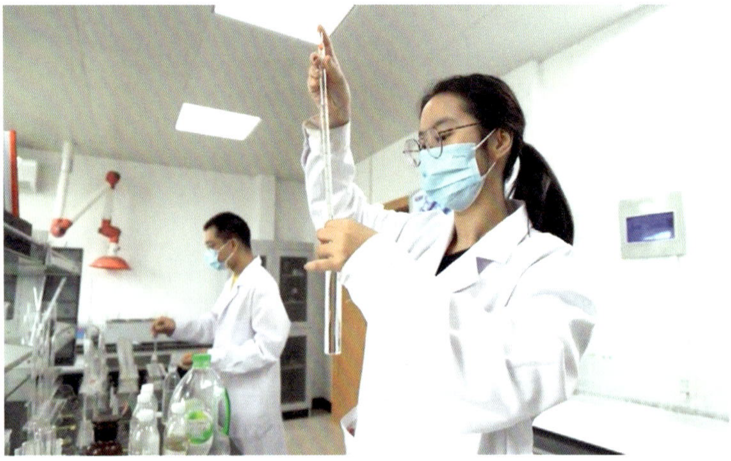

2022年10月，绍兴市柯桥区环境保护监测站实验人员对水样中氨氮进行分析 （区环境保护监测站 提供）

【印染产业结构升级】 2022年，柯桥区推进印染产业集聚升级工程，符合污染物减排测算条件，可纳入2022年度污染物减排测算的产业结构升级企业共计1家。根据绍柯印改领〔2022〕2号、3号文件精神，及关于浙江众华家纺集团有限公司破产重组绍兴东森印染有限公司等有关情况的会议备忘，绍兴东森印染有限公司年产5000万米高档印染面料升级技改项目于2022年12月关停。关停后削减氮氧化量为6.25吨、挥发性有机物量为34.77吨。（陈 唯）

【工业VOCs治理】 2022年，柯桥区符合污染物减排测算条件，可纳入2022年度污染物减排测算的工业VOCs（挥发性有机物）治理（生产工艺过程治理）企业共计1家。墙煌新材料股份有限公司将原废气处理设施“光微波废气处理装置”改为“RTO处理装置”，并于7月实现稳定运行，削减挥发性有机物量为449.28吨。（许 瑾）

生态建设

【概况】 2022年，柯桥区开展美丽绍兴建设（生态文明示范创建行动），制定《2022年度柯桥区美丽绍兴建设(生态文明示范创建行动)工作任务书》《深化生态文明示范创建 高水平建设新时代美丽柯桥规划纲要(2021—2035年)》提交区政府常务会议并审议通过。全区生态环境质量公众满意度调查得分创历史新高,全省排名比上年上升19位。开展各类生态宣传活动,加大与新闻媒体合作宣传力度,报道生态环保工作的先进典型,曝光破坏生态环境的违法行为。

【国家生态文明建设示范区创建】 2022年,柯桥区成立区生态示范创建领导小组,印发《柯桥区生态文明示范创建工作考核办法》,细化对各镇(街道)、区级相关部门考核要求及内容。召开国家生态文明建设示范区创建工作推进会,就创建涉及的20余个部门逐一分解任务,落实责任,涉及柯桥区的19项约束性指标和16项参考性指标基本达标。(茅金娣)

【气候变化应对】 2022年,柯桥区开展2021年度温室气体清单报告编制工作;组织开展11家碳交易纳入企业和157家非碳交易纳入企业碳报告上报,协助省、市生态环境部门开展核复查工作;稽东镇、齐贤街道2个镇(街道)及柯岩街道独山社区,钱清街道岭湖村、枢里村,平水镇越崎社区,王坛镇东村村,杨汛桥街道园里湖居,夏履镇莲东村7个村(社区)入选第二批省级低(零)碳试点乡镇、村(社区)。(徐　琳)

2022年6月3日,绍兴市生态环境局柯桥分局、柯桥传媒联合在市再生能源发展有限公司主办“六五”环境日预热活动

(市生态环境局柯桥分局　提供)

【生态环保宣传】 2022年,柯桥区组织开展国际生物多样性日、“六五”环境日和全国低碳日主题活动。共在《浙江日报》《绍兴日报》《柯桥日报》三大主流媒体及中国环境客户端、浙江新闻客户端等刊登各类报道100余篇。完成3次生态满意度模拟调查并通报,在16个镇(街道)339个村(社区)发放“我参与‘美丽浙江’建设倡议书”、主题海报等宣传品,投放在300辆公交车移动电视、18个公交车候车亭、35个自行车候车棚、4个地铁站点满意度公益宣传,发送点对点满意度短信184万条,2万余人参与满意度网络调查,人数位列全市第一。(茅金娣)

2022年6月11日,绍兴市生态环境局柯桥分局在柯桥古镇开展“绿色 低碳 共建清洁美丽柯桥”“六五”环境日主题活动

(市生态环境局柯桥分局　提供)

类目编辑　高祖钿

城镇建设与管理

综　述

2022 年，柯桥区围绕“国际纺都、杭绍星城”战略定位，开展城乡风貌提升和未来社区建设，两项工作获得省政府督查激励，获评 2022 年省级考核优秀，城镇社区建设专项规划入选省优秀名单。“水韵纺都”“舜源古忆”获评省级风貌样板区，其中“水韵纺都”挂牌新时代富春山居图。大渡、下市头、新未庄 3 个未来社区高分通过省级验收挂牌；入选浙江省全域推进未来社区建设和城镇社区公共服务集成落地改革试点，为全市唯一。

城镇建设提升民生关怀度和城市管理水平，省民生实事计划新增停车位 1536 个，其中公共停车位 399 个。大渡未来社区滨河环境整治提升改造工程、新开河北侧活力休闲区、鉴湖江南岸慢行系统工程完工。改造提升 15 个老(旧)高层住宅小区电气线路和消火栓系统，涉及小区柯桥街道 2 个、柯岩街道 3 个、华舍街道 4 个、钱清街道 1 个、安昌街道 1 个、齐贤街道 4 个。火灾高发镇(街道)的 2000 户农村老旧民房增配漏电保护装置，改造电气线路。出台《关于加快推进柯桥区既有住宅加装电梯工作的实施意见》，优化加装电梯政策，扩大加装电梯受益面和覆盖面，全年加装电梯 55 台。

9 月，钱清街道、杨汛桥街道、马鞍街道完成美丽城镇省级考核验收，美丽城镇建设计划实施美镇工程 55 个，年底前全部开工。(潘朝霞)

规划编制

【概况】 2022 年，柯桥区以“杭绍星城”为主题，突出规划引领作用，强化规划管控，继续完善“多规合一”的国土空间规划体系并监督实施，构建新发展格局。以城际轨道和杭州中环为十字轴，编制鉴水路站周边城市设计，打造柯西活力中心；谋划未来之城，中心城区一体化发展加速。

【国土空间总体规划】 2022 年，柯桥区推进多规合一柯桥区国土空间总体规划编制，三区三线划定成果获自然资源部批复，城镇开发边界延伸至 196 平方千米，为柯桥下一轮发展提供腾挪空间和资源潜力，统筹各类各业用地需求，主动融入杭州湾都市带，构建高质量发展的国土空间布局和支撑体系。

【网络大城市建设】 2022 年，柯桥区落实绍兴“一核六心多节点”网络大城市空间布局体系，编制重点片区建设方案，谋划 17 个近期重点建设片区作为网络大城市建设的主要载体，方案核心成果纳入《中共绍兴市委关于加快建设高水平网络大城市的实施意见》。

· 小资料 ·　“一核六心多节点”

“一核”是指以越城为基础，以古城镜湖新区为重点的网络大城市发展核心引擎；“六心”是指以柯桥、上虞、诸暨、嵊州、新昌县域中心城区和越城区(滨海新区)江滨区为重点的网络大城市次级中心；“多节点”是指以边界融合区、小城市、中心镇为重点的网络大城市功能节点。

【控规编制调整】 2022 年，柯桥区紧扣经营性土地出让计划及土地成片开发需求，抓实控规编制与调整工作。阳嘉龙区块、沙地王区块，未来之城兴浦区块、物流港区块、钱清镇区、杨汛桥站点周边区块、浙玻区块、南大池区块、湖塘区块、平铜区块、梅园区块等11个区块通过市政府批复。全区所有已批控规成果数据进行空间化处理，实现“一张图”管理。

【村庄规划编制及专项规划编制】 2022年，柯桥区完成村庄规划评估，制订村庄规划管控全覆盖工作计划。突出多规合一实用性，开展全区25个村的村庄规划编制，以开拓性视角引领美丽乡村建设。加强规划引导，开展柯桥区停车设施普查，科学编制城市停车规划，统筹地上地下空间利用。（屠世泽）

城区建设

【概况】 2022年，柯桥城区建设政府性投资项目6个，其中续建3个、新建3个，完成投资额2.6亿元；国有投资4个，其中新建3个、续建1个，完成投资额1.35亿元。（祁立萍）

【新轻纺大桥投用】 2022年7月，由柯桥区建设集团投资建设的轻纺大桥维修改造工程完工。轻纺大桥是柯桥区金柯桥大道跨越萧绍运河的航道桥，路线总体呈南北走向。改造包括老桥拆除、新建轻纺城大桥、改造两侧接线范围北至万商路，南至104国道，路线全长553米，总投资约2亿元，由中铁四局集团有限公司施工。工程样式与原大桥基本保持一致，拆除原96米跨大桥，新建主跨144米系杆拱桥，桥梁全长177.4米，总宽41米，配跨16米+144米+16米。工程新增东升路地道，使道路两侧人员从东升路地道通行，实行人车分离。

2022年7月，新改造通车的轻纺城大桥　　（区建设集团　提供）

【群贤路改造升级工程全线通车】 2022年6月，群贤路改造升级工程全线完工通车，项目总投资7亿元，全长11.1千米，西起2号桥东桥坡，东至镜水路，是柯桥区亚运配套工程中投资最大项目之一。除拓宽道路外，对沿线景观进行升级，整条道路景观设计布局为一带两段多节点，一带为城市活力景观带，两段为城市核心段（时尚街区）和风貌协调段（绿色园区），多节点分别为湖安路、鉴水路、越州大道、笛扬路、金柯桥大道、湖东路、镜水路交叉口节点，建设公园游憩、街景时尚、四季可赏的高品质交通性景观大道。Ⅰ标段施工单位为江苏山水环境建设集团股份有限公司，Ⅱ标段施工单位为长沙市市政工程有限责任公司，Ⅲ标段施工单位为浙江国丰集团有限公司。

【柯桥人才综合体项目开工】 2022年12月，柯桥人才综合体项目开工，由浙江宝业建设集团有限公司施工。总投资约13亿元，项目位于华舍街道民生路以西、禹会路以北、育才路以东，北侧临近高铁站，总用地面积约4万平方米。主要建设内容为地上12栋高层979户，主体工程采用包覆钢装配式结构，配套建设小区用房、配电房、室外道路及绿化工程等，还包含场外及精装修。该项目还配套共享餐厅、创客空间、共享健身等功能设施。

【柯桥方舱医院完工】 2022年12月，柯桥方舱医院项目全部建设任务完工，施工单位为浙江宝业建设集团有限公司。建设地点为中国轻纺城国际会展中心，建筑层数3层，建筑面积2万平方米，分为医疗护理区、工作准备区、卫生通过区、监控安保区和病患人员入口、康复人员出口、医护人员通道、送餐通道、污物通道。（吴　剑）

【老小区改造】 2022年，柯桥区改造老旧小区10个，分别是柯桥街道的福年花园、福立花园、红建新村、福东花园、兴越西区；柯岩街道的新风园、鉴水人家；华舍街道的东周小区；马鞍街道的镜海嘉苑；平水镇的世纪花园。改造内容主要包括小区外墙立面、场外绿化、小区道路、公共设施改造、地下强弱电管线、雨污水管线等。项目总投资4554万元，改造建筑面积145.7652万平方米，改造户数10934户。

【千梭路建成】 2022年，柯桥区2022年联网路主要建设项目之一千梭路（鉴湖路—瓜渚路）建成。该路北起瓜渚东路交叉口，南至鉴湖路交叉口，长度0.655千米。

2022年9月7日，千梭路（鉴湖路—瓜渚路）建成通车
（邵丹波 摄）

【3个邻里中心项目建成】 2022年，柯桥区建成邻里中心项目3个，分别是马鞍街道的新滨广场邻里中心项目、钱清街道的钱东社区邻里中心建设项目、柯桥街道的柯东邻里中心，项目总投资2.88亿元。钱东社区邻里中心由浙江常绿环保科技有限公司施工，2021年8月开工，2022年1月竣工；柯东邻里中心由方远建设集团股份有限公司施工，2020年10月开工，2022年7月竣工；新滨广场邻里中心由浙江舜业建设有限公司施工，2020年8月开工，2022年5月竣工。（邵丹波）

2022年1月，钱清街道钱东社区邻里中心完成建设
（邵丹波 摄）

城市管理

【概况】 2022年，柯桥区开展道路平整修复，绿地精细养护，精准保洁保湿等工作，实施智慧城管扩面工程，城市问题精准采集、高效处置，推进群贤路地铁沿线站点亮化工程，打造柯桥夜景名片；多举措推进地铁沿线、亚运赛场周边、城市商圈等重要节点市容秩序整治，不断优化城市形象。

【城市管理精细化】 2022年，柯桥区城市管理提档升级，完成15千米城市道路起伏不平等病害点段、3座桥头跳车城市桥梁整治，累计修复道路坑洞13.5万平方米，对柯南大桥、梅墅桥、弥陀桥、湖东桥、梅市桥5座桥梁以及湖中路、百舸路积水点进行维修改造。对城区455万平方米公共绿地和2.7万棵行道树进行细化管养，加强瓜渚湖公园花境布置和改造，涉及绿地面积2.93万平方米，补种绿地11.2万平方米，补种行道树和其他乔木697棵，绿地完好率99%以上。

【存量违法建筑处置】 2022年，柯桥区构建技防+人防的立体式巡防网格体系，做到每月全区88个高档小区无人机巡飞全覆盖，处置存量违建66.35万平方米，拆后利用率98.69%。以高档小区、“迎亚运”两路两侧、村级物业违建为重点，处置涉及消防安全隐患的各类违建9755平方米，处置村级物业违建点位81处，处置存在安全隐患的阳光房、雨棚181处。

【智慧城管覆盖区域扩面】 2022年，柯桥区推进智慧城管覆盖区域扩面，将

于越快速路2.6千米长的区域纳入智慧城管采集范围，涉及部件类问题扩展至53类，事件类问题扩展至51类，智慧城管平台系统共立案派遣案件14.65万件，处置率99.99%。建立执法办案远程视频系统，通过在全区17个基层中队建立多个视频点位，将执法办案室、罚没物品室等重点区域纳入远程视频监控范围，规范执法行为。

【人行道违停管理系统升级】 2022年，柯桥区在全市率先开发机动车人行道“违停首违”免罚功能并植入在“浙里办”上线的“绍兴违停处理”应用，该应用线上受理违停处理28300起，其中对16948起违停进行“首违免罚”处理，累计惠民金额254.2万元。

【公共自行车提升项目】 2022年，柯桥区开展公共自行车提档扩面，对柯桥区150个公共自行车站点提供安装视频监控服务，具备条件的点位安装全智能安全用电保护器；对150个无桩站点进行驿站牌升级改造、站点标线升级、发光立体字、部分自行车管理用房的维修及东方山水自行车站点迁移。

【精品亮化提质工程】 2022年，柯桥区以“星满鉴湖、光耀亚运”为主题，对群贤路与金柯桥大道地铁口第一视野范围内的建筑、景观进行重点亮化，工程总投资2000万元。主要包括蓝天商务楼、华联国际商贸城、蓝天商业中心、蓝天大剧院、富丽华大酒店、兴银大厦、宝龙天地、文化馆、图书馆、博物馆、美术馆等。

【渣土审批管理】 2022年，柯桥区根据《绍兴市柯桥区工程渣土(泥浆)处置管理实施细则》，围绕工程渣土数字化、智能化管理目标，由区渣土办牵头，联合属地镇(街道)、区行政审批局、区综合执法局加强对渣土消纳场所的联合审查，利用渣土智慧监管平台，加强对源头出土工地的监管，办理渣土清运审批36项，总备案方量约440万立方米。

【省级节水型小区创建】 2022年，柯桥区成立建设国家节水型城市工作领导小组，加强节水型城市建设。创建省级节水型小区4个、省级节水型单位1个，推进公共建筑非节水型用水器具改造，鼓励居民家庭淘汰和更换非节水型器具，累计完成310套改造任务。(王　俊)

环境卫生管理

【概况】 2022年，柯桥区加强环卫保洁，累计清运处置生活垃圾50.64万吨，处置建筑垃圾7183吨。通过加强源头管控、严格收运管理和强化终端监管，建立垃圾分类收运处理体系。改造城区8座垃圾中转站，以解决渗滤液和洗桶污水的行业监管和达标排放问题，并完成50座公厕的星级改造。通过智慧环卫受理案件67534件，出具督查通报121期，累计扣款135万余元。全年处理信访案件929件。建立“三服务”活动问题清单，解决环卫管理问题57条，群众满意率100%。

【垃圾分类】 2022年，柯桥区推进生活垃圾治理，培育创建省级高标准示范小区20个、片区1个、省级高标准示范村6个，建设定时定点数字化小区28个、商业街31条。高标准推进垃圾分类设施硬件配套提升，完成全区9个中转站，100个城镇投放收集点改造提档，形成分类投放、闭环收运、高效处置的全链条闭环。

【全城大清洗行动】 2022年，柯桥区每季度开展为期半个月的全城大清洗行动，出动1670余名环卫工人，日均出动6辆雾炮车、4辆冲洗车、12辆洒水车、13辆高压冲洗车、30辆小型冲洗车，洒水12次及以上，以机械为主、人工为辅，清扫主干道6条，次干道8条，进行对标整治，改善城市环境。(沈珠萍　王　俊)

2022年9月14日，柯桥区对华宇路开展大清洗　(周爱花　摄)

城区交通管理

【概况】 2022年,柯桥区继续推进治堵保畅工程,实行一路口一方案管理模式,落实民警站高峰岗工作制度,提高路面见警率、管事率。强化主动勤务,深化网格勤务,交警警力入驻派出所,提升对交通警情、舆情的处置效能。拓展“警保合作”机制,推广使用“浙里快处”应用,引导保险公司力量参与交通管理,确保轻微事故快处快赔。加快城区智能交通建设,强化交通秩序管理,推进城市交通拥堵治理。

【智能交通系统改造升级】 2022年,柯桥区建成联网智能信号控制点位407个、电子警察375个。交警部门深化交通信号灯优化配时工作,组建信号灯优化团队,即时调整信号灯配时,对全区351个路口的电子警察设备视频巡查10万余次,车载4G设备巡检1850辆次,信号灯配时优化调整4890余次。

【各类交通违法行为查处】 2022年,柯桥区从严查处酒驾毒驾、无牌无证、“三超一疲劳”等重点违法行为,从严管理“两客一危”车辆(指从事旅游的包车、三类以上班线客车和运输危险化学品、烟花爆竹、民用爆炸物品的道路专用车辆)、中重型货车、工程运输车、电动自行车等重点车辆。现场查处违法行为20.1万起,其中饮酒1725起、醉酒473起、中重型货车违法15937起,查处“两客一危”重点车辆198起,涉及电动自行车违法144810起。(沈力江)

征收安置

【概况】 2022年6月,柯桥区出台《柯桥区房屋征收权属及安置人口认定办法(试行)》《柯桥区房屋征收相关价格标准(试行)》2个配套政策文件。9月,柯桥区城市更新改造工作办公室正式更名为柯桥区土地和房屋征收工作办公室,主要职能是拟订全区土地和房屋征收补偿、安置相关政策并指导实施,组织编制全区土地和房屋征收、安置年度计划并监督实施,负责土地和房屋征收安置工作的业务培训、指导、协调等工作。完成房屋征收项目34个,建筑面积303.5万平方米,净地约200万平方米。(马雅莉)

【限价房和畅嘉园完工交付】 2022年7月,由柯桥区建设集团投资的兰亭2018限价房和畅嘉园交房,惠及方特下灰灶拆迁项目、兰渚大道拆迁项目、杭绍台高速兰亭段拆迁项目、漓渚中义村拆迁项目等的拆迁户。项目位于兰亭街道,总投资3亿元,建设内容包括住宅建筑、配套管理用房、地下停车位、人防工程、室外道路及绿化工程等,总建筑面积56201.02平方米,其中地上建筑面积40287.07平方米、地下建筑面积15913.95平方米。地上机动车棚88个、非机动车棚72个,地下机动车位241个、非机动车位263个。容积率2.0,建筑密度26.27%,绿化率30.06%,共335套住宅。2019年10月30日开工建设,2022年1月28日竣工。(葛圣圣)

2022年7月,兰亭2018限价房和畅嘉园交房

(区建设集团 提供)

【香林湖畔园交付】 2022年8月,由绍兴柯岩建设投资有限公司投资的蓬山、埠头等拆迁安置小区一期香林湖畔园交房,惠及蓬山、埠头村等拆迁户。项目位于104国道南复线以北,香林大道以西,总投资103209.81万元,规划总用地面积31970平方米,总建筑面积127031.23平方米,其中地上72615.18平方米、地下54416.05平方米。容积率2.271,建筑密度19.93%,绿地率30.20%,13幢安置房(17层11幢、2幢配套用房)共597套。工程于2019年10月16日开工,2022年7月11日竣工验收。(杨 钟)

2022年8月，柯桥区蓬山、埠头等拆迁安置小区一期香林湖畔园交房 （鉴湖旅游度假区 提供）

【小赭村R-30地块安置小区项目竣工】 2022年11月，由柯桥区建设集团投资的柯桥区小赭村(R-30地块)安置房竣工验收。总投资9亿元，该项目位于华舍街道，西至小佐路，北至马山闸西闸江，南至规划双周路，用地总面积33008.27平方米，建筑总面积129520.68平方米，计容建筑面积82520.68平方米，地下室面积47000平方米，场外体育设施场地500平方米，建筑占地面积8100平方米，居住户(套)数751户，机动车停车位830个，共11幢18层住宅及配套用房。（吴 剑）

供排水

【概况】 2022年，柯桥区全年安全供水2.84亿吨，供水能力106.6万吨/日；收集污水2.1亿吨，截污能力100万吨/日；污水达标处理2.86亿吨，污水处理能力100万吨/日。

【滨海供水江滨水厂三期工程完工】 2022年5月，柯桥区建成柯桥滨海供水江滨水厂三期工程，滨海区域工业水厂达到3座，工业水供水能力从56万吨/日提升至66万吨/日。该工程位于柯桥区马鞍街道中心路以西、向前闸横江以南及马鞍街道北七路以北、东三路以东地块，批复概算投资35907.032万元，新建10万吨/日净水厂1座，具体包括建设工艺处理涉及相关池体及建(构)筑物、维修车间、排泥水处理涉及建(构)筑物、工艺管线、输配水管线等。工程于2021年4月26日开工建设，2022年11月30日竣工，分3个标段实施，其中施工Ⅰ标段建设单位为杭州市市政工程集团有限公司，施工Ⅱ标段建设单位为浙江年顺建设有限公司，施工Ⅲ标段建设单位为浙江天勤建设有限公司。

【江滨水处理12万吨/日污水处理工程(预处理段)投运】 2022年，柯桥区建成越城区整合集聚印染企业江滨水处理12万吨/日污水处理工程(预处理段)，滨海印染产业集聚区污水集中预处理能力由40万吨/日提升至52万吨/日。该工程位于柯桥区马鞍街道北十二路以南、钱滨线以西地块，投资总额12.5亿元，工程设计规模为12万吨/日，新建12万吨/日污水处理厂1座，铺设DN1200出水管线2.7千米。工程预处理段于2021年3月29日开工建设，2022年6月通水调试运行，8月31日竣工，分3个标段实施。其中施工Ⅰ标段建设单位为海达建设集团有限公司，施工Ⅱ标段建设单位为长业建设集团有限公司，施工Ⅲ标段建设单位为中铁十局集团有限公司。

2022年，江滨水处理12万吨/日污水处理工程(预处理段)全貌 （马旭东 摄）

【再生水利用项目建成】 2022年，柯桥区建成柯桥15万吨/日再生水利用(基础设施配套工程)项目，实现向周边工业用水企业每日稳定输送 7.5 万吨再生水目标。该项目位于柯桥区马鞍街道，投资 3.8 亿元，建设工业水厂 1 个，改造生活污水出水加压泵站 1 个，敷设设计输送能力 15 万吨的输水管线 1 条，配套建设自动化控制系统 1 个。项目于 2022 年 8 月 12 日开工建设，12 月底基本建成，施工单位为浙江鸿旭园林建设有限公司。该项目建成投运后，大幅降低水的转输距离，减少能量消耗与相应碳排量，节省水资源费及远距离原水输送、尾水排放的运行电费，以 10 万吨 / 日估算，年节省费用 1000 万元以上。

【公共供水管网漏损治理试点建设项目入选全国试点】 2022 年，由柯桥区、越城区和上虞区联合申报的绍兴市公共供水管网漏损治理试点建设项目通过国家发改委、住建部等部委评审，成为全国 50 个试点之一，全省仅 2 个。该项目实施治理周期为 2022—2025 年，总投资估算 45000 万元，其中柯桥区 15000 万元，通过智能化协同精细化管理实现水务治理能力新提升和管网运维模式再造，建立以漏损管控为核心的管网运维新机制，将示范区域打造成全国供水智能化建设样板区域，实现控制漏损率在 4% 以下。

【农污运维终端出水合格率全市第一】 2022 年，柯桥区落实农污治理强基增效行动，完成 410 座终端设施标准化运维评价，协助实施 168 座终端设施提标改造，完成 217 座终端运维程序优化和水源保护地 148 座终端设备排查整改，浙江省生态环境厅牵头普查柯桥区农污运维终端 440 个，合格率 93.18%，位居全市第一。（马旭东）

供 电

【概况】 2022 年，柯桥区投资电网建设 1.76 亿元，开工建设 110 千伏及以上输变电工程 2 个，开工容量 25 万千伏安，投产项目 3 个。全社会用电量 174.19 亿千瓦时，最高用电负荷 230.05 万千瓦。

【供电网络建设】 2022 年，柯桥区推进电网网架建设，提升电网自动化水平，新增线路 76.22 千米，投运公变 766 台，新增容量 220140 千伏安。通过量子技术创新、巡检机制突破、无人机自主巡检技术应用，供电可靠性连续 3 年居绍兴市首位。

【整区分布式光伏建设】 2022 年，柯桥区推进分布式光伏整区建设，开展公共建筑屋顶资源摸排，启动南部山区光伏项目，推动出台光伏发电补贴，对 2021 年 1 月 1 至 2025 年 12 月 31 日在柯桥区投资建设并网发电的光伏项目，按 0.25 元 / 千瓦时发放电量补贴，补贴周期为 5 年，配套建设光伏储能设施每千瓦时 100 元给予储能设施建设单位一次性补贴。

2022 年，柯桥区电力人员在厂区屋顶开展光伏检查

（柯桥供电分局　提供）

【公共充电桩村村通工程】 2022 年，柯桥区启动浙江省首个公共充电桩村村通工程，完善乡村充电网络布局，建设覆盖柯岩街道 20 余个乡村，建设 224

2022 年，柯桥区电力人员指导村民使用公共充电桩

（柯桥供电分局　提供）

根充电桩，实现城乡充电服务均等化。

【印染定型机余热回收工程】 2022年，柯桥区联合浙江省电科院启动全区首个印染定型机余热回收改造工程，该技术定型机热效率提升10%以上，节能率20%以上，以柯桥区定型机2600余台计算，单台定型机每年烘干用热需约700吨标准煤，改造后年节能成效可达36.4万吨标准煤。

【用电补贴】 2022年，柯桥区继续实行电力惠企政策，地方政府拨付财政专项资金，发放第三轮用电补贴3600余万元，惠及企业636家，降低企业用电成本，2020—2022年累计发放9300余万元。

【老旧小区居民充电桩配套设施前置改造】 2022年，柯桥区加大老旧小区居民充电桩配套设施前置改造，完成40个存量小区改造，新增表位2560个，马鞍街道基本实现已改造小区充电桩报装随到随接。（沈 钰）

古镇保护

【概况】 2022年，柯桥古镇推动商家尤其是主力店的顺利落地，引进华裳夏潮、花筑奢、木猴子、清风明月汉服馆、肯德基、星巴克等精良品牌店，设立茶文化活动基地，建设酒吧集群区，激发夜经济活力。至年底，古镇商铺开业率85%，其中传统建筑片区开业率70%，柯桥历史文化街区成功入选浙江省第二批高品质步行街建设试点。“柯桥十二月市”品牌活动作为推动传统文化创造性转化和创造性发展的典型案例入选“2022潮品牌新势力 中国旅游创业创新精选案例”。柯桥历史文化街区拆改项目（一期）入选2021年度浙江省十佳拆改示范典型。

【“一城三古镇”夜生活潮玩节】 2022年6月10日，由绍兴市柯桥区委宣传部主办，柯桥区文广旅游局承办的“共富新生活，柯桥星势力”主题活动——“一城三古镇”夜生活潮玩节暨城市形象网络传播活动启动仪式，在柯桥古镇融光寺广场举行。柯桥古镇设主会场，柯岩鲁镇、安昌古镇开设分会场，按“小视角、生活味、城市风”总体思路，主打“周末夜集市”，营建柯桥夜间文化和旅游消费集聚区。

2022年，浙东古运河边的柯桥古镇夜景　（盛孟婷　摄）

【“非遗”巡游】 2022年中秋期间，绍兴市内外12支“非遗”项目队伍集结柯桥古镇。其中，国家级“非遗”项目余杭滚灯首次参加“非遗”兴乡大巡游，诸暨草塔抖狮、南州叠罗汉、拔茅舞龙进行老友记演出，柯桥本土的安昌水龙会队重现古时消防救火场景。

2022年6月10日，柯桥区“一城三古镇”夜生活潮玩节启动　（盛孟婷　摄）

【柯桥古镇文旅项目】 2022年10月20日，柯桥古镇文旅项目（精品酒店）启动，土建施工合同金额23015.01万元（不含装修及场外），建筑面积54879.62平方米。建设单位为绍兴柯桥历史文化街区开发利用投资建设有限公司。

【柯桥时尚周首场室外秀】 2022年11月15日，第五届世界布商大会开幕汉服秀在柯桥古镇三桥四水处举行，是柯桥时尚周史上首场室外秀。60余位模特身着带有浓郁国风国潮的中国时尚新汉服与江南水乡的秀场氛围相结合。此次汉服秀所选服饰面料使用国家"非遗"织物"罗"和交织丝绸等传统面料，还加入刺绣工艺和与之相配的珠宝配饰造型，向来自世界各地的观众展示汉服之美。

2022年11月15日，第五届世界布商大会开幕汉服秀在柯桥古镇三桥四水处举行　（盛孟婷　摄）

【场外景观微改造精提升工程竣工】 2022年11月25日，柯桥历史文化街区改造(一期)项目场外景观微改造精提升工程竣工。施工合同金额1259.17万元，2022年7月31日开工，建设单位为绍兴柯桥历史文化街区开发利用投资建设有限公司。

【柯桥古镇"水韵纺都"建设项目Ⅰ标工程竣工】 2022年12月15日，柯桥古镇"水韵纺都"建设项目Ⅰ标工程竣工，完成运河两岸(融光桥至笛扬路段)景观及建筑立面改造。施工合同金额2128.40万元，2022年8月19日开工，建设单位为绍兴柯桥历史文化街区开发利用投资建设有限公司。(盛孟婷)

未来之城建设

【概况】 2021年4月，柯桥区启动柯桥未来之城开发建设，成立绍兴柯桥未来之城建设管理中心。未来之城地处柯北核心区，东至杭绍台高速、南至杭甬运河、西至越州大道、北至柯海公路，面积11.8平方千米。围绕一年打基础、三年出形象、五年基本建成的发展时序，聚焦未来总部、未来科创、未来社区和中央公园等复合功能，建设产城融合、生态宜居、交通便利的科创新城。区域内落户柯桥未来医学中心、省现代纺织技术中心两大高能级平台，可成为柯桥区在高端医疗配套、高科技纺织印染技术方面的核心。上方山大道以南约5.3平方千米为近期开发建设核心区域，8月起，柯桥未来医学中心、西片综合提升工程道路(含创意路及沙地王路项目、运河路及支二路项目)陆续启动建设，完成投资6.26亿元。

【柯桥未来医学中心开工建设】 2022年8月，柯桥未来医学中心项目开工建设，至年底完成桩基施工，计划2026年年底竣工并投入使用。项目位于规划创意路以北、育才路以东、上方山大道以南、科创路以西，规划总用地面积350亩，规划建筑面积50万平方米，项目总投资约65亿元。规划床位1500张，按三级甲等大型综合性医院标准建设，主要功能区块包括临床医疗、医学研究、临床教学、世界医学博物馆四大部分。工程由中国建筑第八工程局有限公司和浙江宝业建设集团联合承建。

【创意路及沙地王路开工】 2022年9月15日，创意路及沙地王路开工，概算7546万元。创意路东至沙地王路，西至育才路；长370米、宽32米，双向四车道；沙地王路北至创意路，南至运河路；长610米、宽28米，双向四车道。由杭州华水市政工程有限公司施工建设。

【运河路及支二路开工】 2022年12月7日，运河路及支二路开工，概算6982万元。运河路西至育才路，东至沙地王路，长556米、宽28米，双向四车道；支二路西至育才路，东至沙地王路，长303米、宽20米，双向两车道。由浙江远涛建设有限公司施工建设。(娄华军)

类目编辑　陆　杨

乡村振兴

综　述

2022年,柯桥区推进美丽乡村建设,完成“五星3A”项目125项,创建5个省级未来乡村,新增加1条省级共同富裕新时代美丽乡村示范带、2个省级美丽乡村示范乡镇、9个省级特色精品村、44个新时代美丽乡村达标村、7个市级“五星3A”先行村、6个AAA级示范村。

开展农村人居环境整治提升自2019年起连续4年获得农村人居环境长效管理常态化评估考核全市第一,成功入选“国家乡村振兴示范县”创建名单。创建省级美丽宜居示范村4个,分别是齐贤街道齐贤村和夏履镇双叶村、安昌街道安华村和漓渚镇棠二村。漓渚镇九板桥村成功创建省级美丽宜居示范村优秀村庄。(章　琪)

美丽乡村建设

【概况】 2022年,柯桥区持续深化“千万工程”(千村示范、万村整治),推进美丽乡村建设迭代升级。投资25851.9万元推进“五星3A”迭代升级、全域美丽乡村建设、农村人居环境整治等工作,累计创成省级美丽乡村示范镇12个、省级特色精品村33个,“五星3A”先行村9个、五星达标村241个、AAA级景区化建设示范村36个,农村人居环境整治常态化评估综合排名自2019年起连续4年居全市首位。(章　琪　沈伟娟)

【美丽乡村建设】 2022年,柯桥区安排2.65亿元用于乡村振兴“五星3A”迭代升级暨“未来乡村”“共富星村”建设。创建5个未来乡村省级试点村、8个区级共富星村试点村、7个“五星3A”先行村、6个AAA级示范村、10个五星达标村。柯桥区入选“国家乡村振兴示范县”创建名单,创建为全省首批新时代美丽乡村示范县。(沈伟娟)

【农村人居环境整治】 2022年,柯桥区组建城镇环境整治专职考核组和区农村环境整治专职考核组,分别由区文明办和区农办牵头,专门负责对各城镇(含工业园区)、农村环境(包括所辖区域内的道路、河道)进行实地检查考核,把涉及亚运“两路两侧”的9个镇(街道)51个村纳入必查范围,全年检查16个镇(街道)的408个村(居委会、社区),其中集镇组前三位分别为马鞍街道、华舍街道、柯桥街道,农村组前三名分别为马鞍街道、华舍街道、平水镇。在全市农村人居环境整治提升常态化评估中,柯桥区年度综合成绩105.49分,排名全市第一。(王奇军)

特色农业发展

【概况】 2022年,柯桥区组织农企参加各类大型展会活动,推广农产品品牌,举办2022“平水日铸”开茶节,组织茶叶企业参加义乌森博会,推荐区内优质农产品企业参加浙江省农业博览会,促进农产品消费,并组织开展杨梅节、水蜜桃节等,吸引广大农户参与,提升农户收入。

【稽东香榧公共品牌建设】 2022年,柯桥区推进稽东香榧公共品牌建设,稽东香榧参加全球农遗大会,在香榧集中区域开展无人机授粉和施肥、洒药合作探索。坐落于稽东镇金丰村的“稽东香榧”品牌管理服务中心投入运营，中心用地面积1.2万平方米，总投资2400万元，设置数字服务中心、包装中心、电商中心、企业研发中心、物流中心、公共炒制中心。柯桥古榧保护和利用集成应用系统获评全市数字经济系统路演大赛优秀案例，率先接入“浙江乡村大脑”。

·小资料· “浙江乡村大脑”

“浙江乡村大脑”是浙江省推进“数字三农”建设的核心引擎，由浙江森特信息（托普云农全资子公司）承建。以“11153”（1个数据仓，1张全域地理信息图，1个“浙农码”，5个库为知识库、规则库、算法库、模型库和组件库，3领域能力为农业智能、乡村智治、农民智富）为核心构架，按照“一表一图N清单”的方法，开发建设9个智能模块。统筹整合农业数据、智能组件等数字资源，推进全省跨部门、跨层级、跨区域、跨主体的“三农”数据全面共享、业务应用协同贯通、为农服务实时联动。

【平水日铸茶品牌建设】 2022年，柯桥区新增“平水日铸”专卖店5家，有平水日铸茶生产加工企业20家，“平水日铸”标准化专卖店34家，主要分布在绍兴、上海、山东、辽宁等地。“平水日铸”系列名优茶产量2230吨、产值4.32亿元，柯桥区与中国农业科学院茶叶研究所合作共同选育的“平水日铸茶1号”和“平水日铸茶2号”两个茶树品种获得农业农村部植物新品种权证书，是柯桥区茶产业首次获得此类成果，平水日铸茶“六统一”案例入选浙江省地标富农优秀案例。（王卓琴）

农村文化礼堂建设

【概况】 2022年，柯桥区推进文明、文化“两文融合”工作，探索农村文化礼堂建设和新时代文明实践工作在阵地、资源、活动和队伍等方面共享共用。全年投入1080万元用于文化礼堂星级评定、管理员考核、系统平台维护和日常活动组织等工作，确保在阵地、资金、队伍、活动、项目等各方面实现全面整合。

【文化礼堂管理员培训】 2022年，柯桥区进一步提升礼堂管理员队伍综合素质，推进一专多能的复合型、全能型人才培养模式，不定期组织开展各类线上线下培训。鼓励优秀管理员通过互助传授方式分享知识技能、工作方法、实践经验等。全年开展线上培训4场次，赴各镇（街道）巡回培训16场次，针对数字化应用平台、文化礼堂活动组织、志愿服务工作等内容进行指导，培训1580余人次。

【文化礼堂管理】 2022年，柯桥区完善线上管理系统平台数据，通过智慧大脑实时呈现各礼堂的人流、活动、队伍和品牌等各项数据内容。推进文化礼堂数字化改造，在12家文化礼堂安装电子监控设备，通过图像采集反馈现场情况，实现全天候管理。作为试点区域率先推广绍兴数智礼堂，实现区镇村三级贯通，齐贤街道齐贤村文化礼堂举办“绍兴数智礼堂”启动仪式。

【文化礼堂服务项目】 2022年，柯桥区文化礼堂建立区级精品项目+镇级自选动作相结合的服务模式，通过品牌赛事、周末剧场、送戏下乡、文化走亲等多种载体向基层输送多元化项目，全年开展活动214场，其中名家名品40场、精品曲艺74场、民营剧团100场。16个镇（街道）均孵化出特色项目，近20%的礼堂有2个以上品牌项目。马鞍街道“文化礼堂评价激励机制”入选省农村文化礼堂赋能共同富裕引领计划提名，柯桥街道“柯桥领读者”项目自2020年起连续3年实现家园全覆盖。（张　帆）

家宴中心建设

【概况】 2022年，柯桥区结算2021年度民生实事工程家宴中心31个点的资金，拨付1728.82万元。把家宴中心建设及农村集体聚餐管理工作纳入对镇（街道）食品安全长效管理责任制考核内容，有效防范农村集体聚餐风险。区级财政以70%补贴额度发放农村家宴设施设备提档升级奖补资金1030万余元。（沈伟娟）

【农村家宴人员管理】 2022年，柯桥区家宴厨师信息以“一户一档”形式全覆盖录入省智慧餐饮信息平台，配套预防性检查指导和人员健康管理。全区农村家宴厨师健康体检率90%，农村集体聚餐申报率100%，分级指导率90%。（叶泽天）

类目编辑　陆　杨

交通运输

综合交通建设

2022 年 6 月，镜水路（群贤路—创意路）道路提升改造工程完工
（区建设集团　提供）

【概况】 2022 年，柯桥区投资综合交通项目 65.8 亿元，实现全年计划的 109%，在各县（区、市）中排名第一。交通基础设施投资 70 亿元，比上年增长 36.5%，增速在各县（区、市）中排名第一。杭金衢高速至杭绍台高速联络线形象进度至 27%；杭州中环高架部分形象进度至 80%；杨绍线福全段改建工程形象进度至 47%、杨江西路接 03 省道东复线形象进度至 70%。杭金衢高速至杭绍台高速联络线（杭金衢高速公路柯桥联络线）工程（绍兴段）、杭州至宁波国家高速公路（杭绍甬高速）杭州至绍兴段（绍兴段）工程建设用地，获自然资源部批复；柯桥至诸暨高速公路控制性工程先行用地、铁路杭州萧山机场站枢纽及接线控制性工程先行用地获自然资源部办公厅批复，杭州中环（104 国道绍兴柯桥钱清至柯岩段改建工程和 329 国道上虞至临安公路柯桥钱清至萧山界段改建工程）建设用地获省政府批复。

【镜水路道路提升改造工程完工】 2022 年 6 月，镜水路（群贤路—创意路）道路提升改造工程完工，镜水路恢复全线南北通行。该工程总投资 1.4 亿元，于 2 月开工，全长 3.96 千米，南起镜水路 1 号桥北坡，北至镜水北路北桥头，按城市道路主干路标准设计，设计时速为 50 千米。Ⅰ标施工单位浙江海滨市政工程有限公司，Ⅱ标施工单位南宁市政工程集团有限公司。该项目毗邻棒垒球体育文化中心，是亚运基础设施配套重点工程之一。

【绍齐公路（尹大线）嘉会大桥—羊山路段整治提升工程完工】 2022 年 7 月，绍齐公路（尹大线）嘉会大桥—羊山路段整治提升工程完工。工程为 2022 年国有投资半年度调整项目，总投资 700 万元，于 5 月开工。工程起点（K0+000），位于嘉会大桥北侧桥坡，终点至羊山路（K1+294.8），全长 1294.8 米，设计标准为二级公路，设计时速为 40 千米。工程主要内容包括道路病害整治、桥梁局部维修、交通安全设施政治改造、排水工程、照明工程维修政治及绿化修复等。施工单位为浙江宝业交通建设工程有限公司。

【车谷线车头至稽东集镇段改造工程完工】 2022 年 8 月 15 日，车谷线车头至稽东集镇段改造工程完工，于 11 月完成竣（交）工验收。工程起于绍甘线交叉口，止于稽东桥，全长 5.1 千米，总投资约 5000 万元，于 2021 年 12 月开工。施工单位为浙江

2022 年 8 月 15 日，车谷线车头至稽东集镇段改造工程完工
（区交通运输局　提供）

省建投交通基础建设集团有限公司。主要实施“白改黑”改造，结合路面、标志标线、路灯、候车亭、绿化、护栏等改造内容，以共同富裕为理念，融入党史学习教育、地域特色、生态环保、科技智慧、便捷服务等元素，建设首条富民公路样板。

【柯桥至诸暨高速公路开工】 2022 年 9 月 28 日，柯桥至诸暨高速公路开工建设。该项目起于杭绍台高速福全枢纽，终于诸暨市暨阳街道，总长 39.3 千米，总投资 174.8 亿元。其中柯桥段主线长 10.7 千米，同时设漓渚连接线，长 6.27 千米，投资 51.3 亿元。Ⅰ标段施工单位为浙江交工集团股份有限公司，Ⅱ标施工单位为中交第二公路工程局有限公司。

2022 年 9 月 28 日，柯桥至诸暨高速公路开工建设
（区交通运输局　提供）

【杭甬运河（杨汛桥河西岸航段）应急系缆桩柱及配套疏浚工程二期完工】 2022 年 10 月 20 日，杭甬运河（杨汛桥河西岸航段）应急系缆桩柱及配套疏浚工程二期完工，12 月完成竣工验收。工程为 2022 年柯桥区政府性投资项目，总投资 498 万元，于 7 月开工。主要内容为新建 14 个 500 吨级（结构按 1000 吨级设计）应急锚泊位，设置 14 根应急系缆桩，系缆桩间距 12 米，与岸边距离大于 10 米，锚泊区疏浚土方 24625 立方米，新建标志牌 2 座。施工单位为桐乡市交通工程有限公司。

2022 年 10 月 20 日，杭甬运河（杨汛桥河西岸航段）应急系缆桩柱及配套疏浚工程二期完工
（区交通运输局　提供）

【福漓线提升改造工程开工】 2022 年 11 月，福漓线提升改造工程开工。工程为 2022 年柯桥区国有投资项目，总投资 2.6 亿元。为老路改造工程，采用双向四车道二级公路标准设计，设计速度 60 千米 / 时，路基宽度 23 米。项目对路基、

路面进行双向四车道改造，增设非机动车道，完善排水、交安、桥梁、绿化、候车亭等设施。Ⅰ标段施工单位为浙江八咏公路工程集团有限公司，Ⅱ标段施工单位为浙江金顺路桥建设有限公司。（沈佳颖）

【柯诸高速漓渚连接线延伸段改建工程开工】 2022年11月22日，柯诸高速漓渚连接线延伸段改建工程完成招标，由北京市政建设集团有限责任公司施工。工程路线全长1.061千米。采用双向四车道一级公路设计标准，北段设计速度60千米/时，南段设计速度80千米/时，路基宽度25.5米。此项目是柯诸高速连接柯桥城区、兰亭街道、漓渚镇的重要道路，将打通柯诸高速漓渚互通连接线南北两侧的断头路，为柯岩、兰亭旅游业的融合发展创造有利条件。

【镜水路（钱滨线—329国道段）快速化改造工程（北段）开工建设】 2022年12月，镜水路（钱滨线—329国道段）快速化改造工程（北段）开工建设，施工单位为中铁十局集团有限公司、浙江宝业建设集团有限公司联合体。镜水路是柯桥区交通性主干道，是柯桥主城东部片区交通出行的主要干道之一，也是重要的对外物流通道。此后柯桥互通—钱滨线—镜水路将作为柯桥物流的主通道。（吴　剑）

【杭州湾环线高速（杭甬段）柯桥互通改造工程建成投用】 2022年12月28日，杭甬高速公路柯桥互通改造工程南北双向建成投用，成为省内唯一8个方向上下高速、南北双出口的高速收费站。工程北接杭州湾大道，南接金柯桥大道，项目总投资6.5亿元。主要将原单喇叭式互通改建成双喇叭式复合互通，新建改建完成匝道10条（新建5条、改建5条），匝道全长5.79千米、主线拼宽1.7千米、新建收费站1座。工程由中铁十局集团第二工程有限公司施工。

【福漓线秋瑾小学路口渠化及信诚桥改造工程完工】 2022年12月，福全至漓渚低等级公路改造（福漓线秋瑾小学路口渠化及信诚桥改造）工程完成竣（交）工验收。工程为2021年柯桥区政府性投资项目，起于福漓公路K1+850处，终于福漓公路K2+550处，全长0.7千米，总投资约2700万元，于2021年11月开工。施工内容为秋瑾小学至信诚村农民公寓段进行渠化改造，对信诚桥进行维修，更换桥梁空心板，桥头两侧接坡改造，完善道路排水、交安、照明、绿化等附属设施等内容。施工单位为桐乡市交通工程有限公司。

【杭金衢高速至杭绍台高速联络线节点贯通】 2022年11月初、12月初，杭金衢高速至杭绍台高速联络线节点杨家山隧道左右洞先后贯通。杨家山隧道位于绍兴市柯桥区柯岩街道里庄村，左洞隧道长度291米，右洞隧道长度306米，隧道净高5米，净宽18.5米，最大埋深61米，为公路四车道隧道。隧道于2022年3月15日开始进行爆破开挖掘进，历经233天，左右双洞先后贯通。施工单位为浙江交工集团股份有限公司。

2022年11月3日，杭金衢高速至杭绍台高速联络线杨家山隧道左洞贯通　　（区交通运输局　提供）

【钱茅线朱家坞村山体滑坡整治工程完工】 2022年12月，钱茅线朱家坞村山体滑坡整治工程完工。工程为2022年柯桥区政府性投资项目，总投资1100万元，于6月开工。施工单位为中水建管国际工程有限公司。主要施工内容为对钱茅线K23+250—400段山体滑坡进行处治，完善排水、交通安全等设施，山体滑坡治理采用削坡+坡面加固+坡脚支挡工程+坡面截排水+坡面绿化的方式。（沈佳颖）

2022 年 12 月，钱茅线朱家坞村山体滑坡整治工程完工
（区交通运输局　提供）

公共交通发展

【概况】 2022 年底，柯桥区公共交通以城乡公交、中长途班线和出租客运为主。至年底，有一级客运站 1 个（柯桥客运中心），城区及镇（街道）公交站场 25 个，场地面积 243755.30 平方米，建筑面积 40768.52 平方米。分别为湖光桥公交站、马鞍公交站、平水公交站、柯东公交站、柯南公交站、柯北公交站、柯华公交站、湖东公交站、安昌公交站、漓渚公交站、兰亭公交站、钱清公交站、之江学院公交站、柯桥客运中心公交站、绍兴西站公交站、秋湖公交站、稽东公交站（新）、稽东公交站（老）、轻纺城体育中心公交站、湖塘公交站、华舍公交站、夏履公交站、杨汛桥公交站、齐贤公交站、王坛公交站。

全区有道路旅客运输经营业户 13 家，其中公交企业 1 家（绍兴市公共交通集团第二有限公司）、客运站（场）经营业户 1 家（柯桥客运中心）、班车客运企业 2 家，包车客运企业 4 家，巡游出租车客运企业 5 家。有营运客车 590 辆（不含公交），其中班线客车 17 辆、省内外旅游包车 108 辆、巡游出租汽车 465 辆。

全区（绍兴市公共交通集团第二有限公司）有公交车辆 740 辆，其中新能源车辆 717 辆，占总运营车辆的 96.89%。有公交线路 108 条，其中跨区 32 条、区内 34 条、二级 42 条。受新冠疫情影响，2022 年营运里程比上年有所上升，客运量比上年有所下降，全年营运里程 3989.12 万千米，日均里程 10.93 万千米；全年客流量 2763.13 万人次，日均载客量 7.57 万人次；全年累计发班 159.88 万趟次，平均日发班次 4380 趟。至 2022 年年底，有从业人员 1156 人，其中公交驾驶员 927 人，公交人车比 1.22:1。

至 2022 年年底，柯桥客运中心有进站班线 26 条，其中始发班线 18 条、补员 8 条；进站车辆合计 33 辆，其中始发 19 辆、补员 14 辆，最长线路为 723 千米（柯桥至临泉）。按线路类别，县际客运班线 2 条，分别为柯桥至嵊州、诸暨；市际客运班线（含途经）14 条，分别为柯桥至杭州、萧山机场、东阳、义乌、磐安、兰溪、石浦、仙居、丽水、沈家门、平湖、安吉、新安江、玉环；跨省（市）的长途客运班线（含途经）10 条，分别为张家港、德兴、浦城、临泉、周口、南通、姜堰、黄桥、启东、玉山。柯桥客运中心全年日均发送 130 人次，单日最高 376 人次（10 月 1 日），全年运送旅客 4.7452 万人次，旅客周转量 652 万人千米。

【绍兴地铁 1 号线柯桥段运营】 2022 年，绍兴地铁

2022 年 6 月，绍兴地铁推出“1 元坐地铁游古城”乘车活动
（杭绍临空开发集团　提供）

1号线柯桥段计划开行列车110688列，实际开行110685列，停运3列次，兑现率99.99%；2分钟到晚18列，到达正点率99.98%；掉线25列，掉线率0.12列/万列千米；发生5分钟及以上延误事件2次，列车服务可靠度105.07万列千米/次。1月1日至3月21日，绍兴地铁1号线柯桥段使用PR2107运行图，全天运行间隔9分钟，运用车组数8组，热备车2组，开行216列次；3月22日起使用PR2208运行图，高峰运行间隔6分，平均运行间隔8分，运用车组数26组，热备车3组，全天开行330列次。全年线路总客运量1272.90万人次，日均客运量3.49万人次；线路出行量(进站客流)491.7万人次，日均线路出行量为1.35万人；总换入客流781.2万人次，日均换入客流2.14万人次。线路最高日客运量出现在10月1日，为9.17万人次；线路最低日客运量出现在1月31日，为0.32万人次。

【公交设施建设】 2022年，柯桥区明确公交候车亭、电子站牌建设等5个方面公交出行提升发展路径，建成25个公交候车亭；新建投运公交电子站牌10个点位；建成平水公交站公交充电桩；新增或更新公交线路12条；因山区公交站立式改造需要，投入资金6115.85万元新购置83辆非站立式纯电动公交车，其中8米纯电公交车52辆、8.5米纯电公交车31辆。

【融杭公交专线开行】 2022年2月26日，柯桥区新开安昌公交站至钱塘区(下沙大学城)公交专线。该线路采用大站快线模式运营，5元一票制，是区内第8条融杭公交。周一至周四开往钱塘新区江东公交站，周五至周日开往下沙高教文溯站。开往钱塘新区的专线，途经安昌公交站、瓜沥镇标、小泗埠村(地铁启城路站)、钱塘中心(地铁江东二路站)、江东公交站等11个站点，线路全长30千米；开往下沙大学城的专线途经安昌公交站、山北村、瓜沥镇标、横一线靖东等14个站点，线路全长43千米。

【学生通勤公交】 2022年，柯桥区投运60条学生通勤公交线路，累计投放91辆新能源公交车，满足1万余名中小学生的乘车需求。9月5日，新开行565A路、563B路、561A路3条通勤公交专线，解决民工子弟学校阳光小学学生傍晚放学回家问题。

【轻纺城大桥恢复公交线路运营】 2022年8月1日，轻纺城大桥恢复通车，817路、831路、809路、811路、812路、823路、857路、868路、892路9条线路恢复经轻纺城大桥运营。

【调整线路10条】 2022年，柯桥区调整公交线路10条，4月对公交168路、微1101路进行优化调整；7月对公交566路、567路进行优化调整；8月对817路、831路、547路进行优化调整；10月对828路、118路进行优化调整、11月对158路进行优化调整。

【新增线路5条】 2022年，柯桥区新开公交线路5条(4月29日，新开行D1001路，解决平水片区居民接驳地铁1号线绍兴城南段；9月5日，新开行565A路、563B路、561A路3条通勤公交专线，解决阳光小学学生傍晚放学接送问题；10月28日，新开行530路)。

【铁路沿线安全环境治理】 2022年，柯桥区整治省市下发铁路沿线问题点位176处，开展各类整治行动20余次。协调推进杭绍城际线(萧甬铁路)两侧环境综合整治工程，累计拆迁15万平方米，立面改造1.8万平方米，新建及改造围墙220米，绿化提升乔木2700余株，灌木地被52000平方米。(沈佳颖)

交通运输管理

【概况】 2022年，柯桥有货运企业3049家(其中危货企业3家)，货运车辆4668辆(危货车72辆，其中40头、32挂)，计66018吨，全年运送货物4026.35万吨、周转量1162343.77万吨千米。有维修企业423家，其中一类维修企业16家、二类维修企业101家、三类维修企业(含快修)306家，维修从业人员5035人。有驾校16家，教练车1040辆，教练员1775人。全年汽车驾驶员报名人数39150人，其中报学大型客车17人、通用货车半挂车牵引车45人、城市公交车18人、中型客车8人、大型货车423人、手动挡轿车37229人、自动挡轿车1410人。

水路货运量184.6万吨，比上年增长9.2%，货物周转量29008.9万吨千米，比上年增长14.6%；港口吞吐量537.14万吨，比上年下降7.3%；客运量9.1万人次，比上年下降72%；旅客周转量11.7万人千米，比上年下降73%。全区船舶运力125艘货船70079载重吨，19艘客船929客位。货船平均吨位 561 吨。

【春运客流明显下降】 2022 年春运期间(1 月 17 日至 2 月 25 日),柯桥区投放营运客车 1306 辆、客船 14 艘、轨道交通列车 8 列。整体客流全程低迷,水路客流下降明显,公路水路及轨道交通共运送旅客 344.74 万人次。其中公路水路运送旅客 294.13 万人次,比上年下降 17.96%;客运中心仅完成跨区以上长途班线旅客 0.6231 万人次,比上年下降 43.71%。

【各类交通运输补助资金发放】 2022 年,柯桥区发放交通运输补助资金近 22193 万元。其中公交补贴资金 17543 万元,鉴湖直升机场飞行架次省级补贴资金 50 万元,现代物流业奖励资金 90.04 万元,发放涉及运输船舶购置、企业新冠疫情防控、气价补贴、老旧车辆淘汰等资金 508.5 万元,发放“快转运”车辆使用费 1999.91 万元。向春节期间留守企业的货运司机、出租车司机核发慰问金额 5000 余元。

【重点大客车和危货管理】 2022 年,柯桥区根据《绍兴市亚运城市绿色与智慧交通年建设行动方案》等相关规定,提前淘汰 7 辆重点大型客运。注销绍兴铁鹰特种货物运输有限公危货经营资质。委托绍兴市交通职校对现有三家危货运输企业开展第三方安全检查,促进危货行业规范有序发展。

【出租车行业管理】 2022 年,柯桥区更新纯电巡游出租车 70 辆,新增纯电网络预约出租车 553 辆。49 名驾驶员申报绍兴市三星及以上驾驶员,20 辆车加入绍兴市“孺子牛”爱心车队,累计参与爱心送考等公益活动 50 余辆次。

【驾培学时审核】 2022 年,柯桥区加大驾培行业学时人工审核力度,审核量比上年提升 27%,共计审核学时 109850 条,不通过占比 32.32%,推送疑似违规数据 3225 条,降低学时造假率。

【绿色与智慧交通推进】 2022 年,柯桥区新能源城市公交车辆(除部分应急保障车辆外)比例 100%,出租汽车(含网约出租车)新能源比例 70.3%;淘汰国三及以下营运柴油货车 293 辆;设置出租车服务中心,安装 18 根充电桩。

【“无废汽修”创建】 2022 年,柯桥区创建汽修企业“无废细胞”15 家。通过建立机制、精准摸排、现场指导、线上申报等步骤,对全区涉喷漆、烤漆、补漆作业的 159 家汽修企业开展摸底调查,核实筛查、分类管理。以现场指导方式开展提升工作,对企业废气处理装置、废水处理流程和废机油、废漆渣、废铅酸蓄电池等危废规范化贮存设施现场督导,并通过区级审核和市级抽查。

【水运安全检查】 2022 年,柯桥区检查水路客运企业 25 家次、客运游船 84 艘次、景区乌篷船 67 艘次,发现并整改问题 14 个。出动车艇巡航 116 艇天次,巡航 3259 千米,检查船舶 3784 艘次,辖区内未发生堵航事件,实现等级航道通航保证率 100%。查处各类违章 101 起,其中非现场执法案件 46 起,占总案子数的 45.5%;通过“海事通”进行船舶信息现场采集 353 艘次,船舶安检 88 艘次。

【打击航道内捕鱼行为】 2022 年,柯桥区严厉打击在杭甬运河、南塘线等主干航道内碍航捕鱼违法行为,联合渔政、水派、乡镇开展“三无”(无船名船号、无船舶证书、无船籍港)船舶、渔船进入内河主干航道碍航捕鱼等违法行为集中整治,出动执法艇 32 艘次,执法人员 83 人次,巡航 423 千米,劝离农林自用船擅自进入航道捕鱼 83 艘次,登记 83 艘次,清除违法设置在航道中的地笼 196 副。

【杭甬运河水质维护】 2022 年,杭甬运河柯桥区段断面水质平稳保持在Ⅲ类水质。全年巡河 34 次,巡河 1200 余千米,发现整改问题 32 个。投入 450 万元,疏浚土方约 27000 立方米,新建杭甬运河杨汛桥河西岸航段应急系缆桩 18 个。两岸绿化养护 6400 万平方米,清理河面垃圾 200 余吨。

【港口码头污染监管】 2022 年,柯桥区加强对港口码头环保的日常监督检查,办理港口防污染案件 2 起,行政处罚 6000 元。联合生态环境、住建、行政执法等部门对码头开展监管行动 4 次,督促整改问题 11 个。检查进出港运输船舶 1515 艘次,完成 6630 艘次船舶污染物上岸,接收总量 365.37 吨,比上年增长 22.34%。其中生活污水 347.51 吨、油污水 6 吨、垃圾 11.85 吨。船舶污染物转运率、处置率、单证电子化率均达 100%。

【船舶碰撞桥梁隐患治理】 2022 年,柯桥区对杭甬运河及萧余线(及内环线)等 5 条Ⅵ级航道桥区水域水上交通安全风险隐患进行排查评估、专家评审，扫测航道桥梁及桥区水域。整改157座桥梁涉航安全隐患，设置桥梁限高标志166块、桥涵标117块、桥柱标326块、鸣笛标2块。

【平安畅通综合整治】 2022年，柯桥区整治省市区级挂牌治理道路事故隐患点7个，其中省级1个、市级2个、区级4个。整治"一级公路平交口"安全隐患16处，应急排险117处，治理边坡、挡墙5处，台风期间巡航检查发现隐患并整改19处，处罚船舶2艘，对企业发放责令改正通知书1份。（沈佳颖）

交通设施管养

【概况】 2022年，柯桥区境内公路总里程为1586.988千米，其中国道53.361千米（含国家高速公路12.287千米、普通国道41.074千米）、省道94.1千米（含苏台高速49.676千米）、县道416.925千米、乡道356.11千米、专用公路11.336千米、村道里程655.156千米。全区桥梁1037座，其中国家高速46座、普通国道73座、省道80座（含绍诸、苏台高速43座）、县道344座、乡道184座、村道310座。隧道33道〔青坛隧道、王城隧道、元宝山隧道（左、右）、兰亭隧道（左、右）、古博岭隧道（左、右）、日铸岭隧道、凤凰山隧道（左、右）、型塘岭隧道、坝头山隧道（左、右）、杨汛桥隧道、大岩头山隧道（左、右）、平水隧道（左、右）、黄大罗山隧道（左、右）、泉井山隧道（左、右）、棋盘山隧道（左、右）、洋中隧道（左、右）、车头隧道（左、右）、玄风岭隧道（左、右）、铜盘山隧道（左、右）〕。建制村214个，建制村公路通达率100%。按公路技术等级划分，高速61.963千米、一级137.419千米、二级272.952千米、三级115.83千米、四级998.824千米。

【"四好农村路"建设】 2022年，柯桥区按照高水平推进"四好农村路"要求，建成农村公路亮化工程35千米，省民生实事工程新改建农村公路4千米、市民生实事工程农村公路养护51千米、市交通运输局农村公路养护80千米、区民生实事工程拓宽升级山区道路打通村级公路"最后一公里"项目18千米。县道平王线被省交通运输厅评定为首批十大最美农村路，交通运输部共同富裕主题月全国冠军。柯桥区"路长制"管理工作被交通运输部列为农村公路"路长制"典型案例。

【道路养护】 2022年，柯桥区G104京岚线、绍甘线、杭金衢连接线等8条公路路面大中修工程完工，总里程29.36千米，其中国省道5.44千米、县道23.92千米。开展公路预防性养护，开展钱茅线、柯夏线、下白线等10条县道局部病害路段路面维养，总里程10.3千米。

【路域环境改善】 2022年，柯桥区累计清扫县道及以上路面19.44万千米，清理边沟285.55千米，清理垃圾407.2吨，疏通涵洞通道132个，修复隔离、护栏1419米，路面灌缝0.63万米，修补路面沉陷、坑洞7.5万平方米，标线施划7520.62平方米；"三化一平"（洁化、美化、绿化和平整度）路域环境整治188处。落实农村公路临水临崖、桥路衔接及桥梁等安全隐患排查整治工作。对辖区重点15条公路路面、213座桥梁、隧道、涵洞、排水设施等进行隐患全面排查和动态清零。处置路域环境问题1046个，清理桥下空间问题119处。

【桥梁隧道管理】 2022年，柯桥区开展桥梁隧道的日常检查、定期检查和专项检查，出具桥梁定期检查和专项检查报告114份。更换金柯桥大道运河桥和柯安线华舍大桥桥梁吊杆，维修加固钱清2号桥、17号桥、白马湖大桥、秦望立交桥防撞设施；对104线通江涵桥及舟鲁线夏履大桥实施预防性养护。（沈佳颖）

交通运输执法

【概况】 2022年，柯桥区先后组织开展超限超载整治、道路运输打非治违、大气污染治理等专项整治行动180余次，累计查处公路管理案件2960件、处罚金额1064.41万元，道路运输案件1012件、处罚金额123.9万元，港航管理案件200件、处罚金额21.41万元，交通工程案件12件、处罚金额259.52万元。推进"除险保安"专项行动、安全生产"三年行动"计划、城乡交通平安畅通工程和深化平安交通建设年等安全生产专项行动，聚焦长陡下坡、平交道口等重点，完成1个省级、3个市级、4个区级挂牌事故黑点专项治理，全行业全年未发生一般以上安全生产责任事故。

【数字治运】 2022年，柯桥区运用数字打非平台、智慧天网等平台，分析研判疑似违法违规客运车辆1638辆次，组织实施线上线下精准布控185次，查处46辆次。推进综合监管3.0平台闭环应用，研判客运行业监测异常140个、危货行业监测异常研判49个，完成工单33个。

【数字治超】 2022年，柯桥区累计审核告知非现场超限数据4027条，非现场超限治理案件1557条。全区普通公路超限率1.24%，低于2%的省控目标，LED强光灯车牌识别项目获得全省试点。

【公路、水路、轨道运输专项治理】 2022年，柯桥区落实运输企业安全主体责任和行业安全监管责任，检查道路客货运企业961家次，检查“两客一危一重”营运车辆（指从事旅游的包车、三类以上班线客车和运输危险化学品、烟花爆竹、民用爆炸物品的道路专用车辆）3779辆次，发现并整改各类隐患190处，淘汰81辆国三营运货车，注销危货企业1家、转出危货车辆12辆。开展轨道运营和保护区管理，全年累计开展保护区巡查45次，运营安全检查28次。开展社会游艇、泥浆船舶、航道安全专项整治16次，教育、警告、处罚社会游艇16艘次，处罚未批先建临时泥浆码头9处、违规泥浆船75艘，劝离农林自用船擅自进入航道83艘次，清除违法设置在航道中的地笼共计289副。（沈佳颖）

交通安全监管

【概况】 2022年，柯桥区交警部门办理机动车注册登记41483件，机动车转移登记29215件，变更登记4378件，抵押登记13294件，注销登记2015件，补换行驶证、牌照、登记证书6366件，核发临时号牌14340件，办理电动车上牌业务109981件。全区接交通事故警情74769起，比上年下降11.62%；发生亡人交通事故75起，死亡76人，较前3年平均数下降3.79%；发生轻微伤人事故5849起，比上年下降9.78%；轻微受伤人数6592人，比上年下降3.46%；未发生较大以上交通事故。

【交通安全隐患排查】 2022年，柯桥区交警部门推进事故易发隐患排查整治。治理完成省级挂牌隐患1处、市级挂牌隐患13处，区级挂牌隐患6处；对省级挂牌治理的湖塘街道、夏履镇进行治理，并摘牌；安装5处农村道路的减速带，治理15处交通复杂路口“海淞湾”，摸排并完成临水临崖交通安全隐患排查21处；开展全域交通安全隐患点排查，动态发现并整改各类隐患10.5万处。（沈力江）

【交通违法现象纠治】 2022年，柯桥区查处超限运输车辆3011辆次，实施道路运输行政处罚1021件，水上执法船舶违章率全年控制在5‰以下，实施交通在建工程行政处罚11起。（沈佳颖）

邮政 快递

【概况】 2022年，柯桥区完成快递业务10230.6万件，业务收入9.4亿元。其中，港澳台快递业务6.41万件，业务收入596.75万元；国际业务量42.39万件，业务收入12500.74万元。全区有以邮政EMS、顺丰、德邦、“三通一达”（中通、圆通、申通、韵达）等为代表的国有及民营快递品牌12个，国际快递企业11家，以直营或加盟方式参与柯桥快递经营业务的企业36家（含柯桥分公司），营业网点175个。

【绿色邮政建设】 2022年，柯桥区全面推进“2582”工程和全域“无废城市”建设，至12月底，全面禁止使用不可降解塑料包装袋、一次性塑料编织袋，采购使用符合标准的包装材料比例95.08%，循环中转袋使用比例90.11%。一联电子面单应用中，特快专递产品和快递包裹产品的一联电子面单使用率均在95%以上。创建全市首批无废快递网点23个，同步推进绿色运输，更新或新增新能源和清洁能源车辆比例100%。

·小资料· “2582”工程

指2021年国家邮政局“2582”工程，内容包括开展重金属和特定物质超标包装袋与过度包装专项治理，力争2021年年底可循环快递箱（盒）使用量达500万个，电商快件不再二次包装率达80%，新增2万个设置标准包装废弃物回收装置的邮政快递网点。

【邮政快递行业监管】 2022年,柯桥区检查邮政快递企业及分支机构网点423家次,立案处罚10起,处罚金额37.01万元,对违规收寄钢丝棉花违禁品的相关企业开出全市首张寄递业反恐罚单,协助柯桥警方侦破特大跨省制贩新型毒品案1起。

【"邮、快、销"三位一体进村模式】 2022年,柯桥区综合运用邮快合作、快快合作、快商合作,驻村设点等多跨度、多模式推进快递进村,建成平水、湖塘两大区域共配中心,提质示范集快递收寄、农产品展销、水电代缴功能于一体的星级共富驿站30余个。全年通过共配网络加载的快递业务量突破100万件,柯桥"邮、快、销"三位一体进村模式获评全市首批共同富裕实践最佳案例。(孟丽莎)

2022年12月,平水镇王化村综合服务社 (孟丽莎 摄)

类目编辑 陆 杨

开发区·平台

杭绍临空经济一体化发展示范区绍兴片区

2022 年 10 月 9 日，杭绍临空经济一体化发展示范区绍兴片区揭牌仪式举行
（杭绍临空示范区绍兴片区　提供）

【概况】 杭绍临空经济一体化发展示范区是浙江省推进“一带一路”、长三角一体化发展战略的开放平台，杭绍两市共同谋划建设的一体化合作先行示范平台，绍兴片区是绍兴市“2+6+N”开发区整体体系中 2 个最重要的市级平台之一。2022 年 1 月 4 日启动筹建，5 月 24 日浙江省人民政府正式批复设立。规划面积 115 平方千米，空间范围包括柯桥区华舍街道、钱清街道、杨汛桥街道的全部区域，辐射带动夏履镇，赋予“全国一流临空智造区、杭绍同城合作创新区、绍兴未来城市实践区”战略定位。杭绍临空示范区绍兴片区空间总体规划，由中国城市规划设计研究院编制。确定“一核两廊三片”（“一核”：临空智创城；“两廊”：融杭人才科创走廊、西小江人文生态走廊；“三片”：光电信息产业片、融杭数智产业片、康养时尚产业片）总体空间结构和“1+1”（新一代光电信息 + 临空综合服务）产业布局，编制产业发展规划、杭绍临空人才合作创新区发展规划、临空智创城规划、西沙路站地铁 TOD（以公共交通为导向的发展模式）规划、中央绿心公园等重点区域的城市设计与控制性详细规划，以及交通、电力、给排水等各类专项规划。10 月 9 日，杭绍临空经济一体化发展示范区绍兴片区在柯桥区揭牌。

·小资料·　“2+6+N”

“2”指绍兴滨海新区、杭绍临空经济一体化发展示范区绍兴片区，“6”指柯桥经济技术开发区、杭州湾上虞经济技术开发区、上虞曹娥江经济开发区、诸暨经济开发区、嵊州经济开发区、新昌高新技术产业园区 6 个骨干型平台。“N”指全市网络大城市特色基础型平台，包括 30 个左右实体化运作的人才科创、开放城市、文旅生态平台，160 个左右省级认定特色小镇、小微企业园、城市街区业创新园。

【融杭道路建设】 2022 年，杭绍临空示范区绍兴片区加速融杭道路、基础设施建设。谋划新建群贤路西延萧山南秀路（一期）、钱杨大道，改造提升瓜渚路和万绣路，建设临空保障房等十大工程项目全面动工，计划总投资 60 亿元，2022 年投资 27 亿元。其中，群贤路西延一期工程分 2 个标段，投资 11 亿元的Ⅰ标段东小江桥梁工程在建，Ⅱ标段进场施工；钱杨大道完成工程量的 20%；临空保障房桩基施工，投资 3.5 亿元。

【“万亩千亿”新产业平台建设】2022年，杭绍临空示范区绍兴片区聚焦光电信息产业，加大项目招引力度，建设“万亩千亿”新产业平台。签约引进半导体光罩等5亿元以上项目10个，总投资170亿元，计划用地面积42.67公顷。其中，昊克生物基新材料、恒春智能电梯项目开工。推进科创平台建设，建成投运中科大绍兴新材料产业研究院，动工建设中科大创新产业园；哈工大材料科学与工程学院柯桥创新中心装修投运；与清华大学罗毅院士团队合作共建的绍兴光电研究院完成登记类事业单位注册，启动筹建。探索建设杭绍临空人才合作创新区，落地高层次人才项目12个。

2022年，杭绍临空开发集团办公大楼

（杭绍临空示范区绍兴片区　提供）

·小资料·　“万亩千亿”新产业平台

“万亩千亿”新产业平台是指面向重量级未来产业、万亩空间左右、千亿产出以上的产业平台。在产业定位上，聚焦重量级未来产业，包括数字经济核心领域、智能装备、航空航天装备、高端生物医药、前沿材料五大重点方向40余个细分领域。在规划空间上，要求万亩左右，以充分保障重大项目落地的用地需求。在产出效应上，每个新产业平台未来实现“千亿产出以上”，主导产业比重超过80%，形成新产业集聚发展的高地。

【用地拆迁推进】2022年，杭绍临空示范区绍兴片区全面梳理城镇空间、公共设施、工业用地等现状，通盘谋划，联动属地镇（街道），合力推进建设。安排临空智创城片区、光电信息产业片区、融杭数智产业片区三大片区用地拆迁，建筑面积82万平方米。至年底前，基本完成拆迁签约任务，腾空率95%以上，拆除率80%以上，推进腾空拆除扫尾清零。

【临空开发集团组建】2022年，临空开发集团与区轨道交通集团实行“两块牌子、一套班子”运作，发挥“1+1>2”作用，强化融资建设平台，保障临空示范区绍兴片区建设发展推进。通过发行境外债券融资、政府专项债、续发企业专项债、新增融资授信、银行贷款等多种途径，融资近100亿元；与国家开发银行合作的48亿元银团贷款和兴业银行合作的50亿元城市更新项目完成前期工作。（俞仙炯）

兰亭文化旅游度假区

【概况】兰亭文化旅游度假区，位于绍兴市柯桥区南部，2019年3月由浙江省人民政府批准设立。2022年主要区域为兰亭街道、漓渚镇、平水镇，面积118平方千米；联动辐射王坛镇、稽东镇。

紧扣创建有文化底蕴的世界级旅游度假区、打造世界级兰亭IP（地址性标志）目标，推进各项开发建设。新建兰亭森林野生动物园、绍兴二院兰亭院区（康复医院）、浙江农业商贸职业学院（会稽山校区）工程、兰亭度假区旅游集散中心等重点项目均完成年度节点任务，全省最大的漓铁集团兰亭尾矿库闭库，“舜源古忆”县域风貌样板区项目获评绍兴市首个省级城乡风貌样板区。投资100亿元的若耶·铜谷小镇项目、投资5亿元年产3万吨新型数字化市政用塑料管道生产基地项目签约落地，引入“中国农业机械化科学研究院先进装备研究院”等人才项目5个，落地3个。房屋拆迁面积24.6万平方米、做地（土地前期开发整理）11宗51.24公顷。移交平铜集团20公顷土地等资产，年度融资50亿元。

创建省级旅游度假区可行性研究报告，通过省文旅厅、省发展和改革委等部门联席审查。创建范围整体划分“一带·一环·四区”（兰亭江景观风情带，观光游览环线，文化研学区、瞻仰朝圣区、度假旅居

2022 年 10 月，“舜源古忆”县域风貌样板区项目入选浙江省城乡风貌样板区名单 （兰亭文化旅游度假区　提供）

区、乡村休闲区），推进兰亭度假区产业发展整体规划编制。推动度假区“项目攻坚”行动，提升兰亭度假区整体软硬件配套，完善辖区内公共基础设施。围绕“国家级文旅融合示范区”定位，形成以杭绍台、柯诸等高速公路，杨绍线、兰渚大道、兰福大道等重要区域为道路构架，贯穿 5 个镇（街道），连接沪杭甬的大交通脉络，以兰亭新城、平水新城两大板块为重点，突出居住、商业和公共服务功能，提升居民生活品质。推进兰亭联合城市更新区块、平水四丰区块安置房工程、兰亭江综合治理工程和兰渚大道提升改造工程等重点项目。

2022 年 2 月 15 日，华昌铜矿主题文旅综合体项目签约
（兰亭文化旅游度假区　提供）

围绕世界级兰亭“IP”（地标性标志），古越文化、书法文化和兰花文化，推进特色项目建设进度，开展各类文旅节会活动，营造独特核心竞争力。至年底，越文化遗址公园建设取得实质性进展，编制《绍兴越国贵族智慧监护系统项目设计方案》《绍兴越国贵族墓群保护规划》，形成 22.86 公顷的文保单位保护范围、178.8 公顷的建控地带范围的讨论方案；规划形成兰亭书画村选址和设计方案。开展“兰亭旅游杯”喜迎二十大永远跟党走书法篆刻大展等各类大型文旅活动 10 场次。

【若耶 · 铜谷小镇项目】 2022 年 2 月 15 日，若耶 · 铜谷小镇项目签约。该项目由上海华昌企业（集团）有限公司投资开发建设，选址原平铜集团有色金属生产、加工基地，投资 100 亿元，规划面积 40 公顷。项目以铜矿探秘、诗路寻脉，全景呈现千年若耶文化为主线，由若耶 · 铜梦、若耶 · 长歌、若耶 · 诗居、若耶 · 小郡四大板块组成，辅以文旅禅养配套，承载孵化诗画产业，建设适宜全家出游、青年潮游的高品质、数字化、目的地型文旅项目。至年底，若耶 · 铜谷小镇项目展示中心开始运营。

【兰亭江综合治理一期竣工】 2022 年，柯桥区综合治理兰亭江。该工程总投资 12.68 亿元，治理内容包括沿线拆迁、河道整治、堤防护岸工程、沿河景观建设等。建设单位为绍兴平水若耶溪水系综合整治开发有限公司，由宁波龙元盛宏生态建设

2022 年，兰亭江综合治理一期工程完工
（兰亭文化旅游度假区　提供）

工程有限公司承建，其中一期工程于1月开工、年底竣工。

【兰亭尾矿库闭库工程完工】 2022年5月31日，浙江省最大尾矿库浙江漓铁集团兰亭尾矿库闭库工程完工，成为绍兴市首个完成整改的省对市“七张问题清单”。年初，兰亭文化旅游度假区管委会配合产业集团推进平铜尾矿库闭库、坝下农田生态治理等相关生态修复工程。上半年开展漓铁家属宿舍遗留户处置专项行动，清理相关遗留建筑物，使26.67公顷土地具备出让条件。7月底整体移交平铜集团20公顷土地相关资产。依托漓渚铁矿、平水铜矿工业遗址、历史风貌和山地、峡谷、水体等地形地貌，结合兰亭IP，引入若耶·铜谷小镇等优质产业项目，对矿区老建筑进行产业规划、环境整治、功能提升，形成矿区可持续发展的自我造血机制。（冯杨波）

绍兴金柯桥科技城（浙江绍兴人才创业园）

【概况】 绍兴金柯桥科技城（浙江绍兴人才创业园）2016年8月成立，2017年5月升格为省级人才创业园。2022年，引进人才项目38个，其中1亿元以上项目7个；落户全市首个全职院士团队创业项目——迈亚塔有益菌研究院；完成产业化人才项目4个。自2016年起，连续举办海创大赛7届，参赛优质创业项目1956个、优质项目获奖112个、落地人才企业73家。2022年大赛18个项目17个为博士带队，注册12个。浙江瀚为科技有限公司获浙江省青年创新创业大赛总冠军。申报浙江材华科技有限公司、绍兴橙氧科技有限公司等高新技术企业19家。津膜科技获评工信部第四批专精特新“小巨人”企业。申报省领军型创新创业团队3个，大爱生物团队进入最终答辩，为全区唯一。

浙江绍兴人才创业园2.0——柯桥杭州湾科创中心土地挂牌，投资30亿元、建筑面积45万平方米；建设新材料加速、中试平台，路演中心、人才公寓、商务酒店等高端商业配套，建成后满足100个“加速型”人才科技项目发展需求，容纳5000名大学生就业。创建省侨界创新创业基地，提升绍兴外国高端人才创新集聚区，入驻外国人才37人。集聚区平台中意联合创新中心获评2022年省级国际科技合作基地，为绍兴市首家。重庆医科大学绍兴柯桥医学检验技术研究中心由院士、专家团队带队，建设绍兴医学检验领域人才和产业高地。完善《新型产业用地试点实施意见操作细则》，规划建设民营科创平台，总量160万平方米；引进人才科技项目44个，建成美佳国际生命健康创新园、浙江优创科技产业园发展有限公司。

2022年绍兴金柯桥科技城新貌一角　　（科技城建管委　提供）

【人才企业服务】 2022年，绍兴金柯桥科技城完善人才企业网格化服务，优化人才服务综合体“线下一站式＋线上一条龙”集成服务，落实招商项目清单式管理服务制度，为企业提供政策咨询兑现、股权融资、上市辅导等各类服务，兑现各类人才政策资金2201万元，走访企业1000余次，解决各类问题400余个。设立科技城产业发展基金，计划规模50亿元。召开政银企项目对接会，签约意向授信203亿元。服务对接企业融资需求20余家，助力企业9家，融资14亿元。坚持“月月有安排，周周有活动”，常态化为人才提供各类创新创业、红色党建、文娱交流活动，举办各类人才服务活动40余场，服务人才科技型企业630家次，参与活动1500余人次。

【瀚为科技获省总冠军】 2022年9月16日，2022年“创青春”浙江省青年创新创业大赛结果公布，金柯桥科技城人才企业浙江瀚为科技有限公司“水系锌离子电池”项目，获总冠军。该项目将水系锌基电池应用于工业削峰填谷储能电池、光伏风伏配套储能、电网调频等高功率密度需求领域。

公司所研发的水系锌离子电池打破技术壁垒，成为后锂电池时代低成本、高功率、绝对安全的储能设备。大赛由共青团浙江省委、省网信办、省发展改革委等部门共同主办，6月启动，全省参赛项目1500余个，经过层层筛选，最终评选出总冠军1名、金奖3名、银奖12名、铜奖24名、优胜奖40名。

2022年9月16日，浙江瀚为科技有限公司的"水系锌离子电池"项目在2022年"创青春"浙江省青年创新创业大赛中获总冠军
（科技城建管委　提供）

【科创中心建设】 2022年9月22日，绍兴人才创业园2.0——柯桥杭州湾科创中心开启设计招标。该中心地块位于柯桥经济技术开发区齐贤街道，东至齐贤路，南至管湖沿路，西至规划道路，北至滨海大河。建设用地面积18.33公顷。建筑面积45万平方米，其中中试建筑面积26.5万平方米、办公建设面积3.5万平方米、宿舍（公寓）建筑面积5万平方米、其他配套用房建筑面积2万平方米、地下室8万平方米。园区围绕"1+3"产业体系，加大泛半导体、新材料和生物医药等产业的招才引智和培育力度，为优秀人才科技企业产业化提供发展空间，形成产业特色鲜明、综合配套完善的现代化科创孵化集聚区。至年底，科创中心完成立项、可研等前期手续和一期用地拆迁、设计招标。（叶　尔）

柯桥经济技术开发区

【概况】 柯桥经济技术开发区是1993年11月经浙江省人民政府批准成立的第一批省级经济开发区，2012年10月经国务院批准升级为国家级经济技术开发区。位于杭州湾南岸湾区经济带的核心区域，为柯桥区北大门。2022年，总规划面积198.7平方千米，有企业4万余家，其中规模以上工业企业780家，上市企业14家，国家高新技术企业384家，省级以上研发机构108个。2022年，实现财政总收入110亿元，规模以上工业总产值1845亿元，规模以上工业增加值425亿元，全社会固定资产投资202亿元，自营出口1084亿元。开发区发展形成全国绿色印染基地，基本形成化纤、纺织印染、新材料（薄膜、碳纤维）、金属制造（装备机械、汽车核心配件）、环保能源等主导产业。入选浙江省"两业"（先进制造业、现代服务业）融合发展试点单位名单、浙江省开发区产业链"链长制"（产业链主体责任制）示范试点单位名单、浙江省第二批高能级战略平台培育名单，国家级开发区综合排名列全市第一位、全省第五位、全国第三十六位，获评浙江省先进开发区。

2022年3月，柯桥经济技术开发区鸟瞰图（柯桥经开区　提供）

【招商引资】 2022年，柯桥经济技术开发区签约引进“宝万碳纤维”“建信佳人”“长鼎电子”等重大产业项目18个，其中5亿元以上项目12个、10亿元以上项目7个、100亿元以上项目2个，总投资378.5亿元。其中，“宝万碳纤维”项目实现当年签约、当年供地、当月开工，与“宇越”新材料项目被列入省特别重大产业项目名单；“建信佳人”新材料项目被列入省引领性重大产业项目名单，3个项目争取土地奖励指标128.93公顷。“汉脉医药”“迈纳士”“鼎晶生物”“微知卓”4个人才项目产业化，供地9.13公顷。全年新开工入库项目19个，新投产项目25个；有效投资78亿元，项目落地投产数创历史新高。

【新兴产业平台构建】 2022年，柯桥经济技术开发区围绕柯桥区“1+3”支柱性产业，全面推动“1+3”产业平台做大做强，加快建设生物医药“健康岛”、杭州湾数智港、新材料产业园三大新兴产业平台。生物医药“健康岛”签约引进大健康项目16个，总投资69亿元，其中5个项目动工建设，滨会生物科技（浙江）有限公司、浙江华芯云生物科技有限公司车间主体结顶，园区水、电、汽、路网配套设施全面建设。杭州湾“数智港”签约引进项目27个，总投资150亿元，其中15个项目竣工投产，“越剑智能”“梅轮电梯”“金道科技”3家企业上市，产业集聚效应显现。新材料产业园签约引进3个百亿级项目，浙江宝万碳纤维有限公司、浙江宇越新材料有限公司进入主体施工，争创全省“万亩千亿”新产业平台。

【市区印染产业跨区域集聚提升工程承接】 2022年，柯桥经济技术开发区承接绍兴市区印染产业跨区域集聚提升工程，浙江七色彩虹针织印染有限公司、绍兴国周纺织整理有限公司、浙江一川纺织科技有限公司、浙江宜滨印染有限公司、浙江鸿大印染集团有限公司越城区五大印染组团在柯桥经济技术开发区蓝印时尚小镇全面投产、升规产效，总投资57.9亿元，建成总建筑面积136万平方米，集聚后年产值将突破100亿元。柯桥经济技术开发区蓝印时尚小镇印染产能占全国的40%、浙江省的60%。

【柯北科创新城开发】 2022年，柯桥经济技术开发区启动8.3平方千米柯北科创新城城市设计；启动柯北东昌、国际区块，安华区块，有机更新区3个区域控规编制；明确“双创＋文旅＋商贸”开发建设导向；建设集科创交流、共享办公、研发试验、品牌购物、休闲体验等多元业态于一体的城市综合体，柯北城市有机更新全面加速。上方山大道西延工程（金柯桥大道—育才路）开工，齐贤K-34地块安置房、安昌L-41地块限价房收尾，投资40亿元的羊山拆迁安置房桩基施工；实施国有投资项目17个，投资超44亿元。推介东昌、阳嘉龙等经营性土地出让，做地12宗43.33公顷，出让物流商业地块、羊山安置地块等经营性用地4宗，合计土地出让金16.2亿元。

【省高能级战略平台培育】 2022年12月27日，柯桥经济技术开发区上榜浙江省第二批高能级战略平台培育名单，成为绍兴市继滨海新区后第二个入选的开发区（园区）。高能级战略平台建设是浙江省在大湾区新区设立和开发区（园区）整合基础上的新战略举措，将推动资源、人口、空间多层次聚合，培育做强有国际竞争力和影响力的现代产业集群。柯桥经济技术开发区整合下属国有企业资源成立控股集团，其主体信用等级升级为AA+，是柯桥区近3年中唯一升级为AA+的区属国有企业。

【首个院士全职创业项目落户】 2022年2月25日，

2022年2月25日，迈亚塔有益菌研究院揭牌仪式举行

（柯桥经开区　提供）

柯桥区首个全职落户的院士产业化项目——迈亚塔智能菌检项目院士团队签约。项目由中国工程院院士徐建国带队，开发具有自主知识产权的益生菌产品、人体微生物组检测技术。该项目落户柯桥经济技术开发区的“健康岛”后，为柯桥生物医药产业发展起到良好的示范引领效应。

【亚运配套工程完工】 2022年，柯桥区总投资8.44亿元，实施亚运配套工程，包括上方山大道（金柯桥大道—绍齐公路）工程、羊山区块及上方山大道环境综合提升工程、镜水北路（镜水大桥北坡—柯海公路）改造工程。上方山大道（金柯桥大道—绍齐公路）工程，起于金柯桥大道茶口江桥南侧，终点与绍齐公路交叉口相接，项目总投资3.89亿元，路线全长2.92千米，路基宽度47.5米，道路等级为城市主干道，按双向六车道设计，设计时速60千米/时，包括道路工程、桥梁工程、排水工程、照明工程、交通工程和绿化工程。项目分为2个标段实施，其中金柯桥大道至镜水路段施工单位宁波建工工程集团有限公司，镜水路至绍齐公路段施工单位浙江裕众建设集团有限公司。工程于2021年2月21日开工建设，2022年9月30日通过竣工验收。羊山区块及上方山大道环境综合提升工程，施工单位宁波市政工程建设集团股份有限公司，总投资3.20亿元，工程包括景观、绿化、桥梁、道路、房屋建设五部分。7月，工程竣工验收，建成全区首个大型体育公园。镜水北路（镜水大桥北坡—柯海公路）工程，施工单位湖南省绿林建设集团有限公司，总投资1.34亿元，为城市主干道，设计速度60千米/时。工程南起镜水大桥北桥头（桩号K0+000），北至柯海公路（桩号K2+263），长度2263米。主要施工内容为道路、排水、路灯、交通、自控和景观绿化等工程。6月，工程竣工验收。（王月芳）

2022年，竣工后的亚运羊山区块配套工程（柯桥经开区　提供）

鉴湖旅游度假区

【概况】 鉴湖旅游度假区成立于2003年1月，位于柯桥区南部，核心区域面积14.35平方千米。度假区内有柯岩·鲁镇景区、乔波冰雪世界、东方山水乐园3个国家AAAA级旅游景区，黄酒小镇、酷玩小镇2个省级特色小镇；有鉴湖高尔夫球场、浙江国际赛车场、绍兴鉴湖直升机场以及10余千米长的鉴湖游步道、绿行骑道；有鉴湖大酒店、东方山水金沙酒店2个五星级酒店和凯悦嘉轩、乔波国际会议中心、凯世精品酒店、开源颐居·鲁家客栈、一湖酒场等多家国际品牌酒店和特色景区民宿。2022年11月7日，鉴湖旅游度假区被文化和旅游部公布为2022年新一批国家级旅游度假区，成为全市首家。接待游客320万人次（过夜游客85万人次），旅游总收入30亿元。

签约项目6个，总投资66.2亿元，其中明牌光伏新材料项目签约落地。推进余坤柯桥高端酒店综合体、绍兴柯桥影视文化创意产业园、GDS〔GoD Sports，阳光灿烂（披头士歌曲）〕玩乐空间、日本Calbee（卡乐比）观光工厂等项目签订投资协议。招商鉴湖里、先锋书店、凯悦嘉轩酒店、青藤文创园、金昌·山水文旅产业园等项目。绍兴璞祺艺境酒店于10月18日开业。

《鉴湖风景名胜区总体规划修编》获省政府批准。完成鉴湖江两岸湖塘片区城市设计方案、梅墅片区城市设计方案和柯岩阮社片区城市设计成果稿。启动度假区扩区三街道（柯岩、湖塘、福全街道）融合规划发展。提升度假区公建工程、安置房工程、路网布局、环境建设四个方面。参与柯桥区国有投资项目竞赛19个(续建项目11个、新建项目8个),计划投资26.68亿元,完成投资33.23亿元。其中蓬山、埠头等村拆迁安置小区一期8月下旬交房,鉴湖江南岸慢行系统三期工程、柯南大道等主要道路亮化一期工程和绍兴抗倭主题公园完工。足球场馆建设竣工,通过亚组会赛事功能验收和技术代表验收;亚运环境整治建设2个工程于5月底完工,落实场馆开放。处理中奢一站遗留问题,一期工程竣工验收,9月交房。配合柯岩、湖塘街道完成新增项目拆迁和扫尾攻坚行动,清零柯岩街道项目5个、湖塘街道项目2个,拆迁面积41.79万平方米,做地51.6公顷,融资85亿元。

举办鲁镇风情节、乔波冰雪节、酷玩烟花秀、柯岩杜鹃花节、湖塘杨梅节以及首届柯桥鉴湖诗会暨2022先锋诗歌之夜等主题旅游活动。实施"微改造、精提升"方案,推进鉴湖景观亮化工程、鉴湖旅游交通优化规划和数字化智慧交通管理水平。湖塘"黄酒小镇"省级特色小镇考核验收,成绩良好;柯岩"酷玩小镇"省级特色小镇考核验收合格。

【《鉴湖风景名胜区总体规划(2021—2035年)》获批】 2022年8月,《鉴湖风景名胜区总体规划(2021—2035年)》获浙江省政府批准。此规划优化景区范围,从原先24.63平方千米调整为18.7平方千米,按照科学规划、统一管理、严格保护、永续利用的原则,处理保护和发展关系。

【绍兴鉴湖概念规划与方案设计国际竞赛】 2022年10月29—30日,绍兴鉴湖概念规划与方案设计国际竞赛颁奖典礼暨跨界论坛在鲁镇演艺中心举行。4月22日,柯桥区启动绍兴鉴湖概念规划与方案设计国际竞赛线上发布会,以"超·越|鉴湖新盛景"为主题,面向全球开展绍兴鉴湖概念规划与方案设计国际竞赛活动。5月8日完成竞赛报名和交稿,收到公司和个人报名100家,提交材料49份。10月29—30日举办终审会和颁奖典礼暨城市论坛。历时11个月,全球19个国家89家规划设计事务所以及11组个人参赛,最终形成6强方案,由同济大学建筑设计研究院(集团)有限公司和塔科玛城市设计组成的联合体获得第一名,由Mandaworks Aktiebolag和上海天华建筑设计有限公司组成的联合体获得第二名,有所谓设计工作室(OGA)获得第三名。

2022年10月30日,柯桥区举行绍兴鉴湖概念规划与方案设计国际竞赛颁奖典礼　　（鉴湖旅游度假区　提供）

【首届鉴湖诗会暨2022先锋诗歌之夜活动】 2022年8月20日晚上,首届鉴湖诗会暨2022先锋诗歌之夜,在柯桥区鉴湖旅游度假区鲁镇演艺中心举行,近20名国内著名诗人、音乐人齐聚柯桥。"第三代诗歌"标志性人物和"新状态小说"代表,全国十大新锐诗人和知名文学评论家,"新散文"代表作家和民谣歌手、诗人,与现场观众共同品味穿越时空的诗韵鉴湖之美。活动期间,举行鉴湖《社戏》、鉴湖雅集、鉴湖夜话、"鉴湖街市"、鉴湖采风等形式多样的活动。"鉴湖街市",围绕"非遗"、宋韵、咖啡、古镇、书香五大主题,布置近80个摊位,呈现柯桥文创、"非遗"、黄酒、集市等业态。街市人气鼎盛,市民和游客体验焚香、点茶、插花、挂画"宋韵四雅事",选购簪子、灯笼、青瓷等风雅器物,品尝冰饮子、东坡肉、手打麻糍等风味小吃,体验投壶、套圈、纸捞金鱼、灯谜趣味游戏。"鉴湖街市"首日人流量1万余人次。

【鉴湖渔歌传统风貌区建设启动】 2022年8月，鉴湖渔歌传统风貌区建设启动。范围东至瓜渚湖直江，南至鉴湖江南岸慢行系统，西临鉴湖官塘，北至三佳村—叶家堰村—春望路—柯岩大道，总面积362.89公顷。风貌区集合共富基本单元的三重属性，柯岩—鲁镇为传统风貌核心，以未来社区新未庄、未来乡村叶家堰、三佳村为两翼，通过区域联动共建美丽鉴湖，聚焦"大共富"、深耕"旅游+"。风貌区规划建设项目25个，按近、中、远期3个阶段实施。2022年投资1.95亿元，推进鲁镇二期、鉴湖渔歌风情带等项目建设5个。

【鉴湖江南岸柯桥区段慢行系统全线贯通】 2022年9月，由鉴湖旅游度假区投资建设的鉴湖江南岸(柯岩大道—香林大道)慢行系统工程基本完工，把3座不同造型的景观桥和1座曲桥通过水上纤道，串联起鉴湖江咏湖、渔舟、忘忧、桃花4座小岛。慢行系统全长5.6千米，包括高尔夫路两侧绿化退让带、湖山路两侧绿化及单侧慢行道、小湖南山公园、鉴湖江4座孤立岛和区妇幼保健院北侧沿河5～10米退让带，形成"一山两带四岛"的空间总布局，使整个鉴湖江慢行系统串联成片。该项目工程是鉴湖南岸(海山桥—柯岩大道)段和鉴湖南岸(香林大道—余渚路)的游步道贯通延伸段工程，总面积11.3万平方米，总投资1.14亿元。建设单位绍兴柯岩建设投资有限公司，由杭州中航建设集团有限公司承建，2021年8月动工。建成后，使整个柯桥区段全长12.8千米的鉴湖江南岸慢行系统全线贯通。(吴佳颖)

类目编辑　孙阿络

科技·信息化

科技创新

【概况】 2022年，柯桥区规模以上工业研发费用78.2亿元。实施各级科技计划项目421项，其中省级新产品试制计划292项、省级“尖兵、领雁”项目5项、市级科技计划项目9项、区级产业关键技术攻关项目10项、区级社会发展项目105项。（傅玲红）

【高新技术】 2022年，柯桥区新增国家高新技术企业218家，累计558家；新增省科技型中小企业335家，累计2256家。高新技术产业增加值246.5亿元，比上年增长16.1%；高新技术产业投资71.68亿元，比上年增长12.9%。浙江精功科技股份有限公司、浙江东进新材料有限公司、浙江梅盛新材料有限公司被认定为省科技“小巨人”企业，浙江省绿色低碳集成建筑重点企业研究院被认定为省级重点企业研究院，浙江省越新绿色印染企业研究院被认定为省级企业研究院，浙江省爱利斯清洁印染高新技术企业研究开发中心等38家企业研究开发中心被认定为省级高新技术企业研究开发中心，展望绿色节能印染市级企业研究开发中心等42家企业研发中心被认定为市级企业研发中心。之江学院大学生创业园被认定为省级众创空间；中意联合人才科技创新中心、东盛慧谷众创空间被认定为市级众创空间，恒汇数智园、浙江清华长三角研究院绍兴创新中心被认定为市级孵化器。

2022年柯桥区新增国家高新技术企业一览表

表10

序号	企业名称
1	绍兴随手智能科技有限公司
2	绍兴市柯桥区左拉时装设计有限公司
3	绍兴壹叁玖文化传媒有限公司
4	绍兴图来图往花型设计有限公司
5	浙江赛夫特电子科技有限公司
6	绍兴柯桥绘彩纺织品设计有限公司
7	绍兴隆芙力智能科技发展有限公司

续表10

序号	企业名称
8	绍兴汇川电子科技有限公司
9	绍兴栢安管业科技有限公司
10	绍兴易创广告传媒有限公司
11	绍兴市柯桥区晨露纺织科技股份有限公司
12	绍兴市汉诺纺织科技有限公司
13	绍兴柯桥辉辉特种纺织有限公司
14	绍兴一叶电子股份有限公司
15	浙江来福智能科技有限公司
16	浙江十井智慧科技有限公司
17	绍兴鑫隆计算机技术股份有限公司
18	绍兴航绍电连接器有限公司
19	浙江宝业建材科技有限公司
20	浙江精恒数据管理有限公司
21	浙江中多纺织科技股份有限公司
22	浙江立尚文化传播有限公司
23	浙江建元工程管理有限公司
24	绍兴金青针纺有限公司
25	绍兴数智科技有限公司
26	绍兴天诚包装材料有限公司
27	浙江精功机器人智能装备有限公司
28	宝业集团浙江建设产业研究院有限公司
29	墙煌新材料股份有限公司
30	绍兴慧平纺织有限公司
31	绍兴柯桥鸿恩经编织造有限公司
32	绍兴柯桥胡氏转移印花有限公司
33	绍兴柯桥区归零纺织品有限公司
34	绍兴柯桥祺昊纺织有限公司

续表 10

序号	企业名称
35	浙江龙邦汽车配件制造有限公司
36	绍兴恒力电机有限公司
37	绍兴骆氏纺织有限公司
38	浙江东方绍兴酒有限公司
39	绍兴坦兴纺织有限公司
40	绍兴昌杰机械有限公司
41	绍兴高肯数码纺织有限公司
42	绍兴柯桥众恒烫金有限公司
43	绍兴佳超纺织有限公司
44	浙江陆琦纺织科技有限公司
45	浙江珺铭化纤有限公司
46	绍兴柯桥标马化纤有限公司
47	浙江铸辉幕墙有限公司
48	浙江古纤道股份有限公司
49	绍兴连湖纺织有限公司
50	绍兴雷速登纺织科技股份有限公司
51	浙江景岳堂药业有限公司
52	绍兴雅兰烫印箔膜有限公司
53	绍兴莫芙家纺有限公司
54	绍兴精绣布艺有限公司
55	浙江尼彩机器人有限公司
56	浙江华恒工程玻璃有限公司
57	绍兴美佳丽布艺有限公司
58	绍兴柯桥盛叶莺纺织有限公司
59	绍兴思安阻燃科技有限公司
60	浙江鼎峰科技股份有限公司
61	绍兴韦德汽配有限公司

续表 10

序号	企业名称
62	绍兴市欣明家居有限公司
63	绍兴德美新材料有限公司
64	绍兴三杰纺织印染有限公司
65	绍兴南鹰纺织印染有限公司
66	绍兴锦发印染有限公司
67	瑞雪蓝色印染科技有限公司
68	绍兴旺埭针纺有限公司
69	浙江艺彩印染有限公司
70	绍兴柯桥新都印染有限公司
71	绍兴蓝之印家纺有限公司
72	绍兴禾盛印染股份有限公司
73	绍兴海滨皮革有限公司
74	绍兴金祥惠纺织印染有限公司
75	浙江绿洲印染有限公司
76	浙江越甲印染有限公司
77	绍兴永丰纺织印染有限公司
78	绍兴高温印染有限公司
79	绍兴市南洋染织有限公司
80	绍兴柯德新材料股份有限公司
81	绍兴锦森印染有限公司
82	绍兴盛鑫印染有限公司
83	绍兴佳立管业有限公司
84	绍兴市环兴污泥处理有限公司
85	绍兴华鑫环保科技有限公司
86	绍兴通盛印染有限公司
87	浙江商隆印染有限公司
88	浙江永正包装有限公司

续表 10

序号	企业名称
89	绍兴丰意针纺有限公司
90	绍兴耀沃针纺股份有限公司
91	绍兴金冶环保科技有限公司
92	浙江宝纺印染有限公司
93	浙江迎丰科技股份有限公司
94	绍兴华南纺织印染有限公司
95	绍兴柯桥欧利助剂有限公司
96	绍兴金楚印染有限公司
97	浙江佳邦数控机床有限公司
98	浙江稽山印染有限公司
99	绍兴永通印花有限公司
100	绍兴中柱针纺织有限公司
101	浙江华纳药业有限公司
102	绍兴塞特印染有限公司
103	绍兴柯桥和兴印染有限公司
104	绍兴勇舜印染有限公司
105	绍兴柯桥育达纺染有限公司
106	绍兴中漂印染有限公司
107	绍兴百丽恒印染有限公司
108	绍兴柯桥佳宇兴腾染整有限公司
109	绍兴斯慧尔新材料有限公司
110	绍兴舒美针织有限公司
111	绍兴创彩针纺科技有限公司
112	浙江新三印印染有限公司
113	绍兴洁彩坊印染有限公司
114	绍兴海通印染有限公司
115	浙江鑫广环保科技有限公司

续表 10

序号	企业名称
116	绍兴华纯再生资源有限公司
117	浙江华港染织集团有限公司
118	绍兴宏强印染有限公司
119	绍兴联英汽车电子有限公司
120	浙江正统钢业有限公司
121	浙江长华科技股份有限公司
122	浙江新舒纺织有限公司
123	绍兴泰纶印花有限公司
124	绍兴市俱和环保科技有限公司
125	绍兴柯桥云为纺织有限公司
126	绍兴心和陇纺织有限公司
127	绍兴布后针纺有限公司
128	绍兴泰轩线业有限公司
129	盖科(浙江)生物科技有限公司
130	绍兴市闽越纺织有限公司
131	浙江极客桥智能装备股份有限公司
132	绍兴坤彩针纺有限公司
133	绍兴缦帝数码印花技术开发有限公司
134	浙江杰卡德智能科技有限公司
135	绍兴忠福印花纺织有限公司
136	浙江龙华工具有限公司
137	浙江美华鼎昌医药科技有限公司
138	浙江蓝特新能源科技股份有限公司
139	绍兴米托梦纺织有限公司
140	绍兴纤蓝纺织科技有限公司
141	绍兴橙氧科技有限公司
142	浙江跃维新材料科技有限公司

续表 10

序号	企业名称
143	浙江材华科技有限公司
144	浙江中创科联智能装备技术有限公司
145	绍兴坤邦科技有限公司
146	绍兴五创电子科技有限公司
147	绍兴柯桥兰嵋数码纺织科技有限公司
148	浙江望安科技有限公司
149	浙江智的智能装备技术有限公司
150	尚辰(浙江绍兴)复合材料科技有限公司
151	绍兴金海曼针织服饰有限公司
152	绍兴柯桥春意居室用品有限公司
153	绍兴金鹁针纺有限公司
154	浙江山猫服饰科技有限公司
155	绍兴欧丽斯复合面料有限公司
156	浙江化安安全技术研究院有限公司
157	延锋伟世通怡东汽车电子有限公司
158	浙江金道科技股份有限公司
159	绍兴精工绿筑集成建筑系统工业有限公司
160	浙江建科减震科技有限公司
161	绍兴精翔机械制造有限公司
162	浙江佑天元包装机械制造有限公司
163	绍兴豪春纺织科技有限公司
164	浙江三禾纳米科技有限公司
165	绍兴中轴自动化设备有限公司
166	绍兴勤烨针织工业园有限公司
167	绍兴越得安智能科技有限公司
168	绍兴优辰科技有限公司
169	浙江欧博特家纺有限公司

续表 10

序号	企业名称
170	绍兴舒涛针纺有限公司
171	绍兴周盛针纺有限公司
172	浙江百立盛新能源科技有限公司
173	浙江高强度紧固件有限公司
174	绍兴数梦工场科技有限公司
175	浙江水管家环境服务股份有限公司
176	绍兴百立杰环保科技有限公司
177	深安智能技术(浙江)有限公司
178	云徙智能科技(浙江)有限公司
179	鸭嘴兽(绍兴)智能科技有限公司
180	浙江捷众科技股份有限公司
181	绍兴寿春针纺织有限公司
182	绍兴洋洋模具有限公司
183	浙江永顺窗饰材料有限公司
184	绍兴柯桥晨鸿纺织品有限公司
185	绍兴柯桥如川纺织科技有限公司
186	浙江恒隆芳纶科技有限公司
187	绍兴方圆检测科技有限公司
188	绍兴海腾弹簧制造有限公司
189	绍兴汇铭汽配有限公司
190	绍兴方杰汽车配件有限公司
191	绍兴柯桥蓝翔环保科技有限公司
192	绍兴未名塑胶有限公司
193	绍兴柯桥皇冠机械有限公司
194	绍兴新发纸业有限公司
195	绍兴市偏门毛纺织有限公司
196	浙江森泰建材科技有限公司

续表 10

序号	企业名称
197	绍兴市合球铸造有限公司
198	绍兴文阳环保科技有限公司
199	浙江中青建设有限公司
200	绍兴骏峥化纤有限公司
201	绍兴彩能化纤有限公司
202	绍兴宇纺经编科技有限公司
203	绍兴市雅克汽配有限公司
204	绍兴伦邦化纤有限公司
205	绍兴柯桥天煜铸件有限公司
206	浙江宝仁和中科技有限公司
207	浙江建业幕墙装饰有限公司
208	绍兴柯桥双技机械有限公司
209	绍兴迪阳纺织品有限公司
210	绍兴新亚泰纺织印花有限公司
211	绍兴国庆机械有限公司
212	浙江锦盛装饰材料股份有限公司
213	绍兴耐柯尔汽车配件有限公司
214	绍兴艾乐格思纺织有限公司
215	绍兴京瑞电子科技有限公司
216	绍兴市力博科技有限公司
217	绍兴山耐高压紧固件有限公司
218	绍兴市福利织造有限公司

2022 年柯桥区新增省级科技型中小企业一览表

表 11

序号	企业名称
1	绍兴观潮客网络科技有限公司

续表 11

序号	企业名称
2	绍兴势乔纺织科技有限公司
3	绍兴随手智能科技有限公司
4	绿研(绍兴)信息技术有限公司
5	绍兴迪艾仕机械设计有限公司
6	绍兴艾笛薇机械设备有限公司
7	浙江本意纺织科技有限公司
8	浙江绍兴一研文化科技有限责任公司
9	绍兴鸿汇网络科技有限公司
10	绍兴福壹服饰有限公司
11	绍兴瑜量纺织品有限公司
12	简成科技(绍兴)有限公司
13	绍兴天娇科技有限公司
14	绍兴禾素时代抗菌材料科技有限公司
15	绍兴半笙辰光文化创意有限公司
16	绍兴风火文化传媒有限公司
17	绍兴市柯桥区华宇传媒有限公司
18	绍兴柯桥同信纺织有限公司
19	绍兴柯桥汇忠数码科技有限公司
20	绍兴柯桥辉辉特种纺织有限公司
21	绍兴柯桥杜氏纺织品有限公司
22	绍兴市万宾绣品有限公司
23	绍兴柯桥鸿升绣品有限公司
24	绍兴柯桥培文绣品有限公司
25	绍兴市和盛复合有限公司
26	绍兴柯桥荣捷纺织有限公司
27	绍兴诺浪数码纺织技术有限公司
28	绍兴柯桥行路者数码科技有限公司

续表 11

序号	企业名称
29	浙江十井智慧科技有限公司
30	绍兴名成包装材料有限公司
31	绍兴鑫达科技有限公司
32	绍兴柯桥惠樊绣品有限公司
33	绍兴柯桥磊舵绣品有限公司
34	绍兴柯桥龙都绣品有限公司
35	绍兴柯桥徐力绣品有限公司
36	绍兴市柯桥区砂虎绣品有限公司
37	浙江理工大学绍兴柯桥研究院有限公司
38	绍兴司鼎纺织品有限公司
39	绍兴越仕针纺有限公司
40	绍兴市柯桥区成同纺织品样本有限公司
41	绍兴柯桥捷中针纺织有限公司
42	绍兴柯桥山韵纺织品有限公司
43	绍兴共展纺织有限公司
44	绍兴驿嘉纺织品有限公司
45	绍兴韶华医疗器械有限公司
46	绍兴益邦纺织科技有限公司
47	绍兴达惠企业管理咨询有限公司
48	绍兴金翔工贸有限公司
49	绍兴泓润纺织科技有限公司
50	绍兴赛龙数码纺织有限公司
51	浙江建元工程管理有限公司
52	浙江乐筑纺织科技有限公司
53	绍兴市振尹纺织品有限公司
54	绍兴金柯网络科技有限公司
55	绍兴金林环境科技有限公司

续表11

序号	企业名称
56	绍兴朗辉创业服务有限公司
57	绍兴璟一纺织品有限公司
58	绍兴越灵科技有限公司
59	绍兴柯桥宽庭纺织品有限公司
60	绍兴兴申纺机科技有限公司
61	绍兴吾澳针纺有限公司
62	绍兴如镔纺织有限公司
63	绍兴巧坂纺织有限公司
64	绍兴柯桥桐色刺绣有限公司
65	绍兴柯桥鸿恩经编织造有限公司
66	绍兴慧平纺织有限公司
67	绍兴同赢纺织有限公司
68	绍兴怡璐纺织有限公司
69	绍兴开兹纺织有限公司
70	绍兴越仕达地毯有限公司
71	绍兴未庄酒业有限公司
72	绍兴优扬广告有限公司
73	绍兴镭纳激光科技有限公司
74	浙江瑞加美生物科技有限公司
75	绍兴织蛛物联科技有限公司
76	升发云(绍兴)科技有限公司
77	绍兴柏航带业有限公司
78	绍兴市柯桥区信和数码纺织技术有限公司
79	绍兴众从企业管理咨询有限公司
80	绍兴市柯桥区韩祥窗帘带有限公司
81	绍兴凯欣纺织品有限公司
82	绍兴市万尚阁纺织科技有限公司

续表 11

序号	企业名称
83	绍兴梦凡纺织品有限公司
84	中材碳纤维（浙江）有限公司
85	宏途创联（绍兴）科技有限公司
86	凡光光电科技（绍兴）有限公司
87	浙江扭熊科技有限公司
88	绍兴坤彩针纺有限公司
89	绍兴欧丽斯复合面料有限公司
90	绍兴聚华纺织科技有限公司
91	绿洋（浙江）海洋装备技术开发有限公司
92	绍兴市闽越纺织有限公司
93	绍兴惠群新材料科技有限公司
94	绍兴泊盛科技有限公司
95	绍兴柯桥德慧纺织有限公司
96	浙江神盾纺织有限公司
97	浙江极客桥智能装备股份有限公司
98	绍兴泰轩线业有限公司
99	绍兴柯桥云为纺织有限公司
100	绍兴坤邦科技有限公司
101	绍兴柯桥佳程塑料制品有限公司
102	尚辰（浙江绍兴）复合材料科技有限公司
103	绍兴乾利纺织有限公司
104	爱科索智能机器人有限公司
105	浙江鼎新科技有限公司
106	浙江跃维新材料科技有限公司
107	浙江司泰克材料科技有限公司
108	绍兴柯桥洪硕纺织品有限公司
109	绍兴柯桥俊磊纺织有限公司

续表 11

序号	企业名称
110	绍兴道顿纺织品有限公司
111	绍兴市麦芒智能科技有限公司
112	绍兴孚原生物科技有限公司
113	绍兴柯桥帛丰纺织品有限公司
114	绍兴锴薇纺织有限公司
115	绍兴连江纺织品有限公司
116	绍兴绣立绣品有限公司
117	浙江蔚能新能源科技有限公司
118	绍兴昱帛纺织有限公司
119	绍兴和得织带有限公司
120	绍兴艾能科技有限公司
121	绍兴微拓云机械有限公司
122	绍兴志旭纺织科技有限公司
123	绍兴市柯桥区都福针纺有限公司
124	合华医疗器械(绍兴)有限公司
125	绍兴九清纺织品有限公司
126	绍兴上田针纺科技有限公司
127	浙江新火原新材料科技有限公司
128	绍兴学森能源科技有限公司
129	绍兴先柯新材料科技有限公司
130	绍兴透真纺织科技有限公司
131	绍兴市柯桥夏菁纺织品有限公司
132	绍兴显裘纺织科技有限公司
133	绍兴锦宏机械有限公司
134	绍兴舒涛针纺有限公司
135	浙江绿锦纺织科技有限公司
136	浙江贝睿纺织科技有限公司

续表 11

序号	企业名称
137	浙江天龙新材料有限公司
138	绍兴明昊服饰有限公司
139	绍兴明思纺织有限公司
140	浙江金赞卫生材料有限公司
141	绍兴盖诺超菱润滑材料有限公司
142	绍兴鼎金纸业有限公司
143	绍兴市墨逸新材料科技有限公司
144	浙江弘厦建设工程有限公司
145	绍兴丰煊纺织品有限公司
146	绍兴柯桥昌盛复合布业有限公司
147	绍兴海腾弹簧制造有限公司
148	绍兴新航塑料制品有限公司
149	绍兴柯桥德美纺织品有限公司
150	绍兴柯桥迪源纺织品有限公司
151	绍兴汇铭汽配有限公司
152	绍兴骏峥化纤有限公司
153	绍兴恒文网布有限公司
154	绍兴娅茜时装有限公司
155	绍兴柯桥聚光针纺有限公司
156	绍兴新烨食品有限公司
157	绍兴洪润新型建材有限公司
158	绍兴康烈绣品有限公司
159	绍兴柯桥东慧绣品有限公司
160	绍兴禹弘贸易有限公司
161	绍兴柯桥富氏纸业有限公司
162	绍兴森杰再生资源有限公司
163	绍兴弘顺包装材料有限公司

续表11

序号	企业名称
164	绍兴强发机电设备物资有限公司
165	绍兴奈宇纺织品有限公司
166	绍兴柯桥川绍纺织有限公司
167	绍兴柯桥众恒烫金有限公司
168	绍兴柯桥铭盈纺织有限公司
169	绍兴柯桥钦普纺织有限公司
170	绍兴柯桥施歌针纺有限公司
171	绍兴柯桥韩丝针纺有限公司
172	绍兴柯桥富临纺织有限公司
173	绍兴纳升纺织品有限公司
174	绍兴优旺包装材料有限公司
175	浙江华恒工程玻璃有限公司
176	绍兴柯桥盛叶莺纺织有限公司
177	浙江尼彩机器人有限公司
178	绍兴登源纺织有限公司
179	绍兴景绍化纤有限公司
180	绍兴鼎峰水泥有限公司
181	绍兴杰阔纺织品有限公司
182	绍兴市柯桥区王氏绣花线有限公司
183	浙江绍兴闳伟纺织有限公司
184	绍兴力桥针织有限公司
185	绍兴柯桥茂益针织有限公司
186	绍兴市众志纺织有限公司
187	绍兴一诺自动化设备有限公司
188	浙江鑫广环保科技有限公司
189	绍兴柯德新材料股份有限公司
190	绍兴阿太克生活制品有限公司

续表 11

序号	企业名称
191	浙江元鸿机电有限公司
192	绍兴广美传媒科技有限公司
193	绍兴丝赞纺织有限公司
194	绍兴柯桥联杰纳米科技有限公司
195	绍兴柯桥雷楚针纺有限公司
196	绍兴花的数码纺织有限公司
197	绍兴盛鑫印染有限公司
198	浙江艺彩印染有限公司
199	绍兴国周纺织整理有限公司
200	浙江鸿顺玻璃有限公司
201	绍兴泓钰印染有限公司
202	绍兴旺埭针纺有限公司
203	浙江绍肖印染有限公司
204	绍兴飞凡车辆配件有限公司
205	绍兴市环兴污泥处理有限公司
206	绍兴金祥惠纺织印染有限公司
207	绍兴佳立管业有限公司
208	浙江七色彩虹科技有限公司
209	绍兴嘉羿数码科技有限公司
210	绍兴柯桥柯海针纺织有限公司
211	浙江致盛包装科技有限公司
212	绍兴凯迪锌材有限公司
213	绍兴和泰机械科技有限公司
214	浙江精匠建材有限公司
215	绍兴柯桥慧诚铝塑胶制品有限公司
216	绍兴迪阳纺织品有限公司
217	浙江华燃动力科技股份有限公司

续表 11

序号	企业名称
218	绍兴明纱针织有限公司
219	绍兴铭川五金制品有限公司
220	绍兴立春纺织科技股份有限公司
221	绍兴市侯迪服饰有限公司
222	绍兴柯桥久山服饰有限公司
223	绍兴海卉生态农业发展有限公司
224	绍兴市飞兴机械股份有限公司
225	绍兴强立环保科技有限公司
226	绍兴柯桥诚拓装饰材料有限公司
227	绍兴汉吉汽配有限公司
228	绍兴东茂环境建设有限公司
229	绍兴安湘纺织品有限公司
230	绍兴中贤纺织有限公司
231	绍兴柯桥绘彩纺织品设计有限公司
232	句芒网络科技(浙江绍兴)有限公司
233	浙江芝兰纺织科技有限公司
234	绍兴柯桥如尊纺织有限公司
235	绍兴兰红智能科技有限公司
236	绍兴中赐科技有限公司
237	绍兴柯桥时代广告有限公司
238	绍兴帆欣纺织有限公司
239	绍兴傅氏烫金有限公司
240	绍兴国诚针纺织有限公司
241	绍兴柯桥宏腾烫金有限公司
242	绍兴鸿汉绣品有限公司
243	绍兴柯桥金佳达纺织有限公司
244	绍兴柯桥精创纺织品有限公司

续表 11

序号	企业名称
245	绍兴市柯汝绣品有限责任公司
246	绍兴柯桥荣勇纺织品有限公司
247	绍兴上善纺织有限公司
248	绍兴晟义纺织品有限公司
249	绍兴柯桥繁如纺织有限公司
250	绍兴柯桥满多经编有限公司
251	绍兴素绚纺织品有限公司
252	绍兴裕耀绣品有限公司
253	绍兴柯桥众勤绣品有限公司
254	绍兴柯桥子越纺织有限公司
255	浙江烯禾纺织科技有限公司
256	绍兴市优色数码纺织有限公司
257	绍兴柯桥亨通轻纺工贸有限公司
258	绍兴市众信安医疗器械科技有限公司
259	绍兴善萍纺织有限公司
260	绍兴纤雪丝纺织科技有限公司
261	绍兴皕点家居科技有限公司
262	绍兴小蟋蟀纺织品有限公司
263	浙江荣达建设有限公司
264	绍兴寓贤纺织品有限公司
265	绍兴赢享汇电子商务有限公司
266	绍兴柯桥山扬纺织品有限公司
267	绍兴福燕纺织有限公司
268	绍兴世维纺织品有限公司
269	绍兴大商智慧安防科技有限公司
270	浙江酷蜂网络服务有限公司
271	浙江共成建设有限公司

续表 11

序号	企业名称
272	绍兴飞舜纺织科技有限公司
273	绍兴实普电子科技有限公司
274	绍兴纳朵纺织品有限公司
275	绍兴中科深度生态环境科技有限责任公司
276	绍兴鸿图纺织科技有限公司
277	浙江协力检测有限公司
278	绍兴桓因纺织科技有限公司
279	绍兴孚亨纺织科技有限公司
280	绍兴越得安智能科技有限公司
281	浙江同擎科技有限公司
282	绍兴数梦工场科技有限公司
283	绍兴格物光学有限公司
284	绍兴市柯桥区简睿纺织科技有限公司
285	绍兴纵通纺织有限公司
286	绍兴周润纺织品有限公司
287	绍兴市柯桥区亦恩纺织有限公司
288	绍兴云杭纺织有限公司
289	绍兴柯桥前盛纺织有限公司
290	绍兴市柯桥区发欧针纺有限公司
291	绍兴翊丰纺织科技有限公司
292	绍兴帛颂针纺有限公司
293	绍兴卡芙进出口有限公司
294	浙江思密达智能装备有限公司
295	绍兴福乾针织有限公司
296	绍兴展福针织有限公司
297	绍兴柯桥涵哲纺织有限公司
298	浙江利向和科技有限公司

续表 11

序号	企业名称
299	绍兴柯桥靠谱针纺有限公司
300	绍兴振际纺织有限公司
301	绍兴诚卿昂针纺有限公司
302	绍兴柯桥领南针纺织有限公司
303	绍兴晶佳针织有限公司
304	绍兴梦洛家纺有限公司
305	绍兴洪钱服饰喷金有限公司
306	绍兴茂鑫针织有限公司
307	绍兴柯桥永灵机械针纺有限公司
308	绍兴鲲博针纺有限公司
309	绍兴含莲纺织品有限公司
310	绍兴市柯桥区鉴慧纺织绣品有限公司
311	绍兴柯桥森本织造有限公司
312	绍兴佳超纺织有限公司
313	绍兴柯桥标马化纤有限公司
314	浙江珺铭化纤有限公司
315	绍兴崇胜智能科技有限公司
316	浙江陆琦纺织科技有限公司
317	绍兴百畅辉针纺有限公司
318	绍兴柯桥星蓝能环境科技有限公司
319	绍兴鑫合包装材料有限公司
320	绍兴柯桥绍展针纺有限公司
321	绍兴赫凡纺织科技有限公司
322	绍兴丰意针纺有限公司

续表 11

序号	企业名称
323	绍兴市万顺建设有限公司
324	绍兴锦湖纺织有限公司
325	浙江舒氏生物科技有限公司
326	绍兴琪丰铸造有限公司
327	绍兴锦成制冷设备有限公司
328	绍兴岳晟机械有限公司
329	浙江奕江建设有限公司
330	绍兴市柯桥区长源农业发展有限公司
331	浙江众海建设集团有限公司
332	绍兴六方机械设备有限公司
333	绍兴创联包装有限公司
334	浙江中勤建设有限公司
335	浙江盛誉建设有限公司

2022 年柯桥区新增省级高新技术企业研发中心一览表

表 12

序号	研究开发中心名称	依托单位
1	浙江省爱利斯清洁印染高新技术企业研究开发中心	浙江爱利斯染整有限公司
2	浙江省爱漫时功能型墙布壁纸高新技术企业研究开发中心	浙江爱漫时智能家居有限公司
3	浙江省宝纺生态印染高新技术企业研究开发中心	浙江宝纺印染有限公司
4	浙江省宝庆清洁印染高新技术企业研究开发中心	绍兴宝庆印染有限公司
5	浙江省滨康节能印染高新技术企业研究开发中心	浙江滨康印染有限公司
6	浙江省博亚大规模个性化服装定制高新技术企业研究开发中心	绍兴市博亚服饰有限公司

续表 12

序号	研究开发中心名称	依托单位
7	浙江省超超清洁印染高新技术企业研究开发中心	绍兴超超染整有限公司
8	浙江省伽瑞清洁染整高新技术企业研究开发中心	绍兴伽瑞印染有限公司
9	浙江省海成化工纺织染整助剂高新技术企业研究开发中心	绍兴海成化工有限公司
10	浙江省海虹纺织品清洁印染高新技术企业研究开发中心	浙江海虹印染有限公司
11	浙江省海通绿色染整技术高新技术企业研究开发中心	绍兴海通印染有限公司
12	浙江省恒利印染清洁少水印染工艺高新技术企业研究开发中心	绍兴恒利印染有限公司
13	浙江省鸿程精密传动零部件高新技术企业研究开发中心	浙江鸿程传动机械有限公司
14	浙江省华港生态印染高新技术企业研究开发中心	浙江华港染织集团有限公司
15	浙江省华夏节能环保印染技术高新技术企业研究开发中心	绍兴华夏印染有限公司
16	浙江省化安反应安全风险研究与评估高新技术企业研究开发中心	浙江化安安全技术研究院有限公司
17	浙江省环思智慧工厂省级高新技术企业研究开发中心	绍兴环思智慧科技股份有限公司
18	浙江省南燕染整新材料高新技术企业研究开发中心	绍兴南燕染整有限公司
19	浙江省塞特染整技术清洁生产高新技术企业研究开发中心	绍兴塞特印染有限公司
20	浙江省圣苗节能节水染整新技术高新技术企业研究开发中心	绍兴圣苗针纺有限公司
21	浙江省盛兴清洁印染高新技术企业研究开发中心	浙江盛兴染整有限公司
22	浙江省士林绿色印染加工高新技术企业研究开发中心	绍兴士林印染有限公司
23	浙江省舒美针织清洁生产技术高新技术企业研究开发中心	绍兴舒美针织有限公司
24	浙江省舒普林低能耗无水少水印染高新技术企业研究开发中心	舒普林印染有限公司

续表 12

序号	研究开发中心名称	依托单位
25	浙江省天宇清洁印染高新技术企业研究开发中心	绍兴柯桥天宇印染有限公司
26	浙江省维艺绿色高效印染高新技术企业研究开发中心	浙江维艺实业股份有限公司
27	浙江省新三印节能减排印染技术高新技术企业研究开发中心	浙江新三印印染有限公司
28	浙江省新益绿色印染技术高新技术企业研究开发中心	浙江新益印染有限公司
29	浙江省怡中染整新材料高新技术企业研究开发中心	绍兴市柯桥区怡中染整有限公司
30	浙江省勇舜环保印花高新技术企业研究开发中心	绍兴勇舜印染有限公司
31	浙江省元筑装配式节能构件高新技术企业研究开发中心	浙江元筑住宅产业化有限公司
32	浙江省中纺联检验技术服务高新技术企业研究开发中心	绍兴中纺联检验技术服务有限公司
33	浙江省中环清洁印染高新技术企业研究开发中心	浙江绍兴中环印染有限公司
34	浙江省中漂清洁印染高新技术企业研究开发中心	绍兴中漂印染有限公司
35	浙江省众诚清洁印染高新技术企业研究开发中心	绍兴市柯桥区众诚印染有限公司
36	浙江省众华家纺高效少水短流程染整高新技术企业研究开发中心	浙江众华家纺集团有限公司
37	浙江省紫竹梅环保高效面料印染工艺高新技术企业研究开发中心	浙江紫竹梅印染有限公司
38	浙江省梅盛新材料高新技术企业研究开发中心	浙江梅盛新材料有限公司

（胡　昂）

【省市区级科技项目】 2022年，柯桥区绍兴宝旌复合材料有限公司“碳纤维预制体的成型、浸渍及树脂复合关键技术与产业化”等5个项目被列为省级“尖兵、领雁”项目。绍兴永乐纺织机械有限公司“多轴协同卷绕弹性纤维技术装备的研究开发”等9个项目列入市级科技计划项目。浙江梅盛新材料有限公司“耐水解透气抗菌高强水性聚氨酯超纤革的研发及产业化”等10个项目被列为区级产业关键技术攻关项目。“经桡动脉远端鼻烟窝行冠脉介入的护理研究”等105个项目列入区级社会发展类经费自筹科技计划项目。

【省级新型研发机构认定】 2022年，柯桥区现代纺织技术创新中心（鉴湖实验室）被认定为省级新型研发机构。

2022年柯桥区实施浙江省"尖兵、领雁"项目一览表

表13

序号	项目名称	申报单位
1	碳纤维预制体的成型、浸渍及树脂复合关键技术与产业化	绍兴宝旌复合材料有限公司
2	水开纤阻燃抗菌透气宽幅生物基水性聚氨酯超纤革的研发及产业化	浙江梅盛新材料有限公司
3	绿色关键染色工艺装备开发及其智能生产示范	浙江迎丰科技股份有限公司
4	海洋工程用聚酯工业丝绳索研发及产业化	现代纺织技术创新中心(鉴湖实验室)
5	节能降碳型生态液体染料关键制备与染整技术及应用示范	现代纺织技术创新中心(鉴湖实验室)

2022年柯桥区实施绍兴市科技计划项目一览表

表14

序号	项目名称	申报单位
1	多轴协同卷绕弹性纤维技术装备的研究开发	绍兴永乐纺织机械有限公司
2	碳纤维增强特种热塑性复合材料制备关键技术及应用	浙江宝旌炭材料有限公司
3	绿色低碳高品质三角带制备关键技术及产业化研究	三力士股份有限公司
4	印染定型机的数智化节能技术研究与应用	绍兴海通印染有限公司
5	高品质印花发色关键控制技术研究与示范应用	浙江迎丰科技股份有限公司
6	DBC陶瓷覆铜板用耐热无氧铜制造技术	浙江力博实业股份有限公司
7	石墨烯共混改性多功能再生聚酯纤维制备关键技术及产业化	绍兴诚邦高新纤维科技有限公司
8	云架构下印染车间全域数据融合与智能分析系统研发	浙江工业大学之江学院
9	基于CT纹理特征的诺模图在颈动脉斑块风险分层中的预测价值	绍兴市中心医院

2022年柯桥区产业关键技术攻关项目一览表

表15

序号	项目名称	申报单位
1	耐水解透气抗菌高强水性聚氨酯超纤革的研发及产业化	浙江梅盛新材料有限公司
2	基于新型混合施碱法的低尿高固活性染料印花关键技术研发与应用	浙江七色彩虹科技有限公司
3	棉针织物低温练—漂—抛—浴短流程低碳环保生产技术及其产业化	绍兴兴明染整有限公司
4	基于短流程的轴向漫反射特种纤维的研发及应用	绍兴山海纺织有限公司
5	工业建筑拓扑卷边PEC结构构件关键技术研究	精工工业建筑系统集团有限公司
6	基于ANSYS的碳纤维天然气预氧化炉热力学仿真分析及结构优化设计	浙江精功科技股份有限公司
7	工程机械变速箱箱体柔性自动化线研发	绍兴前进齿轮箱有限公司
8	Ⅳ型车载复合材料高压储氢气瓶内胆开发	绍兴宝旌复合材料有限公司
9	新型特种涤纶加弹丝制备关键技术及产业化	浙江古纤道股份有限公司
10	柔性折叠屏用超耐磨超爽滑防指纹功能膜技术攻关	绍兴旭源新材料科技有限公司

2022年柯桥区社会发展类经费自筹科技计划项目一览表

表16

序号	申报单位	项目名称	项目负责人
1	绍兴第二医院医共体总院	经桡动脉远端鼻烟窝行冠脉介入的护理研究	丁红英
2	绍兴第二医院医共体总院	基于结构变动度的三级公立医院住院医疗收入分析	林建潮
3	绍兴第二医院医共体总院	基于原发肿瘤和转移淋巴结影像组学特征预测晚期非小细胞肺癌免疫治疗反应的价值研究	谢　东
4	绍兴第二医院医共体总院	床旁超声引导下放置鼻空肠营养管在ICU重症患者营养支持中的疗效观察	邵晓云
5	绍兴第二医院医共体总院	APACHE Ⅱ联合乳酸对ICU不同疾病分组的预后分析	李　晶

续表 16

序号	申报单位	项目名称	项目负责人
6	绍兴第二医院医共体总院	心衰中心运行下慢性心衰患者院后自我管理能力的研究	罗银霞
7	绍兴第二医院医共体总院	CT 评价椎旁肌肉脂肪变性在骨质疏松性脊柱压缩骨折风险评估中的应用	何　聪
8	绍兴第二医院医共体总院	血栓弹力图和抗 xa 因子活性在老年患者髋关节置换术围术期的凝血管理和输血指导意义	沈观樵
9	绍兴第二医院医共体总院	女性终末期肾病患者性功能障碍调查及影响因素分析	金　煜
10	绍兴第二医院医共体总院	中医调护干预女性终末期肾病患者性功能障碍的研究	王月萍
11	绍兴第二医院医共体总院	EV71 病毒调控 NLRP3 活化促进人 M1 型巨噬细胞极化的分子机制研究	孙海燕
12	绍兴第二医院医共体总院	血液透析患者血镁水平及相关矿物质代谢状况的分析	周佳虹
13	绍兴第二医院医共体总院	超声引导星状神经节针刀神经触激治疗颈源性失眠的应用价值	王利英
14	绍兴第二医院医共体总院	基层医院药物临床试验机构管理工作的实践与探索	袁菱婧
15	绍兴第二医院医共体总院	布地格福对慢性阻塞性肺病合并肺心病患者的临床疗效及安全性分析	陆林敏
16	绍兴第二医院医共体总院	肝脏声触诊组织成像定量技术在新生儿黄疸中的应用	王　瑛
17	绍兴第二医院医共体总院	胸部肿瘤放疗联合免疫治疗所致肺损伤的临床研究	熊中奎
18	绍兴第二医院医共体总院	中性粒细胞 / 淋巴细胞比值对不同病因的急性重症胰腺炎早期预测价值的研究	李忠山
19	绍兴第二医院医共体总院	中文版 PAIC-15 量表在阿尔茨海默病患者疼痛评估应用中的信效度研究	林张良
20	绍兴第二医院医共体总院	Rh 阴性人群血清学检测联合基因分析在输血中的指导价值研究	周恺骅
21	绍兴第二医院医共体总院	经颅多普勒超声（TCD）在颅脑损伤（TBI）中的价值研究	樊耀群

续表 16

序号	申报单位	项目名称	项目负责人
22	绍兴第二医院医共体总院	甲苯磺酸瑞马唑仑在ERCP应用的可行性探讨	王昌盛
23	绍兴第二医院医共体总院	探讨老年类风湿性关节炎(RA)患者潜在不适当用药(PIM)和药物相关问题(DRP)对其健康相关生活质量(HRQoL)的影响研究	陈　燕
24	绍兴第二医院医共体总院	经颅超声检查黑质强回声定量在帕金森病诊断中的应用研究	袁彩娣
25	绍兴第二医院医共体总院	氨甲环酸治疗烧伤后色素沉着的临床研究	孙建平
26	绍兴第二医院医共体总院	影像组学联合影像学特征在预测子宫肌瘤HIFU术后消融率中的价值	傅林峰
27	绍兴第二医院医共体总院	某院医疗器械电子设备常见问题及维修保养策略	李建明
28	绍兴第二医院医共体总院	术前心理干预对胸外科手术患者的影响	朱剑芳
29	绍兴第二医院医共体总院	肺泡灌洗液淀粉酶对吸入性肺炎诊断价值的研究	陆芹芹
30	绍兴第二医院医共体总院	基于大数据研究甲状腺微小乳头状癌采取积极监测替代手术的安全性	丁　午
31	绍兴第二医院医共体总院	整合医学联合母婴床旁分段健康教育对择期剖宫产母乳喂养的影响	陈　蓉
32	绍兴第二医院医共体总院	不同时点B超引导竖脊肌平面阻滞对胸腔镜下肺叶切除术后早期疼痛的影响	金　墨
33	绍兴第二医院医共体总院	ERAS理念联合健康宣教视频在肝胆道疾病ERCP术围手术期护理的应用	钱妙芳
34	绍兴第二医院医共体总院	氧化磷酸化相关基因预后模型构建用于预测胆管癌患者预后的研究	陈士明
35	绍兴市中心医院医共体总院	脑池引流在重型颅脑损伤患者开颅手术中的应用研究	蔡林强
36	绍兴市中心医院医共体总院	球囊后扩可回收支架在大血管闭塞性急性缺血性脑卒中治疗中的应用研究	陈华炜
37	绍兴市中心医院医共体总院	肠道菌群代谢产物氧化三甲胺与糖尿病合并冠心病患者相关研究	陈丽娜
38	绍兴市中心医院医共体总院	白介素6、C-反应蛋白及降钙素原联合检测在感染早期诊断中的临床应用研究	陈兴祥
39	绍兴市中心医院医共体总院	脑CT灌注成像联合CT血管成像对急性缺血性脑卒中预后的评估价值	崔　倩

续表 16

序号	申报单位	项目名称	项目负责人
40	绍兴市中心医院医共体总院	308nm 准分子光联合米诺地尔酊治疗斑秃的疗效观察	堵建岗
41	绍兴市中心医院医共体总院	艾司氯胺酮对患儿腹腔镜疝气手术全麻苏醒期躁动的影响	冯　海
42	绍兴市中心医院医共体总院	血清 Semaphorin-3A、Semaphorin-3E 与类风湿性关节炎疾病活动和类风湿性关节炎继发间质性肺疾病的相关性分析	韩晓伟
43	绍兴市中心医院医共体总院	颞部发迹内小切口在颧骨颧弓骨折内固定治疗中的应用	何水明
44	绍兴市中心医院医共体总院	多种方法指导结肠镜肠道准备效果分析评价	胡红锋
45	绍兴市中心医院医共体总院	互联网＋护理服务在椎间孔镜患者术后康复中的应用研究	胡　燕
46	绍兴市中心医院医共体总院	H 型高血压患者卒中相关风险因素研究	黄　华
47	绍兴市中心医院医共体总院	门诊非全麻下非电小口径宫腔镜宫内疾病诊断和治疗的临床应用研究	姜计芹
48	绍兴市中心医院医共体总院	基于移动健康平台的护理在脑外伤患者后遗症康复中的应用研究	金燕萍
49	绍兴市中心医院医共体总院	抗生素骨水泥技术与传统清创在糖尿病足创面治疗的前瞻性研究	孔令强
50	绍兴市中心医院医共体总院	腹腔镜零缺血肾部分切除术的临床应用研究	李东章
51	绍兴市中心医院医共体总院	DWI、ADC 值对前列腺癌患者临床预后评估价值	李　峰
52	绍兴市中心医院医共体总院	喉返神经隧道解剖联合 En-bloc 技术在甲状腺癌根治术中的应用	刘　钊
53	绍兴市中心医院医共体总院	超声引导下血管斜轴联合平面内进针技术在休克患者股动脉穿刺中的应用	柳东之
54	绍兴市中心医院医共体总院	经尿道前列腺绿激光剜除术治疗良性前列腺增生的疗效及学习曲线研究	楼观涛
55	绍兴市中心医院医共体总院	能谱 CT 在肝硬化结节和小肝癌中的应用	吕沙沙
56	绍兴市中心医院医共体总院	多时相 CT 血管成像(mCTA)在前循环急性缺血性卒中取栓疗效评估中的应用研究	钱　辉

续表 16

序号	申报单位	项目名称	项目负责人
57	绍兴市中心医院医共体总院	生大黄保留灌肠联合抗感染治疗对脓毒症炎症水平及膈肌功能障碍的影响	邵弘毅
58	绍兴市中心医院医共体总院	角膜塑形镜、周边离焦眼镜、单光眼镜矫治青少年近视的临床研究	宋佳丽
59	绍兴市中心医院医共体总院	高血压脑出血立体定向围手术期强化降血压的安全性和有效性研究	孙陈军
60	绍兴市中心医院医共体总院	小剂量替罗非班联合阿替普酶治疗在急性进展性脑梗死中的应用	孙志宏
61	绍兴市中心医院医共体总院	硬膜外分娩镇痛不同停药时机对初产妇产程及分娩结局影响的临床研究	陶国凤
62	绍兴市中心医院医共体总院	AngioJet机械血栓清除治疗混合型急性下肢深静脉血栓形成疗效的影响因素研究	王国富
63	绍兴市中心医院医共体总院	新药米拉贝隆对非肌层浸润性膀胱癌患者术后膀胱灌注影响的临床研究	王楷峰
64	绍兴市中心医院医共体总院	术前中性粒细胞/淋巴细胞比值对乳腺癌淋巴结转移的预测价值及临床应用	王苗锋
65	绍兴市中心医院医共体总院	吲哚菁绿在白内障超声乳化术中的应用对眼压及角膜内皮影响的研究	王湘娟
66	绍兴市中心医院医共体总院	补血益母丸促进人工流产患者子宫内膜修复的临床研究	吴丽鸿
67	绍兴市中心医院医共体总院	柯桥区巨幼细胞性贫血的发病原因、临床特点分析及心血管共病调查	吴青青
68	绍兴市中心医院医共体总院	经皮微创治疗锁骨中段骨折的临床效果比较及应用推广	谢建新
69	绍兴市中心医院医共体总院	经腹壁入路腔镜手术治疗男性乳腺发育	谢雪情
70	绍兴市中心医院医共体总院	高龄胆总管结石患者腹腔镜胆总管切开取石术的安全性研究及术后胆漏的危险因素分析	熊若飞
71	绍兴市中心医院医共体总院	蜂毒肽对去卵巢大鼠骨质疏松防治作用的研究	徐丹枫
72	绍兴市中心医院医共体总院	基层医院护士出勤主义行为与患者安全文化的相关性研究	徐君芬
73	绍兴市中心医院医共体总院	神经系统胶质细胞Mer通路在蛛网膜下腔出血后早期脑损伤中的机制探究	徐　镭

续表 16

序号	申报单位	项目名称	项目负责人
74	绍兴市中心医院医共体总院	青少年近视防控医教结合模式构建及效果分析	徐莹颖
75	绍兴市中心医院医共体总院	葛根芩连汤加味治疗宫颈上皮内瘤变术后 HPV 持续感染的临床观察	叶丽虹
76	绍兴市中心医院医共体总院	双联抗血小板药物在症状性颅内动粥样硬化性狭窄合并脑微出血患者应用的安全性	喻志慧
77	绍兴市中心医院医共体总院	基于深度学习的蛇类识别在毒蛇咬伤救治中的应用	张国威
78	绍兴市中心医院医共体总院	添加益生菌联合早起肠内营养对急性颅脑创伤患者凝血功能、胃肠功能和炎性因子影响	张剑丰
79	绍兴市中心医院医共体总院	开窗减压术联合囊肿塞治疗大型颌骨囊肿的临床疗效	朱鹏娜
80	绍兴市中心医院医共体总院	单侧双通道脊柱内镜与椎间孔镜治疗腰椎管狭窄症的疗效比较	邹玉彬
81	绍兴市中心医院医共体总院	医共体－家庭延续康复护理模式对老年慢性阻塞性肺疾病患者的影响	毛秀英
82	绍兴市柯桥区中医医院	呼吸吐纳操在促进结直肠 Ca 术后胃肠蠕动功能恢复中的应用	王彩霞
83	绍兴市柯桥区中医医院	强骨饮对绝经后骨质疏松患者血清激素水平及骨代谢指标影响的研究	郭　梁
84	绍兴市柯桥区中医医院	葛根汤加减联合颊针治疗紧张型头痛的临床研究	刘文瑜
85	绍兴市柯桥区中医医院	嗨体联合肉毒毒素注射治疗颈纹疗效观察	张美玲
86	绍兴市柯桥区中医医院	探讨中医集束化护理在断指再植手术患者中的应用效果	周淑英
87	绍兴市柯桥区中医医院	阴茎中段皮下环形浸润麻醉联合包皮系带局部麻醉在包皮环切术中的应用和效果优势评价	刘平辉
88	绍兴市柯桥区中医医院	针刺蝶腭神经节联合培土生金法治疗变应性鼻炎的临床研究	罗国进
89	绍兴市柯桥区中医医院	严仲庆运用温阳法学术思想的研究	沈昱颖
90	绍兴市柯桥区中医医院	寿胎丸加减内服及外敷治疗肾虚型早期先兆流产的临床疗效观察	丁瑰玲
91	绍兴市柯桥区中医医院	足背游离分叶静脉皮瓣在手部多平面软组织缺损中的临床研究	范小龙

续表 16

序号	申报单位	项目名称	项目负责人
92	绍兴市柯桥区中医医院	基于“络病”理论探讨加味参芪地黄汤对糖尿病肾病Ⅲ期的干预作用	陈　然
93	绍兴市柯桥区中医医院	多联疗法联合复元活血汤加减对慢性硬膜下脑出血神经功能障碍的应用研究	单钢明
94	绍兴市柯桥区中医医院	影响断指再植术后再植指主动活动功能因素的Logistic回归分析	王　琳
95	绍兴市柯桥区中医医院	基于信息化平台的中药配方颗粒装瓶药粉效期管理	陈永虎
96	绍兴市柯桥区中医医院	基层医院骨科护士核心能力评价指标的构建	黄银芳
97	绍兴市柯桥区妇幼保健院	数字化医院心电信息系统的设计与实现	李爱国
98	绍兴市柯桥区妇幼保健院	基于“产后出血预测评分表”信息化系统在基层医疗机构的推广应用	董丽华
99	绍兴市柯桥区妇幼保健院	绍兴市柯桥区适龄妇女高危型HPV亚型感染分布情况及在宫颈病变管理中的应用研究	常　艳
100	绍兴第二医院医共体平水分院	医共体框架内慢性病联合病房的模式探索与实践管理	王志娟
101	绍兴市中心医院医共体柯桥分院	基于国家级高血压达标中心的社区高血压管理相关研究	章　明
102	绍兴市中心医院医共体钱清分院	柯桥区县域医共体框架下基层医疗站点的现况调查与能力建设	屠翡翡
103	绍兴市柯桥区气象局	柯桥区气象灾害风险区划成果应用	冯　博
104	绍兴市柯桥区自然资源修复利用中心	香榧机械化后熟试验	张　帆
105	绍兴市柯桥区环境保护监测站	柯桥区汛期污染研究	王　挺

2022年柯桥区浙江省新型研发机构认定一览表

表 17

机构名称
现代纺织技术创新中心（鉴湖实验室）

（傅玲红）

科技合作

【概况】 2022年，柯桥区推进各类科技创新平台建设，出台《关于印发〈绍兴市柯桥区重点共建创新平台业绩评比细则（试行）〉的通知》等政策，严把政府共建平台质量关，建立平台"赛马比拼"机制，对重点共建创新平台进行业绩评比，营造平台间比学赶超氛围。开展9家政府共建创新平台业绩评比工作，组织江南大学柯桥轻纺产业技术中心、东华大学绍兴创新研究院等3家平台建设期满评估工作。加快建设东盛慧谷、恒生·凤凰数字经济产业园等民营科技园，依托俞书宏院士团队、陈文兴院士团队，引进科大绍兴新材料产业技术研究院、浙江理工大学绍兴柯桥研究院等高水平校地合作平台。

【产业创新服务综合体建设】 2022年，柯桥区以"技术+、设计+、标准+、人才+、服务+"为重点，按照"一核引领、三园联动"总体布局，建设高能级综合体平台，形成金柯桥大道十分钟创新服务链，增强产业发展创新服务动能。按照"政府引导、市场主导、企业主体"建设方向，推进人才链、创新链、金融链、产业链、服务链深度融合。4月，柯桥区现代纺织产业创新服务综合体获评2021年省级产业创新服务综合体优秀单位，现代建筑产业创新服务综合体通过省级绩效考评。（寿佳莹）

科技成果

【概况】 2022年，柯桥区推进浙江理工大学绍兴柯桥研究院、东华大学绍兴创新研究院、中国科学技术大学绍兴新材料产业技术研究院、绍兴工业互联网学院（研究院）等创新平台建设，依托国家技术转移东部中心及"科创帮"等资源，建设科技大市场，全年实现技术交易额49.22亿元，实施发明专利产业化项目46个，登记科技成果项目120个。数字化应用成果转化项目189项，技术交易额12208万元。通过系统申报技术合作奖励项目46项，技术交易额2771万元。发布科技成果信息1100项，收集企业技术需求210项。

【科技交流对接活动】 2022年，柯桥区紧扣现代纺织、新材料、生物医药、光电信息等重点产业，结合"数据+工具+人工"的服务模式，发挥科技大市场在成果转化、技术对接、产业转型等领域的平台优势，补齐技术攻关合作链，强化校企对接沟通链，延展科技创新服务链，推动产业转型升级，提升科技成果转化率。举办"2022柯桥·江山科创成果云享汇暨协同创新平台在线签约仪式"等科技活动15场次，达成产学研合作项目16项。（张珊珊）

电信通信

【概况】 2022年，柯桥区新建5G基站308个，实现城区及主要村镇的连片覆盖。开展网络优化和升级提速，推进"万兆到楼、千兆到户"工程，全年完成XGPON（万兆无源光网络）端口扩容1549个，千兆光宽带覆盖用户累计52万户。夯实"2+4+31+X"云网基础设施，建成标准服务器机架5000架。完成中共二十大、布商大会等重要活动期间的通信保障工作。提供马鞍医学隔离点、会展中心方舱医院、钱清核酸基地的通信服务。参与城市生命线、智慧消防、安昌盛陵共富新村等数字化改革样板建设。

【"浙里城市生命线"技术支持】 2022年，中国电信柯桥分公司为柯桥区"浙里城市生命线"城市安全运行系统提供技术支持，在全省打造"风险可视、源头可溯、安全可控、事故可防"的治理新模式。平台运行以后，全区地下管网事故发生率比上年下降65%，风险排查效率比上年提高75%。该系统作为全省首个城市安全运行一体化作战平台，入围2022年浙江省数字化改革"一地创新、全省共享"项目。

【智慧消防"智联动"平台技术支持】 2022年，中国电信柯桥分公司协助建设柯桥区智慧消防"智联动"平台，承建沿街店铺消防安全守护民生实事工程，对100个高层小区消防室实施可视化管理，对消防水系统进行物联监测，为8000家沿街店铺和老旧民宅安装烟雾感应报警器，助力数字化消防风险预测和治理。（黄东惠）

移动通信

【概况】 2022年,柯桥区推进5G建设,通过多频协同组网,精准配置资源,重点对城区、乡镇区域落实5G 2.6G网络补点,对写字楼、滨海厂区进行5G室分深覆盖,对农村区域推进5G 700M黄金频段广覆盖,完成5G 2.6G基站建设217个,5G 700M基站建设437个,5G基站累计2400个,实现城区5G网络优质覆盖,高铁、高速、轨道交通等重要交通干线全线覆盖,行政村100%覆盖。

【千兆光网建设】 2022年,柯桥区落实"宽带中国"战略,推进千兆网络覆盖攻坚,提升"千兆到户"能力。完成千兆小区升级165个,完成老旧小区宽带接入方式改造升级21个,千兆光宽带覆盖累计49.5万户。(郑灵芬 史国祥)

联通通信

【概况】 2022年,柯桥区新增5G网络基站(含室分)332个,累计开通947个,覆盖城区、重点乡镇和部分热点工业园区,5G网络人口覆盖率93.74%。新开通4G基站177个,累计开通4G基站1312个,覆盖城区、二三类校园、交通干线、乡镇、部分热点行政村,4G网络人口覆盖率从上年的93%提升至98%,4G全网良好覆盖率97%。

【核心网云化工程】 2022年,柯桥区建成核心网云化工程,全区千兆宽带覆盖用户数223616户。(金梁峰)

通信工程

【概况】 2022年,铁塔柯桥分公司推进5G通信基站布局部署,累计建成5G基站764个,5G基站室分系统改建投资超3000万元,实现主城区、开发区、高校园区、重点道路、大型场馆、综合体、政府、写字楼、医院等人流量密集区域全覆盖,同时对自然村、山区进行5G网络无差别覆盖。开放铁塔资源,面向政府提供共享新平台,推动"通信塔"向"数字塔"转变。结合5G铁塔,做好"浙里森林防火应用""耕地智保应用"。

【亚运重保基站质量提升专项行动】 2022年,铁塔柯桥分公司开展亚运重保基站质量提升专项行动,完成标杆站点的一站一档工作。协同运营商建设柯桥体育中心排球馆、齐贤羊山攀岩中心、鉴湖足球训练场等亚运场馆的信号覆盖工程,助力做好"智慧亚运"保障工作。(徐晨炀)

数字政府

【概况】 2022年,柯桥区围绕"掌上办事之区""掌上办公之区""掌上治理之区"的建设目标,深化"浙里办""浙政钉"两端应用,推进一体化智能化公共数据平台迭代升级。"浙里城市生命线及地下空间综合治理集成应用"入选全省"一地创新、全省共享"试点,"一本账S0"(全省数字化改革重大应用目录)、"限下贸易数据采集"、"电子证照社会化应用场景"入选省级试点。一体化平台各项指标完成省定要求获五星级评价,"浙里办"日活跃用户数超4万人,"浙政钉"用户活跃率达88.90%,"一网通办率"93.39%;平台数据共享需求满足率100%,政务云平台稳定性99.9%。

【"柯数联盟"成立】 2022年,柯桥区发动大数据相

2022年6月23日,"柯数联盟"成立暨《浙江省公共数据条例》宣贯活动正式启动 (区大数据中心 提供)

关企业、金融机构、科研院所等15家单位，成立全市首个“大数据发展联盟”，以“开放创新、聚智聚力、合作共赢”为宗旨，组建专家队伍，推动数字化改革工作，为经济社会发展注入新动能。首批成员单位包括浙江工业大学之江学院、中广（绍兴柯桥）有线信息网络有限公司、绍兴环思智慧科技股份有限公司、绍兴鑫隆计算机技术股份有限公司、绍兴柯桥笛扬信息技术有限公司、绍兴数梦工场科技有限公司、浙江东盛慧谷科技有限公司、中国联合通信有限公司、中国电信股份有限公司、浙江数智擎城科技有限公司、绍兴越得安智能科技有限公司、浙江绍兴瑞丰农村商业银行、中国移动通信集团浙江有限公司、中国铁塔股份有限公司、恒生凤凰数字经济产业园等。

【数字化改革项目管理办法出台】 2022年，柯桥区根据《浙江省数字化改革领导小组关于进一步加强数字化改革项目规范管理的通知》和《绍兴市市级政务信息化项目管理办法》及其补充通知的文件精神，结合实际，出台《柯桥区数字化改革项目管理办法的通知》，为规范数字化改革项目全流程管理提供法律依据。

【数字化应用推广方式创新】 2022年，柯桥区采用专栏、短视频、直播等多种渠道，建设“金柯桥‘数’未来·柯小微‘数’说应用”专栏，开设“数字柯桥，与宁共享”系列直播活动，宣传推广特色“浙里办”应用，交通运输局“交通篇”和印染服务中心“人才篇”累计吸引上万人次观看。（夏丹琪）

广播电视传输

【概况】 2022年，柯桥区维护广播电视网络“阵地”安全，实施广电网络光纤改造，优化制度管理，提升服务质量。出台《安全事件事故管理办法》等16项应急预案，从安全管理、安全生产、安全播出、网络安全、设施保护5个维度进行全面规范，开展各类应急演练近60次，通过国家广电总局督查组的安全督查，保障中共二十大、北京冬奥会、全国两会等多项任务。中广有线柯桥公司获评2022年度广播电视运营服务质量年度省级优秀单位、运营服务工作成绩突出集体、2022年度浙江省广播电视安全播出工作成绩突出集体。

【中共二十大播出保障】 2022年，柯桥区围绕中共二十大安全播出保障任务为中心，成立中共二十大专项工作领导小组以及负责具体工作的“一办六组”，编制保障中共二十大工作方案和工作手册，修订安全播出制度58项，保障中共二十大顺利安全播出。

【广电网络改造升级】 2022年，柯桥区实施广电网络光纤改造工程，累计投入资金3000多万元，在全区范围内开展广电网络光纤改造工程，推广“双千兆村”“千兆小区”模式，实施光改计划的村248个，广电光纤网络覆盖农村用户超12万户，小区用户超6万户。落实应急广播系统升级，对3000多个应急广播进行全面维护，新建IP应急广播1000个，实现全区应急广播系统整体升级，推广平战结合运维模式，运用应急广播系统及时发布各类应急信息，在抗击新冠疫情、防台抗汛等事件中发挥作用。出台新考核办法，对服务内容和考核指标进行优化提升，督促各基层经营单元对重要指标进行密切跟踪，以年度岗位目标责任制的方式强化考核，促进广电网络市场服务能力再上台阶。〔中广（绍兴柯桥）有线信息网络有限公司　提供〕

类目编辑　高　锋

教 育

综 述

2022年，柯桥区有各级各类学校206所，其中全日制普通高校2所、普通高中9所、职业高中2所、初中20所、小学50所、幼儿园105所、特殊学校1所、社区学院1所、成教中心16所。有教职员工11356人，其中专任教师9322人，在编教师7075人。专任教师中任教于普通高中1380人、职业学校638人、初级中学1922人、小学3173人、幼儿园2185人、特殊教育24人。

鲁迅外国语学校新校区、六一幼儿园柯西园区、浙光幼儿园等5所新扩建学校顺利投用，新增学位5340个，完成13个校舍维修改造工程和中学校园安全防护提升工程，杨汛桥幼儿园挂牌杭州师范大学附属幼儿园，全区普惠性幼儿园在园幼儿覆盖面95%。

柯桥教育现代化发展水平监测成绩列全省第一，上榜全国义务教育优质均衡先行创建区、浙江省首批体育现代化区名单，获杭州亚运会、亚残运会筹办工作“突出贡献集体”称号，在绍兴市教育、体育业绩考核中均居第一名，区教体局获集体三等功、区岗位目标责任制考核优胜单位和区“除险保安”专项集体嘉奖。

区中心幼儿园世纪星城园区、杨汛桥中心幼儿园、平水中心幼儿园、华舍有春幼儿园创建为省一级幼儿园，马鞍汇商幼儿园、夏履三莲幼儿园等9所幼儿园创建为省二级幼儿园，新增财经旅游学校、华舍中学等省现代化学校18所，创建数量为历年之最。

重点培育学校274个精品项目、示范社团，引进社会资源参与课后服务，128家学科类校外培训机构实现“清零”，学生参与率、家长满意率保持在97%以上，华舍小学做法入选全省“双减”年度十佳样本，实验中学、华舍小学、柯岩小学、实验小学做法入选全省“双减”典型案例。

柯桥区学生被北大、清华录取15人，重点类上线1310人，上线率29.21%，高出全省平均9.21个百分点，2018—2022年连续五年稳步上升。职校毕业生升入高等学校人数首次突破2000名，创历史新高。职校师生在全国职业院校技能大赛、教学能力比赛、中职班主任能力比赛三大比赛中分别获得5枚、2枚、1枚金牌，囊括金牌数三个全国第一。

柯桥区社区学院“父范学堂”、齐贤成教中心“社区教育服务农村文化礼堂”入选全省终身学习品牌项目、社区教育实验项目。推动教育智治，全省首个关爱残障学生应用场景“护翼天使”参加全省数字社会系统路演，“天天智慧课堂”成为全国“三个课堂”建设与应用创新案例，柯桥区成为中央电教馆全国首批“人工智能课程”规模化应用试点区。区教体局在省教育厅、省体育局相关会议上就教育创建、体教融合、成人教育、STEAM（科学、技术、工程、艺术、数学等学科融合）教育、体艺教育、特殊教育等作典型发言7次，向全省推介柯桥经验。

【“幼小衔接”专题研讨活动】 2022年5月，柯桥区开展“幼小衔接”专题研讨活动。小学老师和幼儿园老师通过课堂交流、论坛沙龙、探究表现性评价等方式开展联合教研，共话幼小衔接。一年级老师设计评价量规，对一年级新生入学的行为习惯和课堂学习习惯进行现场评价，并对数据进行分析、反馈和解读，帮助学生平稳度过入学适应期。

【STEAM 教育及项目化学习实践】 2022 年 11 月 3—4 日，柯桥区承办浙江省第五届 STEAM 教育大会，全省各地近 200 名教研专家和学校代表参加活动。柯桥区把 STEAM 教育作为发展学生核心素养的重要路径和抓手，做了大量探索与实践，形成多样的 STEAM 教育及项目化学习的实践样态，为全省 STEAM 教育和项目化学习提供更多学校样本、区域经验。与会代表走进柯岩中心小学，现场观摩学校“禾你有约”项目化学习活动，分享学校“四创共生”的项目化学习实践样态，通过经验分享、观点碰撞，探索项目化学习在小学段的推进和深化。

2022 年 11 月 4 日，浙江省第五届 STEAM 大会与会代表到柯岩中心小学现场观摩“禾你有约”项目化学习活动 （区教体局 提供）

【课后服务课程提质行动】 2022 年，柯桥区投入 1054 万元，对 274 个首批重点社团进行培育提升，建立校内课后服务社会资源“白名单”制度。全区中小学课后托管率、学生家长满意率均保持在 97% 以上，华舍小学、柯岩中心小学、实验中学 3 个“双减”案例入选浙江省“双减”优秀实践案例，其中华舍小学做法成为全市唯一的省“双减”年度十佳样本。

2022 年 11 月 25 日，2022 年浙江省中小学生艺术节闭幕式颁奖活动在柯桥区举行 （区教体局 提供）

【艺术教育】 2022 年，柯桥区推进“一校一品、一校多品”建设，实现每所规模学校拥有一支以上校级管弦乐队、合唱团和戏曲社，开展金秋文艺会演、器乐邀请赛、戏曲“小梅花”评比等活动。承办 2022 年浙江省中小学生艺术节现场展演，柯桥区 24 个艺术表演节目、27 件艺术作品获一等奖，居全省第一。区教体局、轻纺城小学、实验小学获组织贡献奖。湖塘中心小学曲艺节目入选第十届全国少儿曲艺展演。

【职教工作情况受到省委、省政府肯定和表扬】 2022 年 5 月 26 日，省委、省政府召开全省职业教育大会，浙江省委副书记黄建发点名表扬区柯桥区职教中心把思政课程搬到基层一线，把思政教育寓于社会服务，打造阳光使者义工服务体系的做法。是年 9 月，《柯桥区深化职业教育培养“新生代工匠”》被省委《浙江信息》录用。

【区第十一届全民终身学习活动周】 2022 年 11 月 24—30 日，柯桥区举办以“深化全民学习，助力‘两个先行’”为主题的柯桥区第十一届全民终身学习活动周，参与10万余人次。11月24日，在社区学院举行启动式，20名“学习之星”、20户“书香家庭”、15个“学习型社团”、16个“学习型社区”、17家“学习型企业”受到表彰。

【招飞工作】 2022年3月3日，绍兴市首次评定飞行等级飞行员家庭荣誉牌匾颁发仪式暨空军招收飞行学员工作先进单位、先进个人表彰大会在柯桥中学举行。柯桥区选送的2名往届飞行学员被中国人民解放军空军首次评定飞行等级飞行员并获荣誉牌匾，柯桥区教体局代表县（市、区）招飞工作先进单位在会上作典型发言。是年，鲁迅中学一学生被中国人民解放军空军航空大学飞行技术专业录取，另有若干名学生被北京航空航天大学、南京航空航天大学、中国民航大学、中国民用航空飞行学院等高校飞行技术专业录取。

【教师对口支援】 2022年，柯桥区先后与四川省金川县16所、峨边县18所中小学进行结对帮扶，开展学校结对研学，选派对口支援教师11名，安排金川、峨边职教学生到柯桥就学163名。（钟建宇）

学前教育

【概况】 2022年，柯桥区实施学前教育第四轮行动计划，全区有幼儿园105所，其中公办幼儿园83所、民办幼儿园22所，在园幼儿29804人，学前三年入园率100%。幼儿园专任教师2231人，其中公办教师430人，教师学历合格率和资格证持有率均为100%。浙江省一级、二级幼儿园74所，二级及以上在园儿童覆盖面84%。

【优质学前教育资源扩充】 2022年，柯桥区6所新建幼儿园入选国家“十四五”规划“教育提质扩容工程”重大工程项目范畴，为柯桥区首批入选项目。柯桥区六一幼儿园柯西园区、钱清中心幼儿园、漓渚镇中心幼儿园新建、扩建工程竣工办学，新开办高端民办幼儿园——柯桥区蒙德幼儿园。创建浙江省现代化幼儿园2所、浙江省一级幼儿园4所，浙江省二级幼儿园9所，创建数量位居全市第一。建立中心幼儿园园长对下属幼儿园蹲点式管理，有效促进村级幼儿园精细化管理。5月13日，《浙江教育报》头版刊登《柯桥区推动园长制度化蹲点服务》的报道。

2022年9月1日，绍兴市柯桥区六一幼儿园教育集团柯西园区开园
（区教体局 提供）

【学前教育配套政策】 2022年2月，柯桥区教体局、财政局、残联联合出台《绍兴市柯桥区家庭经济困难（残疾人家庭）幼儿入园资助及山区三镇户籍在园幼儿免费教育实施办法》，每生每学期最高减免保教费4300元，全年全区受惠幼儿2926人次。是年3月，柯桥区教体局、财政局联合出台《绍兴市柯桥区普惠性民办幼儿园认定和扶持实施办法》，引导和支持民办幼儿园向社会提供优质普惠服务，18所民办幼儿园被认定为柯桥区普惠性民办幼儿园。

【学前教育课程改革】 2022年，柯桥区深化学前教育课程改革，2所幼儿园的课程入选浙江省精品课程，1所幼儿园教研组获浙江省先进教研组称号，10篇论文及课题成果获绍兴市一等奖。柯桥区中心幼儿园承办浙江省第五届中小学STEAM教育大会暨首届项目化学习大会，杨汛桥中心幼儿园成为杭州师范大学附属幼儿园，2所幼儿园受邀在浙江省中小学生艺术节上现场展演。

【学前教育队伍建设】 2022年，柯桥区学前教育建成教学“云资源”1.3万个，幼儿园名师工作室、青年教师成长工作室25个。12月，3个幼儿园名师工作室（青年教师成长工作室）活动进行线上展示。全区3名学前教育教师获绍兴市学科带头人、市优质课一等奖荣誉，柯桥区中心幼儿园园长陈宴入选

教育部新时代中小学名师名校长培养计划(2022—2025)名校长培养对象,全省仅4人。(周利娜)

2022年12月16日,柯桥区举办幼儿园名师(青年教师成长)工作室展示活动
(区教体局 提供)

义务教育

【概况】 2022年,柯桥区有小学50所,其中区属3所、镇(街道)属小学47所,班级1375个,在校学生56993人,在编专任教师2762人。落实"五育"(德、智、体、美、劳)并举,注重学生核心素养,推进义务教育阶段学校课后服务工作。全区有初中21所,其中区属5所、镇(街道)初中15所、民族中学1所,班级561个,在校学生22685人,在编专任教师1923人。初中升高中率99.8%。西藏民族中学有3个年段15个班级,在校学生584人。

【视力健康指导站建立】 2022年,柯桥区"爱芽护苗"民生实事工程为62所义务教育阶段学校建立青少年视力健康指导站,投入830多万元,配置近视防控大数据平台、智能电子视力检查系统、智能屈光检查系统、智能眼科综合生物测量系统等。各校每学期对学生进行一次视力筛查,对筛查出的近视高危和中危学生群体提供健康解决方案,筛查的结果纳入学生的成长档案。区教体局和全区各学校建立多层级近视防控干预体系,传递学生眼健康现状,提供个性化解决方案,实现全区学生近视防控目标。

【跨区域教育共同体构筑】 2022年,柯桥区与江山市构筑跨区域教育共同体。通过整合多种资源,创新办学机制,优化管理过程,开创区域推进"教育共同体"实践的柯桥模式。柯桥区有小学4所(管宁实验小学、柯岩小学、柯桥小学和齐贤中心小学)、初中1所(华舍中学)与江山市5所学校结成教育共同体。

【班主任基本功比武】 2022年,柯桥区在绍兴市班主任基本功比赛中,在四个能力项目比赛中获一等奖21个。入围省赛集训队5人次,代表绍兴市参加全省比赛,3人分别获一、二、三等奖,获奖总成绩列全市各县(市、区)之首。(秦桦绯 钱纪江 韩华栋)

普通高中教育

【概况】 2022年,柯桥区有普通高中8所,其中省一级特色示范高中2所、省二级特色示范高中4所,省一级民办高中1所,省级文明单位2所、省文明学校1所,全国绿色学校1所、省绿色学校2所。普通高中毕业学生4131人,招收新生4698人,班级345个,在校学生14053人,在编专任教师1352人。

全区普通高中"育分"与"育人"并重,制订学校五年发展规划与三年课程设置计划。柯桥中学通过省教育现代化学校评估,鉴湖中学被评为浙江省清廉学校建设示范校。3名学生获生物学、信息学奥赛省赛区一等奖,30名学生通过全国高水平大学综合素质测评录取,学生获全国竞赛一等奖112人次、全省竞赛一等奖490人次,3项科技成果获全省一等奖,2项科技创新成果获全国二等奖,钱清中学、豫才中学13项学生小发明获国家实用新型专利证书。

【"三新"背景下普通高中高质量发展论坛】 2022年11月,柯桥区举办"三新"(新课改、新考改、新教材)背景下普通高中高质量发展论坛。浙江师范大学教师教育学院教授杨光伟、浙江师范大学附属中学原校长何通海、绍兴市教科院院长赵新鸿等专家围绕学校高质量发展和教育现代化作专题报告；全区各高中校长围绕人才培养、队伍建设、精准教学、文化特色等进行分享与交流。

【柯桥中学被评为浙江省教育现代化学校】 2022年1月，浙江省教育厅和浙江省人民政府教育督导委员会办公室公布2021年浙江省教育现代化学校评估结果，柯桥区柯桥中学被评为省教育现代化学校。

【鲁迅中学三十周年校庆筹备启动暨四地校友会成立】 2022年5月，鲁迅中学三十周年校庆筹备启动暨四地校友会成立仪式在该校树人堂举行。鲁迅中学历任校长和爱心人士代表、校友代表、教师代表、家长代表和学生代表参加仪式。本次仪式通过网络平台同步直播。仪式现场，2002届校友、博洲集团董事长成峰和2002届校友、博洲集团副董事长兼CFO周萍捐赠100万元，2001届校友、河北新华联合冶金控股集团总裁、河北纵横集团丰南钢铁有限公司董事长、沧州中铁装备制造材料有限公司董事长孙翔捐赠100万元，2004届校友、浙江豪微科技有限公司董事长孔剑平捐赠100万元。

【越崎中学“快乐不打烊 青春唱响亮”心理游园会】 2022年5月，越崎中学学生发展指导中心开展心理健康活动月系列活动之“快乐不打烊 青春唱响亮”心理游园会。游园会设置6个站点区域，分别考验参与者的专注力、身体协调性、心理健康知识、人际信任度、对自我未来的鼓励等。此次游园会针对学生的心理需求和心理特点，设计上集趣味性、科学性、知识性、活动性于一体，使参与者在欢乐轻松的氛围中挑战自我、展示自我、赋能自我。

【钱清中学校友会成立】 2022年7月，柯桥区钱清中学成立校友会，组建钱清中学校友服务中心，制定《钱清中学校友会章程》《钱清中学基金会章程》。95届校友钱兴良与学校签约，向学校捐助50万元，成立“钱王”奖教奖学基金，84届校友集体定期不定期开展爱心助学活动。（李国权）

中等职业技术教育

【概况】 2022年，柯桥区有2所中等职业学校（区职业教育中心、绍兴财经旅游学校），均为国家级重点职业学校、省一级重点职校，其中柯桥区职教中心为国家首批中职教育改革发展示范校。在校学生9235人，专任教师638人，其中“双师型”（具有教师资格证和职业技能等级证）教师347人。全区职校校园占地面积301054平方米，建筑面积200377.3平方米。

全区中等职业学校设轻纺食品、土木水利、加工制造、交通运输、信息技术、财经商贸、旅游服务、文化艺术、农林牧渔、公共管理10个大类34个专业，有省级高水平专业4个、省级名专业4个、省级示范专业11个。有国家级职教集团1个、省级职教集团1个，省级实训基地8个，省级校企合作共同体3个，省级产学研联合体2个。

区中等职业教育主动匹配柯桥区五大千亿产业，设置调整主体专业，深化产教融合，密切校企合作，创新育人模式致力培养德技并修的“工匠型”技能人才。

区职校教师4支代表队在省教师教学能力大赛获得3枚金牌、1枚银牌，3队代表浙江省参加全国比赛获2枚金牌；2人获省班主任能力大赛参赛资格，其中1人获全省第一，代表浙江省参加全国比赛获金牌。职校学生在省学生职业能力大赛技能比赛中获6项第一（全市9项），获8个全国比赛参赛名额，在全国比赛中获5枚金牌、3枚银牌，金牌数和奖牌数位居全省第一；省学生职业能力大赛学生创新创业比赛获2个一等奖，位居全市第一。

【职业教育专项经费保障】 2022年，柯桥区出台《关于进一步促进职业教育校企合作的实施办法》《职业教育发展专项经费使用管理办法》，每年安排校企合作专项经费800万元、专业建设经费300万元、职业教育专项奖补资金200万元，为全区职业教育的改革与发展提供经费保障。

【校企合作与产教融合】 2022年，柯桥区职教中心与浙江金融职业学院合作，联合绍兴市柯桥区电子商务促进会和中国轻纺城跨境电商产业园，共同开展电子商务专业群区域中高职一体化人才培养改革试点。柯桥区在全市职业教育产教融合指标评价蝉联全市第一，职业教育“专业链对标产业链打造复合创新人才培养新高地”入选教育部产教融合校企合作典型案例,"潮汐式人才培养模式的探索与实践"和"专业教育集团模式下的现代学徒制实践与探索"入选省学徒制典型案例。

【省级教育项目】 2022年3月,柯桥区职教中心入选省级高技能人才公共实训基地建设项目。12月,柯桥区智能制造产教融合工程项目入选省产教融合工程项目,"三教"改革视域下的装配式建筑施工专业企业课堂建设、"美丽员工私人订制"轻纺商贸人才产学共育的探索与实践两个项目入选省产学合作协同育人项目。柯桥区"轻纺电商·绿色建筑"产城教融合职工培训基地入选全省示范性职工培训基地,区职教中心的"社会培训基地"和绍兴财经旅游学校的"园林绿化培训基地"入选示范性继续教育(社会培训)基地。

【第十六届职业学校学生技能大赛】 2022年11月26日,由柯桥区教体局、区人社局联合举办的第十六届职业学校学生技能大赛在区职教中心、绍兴财经旅游学校两个赛区同时举行。本届大赛分16个大类,设76个赛项,1129名学生参加比赛。

2022年11月26日,第十六届柯桥区职业学校学生技能比赛钳工赛项举行 (区教体局　提供)

【省高职考试】 2022年,柯桥区职校学生参加省单招单考,升入高等院校2186人,职高升学率71.58%,升学人数2013—2022年连续10年上千人。本科上线176人(含中本一体化),居全市首位,其中4名学生获相关专业总分全省第一。(沈益农)

高等教育

2022年12月9日,中共绍兴市柯桥区委员会与中共浙江工业大学之江学院党委举行"五共五链五提升"校地融合型党建签约仪式 (之江学院　提供)

【概况】 2022年,浙江工业大学之江学院有11个二级学院1个教学部,设有40个本科专业,涉及工学、理学、文学、法学、管理学、经济学、艺术学七大学科门类,全日制在校本科生10545人,有教职工637人,其中专任教师484人。知识产权产业学院、数字文旅产业学院揭牌。与柯桥区联合开展校地融合型党建试点。大学生学科竞赛成绩名列浙江省同类院校第二,国际化总体水平名列浙江省独立学院第二。

浙江树人学院杨汛桥校区有学院7个,在校生9000余人;有教职工1381人,其中专任教师1093人,博士360余人,硕士及以上学位教师占80%以上,正高职称教师100余人。教学仪器设备总值3.14亿元,图书馆藏书201万余册,电子图书228万册。在中国民办本科院校竞争力排行榜中连续多年排名第一。获批浙江省唯一的教育部高校思想政治工作创新发展中心。2020—2022年连续3年获评浙江省高校新媒体综合力十强,首批全省党建工作示范高校培育创建通过验收。经济与民生福祉学院教工第一党支部入选“全国党建工作样板支部”。

浙江广播电视大学柯桥学院更名为浙江开放大学柯桥学院(增挂绍兴市柯桥区社区学院牌子)。学院更名后,投入10万元开展招生宣传,拓展学院招生热线,24小时接受咨询和受理,规范招生管理,对全区学历培训机构进行违规招生广告督查,与绍兴开放大学合作,招收单考单招学生47人,与柯桥区司法局签署矫正教育帮扶战略合作协议,招收社区矫正人员,与各成校合作,将招生网络延伸至各村、各社区;严格按国家开放大学组考要求认真组织考试,新冠疫情期间完成2万人次考试。该院获每五年一评的“全省开放大学办学先进单位”称号,8人获国家奖学金,17人获省奖学金,4人被评为省优秀毕业生,3人被评为国家优秀毕业生。(包臻珍　宋　斌　王　芳)

【之江学院“一流专业建设提升计划”】 2022年,之江学院实施“一流专业建设提升计划”,新增1个省级一流本科专业建设点,省级一流本科专业达6个。整体推进专业内涵提升,出台《一流本科专业建设实施方案》《专业基本建设管理办法》。提高专业竞争力,推进机械工程专业的专业认证工作。凝练专业特色,出台《教学改革与建设项目管理办法》,立项省高教学会2022年度重点课题2项、一般课题4项,市、校级教改项目9项。

【之江学院师资队伍建设】 2022年,之江学院加大高层次人才的引进和培养力度,全面优化人才引进政策,修订《学院高层次人才引进实施办法》《队伍建设工作业绩量化考核指标》,出台《学院年薪制聘用高级专业技术职务教师管理办法(试行)》《学院院聘研究员(副研究员)聘任实施办法》。修订“早湖英才培育计划”,强化青年英才培养。实施“教师教学能力提升计划”,举办学院第二届“教师教学能力提升高级研修班”,开展“教育评价”“课程思政”“课堂创新”等主题教学沙龙,继续实施辅导员素质能力提升工程,推进辅导员队伍的专业化、职业化。

【之江学院产业学院建设】 2022年4月,之江学院知识产权产业学院成立,为绍兴市首家县(市、区)级知识产权学院。学院计划通过3年创建,到2025年启用招生,填补绍兴市尚无知识产权人才专业培养的空白。5月,之江学院数字文旅产业学院成立,为浙江省首家数字文旅产业学院,旨在建设融人才培养、科学研究、技术创新、企业服务、学生创业就业等功能于一体的示范性人才培养实体,建设区域特色鲜明、引领示范效应显著、政产学研协同的高水平数字文旅人才培养基地和社会服务中心,为区域相关产业、企业数字文旅研究和服务提供新平台,为高质量发展建设共同富裕示范区提供人才支持和智力支撑。

2022年5月13日,浙江工业大学之江学院数字文旅产业学院揭牌仪式举行
(之江学院　提供)

【之江学院获各类职务专利授权473件】 2022年,之江学院获各类职务专利授权473件,其中发明专利授权43件(其中国外发明专利授权7件,比上年增长30%)、实用新型专利授权345件、外观专利授权85件,软件著作权登记30件。

【之江学院毕业生就业服务】 2022年,之江学院对接省市区内人社部门,联合组织主办或承办线上线下招聘会10余场,举办线下小型专场系列招聘会17场,提供就业实习岗位25000余个,吸引参会学生1万余人次。累计发布招聘岗位15000余个。开展院长书记访企拓岗促就业专项行动,全年走访企业134家,开拓就业岗位800余个。2022届本科

毕业生 2655 人，毕业去向落实率 96.72%，留绍兴率 13%，继续深造率 9.20%。（包臻珍）

【浙江树人学院杨汛桥校区科研】 2022 年，浙江树人学院落实科研经费 1.6 亿元，首次突破亿元大关，师均科研经费 14.56 万元。获批国家自然科学基金项目 6 项，其中面上项目 2 项，青年科学基金项目 4 项，总经费（直接经费）226 万元，立项数和立项经费均创历史新高。获大学生科技竞赛国赛一等奖 3 项、二等和三等奖 23 项，省甲竞赛一等奖 22 项、二等和三等奖 134 项。新增国家级一流本科专业建设点 1 个、省级一流本科专业建设点 2 个，获批省级一流课程 45 门，1 人获第二届全国高校教师教学创新大赛一等奖，智慧康养产业学院入选省首批重点支持现代产业学院。学校数字化改革案例入选 2022 浙江省高校数字化改革成果巡展。“浙江省污染暴露与健康干预重点实验室”被列为 2022 年度浙江省重点实验室（培育），实现历史性突破。

2022 年 5 月 20 日，浙江树人学院举行浙江省污染暴露与健康干预重点实验室揭牌仪式（范　雄　摄）

【浙江树人学院杨汛桥校区融入区域经济社会发展】 2022 年，浙江树人学院杨汛桥校区融入绍兴经济社会发展，主动对接绍兴市、区两级商务主管部门和相关企业，在跨境电商、数字贸易、康养家政等方面进行合作洽谈。入选柯桥区科技局科技特派员团队 4 支、柯桥区社科专家库专家团队 8 支。

【浙江树人学院杨汛桥校区文明实践基地建设】 2022 年 3 月 15 日，浙江树人学院管理学院在杨汛桥街道文化中心举行文明实践基地授牌签约仪式。围绕乡村振兴、困难群体帮扶、守护红色根脉、疫情防控等主题为杨汛桥街道群众提供志愿服务。（宋　斌　陈乐敏　全　晶）

【浙江开放大学柯桥学院思政教育特色品牌创建】 2022 年，浙江开放大学柯桥学院推进“云上党建”思政工作特色品牌创建工作，全年开展“云上党建”活动 35 项，学生会主席范校英被评为“全国优秀学生干部”；学生吴雅俊获“全省阅读之星”称号；朱泽钰“我的初心、我的梦”大学生短视频获全省三等奖；余建《花花世界　幸福人生》入选全国互联网 + 大学生创新创业大赛。（王　芳）

【高校服务中心对接服务机制】 2022 年，柯桥区高校服务中心优化对接服务机制，加强与两所高校工作对接联系。指导高校开展毕业生就业工作，举办 20 余场云聘会，毕业生就业率 90% 以上；牵头开展大学生校外住宿安全问题专项整治工作。（任新江）

特殊教育

【概况】 2022 年，柯桥区共有 3—17 周岁残障少儿 388 人，其中学前段儿童 65 人（幼儿园随读 33 人、康复机构康复 32 人），入园（康复）率 100%；义务教育段适龄残障少儿 225 人，通过特殊学校就读、随班就读、送教上门服务等方式，入学率 100%；高中段学生 98 人，在区特殊教育学校就读 23 人、随班就读 32 人、送教上门 39 人、初中毕业 4 人，入学率 95.9%。

区育才学校有在校学生 71 人，7 个教学班，其中 5 个义教班（含 1 个卫星班）、1 个学前班、1 个职教班；专任教师 25 人，其中在编 24 人。区育才学校创建成为绍兴市党建示范学校。

“培智适性教育‘三化’课堂的实践研究”被立为浙江省教研课题项目，“数治特教 · 护翼天使呵护特殊学生”入选浙江省 2022 年度特殊教育特色亮点项目。教师鲍玉婷的“认识人民币”一课在浙江省 2022 年特殊教育培智学校教学活动评审中获一等奖。

【承办省特殊教育管理干部现场会】 2022年8月9—11日，浙江省特殊教育管理干部现场会在柯桥区举行。现场会由浙江省教育厅主办，浙江省特殊教育指导中心、绍兴市柯桥区教育体育局承办，绍兴市特殊教育指导中心协办，省教育厅副厅长陈峰、各县(市、区)教育局基教科分管领导和特教干部150余人参加。(姚　斌)

2022年8月9日，2022年度全省特殊教育管理干部培训在柯桥区举行　(区教体局　提供)

成人教育

【概况】 2022年，柯桥区有1所社区学院，16所镇(街道)成校；其中省级标准化成校16所、省现代化成校13所、省现代化社区学校6所。全年完成各类培训281860人次，其中农民培训66347人次、企业职工培训52185人次、社区教育培训160890人次(其中老年人培训51561人次)，完成社会人员初、高中学历提升2865人，大专及以上学历提升5991人，分别超省定任务的25.77个和11.03个百分点，通过成校培训取得职业资格4183人。安昌成校、稽东成校、福全成校、平水成校创建为浙江省现代化社区学校，柯桥区社区学院、齐贤成校获评浙江省社区教育示范基地，柯桥街道大渡社区获评浙江省学习型社区，柯桥街道老年学校、平水镇老年学校获评浙江省优质老年大学分校(教学点)，区"父范学堂"上榜浙江省全民终身学习品牌项目。浙江塔牌绍兴酒有限公司副总经理潘兴祥获评"全国百姓学习之星"。

【承办全省老年教育资源整合工作推进会】 2022年8月15—16日，浙江省老年教育资源整合工作推进会在柯桥区召开，副省长王文序出席会议，浙江老年开放大学(区社区学院、区老年大学鉴湖校区)、钱清街道老年学校、柯岩街道叶家堰居老年学堂进行现场展示，柯桥街道老年学校在会上作典型发言，全省各地代表260余人参加。

【老年人智能技术普及培训】 2022年，柯桥区对有学习意愿的老年人开展智能技术普及培训586场次，受训17532人次，超额完成全年培训任务。在教育部职成教司开展的全国"智慧助老"项目推介中，柯桥区"X+智能""智能技术普及进礼堂"等7个优质培训项目上榜。

【浙江广播电视大学柯桥学院更名转型】 2022年，经浙江省开放大学审核，柯桥区人民政府于6月23日批复，浙江广播电视大学柯桥学院更名为浙江开放大学柯桥学院(增挂绍兴市柯桥区社区学院牌子)。学校更名后，从学历教育为主转型为学历教育和非学历教育并举，向终身教育推进。学校由柯桥区人民政府主办并领导，柯桥区教育体育局管理，业务接受上级开放大学的指导。(张宏泰)

招生考试

【概况】 2022年，柯桥区14278名初高中学生通过招生考试被高一级学校录取，其中被高中段学校录取7409人，被普通高校录取4683人，被高职单招单考录取1212人，被中高职一体化培养及高职技能保送等其他渠道招生录取974人。

2022年是浙江省深化高考综合改革试点工作实施第二年。是年，普高选考科目等级赋分的分差由3分改为1分，职高职业技能操作考试作为合格性考试，由省统一标准、市县组织，考试合格作为报考条件，职业技能理论知识考试仍全省统一组织。

浙江省普通高校招生考试采用“语数外+7选3”模式分普通类、艺术类、体育类三类，按总分（综合分）分两段开展录取工作。全区普通高校招生考试报名4883人，上特殊类控制线1310人，上线率为29.21%（在籍考生为基数）；上一段分数线3356人，上线率68.73%；上二段分数线4483人，上线率为91.81%；被录取4683人，录取率95.90%。高职院校单招单考报名1283人，上线1238人，上线率为96.50%；被录取1212人，录取率94.47%。全区初中毕业生学业水平考试报名7443人，柯桥区高中段学校录取新生7409人，其中普通高中录取4683人，职业高中录取2726人。

全区成人高考报名3698人，被录取3020人，录取率81.67%；自学考试报名919人，申请并办理毕业26人。报名参加全国英语等级考试2871人、全国计算机等级考试1476人。

完成14项国家教育考试组考工作和56项主要招考工作，全年累计设置102个考点，5531个试场，160021科（场）次考试，46183名考生参加考试，招生考试“零差错、零失误”，被浙江省教育考试院评为“招生考试工作先进集体”和绍兴市高校招生委员会“国家教育考试工作先进集体”。

【普通高校招生】 2022年，柯桥区普通高校招生考试报名4883人，其中普通类4357人，艺术类414人，体育类112人。全区普通高校招生录取4683人，录取率为95.90%，其中普通类被录取4238人，录取率97.27%；艺术类被录取362人，录取率87.44%；体育类被录取83人，录取率74.11%。上特殊类控制线1310人，上线率29.21%，超全省平均9.21个百分点。全区15名学生被北京大学、清华大学（其中北大6人，清华9人）录取，49名学生被浙江大学录取，15名学生被“强基计划”录取，550名学生被“双一流”大学录取。

【2名学生被保送录取】 2022年，柯桥区有2名学生被高校保送录取。柯桥中学高二学生汪昱晨被北京大学首批“物理卓越计划”保送录取，北京大学首批“物理卓越计划”择优录取61人，浙江省仅5人。鲁迅中学高二学生陈煊泽被西湖大学首届创新班保送录取，西湖大学创新班首届招生人数不超过60人。（杜国平）

师资管理

【概况】 2022年，绍兴市柯桥区教育体育系统有教职员工11266人，其中专任教师9322人，专任教师中任教于普通高中1490人、职业学校638人，初级中学1867人、小学3118人、幼儿园2185人、特殊教育24人。按学历分，普通高中专任教师中博士生1人，占0.07%；研究生324人，占21.74%；本科1165人，占78.19%。职业学校专任教师中研究生47人，占7.37%；本科586人，占91.85%。初级中学专任教师中研究生109人，占5.84%；本科1733人，占92.82%；专科25人，占1.34%。小学专任教师中研究生85人，占2.73%，本科2712人，占86.98%；专科317人，占10.17%；高中4人，占0.12%。幼儿园专任教师（含园长）中研究生20人，占0.92%；本科1596人，占73.04%；专科559人，占25.58%，高中10人，占0.46%。全区普通高中、职业学校（含成人学校）、初级中学、小学、幼儿园专任教师的学历合格率均近100%。全区有高级职称教师1713人，中级职称教师3540人，初级职称教师2675人。区教体局党工委被评为2021年度浙江“学习强国”学习之星先进组织（全市唯一）。

【教育系统干部队伍建设】 2022年，柯桥区教体局开展多层次、多形式专题培训活动，开展卓越校长、中青年校长、源头干部3个专题培训，组织开展学校部管干部、局机关中层正职和学校党政正职民主推荐。提任学校（直属事业单位）干部34人，其中学校党政正职6人、副职25人、校长兼党委书记2人、机关中层1人；交流调任学校干部21人，其中学校正职7人、副职13人。

【教育系统人事制度改革】 2022年，柯桥区教育系统推进人事制度改革，面向全国知名高校校园招聘优秀毕业生，招聘104名优秀毕业生入编。将公办幼儿园编外教师纳入区教体局统一组织招聘范畴，招录公办幼儿园编外教师118人。根据中小学实际需求情况和在职教师调配情况，招聘中小学储备教师136人。

【名优教师培育】 2022年，柯桥区教体系统评比表彰蒋曙森等5人为名校长，丁江南等10人为名师，梁君丽等10人为青年名师,陈瑜等10人为美丽教师。评出区三星级教师35人,二星级教师74人,一星级教师224人。4名教师获浙江省"春蚕奖",3名教师获评浙江省特级教师,5名教师获评浙江省正高级教师;5名教师获评绍兴市最美教师,1名教师被列入新时代中小学名师名校长培养计划(浙江省4人),6名教师被列入浙派名师名校长培养计划。(操梅霞)

教育研究

【概况】2022年,柯桥区聚焦普高教育高质量特色发展、数据驱动全域优质均衡、学段贯通促进智优生培育,展开基于标准的教学实践研究、实现基于科研成果孵化的研训模式创新、推行基于学科联结的项目化学习研训活动,促进柯桥教学与学习方式的变革。全区教师在省级以上教育教学报刊上发表论文1225篇,其中高中教师发表176篇、初中教师发表214篇、小学教师发表317篇,幼儿教师发表518篇;出版8部教育教学书籍,在省级以上报刊发表文学作品167件,展出音乐舞蹈作品12件、书画摄影作品31件。全区学生在省级以上报刊发表文学作品703件,展出音乐舞蹈作品51件、书画摄影作品2490件。

获得省级师训课题一等奖2项、二等奖1项、三等奖2项,省教研课题三等奖1项;市规划课题一等奖3项、二等奖7项、三等奖7项,市教改项目一等奖4项、二等奖8项、三等奖15项。柯桥区获全市年度师训绩效考核第一名,区教体发展中心被评为2019—2021年度师干训先进集体。

普高段加强新教材培训和新高考试题研究,做实各项调研、培训、调测、分析,以研促学、以评促教,及时汇编相关信息4轮,组织研训员针对性下校4轮,提升高考复习有效性。初中段进一步完善初中教学质量评价与管理机制,持续推进"双减"背景下初中"学为中心"品质课堂建设,组织专题教学调研、新课程标准学习与培训、中考试题命题研究专项培训、分层作业设计培训等活动。小学段优化评价机制,提升评价信度,改进学科学业质量调测模式,从随机抽班级改为随机抽学生,全面客观反映各校学业质量的整体水平。

全区有20个案例入选浙江省信息技术提升工程2.0第二期典型案例,居全市首位,区教师发展中心的《"链式培训"信息技术2.0区域推进的柯桥实践》入选省区域推进典型案例,《基于之江汇平台的线上读写探索》入选全国提升工程2.0典型案例。

【人工智能教育】2022年,柯桥区举办第三期人工智能教育师资培训班,开展两次人工智能教育研讨活动,开展智创课堂线上展评活动,开设直播课堂40节。柯桥区在全国"智慧教育示范区"创建经验交流研讨会青少年人工智能教育中作典型发言。柯桥区入选为央馆人工智能课程规模化应用试点区,入选"2022年度全省精品数字教育资源开发活动优秀组织区域"。华舍小学被教育部评为2021年度网络学习空间应用普及活动优秀学校。浙光中学、秋瑾幼儿园、浙光幼儿园3所学校获评2022年度浙江省网络学习空间应用优秀学校。

2022年9月,柯桥区获评首批全国人工智能课程试点区

(吴　雁　摄)

【柯桥区获评首批全国人工智能课程试点区】2022年9月,教育部教育技术与资源发展中心(中央电化教育馆)公布第一批"央馆人工智能

课程”规模化应用试点区（校）名单，全国共评出27个“央馆人工智能课程”规模化应用试点区（含试点校），柯桥区获评第一批区域“央馆人工智能课程”规模化应用试点区（浙江省2个）。

【6所学校被定为全国人工智能课程试点学校】 2022年9月，柯桥区实验小学坂湖校区、管宁实验小学、杨汛桥紫薇小学、华舍中学、实验中学新校区、鲁迅外国语学校6所学校被定为“央馆人工智能课程”规模化应用试点学校（浙江省12所）。

【教师教育规划重点课题获浙江省一等奖】 2022年12月，由柯桥区教体局党工委书记、局长徐迅主持的“基于素养提升的新时代中小学青年教师成长的区域实践”课题获浙江省一等奖，下属专项课题13个，研训员课题22个。中国轻纺城小学金明东校长的“青年教师半月谈校本研修”课题获省一等奖。（吴　鸿）

2022年柯桥区学生在省级及以上学科竞赛中获奖情况一览表

表18

竞赛名称	获奖情况
全国高中数学联赛（浙江赛区）	全国一等奖3人、二等奖3人、三等奖3人
全国中学生物理竞赛（浙江赛区）	省赛区一等奖1人、二等奖10人、三等奖8人
全国高中化学竞赛（浙江省赛区）	省赛区二等奖7人、三等奖6人
全国中学生生物学联赛（浙江赛区）	全国一等奖1人、二等奖2人、三等奖4人
全国青少年信息学奥林匹克竞赛（浙江省赛区）	省一等奖2人
全国中职技能竞赛	全国一等奖5人、二等奖3人，浙江省一等奖6人、二等奖8人、三等奖4人
浙江省中职学生创新创业竞赛	省一等奖2人、二等奖2人、三等奖3人
“地球小博士”全国地理科普知识大赛	全国一等奖25人、二等奖43人、三等奖51人
浙江省中小学艺术节	省一等奖48个、二等奖7个、三等奖9个

（吴　鸿）

校外培训

【概况】 2022年，柯桥区按机构类别对校外培训机构实行分类管理，其中学科类、体育类由区教体局主管，文化艺术类由区文广旅游局主管，科技类由区科技局主管。校外培训机构通过“绍信培训”“全国校外教育培训监管与服务综合平台”进行预收费资金监管。全区有非学科类培训机构170家,其中体育类51家、文化艺术类116家、科技类3家。170家非学科培训机构中,50家未进入“白名单”,120家进入“白名单”,其中体育类4家、文化艺术类116家。

【学科类校外培训机构“清零”】 2022年,柯桥区44家学科类校外培训机构全部“清零”,其中27家转为非学科类机构,17家停办注销。

【校外培训机构远程视频监管系统】 2022年,柯桥区投入298万元,建成校外培训机构远程视频监管系统,主要功能是监测培训机构进出人员流量,实时监控培训机构运营情况。7月19日,全国人大教科文卫委员会副主任委员吴英杰一行到柯桥调研督查校外培训机构。10月10日,浙江省教育厅副厅长白红霞一行到柯桥区检查校外培训机构除险保安工作。(倪国根)

2022年10月10日,浙江省教育厅副厅长白红霞(左四)在柯桥区检查校外培训机构除险保安工作 (区教体局 提供)

类目编辑 傅炳荣

文化·传媒

专业文化

【概况】 2022年，绍兴市柯桥区小百花越剧艺术传习中心（以下简称绍兴小百花越剧团）有演出剧场1个，从业人员86人（编外合同制用工20人），其中正高职称13人，副高职称18人，中级职称25人。由国家一级演员、梅花奖得主吴凤花、吴素英带领青年演员陈雯婷、屠少桦、孙琴菲、韩梦莎、钱世颖等完成央视《角儿来了》端午专题的外景拍摄工作。组织“跟着小百花·享游金柯桥”全域旅游长三角推广活动，连续推介十余场，涉及江苏、宁波、三门、杭州等多地。浙江省舞台艺术“1111”人才计划培养对象张琳、董燕完成诗画浙江《诗路风雅颂》首演。

2022年11月28日，柯桥区“好戏进礼堂”惠民演出巡演至钱清街道凤仪村，由吴凤花、吴素英主演剧作《三看御妹》

（区小百花越剧艺术传习中心　提供）

【“绍兴小百花”新媒体平台运营推广】 2022年，绍兴小百花越剧团在官方抖音号、视频号、哔哩哔哩号，同步推出演出预告、演出花絮、演职人员推介等视频以及演出直播，先后推出短视频90余个，直播21场，全网观众达400万人次。

【“礼赞新时代，奋进新征程”惠民演出】 2022年，柯桥区举办“礼赞新时代，奋进新征程”——2022年绍兴小百花越剧团“好戏进礼堂”惠民演出活动。演出由梅花奖得主吴凤花、吴素英、陈飞、张琳主演，以“演出+宣讲”的形式，走遍柯桥16个镇（街道），演出带来40场包含《梁山伯与祝英台》《三看御妹》《盘妻索妻》《孔雀东南飞》等曲目的越剧大戏和折子戏专场。

【多项赛事活动承办及获奖】 2022年6月26日，绍兴小百花越剧团承办2022“新松计划”全省青年戏曲演员大赛，4名青年演员孙琴菲、韩梦莎、钱世颖、屠少桦分别获1枚金牌、1枚银牌、1枚铜牌和1个优秀奖；11月，参加2022年全市青年演员（演奏员）基本功大赛，14位演职员获5枚金牌、5枚银牌、4枚铜牌的成绩。剧团内青年演员参加浙江卫视《中国好声音》越剧特别季比赛活动，演员韩梦莎获越声桂冠奖，陈蒙尔、孙琴菲、胡小凤获金质越声奖。（钱斌斌）

社会文化

【概况】 2022年，柯桥区组织“画说纺城”写生创作展览、“中秋祭月”暨绍兴曲艺传承演出、“莲花清韵竞风流”莲花落专场展演、“幸福水乡才艺秀”、第六届非遗嘉年华活动开幕式暨“文艺星火赋美”

工程启动仪式、柯桥区首届“春雨计划”全民艺术舞台暨柯桥区青少年艺术大赛(音乐类)颁奖典礼、柯桥古镇艺术角等活动。承办浙江省农村文化礼堂“三团三社”展演展示系列活动暨首届浙江省全民艺术节闭幕式、2022年文化示范户及乡村文化能人系列活动、浙江省首届青少年艺术大赛(舞蹈)、2022年柯桥区元宵游园嘉年华、“幸福水乡才艺秀”书法美术类优秀作品展等活动。启动2022年“绍兴有戏——非遗兴乡大巡游”首站(柯桥站)活动。举办“文艺五进”“喜迎二十大 同走共富路”“好戏进礼堂”等一系列惠民演出125场次、莲花书场“周末剧场”演出60余场。《少儿漫画绍兴师爷故事》新书发布。绍兴莲花落《龙山星火》获第十二届中国曲艺牡丹奖全国曲艺大赛(临平赛区)表演奖入围、文学奖入围;莲花落小戏《住院》获2022年浙江省第十一届群众戏曲小戏大赛金奖。舞蹈作品《攀》获浙江省第三十二届群众舞蹈大赛银奖。小品《书香如故》获得浙江省文旅厅主办的浙江省第三十三届群众戏剧小品大赛银奖。柯桥区文化馆被文化和旅游部评为一级文化馆,声乐干部孙昌隆在全省文化馆培训工作会议暨全民艺术普及星级文化使者说课评比中被评为“五星级文化使者”,区文化馆刊物《明珠文化》获2022年度浙江省群众文化报刊评比活动银奖。

柯桥区图书馆服务读者90余万人次;外借图书132万册次;新增借阅卡1.2万张,累计有效读者卡近10万张。新建新型公共阅读空间2家,改造乡村图书馆8家,全区建成开放城市书房37家,文博主题书房1家。围绕全民阅读节“共富共享”“宋韵遗风”“传统节日”“喜迎二十大”“童心童趣”5个系列,推出线下阅读活动,以“笛扬新闻”App为活动平台,利用信息技术和新媒体平台,开发云展览、云讲座等线上形式,全年组织线上线下公益讲座、展览、阅读推广、培训等各类读者活动811场次,服务读者48万余人次。

【全民艺术普及】 2022年,柯桥区开展“春雨计划”全民艺术普及——“明珠课堂”线下公益培训活动,全年推出3期,每期开设10余门课程,全年培训2000人次。培训课程分为三大类,分别为静态课程、表演课程和“非遗”大讲堂,面向少儿和成人招生。举办全民艺术普及“喜迎二十大·同走共富路”柯桥区文化馆“明珠课堂”学员静态类红色展览。组织区“群众文化带头人”培训,全年16场,覆盖全区。利用数字文化平台,推出“明珠课堂”公益培训线上课程,共推出四胡演奏、方言小品等10余门课程,全年累计推出近百期。

2022年9月20日,柯桥区在前梅村文化礼堂开展“群众文化带头人”培训 (陈淑娴 摄)

【元宵游园嘉年华活动】 2022年初,柯桥区元宵游园嘉年华活动线上、线下同步启动,推出“猜灯谜”“展‘非遗’”“看戏曲”三大板块。“猜灯谜”板块分线上线下举行,线上有云上元宵猜灯谜活动,线下上千条灯谜挂满文化馆。在“展‘非遗’”板块,柯桥区“非遗”代表性项目扇面画、剪纸、面塑、绍兴棕编等传承人进行现场展示及体验。“看戏曲”板块由绍兴小百花实验曲艺团演出的绍兴摊簧大戏《王老虎抢亲》。

【幸福水乡才艺秀活动】 2022年,柯桥区举办“幸福水乡才艺秀”活动,以线上+线下的形式举行,共设音乐、舞蹈、戏曲、视觉艺术4个板块,成年居民均可报名参加。活动于5月开始,历时半年,从乡村到社区,各镇(街道)共开展海选100场次,吸引1万余人次登台献艺,200余支团队参加,10余万人次共享文艺成果。

【“画说纺城”创作活动】 2022年9月5—9日，“画说纺城”浙江省五市、县（区）群文美术干部走进柯桥写生创作展览活动在柯桥区正式开展。活动由浙江省文化馆主办，绍兴市柯桥区文化广电旅游局承办，绍兴市柯桥区文化馆执行承办，邀请30多位来自全省各地的画家走进柯桥鲁镇、柯桥古镇及安昌古镇进行为期3天的现场写生创作，创作作品60余幅。9月9日，“共同富裕 精神富有”——“画说纺城”浙江省五市、县（区）群文美术干部走进柯桥写生创作展开幕式在区美术馆举行。本次画展是“共同富裕 精神富有”浙江省五市、县（区）群文美术写生创作展览活动（柯桥站）写生创作成果的集中展示，展览持续一周，作品类别涵盖油画、国画、水彩画、版画、数字绘画等多个画种。

【省“三团三社”展演展示系列活动暨首届省全民艺术节闭幕】 2022年11月3日晚，浙江省农村文化礼堂“三团三社”（合唱团、民乐团、艺术团，文学社、摄影社、书画社）展演展示系列活动暨首届浙江省全民艺术节闭幕式在柯桥举行。活动由浙江省文化和旅游厅主办，浙江省文化馆、绍兴市柯桥区人民政府承办，绍兴市柯桥区文化广电旅游局执行承办，绍兴市柯桥区旅发集团、绍兴市柯桥区文化馆协办。浙江省文化和旅游厅、绍兴市文化广电旅游局、柯桥区文化广电旅游局有关领导以及全省各地文化馆馆长、乡村文化能人、文化示范户等共同观看闭幕式。展演以“浙山、浙水、浙乡情”为主题，以实景演出的形式呈现，选址柯岩风景区。导演组利用柯岩自然风貌形成天然实景演出效果，结合乌篷船、茶山、湖水等实景对表演作品进行动态延伸。在外场展览展示区，“文艺星火赋美街艺文化”艺术角活动中，邀请当地民间才艺爱好者在艺术角展示才艺。组织绍兴铜雕、王星记扇、圆木制作技艺等24个具有柯桥地方特色的非遗项目进行活态展示。（沈建萍）

【泰隆书吧落成开放】 2022年2月23日，由柯桥区图书馆与泰隆银行合作共建的新型阅读空间泰隆书吧落成开放，这是由社会力量创办的跨界式公共阅读空间，由商业银行参与公益阅读推广，系全市乃至全省首创。区图书馆为泰隆书吧配置图书2000册，所有图书均纳入全市通借通还，配备自助借还机、办证一体机及电子书借阅机，实现便捷式流通。

【全城寻找“宝藏读书人”活动】 2022年4月23日，“柯小微”全城寻找“宝藏读书人”颁奖仪式在柯桥区图书馆举行。该活动是由区图书馆与柯桥传媒集团联合，以“笛扬新闻”App为活动平台推出的全城寻找“宝藏读书人”活动，寻找2021年1月至2022年3月，借阅书籍最多的一批读者，排出“读书达人”阅读排行榜，颁发一等奖1名、二等奖3名、三等奖6名。

【书香礼堂全民阅读活动】 2022年5月14日，“潮领马鞍·悦书会”书香礼堂全民阅读活动启动仪式在马鞍街道亭山桥村文化礼堂举行。该活动由马鞍街道办事处主办，区图书馆、马鞍街道文联、马鞍街道文化站承办，主题为让阅读成为一种习惯，让文化助力共富先行。启动仪式上重温中共中央总书记习近平的阅读情怀，演绎地域诵读经典《兰亭序》和《钗头凤》，举行图书捐赠、市阅读联盟授牌、全民阅读授旗3个仪式。（陈银倩）

2022年5月14日，书香礼堂全民阅读活动启动仪式在马鞍街道亭山桥村文化礼堂举行（陈关根 摄）

【“宋韵丹青”书画长卷现场创作活动】 2022年7月31日，柯桥区举办以“宋韵丹青”为主题的书画长卷现场创作活动。活动现场设置长卷绘制区，邀请读者及书画爱好者共同参与完成大幅《千里江山图》的绘制。（沈建萍）

文博事业

【概况】 2022年，柯桥区实施全区文物安全大排查大整治大提升攻坚行动，继续开展乡村文物资源振兴三年行动计划2022年度工作，开展绍兴越国贵族墓群智慧监护系统项目，建立"先考古，后出让"工作机制，保护城乡建设中的文物。发挥区博物馆的公共服务作用和爱国主义教育基地、社会科普基地功能，推出"风好正扬帆——中国古代航海科技展""稽山物语——绍兴宋韵文化遗迹遗物展""岁月华章——柯桥区博物馆开馆15周年成果展""镜中信步——李俊水墨画专题展""喜迎二十大 追忆陈望道——《共产党宣言》中文版首译者陈望道纪念展""文房之蔚——中国古代文房精品展""筑梦中华——绍兴·台湾两地书画联展""春光万道 虎威千山——虎文化主题图片展""百戏升平——中国戏曲文化展""风情万'粽'——邂逅不一样的端午节""同心筑梦新时代，昂首奋进新征程——喜迎二十大，党的十九大以来五年成就展""塑文化之魂 促乡村振兴——中国乡村文化振兴特展""写给新的一年——现当代文学作品中的元旦图片展"等展览。福全街道农耕博物馆等7家乡村博物馆被评定为省级乡村博物馆。平水镇越茶博物馆等18家乡村博物馆被评为绍兴市乡村文化博物馆。浙江民艺拼布博物馆的兰亭序拼布文创系列和越是浙里·时光博物馆的靖节藕粉礼盒分别获2022年全省博物馆文创大赛银奖和铜奖。狗山摩崖石刻、抗战英烈将士碑、安昌老街滤水池和汪辉祖墓被列为区第十一批文物保护点。区文物"护宝"志愿队获评浙江省文物工作成绩突出集体。绍兴越国王陵及贵族墓和绍兴兰若寺墓地获评"新时代浙江考古重要发现""我喜欢的浙江考古重要发现"。(吴树瑾　何　旷)

2022年10月25日至12月20日，柯桥区博物馆展出塑文化之魂促乡村振兴——中国乡村文化振兴特展　(张　依　摄)

【新李家台门修缮保护工程】 2022年9月23日，柯桥区新李家台门修缮保护工程正式开工。工程由区博物馆主持，总投资526.03万元，内容包括门屋、大厅、座楼、后楼及左右厢房建筑测绘；破损和坍塌屋面、虫蚀和霉烂的梁架及木构件修补更换、霉烂的墙体修复、电线重新穿管等。(孟青青)

【文物保护单位评选】 2022年8月，柯桥区开展第八批省级文物保护单位推荐工作，配合做好第八批省级文保单位推荐专家复核工作，姚长子纪念碑与万安桥、鉴湖官塘成功入选。11月，湖塘街道五丰村狗山摩崖石刻、柯岩风景区内抗战英烈将士碑、安昌街道安昌老街滤水池(3处)、杨汛桥街道联社村汪辉祖墓入选第十一批区文物保护点。(周红燕)

【文物"护宝"志愿队协同模式】 2022年，柯桥区把48名"护宝"志愿者与文保协管员队伍融合，基本实现每名志愿者认养文保单位(点)1～2处，协同开展文保巡查工作，实现全区文保单位"点线面"式的全覆盖巡查。柯桥区"护宝"志愿者队伍由48名群众组成，分别来自全区各个镇(街道)，对本镇(街道)的文物状况都较为熟悉。区"护宝"志愿者队伍作为绍兴市首个文物保护领域的志愿者队伍，成为全省先行示范案例，获评2022年度浙江省文物工作成绩突出集体。(周红燕)

【文物保护智慧监管】 2022年，柯桥区加强文物安全监管平台建设，推进省文物安全智慧监管平台、绍兴越国贵族墓群智慧监护系统、柯桥区文保单位监控系统的应用和推广工作。完善省文物安全智慧监管平台内全区省级以上文物保护单位基础信息、补充文物安全检查情况、核查文物保护单位信息应用工作。开展全国重点文物保护单位绍兴越国贵族墓群安防项目建设，运用通信、控制、数字、传感、计算机等技术，采用智能化系统集成的方法，为绍兴越国贵族墓群建立现代化的安全技术防范系统。在原有11个监控探头的基础上新增198个监控点位和地波微震动探测报警系统等设备，并为绍兴越国贵族墓群智慧监护平台搭建入侵报警系统、视频监控系统、灯光系统、公共广播等模块，落实文物安全责任、加强墓葬日常管理、优化数字安防建设。区文保单位监控系统新增柯岩街道柯岩风景区、马鞍街道古海塘等监控点位，监控系统覆盖40处文物保护点。实时掌握各级文保单位（点）动态，全年度反馈有效巡查信息38条。（周红燕）

【绍兴宋韵文化遗迹遗物展】 2022年1月，柯桥区举办稽山物语——绍兴宋韵文化遗迹遗物展。该展览由区委宣传部和区文化广电旅游局主办，浙江省文物考古研究所协办，区博物馆承办。用实物展品和图版相结合的方式，从宋代陵园遗址、宋人的社会生活和宋代的绍兴名士三方面展现柯桥区的宋韵文化内涵，观展9442人次。（张　依）

2022年1月，稽山物语——绍兴宋韵文化遗迹遗物展在柯桥博物馆开展　（何　旷　摄）

【区博物馆开馆15周年成果展】 2022年3月16日，柯桥区推出岁月华章——柯桥区博物馆开馆15周年成果展，展览共展出100件（套）精品文物，其中国家珍贵文物55件（套），有玉石器、陶瓷器、金银器和青铜器等，均为15年间文物考古、打击盗卖和社会征集的成果。展览以文物与图版相结合的形式，从博物馆开放工作、临时展览、考古成果、藏品管理、文物普查、文保风采、社教活动和安全保障等10个方面，展现15年间柯桥区博物馆工作的成果与荣誉。（何　旷）

【乡村博物馆建设】 2022年柯桥区对拟建乡村博物馆40余家进行走访摸排，落实一馆一策帮扶方案。至年底，福全街道农耕博物馆等7家乡村博物馆被评定为省级乡村博物馆，平水镇越茶博物馆等18家乡村博物馆被评为绍兴市乡村文化博物馆。（张　依）

【社会教育活动】 2022年，柯桥区在暑假期间推出快乐一"夏"——柯桥区博物馆暑期教育实践活动系列活动6期。在国际博物馆日、文化和自然遗产日等博物馆相关节日，举办相应推广活动。在春节、端午节、七夕节等传统节日，推出相关主题展览及活动。组织2期乡村振兴主题研学游活动及40场巡展活动。（何　旷）

【馆际藏品交流活动】 2022年，柯桥区从上海中国航海博物馆引进"风好正扬帆——中国古代航海科技展"，从义乌市博物馆引进"喜迎二十大　追忆陈望道——《共产党宣言》中文版首译者陈望道纪念展"。与四川博物院、福建博物院、广西民族博物馆、新昌博物馆、诸暨博物馆等国有文博单位进行藏品交流合作，共计53件文物出库借展。（申伊欣）

非物质文化遗产保护

【概况】 2022年，柯桥区有各级非物质文化遗产代表性项目123个，各级代表性传承人77人，各级"非遗"保护传承基地35个，省级"非遗"旅游景区2个，市级"非遗"旅游景区5个，市级"非遗"研学游基地3个。新增绍兴市柯桥区柯岩中心小学育才路校区、绍兴市柯桥区秋瑾小学等4家单位为第三批绍兴市"非遗"教学性传承基地创建单位。2022年度柯桥区"非遗"保护工作指数列全省第四位、全市第一位。

【“非遗”网和数据库底层数据融通】 2022年，柯桥区非物质文化遗产保护中心对原柯桥区“非遗”网站和数据库进行改版升级。至1月8日，柯桥“非遗”网和柯桥“非遗”数据库初步完成双向融合互通并投入运行。柯桥区成为全市首个“非遗”网和数据库底层数据打通的区（县）。

【首届柯桥“非遗”云上年货节】 2022年1月17日，以“年味‘非遗’柯桥有礼”为主题的首届柯桥“非遗”云上年货节在“笛扬”App进行直播，年货节从柯桥“非遗”产品中挑选20余款商品出售，并邀请绍兴黄酒酿制技艺、绍兴酱油传统酿造技艺、安昌腊肠制作技艺、平水珠茶制作技艺等“非遗”传承人做客直播间，讲解“非遗”知识和匠人故事。一个半小时的直播，观看量超16万人次，成交量近800单，售出率超80%。

【叶菁一行到柯桥区调研】 2022年4月20日，浙江省文化和旅游厅党组成员、副厅长叶菁一行到柯桥区调研公共文化服务工作，实地走访位于叶家堰的绍兴黄酒酿制技艺“非遗”体验基地、扇面画“非遗”传承工作室、鉴湖渔歌艺术传习基地等，对柯桥区非物质文化遗产助力乡村振兴的相关工作表示肯定。

【知识产权普法基地和“共享法庭”挂牌成立】 2022年4月26日，知识产权普法基地和“共享法庭”在柯桥区非物质文化遗产馆挂牌成立。此法庭是区法院与区文旅局协同建设，帮助柯桥古镇内民商事纠纷调解处理，针对柯桥区知识产权进行专项普法，为“非遗”传承人提供法律服务。成立当天，法庭举办“传统知识、民间文艺与知识产权”沙龙讲座，为“非遗”传承人讲授如何运用不同的知识产权权利保护非物质文化遗产的传承和发展。

【讲故事比赛活动】 2022年4—8月，柯桥区开展首届小师爷讲故事比赛暨第五届“少年‘非遗’说”浙江传说故事讲述大赛（柯桥赛区）评选活动，活动以“童心逐梦迎亚运 共富共美向未来”为主题，共收到361个报名视频。经过初赛、复赛与决赛，柯桥区选手王安冉、张金宸灏进入第五届“少年‘非遗’说”浙江传说故事讲述大赛全省总决赛，获二等奖；柯桥区文化馆（区非遗保护中心）获优秀组织奖。

2022年8月18日，首届小师爷讲故事比赛暨第五届“少年‘非遗’说”浙江传说故事讲述大赛（柯桥赛区）选拔总决赛在柯桥区莲花书场进行　（沈　莹　摄）

【王晨阳一行到柯桥区调研】 2022年7月2日，文化和旅游部非物质文化遗产司司长王晨阳、文化和旅游部非物质文化遗产司发展处处长魏博一行到柯桥区调研曲艺和传统工艺存续状况及“非遗”助力乡村振兴工作，先后调研柯岩街道叶家堰村“非遗”业态和湖塘街道“绍兴黄酒”省级“非遗”工坊建设主体浙江塔牌绍兴酒有限公司，对塔牌近年的发展表示肯定与勉励。

【非物质文化遗产摄影图片展】 2022年7月7日，“看见生活·遇见未来”（See Life · See Future）2022柯桥区非物质文化遗产摄影图片展在柯桥古镇开展。此次摄影图片展按照民间文学、传统音乐、传统舞蹈、传统戏剧、曲艺等十大类别分门别类，设置“念初”“如故”“承续”“知新”四大板块，并以“匠苑”代表性传承人墙为序幕，用500余张图片展示柯桥“非遗”的过往与现在，5.7万人次观展。

【《少儿漫画绍兴师爷故事》新书发布】 2022年8月18日，《少儿漫画绍兴师爷故事》新书发布会在柯桥区文化馆举行。《少儿漫画绍兴师爷故事》由区文化广电旅游局和区非物质文化遗产保护中心联合编绘，新蕾出版社出版，全书87页，24开本，定价 36 元。该书以漫画的形式，用浅显易懂的语言文字，展现 8 个绍兴师爷的故事，如《韩师爷挖马蹄井》《徐文长写对联》等。

【“非遗”兴乡大巡游首站（柯桥站）活动】 2022 年 9 月 9 日，“绍兴有戏——‘非遗’兴乡大巡游”首站（柯桥站）活动在柯桥古镇正式启动。“绍兴有戏——‘非遗’兴乡大巡游”是绍兴市近年来重点培育的非遗品牌活动之一，2022 年为第四届，有 1.2 万人次参与活动。当晚还在柯桥古镇举行“中秋祭月”暨绍兴曲艺传承演出。

2022 年 9 月 9 日，“绍兴有戏——‘非遗’兴乡大巡游”在柯桥古镇启动　（绍兴同城网　提供）

【区首届绍兴修缸补甏技艺交流会】 2022 年 11 月 8 日，柯桥区首届绍兴修缸补甏技艺交流会在王坛镇灵岩山农业开发公司修缸补甏陈列室举行。

2022 年 11 月 8 日，柯桥区首届绍兴修缸补甏技艺交流会在王坛镇举行　（区文广旅游局　提供）

会稽山绍兴酒股份有限公司、浙江塔牌绍兴酒有限公司、绍兴至味食品有限公司等企业的 10 余名修缸补甏师傅就核心技艺、原料选择、人员流动等方面进行讨论，进行现场技艺切磋，展示不同的修补技法。

【区第六届“非遗”嘉年华活动】 2022 年 12 月 10—11 日，柯桥区第六届“非遗”嘉年华在省级“非遗”主题小镇安昌古镇举行。活动以“精彩‘非遗’，星火传承”为主题，共有 63 个“非遗”项目，51 位传承人参加，设置“非遗”美食、传统工艺等特色商品售卖展位 56 个，现场销售“非遗”特色商品 6.5 万元，吸引游客 2.3 万人次。拓展线上宣传平台，开辟 3 个视频直播间和 1 个图文直播，观看点击量超 150 万人次。（杨佳佳）

文化产业

【概况】 2022 年，柯桥区 202 家规模以上文化企业实现增加值 37.6 亿元，占全市总量的 45%，文化产业综合实力 2012 年起连续 11 年居全市首位。“诗 e 柯桥”数字诗路文化体验馆入选浙江省文化产业优秀创新案例。

【文化产业项目建设】 2022 年，柯桥区 24 个在建文化产业项目列入绍兴市文创大走廊重点项目建设计划，总投资额 377 亿元，项目数量和总投资额位列全市第一，2022 年度实际投资额 80 亿元，占全年计划投资额的 120%。恒生数字经济产业园、绍兴国际会展中心 C1 区工程项目、亚运会攀岩馆新建工程等项目建成投运。

【省文化产业发展专项资金扶持】 2022 年，柯桥区通过竞争性遴选，再次跻身 20 个省文化产业发展专项资金（2023—2025 年）扶持县（市、区）之列，2023—2025 年每年可获 1000 万元专项资金重点扶持，是柯桥区自 2021 年起连续第 2 次获得省文化产业发展专项资金扶持。通过上一轮省文化产业专项资金绩效考评，考评结果为优秀。

【文化产业政策出台】 2022年，柯桥区出台《促进柯桥区文化产业高质量发展的二十条扶持政策》和实施细则，政策重点是文化产业项目建设、文化产业园区建设、优质文化企业发展、重点文化业态培育、特色文化品牌构建、对外文化贸易提升等方面内容。（胡李川）

报　纸

【概况】 2022年，《柯桥日报》每周出版76版，创建柯桥日报村（社区）84个，总发行量4.7万份。《柯桥日报》成为轻纺市场发行量最大的报刊。

【重点主题策划】 2022年，《柯桥日报》围绕中共二十大，推出“两个先行看镇街”“数字话成就 百姓有感受——喜迎二十大特别报道”等全媒体系列报道，从百姓的切身感受出发，以个体视角，展示柯桥区经济社会、各条战线发生的变化、取得的成就，推出专栏、专版等百余篇（组）。组织策划“大兴实干文化 永葆竞跑风姿”“项目为王 实干开新局”“稳进提质 领跑竞跑”等主题栏目报道。根据时间节点，推出一系列事件性报道，包括“2022新丝路故事汇·柯桥论坛”“第五届世界布商大会”“轻纺城冠名三十周年”，推出“写在中国轻纺城冠名三十周年之际”上、中、下篇。获30余项省市各类新闻奖。（王　争）

广播电视

【概况】 2022年，柯桥电视台主打新闻栏目《柯桥区新闻》，播出时长18分钟，全年开设40余个主题栏目，播发相关新闻报道近千篇。舆论监督类栏目《焦点关注》，每周两档，时长5分钟。全年播出《焦点关注》98期，其中监督类72期，整改率90%以上。《焦点关注》栏目特别策划“寻城市地标 听纺城故事”系列报道，探索一次采集多次生成多元传播的实践，4次登上浙江卫视，1次登上“学习强国”学习平台，被众多新媒体转载。在《柯桥区新闻》开设“大兴实干文化 永葆竞跑风姿”“稳进提质 领跑竞跑”“项目为王 实干开新局”“魅力纺都 精彩亚运”“探索共同富裕一年间”“精准防控 柯桥在行动”“尽锐出战 柯桥众志成城抗击疫情”“打造‘有礼有爱’之城”等栏目。安排《可爱的中国》《共产党人刘少奇》《毛泽东》《伟大的转折》等红色影视剧和公益广告。柯桥广播推出《我们的会客厅》《周舟说法》《赛场零距离》等节目。推出《我和纺城有回忆》《我和纺城有故事》专题采访。全年广播电视节目作品获省级对农节目奖一等奖1个，2022年度省县市新闻奖专门类重大主题报道一等奖1个、舆论监督报道一等奖1个，省广播电视节目奖文艺类三等奖2个，中国广播电视大奖2021—2022年度广播电视节目类一等奖1个、三等奖2个，市级新闻类一等奖1个、二等奖4个，市级文艺类一等奖2个、二等奖3个。

【安全播出】 2022年，柯桥区先后修订完善安全播出相关规章制度和应急预案16个，投入资金100余万元，对安全隐患进行设备升级改造，开展广播电视、网络应急培训演练13次，确保北京冬奥会冬残奥会、全国两会、国庆、中共二十大、江泽民同志悼念活动等重要保障期的安全播出工作和网络信息安全保障工作。先后接受国家广播电视总局安全播出检查1次、省广播电视局安全播出检查3次，均以高分通过检查。

2022年7月29日，国家广电总局工作人员到柯桥传媒集团演播室检查安全播出情况（王敏建　摄）

【行风广播对话】 2022年，柯桥区行风广播开展42期，对话参与单位增加邮政、保险领域的相关单位。行风广播通过群众咨询反馈的方式，对区各行业作风进行舆论监督。每期行风广播对话的问题、建议都报送区纪委，解决群众反映的问题、建议并跟进落实情况。（王建飞　徐　琳）

网络媒体

【概况】 2022年，柯桥区网络媒体向各类新媒体平台拓展延伸，新闻客户端、微信公众号、哔哩哔哩、抖音、微信视频号、小红书、各大直播平台、直播账号流量持续增加。各类门户网站齐全，包括官方新闻综合门户网站中国柯桥网，商务网站全球纺织网、网上轻纺城、轻纺原料网，行业类网站落伍者站长论坛、瓦栏网等。区属地互动社区网站及论坛共3家，各区级机关、企事业单位、社会团体、学校共开设微博、微信公众号、微信视频号、抖音号、小红书号、哔哩哔哩账号及移动客户端等平台200余个。政务新媒体中，"柯桥发布""笛扬新闻""老绍兴金柯桥"等视频号影响力增长，"柯桥古镇"等文化旅游类账号在小红书、哔哩哔哩等平台人气渐增。持续培育"我叫孙火旺""茹师傅""荷兰豆骑车"等抖音、哔哩哔哩、微博、小红书博主等本地网络达人70余人，"网易新闻·绍兴"自媒体平台，"在柯桥""透明售房网绍兴站"等地区性自媒体微信公众号4个。

【柯桥融媒】 2022年，柯桥区融媒体中心获评浙江省融媒中心20强、2022年度浙江县级融媒体中心优秀合作伙伴、浙江省十佳广播频率，全年获得各级各类新闻奖90余个。柯桥区媒体融合指数一度进入全省前6名和前7名。"柯桥发布"微信公众号总用户近26万户，"金柯桥"抖音号粉丝突破9万。柯桥融媒作品《"布"一样的柯桥！国内最大尺寸的拼布作品"印象柯桥"》全网累计点击量100万多次；短视频《钱清8名新柯桥人跳河救落水老人》单平台最高点击量近400万次，全网累计点击量超千万次。

【笛扬新闻】 2022年7—8月，"笛扬新闻"App排名分别位列全省政务新媒体第一和第三。截至2022年年底，笛扬新闻新媒体矩阵用户突破250万户。笛扬新闻客户端的下载量突破170万人次、注册用户近30万人次，笛扬新闻微信公众号总用户18.4万人次。笛扬新闻客户端全年开展"柯桥区消费券发放""柯桥区文旅消费券发放""开学季笛扬红包福利""'庆元旦 迎亚运'许愿赢好礼"等一系列推广活动，总点击量600万人次。

【海外传播】 2022年，柯桥区在Twitter、Meta（原名Facebook）等境外宣传平台开辟与英文微信栏目同名的IN KEQIAO，通过推送政策信息等，为外籍人士提供政务、商务和生活等方面的信息服务。全年发布推特动态178条，发布"柯桥发布"微信公众号推文133条，原创英文视频13个，策划互动活动6场。亚运专栏《世界in柯桥》等推文及活动被新华网、央广网、*China Daily*、《非洲时报》、《欧洲时报》等境内外媒体转载传播。

【网上轻纺城（全球纺织网）】 2022年，柯桥区网上轻纺城开发数字轻纺城项目三期技术，对往期十九大分系统94个子系统进一步业务优化升级，将"纺城清风"智慧监管平台交付市管通App管理，挖掘分析中台数据，输出采购商、经营户、市场多维度画像。移动端共计迭代上线12个版本，拓展线上市场，提高用户体验。开发用以指导业务发展的渔舟运营支撑系统。推出面料、成品类"月月新品"活动60余场，600万人次访问，2400余家供应商参与。推出"轻薄热销面料专场""国潮国风面料专场"等孔雀云展9场，全年740万人次访问。截至12月底，"金蚕宝宝"门店管理小程序有1.5万余家经营户注册使用，"好面料"频道累计入驻轻纺城核心商家面料3万余款，热词库累计采集39万个纺织热词。全站日均访问量75万余次，会员数230余万人，开通商铺10万余家。"小哥"找布自12月初上线运营后，累计找布订单1100余单。（程佳琪）

类目编辑　刘高亨

卫生健康

综 述

2022年，柯桥区有医疗机构540家，其中三级乙等综合医院2家，三级乙等中医医院1家，二级乙等综合医院1家，妇幼保健院1家，皮肤病专科医院1家，皮肤病防治所1家，民营医院10家(综合医院2家、口腔医院6家、中医骨伤医院1家、眼科医院1家)，妇幼保健技术服务中心1家，社区卫生服务中心10家，卫生院5家，社区卫生服务站(村卫生室)320家，门诊部22个，企事业单位、社团医务室69个，诊所92家，影像诊断中心1家。有“120”急救分站4家、急救点7家。另有疾病预防控制机构1个，卫生健康行政执法队1个，卫生进修学校1所，计划生育协会机关1个，党建服务中心1个，老龄健康服务中心1个，卫生健康信息中心1个。启动3家区级医院发热门诊建设工程，加快第二医院兰亭院区(康复医院)、马鞍医院新建、稽东镇卫生院改造等项目建设。第三医院迁建工程完工，区卫生应急指挥中心、王坛镇卫生院门诊综合楼新建项目和湖塘街道卫生服务中心改造项目投入使用。新建村级卫生室(医务室)4家，新审批社会办医疗机构15家。

县域内就诊率90.80%，基层就诊率67.17%。医疗机构总诊疗11146118人次(不包括核酸检测人次)，其中门、急诊10747784人次，出院131619人次。2022年全区有床位6415张、医生3760人、护士3792人，每千人床位数、医生数、护士数分别为5.83张、3.4人、3.4人。

柯桥区中医医院获评浙江省100家清廉建设成绩突出单位。绍兴市中心医院医共体总院、柯桥区疾病预防控制中心副主任于伟获评2022年共同富裕贡献奖(区长奖)。柯桥区疾病预防控制中心副主任任胜芳获评绍兴市劳动模范。

【医疗援助】 2022年，柯桥区派遣绍兴市中心医院医共体总院副主任医师薛骅(服务时间18个月)、绍兴市中心医院医共体总院主治医师鲁君敏(服务时间18个月)、绍兴第二医院医共体总院主任医师厉挺(服务时间7个月)、绍兴第二医院医共体总院主管护师姒张炎(服务时间7个月)、绍兴市柯桥区妇幼保健院主治医师王维(服务时间7个月)至四川省峨边县进行医疗援助。派5名专业技术人员开展短期东西部医疗援派协作。

【卫技人员招录】 2022年，柯桥区卫生健康系统招录编内卫技人员204人，其中硕士研究生28人，引进高层次人才2人。新增毕业分配本科定向培养生7人、村社区卫生服务站定向培养生48人。招录非卫技人员12人，编外人员108人。(周昕怡)

基层卫生

【概况】 2022年，柯桥区连续两年(2020年、2021年)代表浙江省接受国家卫生健康委、财政部联合组织的国家基本公共卫生服务项目绩效评价，获评全国第一名。全区246813人参加居民健康体检，其中65周岁以上老年人参检97971人。家庭医生签约555393人，常住人口签约率50.54%，重点人群签约覆盖率96.33%。

【未来社区健康场景建设模式探索】 2022年，柯桥区大渡未来社区智慧健康站被浙江省卫生健康委评为第一批四星级智慧健康站。该健康站从“知健康”（健康小屋、健康指数运用）、“享健康”（智能随访、贴心诊疗）、“保健康”（健康评估）3个维度，实施“线上端、线下端、治理端”实体化应用场景，为社区居民提供全生命周期健康服务。

【村卫生室（社区卫生服务站）建设】 2022年，柯桥区建设村卫生室（社区卫生服务站）4家，分别为齐贤街道社区卫生服务中心曙光社区卫生服务站、漓渚镇黄山畈村卫生室、钱清街道枢里村卫生室、王坛镇坎上村卫生室。卫生服务站为村级医疗卫生机构，是集体非营利性医疗机构，产权为集体所有，建筑面积平均约106平方米，设置全科门诊室、治疗室、输液室等，配备血压计、听诊器、身高体重器等设备，总补助金额3.2万元。（周昕怡）

疾病预防控制

【概况】 2022年，柯桥区累计报告甲乙丙类传染病14291例，报告发病率1280.18/10万，较上年上升147.71%，报告未定级突发公共卫生事件10起。新确诊报告HIV/AIDS 82例，治疗率93.56%。报告结核病283例，报告耐多药肺结核病1例，处置7例散发性学校肺结核疫情。首次使用新型结核诊断试剂(EC)进行新生结核病筛查。与非政府组织——阳光海岸合作开展MSM（男男同性恋）人群艾滋病干预工作。全年未发现疟疾。70岁以上老年人免费接种流感疫苗30672人次，肺炎疫苗11000人次。为幼儿园、小学和初中学生免费接种流感疫苗57677人次。实施重点人群结直肠癌筛查29885人、前列腺癌筛查31640人、老年痴呆初筛42037人、慢阻肺筛查肺功能检查2607人。实施2778名中小学生近视筛查，近视率53.92%，比上年下降1.10%。全区中小学生健康体检数据全部录入“浙江省学生健康状况综合监测评价系统”。柯桥区粗死亡率（当年死亡人数/当年辖区平均人口数）7.80‰。

【核酸检测基地启用】 2022年2月17日，柯桥区疾控中心核酸检测基地启用，该基地位于区卫生应急指挥中心，设有样本接收室、试剂准备室、标本制备室、扩增及产物分析室、高压灭菌室，以及工作人员通道、物资通道、样本和污物通道。

【查螺工作】 2022年，柯桥区对有钉螺历史的9个镇（街道）开展查螺工作，投入759工日，查螺面积22.26万平方米，均未查到钉螺。

【疫苗接种】 2022年，柯桥区开展免疫规划预防接种18.73万剂次，开展20种非免疫规划疫苗接种18.26万剂次，以镇（街道）为单位八苗（卡介苗、乙肝、脊灰、百白破、流脑、麻疹、乙脑、甲肝）的单苗接种率90%以上。

【慢性非传染性疾病防治】 2022年，柯桥区共管理高血压患者59186例、糖尿病患者17321例。新增严重精神障碍患者365人，累计登记在册5152人，报告患病率4.69‰。入校开展二年级学生窝沟封闭口腔检查9064人次，窝沟封闭2563颗牙齿，开展三年级学生口腔复查8086人次。随机采集5个镇（街道）的210名学生和105名孕妇开展家中食用盐以及随机尿碘检测，碘盐覆盖率、尿碘中位数均达到消除碘缺乏病目标要求。全年新发现布鲁氏菌病3例，区卫健部门分别对3例布鲁氏菌病人实施流行病学个案调查，3名病例均已治愈。区畜牧兽所对感染的羊做扑疫无害化处理，并对周边进行消杀。

【食品、水质等样本监测】 2022年，柯桥区采集饮用水水样140份，水质监测合格率为100%。通过哨点医院采集食源性疾病病例样本316份，报告、处置2起食源性疾病暴发事件。采集食品安全风险监测样品1104份，致病菌检出率2.74%、化学污染物超标率5.28%。（周昕怡）

爱国卫生

【概况】 2022年，柯桥区通过国家卫生城市省级综合评估。王坛镇接受国家卫生镇省级暗访抽查，巩固情况较好，等级由良好上升为优秀，漓渚、夏履、平水、稽东4个镇为良好等级。居民健康素养水平39.26%，位居全市第二。整治村级农贸市场卫生26家，“五小”（小食品经营及加工单位、小理发美容店、小旅店、小浴室、小歌舞厅）行业卫生110家，市容环卫65处，整治病媒生物滋生地或防制缺失地40处，整治城中村城乡接合部卫生4处，下发反馈通报6期，发现并通知整改问题133个。

【全民健康素养促进行动】 2022年，柯桥区围绕新型冠状病毒防控、新冠疫苗接种、中国公民健康素养等内容，开展健康知识普及行动，举办柯桥区健康科普大赛，实现全区292个农村文化礼堂和社区文化家园“健康素养进礼堂”全覆盖。全年开展“五进”（进社区、进学校、进村庄、进机关、进工厂）健康讲座2503场，受益457770人次，其中区级讲师团授课312场，受益75564人次；发放健康礼包12380份，覆盖每个文化礼堂。开展首届区级健康达人评选活动，编制印刷爱国卫生70周年成果手册2500本，第四期国卫宣传海报300份。在区内新闻媒体开设《健康与生活》专栏，播放文明健康公益广告。在全区500辆公交车全天候开展国卫和健康柯桥宣传。

【健康集体建设】 2022年柯桥区有11个镇（街道）116个村（社区）全面建设健康村（社区）。新创建20家健康促进学校，其中金牌学校5家、银牌3家、铜牌12家，累计创建金牌学校14家、银牌29家、铜牌34家。至此，全区有健康促进学校77家，除一家新建学校外，实现了健康促进学校全覆盖。健康企业覆盖率40.3%，新创建健康企业26家，全区258家中上企业累计创建104家。新创建健康家庭10903户，累计建设健康家庭13558户。

2022年5月31日，柯桥区控烟系列活动启幕仪式在绍兴财经旅游学院举行
（区疾病预防控制中心 提供）

【病媒生物防制】 2022年柯桥区除“四害”（苍蝇、蚊子、老鼠、蟑螂）消杀面积达421平方千米。新申报省级除“四害”村6家，其中5家申报为省级样板村，柯岩、马鞍、齐贤、安昌4个街道通过病媒生物综合评估达B级水平。柯桥区在全市病媒生物防制综合评估中排名第一。

【水质及厕所改革】 2022年，柯桥区15个镇（街道）核查统计住户148284家，无害化卫生厕所达100%。监测城市和农村枯水期和丰水期70个监测点水质，共采集市政公司出厂水和管网末梢水126份，合格126份，合格率100%，采样点乡镇覆盖率100%。（周昕怡）

卫生监督

【概况】 2022年，柯桥区有放射卫生机构64家，职业健康检查机构2家，公共场所1996家，集中式供水单位3家，二次供水单位8家，学校82家（高校2家），消毒产品生产企业14家（暂停营业2家），餐饮具集中消毒单位1家。作出卫生行政处罚674件，罚没款334.5万元。全年共完成“双随机”抽查635户次，执法效能监测全省排名第一。

【非法行医查处】 2022年，柯桥区作为全省首批、全市唯一的非法行医查处基层治理平台“一件事”试点单位，利用平台收集上报线索并成功查处4件非法行医案件。此平台通过网格员在巡查中发现非法行医线索后一键上报，由平台指挥中心研判后派发任务给相关职能部门，包括卫健、公安、市场监管、综合执法、街道等，相关部门接到任务后派人员前往调查，并将调查结果反馈至平台，网格员根据反馈结果进行后续回访，实现非法行医全流程闭环监管。区卫生执法部门采取“线上+线下”二合一模式，全年查处非法行医27件，罚没款金额113万余元，没收药品器械56件。

【职业病危害因素在线监测项目】 2022年，柯桥区启动职业病危害因素在线监测项目，对产生粉尘、噪声的20家用人单位安装在线监测设备，系统掌握职业病危害因素动向。

【医疗机构督查】 2022年，柯桥区出动监督员

652 人次，检查辖区内医疗机构 1020 家次，作出行政处罚 109 次，共计罚没 94.5 万元。

【夏季高温职业病专项行动】 2022 年，柯桥区开设职业病防治在线课堂，开展直播课程 6 堂，现场讲座及急救培训 20 场次，发放有效调查问卷 2135 份，惠及 7000 余人；指导 17 家企业 47 名涉及高温职业禁忌作业岗位工作人员转岗；走访高温企业 78 家，下达整改指令 34 份，作出当场警告 7 次，立案处罚 10 次。

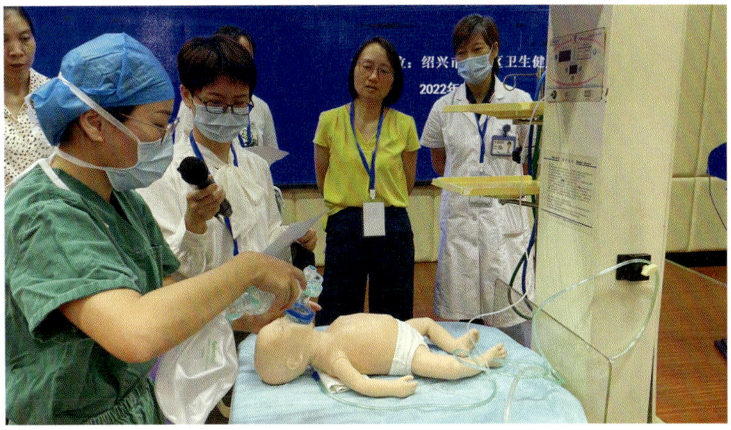

2022 年 9 月 28 日，柯桥区新生儿复苏等相关技能知识竞赛在绍兴市中心医院举办　　（沈烨芳　摄）

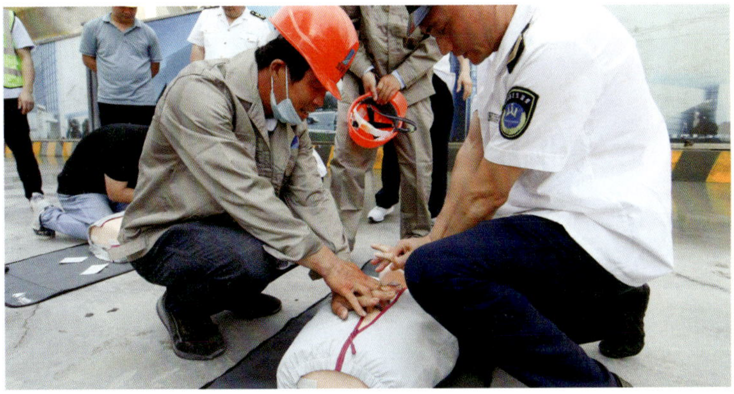

2022 年 7 月 8 日，绍兴市、柯桥区两级卫生健康执法队在宝业建设国际会展中心建设工地联合开展夏季高温职业病应急演练　　（区卫生健康行政执法队　提供）

【住宿场所消毒保洁“非现场”行政处罚】 2022 年 11 月，柯桥区依据“浙江省住宿场所消毒保洁智能监管系统”作出住宿场所消毒保洁首例“非现场”行政处罚案件。全年累计对 11 家住宿场所作出“非现场”消毒保洁不规范行为立案处罚。经现场教育指导，执法人员回访发现当事人已全部及时改正，依法对 11 家住宿场所均作出“警告”的行政处罚。（周昕怡）

妇幼保健

【概况】 2022 年，柯桥区实施婚前医学检查 6237 人，婚检率 92.26%。实施再生育孕前优生健康检查 294.5 对。实施孕期产前筛查 7219 人次，筛查率 101.32%，发现高风险孕妇 271 例。户籍产妇总数 3663 人，活产数 3714 人，早孕建卡率 99.04%，产后访视率 98.57%，孕产妇系统管理率 97.52%，住院分娩率 100.00%，围产儿死亡 13 人，围产儿死亡率 3.49‰。新生儿疾病筛查 4845 例，筛查率 99.55%；新生儿听力筛查 4864 人，筛查率 99.94%；新生儿先天性心脏病筛查 4802 人，筛查率 98.66%。7 岁以下儿童 36338 人，3 岁以下儿童 13455 人，新生儿访视率 99.89%，7 岁以下儿童健康管理率 98.13%，3 岁以下儿童系统管理率 97.17%，5 岁以下儿童死亡率 2.15‰，婴儿死亡率 1.88‰，新生儿死亡率 1.35‰。新增托育机构 13 家，创建示范型“医防护”儿童健康管理中心 1 家，基础型“医防护”儿童健康管理中心 4 家。柯桥区妇幼保健技术服务中心获评 2022 年度全国避孕药具不良反应监测工作先进单位。

【高危孕产妇及产科管理】 2022 年，柯桥区管理高危孕产妇 2484 人，救治危重症孕产妇 8 例，未发生孕产妇死亡。接产单位接产妇 4831 人，剖宫产 2035 例，剖宫产率 42.12%。柯桥区在新冠疫情防控响应期间，对辖区内所有孕产妇开展信息摸排核实工作，发现防范区孕产妇 1257 人；12 月，对所有涉疫孕产妇进行电话访视及健康宣教，对重点孕产妇进行“一对一”健康管理，帮助有就医需求的孕产妇及时落实就诊医院。

【妇幼重大公共卫生服务项目建设】 2022年，柯桥区推进妇幼重大公共卫生服务项目。产妇艾滋病、梅毒、乙肝检测率100%，共筛查管理艾滋病感染孕产妇1例、梅毒感染孕产妇31例、乙肝表面抗原阳性孕产妇277例，按要求实施母婴阻断措施，艾滋病和梅毒阻断率100%。柯桥、钱清、稽东、王坛、漓渚5个镇（街道）实施宫颈癌筛查8376例，乳腺癌筛查8802例。

【出生医学证明管理】 2022年，柯桥区签发出生医学证明5199份，其中，补办出生医学证明255份，机构外签发3份，对46份有疑义的出生医学证明进行真伪鉴定及信息核实。

【“出生一件事”掌上办事项】 2022年，柯桥区推广使用“浙里办”App手机端“出生一件事”掌上办，实现新生儿“出生一件事”掌上联办及掌上单办功能，掌上办理出生医学证明4764人，其中掌上单办2586人、掌上联办2178人，掌上办理率97.86%。

【妇幼健康服务信息化】 2022年，柯桥区启用移动大数据外来育龄女性智能筛查及服务系统，推送健康服务信息20余万条，掌握外来育龄妇女孕情信息469条，有针对性进行健康宣教。（周昕怡）

人口家庭

【概况】 2022年，柯桥区办理生育登记5048例。在安昌街道盛陵村推进人口家庭协会规范化建设，建成一个县管乡用的家庭健康服务中心。

【人口家庭扶助】 2022年，柯桥区落实人口家庭优抚政策，奖扶对象20443人、特扶对象1174人、关爱对象976人，扶助资金3228.508万元；公益金对象91人，扶助资金44.49万元；独生子女养老保险补贴33400户，补助资金1111.33万元；落实计生特殊家庭的家庭医生签约服务，684户计生特殊家庭“一对一”签订家庭签约医生服务。

【母婴设施建设】 2022年，柯桥区推进公共场所母婴设施建设，改造及新建母婴室16家，全区有星级标准母婴室38家，其中三星级标准13家、四星级标准24家、五星级标准1家，公共场所规范化配置率100%。

【家庭健康生育关怀大讲堂活动】 2022年，柯桥区实施浙江省计生协会家庭健康生育关怀大讲堂项目，在学校、暖心家园、社区和企业组织开展青春期、新婚期、孕产期、育儿期、更年期、老年期健康和慢性病预防等大讲堂活动共100场，服务7696人次。

【失独家庭住院护理保险】 2022年，柯桥区投入资金9.846万元，为547户失独家庭参加住院护理补贴保险。全年申请理赔95人，获赔14.22万元。（周昕怡）

医政管理

【概况】 2022年，柯桥区推进县域医共体建设，健全公立医院医疗费用监测分析通报制度，区公立医院门急诊均次费用217.05，比上年下降0.79%；住院均次费用8839.56元，比上年下降2.22%。全区公立医院门诊421.9万人次，手术44176台，其中三、四类手术占比29.11%。基层医疗机构门诊477.2万人次，比上年下降7.86%；出院0.83万人次，比上年下降1.23%。柯桥区中医医院通过三级乙等中医医院评审。绍兴市中心医院、绍兴第二医院综合CMI值（综合病例组

2022年8月26日，绍兴市县域医共体医保行业自律建设现场推进会在绍兴市中心医院召开 （单明铭 摄）

合数值）排名分别位于全省三级乙等综合医院第6和第11。县域内就诊率90.80%，基层就诊率67.17%。新增社会办医15家。委托第三方调解医疗纠纷31起，调解成功率100%。全区无偿献血7561人次，献血量253.52万毫升。

【医疗卫生服务领域“最多跑一次”改革】 2022年，柯桥区深化医疗卫生服务领域“最多跑一次”改革，基层医疗机构加快“互联网+医疗”“互联网+护理”、智慧药房等建设，实现医后付、移动付、云影像共享等服务全覆盖。区级医疗机构门诊智慧结算率84.89%、住院智慧结算率77.68%。

【院前医疗急救服务体系建设】 2022年，柯桥区新增2处急救点，分别为绍兴市中心医院医共体杨汛桥分院急救点、绍兴第二医院医共体王坛分院急救点。2处急救点建立相对独立、功能完善的院前急救点用房，安装急救网络终端、传输设备、视频监控等信息装备，配备救护车，相关急救人员通过技能培训考核。

（周昕怡）

医教科研

【概况】 2022年，柯桥区有67个卫生健康科研项目通过省、市、区级评审，10篇论文在国家级医学杂志上发表，24篇医学论文被美国《科学引文索引》收录。加强与浙江大学医学院附属第一医院、浙江大学医学院附属第二医院、浙江省肿瘤医院和浙江大学医学院附属妇产科医院等省级医院合作，新建名医工作室6个。

2022年7月19日，浙江大学附属妇产科医院周坚红教授名医工作室揭牌仪式在柯桥区妇幼保健院举行　　（区妇幼保健院　提供）

2022年柯桥区新建名医专家工作室情况一览表

表19

创建单位	省级名医专家工作室名称	专家姓名	专家单位	科室	成立时间	期限
绍兴第二医院	浙江省肿瘤医院程向东专家工作站	程向东	浙江省肿瘤医院	胃肠外科	2022年3月	3年
绍兴第二医院	浙江大学第一医院严森祥专家工作室	严森祥	浙江大学医学院附属第一医院	肿瘤放疗科	2022年4月	2年
绍兴市中心医院	浙江大学第二医院钱文斌教授工作室	钱文斌	浙江大学医学院附属第二医院	血液科	2022年9月	3年
绍兴第二医院	浙江省肿瘤医院程向东专家工作站	程向东	浙江省肿瘤医院	胃肠外科	2022年3月	3年

（周昕怡）

【卫生健康科技项目立项】 2022年，柯桥区有109个卫生健康科技项目获国家、省、市、区级立项，其中33个获省级以上立项，“Maresin1介导巨噬细胞M2型极化调控动脉粥样斑块的作用和机制研究”被列入2023年浙江省基础公益研究计划项目，“一种中成药联合α受体阻滞剂治疗Ⅲ型慢性前列腺炎临床疗效的研究”被列入浙江省卫生健康科技计划，“益气止血方预防心血管植入型电子器械囊袋并发症的临床研究”被列入2023年省中管局科技计划项目名单。

【卫生继续教育】 2022年，柯桥区承办市级及以上继续教育项目198项，其中国家级继续教育项目为基层医共体肩关节镜技术推广与提升学习班、单孔腹腔镜技术在基层医院泌尿系统疾病手术中的应用、基层医院慢性病规范化管理及实践论坛等7个项目，省级继续教育项目为“互联网+护理服务”背景下护理人员照护能力提升班、县域医共体医院系统性疾病合并肺部感染诊治进展培训班、医共体模式下中医药适宜技术推广应用的同质化管理、医共体模式下中西医结合慢病全周期规范化管理等32个项目，市级继续教育项目为新冠疫情常态化下基层医院发热门诊规范化管理研讨班、新冠疫情下护理人员压力应对及情绪管理学习班、绍兴“三六九”伤科综合疗法治疗腰膝痛学习班、早期儿童养育与发展学习班等159个项目。

【卫生重点学科建设】 2022年，柯桥区对绍兴第二医院心血管病学、肿瘤学，绍兴市中心医院神经外科学、泌尿外科学，区中医医院中医骨伤科区医学领先学科、中西医结合老年病科学，区妇幼保健院妇产科区医学领先培育学科进行年检。区中医医院中医骨伤科通过省级重点专科验收。（周昕怡）

中医中药

【概况】 2022年，柯桥区中医医院业务收入3.17亿元，比上年增长3.48%，30个病种进入三级中医院DRGS〔(疾病)诊断相关分类〕排名前30。医院推进中医特色护理，开展中医护理方案44个，实施中医护理技术41项，服务住院病人354973人次。柯桥区中医医院中医肿瘤科通过浙江省“十三五”中医药(中西医结合)重点学科建设项目验收。细分11个中医专病门诊，并参与浙江省“中医处方一件事”改革。9月9日，区中医医院获“浙江省100家清廉建设成绩突出单位表彰”，为绍兴市7家受嘉奖单位之一。

【傅宏伟入选全国中医药专家继承工作指导老师名单】 2022年，浙江省级“非遗”、绍兴“三六九”伤科代表性传承人傅宏伟入选第七批全国中医药专家继承工作指导老师名单。傅宏伟，临床工作三十余年，发表专业论文20余篇，主持厅市级科研课题6项，完成市级科研项目《绍兴“三六九”伤科学术经验相关性研究》。出版专著《里西房方药集》《下方寺伤科医录》点校本，获2015年浙江省中医药科技进步奖二等奖；完成省中管局中医基层适宜技术培育项目《竹夹板治疗桡骨远端骨折临床研究》，并通过评审验收。（周昕怡）

类目编辑　刘高亨

体　育

综　述

2022年，柯桥区创建为浙江省首批体育现代化县（市、区），获评杭州亚运会、亚残运会筹办工作突出贡献集体，全省群众体育工作突出集体，健康绍兴建设突出贡献集体，绍兴市集体三等功等荣誉。柯桥区体教融合做法受到浙江省原副省长成岳冲批示肯定并在《浙江政务专报》刊登推广。在省运会中获金牌43.96枚，名列全市第一；在市青少年锦标赛中获金牌311.5枚，名列全市第一；在市中小学阳光体育比赛中获一等奖41个，名列全市第一。在市中小学学生体质抽测中，小学、初中和高中抽测成绩均名列全市第一。

2022年，柯桥亚运场馆羊山攀岩中心夜景　（区教体局　提供）

亚运筹办工作

【概况】 2022年3月21日，柯桥区成立第19届亚运会工作领导小组，下设综合办公室和11个专项工作组，其中区亚运综合办与区亚筹办合署办公，实行专班化、实体化运作，区亚运领导小组全面负责杭州亚运会绍兴柯桥赛区筹办工作。3月初起，柯桥区3个亚运场馆运行团队专职人员陆续集结开展集中办公；至4月底，集中专职人员到岗到位101人。3月底，3个亚运场馆按时完成竣工验收和赛事功能验收；4月底前，全部移交场馆运行团队。5月6日，亚运会宣布延期后，区亚运综合办抽调人员不变，3个场馆明确23名骨干力量留守场馆开展惠民开放和运行维护，其余人员暂回原单位待2023年重新集结，留守骨干每周组织参加亚组委亚运筹办工作例会，按时参加亚运英语培训和亚运竞赛项目知识系列培训。10月底前，羊山攀岩中心和轻纺城体育馆编制完成竞赛场馆运行计划V3.0。11月15日前，鉴湖足球场编制完成独立训练场馆运行计划V1.0，提交亚运会组委会审核并根据反馈意见及时修订。

【亚运会场馆惠民开放】 2022年6月30日起，柯桥羊山攀岩中心、轻纺城体育馆与鉴湖足球场3个亚运会场馆实施惠民开放。至年底，3个场馆接待232批次，近万人次进馆考察体验。

【新一轮亚运城市行动计划】 2022年9月，柯桥区制订新一轮亚运城市行动计划（2022—2023年），包括健康活力城市、融杭联甬同城、基础设施提升、文

化名城展示、数字智慧赋能、文明绿色共建、平安城市护航七大行动,22个工作类别,61项具体工作。(方　钧)

竞技体育

【概况】2022年,柯桥区在全国、省级各类体育比赛中获金牌122枚,其中省运会金牌43.96枚,位列全市第一;获得市青少年锦标赛金牌311.5枚,位列全市第一。

2022年12月14日,绍兴市青少年皮划艇、赛艇锦标赛现场
(区教体局　提供)

2022年柯桥区籍运动员在全国和省级比赛中获金牌情况一览表

表20

姓名	比赛名称	时间	地点	项目	组别
王以恒	2022年全国第六届少年攀岩锦标赛	8月	全南	攀岩	U11男子速度
黄李万林	2022年全国青少年射击锦标赛	8月	南京	射击	10米男子气步枪60发团体
鲍佳漪	2021年浙江省青少年射击锦标赛	2月	长兴	射击	女子甲组10米气步枪60发个人
	2021年浙江省青少年射击锦标赛	2月	长兴	射击	女子甲组10米气步枪60发团体
黄李万林	2021年浙江省青少年射击锦标赛	2月	长兴	射击	男子丙组10米气步枪60发个人
	2021年浙江省青少年射击锦标赛	2月	长兴	射击	男子丙组10米气步枪60发团体
	2021年浙江省青少年射击锦标赛	2月	长兴	射击	男子丙组10米气步枪混合团体
荆坷遥	2021年浙江省青少年射击锦标赛	2月	长兴	射击	女子甲组10米气步枪60发团体
李雨斌	2021年浙江省青少年射击锦标赛	2月	长兴	射击	男子甲组50米手枪60发团体
祁徐露	2021年浙江省青少年射击锦标赛	2月	长兴	射击	女子丙组10米气步枪60发团体
韦　辰	2021年浙江省青少年射击锦标赛	2月	长兴	射击	男子丙组10米气步枪60发团体

续表 20

姓名	比赛名称	时间	地点	项目	组别
魏奕扬	2021 年浙江省青少年射击锦标赛	2 月	长兴	射击	女子甲组 10 米气步枪 60 发团体
	2021 年浙江省青少年射击锦标赛	2 月	长兴	射击	女子甲组 10 米气步枪混合团体
赵伊琳	2021 年浙江省青少年射击锦标赛	2 月	长兴	射击	女子丙组 10 米气步枪 60 发团体
蒋欣宜	第 42 届“迎春杯”浙江省青少年(儿童)游泳锦标赛	3 月	金华	游泳	女子 9 岁以下组自由泳全能
	第 42 届“迎春杯”浙江省青少年(儿童)游泳锦标赛	3 月	金华	游泳	女子 9 岁以下组自由泳
陈奕帆	ZSTL 浙江省第十三届中小学生乒乓球联赛超级组	6 月	绍兴	乒乓球	高中组男子团体
李龙舟	ZSTL 浙江省第十三届中小学生乒乓球联赛超级组	6 月	绍兴	乒乓球	高中组男子团体
任浙琰	ZSTL 浙江省第十三届中小学生乒乓球联赛超级组	6 月	绍兴	乒乓球	高中组男子团体
	ZSTL 浙江省第十三届中小学生乒乓球联赛超级组	6 月	绍兴	乒乓球	高中组男子双打
吴俊涵	ZSTL 浙江省第十三届中小学生乒乓球联赛超级组	6 月	绍兴	乒乓球	高中组男子团体
张庭翌	ZSTL 浙江省第十三届中小学生乒乓球联赛超级组	6 月	绍兴	乒乓球	高中组男子团体
	ZSTL 浙江省第十三届中小学生乒乓球联赛超级组	6 月	绍兴	乒乓球	高中组男子双打
樊丁旭	2022 年浙江省青少年田径锦标赛	6 月	台州	田径	14 岁组男子铅球
	2022 年浙江省青少年田径锦标赛	6 月	台州	田径	14 岁组男子铁饼
李芷珊	2022 年浙江省青少年田径锦标赛	6 月	台州	田径	业余组女子 800 米
	2022 年浙江省青少年田径锦标赛	6 月	台州	田径	业余组女子 1500 米
吴　涛	2022 年浙江省青少年田径锦标赛	6 月	台州	田径	15—16 岁组男子 100 米
赵宇昊	2022 年浙江省青少年(体育传统项目学校)车辆模型比赛	7 月	金华	车辆模型	中国坦克技能赛小学男子组

续表20

姓名	比赛名称	时间	地点	项目	组别
胡沁瑶	2022年浙江省青少年(体育传统项目学校)车辆模型比赛	7月	金华	车辆模型	中国坦克技能赛小学女子组
	2022年浙江省青少年(体育传统项目学校)车辆模型比赛	7月	金华	车辆模型	中国坦克越野竞速赛小学女子组
费泽涛	2022年浙江省青少年(体育传统项目学校)车辆模型比赛	7月	金华	车辆模型	中国坦克越野竞速赛小学男子组
葛子雯	浙江省青少年击剑锦标赛	7月	诸暨	击剑	丁组团体
蒋凌宸	浙江省青少年击剑锦标赛	7月	诸暨	击剑	丙组团体
徐婧妍	浙江省青少年击剑锦标赛	7月	诸暨	击剑	丁组团体
尹博涵	浙江省青少年男子排球锦标赛	7月	安吉	排球	男子丙组
杨鸿铭	浙江省青少年男子排球锦标赛	7月	安吉	排球	男子丙组
孟祥泽	浙江省青少年男子排球锦标赛	7月	安吉	排球	男子甲组
夏新越	浙江省青少年男子排球锦标赛	7月	安吉	排球	男子甲组
毛京京	2022年浙江省青少年攀岩锦标赛	7月	绍兴	攀岩	女子B组速度
	2022年浙江省青少年攀岩锦标赛	7月	绍兴	攀岩	女子B组攀石
	2022年浙江省青少年攀岩锦标赛	7月	绍兴	攀岩	女子B组个人全能
赵一帆	2022年浙江省青少年攀岩锦标赛	7月	绍兴	攀岩	男子B组速度
丁慧敏	2022年浙江省青少年皮划艇锦标赛	7月	龙泉	皮划艇	甲组女子2000米双人皮艇
肖烨铭	2022年浙江省青少年皮划艇锦标赛	7月	龙泉	皮划艇	甲组男子1000米双人划艇
	2022年浙江省青少年皮划艇锦标赛	7月	龙泉	皮划艇	甲组男子200米双人划艇
徐卓伟	2022年浙江省青少年皮划艇锦标赛	7月	龙泉	皮划艇	甲组男子1000米双人划艇
	2022年浙江省青少年皮划艇锦标赛	7月	龙泉	皮划艇	甲组男子200米双人划艇
丁诗奕	2022年浙江省青少年儿童乒乓球锦标赛	7月	仙居	乒乓球	A组女子团体
卢诗晗	2022年浙江省青少年儿童乒乓球锦标赛	7月	仙居	乒乓球	A组女子团体
夏　洁	2022年浙江省青少年儿童乒乓球锦标赛	7月	仙居	乒乓球	A组女子团体

续表 20

姓名	比赛名称	时间	地点	项目	组别
徐欣然	2022 年浙江省青少年儿童乒乓球锦标赛	7 月	仙居	乒乓球	A 组女子团体
徐欣然	2022 年浙江省青少年儿童乒乓球锦标赛	7 月	仙居	乒乓球	A 组女子双打
朱乐颖	2022 年浙江省青少年儿童乒乓球锦标赛	7 月	仙居	乒乓球	A 组女子团体
朱乐颖	2022 年浙江省青少年儿童乒乓球锦标赛	7 月	仙居	乒乓球	A 组女子双打
卢诗晗	2022 年浙江省中小学生乒乓球冠军赛第一站	7 月	杭州	乒乓球	W0405 组女子单打
鲍佳漪	2022 年浙江省青少年射击锦标赛	7 月	长兴	射击	女子甲组 10 米气步枪 60 发个人
黄李万林	2022 年浙江省青少年射击锦标赛	7 月	长兴	射击	男子丙组 10 米气步枪 60 发个人
黄李万林	2022 年浙江省青少年射击锦标赛	7 月	长兴	射击	男子丙组 10 米气步枪 60 发团体
黄李万林	2022 年浙江省青少年射击锦标赛	7 月	长兴	射击	丙组 10 米气步枪混合团体
祁徐露	2022 年浙江省青少年射击锦标赛	7 月	长兴	射击	女子丙组 10 米气步枪 60 发个人
祁徐露	2022 年浙江省青少年射击锦标赛	7 月	长兴	射击	女子丙组 10 米气步枪 60 发团体
祁徐露	2022 年浙江省青少年射击锦标赛	7 月	长兴	射击	丙组 10 米气步枪混合团体
翁戈歌	2022 年浙江省青少年射击锦标赛	7 月	长兴	射击	男子乙组 50 米小口径步枪三姿团体
张昊轩	2022 年浙江省青少年射击锦标赛	7 月	长兴	射击	男子丙组 10 米气步枪 60 发团体
张恒凯	2022 年浙江省青少年射击锦标赛	7 月	长兴	射击	男子甲组 50 米手枪 60 发团体
赵伊琳	2022 年浙江省青少年射击锦标赛	7 月	长兴	射击	女子丙组 10 米气步枪 60 发团体
陈奕冰	2022 年“雅阁装饰杯”浙江省少年儿童田径冠军赛	7 月	奉化	田径	甲组 12 岁及以下女子铅球

续表 20

姓名	比赛名称	时间	地点	项目	组别
樊丁旭	2022 年“雅阁装饰杯”浙江省少年儿童田径冠军赛	7 月	奉化	田径	甲组 14 岁组男子铅球
	2022 年“雅阁装饰杯”浙江省少年儿童田径冠军赛	7 月	奉化	田径	甲组 14 岁组男子铁饼
洪鑫杰	2022 年“雅阁装饰杯”浙江省少年儿童田径冠军赛	7 月	奉化	田径	甲组 15 岁组男子铅球
吴　涛	2022 年“雅阁装饰杯”浙江省少年儿童田径冠军赛	7 月	奉化	田径	甲组 15 岁组男子 100 米
	2022 年“雅阁装饰杯”浙江省少年儿童田径冠军赛	7 月	奉化	田径	甲组 15 岁组男子 200 米
陈熠宇	2022 浙江省青少年 BMX 小轮车锦标赛	7 月	长兴	小轮车	男子组个人越野赛
李周祺	第 17 届省运会	8 月	金华	篮球	男子丙组
刘哲恺	第 17 届省运会	8 月	金华	篮球	男子丙组
黄李万林	2022 年浙江省青少年(体育传统项目学校)射击比赛	8 月	长兴	射击	中学组男子气步枪 60 发个人
	2022 年浙江省青少年(体育传统项目学校)射击比赛	8 月	长兴	射击	中学组男子气步枪 60 发团体
	2022 年浙江省青少年(体育传统项目学校)射击比赛	8 月	长兴	射击	中学组男子气步枪 20 发团体
张昊轩	2022 年浙江省青少年(体育传统项目学校)射击比赛	8 月	长兴	射击	中学组男子气步枪 60 发团体
	2022 年浙江省青少年(体育传统项目学校)射击比赛	8 月	长兴	射击	中学组男子气步枪 20 发团体
韦　辰	2022 年浙江省青少年(体育传统项目学校)射击比赛	8 月	长兴	射击	中学组男子气步枪 60 发团体
	2022 年浙江省青少年(体育传统项目学校)射击比赛	8 月	长兴	射击	中学组男子气步枪 20 发个人
	2022 年浙江省青少年(体育传统项目学校)射击比赛	8 月	长兴	射击	中学组男子气步枪 20 发团体
祁徐露	2022 年浙江省青少年(体育传统项目学校)射击比赛	8 月	长兴	射击	中学组女子气步枪 60 发团体

续表 20

姓名	比赛名称	时间	地点	项目	组别
赵伊琳	2022 年浙江省青少年(体育传统项目学校)射击比赛	8 月	长兴	射击	中学组女子气步枪 60 发团体
孙佳怡	2022 年浙江省青少年(体育传统项目学校)射击比赛	8 月	长兴	射击	中学组女子气步枪 60 发团体
黄李万林	第 17 届省运会	8 月	湖州	射击	10 米男子丙组气步枪 60 发个人
	第 17 届省运会	8 月	湖州	射击	10 米男子丙组气步枪 60 发团体
祁徐露	第 17 届省运会	8 月	湖州	射击	10 米女子丙组气步枪 60 发个人
	第 17 届省运会	8 月	湖州	射击	10 米女子丙组气步枪 60 发团体
韦 辰	第 17 届省运会	8 月	湖州	射击	10 米男子丙组气步枪 60 发团体
翁戈歌	第 17 届省运会	8 月	湖州	射击	50 米男子乙组小口径步枪三姿团体
赵伊琳	第 17 届省运会	8 月	湖州	射击	10 米女子丙组气步枪 60 发团体
车玲嘉	第 17 届省运会	9 月	义乌	排球	女子丙组
杨鸿铭	第 17 届省运会	9 月	义乌	排球	男子丙组
尹博涵	第 17 届省运会	9 月	义乌	排球	男子丙组
张宇菲	第 17 届省运会	9 月	兰溪	摔跤	自由女子 63 公斤
李雅文	第 17 届省运会	9 月	武义	跆拳道	女子甲组 60 公斤
蒋欣宜	2022 年浙江省游泳冠军赛	9 月	宁波	游泳	女子 9 岁以下组 100 米自由泳
	2022 年浙江省游泳冠军赛	9 月	宁波	游泳	女子 9 岁以下组 400 米自由泳
金玥诺	2022 年浙江省游泳冠军赛	9 月	宁波	游泳	女子 9 岁以下组 100 米仰泳
吕柏萱	2022 年浙江省游泳冠军赛	9 月	宁波	游泳	女子 13 岁组 50 米蝶泳
	2022 年浙江省游泳冠军赛	9 月	宁波	游泳	女子 13 岁组 100 米蝶泳

续表 20

姓名	比赛名称	时间	地点	项目	组别
秦梦汐	2022 年浙江省游泳冠军赛	9 月	宁波	游泳	女子 10 岁组 50 米自由泳
	2022 年浙江省游泳冠军赛	9 月	宁波	游泳	女子 10 岁组 100 米蛙泳
虞佳泳	2022 年浙江省游泳冠军赛	9 月	宁波	游泳	男子 13 岁组 100 米仰泳
李梦萱	第 17 届省运会	9 月	义乌	羽毛球	女子戊组团体
	第 17 届省运会	9 月	义乌	羽毛球	女子戊组双打
李润昕	第 17 届省运会	9 月	义乌	羽毛球	女子戊组团体
	第 17 届省运会	9 月	义乌	羽毛球	女子戊组双打
王　直	第 17 届省运会	9 月	义乌	羽毛球	男子丙组单打
李锶淇	第 17 届省运会	11 月	永康	攀岩	女子丙组
朱嘉栋	2022 年皮划艇静水锦标赛	11 月	温州	皮划艇	男子甲组 1000 米单人划艇
肖烨铭	第 17 届省运会	11 月	金华	皮划艇	甲组男子 201 米双人划艇
徐卓伟	第 17 届省运会	11 月	金华	皮划艇	甲组男子 202 米双人划艇
卢诗晗	2023 年浙江省中小学生乒乓球冠军赛第二站	11 月	萧山	乒乓球	W0405 组女子单打
杨驭麒	2022 年浙江省青少年赛艇锦标赛	11 月	宁波	赛艇	乙组单人艇 6000 米赛艇
	第 17 届省运会	11 月	金华	赛艇	男子乙组 1×6000 米
樊丁旭	第 17 届省运会	11 月	金华	田径	14 岁组男子铅球
秦梦汐	第 17 届省运会	11 月	金华	游泳	女子 10 岁组蝶泳全能
	第 17 届省运会	11 月	金华	游泳	男女 10 岁组 4×100 米混合泳接力

（张国海）

【学校体育竞赛】 2022 年，柯桥区组织举办 14 场学校体育竞赛。

2022年柯桥区组织举办学校体育竞赛情况一览表

表21

名称	时间	结果
中小学阳光体育运动会小学生足球赛	3月22—25日	中国轻纺城小学、柯桥小学、鉴湖小学、柯岩中心小学育才路校区、安昌中心小学、实验小学、轻纺城第二小学、管宁实验小学获男子甲组一等奖,管宁实验小学、柯桥小学、中国轻纺城小学、鉴湖小学、轻纺城第二小学、安昌中心小学、实验小学、柯岩中心小学育才路校区获男子乙组一等奖,浙光小学、中国轻纺城小学、安昌中心小学、管宁实验小学、安昌东昌小学、秋瑾小学、华舍小学、杨汛桥中心小学获女子甲组一等奖,浙光小学、管宁实验小学、柯岩阮社小学、中国轻纺城小学、安昌中心小学、秋瑾小学、平水镇中心小学、齐贤中心小学陶里校区获女子乙组一等奖
中小学阳光体育运动会小学生五棋赛	5月17—18日	实验小学、齐贤中心小学、稽东镇中心小学获中国象棋一等奖,中国轻纺城小学、浙光小学、柯岩中心小学获国际象棋团体一等奖,中国轻纺城小学、鉴湖小学、杨汛桥中心小学获围棋团体一等奖,浙光小学、华舍小学、齐贤中心小学获国际跳棋团体一等奖,齐贤中心小学、夏履镇中心小学、杨汛桥中心小学获五子棋团体一等奖
中小学阳光体育运动会小学生篮球赛	5月23—25日	杨汛桥中心小学、柯岩中心小学、轻纺城第二小学、中国轻纺城小学、实验小学、秋瑾小学获男子团体一等奖,安昌中心小学、中国轻纺城小学、马鞍中心小学、实验小学、华舍小学、杨汛桥中心小学获女子团体一等奖
中小学阳光体育运动会初中生篮球赛	9月14—22日,9月26—30日	柯岩中学、杨汛桥中学、浙光中学、鲁迅外国语学校、实验中学、安昌中学获男子团体一等奖,安昌中学、杨汛桥中学、稽东镇中学、鲁迅外国语学校、实验中学、兰亭中学获女子团体一等奖
中小学阳光体育运动会中小学乒乓球比赛	9月26—30日	华舍中学、鲁迅外国语学校、实验中学获初中男子团体一等奖,实验中学、鲁迅外国语学校、秋瑾中学获初中女子团体一等奖,柯桥小学、中国轻纺城小学、实验小学获小学男子组团体一等奖,中国轻纺城小学、浙光小学、秋瑾小学获小学女子组团体一等奖
中小学阳光体育运动会校园足球技能测试赛	9月29—30日	管宁实验小学、安昌中心小学、柯岩中心小学育才路校区、浙光小学、柯桥小学、平水镇中心小学、实验小学获小学组一等奖,浙光中学、实验中学、安昌中学、鲁迅外国语学校、柯岩中学获初中组一等奖,钱清中学、鉴湖中学、职教中心获高中组一等奖

续表 21

名称	时间	结果
中小学阳光体育运动会校园足球比赛初中组比赛	10 月 11—15 日	实验中学、鲁迅外国语学校、国杰实验学校、安昌中学、浙光中学、柯岩中学获初中男子组一等奖，浙光中学、实验中学、安昌中学、华甫中学、华舍中学、齐贤中学获初中女子组一等奖
中小学阳光体育运动会校园足球比赛高中组比赛	10 月 16—19 日	柯桥中学、鉴湖中学获高中男子组一等奖，钱清中学、职教中心获高中女子组一等奖
中小学阳光体育运动会高中生篮球比赛	10 月 26—30 日	鉴湖中学、财经旅游学校、职教中心获高中男子组一等奖，钱清中学、职教中心、财经旅游学校获高中女子组一等奖
中小学阳光体育运动会高尔夫比赛	11 月 7 日	实验小学获男子甲组团体第一名，实验小学获乙组团体第一名，中国轻纺城小学获丙组团体第一名
中小学阳光体育运动会游泳比赛	11 月 7—9 日	华舍中心幼儿园、区中心幼儿园、区六一幼儿园、瓜渚风情幼儿园、区机关幼儿园、大坂风情幼儿园获幼儿组团体一等奖，华舍小学、轻纺城小学、实验小学、轻纺城第二小学获小学组团体一等奖，实验中学获初中组团体一等奖
中小学阳光运动会击剑比赛	11 月 8—9 日	实验小学、中国轻纺城小学、轻纺城第二小学获团体一等奖
中小学阳光体育运动会小学生网球比赛	11 月 14—15 日	实验小学、齐贤中心小学获短式网球团体一等奖，实验小学获标准网球团体一等奖
中小学阳光体育运动会攀岩比赛	11 月 17—18 日	湖塘中心小学、轻纺城第二小学获团体一等奖

（方　钧）

2022 年 3 月 22—25 日，柯桥区举办中小学阳光体育运动会小学生足球比赛。图为管宁实验小学和柯桥小学在比赛（区教体局　提供）

群众体育

【概况】 2022 年，柯桥区以“迎亚运 共参与”为主题，持续开展“天工杯”乡村篮球赛、雪窦岭登高、武术交流大赛等群体活动 500 余场。组织开展社会体育指导员应急救护培训 220 人次，国民体质合格率 94.2%，经常参加体育锻炼人口比例（不含学生）30.59%，人均体育场地面积 3.56 平方米，位列全市第一。柯桥区获评 2018—2021 年度浙江省群众体育工作成绩突出集体。

【全民健身体育消费增长】 2022年8月8日起，柯桥区投入300万元参与绍兴市"迎亚运 越运动"全民健身体育消费季，带动200家本土体育关联店家接入活动平台，推出满减优惠，刺激体育消费。全区累计发放消费券90万张，带动消费6600万元。

2023年11月5—6日，柯桥区举办"亲近大自然"马术嘉年华活动。图为小选手在骑马 （区教体局 提供）

【第六届运动休闲时尚周】 2022年，柯桥区举办第六届运动休闲时尚周，举行开幕式、攀岩、赛艇、游泳、龙舟、冰雪、马术、网球等10余项活动和比赛，参加人数约5000人。新华社、腾讯网、新浪网、省体坛报等30余家媒体进行专题报道。

2022年柯桥区基层体育场地建设情况一览表

表22 单位：个

类别	数量	地址
社会足球场	2	平水镇会稽村、钱清街道联兴村
村级全民健身广场	2	福全街道富强村、福全街道尹家坂村
多功能运动场	2	兰亭街道兰渚山村、平水镇剑灶村
百姓健身房	9	杨汛桥街道孙家桥社区、齐贤街道齐贤村、漓渚镇花溪社区、稽东镇竹田头村、夏履镇越王峥村、兰亭街道山下村、王坛镇青坛村、柯岩街道河塔村、湖塘街道兴华村
体育公园	1	湖塘街道体育公园
有体育设施公园	3	平水镇会稽村、钱清街道联兴村、钱清街道华星村

（蒋建英）

2022年11月6日，浙江省龙舟精英赛在柯岩街道叶家堰居举行 （区教体局 提供）

体育产业

【概况】 2022年，柯桥区承办2022中国攀岩联赛（浙江绍兴·柯桥站）、2022中国赛艇大师赛浙江绍兴·柯桥站暨国内名校赛艇挑战赛、2022中国汽车（场地）职业联赛、第五届绍兴马拉松、"拳星出击"中外自由搏击职业联赛（柯桥站）、浙江省第六届冰雪运动嘉年华、柯桥区第六届运动休闲时尚周等大型赛事和活动。创建中国体育旅游精品景区2个、长三角地区体育旅游精品赛事1个，省级运动休闲旅游优秀项目1个。全区体彩销量创历史新高。

【体育示范项目创建】 2022年，浙江国际赛车场、东方山水乐园入选中国体育旅游精品景区，绍兴乔波冰雪世界夏日欢乐冰雪节入选长三角地区体育旅游精品赛事，夏履沃泰马术基地创建成浙江省运动休闲旅游优秀项目。

【酷玩小镇活动】 2022年，柯桥区酷玩小镇活动丰富多彩，其中东方山水乐园接待游客82万人次，营业额9800万元；乔波冰雪世界承办浙江省第六届冰雪运动嘉年华，举办第十二届夏日欢乐冰雪季，接待游客24万人次，营业额4670万元；浙江国际赛车场承办2022中国汽车（场地）职业联赛，举办2022浙赛新速，接待游客3万人次，营业额4779万元。

【体育场所监管】 2022年，柯桥区对30家游泳、滑雪和攀岩等高危险性体育项目场馆进行安全检查，排查安全隐患9处，现场整改6处，要求限期整改3处。有6个游泳场所和1个攀岩场所新获得经营高危险性体育项目行政许可。

【体育彩票销售】 2022年，柯桥区有体育彩票门店291家，销售中国体育彩票3.2亿元，比上年增长33.77%，体彩市场份额占比超60%，创历史新高。（董依娜）

类目编辑　傅炳荣

区人著述

综　述

2022年,《区人著述》收录对象为柯桥区籍人士和柯桥区工作、离休、退休的区外籍人士所编著、创作、表演的作品。篇目选辑限收在省级以上报刊发表和在省以上展出的作品,仅收录文学艺术类,教育、卫生等系统的大量业务性学术论文,在有关编目汇总提及,不予一一收录。书目提要收录经正式出版公开发行的书籍。(沈蒿妮)

2022年柯桥区在省级及以上报刊发表的艺术作品情况一览表

表23

作品	类别	作者	发表情况
《垃圾街》	小说	朱建平	《西部》2022年5月第3期
《语言大师的"雕虫小技"》	随笔	胡文炜	《勤读传余香》2022年4月,收录于浙江人民出版社
《牵着你的手》	小说	肖建军	《今古传奇》2022年11月
《星汉灿烂 :翻山越海,爱恨一笑过》	小说	毛佳钦	《中国青年作家报》2022年11月
《续弦》	小说	陈文超	《边疆文学》2022年7月
《〈文心雕草〉:从草木之文到草木人文》	书评提升改造	任　芳	《中华读书报》"书评周刊"2022年7月27日
《秋风吹》(外二首)、《静夜思》、《活码头》	诗歌	李宝祥	《中国诗人》中南大学出版社2022年1月(双月刊)
《雨中的柯桥老街》(外二首)、《夜幕下》、《羊山公园纪行》	诗歌	李宝祥	《广东文学》2022年总第32期
《古纤道上忆纤夫》、《鉴水悠长》	诗歌	李宝祥	2022年收录于浙江省文化馆编辑,西泠印社出版《乡村,一个伟大的词汇》诗集

2022年柯桥区在省级及以上展出的艺术作品情况一览表

表24

作品	类别	作者	展出情况
篆刻	书法	陈　巍	2022年8月，获浙江省书协第六届篆刻展提名奖
篆刻	书法	朱亳挥	2022年8月，入展浙江省书协第六届篆刻展
篆刻	书法	叶卫良	2022年8月，入展浙江省书协第六届篆刻展
篆刻	书法	朱亳挥	2022年11月，入展浙江省书协首届“巨来之星”全国古典细朱文印作品展
篆刻	书法	叶卫良	2022年11月，入展浙江省书协首届“巨来之星”全国古典细朱文印作品展

（沈嵩妮）

书目提要

【《蜀阜村志》】 村志。属“柯桥区村志丛书”，由柯桥区华舍街道《蜀阜村志》编纂委员会编，主编马定根、马仕银，中国广播影视出版社出版。2022年7月第1版第1次印刷，为华舍街道首部村志。上限起于春秋战国时期，下迄2018年底。分为村庄、人口、村民生活、村级组织、农业、渔业、丝织业、其他工业、商贸服务业、教育、卫生、文化体育、人物、方言俗语民谚、丛录15章。蜀阜是人文氤氲的千年水乡，资料翔实，记录蜀阜村民从传统捕捞、晒盐、耕耘，到办厂致富的过程，展示蜀阜村从水乡渔村发展成全省致富第一村的真实历史。全书16开本，582页，85.8万字，印数1500册，定价288元。

【《柯桥年鉴(2022)》】 地方综合年鉴。中共绍兴市柯桥区委、柯桥区人民政府主办，绍兴市柯桥区地方志编纂委员会编，主编胡建华，方志出版社出版。2022年12月第1版第1次印刷，为该鉴创刊以来第22卷年鉴。设媒体聚焦、特载、专记、大事记、中共绍兴市柯桥区委员会、农业农村经济、工业经济、开放型经济、中国轻纺城、社会事务、建制镇与街道等48个类目，有319个分目、1376个条目、32个小资料、279幅图照，48张表格；全面、系统、翔实地反映2022年柯桥区在自然、政治、经济、文化、社会、生态文明建设等方面取得的新进展、新成就和新经验。全彩印，大16开本，443页、84.9万字，印数1100册，定价280元。

【《绍兴名人手札》】 名人手札。绍兴市柯桥区史志研究室编纂，中华书局出版，2022年12月第1版第1次印刷。全书采用原稿影印，配合释文讲解的形式，高清还原名人书信手札风貌，遇有疑难文字则加注释。全书收录绍兴名人手札80通，其中25通系绍兴图书馆馆藏，16通为浙江越生文化传媒集团收藏、39通系收藏家王德轩个人收藏。手札作者包括陶濬宣、蔡元培、经亨颐、鲁迅、邵力子、范爱农、许寿裳、陈仪、夏丏尊、孙伏园、朱自清、许广平等近现代知名人士。展示手札作者的人物关系、日常生活、语言风格等个人风采，也展示中国近现代的书法、刻印以及笺纸印制艺术。16开本，380页，10万字，印数500册，定价280元。

【《柯桥区慈善志》】 部门志。柯桥区慈善志编纂委员会编纂，方志出版社出版，2022年12月第1版第1次印刷，主编喻光耀，为柯桥区历史上首部慈善志。上限起于春秋战国时期，下迄2020年。该志分为慈善机构、慈善捐赠、慈善救助、慈善赈灾、慈善服务、慈善文化、慈善人物、爱心企业等8章，志首设题词、序、凡例、概述、大事记，志末有附录、后记。图文并茂地展示柯桥区从古到今慈善事业的发展历程，记录柯桥区慈善思想、人物与活动，全面展现柯桥区当代慈善创新型和开放性的特点。全彩印，16开本，445页，43万字，印数1000册，定价318元。

【《历史的背影和回眸》】 历史散文集。作者吕瑜洁，北方文艺出版社出版，2022年1月第1版第1次印刷。全书从秦晋风骨、唐宋风流、明清风姿、近代风云到当代风华五个部分，展现每段历史和每个历史人物，用文学视角观照历史，用散文笔法诠释历史，在时代变迁中解读人物命运。讴歌在中国共产党领导下，改革开放后人们奋发有为的风流人物。全书32开本，240页，17.4万字，印数3000册，定价58元。

【《榴梿一样的红楼梦》】 散文。作者吕瑜洁，北方文艺出版社出版，2022年6月第1版第1次印刷。本书从多个视角品读《红楼梦》，使人走进文学世界，感受经典不朽魅力，遇见前所未有的事和人。黑白印刷，配有精美书签。全书32开本，236页，16万字，印数6000册，定价58元。（沈嵩妮）

类目编辑　孙阿络

社会民生

民政事务

【概况】 2022年,柯桥区新增注册登记社会组织27家,变更登记44家,注销34家,撤销登记3家,全区有注册登记社会组织818家,备案管理社区社会组织3621家,实施社会组织年检636家次。补助上一年度成立的167家社会组织16.7万元。实施公益创投项目18项,花费52万元,开展140余场活动,带动600余名党员、群众参与志愿服务,累计服务居民约4000人次。开展困难群众"送温暖"活动,发放慰问金1033.81万元,受惠群众8534人次。发放低保金4417.3万元,发放临时救助金133.17万元。发放各类助学金300.55万元,救助学生1059人次。建立全天候救助工作机制,为在柯桥区域内的城市生活无着的流浪乞讨人员提供临时性救助。依托全国救助寻亲网,发布滞留受助人员寻亲公告,通过"人脸识别""DNA"等多种手段,查清流浪精神障碍患者身份信息,全年累计救助77人次,通过自主返乡、接领护送返乡等方式妥善安置21人,对4名滞留超过3个月仍无法查明身份信息的流浪乞讨人员进行落户安置。办理结婚登记3778对,离婚登记810对,补办登记2357对,登记合格率100%。举办社会工作者职业水平考试,报名1466人,通过334人。福利彩票总销量2.01亿元,其中电脑彩票15806万元、即开彩票4317万元,筹集区级公益金777.88万元。成立现代社区建设民政工作专班,出台《柯桥区"五社联动"提质增效实施办法》。(陈　斌　田刚强　许敏智　徐国军　陶红洪)

【村居慈善服务点建设】 2022年,柯桥区在区、镇、村三级慈善公益平台的基础上,开展基层慈善服务点建设,引导慈善资源流动。并在试点基础上,制定发布全市首个村(居、社区)慈善服务点建设与运行标准6个大项28个小项,实现有场地、有制度、有资金、有服务、有成效"5个有"的任务目标。至年底,建成村居慈善服务点100个。(徐国军　沈伊娴)

【品牌社会组织培育】 2022年,柯桥区开展区级品牌社会组织和品牌项目评选活动,经申请报名、业务主管单位推荐、第三方专业机构材料审核、专家评审等环节,选择培育品牌社会组织4家和品牌项目10个。通过培育,2人获浙江省社会组织领军人物,2家组织获浙江省品牌社会组织,3人获绍兴市社会组织领军人物,2家组织获绍兴市品牌组织、2个项目获绍兴市品牌项目。(鲁海江)

【低保及边缘对象管理】 2022年,柯桥区动态管理低保对象,开展专项核查清理工作。通过浙江省大救助信息系统对低保对象的家庭经济状况进行定期核查,完善低保审批流程,新增低保对象经镇(街道)初审,业务科室审核、分管负责人审批。所有低保对象在区民政局网站进行公示,接受社会监督。全年新增低保对象210户364人,注销268户441人。新增低保边缘对象55户132人,注销98户236人。至年底,全区有低保对象3206户4436人,低保边缘对象共540户1439人。(许敏智)

【绿色殡葬建设】 2022年,柯桥区开展公益性墓地联合执法检查2次,查处不规范行为28处。平毁违建坟墓39穴,整治裸露坟墓243处,治理率95%。发放惠民殡葬补助及生态葬奖励资金562.6

万元，其中惠民殡葬补助 479.3 万元，生态葬奖励 83.3 万元。福全街道宝家山公墓安息堂创建为第二批省级公益性节地生态安葬示范点。（杨　嵘）

【地名信息管理】 2022 年，柯桥区在全省地名信息管理系统补充、审核、关联数据 37 万条，上图定位 36.7 万条，数据归集、上图率均 100%。5 月 1 日起“具有重要地理方位意义的住宅区、楼宇的命名、更名”业务由区民政部门移交住建部门。办理门牌申请 2023 件，其中个人 334 件，单位 1673 件；门牌变更、证明 16 件；建筑物命名更名 34 家，新建道路命名 2 条。现场拆除“网红”路牌 5 块。（劳钢梁）

【基层社区治理】 2022 年，柯桥区开展省级城乡社区治理和服务创新实验区“乐善码头”建设，6 月 30 日，成立全市首家社区发展基金会——柯桥街道现代社区发展基金会，筹措资金 208 万元，11 月通过省级评估验收。创建 2022 年度省、市、区三级农村示范社区，创建省级引领型农村社区 5 个、市级完善型农村社区 43 个、区级提升型农村社区 9 个。推荐获评全国优秀城乡社区工作者 1 人，全省城乡社区领军人才 2 人，市级城市社区领军人才 3 人。评选首届柯桥区城市社区工作者先进个人 10 人。启用专职社区工作者管理系统，分两批次招聘录用 2022 年专职社区工作者，新招录专职社区工作者 206 人，每万城镇常住人口配备专职社区工作者 18 人。（劳钢梁）

【社会工作发展】 2022 年，柯桥区成立区社会工作总站，指导 4 个镇（街道）建立社会工作站并进行实体化运行，实现镇（街道）社会工作站全覆盖。开展镇（街道）社工站星级评定工作，评定三星级 3 家、二星级 5 家、一星级 3 家，村（社区）品牌社工室 10 个，柯桥街道社工站创建为绍兴市级“枫桥式”社工站。社会工作者参加社会工作职业水平考试，报名 1466 人，通过 334 人。（劳钢梁）

退役军人事务

【概况】 2022 年，柯桥区创建全市“双示范型”退役军人服务站 1 家、全省“新时代枫桥式”退役军人服务站 26 家，建设北辰物业、高洁纸杯 2 家非公有制企业退役军人之家，在柯桥街道双渎社区成立全市首家村（社区）级退役军人关爱协会。开展退役军人及部分优抚对象建档立卡和优待证申领工作。在重要节日期间慰问各类人员，发放慰问金、慰问品，为优抚对象发放抚恤补助金、门诊医疗补助、护理费、价格补贴等。面向各类对象定期开展线上线下招聘会，提供岗位多个。

【国防 · 双拥公园建成】 2022 年，柯桥区投资 300 万元新建首家国防 · 双拥主题公园，位于中和公园，占地 19.2 万平方米，以国防 · 双拥宣传为主题，设置绍兴舰 1 艘，主题雕塑，人物群雕，公共艺术造型 12 件，十大英模荣誉墙 1 面。

2022 年 12 月，柯桥区国防 · 双拥主题公园建成

（区退役军人事务局　提供）

【直播云带岗活动】 2022 年 4 月 11 日，柯桥区组织以东盛慧谷集团为代表的军创企业参加退役军人事务部组织的首次省级快手平台直播云带岗活动，主要推介工程师、销售专员等 12 类岗位，此次活动在线人数累计 887 万人次，获退役军人事务部和浙江省退役军人事务厅发函表扬。

【“祖国不会忘记”双拥主题活动】 2022 年 7 月 23 日，柯桥区在区文化馆音乐剧场开展双拥主题活动暨第三届“最美退役军人”发布仪式。以退役军人“家”建设为主线，结合快板、莲花落等传统曲艺文

2022 年 7 月 23 日，“祖国不会忘记”双拥主题活动暨绍兴市柯桥区第三届“最美退役军人”发布仪式在区文化馆音乐剧场举行
（区退役军人事务局　提供）

化，推出 6 类 9 个节目，同步在官媒进行直播。对 12 家柯桥区爱国拥军、拥政爱民模范单位，12 名爱国拥军、拥政爱民模范个人以及 10 名“最美退役军人”进行颁奖，对柯桥区“越甲老兵”退役军人志愿队举行授旗仪式。（许雪琦）

劳动保障

【概况】 2022 年，柯桥区劳动监察的省一体化平台和国家平台线索件收案 4579 件，办结 4310 件，办结率 94.13%。共接受电话投诉咨询 20816 人次，线下接待 21816 人次；作出行政处罚 10 次，金额 17.3 万元，拒不支付劳动报酬案件移送公安机关 14 件，涉案金额 1096.08 万元，指导镇（街道）将 4 件劳动保障相关案件移送公安，涉案金额 724.84 万元。受理各类劳动人事争议案件 1116 件，其中 10 人以上集体争议案件 7 件，办结案件 1100 件，仲裁结案率 95.5%，调解成功率 80.3%，网络办案率 37.6%，涉及劳动者 1241 人，结案经济标的 3928.23 万元。

【在建样板工程业务培训】 2022 年 7 月，柯桥区举办 2022 年度在建样板工程业务培训，28 个在建样板工程项目的建设单位项目经理、施工总承包单位项目经理、在建工程劳资专管员 93 人参加培训，规范建筑工程领域农民工工资管理，从源头上防范欠薪问题发生。

【劳动人事争议案件】 2022 年 8 月，柯桥区实行辖区内所有国家、省欠薪线索在“浙江省人社一体化”平台线上流转、在线办理，区级窗口登记劳动人事争议案件在“矛盾调解系统”线上流转、在线办理，实现案件全流程线上办理、全过程可回溯。

【巡回仲裁模式创新】 2022 年 11 月，柯桥区依托律师事务所建立劳动争议巡回仲裁庭试点工作，确立越光律师事务所、明显律师事务所、金柯桥律师事务所为首批试点单位。通过“包案”（在律所内设立的巡回仲裁庭完成仲裁开庭）形式，由巡回庭承办仲裁委交付的劳动人事争议案件，补充劳动仲裁一线办案力量。（俞昊运）

社会保障

【概况】 2022 年柯桥区基本养老保险参保人数增至 56.34 万人，其中本区户籍人员基本养老保险参保率 99.59%。企业职工基本养老保险期末缴费人

2022 年 12 月 4 日，柯桥区公共服务大楼社保窗口群众办理业务现场
（朱海婷　摄）

数增至40.2万，比上年净增1.01万人，位居全市第一。企业职工养老保险个人缴费基数夯实率为70.61%，较上年度提升3.56%。柯桥区自2004年起连续19年调高企业退休退职人员基本养老金标准，涉及人员17.7万人（包含14810名被征地人员），调整后月人均养老金2399.73元（不含社区补贴），人均增资103.53元。被征地农民社保参保2812人，被征地农民发放待遇5146人，清算原统筹非编人员养老保险1476人，重新核定已退休非编人员待遇431人。外来户籍人口灵活就业人员参加企业职工基本养老保险17372人，新业态从业人员职业伤害保障试运行后，参保企业17家，新业态从业者被纳入工伤保险范畴411人。

【退休人员春节补贴发放】 2022年1月，柯桥区向全区22.46万名正常享受职工养老待遇人员和城乡养老待遇人员发放春节一次性补贴1.12亿元，每人500元。向16.93万名企业职工退休人员发放节日慰问费846.7万元，每人50元。

【城乡养老保险调整】 2022年，柯桥区将城乡居民基本养老保险基础养老金标准由每人每月245元调整为290元，涉及6.1万人，增资金额2284.3万元。

【“社银合作”】 2022年，柯桥区持续深化社银合作，畅通区镇村三级经办网络，提供社保“邻距离”贴心便民服务。与中国工商银行、瑞丰银行、中国邮政储蓄银行开展业务合作，16个镇（街道）便民服务中心增设社保业务受理，338个村社配备社保协理员经办相关社保业务，19项人社高频服务事项下沉至56个社银合作网点。

【养老保险基金追缴】 2022年柯桥区派发和核查浙江省稽核风控系统下发疑点数据407条，对人力资源和社会保障部稽核考核系统下发的15名疑似重复领取养老待遇人员进行核查处理，内控抽查535人，死亡比对2672人，并交相关科室暂停相关待遇。全年核查11629人，追回违规领取养老保险基金40.1万元。

【企业社保缓缴】 2022年9月28日，柯桥区社保中心组织“人社政策云讲堂”直播活动，针对纺织业等17个扩大实施阶段性缓缴政策的困难行业及中型、小微企业，讲解可阶段性缓缴的险种及规定截止期限等细则。全年申请阶段性缓缴社会保险费企业108家，累计缓缴金额5486.62万元。

2022年9月，柯桥社保中心业务骨干在柯桥区人力资源市场开展直播活动 （周 颖 摄）

【困难群体保障】 2022年柯桥区实施困难人员动态清零工作4批次，涉及低保对象、低保边缘户、特困人员、残疾人1055人，排查率100%，新纳入城乡居民基本养老保险117人，为2431名困难群体代缴城乡居民基本养老保险费243100元。（俞昊运）

医疗保障

【概况】 2022年，柯桥区户籍基本医保参保率保持99%以上，新增生育保险参保人数59969人。职工医保累计结余58.32亿元，支付能力28.15个月，城乡居民医保累计结余4.25亿元，支付能力8.42个月。全年累计资助参保1.05万人，支出577.45万元，救助困难群众18.25万人次，支出2067.69万元，资助参保率和医疗救助率均达100%。化解2021年困难人员高额医疗费用7人次45万元。“越惠保”参保率71.42%，续保率82.7%，“为全区70周岁及以上老年人购买‘越惠保’”入选2022年全区民生实事。落实“两个确保”（确保患者不因费用问题影响就医、确保收治医院不因支付政策影响救治）

政策。实施新冠病毒疫苗注射费用拨付,向定点医疗机构拨付相关费用。通过 IN KEQIAO 栏目发布中英双语医保办事服务指南,推进“多窗口分区受理”集成为“一窗通办无差别受理”,开展“远程监管”,建设定点药店信用体系。柯桥区医保分局被评为 2022 年度绍兴市医疗保障工作优秀单位。

【医疗救助】 2022 年 1 月 1 日起,柯桥区对医疗救助对象政策范围内普通门诊医疗费用与住院医疗费用按同比例分别救助,对符合政策范围内的住院医疗费用进行追溯救助。通过“越惠保”对特困、低保、低边人员经基本医保、大病保险、医疗救助和其他补(救)助后个人负担 5 万元以上费用给予补充报销,化解困难人员高额医疗费用 7 人,化解金额 45 万余元,其中单人最高化解金额 18 万余元。

【定点医疗机构医保行业自律建设】 2022 年,柯桥区卫生部门指导绍兴市中心医院医共体进行全省县域医共体医保行业自律示范点建设,构建医共体内四级医保组织体系、医保自律制度体系、医保内审规则体系和行业自律指标体系,开发建设以临床数据中心为基础的医共体大数据智能监管平台,实现事前、事中、事后的全过程闭环式医保基金监管。6 月中旬,柯桥区召开推广绍兴市中心医院医共体医保行业自律创建工作现场推进会,在全区各定点医疗机构全面推行医保行业自律工作。8 月下旬,绍兴市县域医共体医保行业自律建设现场推进会在柯桥召开。

2022 年 6 月 15 日,柯桥区推广绍兴市中心医院医共体医保行业自律创建工作现场推进会在绍兴市中心医院召开 (单明铭 摄)

【“一老一小”医疗保障网】 2022 年,柯桥区在全省范围内率先为 70 周岁及以上老年人购买惠民型商业补充医保,并纳入柯桥区民生实事工程,惠及 9.2 万人。完善“出生一件事”服务,优化新生儿参保报销便捷服务,落实“三孩”生育保险待遇。

【“四位一体”医保基金监管】 2022 年,柯桥区建设政府监管、社会监督、行业自律、个人守信的“四位一体”医保基金监管体系。全年检查定点医药机构 280 家次,覆盖率 100%,拒付或追回金额 290 万元。行业自律试点医共体和药店累计预警违规信息 173.7 万条,有效监管金额 8214 万元。2022 年 7 月 29 日《浙江政务信息(专报)》刊登柯桥行业自律省级试点建设先进经验,获副省长成岳冲批示。

【“医保专员”工作制度】 2022 年,柯桥区选派 19 名“医保专员”深入镇(街道)、村(社区)和重点医药机构,进行政策宣传、业务服务、建议收集、协议监督、行业自律指导,帮助各单位组建政策组、参保组、待遇组、监管组、信息组等专职协调小组,负责转办问题办理,运用数字化手段提供信息和技术等保障。健全“月会商、季通报、年考核”的工作机制。

【医保服务范围拓展】 2022 年,柯桥区医保业务实现 30 个事项“网上办”,全流程医保事项 24 小时“不打烊”,开通“互联网 + 医保”服务,可线上就医购药。完善“区、镇街、村社”三级联办机制,下放 26 个事项至镇(街道)、23 个事项至村(社区),部分经办事项延伸至基层银行网点、医院。全区设立服务网点 401 个,区内 31 家定点医疗机构实现跨省异地就医住院、门诊直接结算。(沈 龙)

民族工作

【概况】 2022 年,柯桥区有苗族、壮族、土家族、布依族、彝族、回族、维吾尔族等少数民族 36 个,常住少数民族人口 7.6 万人,其中流动少数民族人口 6.8 万人、户籍少数民族人口 7893 人。柯桥街道获国家民族事务委员会评选的第十批全国民族团结进步示范单位称号,柯桥街道鉴湖园社区、齐贤街道齐贤村被浙江省民族宗教委员会评为第五批省级民族团结进步创建重点培育单位，华舍街道聚贤社区被绍兴市委统战部评选为2022年度市级民族团结进步创建重点培育单位。“民族e家亲”数字化应用被列入全省重大改革（重大应用）“一本账S2”浙里民族团结石榴红重大应用重要内容。承办全省民族宗教助力“两个先行”研讨会，省、市级民宗领域相关领导到场。在省委统战工作会议上作“聚焦共同体 、厚植石榴情，打造城市民族工作柯桥样本”经验介绍。

2022年7月14日，浙江省民族宗教助力“两个先行”研讨会在绍兴市柯桥区举行。图为省委统战部副部长、省民宗委主任鲍秀英（前排右三）带领全省各地市民宗局局长在柯桥区石榴红家园参观（区委统战部　提供）

【陈振华到柯桥调研】 2022年5月11日，浙江省民宗委副主任、一级巡视员陈振华到柯桥区开展民族团结进步创建工作调研。调研组一行走访柯亭社区，参观阿凡提工作室、民族馆、国家通用语言培训教室、城市民族书房等，与社区干部探讨民族团结进步创建进社区和社区民族工作数字化改革的有效做法。

【鲍秀英到柯桥调研】 2022年6月8日，浙江省民宗委主任鲍秀英到柯桥区调研民族宗教工作。调研组一行到柯桥区石榴红家园，了解场馆功能定位、展陈布局、数字化应用等情况，对石榴红家园在铸牢中华民族共同体意识，建设各族群众的情感地标和精神家园提出希望和要求。

【赵勇到柯桥调研民族工作】 2022年7月24日，国家民委副主任赵勇赴柯桥区石榴红家园调研民族工作。调研组一行在石榴红家园观看“民族e家亲”数字化演示，了解绍兴非物质文化遗产王星记扇子的传承现状，听取柯桥区民族工作特色亮点经验介绍，对柯桥区融合汇聚多民族，发挥各民族语言和思维优势，落实“一带一路”建设，深化开放，物质文明和精神文明协调发展的工作经验表示肯定。

【邱启文到柯桥调研】 2022年8月17日，浙江省委常委、统战部部长邱启文一行赴柯桥区调研。调研组一行在柯桥区石榴红家园观看“民族e家亲”数字化演示，对柯桥区以数字化改革思维引领民族服务管理工作给予肯定。

【首届柯桥区民族运动会】 2022年10月1日，“喜迎二十大 奋进新征程”柯桥区民族运动会在区职教中心举行。此届运动会设置民族式摔跤、4×100米接力跑、拔河等20多个运动项目，全区400余名少数民族同胞参赛。（凌　玲）

宗教工作

【概况】 2022年，柯桥区有佛教、道教、伊斯兰教、天主教、基督教五大宗教。登记在册的宗教活动场所有85处，其中佛教场所60处、道教场所1处、天主教场所1处、基督教场所23处。经认定且通过备案的宗教教职人员有138人。纳入登记编号管理的民间信仰场所225处，其中甲类55处、乙类170处。另有经批准许可的伊斯兰教礼拜点4处，其中国内礼拜点1处、国外礼拜点3处。区委统战部（民宗局）与各宗教团体及场所签订宗教工作责任书，落实场所主体责任、镇（街道）村（社区）的属地责任、民宗部门的监管责任。通过举办场所负责人消防培训、各场所进行消防演练、落实落细“三人驻堂”的工作机制、定期不定期组织检查等形式，压实三方责任。柯桥基督教堂被评为全省消防安全标准化管理“百优争创”优秀单位。狮林寺创建为“省级平安宗教活动场所”。柯城寺创建为“省级宗教法制宣传教育基地”。9月23日，柯桥区组织全区宗教界代表人士40余人，赴绍兴

2022 年 11 月 22 日，柯桥区在区党外人士之家组织召开党的二十大精神专题讲座 （区委统战部 提供）

周恩来纪念馆开展以“五教同行·奋进新征程”为主题的教育实践活动。11 月 22 日，在区党外人士之家组织召开中共二十大精神专题讲座，区民族团结进步促进会、各宗教团体及宗教场所负责人 100 余人参加。讲座由区委党校杨飞主讲，解读中共二十大精神，结合全面贯彻党的宗教工作基本方针、坚持我国宗教中国化方向、引导宗教与社会主义社会相适应等方面进行针对性宣讲和解读。

【宗教领域“除险保安”大排查大整治】 2022 年，柯桥区开展宗教领域“除险保安”大排查大整治。压实各场所第一责任人责任，动员各宗教团体和宗教场所全面开展各类安全隐患自查。开展由领导带队相关科室成员参与的安全督查，检查宗教场所安全隐患。指导宗教团体专职工作人员开展日常巡查指导。委托第三方公司推行宗教场所第三方安全巡查托管工作，配合做好“除险保安”专项检查。指导区文广旅游局等部门对全区范围内宗教场所开展跨部门“双随机”（在监管过程中随机抽取检查对象，随机选派执法检查人员）执法检查。全年巡查场所 397 家次，发现各类问题隐患 187 处，对检查与巡查发现的问题进行分析研判，形成问题清单与整改落实清单，形成闭环机制，全部整改到位。

【区基督教两会第二次会员大会】 2022 年 5 月 20 日，柯桥区基督教两会第二次会员大会在柯桥基督教堂召开，出席代表 97 名。会议审议通过《柯桥区基督教两会第一届委员会工作报告》《柯桥区基督教两会第一届委员会财务情况报告》，审议修订《柯桥区基督教两会章程》，选举产生第二届委员会、监事会，叶建良当选柯桥区基督教三自爱国运动委员会主席，方国兰当选为区基督教协会会长。

【区佛教协会第二次会员大会】 2022 年 6 月 10 日，绍兴市柯桥区佛教协会第二次会员大会在鉴湖大酒店召开，出席会员 98 名。会议审议通过《柯桥区佛教协会第一届理事会工作报告》《柯桥区佛教协会第一届理事会财务情况报告》，审议修订《柯桥区佛教协会章程》，选举产生第二届理事会、监事会，法弘任柯桥区佛教协会第二届理事会会长。

2022 年 6 月 10 日，绍兴市柯桥区佛教协会在鉴湖大酒店召开第二次会员大会 （区委统战部 提供）

【区第九届汉传佛教讲经交流会】 2022 年 10 月 20 日，“之江问道”——柯桥区第九届汉传佛教讲经交流会在普安寺举行。全区各佛教场所负责人和信众代表近 80 人参加，5 名法师登台讲经交流。经评委现场打分，安康寺常顺法师获一等奖，龙华寺普勇法师、道善法师分获二、三等奖。

【第五届会稽山讲坛·第十四届文化中国讲坛】 2022 年 11 月 5 日，第五届会稽山讲坛·第十四届文化中国讲坛在柯桥区举行。全国政协文化文史和学习委员会副主任叶小文，中国科学院院士周其凤、阎锡蕴，中国工程院院士程京、李兰娟出席。绍兴市委书记盛阅春致辞，柯桥区委书记陈豪致欢迎词。浙江省委统战部副部长、省民宗委主任鲍秀英和中国佛教协会副会长、浙江省佛教协会名誉会长怡藏为龙华寺"浙江省佛教中国化实践基地"授牌，约500人参加。论坛围绕"大道之行——新时代的文化自信与守正创新"主题，全国政协文化文史和学习委员会副主任叶小文，中国工程院院士、清华大学医学院生物医学工程系及医学系统生物学研究中心教授程京，北京大学中文系教授、博士生导师程郁缀，南京大学文学院教授、博士生导师莫砺锋等多位文化大家、知名学者登坛开讲。（陶伟元　徐　敏）

2022年11月5日，第五届会稽山讲坛·第十四届文化中国讲坛开幕式上浙江省委统战部副部长、省民宗委主任鲍秀英（右二）为龙华寺"浙江省佛教中国化实践基地"授牌　（区委统战部　提供）

流动人口服务管理

【概况】 2022年，柯桥区有流动人口629674人，比上年减少27144人，下降4.13%。开展居住出租房屋安全隐患长效整治和网约房精密智控管理。全区流动人口登记率99.1%，信息准确率97.2%；出租房屋登记率100%，同户人员关系采集率100%。

【居住出租房屋安全隐患长效整治】 2022年，柯桥区开展居住出租房屋安全隐患长效整治。由属地镇（街道）牵头联合各职能部门，对全区25万余间居住出租房屋进行多轮次滚动排查，共排查出存在隐患的出租房屋128309间，整改116960间，整改率91.15%。

【网约房精密智控2.0建设】 2022年，柯桥区开展网约房精密智控2.0建设，构建"以码管房、以锁管门、以脸管客"的网约房服务管理新模式，实现房源备案、实名认证、实人实住、实时上传、在线监管全方位监管。全区网约房安装"安心宿"智能门锁（可进行人脸识别，与"安心码"人员信息互相核验）316间，通过"安心码"（以扫码自主报备形式，为群众提供人员身份核实服务）上报入住信息7.99万条。

2022年年底柯桥区各镇（街道）流动人口总数统计表

表25　　　　单位：人

序号	单位名称	总数
1	马鞍街道	152759
2	柯桥街道	90871
3	华舍街道	70382
4	钱清街道	69069
5	柯岩街道	50725

续表 25

序号	单位名称	总数
6	安昌街道	43549
7	齐贤街道	43406
8	杨汛桥街道	43033
9	湖塘街道	17608
10	福全街道	16522
11	兰亭街道	10936
12	平水镇	7730
13	漓渚镇	7179
14	夏履镇	5506
15	稽东镇	265
16	王坛镇	134
总计		629674

2022 年年底柯桥区流动人口流出地人数 1 万人以上的市统计表

表 26　　单位：人

序号	单位名称	总数
1	安徽省阜阳市	49254
2	贵州省六盘水市	22221
3	贵州省毕节市	19547
4	浙江省温州市	18599
5	浙江省杭州市	18417
6	河南省信阳市	16898
7	四川省宜宾市	14082
8	江西省上饶市	13994
9	四川省绵阳市	11768
10	河南省驻马店市	11366
11	河南省平顶山市	11037

续表 26

序号	单位名称	总数
12	浙江省绍兴市	10963
13	河南省周口市	10389
14	安徽省亳州市	10168
总计		238703

2022 年年底柯桥区流动人口就业情况统计表

表 27 单位 :人

序号	单位名称	总数
1	农林牧渔生产	1282
2	生产制造加工	286745
3	工程施工装修	41653
4	互联网行业	33
5	机关事业单位	29
6	个体经商	4771
7	寄递外卖服务	174
8	金融保险中介	30
9	教师学生	2898
10	医务医护	49
11	电商直播	19
12	物流运输网约车	14557
13	餐饮销售服务	14582
14	休闲娱乐服务	37345
15	家政物管保安	4303
16	其他职业	221204
总计		629674

2022年年底柯桥区流动人口居住结构统计表

表28　　单位:人

合计	学校	单位内部	集中公寓	居民家中	自购房	租赁房屋	工地现场	其他
629674	9971	125523	9713	6881	64692	399967	11498	1429

2022年年底柯桥区流动人口文化结构统计表

表29　　单位:人

合计	博士	研究生	本科	专科	中专	技工	高中	初中	小学	未说明
629674	156	1002	31943	23182	14950	1641	57479	350784	106406	42131

2022年年底柯桥区流动人口居住时间情况统计表

表30　　单位:人

合计	半年以下	半年至1年	1年至5年	5年以上
629674	141584	95588	292621	99881

（沈力江）

慈善事业

【概况】 2022年,柯桥区慈善总会募集款物5346.36万元,其中"慈善一日捐"捐款202.52万元,接收社会各界捐赠款物5143.84万元,发放各类救助款物4512.34万元,惠及困难群众124664人次和非营利机构122个次。其中,助困支出858.48万元,救助46447人次;助医支出299.67万元,救助47845人次;助学支出401.24万元,救助2256人次;助老支出56.22万元,救助968人次;助孤支出8.80万元,救助44人次;助残支出12.21万元,救助112人次;其他公益事业支出2875.72万元,惠及26992人次和非营利机构122个次。

柯桥区位居2021年度"浙江城市慈善发展指数"区(县、市)级第一,区慈善基地被评为全省示范性慈善基地,区慈善总会会长马芳妹获"2022年浙江省社会组织领军人物"称号。浙江华天实业有限公司董事长马仕秀和浙江元垄控股集团有限公司分别荣获第七届"浙江慈善奖"个人捐赠奖和机构捐赠奖。柯岩慈善分会获评全省示范慈善分会,柯桥街道玉兰社区、管墅社区,柯岩街道新未庄社区,华舍街道西周社区,钱清街道华星村,王坛镇沙地村获评全省示范慈善工作站。柯桥区慈善组织全周期管理服务场景被列为"浙里有善"应用试点建设项目。柯桥区"激活慈善力量,助推三次分配共富先行"项目入选"绍兴市高质量发展建设共同富裕示范区最佳实践"。

【区慈善总会第二次会员代表大会】 2022年11月24日,柯桥区慈善总会第二次会员代表大会在区行政中心召开。浙江省政府原副省长、党组副书记,十一届省政协副主席、党组副书记,省慈善联合总会会长陈加元到场祝贺,区委书记陈豪出席并讲话。会议审议通过区慈善总会第一届理事会工作报告等文件，选举产生新一届区慈善总会领导班子。举行慈善主题系列活动。18 家企业、单位、社会组织及爱心人士捐赠 7450 万元，共同成立“柯桥慈善 · 和美”系列爱心基金；10 处场所被授予“柯桥区慈善活动基地”牌匾。

2022 年 11 月 24 日，绍兴市柯桥区慈善总会第二次会员代表大会在区行政中心召开　　（区慈善总会　提供）

【柯桥—江山慈善山海协作项目】 2022 年 11 月 29 日，柯桥区慈善总会与江山市慈善总会共同签订《柯桥—江山慈善山海协作项目协议书》，约定自 2023 年起连续 3 年，柯桥区慈善总会帮助江山市慈善总会在江山市开展自有品牌项目——“春华秋实 · 慈蕴书香”困难大学生助学项目和“亲亲宝贝”儿童大病救助项目，帮扶资金累计 105 万元。（沈伊娴）

老龄事业

【概况】 2022 年，柯桥区户籍总人口 701970 人。其中，60 周岁及以上老年人口 183115 人，占总人口的 26.09%。全区有养老机构 13 家，镇（街道）级居家养老中心 20 家，城乡社区居家养老服务照料中心 295 家，均纳入政策性养老服务机构综合责任保险范围，参保率 100%。实施全区 17.8 万老年人自理能力筛查，按 8% ~ 10% 的比例，再实施 1.5 万老年人自理能力专业评估。至年底，柯桥区有百岁老人 52 人，全年发放百岁老人长寿保健金 204500 元、慰问金 208000 元。

【互联网 + 居家养老服务】 2022 年底，柯桥区智慧养老“一键通”项目覆盖老年人 1148 人，发放养老服务补贴 865 人，发放金额 95.15 万元，全年上门服务 8156 人次，总服务时长约 4 万小时。加强对“一键通”项目平台商和服务商的监管考核，设立奖励机制，开展老年人满意度测评。城乡社区居家养老服务照料中心视频监控系统覆盖率 100%，实现区镇两级对辖区内居家养老服务照料中心实时监管。

【养老机构认知障碍床位设置】 2022 年，柯桥区在养老机构中设置认知障碍照护专区床位，建设家庭式住养环境。在颐乐园和华舍金色年华养老服务中心建设 6 个专区，106 张认知障碍床位，配备 24 名经过认知障碍照护专业知识和技能培训的护理员。

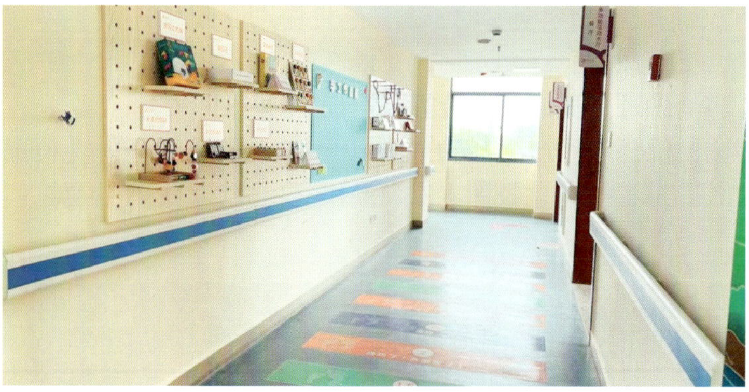

2022 年 12 月，柯桥区颐乐园养老服务中心认知障碍照护专区　　（区养老服务指导中心　提供）

【南部山区三镇老年人家庭适老化改造】 2022 年柯桥区围绕“如厕洗澡安全，室内行走便利，居家环境改善，智能监测跟进，辅助器具适配”5 个方面功能，实施南部山区三镇（平水镇、王坛镇、稽东镇）75 周岁以上老年人家庭适老化改造 499 户，共发放补助 3970842.30 元。

【康养联合体建设】 2022年，柯桥区按照有设施、有器材、有队伍、有标准、有数据的“五有”建设标准，建成湖塘街道、钱清街道、平水镇、漓渚镇、稽东镇5家康养联合体。5家康养联合体配备建设评估中心、康复中心、培训中心、认知症专区等功能区，制定明确的康养服务标准，并建立以专职人员为主体、兼职人员和志愿者为辅助的社会化康养服务队伍。

【养老机构安全管理】 2022年，柯桥区出台《关于做好国庆假期及前后养老机构疫情防控和安全生产工作的通知》《关于组织开展柯桥区养老机构消防安全联合检查的通知》《关于进一步加强养老机构消防安全管理工作的通知》《关于进一步做好养老服务机构春节期间安全生产工作的通知》等文件10余个。区民政部门联合区消防、市场监管部门开展2022年度养老服务机构食品安全与消防安全培训和演练。中共二十大前，开展多部门联合检查行动，进行日常检查、督查养老机构安全生产（包括消防安全、燃气安全、食品安全）30余次。实施王坛镇和稽东镇社会福利中心消防验收。杨汛桥街道社会福利中心开展消防整改和公建民营。整改期间，老人暂安置于其他养老机构。督促国家食品安全示范城市创建明察的5个养老机构点位做好相关工作与台账。

【养老护理人员职业技能等级培训】 2022年6月起，柯桥区开展全区养老护理员职业技能等级培训，培训方式为“理论授课+实训操作”。理论知识包括职业道德素质及相关法律法规知识、老年人生理、心理特点、护理特点、常见疾病、营养需求等，实训操作包括认知障碍老人记忆力训练、肢体障碍运动康复训练、服药训练等。全年完成6个班次的培训与鉴定，新增持证护理员120人。至年底，每万名老年人有持证护理员数27.05人。

2022年6月17日，柯桥区2022年养老护理员培训现场

（区养老服务指导中心 提供）

【“一证一卡”集中办理】 2022年，柯桥区做好省老年人优待证及老年公交IC卡集中办理工作，出台文件明确办理对象，规范办理流程，强调办理时间，提醒注意事项，全年办理老年优待证21460张，老年公交IC卡23834张。为减少“一证一卡”集中办理出错率，分别与省老年优待证制证单位嘉兴市瀚海电子科技有限公司和老年公交IC卡制卡单位绍兴市公交信息科技有限公司签订协议，通过“双控”（镇街控制和制卡单位控制）机制，把办理制作出错率控制在1‰以内。

【高龄老年补贴】 2022年，柯桥区出台《绍兴市柯桥区2022年一次性高龄老年补贴实施方案》，以现金的方式，在重阳节前为全区户籍人口中80周岁及以上老年人发放一次性补贴，普通老人1000元，困难老年人（低保、低边）3000元，发放补贴2411.9万元。（陈晟滨）

关心下一代工作

【概况】 2022年，柯桥区组织各项助学、奖学金发放。开展“五老五进”大宣讲、家风家教宣讲等宣讲活动。区关工委获《中国火炬》杂志宣传标兵称号；稽东镇会稽山国际研学营地创建为浙江省第四批关心下一代教育基地，平水镇小舜江村岭下党史馆被命名为第三批绍兴市关心下一代教育基地。

【困难青少年春节慰问】 2022年1月18日，“温暖来敲门”——暖冬关爱行动爱心款发放仪式在柯桥区委老干部局举行，柯桥区从“柯桥区关心下一代·爱心基金”——恒元爱心基金中支出14.1万元，向141名单亲、贫困、心理障碍等青少年发放春节慰问金，每人1000元。

2022年1月18日起，柯桥区开展暖冬关爱行动，图为区关工委专职副主任金秀芳（左一）在稽东镇金丰村送爱心款

（区关工委 提供）

【"五老五进"大宣讲】 2022年3月17日，柯桥区"五老五进"（"五老"指老干部、老模范、老教师、老战士、老专家；"五进"指进学校，进机关，进村、社区，进企业，进市场）大宣讲启动仪式暨首场宣讲进机关活动在区交警大队举行，区关工委主任吴晓，区委组织部副部长周欢芬及区委宣传部常务副部长、新闻办主任徐锐及相关单位部门负责人、区"五老"宣讲团全体成员等50人参加活动，原绍兴县委党校党委书记、区"五老"宣讲团成员李为民作题为《弘扬四千精神，再创柯桥辉煌》的首场宣讲。区"五老"宣讲团成员先后进入机关、学校、村（社区）、企业、市场等地，宣讲党史、中国史和改革开放史，解读中共最新理论成果。

【王卫列结对大学生励志汇报会】 2022年8月23日，"感恩心中 奋进路上"爱心人士王卫列结对大学生励志汇报会在鲁迅中学举行。王卫列是一名自由工作者，自2012年以来，他先后结对资助困难大学生279人，出资总金额达556.7万元。汇报会上，7名毕业大学生视频汇报，3位应届毕业生代表现场汇报，表达对王卫列的感谢。绍兴市政协副主席、市关工委主任陈国阳，市教育局副局长丁初效，柯桥区委常委、组织部部长潘晓东及各区（县、市）关工委，绍兴一中、稽山中学、柯桥中学等相关负责人，2018级受助大学生、鲁迅中学学生代表等100余人参加。

【助学金发放】 2022年8月26日，"牢记昨天 珍惜今天 把握明天"青少年党史教育暨2022级"双特"大学生（家庭遇到突发性困难、成绩特别优秀的准大学生）结对签约欢送会在区委老干部局五楼多功能厅举行。柯桥区同12名本科"双特"生、4名硕博"双特"生（考上硕士、博士的往届本科"双特"生）逐一签约，并发放帮困助学金。其中，本科"双特"生每人每年8000元，硕士"双特"生每人每年1万元，博士双特生每人每年2万元，结对助学，直至毕业。

【柯桥学生获励志奖项】 2022年10月11日，绍兴市关工委"励志青少年"暨"初中励志奖学金"表彰活动在绍兴饭店举行，柯桥区13名学生获该项奖学金。其中，叶沁岚被评为"励志青少年"，获3万元奖学金并作为代表上台发言，其余12名初三毕业生获"初中励志奖学金"每人5000元。

【省关工委到柯桥区调研】 2022年10月25日，浙江省关工委副主任张绪培、韩兵及省关工委办公室郑斌等一行先后到稽东镇会稽山研学国际营地、柯岩街道三力士股份有限公司及叶家堰居调研村、企关工委及青少年思想道德教育基地创建等情况，对柯桥区在基层关工委组织建设、教育基地建设提升等方面的工作表示肯定。

【"炉峰慈联·天天向上"2021学年奖学金颁奖仪式】 2022年11月15日，绍兴市"炉峰慈联·天天向上"2021学年奖学金颁奖仪式在柯桥区越崎中学举行，绍兴市关工委主任陈国阳，炉峰禅寺联合会会长净芳，区人民政府副区长王艳春，区关工

2022年11月15日，绍兴市"炉峰慈联·天天向上"2021学年奖学金颁奖仪式在柯桥区越崎中学举行 （区关工委 提供）

委主任吴晓及各区(县、市)关工委领导、爱心捐赠者代表及获奖学生参加。柯桥区35名小学、初中及高中学生获得该项奖学金,小学、初中奖学金1500元/人,高中奖学金2000元/人,总金额64500元。其中柯桥中学的熊飞扬和鉴湖中学的叶沁岚被评为精英奖,额外获奖学金2000元/人。

2022年11月21日,柯桥区家风家教宣讲启动仪式暨首场宣讲活动在柯桥社区学院举行 (区关工委 提供)

【家风家教宣讲活动】 2022年,柯桥区成立区家风家教宣讲团,由18位在职及退休教师组成。11月21日,在区社区学院举行家风家教宣讲启动仪式暨首场宣讲活动,公布《家校共育的使命》等20个首批宣讲课程,区家风家教宣讲团成员周炳炎作题为《家校共育最要紧的事》的宣讲。

【"少年英才"评选】 2022年,柯桥区开展第十二届"少年英才"评选活动,在青少年学生群体中选拔美德少年、学业精英、体育健儿、文艺新苗和技能新秀。经全区各中小学校推荐,区关工委、区教体局、团区委、区文广旅游局、区科技局、区科协6个部门组成的评审委员会审核、初评、复评后,王索西等20名学生获区第十二届"少年英才"称号。12月10日,召开表彰大会。(戴青青)

类目编辑 刘高亨

应急管理

安全生产监管

【概况】 2022年，柯桥区安全生产形势总体平稳。全年全区累计发生各类生产安全事故5起，死亡8人、受伤2人。事故起数比上年下降16.7%，死亡人数比上年下降20%。安全生产领域发生1起较大事故。深化隐患曝光机制，以柯桥电视台《焦点关注》栏目为载体，共对9轮安全生产暗访检查进行曝光。加大安全监察执法力度，全年发出执法文书1500余份，行政处罚决定书351份，处罚没款1000余万元。办理行刑衔接案件2起，案件办理数、罚款总额均居全市第一。深化安全宣传“五进”（进企业、进农村、进社区、进学校、进家庭）活动，全区应急安全互动体验馆建设完成近20个；企业百万员工大培训2万人次，“安全生产月”线上直播活动单场观看10余万人次。

【除险保安工作】 2022年，柯桥区在围绕八大重点领域开展省、市、区三级“隐患排查+闭环整改”检查中，发现省、市各类暗访检查的198家单位有572个问题隐患；全区59671家企业（单位）有171039个问题隐患，这些隐患全部完成整改。全区安全生产综合治理三年行动共有任务609项，所有任务于9月底全部完成。

【矿山企业综合治理】 2022年，柯桥区指导矿山企业完成“一矿一策”改造提升方案编制，督导露天矿山完成全覆盖视频监控及边坡稳定性分析评估；对6座非煤矿山开展全覆盖安全检查，发现隐患问题35个，全部完成整改。8月初，兰亭尾矿库闭库并实现“七张问题清单”（尾矿库闭库进展缓慢。按照国家有关规定，尾矿库停用以后一年内完成闭库，最长不得超过1.5年。浙江漓铁集团兰亭尾矿库于2019年6月停止运行，但闭库工作进展缓慢）销号。

【危险化学品领域专项整治】 2022年，柯桥区推进绍兴柯桥滨海工业区化工集聚区安全整治提升工作，制定完善化工集聚区“一园一策”安全整治提升工作方案，明确工作任务清单和时间进度。经省级复核评估，安全风险等级降为一般安全风险。开展全区高危细分领域专项治理以及危化品生产和使用企业安全大检查，共检查企业33家，发现问题隐患316个，其中重大隐患1个，均落实管控措施，对2家危化品使用企业立案查处。（方　洁）

消防救援

【概况】 2022年，柯桥区消防救援大队完成中共二十大、国庆、中秋、春节等消防安保任务，处置第6号台风“烟花”抗洪抢险等各类急难险重任务。全年接处警数1972起，其中火灾扑救498起（比上年下降50%）、抢险救援879起、社会救助595起；公务执勤2起；抢救被困人员188人，抢救财产价值1603万余元；出动车辆4452辆次、救援人员28199人次。大队明珠路消防救援站被总队记集体三等功。在2022年度全省消防救援队伍第三届“火焰蓝”执勤岗位练兵比武竞赛中，获“灭火救援岗位团体第一名”。获支队“宣传岗位比武竞赛第一名”“第五届越州红门运动会团体第二名”“队列会操及知识竞赛团体第二名”“实战化比武竞赛团体第三名”“战勤保障拉练比武竞赛团体第三名”。大队防灭火相关做法得到常务副省长徐文光、常务副市长陶关锋及区主要领导批示肯定。

【消防安全隐患防范】 2022年，柯桥区分领域推进村级物业、沿街店面、工业企业、村（居委会）民房、居住出租房5类场所整治，共排查51万余次，整改隐患24余万处，移送执法部门办案线索120余条。累计执法检查单位3515家、行政处罚376家、罚款601万元、移送拘留39人。创新出台以案为鉴“五个必须”（必须停业整顿，必须挂牌督办，必须彻底整改，必须严肃查处，必须举一反三）举措，涌现出全市首例致灾企业主动登报道歉案例。深化新冠疫情防疫“一米线”、消防宣传海报、消防文创等载体，固化防消联勤机制，巡查单位12500余家，纠治隐患8600余处，发动宣传5万余人次。

2022年，柯桥区设立消防副校长，常态化开展消防安全宣传教育。图为在华舍小学举行全区消防副校长聘任仪式，开启消防安全“护苗扬帆”行动 （区消防救援大队 提供）

【前置执勤“救早灭小”】 2022年，柯桥区深化“消地融合”模式，试点建成消防无人机巡航舱，安装“村村通”调度一体化指挥系统，开展多种形式消防队伍指导和安全隐患排查，提升联勤联调和响应水平。设立消防副校长，将消防安全教育深入学校，开展常态化消防安全宣传教育。在重点节假日和重点时段开展消防力量前置执勤，共检查单位3929家，发现隐患2945处，巡逻800余次，消防队伍指导352次，发现并提前处置各类警情106起。推进“15分钟消防救援圈”建设，建成福全、杨汛桥、新二路、柯桥古镇和安昌古镇5个属地消防站，新购置6辆消防车。

（赵 天）

2022年3月16日，柯桥区消防救援大队在安昌古镇地上张贴防疫一米间距线及消防安全宣传语 （区消防救援大队 提供）

自然灾害防治

【概况】 2022年，柯桥区开展森林防火督查，强化野外火源管理，累计排查火灾隐患142处，控制火源65处。提升防汛防台防御能力，全区组织开展3轮防汛风险隐患排查，出动人员4732人次，排查防汛薄弱环节3706处，查出风险隐患239个，全部完成整改或落实管控措施。提升应急救援处置能力，共组织开展区级演练5场，行业部门、镇（街道）和有关单位演练1100余场；全年完成50处避灾安置场所规范化建设，全区累计规范化避灾安置场所208处。

【基层防汛防台体系标准化建设】 2022年，柯桥区完成全区基层防汛体系标准化试点建设，完善组织责任网、风险防控网、抢险救援网、灾后恢复网、运行保障网、数字化应用网“6张网”。11月10日，全省基层防汛、防台体系标准化建设现场会在柯桥区召开。全区落实基层防汛责任人3894人，修编村级防汛形势图326张，绘制78处山洪灾害风险防范区全景图，开展防汛、防洪培训139场次，培训9800人次。

【基层应急和消防综合救援队伍建设】 2022年，柯桥区以社区应急体系改革工作省级试点区（县、市）为契机，推进村社应急和消防综合救援队建设，组建326支村级应急和消防综合救援队伍，每支队伍不少于30人，其中骨干人员12人，以村（居委会、社区）干部、中共党员、退役军人为主。结合基层综合应急救援能力提升工程，区财政落实1000万元专项资金，组建24支综合救援队伍，从场所建设、救援物资装备配备、队员培训等方面予以指导和支持。（方　洁）

2022年7月6日，柯桥区应急和消防综合救援队在柯岩街道叶家堰居开展水上救援演练　　（李元佳　摄）

类目编辑　高祖钿

柯桥新风

百姓故事

【茹银忠孝道、亲情书写人生】 2022年，兰亭街道阮港村村民茹银忠51岁，长年照顾不能自理、身有残疾的老母亲和姐姐，给予她们无微不至的关爱，得到全村人的认可和好评。2021年，茹银忠被评为第四季度“柯桥好人”。

茹银忠的母亲王阿毛86岁，她是残疾人，还患有糖尿病等基础疾病，每天都要靠吃药控制。2020年王阿毛小中风，失去生活自理能力，一天三顿都需要茹银忠或儿媳喂。母亲大小便失禁，裤子脏了，床单湿了，换洗都由茹银忠一个人包办。茹银忠靠打零工维持家用，每天早出晚归。早上出门前他都会用毛巾帮母亲和姐姐擦脸，晚上回家后的第一件事就是到母亲房间里问候。有时买回水果、点心，总会先拿给母亲吃，然后刷洗脏了的衣物、床单。茹银忠的姐姐茹银美智力残疾加肢体残疾，56岁的茹银美从小就不会自己吃饭，不会自己穿衣，不能走路，只能坐在一把小椅子上。原先一直由母亲王阿毛照顾，现在王阿毛自己都需要照顾。照顾茹银美的重担，也就落在茹银忠一家人身上。换尿布床单、洗澡、喂饭、上厕所……茹银美得到弟弟如对待婴儿般的照顾。为让姐姐不闷在家里，尽管搬动难度很大，他总是经常把姐姐带出门透透气。为让姐姐生活得更好，茹银忠自费为姐姐参保失土农民养老保险、办理养老保险。两个女儿都被爸爸实际行动感动，此后也要成为像爸爸一样的人。

【陈国芳开拓“山宝”出山路】 2022年3月，在稽东镇舜姬园葡萄专业合作社，陈国芳在进行她的田耕劳作。2012年前，陈国芳是轻纺城面料市场的一名纺织人，四处奔走跑业务、签订单是她的日常生活，练就一身销售本领。2012年后，陈国芳跨界成“新农人”，种葡萄、养大鹅、烧灶头饭，运营稽东镇舜姬园葡萄专业合作社。追溯“务农”的缘由，陈国芳认为，初心是想自己、身边的人可以吃得放心，也想开拓除卖面料之外的事业，乡村良好发展前景和空间也是促使她转行的动力。陈国芳认为，农业要保障种植技术，就得卖力吆喝打响招牌，才能让稽东的“山宝”风光走出南山外。陈国芳主张“一人种、十人销”的运营模式，倡导建立农创联，联合南部山区其他生态基地、农家乐、民宿等多家单位，互相扩大销售面，抱团共享，游客可以从单一的基地到更多的基地，选择面也趋于丰富化。十年过去，舜姬园葡萄专业合作社从最初的单一葡萄种植采摘发展到集多种果蔬采摘游、户外活动、农家乐等于一体的生态基地。陈国芳也从“新农人”转型为地道“农民”，并获评绍兴市十佳农村妇女创业带头人和绍兴市乡村旅游业“最美”女主人。

【郭云传承创新做扯白糖】 2022年3月，安昌古镇一位喜欢创新拉扯白糖的非遗传承人郭云，被柯桥区民间艺术家协会、柯桥区美术行业协会授予“最佳传统手艺人”称号。

郭云的扯白糖店位于安昌街道弘治桥北堍，店不大，摊位上挂着用扯白糖原浆制成的十二生肖、飞鸟走兽糖饼和各种鸡、鸭、葫芦、辣椒等动植物造型，台板上放着大小匀称的扯白糖，常引得游客驻足拍照并争相购买。郭云47岁，中学毕业后曾在企业打工。2000年，随着安昌古镇旅游业的开发，出现许多商机。邻居彭忠义有三代传承拉扯白糖技艺，在老街拉扯白糖，生意非常火爆，郭云向彭忠义说出拜师的想法。彭忠义知道郭云诚实，有上进心，答应收他为徒。郭云很快熟练地掌握拉扯白糖的技艺。2014 年起，郭云跟随师父一起进校园、城市参加拉扯白糖非遗传承活动。郭云在扯白糖原先单一味道的基础上，创新出芝麻味、生姜味、抹茶味、桂花味、薄荷味等众多口味，并研究开发出如意、梅花、锦鲤等花式糖。郭云还创新研制出用扯白糖原浆压制出 30 多种动物造型的糖饼，这些糖饼形象逼真，既可观赏又能食用；用扯白糖吹制的各种动物、水果惟妙惟肖，非常有观赏性。两年前推出的搅搅糖，更受儿童的喜爱。郭云拉扯白糖成名后，也收徒弟，在家中有工艺室。2020 年 12 月，柯桥区民间艺术家协会、柯桥区美术行业协会授予郭云“地方传统特色糖艺创新工作室”牌匾。这是柯桥区唯一的一块糖艺创新工作室牌匾。

【黄鲁鑫推广绿色环保“除草布”】 2022 年 4 月，位于稽东冢斜的绍兴采禾农业发展有限公司里，蓝莓树上挂满花骨朵和刚结下的蓝莓果。这批蓝莓树，不到 2 年时间，就有树冠直径 1 米的长势，得益于铺在地上的“除草布”。公司处于山坡地带，多是沙性土壤。这样的土壤中含砂粒较多，黏性少，颗粒间空隙比较大，蓄水力弱，抗旱能力差。若要在这样的土壤地里搞种植，也极容易出现杂草丛生的问题。所有病虫害，都寄生在草丛中，草越多，虫害就越多，意味着之后使用农药也增多。公司负责人黄鲁鑫觉得自己用这种“除草布”，使虫害变少，减少防治病虫害农药，生产的农产品达到绿色环保，这是一件省钱、省力、优质、生态的好事情。

黄鲁鑫是稽东陈村人，早年外出创业，了解到有一种特别的布，可以解决杂草问题，他逐渐掌握其中的专业技术。这种“除草布”起先由日本人到中国定制，是由食品级的聚丙烯扁丝制成的编织布，具有抗紫外线、耐摩擦、抗老化等特点，可以让“除草布”下面的杂草无法正常接收阳光进行光合作用，从而起到抑制杂草生长的作用，且使用寿命在 10 年以上。黄鲁鑫专门在稽东冢斜包下地搞种植，办起农业发展公司，让更多的人能亲眼看见这种布的特殊功能。2 年左右，黄鲁鑫的实践从单一的果树种植，延伸到香榧种植，之后又尝试中草药种植。这种新型“除草布”逐渐被一些周边农企，或是种植户所亲眼看到、认识，并采用。黄鲁鑫引进这种布，希望能够在柯桥区，尤其是南部山区饮用水保护区域推广起来。（摘选自《柯桥日报》）

城乡新篇

【“柯桥元素”为北京冬奥会增色添彩】 “这次冬奥会和冬残奥会官方制服的印花均是由我们的企业提供的。”2 月 4 日，2022 北京冬奥会正式开幕。当天下午，在位于柯桥区柯岩街道的绍兴乾雍纺织有限公司内，公司总经理萧兴水在向前来开展“助企开门红”活动的区经信局工作人员介绍情况时，显得格外激动，能为北京冬奥会“增色添彩”让他感到十分自豪。这次冬奥会制服共有 5 款颜色——霞光红、天霁蓝、瑞雪白、长城灰和迎春黄，花型设计立体感强，颜色层层叠加，对印花的精细度要求极高。冬奥组委和供应商找遍全国，没找到合适的数码印花工厂，直到走进“乾雍纺织”。北京冬奥会和冬残奥会工作人员、技术官员及志愿者赛事制服共 7 万多套，有上百个不同的款式和尺寸。除了颜色，面料上的印花尺寸“乾雍纺织”进行反复调整，力求达到最佳效果。冬奥会加拿大队服、西班牙队服的订单也纷至沓来。

除了“乾雍纺织”，“东进新材料”等企业也参与奥运服装的面料生产，“精工钢构”凭借其在钢结构领域的品牌优势和技术优势，先后承建张家口赛区奥运村及古杨树场馆群、延庆赛区场馆以及北京冬季奥运村人才公租房项目等多个项目。

【澄湾居爱心车队风雨十年再出发】 2022 年 2 月，柯桥区柯岩街道澄湾居爱心车队举行成立十周年庆祝活动。2012 年，在驾校教练何渭江的号召下，16 位爱心人士组成爱心车队，他们有普通居民，也有驾校教练、个体户老板。服务口号：有急事，免费服务，随叫随到。车队开通 2 条爱心热线，每天 24 小时有人值班，还有专门的服务章程，全部费用均由爱心车主承担。对此，居民中却产生一些质疑的声音，认为成立爱心车队不过一时冲动，走一下形式，或将“虎头蛇尾”。但是随着车队十年如一日的任劳任怨，如今这些声音早已消失无踪。居民急需用车时，第一时间便会向爱心车队求助。而一次次爱心运送，也为澄湾居内营造乐于助人的好风气。十年来，爱心车队的车辆从成立之初的16辆增加到24辆，成员也增至25人，累计出车5000多车次，免费服务群众11000多人。爱心车队成为澄湾居的一块“金招牌”。车队除了扶孤敬老、捐资助学、无偿献血服务等公益活动，还参加绿化植树、文明行车、关爱城市流浪人群、爱护城市环境卫生等城市文明创建活动，出现一大批好人好事。

“我们有辛苦，也有家人的怨言，但我们无怨无悔。我们传承的是‘行善积德’的民族传统美德，我们付出汗水换来的是人生价值的不断提升。”何渭江说，这支爱心车队还会继续行驶下去，为民解忧。当天的庆祝会上，还开展爱心车队新希望助学基地授牌仪式。新的一年，车队将承载着更多希望再次出发。

【科技“双抢”显新景】 2022年7月，入伏后，农事中一年一度的“双抢”季开始。“双抢”是一场与时间的赛跑，在20多天的高温天中，要抢时间早稻收割、晚稻插秧。在兰亭街道黄贤村种粮大户茹国民的田地，3台收割机来回作业。早稻收割后，谷粒通过管道装卸到运输车上，送到仓库用烘干机烘干，1套流程快速高效。1台收割机1天可以收割3.33公顷早稻，茹国民承包的80公顷田地，5天左右可以收割完毕。这在过去是不敢想象的事。种粮大户赵海港承包福全、王坛等地的140公顷土地，凭借农业机械化程度90%以上的现代科技，一个人就可以轻松对付，而在过去，生产队里种140公顷地至少要2000人。越来越多的种粮大户自己不用下地，而是请专业团队为自己服务。像这次“双抢”，种粮大户赵海港和茹国民请来专业农机手，2～3辆久保田收割机同时开足马力，来回在农田作业，100多公顷地的早稻几天就能收割完毕，然后用烘干机烘干，不用再像过去遍地找晒谷场地。收割机带空调，农机手在带空调的驾驶室里操作，不用再受太阳暴晒，打药施肥用无人机快速高效，还有插秧机等各种机械，大大提高效率。

【上王村建起乡村博物馆】 2022年12月，王坛镇上王村乡村博物馆建成，馆藏过去农村劳动者的劳动工具、生活用品300多件，其中有不少现在很难看到。乡村博物馆占地1000平方米，设在村文化礼堂内。

2022年，乡村博物馆建设被列入浙江省2022年“十大民生实事”，各地农村兴起建设乡村博物馆的热潮。上王村村干部通过走访村民家发现有不少老物件，可以考虑在村里建1个小型的博物馆。8月，上王村启动建设乡村博物馆，村干部们挨家挨户到村民们的老房子里“淘宝”。发现不少好东西，像翘头扁担，就像一艘乌篷船，是用于挑重物的；还有火药角，用牛角来装火药，是山里猎人打猎时用的；篁撬是用来编竹席的工具。还有印糕板、饭蒸、麦杆扇蒲、小洋油箱等，涉及过去泥工匠、弹花匠、木匠、篾匠、漆匠等手工业，屠宰业等各行各业。其中有很多物件现在的年轻人没见过。这些物件被收集起来后，经村干部清洗、分类、在物品上署好提供者的名字后，放置在乡村博物馆内，物件的所有权属提供者。收集时得到大多数村民的赞同，大家纷纷拿出自家的“宝贝”。村干部王苏英还制作1份清单，上面注明老物件的名称、用途，以及来自哪位村民。村民王富君拿出8种10件老物件，他认为放在家里不一定保存得好，还不如放到村里的乡村博物馆，既能保存好，还能供人参观，一举两得。（摘选自《柯桥日报》）

类目编辑　宋如玲

建制镇与街道

综　述

2022 年柯桥区镇(街道)基本情况表

表 31

镇(街道)名称	行政区划面积(平方千米)	总人口(户籍)(人)	生产总值(万元)	财政收入(万元)	村委会(个)	居委会(社区)(个)
柯桥街道	15.95	94865	1336132	178033	—	27
柯岩街道	45.32	58392	802968	76269	3	27
华舍街道	23.06	61059	1018199	280921	6	17
湖塘街道	66.28	34213	356343	33985	13	3
钱清街道	54.18	63646	1865906	83870	20	3
杨汛桥街道	37.67	36236	643202	85098	11	11
马鞍街道	134.09	39192	2718506	360310	11	5
齐贤街道	32.48	52787	1758275	87376	4	16
安昌街道	24.05	36652	735782	83932	9	4
福全街道	39.87	42031	828426	67887	22	2
兰亭街道	82.85	32127	417343	27899	20	1
夏履镇	51.01	18111	211071	10979	11	1
漓渚镇	36.64	21303	354187	15759	11	2
平水镇	173.39	51373	306472	37266	25	4
王坛镇	137.69	30563	142526	9466	24	1
稽东镇	111.50	29420	97363	15933	24	1

（任伊文）

柯桥街道

【概况】 柯桥街道因桥得名,2001年8月撤镇设街道。地处浙江宁绍平原绍兴市柯桥区核心区域;东邻越城区东浦街道,南接柯岩街道,西连华舍街道,北与华舍、齐贤街道接壤。交通区位优越,沪杭甬铁路、104国道、绍兴轨道1号线横穿境内,有浙东运河古纤道、东汉蔡邕取竹椽制笛的柯亭、柯桥古镇、亚洲最大布匹集散中心——中国轻纺城,柯桥区委、区政府所在地,为柯桥区政治、经济、文化中心,素有"金柯桥"之称。2022年区域面积16.5平方千米,辖27个社区,户籍人口9.9万人,流动人口9万人。辖区内有规模以上工业企业10家,限额以上商贸服务企业335家,商贸楼宇39幢,分布在轻纺市场、国贸世贸、蓝天聚银和万达红星四大板块。为柯桥区城市经济发展核心、改革开放主窗口、共富先行首善地。

财政收入26.54亿元,比上年增长1.4%;一般公共预算收入16.82亿元,比上年增长3.1%。工业总产值62.82亿元,比上年增长38.74%;限额以上批发业销售额291.45亿元,限额以上零售业销售额15.41亿元,自营出口294.64亿元,比上年分别增长37%、22.34%和23.61%。

引进内资7.4亿元,落户世界500强物产中大旗下子公司投资的PTA(精对苯二甲酸)供应链项目1个,引进1亿元以上项目1个。建设清华长三角研究院、德美科技园等创新平台,落户长三角碳中和实验室、复旦大学柯桥创新中心项目,开展"多对一"(用多个政府部门资源,对一家企业或者一个项目服务)组团式精准企业服务,推进宝龙天地项目建设,蒙德幼儿园开园,建成温德姆酒店,续建中洲大厦、中兴国际大厦等闲置楼宇。申报国家高新技术企业10家、浙江省科技型中小企业26家。入选国家引才计划名单1人、到岗2人,省引才计划入围答辩4人、到岗1人,人才考核位居全区前三。

开展全国文明城市常态化创建,推进小区垃圾"三定四分"(定时、定点、定人,分类投放、分类收运、分类利用、分类处置)建设,加装电梯35台,综合改造老旧小区5个;解危柯福社区危房,拆除违章建筑96处,改造街道便民服务中心,建设柯东邻里中心。集中整治马路市场,淘汰置换非标电动自行车2.4万辆。严格管控大气污染,空气质量$PM_{2.5}$年平均浓度30.89毫克/立方米。开展碧水行动,27个区级断面水质考核全部达标,瓜渚湖直江获评全省美丽河湖。"水韵纺都"特色产业风貌区获评全省城乡风貌整治提升省级样板,在全市率先实现绿色社区、无障碍社区全域覆盖。

创建国家级民族团结示范单位,深化"五彩鉴湖""和融柯亭"等民族团结品牌建设,新建双渎、金柯桥城市书房。建设"微改造、精提升"项目,"唐僖汉服文化馆"等35个项目入选浙江省微改造项目全生命周期管理系统库。启动赋能"共富"技能提升工程,开设"电商直播""母婴护理"等培训课程,被新华网等主流媒体转发。大渡、下市头社区入选全省未来社区,成为全市首个有2个未来社区的街道。创建"乐善码头"省级社会治理和服务创新实验区,成立全市首个现代社区发展基金会,街道社会组织服务中心获评"省级品牌社会组织"。在全区率先试点"基层计划生育协会示范点"建设,开通全区首趟"浙里康养"直通车,运营镇(街道)级照料中心3家,社区级照料中心25家;立新社区创建为"全国示范性老年友好型社区",该社区莫慧英获评"全国优秀城乡社区工作者"。柯迎社区李冬梅获评"浙江省社区工作领军人才"。大渡社区卫生服务站入选全省首批四星级智慧健康站。在全区首个推行企业退休人员管理服务经费定向使用机制,实现"最多跑一次、服务零距离"。6月18日,赋能"共富"技能提升工程被新华网报道。

在全市首创"互联网+场所码"申领服务。深化"大综合一体化"改革,办理全市赋权镇(街道)执法首案;在全区率先改革信访工作机制,化解国家、省级重复治理件和市、区两级信访积案10件,全科网格保持全区第一,在全市除险保安工作会议上柯桥街道作典型发言。开展第二轮反诈"扫楼行动",发案率比上年同期下降19.0%,摘牌电信网络诈骗。推进重点领域消防安全隐患大排查、大整治,全街道火警数量较上年下降51.8%,未发生安全生产事故。

制订干部能力重塑"善战"计划,开展"学习二十大·首善青年说”擂台赛，成立“90后”年轻干部突击队。建设全市首个党建协同共享中心，启用全市首个楼宇党群服务中心，成立全市首个红色物业指导服务站。推进“上统下分、强街优社”改革，调整成立小区党支部139个，组建红色业委会29个，43位党员业委会主任兼任小区党支部第一书记，划分网格299个、微网格1857个，建设全域现代社区“网格智治”数字驾驶舱和小程序平台，“浙里兴村治社”综合指数排名居全区第一。大渡等6个社区为全省“红色根脉”强基示范争创社区，管墅、红梅等4个社区为全市现代社区建设提升示范点，大渡、后梅等3个社区入选全省首批共同富裕现代化基本单元“一老一小”服务场景名单。开展特色群团工作，基层工会换届11家，大渡社区张晓鸿获“全国五一劳动奖章”；街道团工委改革案例入选团中央《县域共青团基层组织改革案例选编》，获浙江省“五四红旗团委”、绍兴市先进团委；街道妇联创建“妇女儿童驿站”，成立全市首个金婚馆，试点街道妇联换届选举。

【全国民族团结进步示范单位创建】 2022年12月，柯桥街道获评第十批全国民族团结进步示范区示范单位。该街道有流动人口9万人，其中少数民族3500余人，有维吾尔族、苗族、朝鲜族等42个少数民族，是一个多民族聚居的主城区街道。自2000年始，成立民族团结进步服务中心1个、新疆维吾尔族和朝鲜族民族团结进步服务分中心2个，以及社区服务站27个。中心设有少数民族接待室，每月固定接待日，开通少数民族服务直通车，邀请少数民族代表进驻，举办“互过民族节”系列活动，利用元宵、中秋、端午等传统节日开展一家亲联谊活动。培养少数民族文艺骨干，组建维吾尔族女子舞蹈队，开设新疆舞培训班，为各族孩子教学，拉近各族同胞的心理距离。

2022年，柯桥街道社区发展基金会召开理事会

（柯桥街道　提供）

2022年7月10日，柯桥街道柯亭社区民族同胞共度古尔邦节

（柯桥街道　提供）

【全市首家社区发展基金会成立】 2022年6月30日，柯桥街道社区发展基金会揭牌成立。该街道以“乐善码头”省级实验区项目为载体，创新成立绍兴市首家现代社区发展基金会，筹集善款200万余元，开展慈善慰问、社区职业化建设等定向项目4个，成为绍兴市首家街道级助推社区长远发展的公益性社会组织。基金会成立当日，收到柯桥区慈善总会“华宇·贤德”慈爱基金、柯桥街道立新股份经济合作社、柯桥街道柯亭社区石榴籽爱心基金、浙江华港染织集团有限公司等单位善款69万元。为传承“乐善码头”公益创投，社区发展基金会出资20万元，发布2022年现代社区“乐善公益”创投

需求，各社区、社会组织认领。

【“双千”技能提升工程启动】 2022年6月17日，柯桥街道在街道民族团结服务中心启动“双千”〔一千人电商网络直播人才、一千人传统业态（如心理咨询师、母婴护理师等）人才〕技能提升工程。居民可通过“智慧社区”小程序、浙里办大渡未来社区、民宗局“E家亲”App等数字化平台一键报名，无需培训费用，一期课时16个，课程结束进行技能考核，颁发相应证书。至年底，已办培训班51期，培训810人。

【柯桥区首家金婚馆成立】 2022年8月10日，柯桥街道与柯桥区妇联、区民政局联合举办“首善同心·共沐春秋”金婚馆揭牌暨“特邀颁证员”聘任仪式。金婚馆设在柯桥街道浪琴社区，馆内展出百对金婚老人保存完好的爱情信物。开馆当日，街道对前期评选出的十佳“首善家庭”、百户“金婚家庭”代表、“一封家书”获奖代表逐一表彰，为首批“特邀颁证员”颁发聘任证书。邀请首善家庭、家书征集获奖代表、金婚家庭、新冠抗疫家庭等代表通过“书香浪琴”线上直播，分享自己的家庭故事。开馆后，街道依托金婚馆阵地，与区民政局共建共享婚育文化宣传系列活动，完善金婚对象建档工作，“特邀颁证员”定期为新人们颁证。（余梦娜）

2022年8月10日，柯桥街道金婚馆揭牌仪式举行（柯桥街道 提供）

柯岩街道

【概况】 柯岩街道因境内柯山之东山坡，经数百年开凿取石留下陡峭山岩而得名。2001年8月由柯桥镇撤镇分设柯桥、柯岩两个街道。位于柯桥城区南面，与主城区仅一路之隔，为城区的重要组成部分。东接越城区鉴湖街道，南邻漓渚镇，西连湖塘街道，北傍柯桥街道、中国轻纺城。水陆交通便捷，鉴湖、杨绍公路（104国道复线）自西向东穿越而过。名胜古迹遍布境内，文旅资源十分丰富，有汉太初年间采石留下的“柯岩石佛”和“云骨巨石”两大杰作；1958年发现的湖南山、海山等地“新石器时代”人类古文化遗址，项里村项羽文化，梅墅村祁氏“簪缨世家”文化，州山里庄村吴氏“将门世家”，阮社黄酒历史等文化杰出代表。有柯岩风景区、东方山水乐园、乔波冰雪世界3个国家AAAA级旅游景区，三佳居、叶家堰居、新未庄社区3个浙江省AAA级景区村和浙江国际赛车场、鉴湖高尔夫球场、鉴湖直升机场等时尚运动休闲场地 。2022年区域面积46.48平方千米，辖3个行政村、13个居委会、14个社区，户籍人口5.84万人，流动人口13.6万人。

财政收入7.64亿元；实到外资1000万美元，完成年度目标的2倍。规模以上工业企业产值73.5亿元，比上年增长3.38%；自营出口63.3亿元，比上年增长65.89%；限额以上批发业商品销售额64.9亿元，限额以上零售业商品销售额5.6亿元，比上年分别增长10.19%和14.4%。

浙江天圣生态食品有限公司养殖基地和食品深加工基地项目建成；投资20亿元的丝棠时尚软装产业基地项目厂房结顶并月度升规（3个月后正常生产运营），年增产值5000万元；大明电力建设有限公司总部经济项目土地摘牌。索密克汽车配件有限公司获国家智能制造示范工厂称号，绍兴乾雍纺织有限公司入选省纺织行业新模式新业态10大典型案例，4家企业被列入专精特新申报计划。以“三园”（城市经济数字产业园、鉴湖现代服务业产业园、会稽

2022 年 11 月，柯岩街道新未庄社区新貌　　（何　明　摄）

山黄酒文创产业园）建设为载体，招引城市经济新业态、新项目；城市经济数字产业园举办园区招商会，引进龙头企业 15 家、工商主体 1500 余家；鉴湖现代服务业产业园制订业态规划和招商政策，落户法国必维国际检验集团轻纺城必维检测公司、绍兴乐达传媒有限公司等行业龙头企业；会稽山黄酒文创产业园制订规划，利用黄酒工业遗存，建设黄酒文化创意园。

重构基层治理“四平台”（综治工作、市场监管、综合执法、便民服务）指挥体系，升级新的“四条跑道”（党建统领、经济生态、平安法治、公共服务）架构，融通“四条跑道”与“浙里兴村治社”“七张问题清单”等多跨场景应用。推进“大综合一体化”行政执法改革省级试点建设，成为全市现场会参观点，得到省厅、市委主要领导调研肯定。以澄湾居、路南居出租房安全整治攻坚为突破口，开展全域安全隐患排查整治，首创“红黄绿”三色动态管控机制，开发上线全省首个“出租房管理一件事”场景应用。

助力鉴湖旅游度假区创建国家级旅游度假区，做地 46.67 公顷，扫清应拆尽拆总面积 12 万平方米；启动梅墅居城市更新项目。政府性投资项目融资 3.51 亿元，办理新未庄社区不动产权证，解决 18 年历史遗留问题。创建夏宫豪庭、康郡省级高标准生活垃圾分类示范小区 2 个。推进光明、洋盛工业园区整治试点，实施环境整治企业 95 家，问题整改 800 余条。

推进全市首个镇（街道）全域未来社区试点，新未庄、独山、仁让堰、南闲、鲁镇社区入选全省未来社区创建名录，叶家堰、三佳居成为省级共同富裕示范带起始点，叶家堰居创建为柯桥区首批“共富星村”。开展“乐活 · 鉴湖里”党建联建，依托村（社区）党组织链接驻村单位、包联单位、社会组织等多方力量助力康养，覆盖鉴湖江沿岸新未庄、叶家堰、三佳、新风 4 个居委会（社区）老年人康养服务，惠及 1300 余人，探索出“品牌创新、多方联动、功能融合、整片建强”浙里康养红色之路。建设“乐活·鉴湖里”康养服务品牌，10 月 25 日，《浙里共富》刊发《柯岩街道“乐活 · 鉴湖里”党建联建、打造浙里康养新路径》。

建强“三支队伍”（机关干部队伍、企业家队伍、村社干部队伍），开展“星柯岩 · 新青年”年轻干部成长交流沙龙，1 名社区书记获市级金牌好书记称号。推进“红色引擎工程”，出台《住宅小区红色业委会组建工作指导意见》《加强业主委员会规范化建设实施意见》等制度性文件，70% 小区建成“红色业委会”，社区党建网、治理网“双网融合”举措获省民政厅、市委主要领导批示肯定。

【柯岩街道文旅联盟成立】 2022 年 6 月 17 日，“微改造精提升”柯岩街道文旅联盟在叶家堰居

2022 年 6 月 17 日，柯岩街道文旅联盟成立仪式举行　（何　明　摄）

鉴湖里广场成立。第一批联盟会员 26 个，包括柯岩风景区、天马赛车场、全泰（绍兴）机场、永泰柯岩酒店等。根据联盟会员需求，街道定期开展各类沙龙、讲座，邀请专家开展培训，协助联盟会员联合活动。每逢节假日或大型活动前，街道统筹派出所、综合执法队等基层站所力量，为文旅企业提供配套服务。

2022 年 6 月 1 日，柯岩街道“大综合一体化”智治平台正式运营
（何　明　摄）

【新未庄未来社区建成】 2022 年 11 月 4 日，柯岩街道新未庄社区以高分获评浙江省第二批未来社区。新未庄社区于 2002 年成立，由 4 个村迁居集聚而成，以鲁迅笔下“未庄”为原型，建有 471 栋仿清代江南民居。社区内的粉墙、黛瓦、马头墙、小桥、流水等水乡元素，与西侧的柯岩风景区互相呼应。2022 年，优化提升社区邻里中心 1600 平方米，改造居家养老中心，配备老年餐厅、康复保健室、老年学堂等功能空间 20 个。将社区书房与婴幼儿照护驿站融为一体，破解社区居民幼儿无人照料难题。建设三星级卫生服务站，社区家庭医生签约率 92.42%，使居民享受家门口的医疗服务和健康管理。

【“大综合一体化”改革试点】 2022 年，柯岩街道实施省级“大综合一体化”行政执法改革试点。6 月 1 日，工作平台正式运营，实现“一幢大楼办公、一个中心办事、一个平台指挥”，形成案件统一管理、网上智慧执法、现场掌上执法、数据实时交互、业务整体融合的新型数字化执法格局。平台实行“街道领导坐堂、部门集中办公”的常态化事件处置模式，凭借靠前指挥、快速处置的扁平化管理，统筹公安、综合执法、市场监管等重点部门集中办公，事件当日办结率提升至 97% 以上。至年底，平台录入“属地管理”事项 71 个，16 项跨部门基层治理“一件事”全部上线。除网格事件外，将“12345”信访、“110”警情、网络舆情、街道日常巡查、社会稳定风险评估事件和“浙里兴村治社”流转事件等 8 类事件全部融入基层治理“四平台”，为全区全面推开提供样板。

【“索密克”上榜“国字号”智能制造优秀场景名单】 2022 年 12 月 12 日，索密克汽车配件有限公司上榜工信部公示的 2022 年度智能制造优秀场景名单，为柯桥区首家入选企业。2011 年初，该企业克服国内研究空白，着手研发轻量化汽车悬挂摆臂，公司从国外合作的企业购买 500 套样品元件进行对比试验。经过几千万次实验，摸索出铝合金材料硬度高于钢材的配比数据，研发轻量化悬挂摆臂。入选场景所建的铝合金悬架摆臂全自动锻造柔性生产线，实现原料配送上线后的整线无人化作业，减少用工 10 人，加工效率提升 40%。公司逐步替换 4 条传统铝合金悬架摆臂生产线，完全替换后，铝合金悬架摆臂的生产成本每年可节省 500 余万元。（杨宏宇）

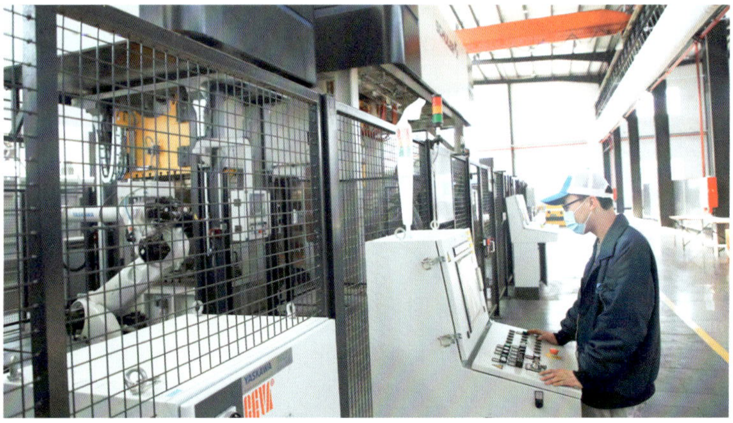

2022 年 3 月，索密克汽车配件有限公司自动生产线一角
（何　明　摄）

华舍街道

【概况】 华舍街道地处柯桥城区核心区域之一，2001年8月撤镇建街道。曾有“日出华舍万丈绸”“中国乡镇之星”之誉。东连柯桥、齐贤街道，南临浙东运河，与柯岩街道一河之隔，西邻钱清街道，北接安昌街道。为《开国大典》油画作者董希文故乡。境内地势平坦，交通便捷、文化底蕴深厚，有东小江宋代水利古址南塘、清代建筑后殿廊桥等古迹；有坂湖公园、浙江工业大学之江学院、中国轻纺城国际会展中心、柯桥区体育中心、216米的地标性超高层建筑——柯桥国际中心。329国道、杭甬运河、柯袍快速干线、杭金衢连接线公路、杭甬高速铁路客运专线在此汇集，104国道、杭甬铁路擦境而过，距绍兴市区15千米，杭州城区45千米，萧山国际机场28千米。2022年区域面积23.05平方千米，辖8个行政村、5个居委会、11个社区，户籍人口61101人，外来人口77864人。

2022年10月，华舍街道坂湖公园新貌　　（华舍街道　提供）

财政收入32.15亿元，一般公共预算收入21.08亿元，居全区第二位。规模以上工业企业产值101.70亿元，比上年增长9.4%；限额以上批发业商品销售额340.18亿元，比上年增长7.4%，居全区第一位；限额以上餐饮业营业额1.37亿元，比上年增长100.9%。自营出口221.80亿元，比上年增长23.9%。

固定资产投资9.67亿元，高新技术投资6.23亿元，建筑安装业投资6.95亿元，入库项目新增13个，招商项目竞赛半年度考核优胜，内资招商12亿元，实到外资1248万美元。推进“老绍兴回归工程”，乡贤企业申洲集团总部大楼签约回归、注册华天总部大楼，浙江天圣控股集团有限公司、浙江迎丰科技股份有限公司、精工集团股份有限公司等总部大楼达成意向。投资30亿元，宁波通商银行、浙江东进新材料有限公司等高端总部企业入驻KIC柯桥国际中心13家；投资20亿元的省“4+1”重大项目中国建筑节能研究检测中心地下室底板浇筑完工；投资53亿元的龙之梦大厦基础工程完成75%；投资20亿元的华夏智创科技园提前入库。浙江汇明织锦文化股份有限公司创建为省级工业旅游基地，利佰家商业中心、藏元汇大厦主体工程完工，绍兴曼丽文旅酒店地下室施工推进。现代产业项目竞赛月度考核获优胜7次，政府及国有投资项目竞赛月度考核获优胜4次，开展企业“大走访”服务活动，疏通企业发展堵点卡点，推动一揽子惠企政策精准直达，助力企业补助奖励2140万余元。小微工业企业升级规模以上工业企业10家，规模以下企业升为规模以上企业55家，个体工商户转型升级企业48家。建立人才项目申报全流程跟踪机制，推动科技创新主体发展壮大，申报国家高新技术企业11家、省级科技型中小企业38家，精功科技股份有限公司获国家专精特新“小巨人”企业；入选省级以上高层次人才名单5人，引进落户鉴湖英才计划1人、博士后6人。精工钢构股份有限公司、精功科技股份有限公司等企业获国家级奖项4个、省级奖项8个，参与制定国家团体标准3项；获评省级成长型文化企业3家，数量占全区的75%。

保障重大平台项目用地，拆迁签约7万平方米，浙医二院柯桥院区沙地王区块全面清零交付，未来之城总部基地区块亚太粮油市场签约，华舍小学绸缎路校区长泰机械拆除项目完工。遗留5年的湖门扫尾行动取得进展，小赭区块遗留的1处宗教场所拆除，R22地块交房，办理西周、张溇等历史项目产权证。

完善“常态化+”应急处置联防联控工作机

制。化解市级以上积案19件，调撤行政诉讼案件6件，调撤率比上年提高22.79%，败诉率下降26.47%。调解劳资纠纷905起，涉及金额7200万余元。重塑消防安全责任、防控、救援、指挥体系，升级村级微型消防站建设。开展村级物业、沿街店面、工业企业、村居民房、出租房等重点领域风险隐患大排查，整改隐患15031处，火警数比上年下降42.6%。建设“一幢大楼办公、一个平台指挥、一支队伍执法、一套机制保障”的“四个一”综合执法体系，建成办案大厅500平方米、指挥中心1920平方米，实现30人实体化执法力量下沉集中办公。融会贯通基层治理四平台，创新开展“综合查一次”联合行动，行政处罚案件148件，街道综合执法队被推荐为2022年浙江省综合行政执法工作先进集体。

投入3000万元，推进双周未来社区建设，张溇未来社区创建实施方案获省级批复。提升辖区老旧小区人居环境8个，改善道路出行条件。六一幼儿园柯西园区开园，华舍中学改扩建工程竣工，中心幼儿园锦锈园区主体建设完工，小赭小学一期工程建设推进。养老机构新增认知障碍照护专区2个、照护床位36张，老年人自理能力筛查及评估1098人，建成全区首个示范型婴幼儿照护服务中心和标准型照护服务中心5个，街道便民服务中心无障碍改造通过省级验收。开放运营城市书房2家，建设首批城市“15分钟品质文化生活圈”7个，新建华墟文化家园。拆除违章建筑4.3万平方米，处置各类管理乱象、顽疾1684个，文明城市省测抽查点位无一例扣分，城市精细化管理做法获市政府主要领导批示肯定。开展“迎亚运·优环境·展风采”整治提升行动，创建省高标准生活垃圾分类示范小区2个、商业街3条，创建“污水零直排区”省级样板镇街，被推荐为2022年度浙江省“五水共治”优秀镇街。防治大气污染，空气质量$PM_{2.5}$年均浓度低于全区平均值，受到绍兴市蓝天办书面通报表扬。

划分网格162个、微网格807个、专属网格32个，将驻村指导员、邻里党员、红色业委会等力量编入网格，建设网格智治“硬核”团队。在全市率先开展隐性党员摸排和“流动党员”固定活动日，党建工作多次获《农民日报》《中国青年报》《浙江日报》等媒体报道。升级楼宇党建联建模式，“楼尚我家”党群服务中心入选全国2022年度百个“两新”党建创新案例。浙江迎丰科技股份有限公司、浙江润昇新能源有限公司等华舍乡贤企业捐赠600万元，成立乡贤教育基金开展“奖教奖学”，华港集团出资设立坂湖社区乡贤“帮困共富”示范基地。云上展播“我的家乡我的歌”，实现“一村一歌”全覆盖。启动“85后”年轻干部“星光计划”和专职社工“星火工程”，提任选派机关干部11人、社工15人，到艰苦第一线岗位磨炼。开展村(社区)党组织书记季度“领跑竞跑”工作赛比，兴越社区党支部书记在全区村(社区)书记领雁擂台赛上获“金牌书记”称号。办结违纪党员22件、信访13件次，处置违纪党员73人次。

·小资料· 浙江省“4+1”重大项目

指《浙江省“4+1”重大项目建设计划(2018—2022年)》，即实施交通建设、生态环境和公共设施、高新技术产业、民间资本参与政府和社会资本合作(PPP)项目推介4大工程包。

【“楼尚我家”入选全国“两新”党建创新案例名单】 2022年12月，华舍街道“楼尚我家”党群服务中心入选全国2022年度百个“两新”(新经济组织、新社会组织)党建创新案例名单。街道以“楼尚我家”党建联建为依托，汇聚社区在职党员、网格人员、新就业群体等力量，参与社区治理服务，形成楼宇党建“布点”、行业党建“连线”、商圈党建“成圆”、区域化党建“划片”的社区共建新格局。探索“党建引领，数字治理”模式，创新推出“双预警”云平台，“楼尚我家”小程序和村(社区)楼宇“网格驿站”等，推进楼宇党建迭代升级。以党建联建为依托，设置楼宇创业悦享汇、乡贤会、高层次人才联谊会活动点等联建组织，以点辐射服务周边楼宇社区，成立功能型党组织9个，兜底零散、隐形、流动党员活动。秉持共建共享理念，形成一个党建引领企业发展、企业文化相互渗透、社区治理融入楼宇的共建模式。组建“楼小二”多部门联合团队，设立楼宇企业服务站、微网格议事厅，制定楼宇评价考核办法等，实现“以楼聚产”。借鉴社区治理理念，坚持共建共融发展模式，以网格精细化管理为基础，建立集公共服务与社区治理于一身的楼宇社区运行新机制。在楼宇“网格驿站”，引导社区、物业和社会组织作为共建单位，以“1+1+N”轮值模式，参与楼宇网格治理。

【华舍中学改扩建工程竣工】 2022年2月17日，华舍中学改扩建工程竣工。工程投资3.044亿元，2017年开工。整个改扩建工程包括拆除部分旧教学楼、原地重建，新建教学楼、报告厅、训练综合楼、食堂、图书综合楼、门卫、地下室和连廊等，装修改造保留的教学楼及设施。改扩建后的华舍中学用地面积73240平方米，地上建筑面积39288平方米，其中新建26389平方米，保留建筑面积12898平方米，地下室建筑面积20414平方米，绿地率32.52%，机动车停车位535辆。班级规模增加至60班，学生人数增加到2700人。

2022年2月，改扩建后的华舍中学新貌　　（华舍街道　提供）

【坂湖社区“帮困共富”示范基地成立】 2022年9月20日，华舍街道坂湖社区与浙江华港染织集团有限公司“帮困共富”签约，成立坂湖社区共建共帮共同富裕示范基地。浙江华港染织集团有限公司副总经理顾福林是华舍乡贤，此前捐助100万元成立“华港．爱心暖流”基金，专门用于帮助华舍困难群众，借此契机，公司追加100万元，继续帮助社区困难群众，提供工作岗位和创业等资金。（盛佳欢）

2022年9月20日，华舍街道坂湖社区与浙江华港染织集团有限公司“帮困共富”示范基地成立　　（华舍街道　提供）

湖塘街道

【概况】 湖塘街道地处稽山之麓，鉴水之滨。由原名吴塘演变而来，因东汉太守马臻筑鉴湖塘堤5千米成名。2001年8月，撤镇建街道，为柯桥城区首批四街道（柯桥、柯岩、华舍、湖塘）之一，位于柯桥区西南部柯水源头，鉴湖旅游度假区；东邻柯岩街道，南连福全街道、漓渚镇和诸暨市店口镇，西邻夏履镇，北接钱清街道。距中国轻纺城4千米、萧山国际机场15千米，104国道南复线、鉴湖水道、柯湖公路、杭甬铁路、104国道、萧绍运河六大水陆交通线，呈东西向在境内贯通互融。地势南部低山丘陵，北面平原水网地带，境内有岭下古城遗址、清代建筑府城隍庙等文物古迹，有香林花雨、兜率天宫、湖塘黄酒小镇等景点，素有“酒香”“桂香”“禅乡”之誉。2022年区域面积66.3平方千米，辖13个行政村、1个社区、2个居委会，常住人口34228人，外来人口18356人。

财政收入4.33亿元，一般公共财政预算收入2.42亿元，增长幅度居全区第四位；引进内资1.87亿元，实到外资250.77万美元；自营出口55亿元，比上年增长30%以上；规模以上工业企业产值44.63亿元，规模以上工业企业销售35.6亿元；固定资产投资6.4亿元，民间投资6亿元，制造业投资5.1亿元，建筑安装业投资3.8亿元，均完成和超额完成年度指标。

开启以南复线湖塘路为中心的城镇建设元年，入选省级首批全域土地综合整治试点，通过湖塘片区控规（控制性详细规划）和城市规划设计，“十里湖塘”作为核心组成部分，纳入《鉴湖风景

2022年11月，十里湖塘吟鉴湖　　（湖塘街道　提供）

产业）土地房地产开发运营11.27公顷。引进“老绍兴回归”“永兴”“时杰”“中聚新材料”产业项目3个，开拓光伏新材料产业，总投资超16亿元。培育国家级高新技术企业9家，省级科技型中小企业13家，新增发明专利质押贷款8项。申报国家级海外人才名单8人，入选2人，到岗1人。

组建“杨梅产业农合联”（生产、供销、信用服务三位一体组织体系），推广应用杨梅避雨设施，杨梅酒成为全区乡贤大会指定用酒，举办第四届杨梅文化旅游节，杨梅种植面积866.7公顷，接待游客3万余人次，成立并实体运行“醉梅湖塘乡村产业发展有限公司”。完善街道公墓经营管理、优化村级物业招拍模式、创新菌菇高粱轮作项目，与农业农村局合作制定《全域组建共富党建联盟推动消除经济薄弱村试点方案》，一村一策开展资源整合，全面消除年收入100万元以下的村（社区居委会），相关做法在2022年6月25日和4月12日被中央电视台新闻栏目、《浙江日报》报道。香林村在全区率先运营规划、引入运营公司，举办共富招商会、“梅好徒步·寻味香林”等活动，“千年禅村、一里香街”，入选中国休闲美丽乡村、浙江省首批未来乡村。兴华村修建游步道、改造游客服务中心，通过AAA级景区村创建验收。宾舍村提档升级村级警务室，优化网格治理。改造提升型塘集镇，完工下埠公路，推进新湖陌公路建设，建设村家宴中心8个。深化“水气土废”治理，湖塘大桥鉴湖江水质符合Ⅱ类水标准，清淤古城江等流域，整改销号省级环保督办件2件。推进粮食生产功能区“退苗还粮”（退苗木还粮田），开展秸秆露天焚烧“精密智控”平台试点，启动鉴湖居委会“污水零直排”改造工程，永信村创建为省级高标准农村生活垃圾分类示范村，铜井村获评浙江省美丽乡村特色精品村。

关注“一老一小”养老托育服务，开办湖塘社区老年学堂、香林老年食堂，组织暑期夏令营、趣味运动会、“双减”公益讲座等活动。宾舍幼儿园改建项目竣工投用，兴华村农村百姓健身房通过验收。公共服务中心受理复工复产补贴企业22家，惠及职

名胜区总体规划（2021—2035年）》。在一江两岸完善配套服务，拓宽城镇功能；融合“一动一静”的酒香书舍和湖塘体育公园，构建“一旧一新”的黄酒小镇物业用房和街道人大代表联络站。推进“大综合一体化”和邻里中心建设，改造湖塘路和湖塘老街，升级街道垃圾中转站，2018年起城建项目竞赛连续5年获得区级优秀。鉴湖江南岸慢行工程基本完工，日月房产项目破土动工，街道办事处对面地块做好宅地竞拍筹备。清障扫尾定山区块，盘活建设用地8.67公顷。阮型路“鉴湖居委会段”拆迁项目签约率、腾空率、拆除率均97%以上，办结征地项目土地、确认面花赔偿面积。征地5.33公顷，新建古城至陌坞村级公路1.17千米。围绕“控新增、去存量”（控制新建，扫除尾巴）目标，处置违章建筑7.37万平方米，拆除面积3.17万平方米。

“绍兴黄酒小镇”在全市首个获评省特色小镇最佳实践案例。规模以上黄酒企业产值比上年增长5%以上，改建会稽山立体库项目，扩建塔牌黄酒酿造车间复产项目。助力纺织行业纾困资金4.2亿元，个体工商户转型升级企业17家，规模以下企业升级规模以上企业11家，小微企业规范升级规模以上企业6家，双华工业园区成为柯桥区首个“低散乱污”整治规范园区，2016年起连续7年获评区级投资竞赛优胜单位。绍兴市永广植绒有限公司开工建设“二次开发”项目2个，绍兴鸣宏纺织有限公司、绍兴归零纺织有限公司等企业纺织设备技改项目12个。重组中海国际投资资产，解决8年遗留难题；启动退二进三（第二产业改第三

工 410 人,引进高校毕业生 236 人,调解处理劳资纠纷 150 件。开展“文化走亲”10 场、“送戏下乡”20 场。进村入户敲门宣传反诈行动,电信诈骗发案数比上年下降 21.5%。应对台风“轩岚诺”“梅花”冲击,常态化开展消防安全、安全生产、出租房等大排查大整治,整改安全隐患 1 万余处,火警发生数比上年下降 41.3%。

实施“红色根脉强基工程”,推进“现代社区”建设,网格党支部、党小组覆盖 100%。应用“浙里兴村治社”,办结上级交办件 348 件、结案率 100%,记录民情日记 634 篇,应用日活率逾 90%。开展村(社区居委会)干部届中考察“回头看”,创新优化公务员考核模式,成为全市首批公务员平时考核示范点,相关经验被浙江省委组织部信息录用。推进村级监察工作联络站规范化建设,联合线办开展小微权力系列培训,处置违纪违法党员、干部 55 人,清廉民营企业创建工作获区委主要领导肯定,建设“十里湖塘、一镜清波”清廉品牌。

【“十里湖塘 · 一镜清波”清廉品牌建设】 2022 年,湖塘街道围绕覆盖“清廉湖塘”一件事,深挖本土清廉元素,全域推进清廉文化进企业、进机关、进村居、进站所,建设“十里湖塘 · 一镜清波”品牌,清廉村居“全覆盖”,建设“鉴水泱泱 清廉鉴湖”“四治融合香林折桂”“桂香竹秀 清风岭下”等 15 个村居的“一村一品”,其中香林村成为市级清廉村建设示范村。街道构建“亲清政商关系”,创建“五廉环”清廉民企,依托黄酒传统酿造技艺拍摄“花雕清韵”视频,被“学习强国”学习平台录用;聚焦“清廉教育”,开展家规家训主题沙龙、清廉书画展、“廉印心间”等活动,推动清廉文化潜移默化。出台村级监督责任考评细则(试行),推进村级监察工作联络站规范化、标准化建设。围绕党纪条规等内容进行学习宣传,讲解廉政文化的相关知识,帮助企业职工、村(居委会)居民了解和认识廉政文化,强化职工、居民的法治意识和廉政意识。运用远程教育抓好警示教育,组织党员、群众在观后对正、反面典型案例、事例进行交流、讨论,扩大清廉建设工作的社会知晓面,提高党员、居民群众对廉政文化的认识。

【杨梅产业“农合联”成立】 2022 年 6 月 18 日,柯桥区杨梅产业“农合联”成立。该组织由湖塘街道与柯桥区供销合作社共同发起,以组建生产、供销、信用“三位一体”为组织体系,围绕杨梅产业链开展综合性服务,用杨梅产业农合联带农共富。湖塘杨梅种植面积 867 公顷,2022 年杨梅产量 1700 余吨,产值 1800 万元。农合联组建后,组织开展栽培技术培训,投用标准化示范基地。推广应用杨梅单株避雨栽培技术,落果率下降到 10% 内。开展“认领一棵杨梅树”“共富直播间”等活动。聘任“亚洲飞人”谢震业等 6 名代表为“杨梅共富推荐官”,成立村(社区)“共富联盟”15 个。以强村公司为龙头,申领“鉴湖白”农产品集体商标,与塔牌黄酒跨界开发杨梅酒;发展体验式休闲农业。至年底,销售杨梅采摘套票 15 万元,接待游客 3 万余人,比上年增加经济效益 400 万元,增长 12% 以上。(唐飞崖)

2022 年 6 月,区杨梅产业农合联授牌仪式举行(湖塘街道 提供)

钱清街道

【概况】 钱清,旧名浦阳。因东汉“一钱太守”刘宠典故而得名,设镇于北宋,建镇历史逾千年,2019 年 11 月撤镇建街道。有廉吏之乡、名士之邦之称。境内历史悠久,古文化底蕴深厚。有西晋九岩青瓷古窑址、古运河、运道塘,唐代大王庙、智度律寺,明朝建筑广溪桥等古迹;有罗家伦祖居、陈半丁故居等旧址;有亚洲最大轻纺原料集散中心——钱清原料市场。地理位置优越,位于杭州湾南岸、柯桥区西北部;东临华舍、安昌街道,南接柯岩、湖塘街道,西濒夏履镇、杨汛桥街道,北与杭州市萧山区衙前镇毗邻,距萧山国际机场10千米、柯桥中国轻纺城8千米;104、329国道公路和杭甬高架铁路穿境而过,杭绍甬城际铁路风情线、绍兴轨道交通1号线设有站点。2022年区域面积54.18平方千米,辖20个行政村、3个社区,户籍人口6.4万人,流动人口7.2万人;获浙江省"十三五"高质量发展小城镇、省AAAA级景区街道等称号。

财政收入11.58亿元,比上年增长1.1%;一般公共预算收入7.06亿元;规模以上工业企业产值214亿元;规模以上工业企业增加值率15.06%,增加值增速为10.2%;固定资产投资20.03亿元;民间投资(不含房地产)16.57亿元,高新技术产业投资6.57亿元,建筑安装工程投资14.59亿元,制造业投资16.57亿元,自营出口95.53亿元,进口6347万元,内资到位14.44亿元,实到外资2354万美元;小微企业规范升级规模以上企业33家,规模以下企业升为规模以上企业41家,个体工商户转为企业65家,智能化改造37家。

配合临空示范区,引进昊克生物基新材料研发生产项目、恒春科技智能电梯建设项目、创新激光设备制造项目3个投资5亿~20亿元项目;引进路维光电集成电路光刻掩膜版等投资20亿元及以上项目1个;引进税源经济红杉歌斐基金项目2个,募集资金10亿元;推进豪威科技、天壹重石等8个项目建设;华东智慧物流、绍齿传动、凡特思检测中心、星隆城商业综合体4个项目竣工启用。绍兴电力设备有限公司获国家第四批专精特新"小巨人"企业;绍兴诚邦高新纤维科技有限公司获省"五个一批"先进制造业企业。申报国家高新技术企业16家,新增中小型科技企业28家。入选国家海外引才计划名单1人,到岗2人,"鉴湖英才"计划引进落户4人;新增"浙里工程师"入库工程师100人;绍兴电力设备有限公司创建博士后工作站。换届第二届乡贤理事,举办钱清街道乡贤大会;成立钱清街道青年企业家协会;承办第七届清华校友三创大赛晋级赛(浙江赛场)。

推进区级项目5个、百日攻坚2个和街道自有拆迁项目,拆迁签约81万平方米,拆除面积76万平方米;推进征地项目11个,征地104.47公顷。拆除违章建筑9.07万平方米,占全年任务数的139.54%。成立浙江省首个特殊群体帮教互助虚拟社区"青澄社区";化解省、市两级信访积案21件,处置各类违纪违法案件45件。获评全市信访积案"百日攻坚"优秀集体。钱清村和遗风村分别创建省、市两级垃圾分类示范村,东江社区清华名家创建省级高标准小区,二季度市农村人居环境考核居全市第一位,遗风村、江墅村获评红旗村(分别列全市第二位、第五位),江墅村创建省"一村万树"示范村。探索"消地融市"改革,创新实践"枫桥式"基层消防治理新模式,火警数比上年下降57.1%;开展五大领域消防安全隐患大排查大整治专项行动,排查单位54713家次,排查隐患51948个,整改率99.81%。工业全域治理整治地块63处、219.4公顷,年度治理完成率100%,获评全市工业全域治理优秀单位。开展"低散乱污"整治行动,停产整治175家,关停淘汰小微涉污企业42家。永通外贸喷织(印染)有限公司、浙江伊夫服饰有限公司创建省级小微园区。实施旅游业"微改造、精提升"项目50个;完成联兴、华星等村(社区)省级体育民生实事工程建设3个;创建省五星级食品安全办公室;聚焦"一老一小",建设"教养医"综合体。空气质量$PM_{2.5}$年平均浓度26微克/立方米。推进农村宅基地改革试点,摸排出台解困安置房方案。与清华大学联合实施台湾清华大学首任校长罗家伦祖居激活计划;改造提升数字化"一钱太守"纪念馆,获评省级廉洁文化教育基地。举行见义勇为"最美群像"表彰大会。建设"文润钱清"品牌,选送戏曲、歌唱节目分别获柯桥区幸福水乡才艺秀总决赛冠、亚军,舞蹈节目获第五届绍兴市群众舞蹈大赛二等奖;举办"村歌大赛",开展文化走亲等活动百余场。实施"一村一品"建设,创建前梅书法村、枢里美育村、九岩越窑村等特色村居。

分类开展红领匠心、红领新潮、红领巾帼等活动,建设"红领"党建品牌。实施"党建引领、共富共治”，联兴村建设互联网共富工坊，九岩村创建为AAA级示范村，劳动村、联兴村创建为五星达标村。

【中欧班列“柯桥号”首发】 2022年11月18日，载有50个集装箱货柜、价值450万美元针纺织面料的首列中欧班列“柯桥号”，从萧甬铁路钱清货运站，开往“一带一路”共建多个中亚国家。至此，柯桥外贸运输增加1条横贯欧亚大陆的国际快速货运“新丝路”，“国际纺都”进入“海铁联运时代”。柯桥中欧班列海铁联运项目是绍兴融入“一带一路”建设的重要平台，投资2.2亿元，用地面积8公顷，主要为建设铁路口岸、新建沿河道路及改造铁路货场三大块。项目竣工后，由此依托“义新欧”金东平台，开通“钱清—金华南—霍尔果斯”班列。

【省AAAA级景区街道创建】 2022年，钱清街道被认定为浙江省AAAA级景区镇（乡、街道）。自2021年始，钱清街道投入1.2亿元实施多功能体育场、沈肃文纪念馆、官塘河休闲公园、遗风文化广场、西天竺环境提升等57个旅游业“微改造、精提升”工程，投入1000万元建设4家城市书房、1家乡村书屋，建成6个城市“15分钟品质文化圈”。坚持“一村一景”“一村一品”，以江墅、九岩、枢里为代表的A级景区村全域覆盖；江墅村与清华大学共同开展罗家伦祖居激活计划，修缮罗家伦祖居，新建罗家伦陈列馆、青年驿站、罗家伦书院等文化新地标；AAA级旅游景区村九岩村，依托越窑窑址，辟设窑址公园，新建越窑陈列馆、手工作坊等，重燃青瓷文化“窑火”；美丽乡村枢里村依托老屋、水库、茶园等特色资源，联合中国美院创建美育村，艺术乡建助力乡村共富；运河边的联兴村依托国家级文保单位渔后纤道，建设诗意栖居运河生态网红打卡地。

【见义勇为“最美群像”表彰会】 2022年6月20日，钱清街道举行见义勇为“最美群像”表彰会，王明法等10人被授予见义勇为“最美群像”称号。2021年8月11日，一辆老年代步车不慎落入钱清街道岭湖村岭江中，车上祖孙二人被王明法等7名过路群众及时救起。这个经过被拍成视频，该视频经浙江政法抖音号、柯桥发布视频号等媒体平台传播后，阅读量超5000万人次，点赞量400万人次，正能量评论量100万余人次。受表彰的还有2021年4月在环翠公园跳水救人的叶冬明，2021年11月在联兴村救起落水者的快递小哥裴泽晨，2022年6月在新甸大桥跳水救起轻生女子的退役军人施泽楠。

2022年6月20日，钱清街道举行见义勇为“最美群像”表彰会
（钱清街道　提供）

【星隆城商业综合体开业】 2022年9月30日，钱清街道首个大型商业综合体——金帝星隆城开业，

2022年9月30日，钱清商业综合体——金帝星隆城开业
（钱清街道　提供）

为柯桥区第三大商业综合体。该商城位于钱清街道核心区域，紧邻境内主干道——钱门大道，与杭绍城际铁路前梅站直线距离500米，可无缝切换杭州地铁5号线。金帝星隆城是金帝联合控股集团继绍兴金帝银泰城、萧山金帝融泰城之后建设的柯桥地标性城市综合体，投资55亿元，建筑面积48万平方米，采用“商业步行街＋旗舰综合体”相结合的形式，将3万平方米惠坊街生活街区与8.65万平方米星隆城综合体以连廊相连，2021年5月动工兴建。商业建筑面积16万平方米，配备1392个停车位，200余个国内外时尚品牌、餐饮品牌入驻，涵盖电影院、健身房、桌球室、艺术培训等业态。

【浙光幼儿园开园】 2022年9月1日，钱清街道浙光幼儿园异地建成开园，为浙江省特色示范幼儿园，属一级幼儿园。该园创办于1952年，2020年9月异地新建。投资2.05亿元，2022年8月竣工。新园区占地面积22121平方米，建筑面积22514平方米，其中地上建筑面积18953平方米、地下建筑面积3561平方米，绿化面积6590平方米。设置班级30个，数量为柯桥区幼儿园之最。有游戏专用室10个、大型多功能厅1个、七大不同功能的室外游戏区域等。（沈丹丽）

2022年9月1日，新建成的柯桥区浙光幼儿园开园

（钱清街道 提供）

杨汛桥街道

【概况】 杨汛桥街道以桥为名，曾以紫薇花为镇花；2019年10月21日，撤镇建街道。位于柯桥区西部，东连钱清街道，南接夏履镇，西、北以西小江为界，与杭州市萧山区所前、新塘、衙前等镇街毗邻。距柯桥城区20千米，杭州市区30千米。境内地形融山、水、湖、江水一体。素有“一山一江纳两湖”之称。历史资源丰富，有新石器时代“寺前山遗址”、“商周土墩墓”古址、王羲之纪念馆、状元亭、琅琊楼、越女阁等文物古迹。有全省第一所“小镇大学”——浙江树人学院杨汛桥校区。杭金衢高速公路、104国道南复线穿境而过，为杭州都市区“半小时通勤圈”及长三角主要大中城市“3小时通勤圈”，绍兴接轨杭州的“桥头堡”。曾获全国文明镇、国家卫生镇、中国窗帘窗纱名镇、浙江省首批省级中心镇、浙江省文化强镇、浙江省美丽城镇建设基本达标镇等称号。2022年区域面积37.68平方千米，辖11个行政村、5个社区、6个居委会，常住人口8.3万人。

财政收入8.51亿元，一般公共预算收入5.21亿元，规模以上工业产值36.74亿元，限额以上贸易销售额185.77亿元，比上年增长35.8%；限额以上社会零售额0.95亿元，比上年增长64.7%；高新技术投资4.44亿元，比上年增长228.9%；自营出口19.06亿元，比上年增长19.1%。

总投资超5亿元的浙江迅科精密机械、绍兴林德制动器、绍兴俊吉能源科技3个项目竣工；总投资超19亿元的绍兴金际汽车配件、浙江鑫言科技、绍兴路恒建设和浙江宏驰福科技4个项目开工；宝业住宅产业链和力笙家居智能制造项目摘地开工。引进落户一级、二级建筑企业各1家，签订翰为科技、东方博物馆、宝利德奔驰4S体验店等优质项目3个，获评区投资竞赛优胜单位12次，其中2项竞赛获年度优胜。新增高新技术企业5家，申报省级科技型中小企业17家，企业发明专利并授权32件。鼎峰科技入选国家专精特新“小巨人”企业，获省级“隐形冠军”企业称号。入选省引才计划名单3人，宝业集团国引人才欧洲建筑师米克拉和库托洛2人到公司工作。

盘活出让原南方水泥有限公司、浙江水泥有限公司地块23.33公顷，原浙江玻璃地块20公顷土地完成地面“三通一平”。明确“一纵一横四片区”城市规划布局，构建“1轨道1快速2主干”（“1轨道”：绍兴地铁1号线；“1快速”：杭金衢线北沿；“2主干”：群贤西路和杨绍线）互联互通融杭主干网，启动群贤路西延萧山南秀路二期工程拆迁（杨汛桥段）项目、西小江流域综合整治开发项目（江桥集镇片区拆迁）、西小江流域综合整治开发项目（河西岸片区1、2号地块拆迁）。投入480万元，中心幼儿园创建为省一级幼儿园，与杭州师范大学合作成立全市首个高等院校附属幼儿园，获评区教育先进街道。投入400万余元，开展农民健康体检、建设“120”急救站、防控新冠疫情及其他保障，免费为65周岁以上居民开展肺癌早筛6215人。推进“浙文惠享”民生实事工程，建成城市“15分钟品质文化生活圈”6个，街道公共文化服务体系评价居全区第二位。城乡居民医疗保险惠及群众14297人，参保率99.94%，办结失土农民养老保险406人。投入3500万余元，建设城镇基础设施、景观改造等工程。投入500万余元，加固茅洋岗山塘、治理青窠溇溪流，建成高标准农田40余公顷，提升改造机埠7座，其中2座列入省民生实事工程并通过验收。

创建浙江省美丽城镇建设基本达标镇，获评区2022年度乡村振兴战略实绩考核优秀单位。投入1800余万元，治理辖区内公共环境卫生、奖补村居环境卫生、清运处置垃圾。投资500余万元，提标扩面生活污水治理，“污水零直排区”建设提档升级工程完工，新建泵站8座，整改排查、暗访污水问题120余个，清淤红旗河2700立方米。街道环境卫生月度考核5次排名柯桥区前三，城市管理月度考核2次排名全区第一。蒲荡夏村创建为绍兴市乡村振兴先行村，合力居委会获评省级民主法制村和省级气象防灾减灾标准化村，园里湖居委会获评省级低碳村试点创建单位。

建成启用新社会矛盾纠纷调处化解中心，建设全市首批人大代表联络站“共享法庭”，建立“6+2+N”调解助力队伍，化解积案国家级1件、省级6件、市级5件、区级4件，国家信访局网上投诉登记件处理双评满意率100%。坚持信访协调联席制度，排查调处矛盾纠纷500余起，调处成功、登记案件88件，涉及金额1028万元。完善应急管理各项工作机制，出台《安全生产和消防安全岗位职责、责任追究办法》等实施意见，在全区率先建设投用消防过渡站，每个村居配备一辆2吨以上的消防车及各类应急装备物资；启动出租房备案登记制度和安全管理“三色”公示制度，应用自主研发的“码上消防”数字管理平台，火警数量比上年下降56.9%。

创设“金紫薇”共富品牌，在全区首创工业土地带配建出让的“工业飞地”新模式，首推村（居）联片组建物业管理型强村公司11个，20个村（居委会）集体经济经营性年收入平均超550万元。简化群众办事流程、提高群众办事效率，全年受理各类事件5518件，办结率99.5%。启动“新竹计划2.0”，干部获评“担当作为季度之星”40人，获得职务职级提任使用11人，获得区级以上荣誉机关干部26人。实施村干部“双强双先领雁计划”，培育区级金、银牌书记各1人。获评“浙江好人”和“绍兴好人”3人，评选“杨汛桥好人”10人。

【省级美丽城镇达标验收通过】 2022年12月26

2022年12月26日，杨汛桥街道创建省级美丽城镇达标验收现场
（杨汛桥街道　提供）

日，杨汛桥街道创建全省美丽城镇建设达标验收通过。年初起，该街道开展工业厂区“低散乱污”整治提升攻坚战，工业有机更新项目落地9个，其中项目落地建设4个。5月，杨汛桥全域列入杭绍临空经济一体化发展示范区绍兴片区。将AAAA级景区镇（街道）创建、临空科技小镇建设融合到美丽城镇建设中，统筹资源加大投入。开展人居环境整治，完善城乡生活垃圾分类工作体系，03省道东复线、杭绍台西联络线建设；打通融杭交通大动脉，开展美丽乡村道路提档工程三年行动。

2022年7月1日，杨汛桥街道金紫薇强村公司揭牌仪式举行
（杨汛桥街道　提供）

【人大代表联络站“共享法庭”建成】 2022年8月10日，杨汛桥街道人大代表联络站“共享法庭”揭牌，成为全市首批人大代表联络站之一，柯桥区人民法院“共享法庭”入驻杨汛桥人大代表联络站。该街道人大代表联络站“共享法庭”，依托人大代表联络站设立，与人大监督、民主监督、社会监督、舆论监督和法院内部监督衔接，加大司法公开力度，全面公开法院执法办案各环节、全流程，促使人大代表与群众参与、监督法院各项工作。人大代表的走访制度，让“共享法庭”成为百姓身边的“移动法庭”。

2022年8月10日，杨汛桥人大代表联络站“共享法庭”成立
（杨汛桥街道　提供）

【“金紫薇”强村共富品牌揭牌】 2022年7月1日，杨汛桥街道“金紫薇”强村共富品牌揭牌签约。2月以来，推动11个村（社区）与浙江中国轻纺城城市服务有限公司开展“金紫薇”党建联建，聚焦“运转长效、联建有效、发展实效”的运行机制，强化村企结对、产业合作、市场对接、劳务协作，探索一条从“单打独斗”到“结对发展”的共建共治共享的基层治理新体系。推动合力等11个村（社区）党组织与浙江中国轻纺城城市服务有限公司党支部合作，共同出资500万元，成立全区首个村级物业型强村公司，破除以往各村“自扫门前雪”式环境卫生管理，实现联建片区环境卫生各项资源要素优化整合、统一管理、统筹调配，联建各村享受到小区物业式环境卫生管理。对片区外输出管理服务，创收增利，就地吸纳保安、保洁、维修等各类工作岗位300余人，实现抱团各村集体增收。（刘　彬）

马鞍街道

【概况】 马鞍街道因境内有一山丘形似马鞍而得名，2019年11月撤镇设街道。地处绍兴市柯桥区东北部，东临曹娥江，西接杭州市萧山区益农、瓜沥镇，南邻绍兴市越城区斗门街道，北濒钱塘江南岸。境内历史资源丰富，有新石器时代的仙人山、凤凰墩古文化遗址，古海塘，古运河，建于南宋咸淳二年（1266）的迎佛桥，

元朝真如庵二十四木雕，明嘉靖十六年(1537)的三江应宿闸，清代建筑赵家台门等文化古迹。地理位置优越，水陆交通便捷；距杭甬高速公路三江道口2千米，萧山国际机场20千米，柯海线、钱滨线穿境而过。2022年区域面积134.09平方千米，大部分系滩涂围垦而成，属平原水乡，辖11个行政村、3个社区、2个居委会，常住人口4万人，外来登记人口24万人。

财政收入49.99亿元，一般公共预算收入29.05亿元，均居绍兴市第一位；规模以上工业产值1243.8亿元，规模以上工业增加值308亿元，分别占全区的53.6%和63.3%。

2022年5月，马鞍街道夜景一角　　（马鞍街道　提供）

依托中国轻纺城发展优势，形成PTA（化纤）、纺织印染、新材料(薄膜、碳纤维)、金属制造(装备机械)和环保能源五大产业。入驻工业企业933家，其中规模以上企业288家，有化纤企业11家，年产能(所能生产的产品数量)310万吨，印染企业109家，年加工210亿米，占全国产能的37.8%。

推进印染全域整治提升，越城5大印染组团投产显效，平稳处置5家印染企业兼并重组。7家印染企业年产值突破10亿元，浙江宝纺印染有限公司、浙江迎丰科技股份有限公司、浙江红绿蓝纺织印染有限公司上榜中国印染企业30强，印染产业年产值530亿元，比上年增长6%。“加工＋经销”企业群体扩充，在总数中所占比例30%以上的有12家。印染产业智能大脑接入全覆盖，数字化、信息化普及应用水平大幅度提升。签约引进5亿元以上项目5个，总投资126.8亿元；项目签约落地10个，总投资302.3亿元。天圣绿能＋现代纺织、浙江宝万碳纤维有限公司、宇越新材料光学薄膜3个百亿级项目开工，天圣绿能＋现代纺织一期试生产。推进省“4+1”重大项目(交通投资、生态环境和公共设施投资、高新技术与产业投资、民间项目投资和省市县长项目工程)和区攻坚项目，实施二次开发、更新项目7个，入库项目59个，新开工38个，盘活闲置土地49.47公顷，三大项目(扩大有效投资项目、政府投资项目、现代产业重点项目)竞赛考核均为全区第一。R&D（研发）经费支出37亿元，比上年增长19%，占全区的1/2。浙江万丰化工股份有限公司万丰股份上交所主板首发报上市委会议，绍兴柯桥恒鸣化纤有限公司获中国纺织工业联合会科技进步奖一等奖，绍兴海通印染有限公司获省科技进步奖二等奖，绍兴优创科技股份有限公司、浙江梅盛新材料有限公司获国家级专精特新“小巨人”企业，浙江万丰化工股份有限公司、绍兴柯桥恒鸣化纤有限公司、东进新材料有限公司创建省级智能工厂(数字化车间)，浙江迎丰科技股份有限公司入选省“未来工厂”试点。复评、新认定国家高新技术企业59家，新增省科技型中小企业32家，金塔化工新建院士工作站1个，引进省级人才答辩6人，入选“名士之乡”英才计划(应届毕业生的人才培养计划)2人、领军型团队1个。

总投资4亿元的34个政府性投资项目基本完工，文体活动中心主体结顶，滨海大河环线游步道全线贯通。越江路江滨路连接线竣工通车，新滨广场开门营业，勤业未来城、蓝印时尚广场启动招商。创建省AAAA级景区镇、省美丽城镇样板街道。开展“蓝天治气一件事”专项治理，专项整治VOCs（挥发性有机物）和健全定型机及废气处理装置强制清理机制，落实工地扬尘数字化巡查，整改问题1077个，深化碧水行动“找寻查挖”整治检查350余次。解决老旺角“美食一条街”遗留隐患，执法立案和处罚数居全区第一。商贸区实施禁货管理，缓解停车难、乱停车问题。创建垃圾分类“定时定点”省级高标准示范小区 2 个、示范片区 1 个，拆除各类违法建筑 5.1 万平方米。

投资 7000 万元，村级“幸福事”民生工程基本完工 55 个，投资 5.45 亿元，马鞍综合性医院进场施工，村级卫生服务站试点接入医保平台 4 个，普及配置公共场所 AED 20 台，新冠疫苗加强针接种数全区第一。投资 8500 万元，扩建马鞍中心小学滨海校区，汇商、兴海、望海社区幼儿园通过省二级幼儿园评定。街道强村公司成立运行，创建国庆“AAA示范”村，建设“共富新亭”村企结对共建样板，培育绍兴乐植生态休闲有限公司、宏芳家庭农场等共富工坊 5 个，村级集体经济经营性收入比上年增长 10% 以上。大鱼山村、湖安村“千亩方”永久基本农田集中连片整治项目完工，新增粮食复种面积 267 公顷，建成全区最大粮食功能区之一。“有礼有爱”指数（社会文明现象动态相对数）获全区第一。文化礼堂评价激励机制入选“省文化礼堂赋能共同富裕引领计划”，文化礼堂和文明实践工作获省委宣传部部长王纲调研肯定，“数智礼堂”全域覆盖，“潮领马鞍·悦书会”书香礼堂，在村级城市书房每月开展全民阅读活动 13 次。组织“潮领马鞍”系列品牌赛事 200 场，开展各类志愿服务活动 1000 余场，社工站“蓝领益家”“益企向未来”入选区级公益创投（公益风险投资）项目。

推进五大领域（安全生产、安全培训、危化领域、生命通道、平安护鼎）安全综合整治，严格落实“五排查五到位”工作机制，进一步规范定型机、有限空间管控制度，全年排查工业企业、“两房一店”〔居住出租屋、村（居委会）民房、沿街店面〕、村级物业 32606 家次，整改隐患 12564 处，停产整治 32 家，火警数比上年下降 50%。厘清全域网格——微网格体系，完善社会治安防控体系，刑事案件、网络诈骗发案率比上年分别下降 12.3%、17.1%。实施消防安全应急快反强基工程，推进消防救援实训基地、新二消防救援站、消防 E 安通平台建设，夯实街道综合消防救援应急体系。在全区率先清零信访积案，建设“共享法庭”省级试点，化解各类矛盾纠纷、欠薪案件 2046 起，抓早抓小初信初访做法获市委、市政府主要领导肯定。

·小资料· “五排查五到位”

“五排查”：落实企业自查、网络检查、专家检查、职能检查、领导督查“五级”隐患排查治理机制；“五到位”：强化监督管理、宣传培训、责任落实、应急管理、检查督促“五到位”。

【入选省级示范“共享法庭”名单】 2022 年 9 月 18 日，柯桥法院“共享法庭”（马鞍街道）入选全省第二批示范“共享法庭”名单，柯桥法院“共享法庭”（马鞍街道）是柯桥法院联合柯桥区马鞍街道党工委共同设立的镇街“共享法庭”。柯桥区马鞍街道作为绍兴市工业经济首位镇（街道），规模以上企业较多，经济交流频繁。“共享法庭”（马鞍街道）通过构建镇（街道）劳动争议“共享法庭”，一体化解决涉企纠纷；着力建设群众参与“便捷驿站”，通过“一屏、一线、一终端”让当地群众足不出户就可享受司法服务；塑造法治素养“云上课堂”，通过普法小视频、案例讲解等，不断提升群众法治意识；建立镇级多元化解协同机制，联合多部门将矛盾消灭在基层。至年底，化解重大纠纷 53 起，金额 4055 万元，组织普法宣传培训 20 余场，线上线下惠及群众 5000 余人次。

2022 年 8 月，绍兴市柯桥区人民法院“共享法庭”
（马鞍街道 提供）

【美丽城镇省级样板创建】 2022 年 12 月，马鞍街道获评为美丽城镇建设省级样板。自 2015 年起，马鞍镇聘任 12 家印染企业负责人为“企业河长”，成为全国企业河长制重要发源地。至2022年,马鞍街道有企业河长163人。该街道运行沿江企业日常保洁和垃圾收集处置,全面实施截污纳管。河长公示牌、安全警示牌等公共设施完备,巡河、考核管理、监督通报等各项制度落实到位;发布路域环境整治"动员令",全面提升辖区道路和铁路两侧洁化、美化、绿化及路面平整水平,开展"两路两侧'三化一平'"专项整治工作。滨海大河获评省级"美丽河湖","驼峰山——木枝湖"城市生态公园、滨海大河游步道、马鞍绿心公园等的知名度美誉度再获提升,环境卫生考核从2018年起,连续5年居全区第一位。投资7171万元,建设秀美山外体育公园等项目47个。实施"北工中城南闲"的规划布局,至年底,创建省级AAAA级景区镇,省级"AAA示范村"3个、"五星达标村"5个、"五星达标社区"2个。

【"潮领马鞍·悦书会"书香礼堂全民阅读启幕】 2022年5月14日,马鞍街道"潮领马鞍·悦书会"书香礼堂全民阅读活动,在亭山桥村城市书房启幕。此次活动由马鞍街道办事处主办,柯桥区图书馆、马鞍街道文学艺术界联合会、马鞍街道综合文化站承办。与会者一起观看习近平总书记读书故事短片,分享阅读心得体会,举行赠书仪式、授牌授旗。5—12月,马鞍街道在13个村级城市书房,分别每月开展一场全民阅读活动。街道邀请吕瑜洁、章玲萍等本地10名领读嘉宾,开展以围涂精神、绍兴风俗、亲子教育等为主题的专题读书分享会或专题阅读讲座。街道投入20余万元采购6500册适合农民群众胃口、符合农村实际的书籍,捐赠给村级城市书房,实现每个村级书房藏书不低于3000册。(李　丹)

2022年5月14日,马鞍街道"潮领马鞍·悦书会"书香礼堂全民阅读活动在亭山桥村城市书房启幕　(马鞍街道　提供)

齐贤街道

【概况】 齐贤原名下方桥,后传东晋王羲之、南宋陆游等在此齐集名贤饮酒吟诗,故名齐贤(《绍兴县志》)。2017年7月撤镇设街道。地处柯桥区西北郊,紧邻柯桥城区,东临马鞍街道、越城区斗门街道,南接柯桥街道,西连安昌街道、华舍街道,北与萧山区党山镇为界,杭甬高速、杭甬客运专线、钱江三通道、杭甬运河穿境而过,绍兴北站,柯桥客运中心傍街道而建。境内历史悠久,历代遗存文物古迹众多,有壶瓶山古文化遗址、隋唐羊山石佛、渊明故里、明代扁拖五眼闸等古迹,中共绍兴新独立支部机关龙山小学等旧址,有羊山公园、亚运羊山攀岩馆、上方山体育公园等。为全国重点镇、中国乡镇投资环境100强、全国环境优美乡镇、中国纺织机械制造名镇,列浙江省百强乡镇第八。2022年区域面积32.47平方千米,辖20个村(居委会、社区),人口12.06万人,其中户籍人口5.49万人。

地区生产总值166.25亿元,比上年增长5%;财政收入12.1亿元;一般公共预算收入7.8亿元;规模以上企业工业产值108.8亿元;规模以上企业工业增加值24亿元,比上年增长20%;自营出口110.47亿元,比上年增长30%;规模以上企业工业研发费用5.2亿元,比上年增长30%;限额以上企业批发额166.36亿元,比上年增长35%。齐贤街道获评中国最具特色旅游街道、中国乡村振兴示范街道、浙江省共同富裕"双十佳乡镇街道"和绍兴市城镇建设突出贡献集体。

浙江金道科技股份有限公司上市,浙江迅实科技有限公司D轮融资,浙江元筑科技有限公司启动股权分置改革,浙江越剑智能装备股份有限公司的越剑智能列浙股净利润二百强。浙江杰卡德智能科技有限公司、浙江中奔汽车技术有限公司等项目加快产出,"健康

2022 年 4 月，齐贤集镇新貌　　（齐贤街道　提供）

岛”“数智港”项目集聚，美佳生命健康产业园等 3 个 M0（新型产业用地）项目基本完工，绍兴金名仕纺织有限公司、绍兴咏一智能装备有限公司等二次开发项目 7 个，“百布·齐贤汇”数智科技园开工建设。浙江梅轮电梯股份有限公司获评省级工业互联网平台企业，浙江元筑科技有限公司入选浙江省智能工厂，新建“浙江中意针绣有限公司”等屋顶光伏项目 28 个，年增发电量超 3000 万千瓦时。

借力科技交流平台，街道与市科协合作举办“科创中国”主题活动，与省电机动力学会、省自动化学会合作的数智科创服务工坊揭牌。浙江津膜环境科技有限公司等企业成为国家专精特新“小巨人”企业 3 家；申报国家高新技术企业 26 家，总量居全区第二位，省科技型中小企业 41 家，总量列全区第一位；浙江化安安全技术研究院有限公司、环思智慧科技股份有限公司等企业创建省级研发中心 3 个；浙江杰卡德智能科技有限公司、浙江越剑智能装备股份有限公司认证“浙江制造”标准产品 3 只；浙江元筑科技有限公司获“中国绿色建材产品”三星认证。华威智创园、壹迦科技产业园等民营科技园区建成招商，浙江国芯智源微电子有限公司、尚辰（浙江绍兴）复合材料科技有限公司、中材碳纤维（浙江）有限公司等 10 余个高科技项目入驻。申报“国家引才计划”名单 26 人，入选 3 人；申报省级引才计划名单 28 人，进入答辩 9 人；均居全区第一位。

综合提升羊山亚运区块，新建上方山大道，提档镜水北路，改造羊山公园，新建亚运休闲公园，建成羊山智能化联勤警务站。投资 3000 万元，升级集镇区块市政基础设施，改造绍齐公路非机动车道，新增围挡，更换杭甬运河柘林桥吊杆、改造团前桥、治理城市内涝和提升城乡风貌。兴浦区块签约、腾空，拆迁 1030 户；羊山安置房择房，拆迁扫尾上方山大道等地块 4 个；净地交付柯北科创教育中心、阳嘉龙区块、棒球未来社区等地块。累计征地 67.67 公顷，拆除房屋 84.4 万平方米，拆除量和拆除率均列全区第一位。

开展全域环境大提升行动，地毯式治理亚运沿线环境，清单式销号 756 项；垃圾分类考核全区第一，建立全市首家垃圾分类专业培训基地，创建市级高标准垃圾分类示范片区；重点整治农贸市场、背街小巷和生活秩序，开展文明城市创建。做优做美旅游提升，羊山石境 AAA 级景区通过国家级初评，街道成为全市首个 AAAAA 级景区现场验收点，获专家一致肯定。严控建筑工地扬尘和露天秸秆焚烧，跟踪整治镜水路等大交通沿线、物流场和拆迁工地，空气质量 $PM_{2.5}$ 年均浓度比上年下降，试点创建省级低碳乡镇。生态治理齐贤街河，专项治理蓝藻、建设活水工程、优化人居生态。

齐贤村建成全区首个数字村史博物馆，培育特色共富工坊 10 个。启动齐贤中心小学陶里校区立面改造和齐贤校区人工智能信息化教育场景建设；开展 60 周岁及以上老人和“两慢病”（高血压、糖尿病）人群肿瘤指标筛查。建设家宴中心 4 处，婴幼儿照护站 6 个，改造提升百姓健身房和村（居）卫生室；建设社会救助体系，完善社会工作站运营服务，建成下方桥无障碍社区。

开展“除险保安”（消除危险，确保平安）百日攻坚大行动，化解省级积案 9 件，调处各类纠纷 421 件，警情比上年下降 15.5%。排查各类场所 3 万家，整改隐患 1.5 万处；上线出租房智慧用电安全监管系统，火警数比上年下降 52.3%。创新大综合一体化试点，部门站所合署办公，首创“亚运一件事”应用场景，承担柯桥区“大综合一体化”现场会考察点，得到省、市领导肯定；推进“浙里兴村治社”场景应用全市“观察点”,配足配强网格服务团队;在全市先行先试“亲清廉盟”和“数智廉共体”,探索村干部利益回避项目审核、备案制度。

· 小资料 · D 轮融资

D 轮融资:指第四次融资。D 轮融资是企业发展过程中的一个环节,企业只有发展到一定阶段,才能进行相应的融资,而且融资是企业筹集资金的行为和过程,融资分为 A 轮、B 轮、C 轮、D 轮和 E 轮。D 轮融资是 C 轮融资的延伸,有的企业会选择在 C 轮融资或者 D 轮融资中上市。

【越剑智能被列入浙股净利润二百强榜单】 2022 年 12 月,浙江越剑智能装备股份有限公司越剑智能被列入浙股净利润二百强榜单。浙江越剑智能装备股份有限公司成立于 2000 年 4 月 7 日,公司经营范围包括智能装备研发、制造和销售、生产、加工、纺织机械、焊割机械及工具、金属原料配件系列、五金货物进出口(法律、行政法规禁止的除外)等。越剑智能于 2020 年 4 月 15 日在上交所主板上市后,深耕主业,布局主要优势产业,稳步提升公司运营质量,2022 年年底,营业收入 12.64 亿元,归属上市公司股东的净利润 4.5 亿元,比上年增长 39%。

【柯桥区首个数字村史博物馆建成】 2022 年 11 月 3 日,齐贤街道齐贤村建成柯桥区首个数字村史博物馆。该馆面积 700 余平方米,展品百余件,分民风旧俗、村史撷英等 7 个篇章,展现齐贤村风土人情、社会变迁。自年初起,齐贤街道推进“微改造,精提升”工程,以“绣花功夫”在齐贤村新时代文明实践中心建设“村博馆”。消防水龙、大灶、旧时彩礼“老三件”等百余件具有年代感的物件,体现发展变迁,通过图文、实物、多媒体等多种形式,全方位、立体式展示齐贤村不同时期的历史风貌、名人风采和民俗文化。

【“大综合一体化”改革】 2022 年 3 月始,齐贤街道开展“大综合一体化”行政执法改革,以“一支队伍管执法”“一个平台智办案”为建设方向,组建齐贤街道综合行政执法队。集中办公,把自然资源、环保应急、市场监管 4 个站所以及交通运输、文广旅游等 4 个区级部门的下沉执法联络员到岗值守。在原有的综合执法队伍上增加 86 名下沉执法联络员,搭建起“一支队伍管执法”的框架。强化综合执法队伍工作效能,扩大综合执法的权限范围,对基层执法频率高、多头执法问题突出的权限事项进行整合。把 7 个方面 678 项行政处罚、行政监督检查和行政强制措施职权交由街道相对集中行使。为切实解决以往部门间条块割裂、各自为政等弊端,探索“任务统一派单、执法同步运转、联检规范开展”的工作机制。做到一天一单日会商、信息证据互通认、无事不扰月联检,避免多头执法造成的人力浪费。实行综合执法可视化指挥、留痕化管理、协同化调度和智慧化考核,形成即时感知、智能监管的齐贤治理新形态。至年底,街道综合执法案件比上年增长 69.2%,信访案件数比上年下降 27.1%、投诉举报比上年下降 33.8%。(余洲洋)

2022 年 11 月,齐贤街道齐贤村历史博物馆开馆

(齐贤街道　提供)

安昌街道

【概况】 安昌古称长乐邨,后因唐朝钱镠平定董昌之乱而命名,2017 年 7 月撤镇设街道。位于柯桥区北部,北与杭州市萧山区瓜沥新城毗邻,南接华舍街道,东、西分别与齐贤、钱清街道接壤。紧邻环杭州湾高速公路南线,距萧山国际机场 26 千米,杭甬高速公路柯桥出口所在地。地理位置优越,水陆交通便

利。境内有禹会诸侯之涂山、西周至汉魏六朝之后的白洋村落遗址;有国家 AAAA 级旅游景区安昌古镇,为第二批中国历史文化名镇、CCTV(中央电视台)中国魅力名镇、中国师爷文化之乡、浙江省首批非遗主题小镇、浙江省首批旅游风情小镇。AAAAA 级景区镇,美丽城镇省级样板、省文化强镇。2022 年区域面积 23.75 平方千米,户籍人口 3 万余人,流动人口 4 万余人,辖 9 个行政村、4 个居委会(社区)。

财政收入 8.95 亿元、一般公共预算收入 5.92 亿元,规模以上工业产值 119.85 亿元,居全区第四位;限额以上零售业销售额 39.61 亿元,居全区第一位;自营出口 106 亿元。

推进闲置低效用地"二次开发",获批"二次开发"项目 5 个,盘活土地面积 13 公顷,其中 1 亿元以上项目 2 个。首家市外建筑工程施工总承包一级企业浙江映晟建设集团有限公司入驻安昌,为 1998—2022 年柯桥区首例。入选国家引才计划名单 2 人,入选人数列全区镇(街道)第三;入选绍兴"名士之乡"英才计划名单 5 人,直接认定 1 人,居全区镇(街道)第一。浙江捷众科技有限公司获评省级服务型制造示范企业,浙江高强度紧固件有限公司获国家级专精特新"小巨人"企业,浙江东盛慧谷科技有限公司引进中国工程院院士徐建国团队。

市级"美丽城镇建设样板创建"复查复评获"优秀"等级。改造提升低等级公路,启动越州大道(安昌段)、小西庄—安北路、钱滨线—方党线提升工程 3 个。盛陵村获评省 AAA 级景区村,安华村、九鼎村为省级新时代美丽乡村精品村,前畈村为省级新时代美丽乡村达标村。

举办第二十三届云上腊月风情节、柯桥区第六届非遗嘉年华、首届安昌金酱大赛等节会,联动举办"一城三古镇"(柯岩鲁镇、柯桥古镇、安昌古镇)夜生活潮玩节。安昌古镇获评浙江省智慧景区,入选浙江省第二批大花园"耀眼明珠",入围全省第一批旅游驿站(试点)名单、省级旅游休闲街区培育名单,入选第二批省级夜间文化和旅游消费集聚区。古镇石雕馆入围省第二批乡村博物馆名单。安昌腊肠制作技艺上榜第六批省级非物质文化遗产代表性项目名录,建立安昌酱鸭、安昌腊肠绍兴市级团体标准。

实施"村级集体经济三年倍增计划",年经营性收入 4500 万元,比上年增长 20%。与瑞丰银行联合推出"瑞·共富"计划,构建全区首个政银共建"富裕共同体",首创"共富顾问"+"共富指导员"模式,调整提高村级资产租赁指导价,投运白洋、大和农产品集散中心。与轻纺城股份有限公司战略协作,12 个村(社区)合资成立强村公司"柯桥区风情安昌城乡服务有限公司",引入城市服务,开发村、镇社区化管理等诸多功能。

开展"浙里兴村治社"场景应用试点,拓展场景子系统。建设领雁队伍,白洋居委会、盛陵村在村(社区)党组织书记领雁擂台赛上分别获优胜奖、银牌书记称号。建设古镇党建联建 2.0 版,探索安昌—瓜沥"毗邻党建"工作机制。开辟古镇景区初心路线,建设"红色印记"广场,形成"一站五点"红色风景线。建设"循足迹、悟初心"东盛慧谷红色教育基地。以"党建红引领科技蓝"为品牌,在"两新"组织中创新设立"科技委员",充分发挥党员科技领雁作用。在全市率先建立"数廉万家"村级监督管理"智治"模式,大山西村入选绍兴市清廉单元建设示范单位。

【"华语辩论世界杯"永久落户安昌】 2022 年 6 月 20 日,青少年思想小镇暨"华语辩论世界杯"落户

2022 年 8 月 6 日,2022"华语辩论世界杯"初中小学组暨安昌古镇青少年思想节活动开幕式在安昌古镇举行　　（安昌街道　提供）

签约仪式在安昌古镇天官第举行。“华语辩论世界杯”是以传播社会主义核心价值观为根本宗旨、以职业体育为参考的辩论赛事,2013 年开办,参赛高校覆盖全球 15 个国家和地区,其中中国内地开设赛区城市超过 40 个,高校数量 500 余所。2022 年起,“华语辩论世界杯”初中组、小学组活动永久落户安昌。8 月 6 日,2022 华语辩论世界杯初中小学组暨安昌古镇青少年思想节活动开幕式在安昌古镇举行,来自北京、上海、重庆和广州等 12 个城市,50 支队伍的 500 名选手,经过 7 月 27—31 日为期 5 天的线上预选,最终有 16 支队伍和 36 人晋级,在安昌古镇线下决赛。经过 8 月 6—8 日的比拼,重庆树人凤天小学夺得辩论小学组学校团体赛冠军,上海复旦五浦汇实验学校夺得辩论初中组学校团体赛冠军,其余各项辩论个人赛和演讲比赛荣誉也均有归属。

【首届“安昌金酱”大赛】 2022 年 12 月 23 日,“安昌金酱”传统酱制品大赛在安昌古镇举办。组委会通过生产场所评分、网络投票以及现场比赛评分三大环节,由柯桥公证处现场公证,评出“安昌金酱”单位。大赛邀请 7 名专家组成评委会,赴生产场所核查评分,加上网络评选和比赛现场专家评分,三部分综合得分,评选出绍兴安昌哈哈香肠食品厂、绍兴市柯桥区华瑜食品有限公司、绍兴季三缸食品有限公司、绍兴市柯桥区红丰食品厂、绍兴仁昌酱园有限公司、绍兴柯桥阿红食品厂、绍兴安昌大酒店、绍兴董仁记食品有限公司、绍兴市柯桥区一口味菜馆、绍兴三可食品有限公司 10 家“安昌金酱”单位。

【“政银村”联盟共富新样板建设】 2022 年,安昌街道开展“政银村”联盟共富新样板建设,开展党建引领、金融助力乡村振兴。6 月 18 日,“瑞·共富”行动计划的首个项目,四星级标准建设安昌街道白洋农产品集散中心开业,摊位数量比老市场增加 2 倍,每年为村集体增收 170 万余元。白洋农产品集散中心投资近千万元,其中 500 万元来自结对银行瑞丰银行提供的低息贷款。根据安昌街道“瑞·共富”行动计划,瑞丰银行为大和村新农产品集散中心、安华村现代化果蔬大棚、盛陵村酱制品生产基地等项目提供 10 亿元授信,在基础设施、民生工程等项目建设上给予金融支持。“瑞·共富”行动计划还包含成立党建联盟赋能乡村发展、深化“两员一顾问”机制、慈善助力乡村共富、大力推广普惠金融、村银合作组建强村公司五大措施。(魏璐怡)

2022 年 6 月 18 日,安昌街道白洋农产品集散中心开业

(安昌街道　提供)

福全街道

【概况】 福全街道地处古鉴湖区域,因境内有“福全山”而得名,2017 年 7 月,撤镇建街道。位于柯桥区西南郊,东与越城区府山街道相邻,南接兰亭街道、漓渚镇,西、北分别与柯岩街道、东浦街道相连。距绍兴市区 4 千米,柯桥城区 11 千米,杨绍公路(104 国道南复线)穿境而过;漓渚江横贯福全区域,有松坞江、迪埠江等鉴湖水系,地理区位和自然条件得天独厚,素有“金三角”之称。域内湖山景色秀丽,人文遗迹众多,有明代建筑何景星宅第、清末鉴湖女侠秋瑾祖居、近代著名教育家许寿裳故里。2022 年区域面积 39.83 平方千米,以平原水乡为主。辖 22 个行政村,1 个居委会,1 个社区,户籍人口 4.2 万人。

财政收入 6.79 亿元,比上年增长 4.24%;一般公共预算收入 4.08 亿元,比上年增长 3.08%;为全区首个财政超收分成的街道。固定资产投资 7.74 亿元,比上年增长 34.36%;制造业投资 3.94 亿元,比上年增长 27.96%;高新技术产业投资 3.6 亿元,比上年增长 25.76%;社会消费品零售总额 0.34 亿元,比上年增长 47.75%;限额以上批发业商品销售

2022年4月，福全街道鸟瞰图　　（福全街道　提供）

额86.37亿元，比上年增长110.24%。

盘活村级低效用地13.33公顷，投资15亿元，开工建设项目5个；成立项目跟踪服务团队，确保每个项目按时间节点完成。16次获得有效投资竞赛、现代产业重点项目竞赛、政府及国有投资项目竞赛三项区级优胜单位称号，竞赛考核成绩居柯桥区片组第1名。引进"老绍兴回归"投资5亿元以上项目1个、1亿元以上项目4个，引进区外国资税源企业2家，年增税收8000万元；内资招商到位8.02亿元，实到外资550万美元。浙江沃莱菲装饰材料有限公司、绍兴光辉制版有限公司、绍兴福全毛纺染整有限公司等企业申报"二次开发"项目。推进"最多80天"项目代办服务，简化企业投资项目备案审批流程，提升服务质效，营造良好营商环境。宣传二次开发、留抵退税和高质量发展等有关政策，缓解企业现金流紧张难题，为企业申报低息贷款4亿元。

投资6000万元，基本建成福全消防救援站（应急管理站），提升改造劳峡线（福漓公路—树漓公路）路面、兴联李家湾至新迪埠劳家桥道路，亮化、绿化容山公路云泉寺段，动工建设杭金衢高速至杭绍台高速联络线福全段。柯诸高速公路福全段房屋在全区率先签约，腾空率100%；高压线迁移改造拆迁项目腾空拆除率100%；签约金三角拆迁扫尾遗留户112户。修复中祥尾矿，销号省"七张问题清单"。综合行政执法队营房建设在全区率先完成入驻，巩固、深化"三改一拆"（旧住宅区、旧厂区、城中村改造和拆除违法建筑）成果，存量违建应拆尽拆，遏制新增违章建筑，高效利用拆后土地。

启动"五水共治""春雷"专项行动，漓渚江环境综合治理和农村生活污水处理设施提标改造工程完工。镇级河长下沉一线，排查工业企业污染源，落实闭环整改措施200余条；清理23个村（居委会）101条河道猎鱼虾地笼1万余只，投放河蚌4.8万只、鱼苗1046万尾。

投入2000万元，集中整治提升城乡环境卫生，在第三季度全市农村人居环境长效管理常态化评估中获评镇（街道）、村（居）双第一。农村组在全区城乡环境卫生考核列第六位，比上年同期上升7位。欣华村垃圾分类，入选浙江省千万工程现场会美丽乡村十大管护模式展板。

淘汰落后产能，建立大气污染防治体系，整治"低小散"行业、工业小区和石料场。鼓励发展"机器换人"，推进绿色生产步伐。

在全区率先"百日攻坚"信访积案，化解率100%。"除险保安"大行动考核居全区第五位。构建立体式消防防火墙，规模以上企业消防站全覆盖，创建强武工业园区全区样板。投资300万元，规范化建设村（社区）基层消防站23个，探索胜利村村级物业消防整治试点，建立数字化消防管控新模式，火警数比上年下降54.7%，被评为绍兴市首届消防奉献奖。创建浙江省四星级街道食品安全办公室。被省委组织部授予新冠疫情防控执行力指数评价优秀乡镇（街道）称号。

投入1200万元，提升改造秋瑾小学、秋瑾幼儿园。建设"浙里有福"文明实践品牌，街道文明实践所被评为市、区先行示范实践所。入选绍兴好人1人、柯桥好人3人。实施"'福小丫'带您游福全"项目，大雾尖在抖音绍兴市景点好评榜排行第一。徐山粮仓农耕文化馆被评为"浙江省最美公共文化空间"、省级乡村博物馆。舞蹈《农耕是福》获绍兴市群众舞蹈大赛银奖。

峡山村在全市率先开展农村宅基地资格权市域跨县有偿选位竞拍，得到省领导批示肯定，入选绍兴市高质量发展建设共同富裕示范区实践（第一批）名单。街道基层便民服务中心在全市首家实施持证上岗，政务服务“掌上办”自助体验专区为全区试点，政务服务基层便民服务中心标准化建设市级试点。

【农村宅基地资格权市域跨县竞拍】 2022年6月2日，福全街道峡山村，举行农村宅基地资格权市域跨县有偿选位竞拍。其中34号宅基地经过多轮竞价，最后以50万元价格成交，比起始价高出20万元，溢价率66.67%。当日，峡山村完成第一期项目15宗宅基地的有偿竞价，起拍价520万元，成交价576.8万元。福全街道自确定为农村宅基地制度改革试点后，探索城镇规划区农村有机更新和跨区域宅基地资格权确认。在峡山村对村级低效物业用地展开二次利用，将面积13429.3平方米土地，分别建造占地80平方米和占地115平方米两种户型农房，允许全市范围内有宅基地资格权农户，跨县有偿选位。第一期项目推出7宗小户型，10宗大户型宅基地。审核通过17户，其中市内区外4户、区内镇外5户、镇内村外4户，以及本村4户。

2022年3月，福全大雾尖顶部明代建筑香山寺（福全街道　提供）

2022年6月2日，全国首例农村宅基地资格权市域跨县实现宅基地批准书发放仪式举行（福全街道　提供）

【大雾尖成为柯桥新晋网红地】 2022年，福全大雾尖山成为抖音绍兴市景点好评榜排名第一。大雾尖又名豆腐尖，顶部建有明代建筑香山寺，海拔341米。公路可通到3/4山腰处，腰间有小型水库，从尖顶可眺望远方群山。大雾尖游步道建设，是福全街道美丽乡村建设的重点项目之一，新建1千米环山游步道、配套基础设施、游步道沿线绿化、景观亭、排水系统等辅助工程，竣工投入使用后，通过短视频、美图等，成为江浙沪观赏日出的打卡地、福全街道梦里水乡风情带和产业新城文旅项目节点上的新风景。

【“福小丫”形象代言团队成立】 2022年5月7日，福全街道成立“福小丫”形象代言团队，由13位街道年轻女干部组成。在福全街道团委“红五月”系列活动启动首日，该团队成员身着汉服走进大雾尖游步道，现场录制视频，宣传推介大雾尖美丽山水。建设“福小丫”文旅宣传品牌，搭建“浙里有福”公益直播平台，代言福山福水、福韵人文、福字产品，直播带货“福”字特色农产品。至年底，累计拍摄秋瑾祖居、大雾尖、合义徐山视频等12期，视频浏览量279.1万人次，点赞量18.4万人次，创收10.3万元。“‘福小丫’带您游福全”项目与徐山粮仓农耕文化馆被评为“浙江省最美公共文化空间”。（周嘉丽）

2022 年 5 月，福全街道“福小丫”形象代言团队成立
（福全街道　提供）

浙江省 AAAA 级景区街道、新时代美丽城镇省级样板。2022 年区域面积 83 平方千米，辖 20 个行政村，1 个社区；户籍人口 3.20 万人，流动人口 1.14 万人。

财政收入 3.45 亿元，一般公共预算收入 2.09 亿元；规模以上工业企业产值 42.6 亿元，规模以上工业企业增加值 8.09 亿元，自营出口 20.1 亿元，固定资产投资 5.94 亿元，民间投资 5.96 亿元，制造业投资 6.9 亿元。

引入省外上市企业减持税收 1814 万元。实施绍兴永隆纺织服饰有限公司、绍兴柯桥美凌纺织品有限公司、绍兴恒世缘服饰有限公司、绍兴市柯桥区金粟无纺有限公司“二次开发”项目 4 个，落地动工 1 亿元以上项目 3 个，签约 4 个。培育国家高新技术企业 9 家，申报通过浙江省科技型中小企业 16 家。新增“浙里工程师”入驻企业 10 家、协同创新入库工程师 100 人。申报国家引才计划名单 5 人，入选 1 人。

建设共富示范样板，以谢家坞村为试点，引进（雾耕）现代农业科技示范园、露营基地、特色民宿群、童享乐园等乡村特色项目，创建全市“五星 3A”先行村，被列为全区首批共富星村建设村，承办全区“共富星村”建设推进会、全市党建双月例会。新陈村回购村级旧物业，联合紫洪山、花街、谢家桥、大庆 4 个村成立五富竹业股份有限公司，通过与第三方合作运营，推动竹产业转型发展，为村级集体经济年增收 50 万元以上。

开展整村征地拆迁，拆迁面积 27 万平方米，娄宫整村、金庄村西岸金签约 536 户，住宅拆迁量居全区第二，腾出土地 23.33 公顷，净增用地 16.67 公顷。助推兰亭度假区开发建设，征地 26.36 公顷，流转、租用 58.21 公顷，迁坟安置 250 穴。改造亭一路、亭三路，提档升级人大代表联络站 2.0 版，启动邻里中心建设，城市书房、大综合一体化营房竣工。

整治非法扬尘污染企业，关停非

兰亭街道

【概况】兰亭街道位于柯桥区中南部，因春秋越王勾践植兰于此，汉代建有驿亭而得名；2017 年 7 月撤镇设街道。东至越城区鉴湖街道，南与诸暨市枫桥镇毗邻，西连漓渚镇，北接福全街道。31 省道（绍大线）和杭绍台高速公路贯穿全境，绍诸高速公路在兰亭区域设有出口。境内有书法圣地“兰亭风景区”“兰亭国家森林公园”“印山越国王陵”“阳明园”“徐渭墓”等名胜古迹，先后获评全国环境优美乡镇、中国针织名镇、中国竹笋之乡、全国千强镇、

2022 年 3 月，兰亭街道航拍图　（沈　潇　摄）

法砂石场8家，落实规范化整治提升8家，空气质量$PM_{2.5}$平均浓度22.2微克/立方米，比上年下降20%。创建省级污水零直排样板镇（街道），规范化提升改造生活垃圾转运站。投入1000万元，综合整治农村人居环境；建立健全考核激励机制，提升城乡面貌。以点带面整治优化粮食生产功能区，签约面积333.33公顷，退苗还田总量占全区20%。

2022年10月，兰亭街道张家葑村湿地田园景色　（徐罗杰　摄）

改造升级中心幼儿园围墙外立面，新增婴幼儿照护服务驿站5家，谢家坞村创建为浙江省示范型儿童之家，谢家桥村"乐中起智，爱中成长"主题亲子活动信息，在5月29日被中国计划生育协会录用。张尚明、姚国梁获评柯桥区"最美乡贤"，兰亭派出所俞兴峰、阮港村茹幸丰被评为"绍兴好人"。

【省美丽乡村示范镇创建】 2022年12月11日，兰亭街道上榜浙江省美丽乡村示范乡镇名单。年初，兰亭街道在前期创建全省美丽城镇基础上，梳理项目55个，投资4亿元，开工率100%。把历史记忆、区域特色、文化传承等兰亭元素和人文特征贯穿美丽城镇创建全过程。推进发展文旅新产业，升级书法文化、阳明文化、侨文化、拼布文化等亮点元素，启动书法学院扩建、夜兰亭景观提升项目，配合兰亭景区创建AAAAA级景区，建设阳明心谷，成立民艺拼布博物馆、全区首个侨文化馆、旅游标识导览系统。配合兰亭文化旅游度假区野生动物园等大型文旅项目，实施征迁、"四通一平"工程，智安学校、智安医院、智安小区、智能交通、智慧城管等功能全覆盖，建设综合性智慧服务体系。建成"两馆一广场"，配备"一村一礼堂"，建设邻里中心，构建"15分钟生活圈"，整治"散乱污"企业，启动新一轮城乡环境卫生整治提升专项行动，联合执法监管路面扬尘、乱堆乱放、建筑渣土、秸秆焚烧等问题。

【兰亭水蜜桃节】 2022年7月2日，"桃醉一夏·水蜜兰亭"柯桥区第三届兰亭水蜜桃节在兰亭印山人家开幕，黄家坞水蜜桃合作社和"印山人家""漫田旅""禾日农庄""叙兰苑"等水蜜桃基地品牌商齐聚"蜜桃集市"。"兰亭水蜜桃"被区农业农村局授予"柯桥区特色农产品"称号；兰亭街道被区文广旅游局评为"乡村特色旅游示范地"；兰亭街道为"驻村促共富""文旅促共富"团队授旗；瑞丰银行、泰隆银行向兰亭桃农代表印山人家、禾日农庄授信6000万元。

2022年7月2日，柯桥区第三届兰亭水蜜桃节开幕（金鹏峰　摄）

【雾耕现代农业科技示范园开园】 2022年9月，柯桥区最大雾耕大棚基地——谢家坞村雾耕现代农业科技示范园开园。谢家坞村土地资源丰富，改革开放后，由于劳力大部分外出打工，不少土地成为荒地。谢家坞村在露营基地边的荒地上，投资1100万元，建成面积10亩的两个雾耕大棚基地，内部建有全智能控制的植物高效生产系统，每种瓜果蔬菜营养液配比全部通过电脑自动调节，雾化到根部，植物营养吸收率95%，生长周期缩短1/3，每亩产量为传统耕地的5～10倍。探索"股份经济合作社＋农户＋第三方公司"机制，形成现代农业科技类共富工坊，让资源变资产、资金变股金、农民变股东，带动村民共同富裕。每年为村级集体经济增收120万元。

2022年11月23日，浙江省林业共富现场会人员考察新陈村五富竹业股份有限公司　（盛晓玮　摄）

2022年9月，兰亭街道谢家坞村建成雾耕现代农业科技示范园　（潘　鑫　摄）

【省林业共富现场会人员考察新陈村】 2022年11月23日，浙江省林业推进共同富裕暨竹产业高质量发展与古道保护现场会部分与会人员，实地考察兰亭街道新陈村五富竹业股份有限公司。兰亭街道新陈村，回购村级物业进行"精提升"，联合大庆、紫洪山、花街、谢家坞4个村开展五富竹业党建联盟，抱团成立强村公司——五富竹业股份有限公司，通过与第三方合作运营，以"村民砍伐、村级统收、企业产销"发展模式，建成集毛竹加工、制作、销售于一体的产业链。改变以往代收代销模式，竹产业发展每年为村级经济增收50万元，通过物业厂房、毛竹机械设备租赁等，增收200万元，经济薄弱村实现"摘帽"。（何　佳）

夏履镇

【概况】 夏履镇，由夏禹治水"履遗不蹑"而得名，因越王陈兵著名，以生态治理扬名。1992年7月撤乡建镇。地处柯桥区西北部，东连钱清、湖塘街道，南接诸暨市店口镇，西邻杭州市萧山区进化、所前镇，北连杨汛桥街道。距杭金衢高速杨汛桥道口6千米、杭州城区35千米、绍兴城区32千米、柯桥城区12千米。境内有越王峥、车水岭、陶官山窑址等文物古迹。森林覆盖率83.1%，素有"九山一田"之称。1997年被联合国环境署评为生态环境全球500佳，系全国环境优美乡镇、中国非织造布特色名镇、全国文明镇、国家卫生镇。2022年区域面积51.01平方千米，辖11个行政村、1个社区，户籍人口18111人，外来人口5853人。

财政收入1.76亿元，一般公共预算收入1.21亿元；固定资产投资2.28亿元、民间投资2.24亿元、建筑安装业投资1.44亿元，比上年分别增长125.7%、215.3%、171.3%；规模以上工业企业产值25.4亿元、销售20.5亿元、增加值4.6亿元；引进外

2022年9月，夏履镇竹海一角　　（夏履镇　提供）

资300万美元，内资招商1.5亿元；自营出口15亿元；限额以上批发业商品额、限额以上社会消费品零售额分别增长28%和35%。新增项目31个，其中高新技改项目14个，投资1.4亿元。投资5亿元的嘉中宝无纺项目在建。研发经费投入0.9亿元，比上年增长20%；新产品产值13.9亿元，比上年增长16%；申报高新技术企业5家、发明专利3件；新增规模以下企业升级规模以上企业6家、小微企业升级规模以上企业4家；浙江建业幕墙装饰有限公司入选省级"隐形冠军"企业；申报"引才计划"国家级名单9人、省级名单5人，入选国家级名单2人，省级进入答辩环节名单3人，申报入选和答辩申报率均列全区第一位；申报省海外工程师名单2人，"名士之乡"名单1人。化解原"天禾""恒柏"地块历史遗留难题，开工"云栖江南院"房产项目，拆迁新中天地块。云溪里、融杭府等房产项目销售良好。

融入临空示范区"一核两廊三片"总体规划和"康养时尚产业片"发展定位，编制全镇旅游和美丽城镇规划，提供建设杭金衢高速与杭绍台高速联络线、杭州中环土地，办理征地农民养老保险447人，推进城乡风貌入口景观大道提升工程和西南通道二期项目。开展"蓝天碧水净土"行动，空气质量$PM_{2.5}$浓度居全区第四位，莲西、联华、双叶村分别获省级"一村万树"示范村、省级森林人家和省级森林氧吧称号。集中攻坚环境整治，推进垃圾分类，蝶翠华庭小区获评省级高标准生活垃圾分类示范小区。"退苗还粮"浙农田上图入库46.53公顷，优化23.47公顷；控新拆违，拆除违章建筑1.88万平方米，拆后利用率100%；通过全国文明镇复检和省美丽城镇验收，获评新时代·中国践行绿色发展典范镇和省AAAA级景区镇。探索"一老一小"康养模式，成立"共富康养直通车"党建共同体，"康养夏履"品牌创建经验，在9月6日被《绍兴日报》头版刊登。举办绍兴第四届春笋节暨"云上夏履"活动、绍兴第四届山溪泼水节暨夏履宋韵奇妙夜活动，吸引游客38万余人，旅游综合收入650万余元，相关做法7月31日分别被《人民日报》《浙江日报》等主流媒体报道。"十碗头"民宿、竹林静谷等民宿相继开业，建设莲谷精舍、大乐之野，民宿集聚区粗具规模；提档升级"微改造·精提升"项目29个；莲东村未来乡村和乡村振兴先行村创建通过省、市验收。

壮大村级集体经济，村级集体总收入4767万元，比上年增长18.4%，经营性收入1381万元，比上年增长29.8%，消除双叶、莲西村等8个经济薄弱村；发放低保户、低保边缘户、残疾人等重点人员生产生活补助慰问金500万余元；组建镇、村两级强村公司2个，建设"夏履有礼"共富工坊，依托"纺都星播客""共富直播间"多种载体，帮助农户销售农特产品，增收1200万余元。投资2亿余元，改造扩建镇中心幼儿园、提档升级钱茅线集镇段、异地新建公交车站等镇级10项民生实事工程，提标改造生活污水等30余项重点工程、村级小微实事工程44项；编制水利防洪规划，启动合心水库、解放水库等小型水库系统治理。完工长征水库除险加固工程；投入1100万元，修复方家坑、马家坞山塘、杨家埭水坝和"烟花"台风水毁工程。举办绍兴第二届康养休闲文化节暨第六届乡贤名医义诊活动，建立全国首个镇（街道）级名医工作室，由双院士带队、20余名主任医师参与"顶配"（最高配置），常态化开展义诊活动12场次，受惠群众2500余人次，探索"互联网E+"远程问诊，贯通"一老一小"医疗"最后一公里"；完善基础设施公共服务功能，优化集镇广场、乡村书舍功能配置，投入使用青少年科普基地；服务保障退役军人，通过全省新时代“枫桥式”退役军人服务站考核验收；启动文化站、工人之家、乐活驿站等多机构搬迁；通过验收无障碍社区、无障碍进家庭创建。

创建“枫桥式”站所，推广应用“浙里兴村治社”场景，执法改革“大综合一体化”；提升网格智治水平，推进反邪教、普法、禁毒、社区矫正，提升平安“三率”（群众安全感满意率、扫黑除恶好评率、执法工作满意率）；专题开展防范电信诈骗宣传，发案数、案损金额比上年分别下降58.8%、92.7%，下降幅度均居全区前三位；莲西村、联华村通过省级民主法治村创建验收。实施“除险保安”八大行动，开展重点领域消防安全大整治专项行动和消防安全执法行动，排查隐患4330条，整改4323条，隐患整改率列全区第二位；建立领导信访坐班包干制度，百日攻坚化解信访积案，省、市积案化解率100%；安保维稳北京冬奥会冬残奥会、全国两会、中共二十大等重要节点；市道路交通综合整治重点乡镇摘牌。

首创兴村共富“第一指导员”制度，落实14名区“两代表一委员”到12个村（社）担任“第一指导员”；完善“头雁工程”，新民村裘文军获全区村社党组织书记领雁擂台赛“金牌书记”称号，探索建立不合格村（社区）干部停退管理办法；实施“星·青年”培优计划，提拔任用年轻干部10人，张琛获省优秀团员称号；乡贤韩银霞在全市首个获评十一届全省“孝贤人物”。开发“民事共议”等掌上民主数字化管理平台，实现迭代升级；镇村干部及监管对象受到“第一种形态”处置38人，党员党纪处分10人。

【兴村共富“第一指导员”制度首创】 2022年4月28日，夏履镇举行兴村共富“第一指导员”就职仪式，14名“两代表一委员”（党代表、人大代表、政协委员）与12个行政村（社区）结对，在全区首创兴村共富“第一指导员”制度。该制度是对驻村指导员制度的延伸探索，成员主要是镇内的“两代表一委员”。

2022年4月28日，夏履镇举行兴村共富“第一指导员”就职仪式
（夏履镇 提供）

【山溪泼水节】 2022年7月30日，绍兴第四届山溪泼水节之夏履宋韵奇妙夜暨乡创人才联盟在夏履镇成立，当晚，水上清凉雅宴作为泼水节的特色载体，结合夏履美食特色，取当地食材，用夏履竹子手工器皿，借助现场水溪和竹筏文旅资源，构筑水与夏履味道结合的清凉意境。融合国风元素设计的夏风集市，展示夏履特色文创产品及农副产品，活动有3000余人参加。

【春笋节夏履线上带货直播】 2022年4月3日，绍兴第四届春笋节以线上直播方式在柯桥区夏履镇举办。活动主要安排“云推荐、云带货、云助农、云畅游、云品尝”等项目。以院士李兰娟为代表的各位乡贤和各级领导，在云上平台推荐、营销夏履，助力绍兴第四届春笋节。直播1小时，线上、线下双平台观看17万余人次，线上累计参与秒杀5000余

2022年4月3日，“绍兴第四届春笋节”云上带货直播在夏履镇举行
（夏履镇 提供）

人次，秒杀产品近600份。“共富直播间”直接、间接帮助销售麻园笋10万千克，带动村民增收40万余元。活动期间，夏履镇向上海疫情防控一线捐赠2500千克麻园笋。

【双叶村“浙江森林氧吧”创建】 2022年12月，夏履镇双叶村入选“浙江森林氧吧”名单。年初，双叶村引入专业运管团队，对村内200套古民居进行“活态”保护利用，建设“周家大院”民宿群。试行村民、村集体与运营方三方共营共享模式，利用生态和历史人文优势，探索开展“支部+农户”发展模式，盘活闲置农房资源，促进村级集体增收、农户致富。村“两委”借鉴优质民宿运营模式，吸引社会资本500万元，参与“周家大院”总部项目开发，建设一个规模化、标准化的民宿群。为配合项目建设，集中对房屋外立面等进行统一装修，创作特色主题墙绘，描绘山野生活，保存原有的建筑风貌和村庄韵味，增添俏皮和烟火气，形成特色民俗街。（季海军）

漓渚镇

【概况】 漓渚镇因境内有漓江，江中有“渚”，故称漓渚（《越中杂识》）。1984年6月撤乡建镇，1992年与棠棣乡合并重置漓渚镇。位于鉴湖水系源头，为柯桥区中部半山区镇。东临福全街道、南连兰亭街道，西接诸暨市店口镇，北与湖塘街道、福全街道仅一山之隔。《越绝书》记载“勾践种兰渚山”，故漓渚又被尊为“国兰祖地”“春兰故乡”，境内有姚启圣之墓、宋宫嫔墓、越国贵族墓葬、千年古刹宝寿寺等人文古迹，是柯桥区历史名镇，中国花木之乡、中国针织名镇。距绍兴市区12千米，柯桥城区18千米。2022年区域面积36.64平方千米，户籍人口2.13万人，辖11个村、2个社区。

财政收入1.6亿元，一般公共预算收入1亿元，规模以上工业产值35.5亿元，比上年增长9.9%；规模以上工业销售30亿元，比上年增长10.1%。固定资产投资5.6亿元，比上年增长32.7%；其中制造业投资3.4亿元，比上年增长54.2%；限额以上商品销售额8.5亿元，限额以上社会消费品零售额3300万元，比上年分别增长10%和500%。

实施工业土地二次开发，盘活印染企业闲置土地，绍兴财泽科技有限公司、浙江裕源建材有限公司、绍兴柯桥大湾染织有限公司、浙江绍兴县昌荣染织有限公司4个二次开发项目获区级审批，开发面积10余公顷，投资6亿元。绍兴晟月科技有限公司、绍兴恒士科技有限公司项目竣工。引进上海申地园林建设有限公司，年内纳税销售2.5亿元。

规模以上企业研发费用1.03亿元，比上年增长17.9%。高新技术企业产值8.5亿元，占规模以上总产值24%，浙江锦盛装饰材料股份有限公司规范化股改，筹备新三板上市挂牌。建设全市首个实体化运作的乡村人才创业园，落户绍兴首届“乡村人才振兴”全球创新创业大赛一等奖项目。申报国引人才名单5人，省引人才名单4人，绍兴国庆机械有限公司引进乌克兰籍国引人才1人。

拓展校地合作，与省农科院合作建立兰花博士工作站，引进A股上市公司杭州园林绿化。成立柯桥区兰花产业农合联，承办浙江省蕙兰博览会，兰花博物馆建设列入兰亭度假区政府投资项目计划。

推进旅游业“微改造精提升”，改造提升项目29个，创建第二批省级未来乡村2个。举办小红书、抖音大赛，吸引参赛作品200余件，吸引点击超1200万余次。棠棣驿站获评省级银宿、文化民宿。棠棣村深入实施“六大行动”（产业助农行动、人才培育行动、善行乡村行动、村社共治行动、文体兴村行动、消费帮扶行动），建立全省首个红色公益共富研学基地，制作数字村庄3.0版。九板桥村以“宋韵花村”定位，建设古道提档等五大类9个项目，以市场化运作引进商铺10家，建设农文旅融合品牌，创建省级美丽宜居示范村。

征用拆迁柯诸高速公路用地，征地16.87公顷，涉及农户314户、房屋10户。花市小区三期完成土地摘牌与工程招标，中义地块拆迁征地及安置择房完工。拆除兰渚大道沿线热力管道2千米。改造漓福公路工程启动，新街大桥改造于7月底竣工通车，工业园区道路提升改造工程、迎亚运棠棣村等沿线道路提升改造工程完工，制作兴业路提升改造项目设计。

投资2000万元，推进漓渚江综合治理工程，漓渚江、新开河、老街河清淤4.7万立方米，卫生院污水零直排项目招标。空气质量$PM_{2.5}$年均浓度25.69微克/立方米，优良天数比例90%以上。完善环境卫生考核，理顺考核体系与奖励标准，整改问题3400余条，朱家坞村获评市美丽乡村特色精品村、九板桥村获评市农村生活垃圾分类示范村。

改造中心幼儿园立面、提档镇村医疗卫生健康设施、建设花溪无障碍社区等民生实事工程完工8件。镇应急管理站实行实体化运作，投入100余万元，村（社区）全部配备消防救援车和微型消防站。淘汰置换非标电动车，完成比例全区第一。

高分通过省级健康镇验收，发放各类民政社保等补助资金920万余元。新建城市百姓健身房1个、健康步道3.5千米，修缮集镇花市百姓健身广场。创建文化圈村（社区）6个，开展各类文体活动600余场次。

全年审查文件146件，政务公开31件，开展各类法治宣传活动11场，覆盖群众5000余人次。漓渚村、大步村创建市级民主法治村。发放低保、殡葬、退役军人等20余个项目补助资金，通过省财政厅资金监管督查。实现网格治理迭代升级，划分网格32个，微网格145个。办理信访848件，办结率97.2%，调解矛盾纠纷31件，涉及金额600余万元。深化村主职干部廉政保证金制度，限额以下项目招标43件，开展定期督查与专项检查18次，政府经费运行全部纳入浙里基财智控系统。

【乡村人才创业园建立】 2022年6月11日，花香漓渚乡村人才创业园在漓渚镇九板桥村建立，为绍兴市首个实体化运作的新型现代化乡村人才创业园。年初，漓渚镇拓展校地合作平台，引进浙江省农科院兰花博士专家工作站，国兰研究团队带头人博士孙崇波率领科研骨干长驻花香漓渚乡村人才创业园。落户绍兴市首届“乡村人才振兴”全球创新创业大赛一等奖项目，成立幽兰农业科技有限公司，通过技术进步和销售渠道拓宽，带动漓渚镇兰农共同富裕。至年底，创业园引进人才项目10个、博士研究生5人、乡创人才4人。

2022年6月，花香漓渚乡村人才创业园运营正式启动

（漓渚镇　提供）

【柯诸高速公路征迁完工】 2022年7月，漓渚镇柯诸高速公路征地拆迁完工。柯诸高速公路工程项目主线全长39.3千米，建设漓渚互通连接线6.3千米、店口互通连接线3.3千米，其中漓渚段涉及征地面积16.87公顷，农户314户、房屋拆迁10户，至7月27日晚8时，拆迁户全部签约，征地签约299户，签约率95.2%。

【全省首个红色公益共富研学基地建立】 2022年5月21日，杭绍学生红色公益共富研学基地在漓渚镇棠棣村揭牌。来自杭州二中白马湖学校、中国轻纺城小学的学生代表，结对种下友谊树，听老党员讲党史故事。基地将“红色网上游”与“五星3A”先行村融合，增进新时代少年儿童，了解党史知识和共同富裕示范区建设。以“花满棠”强村公司为载体，建设浙江省首个红色共富研学基地。至年底，吸引研学旅游8万人次。（王玉耀）

平水镇

【概况】 平水镇以昔日海潮至此平息而得名，曾为古越国都城。2001年8月，平江、平水两镇合并重置平水镇。地处柯桥区南部，会稽山北麓，东接越城区富盛镇、上虞市汤浦镇，南连王坛、稽东镇，西

2022 年 5 月 21 日，杭绍学生红色公益共富研学基地在漓渚镇棠棣村揭牌 （漓渚镇 提供）

南毗邻诸暨市赵家镇、枫桥镇，西邻兰亭街道，西北、北与越城区鉴湖、城南、稽山、皋埠街道接壤。距绍兴市区 15 千米。省道绍甘线、平水大道、西上线等公路穿入境内，域内历史文化源远流长，底蕴深厚，有欧冶铸剑、西施采莲、望海刻石、若耶樵风、洞天福地、寺院林立、若耶诗路等历史文化遗迹；现仍保留着若耶溪、云门寺、平阳无尘殿、上青古道、秦李斯刻石等人文古迹。境内有绍兴市两大水库平水江水库、汤浦水库和库容大小不一的近 300 座小型水库，森林覆盖率 78%，素有森林氧吧之称。2022 年地域面积 173 平方千米，辖 25 个行政村、4 个社区，户籍人口 5.27 万人。获浙江省森林人家、浙江省美丽河湖、浙江省森林康养基地、浙江省诗路精品旅游线路、浙江省消除集体经济薄弱村工作成绩突出集体、绍兴市闲置农房激活先进乡镇、绍兴市农村宅基地盘活利用示范乡镇等荣誉。

财政收入 4.72 亿元，一般公共预算收入 3.02 亿元；规模以上工业产值 112 亿元，总量居全区第三位；制造业投资 3.16 亿元，比上年增长 92.75%；民间投资 4.57 亿元，比上年增长 84.64%；自营出口 3.32 亿美元，比上年增长 37.7%。

引进企业 5 家，年增产值 8000 万元。新上规模工业企业 6 家，服务业小微企业升级规模以上企业 10 家，10 家工业企业产值超亿元。浙江力博实业股份有限公司、浙江宇光照明科技有限公司、浙江恒道科技有限公司、绍兴金阳纺织有限公司 4 家企业税收超千万元。浙江海丰生物科技股份有限公司完成股权分置改革，绍兴山耐高压紧固件有限公司、浙江恒道科技有限公司启动股权分置改革。认定国家级专精特新“小巨人”企业 1 家、国家高新技术企业 2 家、省级专精特新企业 3 家、省级研发中心 1 个、“浙江制造”企业 3 家、“品字标”（区域公共品牌）企业 2 家、“两业融合”（先进制造业、现代服务业）发展示范企业 2 家、新增规模以上数字经济核心制造业企业 1 家。申报国家海外引才计划名单 7 人、省海外引才计划名单 5 人、省海外工程师名单 2 人，入选国家引才计划名单 1 人、引进博士后 1 人、博士 3 人。

粮食面积扩展到 457.85 公顷，非粮化整治 335.07 公顷，耕地退苗还粮 400 公顷，新建高标准农田 28.39 公顷，改造提升退苗地块 36.67 公顷。建设“同康笋、海丰花、日铸茶、共富竹、至味酱”五张金名片。竹业全链条项目提高产量和效益，销售毛竹 1000 万余千克，承办全省林业推进共同富裕暨竹产业高质量发展与古道保护现场会。浙江海丰花卉有限公司依托村企联动，建设共富中心，建成省级菊花种质资源圃，申报市级绿色工厂。拓展茶园面积 933.33 公顷，春茶产量 531 吨，夏秋茶产量 304 吨，绍兴柯桥东方茶业有限公司获“品字标浙江农产”品牌企业名单。

“王化模式”全域提质。实施党建统领，“组织联建、人才联育、文化联融、服务联通”四项党建联建模式和“资源盘活、产链融合、村企联动、农创文旅、数字平台”五大产业路径，覆盖全镇 29 个村（社区），激活全域要素，实现强村富民。村级经营性收入比上年增长 50%，农户收入比上年增长 15%。新建绍兴柯桥区王化金秋强村农业发展有限公司、浙江绍兴耕读宋仕物业服务有限公司、绍兴柯桥合心竹制品有限公司等村级强村公司 6 家，绍兴市柯桥区益农竹业开发有限公司镇级强村公司 1 家。建成产业赋能式、电商直播式、来料加工式、品牌带动式 4 类共富工坊 10 个。“海丰花卉”和“竹产业链”

创建为柯桥区三星级工坊，“同康四季笋”“光明溪舍”等8家创建为二星级工坊。剑灶村创建省未来乡村、市乡村振兴先行村、区共富星村，王化村为省级强村富民集成改革试点，创建区共富星村，养老综合体“产业+”强村富民模式，入选浙江省强村富民乡村集成改革典型案例。

【力博集团上榜中国民营企业500强榜单】 2022年9月7日，浙江力博控股集团有限公司，上榜中国民营企业制造业500强榜单。浙江力博控股集团有限公司，主营铜基精、铝基精深加工材料、信息通信电子线缆三大领域。年产高档无氧铜线、丝、棒、排、板、带20万吨，高精度铝带、箔20万吨，信息传输和5G射频电缆20万千米，年产值114亿元。为国内行业核心制造企业，中国有色金属加工工业协会副理事长单位，行业10强。2022年，列浙江民营企业200强、浙商全国500强第155位、浙商制造业百强。

【徐文光到日铸茶中心调研】 2022年4月21日，浙江省副省长徐文光一行到平水镇调研日铸茶中心等地，“平水日铸”作为柯桥区名茶公共品牌，获评中华文化名茶、中国地理标志证明商标、国家地理标志农产品等，推行的“六统一”（统一对外宣传、统一商标使用、统一质量标准、统一生产技术、统一产品包装和统一指导价格）品牌管理模式成为农产品区域公共品牌管理的典范，多次受到省市区领导的高度好评，被各地广泛借鉴，实现“小”茶农融入“大”产业，多次被《浙江日报》等媒体报道。徐文光在考察中，对“平水日铸”品牌的“六统一”管理给予充分肯定。

【乡贤名医服务基地揭牌】 2022年11月5日，在柯桥区平水镇“情系桑梓、康养共富”乡贤名医聘任仪式上，柯桥乡贤会平水工作站乡贤名医服务基地揭牌，8名在杭州的柯桥籍名医接受聘书成为基地成员，将定期到平水开展义诊服务。他们分别来自浙大一附院、浙大二附院、浙大儿童医院、省人民医院等，专家资源涵盖儿科、妇科、胸外科、呼吸内科、肝胆胰腺等方面，满足村民多样化医疗需求。（黄思煜）

2022年11月5日，平水镇乡贤名医聘任仪式举行（平水镇　提供）

王坛镇

【概况】 王坛镇因有硕大盈围的黄檀古树而得名，1986年10月，撤乡建镇；1992年5月，与两溪、孙岙乡合并重置王坛镇。为柯桥区南部山区镇，地处小舜江水库源头、会稽山纵深腹地。东邻上虞市汤浦镇和嵊州市三界镇，西接稽东镇，南与嵊州市谷来镇接壤，北靠平水镇，距柯桥城区50千米，毗邻

2022年3月，王坛镇“舜风舜水 大美王坛”风貌一角
（朱海芬　摄）

杭绍台高速公路，32省道绍甘线西进南出。境内历史文化源远流长，名胜古迹甚多。有始建于南朝的陶元岭古道、南宋像马庙、清代建筑舜王庙、曹素民故居；有香雪梅海、青陶峡谷等十景；依山傍水，地理位置得天独厚，汇入小舜江的南北两溪环绕集镇，形成"双溪环抱、两山相拥"的集镇格局。2022年，镇域面积137平方千米，辖24个行政村、1个社区，户籍人口3.3万人。获浙江省2022年度第二批城乡风貌样板区、浙江省"美丽浙江"十大样板地（镇、街道）、绍兴市农村宅基地盘活利用（含闲置农房激活）示范乡镇（街道）等荣誉。

财政收入9465.5万元，比上年增长8.17%；一般公共预算收入4800.2万元，比上年增长7.81%。

推进农村综合改革集成建设，提升青梅产业等项目56个，完成80%；成立跨区域党建联建，统筹镇、村、院、企四方力量，推广落地旱地高粱种植示范项目，建设高标准基本农田，提高粮食生产能力；推进耕地"非粮化"（非粮食种植）、"非农化"（从事非农业活动）整治工作，与10个村签订退苗还地协议26.85公顷。强村公司实体化运作，强村共富服务中心建设基本完工。引进注册企业110家（含个体工商户），比上年增长10.8%；新增区外税源企业6家。盘活孙岙小学、妙渚小学等闲置资源，引进官渡文化创意园和乡村艺术馆等优质项目，宝业早稻湾研学营地基本完工；引进"丹家乡野拾光""欢喜露营基地"项目2个。与中国国际露营协会签署"王坛镇·中国露营小镇"建设项目合作协议，建设绿色环保无痕露营示范镇。

空气质量$PM_{2.5}$年均浓度19.92微克/立方米，比上年下降2.03微克/立方米。开展碧水专项行动，专项整治福寿螺，创建农村生活污水零排放，全镇76个断面水质检测结果均达标准值及以上。建设标准化垃圾房，落实"定时定点"投放制度，加强分类管理农村生活垃圾源头，创建省、市级垃圾分类示范村各1个，市级垃圾分类准确村5个；推广"无废"建设，创建"肥料银行"，蒋相村创建省级首批零碳乡村，成为柯桥区首个生态堆肥试点，7月27日，在中央电视台播出。提档升级农村生活污水设施项目，进场开工村（社区）5个。

专项投资100万余元，建设农村道路"一体化劝导站"8处；规划绍甘线、平王线等主干道沿线居民电动车充电站8个；投资4750万元，建设"舜源古忆"县域风貌区项目，涉及面积38000余平方米，入选第一批省级城乡风貌样板区；投资3400万元，提升整治香雪梅海入口，改造提升农家乐一条街、乡村艺术馆、老台门等项目15个；由强村公司牵头，全域盘活四大闲置资源，引进省农科院助力蒋相村智慧生态农业项目等8个，流转集体土地50余公顷，激活闲置厂房3160平方米；启动分布式光伏整体开发项目，每年电费收益136万元；组织全镇23个经济薄弱村与结对企业签署共富结对框架协议，因村制宜调整产业结构。

【王坛镇入选"美丽浙江"十大样板地】 2022年3月，王坛镇入选"美丽浙江十大样板地（镇、街）"名单。王坛因地处小舜江源头，会稽山腹地，森林覆盖率86.9%，素有"清水摇篮、养生福地"之称。是年，投入5200万元，推进"舜源古忆"省级县域风貌样板区（王坛）片区建设，形成一条美丽城镇升级版建设实践之路。投资4000万余元，实施美丽河湖建设，推进南溪（民兴桥—王城）综合治理工程、生态涵养带、生态拦截沟等生态修复建设工程。治水与香雪梅海景点及沿线串联喻宅村、北塔村，延长游客游玩时间，增加景区可玩性。

【跨区域党建联盟成立】 2022年6月29日，全市首个跨区域党建联盟在王坛镇成立。年初，王坛镇联合省农业科学院与诸暨市同山镇、嵊州市崇仁镇协同跨区域合作，建立联盟联合党委，把三镇组织、农业、旅游分管党委班子成员及联盟各村党组织书记吸纳进入党委，每月研商推进农旅项目，协调落实民生需求服务事项，探索可复制可推广的"党建引领+生态文明+共同富裕"王坛模式，建设"富裕共同体"。成立后，王坛镇以联盟为核心，整合域内23个相对经济薄弱村组建强村实业发展有限公司，集中配置闲置厂房、农房、土地和劳动力4类闲置资源，推介招商和资源匹配，签约蒋相村智慧生态农业、宝业青少年研学营地、舜皇村舜源古驿等合作项目8个，流转集体土地50余公顷，激活闲置厂房3160平方米，增加就业岗位178个，带动村民直接收益220万元。

2022 年 12 月 15 日，王坛镇党员干部深入学习贯彻党的二十大精神助力高粱丰收　（王　彬　摄）

【“舜源古忆”县域风貌区上榜省级样板】 2022 年 10 月 8 日，“舜源古忆”县域风貌区，上榜浙江省第二批风貌样板区名单，系绍兴市唯一、柯桥区首个。“舜源古忆”县域风貌区范围 4.18 平方千米，包含王坛镇、稽东镇。该风貌区以“农旅融合、镇村共富”为主基调，新增投资 9200 万元，围绕“稽山舜源·大美胜地”定位，通过全域美丽风景带、品质服务完善、特色农旅创建、乡村民居魅力四大行动，建设稽山舜源品鉴区、美丽集群样板区、镇村共富示范区。按照县域风貌区建设总体布局，制定以“两线双溪绘一心，多景交融忆舜源”为目标的规划方案及 3 年行动计划，实施风貌区建设项目 18 个，包括改造舜王庙景区游步道和停车场、提升集镇东南西三入口等，涉及面积 38000 余平方米。建设美丽河湖，乡创风貌区工坊。吸收农户就近就业 3000 余人次，人均增收 3 万余元，带动村级增收 2400 多万元。

【南溪书舍运营】 2022 年 3 月 3 日，南溪书舍正式运营。该书舍位于王坛镇南溪江畔，由柯桥区慈善总会·天圣集团爱心基金捐赠 1800 万元兴建。占地面积 9720 平方米（含广场），建筑面积 1256 平方米，由旧厂房改建而成。2020 年 12 月动工，2021 年 11 月完工。书舍一楼设咖啡吧、地方特色展示区、休闲区，二楼设书籍阅读区、书画展示区、休闲沙龙区、读书会交流区等，三楼设茶吧、露天电影、休闲观光区。书舍内配备自助借阅机、自助办证机、电子书借阅机及电子报刊借阅机等设施，纳入绍兴市“一卡通”公共图书借还系统，实现无人值守式便捷管理。（凌萍燕）

2022 年 3 月，王坛镇南溪书舍正式运营　（王坛镇　提供）

2022 年 12 月，王坛镇七十二岙口彩虹栈道　（王　彬　摄）

稽东镇

【概况】 稽东镇地处柯桥区南部的小舜江源头，昔称古越南疆；因位于会稽山东麓，故称稽东。1991 年 7 月撤乡建镇。南、西分别与嵊州、诸暨两市接壤，东、北毗邻王坛、平水镇，系会稽山古香榧群密集分布区域，盛产香榧。境内会稽山脉连绵，有骆家尖、木窝尖、越大尖三大主峰，堪称绍兴之巅。旅游资源丰富，名胜有冢斜古村遗址，尧郭尧王文化村、裘村古迹（老台门）、贞节牌坊、馒头石多桥村、雪窦岭风景区、陈村占岙千年香榧林、月华坪风景区、冢斜大龙山仙人洞、轰溪山岩屋、车头战役红色基地等。距绍兴市区32千米，省道绍甘线公路穿境而过。2022年镇域面积111.40平方千米，户籍人口2.99万人，辖24个行政村、1个居委会。曾获国家卫生乡镇、浙江省美丽城镇达标镇、浙江省文明镇、浙江省第二批低（零）碳乡镇等称号。

2022年，稽东镇一角　（稽东镇　提供）

财政收入1.6亿元，首次突破亿元大关；一般公共预算收入7449万元。比上年分别增长76.4%和55.7%，增速均居全区第一位。

投资2000万元的小舜江北溪治理工程竣工，汤浦水库水源保护自1999—2022年连续位居全市第一。大桥村、冢斜村获评省美丽乡村特色精品村，陈村村获评市美丽乡村特色精品村。管控扬尘、秸秆焚烧，环境治理加大处罚力度，立案处罚28起，空气质量$PM_{2.5}$年浓度“20-”和“全区首位”双目标，列全区第一，获评浙江省第二批低（零）碳乡镇。冢斜村创建省级生态文化基地，占岙村创建省级康养基地。金丰村获评市农村垃圾分类示范村。投资500万元，提升雪窦岭景观、配套大王尖游步道。会稽山香榧古道入选浙江省第二批“大花园耀眼明珠”。

引进税源企业12家，平台经济、股权减持项目32个，增加税收7000万余元。落地“科创中国”特色油菜、中科院高山杜鹃等共富项目12个，涉及资金5000万余元。投资5亿元的会稽山研学国际营地开园。稽东“星播客”工坊获全省首届电商直播式“共富工坊”短视频大赛铜奖，入选首批省级典型案例。“村银企”共富联盟促强村富民项目入选全市建设共富示范区首批试点。建设“全球重要农业文化遗产”金字招牌，“稽东香榧”参加首届全球重要农业文化遗产大会、入驻萧山国际机场航站楼。建成浙江省首个“古榧保护和利用集成应用系统”，接入“浙江乡村大脑”平台，相继获评全省农业农村系统、全市数字经济系统路演优秀案例、全区数字化改革例会汇报路演首个乡镇等荣誉。香榧月饼、香榧巧克力、香榧汁等衍生品探索创新。

发放各类低保补助、救助、慰问等资金8000万余元。建立“企业+社会救助”模式，成立“一老一小”关爱帮扶慈善基金3个，基金规模扩大至200万余元。投资5亿余元，实施民生工程62项。“舜源古忆县域风貌区”建设项目创建省级样板，提升杭绍台高速稽东出口景观、改造车竹线、滨溪路二期等重点工程竣工。尉村村、尉相村、新上王村高标准农田建设项目12个，顺利村、稽江村等6个村生活污水治理扩面新建工程完工。榧香书舍获评首届省级最美公共文化空间。中考普及率实现100%，镇中心小学获全区体质测试一等奖。建设“浙里康养”稽东品牌，全年开展健康素养进文化礼堂24场，培训1400人次。发布新冠防疫工作交办单35期，城乡居民健康体检6161人。

创新“下沉接访”工作模式，解决群众各类矛盾纠纷100余起，在全区率先化解省、市、区三级积案，“除险保安”大行动整体排名列全区前三。行政诉讼、电信网络诈骗“零发案”。社区禁毒考核排名全区第一，禁毒社工案例获省优秀案例。火警起数比上年下降58.3%，消防安全隐患整改率全区第一，竹田头村前坞岙山塘综合整治工程完工，治理营口村、金山村、高阳村等地质灾害隐患点17处。构建“村（居）—网格—微网格”治理格局，整理划分网格43个，微网格149个，网格智治全覆盖。深化“大综合一体化”执法改革，推进“一支队伍管执法”，开展联合执法行动10次，认领执法事项513项。

【全省首个古榧保护和利用集成应用系统建成】 2022年11月6日，古榧保护和利用集成应用系统，在“稽东香榧”文化旅游节开幕式现场发布展示。稽东镇联合省、市、区14个部门，对接7套系统20个数据接口，建设古榧管理大平台和监测网。系统囊括2.89万棵百年以上古榧信息，监测覆盖3个千年古榧林核心区域，使用对象包括5个香榧主产镇（街道）、16家品牌企业、29个示范基地、3400余户榧农家庭等。该应用场景自9月启用后，点击量超过10万人次，提升古榧价格30%以上。在全市数字经济系统多跨场景应用开发建设路演大赛上，该系统获优秀案例，纳入“浙江乡村大脑”。

2022年7月，稽东星播客“共富工坊”直播带货　（稽东镇　提供）

2022年11月，古榧保护和利用集成应用系统监控室内景　（稽东镇　提供）

【星播客“共富工坊”入选首批省级典型案例名单】 2022年12月，稽东星播客“共富工坊”入选首批省级典型案例名单。星播客“共富工坊”位于稽东镇大桥村，创建于5月，以“党委政府+企业+村集体+农户”为架构。由政府牵头协商，农户、企业进驻，通过电商直播，打通生产、加工、销售全过程环节，打破原农副产品销售的模式。“共富工坊”由村企共建的强村公司运行，村股份经济合作社以资源入股，将集体闲置厂房改造成“共富工坊”直播间，占地200余平方米，招引多个直播团队入驻。借助强村公司和专业直播团队，在培养本地直播人才、培训农户创业技能等方面展开深入合作，吸引更多人投身助农。6月19日，缪杰团队通过抖音平台在大桥村开播2场，直播4小时，包括稽东香榧、茶叶、笋干菜、土猪肉等在内的16款稽东物品。通过直播带货走进千家万户，累计观看量63万人次，销售额21万元。自星播客“共富工坊”运营后，直播100余次，吸收农创企业30余家，拉动大桥村村级集体经济增收20万余元。至年底，“共富工坊”合作农创客100余人，孵化直播间20余家，半年完成订单总额60万元以上，当地农民就业百余人。

【香榧古道入选省级“大花园耀眼明珠”名单】 2022年4月，会稽山香榧古道入选浙江省第二批大花园耀眼明珠名单。柯桥区稽东镇内的香榧古道长16.9千米，自2000年始，稽东镇实施修复森林古道、改造公园景观、提升香榧产业、建设旅游节会等工程，设置道路标示标牌，新建、修复沿途景观、节点休息亭，以会稽山香榧古道为载体，与香榧林、古建筑和会稽山奇峰秀谷的自然景观相融合，形成独特的文化旅游资源。（金乐青）

类目编辑　孙阿络

人　物

新闻人物

【张晓鸿】 女，1971年3月出生，浙江绍兴人，中共党员，大专学历，柯桥区柯桥街道大渡社区党委书记、居委会主任。

张晓鸿扎根基层20余年，始终情系百姓，真抓实干，探索创新，在最平凡的基层工作中践行一名共产党员全心全意为人民服务的初心，以创建“全国一流社区”为宗旨，探索大社区小城市管理模式。2021年，大渡被列入全省未来社区建设试点名单，她创新建设“大渡红”党建品牌，发挥党员先锋带头作用，依托数字化平台，通过“线上＋线下”相结合，聚焦“一老一小一邻里一职工”开展服务，搭建张晓鸿劳模工作室平台，创新建设“银铃达人共富工坊”，探索“五新养老”新模式，组织开设“小DO假日乐园”，组织邻阿姨制作并分享“五湖四海的邻里糕”，建立职工驿站，发动各物业、业委会争先创优，发动楼道党员、楼道长等开展“和谐美丽楼道”赛比，探索借用“专业力量”成立小嫣社会组织孵化室，孵化慈善、治理、文体类社会组织42支，孵化关心关爱职工类社会组织12支。2021年7月3日参加中组部组织召开的全国“两优一先”庆祝中国共产党成立100周年座谈会。2021年，她在“中国共产党的故事”专题宣介会上向全世界讲述社区战疫故事，感动与会各国驻华使节。她探索新时代“枫桥经验”城市版实践路径，凝聚物业、业委会、楼道长、居民代表等各方力量，共同建设现代化社区。2022年，社区被评为浙江省首批未来社区，累计获国家级荣誉3个、省级荣誉23个。张晓鸿曾2次受到习近平总书记的接见，被评为全国抗击新冠疫情先进个人、全国优秀共产党员、浙江省担当作为好支书等。2022年4月，被中华全国总工会授予全国五一劳动奖章，被浙江省人民政府评为2020—2021年忠实践行“八八战略”奋力打造“重要窗口”立功竞赛先进个人。（韩余静）

【丁卫松】 男，1973年8月出生，绍兴柯桥人，中共党员，本科学历，绍兴柯桥排水有限公司技术总监。

丁卫松从事设备安装维护30年，是行业内的“管道医生”“焊接状元”，是浙江省第一个破格晋升正高级工程师的一线工人。有一年冬天，一条1600毫米主管道排气阀发生严重泄漏，污水流入农田。如果按照正常程序，抽干水再下窨井关阀门需要3个小时，势必给村民带来不小损失。丁卫松不顾同事阻拦，纵身跳进冰冷的污水里，先后三次下潜关闭阀门，把事故影响降到最低。日常工作中，他攻克多项技术难题，为公司创造8000余万元经济效益；他注重技术传承，培养高技能人才1000多人，其中3人获得全国、省级大奖。丁卫松先后获浙江省劳动模范、浙江省优秀共产党员、全国技术能手等称号，享受国务院政府特殊津贴。2022年12月，获评中共浙江省委宣传部、浙江广播电视集团主办的2022年度“最美浙江人·浙江骄傲”年度人物。（陈　飞）

【刘中华】 男，1976年5月出生，湖北天门人，中共党员，研究生学历，教授级工程师，浙江精工钢结构集团有限公司总工程师。

刘中华攻坚克难，匠心独具，产学相长，著作等身。2002年研究生毕业后一直在建筑钢结构行业生产一线工作，面对困难和挑战，他潜心钻研，坚持创新，陆续攻克国家体育场“鸟巢”、上海环球金融中心、北京大兴国际机场等一项项结构复杂、施工难度空前的钢结构项目，对中国钢结构行业预应力大跨钢结构、曲面弯扭型复杂钢结构、异形高层钢结构、大型开闭屋盖结构及BIM建筑信息化开发与应用等方面的技术进步作出贡献，多项技术成果被纳入国家、行业和地方规范。先后发表专业论文34篇，取得国家发明专利15项、国家级工法4项、各类科技成果23项，获国家科学技术进步奖2项、省部级科技奖10余项。先后获浙江省科技创新领军人才、浙江省五一劳动奖章、浙江省劳动模范、全国劳动模范等荣誉。2022年12月，获评中共浙江省委宣传部、浙江广播电视集团主办的2022年度“最美浙江人·浙江骄傲”年度人物。（潘朝霞）

逝世人物

【任琦】 男，1932年3月出生，浙江绍兴人，原绍兴县委宣传部离休干部。2022年3月3日逝世，享年91岁。

任琦，1945年7月参加革命，1945年9月加入中国共产党。参加革命后，至八路军某纵某师任班长、学员、译电员。1948年3月，至中国人民解放军某军后勤部任机要组组长。1950年，调中央机要局工作，后至总后勤部办公室任机要秘书。1956年，到南京军事学院学习。1959年毕业，在总后勤部司令部先后任军务参谋、科技参谋。1969年11月，担任总后勤部管理局办公室主任。1978年5月转业至绍兴矿冶厂担任副厂长。1987年1月离休，享受副师级政治、生活待遇。

【杨荫】 男，1922年10月出生，浙江诸暨人，原绍兴县滨海开发区离休干部。于2022年3月6日逝世，享年101岁。

杨荫，1945年1月参加革命。1945年1月参加新四军浙东游击纵队金萧支队，同年9月，随部队北撤编入新四军华东野战军某旅。1947年1月，调华野某纵队炮兵团参谋处任书记。1949年，调任某军高炮团任人事参谋。1951年，参加抗美援朝。1953年，调任炮兵某部队司令部任作战参谋。1956年转业，历任绍兴县农产品采购局副局长、供销社副主任、国营娄宫水泥厂厂长。1961年，至绍兴县票证办、“打办”工作。1973年，调绍兴县围垦海涂指挥部工作。1982年10月离休，享受县（处）级政治、生活待遇。

【韩玉亮】 男，1933年3月出生，浙江杭州人，原绍兴县交通局离休干部。2022年6月4日逝世，享年90岁。

韩玉亮，1933年3月出生于浙江杭州。1949年6月参加革命，1953年10月加入中国共产党。参加革命后在宁波干校财经班学习。1949年8月分配至慈溪县观成区师桥乡从事民运工作。1950年3月，调浙江省航务局萧绍虞姚管理所工作。1952年11月调任绍兴航管站站长。1956年8月任绍兴县交通建设科科长。1958年7月先后任绍兴县工交局副局长，县生产指挥组工办副主任，县工交局副局长，县交通局副局长、局长。1987年5月，任绍兴县第八届人大常委会委员。1988年4月，借调到绍兴县府驻宁波办事处工作。1989年12月，任绍兴县交通局巡视员。1993年6月离休，享受县（处）级政治、生活待遇。

【陈守福】 男，1928年2月出生，安徽蚌埠怀远人，原绍兴县卫生系统离休干部。2022年7月12日逝世，享年95岁。

陈守福，1940年12月参加革命。入伍后，至新四军某师任勤务员、卫生员。1946年6月，至新四军某师某旅，三野七兵团某军，历任保健员、见习司药、卫生员。1950年12月，至浙江卫生疗养院任护士。1955年7月，先后至浙江卫生所文化补习班、上海第一医学院学习。1967年7月，分配至绍兴第四医院任医师。1984年2月离休。享受县（处）级政治、生活待遇。

【万长苗】 男，1926年12月出生，安徽合肥巢县人，原绍兴县卫生系统离休干部。2022年7月24日逝世，享年97岁。

万长苗，1944年3月参加革命，1946年7月加入中国共产党。参加革命后在安徽沿江医疗分所学习。1945年7月，先后在新四军某师门诊所、某师医疗队、三野某军医疗队任见习医生。1950年1月，至某军卫校学习。1951年3月，至浙江军区野战七院任军医。1952 年 9 月先后在浙江省康复四院、三院、二院任军医。1957 年 1 月转业，分配至绍兴钢铁厂、绍兴职工保健院任医师。1965 年 5 月，调绍兴第四医院任医师。1985 年 6 月离休，享受县(处)政治生活待遇。

【赵永美】 男，1929 年 12 月出生，山东省益都县人，柯桥区委老干部局直管离休干部。2022 年 8 月 1 日逝世，享年 94 岁。

赵永美，1944 年 7 月参加革命，1948 年 2 月加入中国共产党。1946 年 2 月，至山东鲁中某军分区警备某团、某团任炮连通讯员。1949 年 2 月，至中国人民解放军某军某师炮连任通讯员、副班长。1950 年 1 月，至某军某炮兵连任副班长、班长。1951 年 9 月，至某步兵学校学习。1953 年 7 月，至公安某师某团任排长、副指导员。1956 年 8 月，至十九速中学习。1959 年 4 月，至守备某团炮连任副政治指导员、指导员。1964 年 1 月，至温州军分区某连任政治指导员、温州军分区机关指导员。1966 年退休，1983 年 6 月改办离休，享受县(处)级政治、生活待遇。

【陈金富】 男，1924 年 3 月出生，浙江绍兴县人，柯桥区供销系统离休干部。2022 年 9 月 6 日逝世，享年 99 岁。

陈金富，1948 年 7 月参加革命，1949 年 7 月加入中国共产党。1948 年 7 月，在中共地下党员的影响下，参加中国人民解放军，走上革命道路。先后任淮海独立某分区某团文工团员、宣传员、警卫连文化教员，某师某团炮兵连文化教员、文化干事，某军某师炮兵某团野炮营某连、某连副指导员、指导员，团军士轮训队政治指导员，中国人民志愿军某兵团教导团某大队某中队排长。1963 年 2 月转业，先后任绍兴县王坛供销社、稽东供销社、县农药厂、糖糕厂、供销社日用工业品公司党支部书记，曾获浙江省“财贸系统省级先进工作者”称号。1984 年 3 月离休，享受县(处)级政治、生活待遇。

【钟夫宣】 男，1931 年 8 月出生，浙江萧山人，原绍兴县科学技术协会离休干部。2022 年 9 月 22 日逝世，享年 92 岁。

钟夫宣，1949 年 5 月参加革命，1956 年 11 月加入中国共产党。1949 年 5 月参军，至中国人民解放军某军某师某团随军南下。1949 年 9 月先后在某团任见习文化教员、见习干事、副排长等职。其间参加渡海作战、解放舟山群岛、剿匪等战斗。1953 年 6 月，参加抗美援朝。先后在某军速中任教员、排长等职。1958 年 7 月回国，任某军通讯营某连副政治指导员。1964 年 10 月，调工程兵某团任政治处干事。后编为北京军区守备某师某团，任团政治处干事、团直属某炮连政治指导员、某营政治教导员。1976 年 9 月转业，任绍兴县体委办公室任副主任。其间抽调参加县委清查组，两溪乡工作队任副队长。1978 年 10 月，先后调任绍兴县科委办公室副主任、县农业区划办副主任。后调绍兴县科协工作。1994 年 2 月离休，享受县(处)级政治、生活待遇。

【张敦林】 男，1928 年 11 月出生，山东淄博人，原绍兴县工商局离休干部。2022 年 9 月 22 日逝世，享年 95 岁。

张敦林，1948 年 2 月参加革命，1949 年 6 月加入中国共产党。参加革命后，至中国人民解放军海军某舰队某大队，历任战士、炮长、区队长、船长等职。1963 年 3 月转业，分配至绍兴县农副产品经理部、县土产公司任党支部委员、负责人。1973 年 3 月，调绍兴县工商局任办事员。1985 年 5 月离休，享受县(处)级政治、生活待遇。

【马若寅】 男，1929 年 8 月出生，浙江嵊县人，原绍兴县水产局离休干部。2022 年 11 月 1 日逝世，享年 94 岁。

马若寅，1948 年 9 月参加革命，1949 年 9 月加入中国共产党。1949 年 6 月高中毕业，经杭州市青年干部学校学习后，分配至杭州市团工委学生部工作。同年 10 月，参加浙江省委农村工作团，至绍兴县蜀风乡任农会主任。其间，发动农民减租减息，开展“剿匪反霸”斗争。1950 年 2 月，调绍兴县钱清区委任统计干事、组织干事兼秘书，参加土地改革。1953 年 3 月，调绍兴县委组织部工作。1954 年 11 月，调绍兴县委党校任组教股长、副校长(主持工作)。1972 年 3 月，调鲁迅纪念馆工作。1973 年 7 月，调绍兴县文教局任领导小组副组长。1977 年 4 月，调任绍兴县农机局副局长。1980 年 7 月，调绍兴县水产局任副局长、局长、党组书记。1987

年，退居二线任正局级巡视员。1988年，任绍兴县人民政府驻厦门办事处负责人。1989年11月离休，享受县(处)级政治、生活待遇。

【张祥善】 男，1926年11月出生，山东省莒县沂蒙山区人，原绍兴县粮食系统离休干部。2022年11月21日逝世，享年97岁。

张祥善，1945年8月参加革命，1946年6月加入中国共产党。参加革命后，先后在八路军鲁中警备某团某营某连、淮安独立营某连、某军某师某团某营某连任战士、班长、排长、副连长等。1952年6月调华东新兵某团某连任连长。1955年转业，分配至绍兴县委组织部任组织员。1958年7月，调绍兴县第八米厂任厂长。1963年，调绍兴齐贤区任人武部部长。1965年，调绍兴化肥厂任车间书记、主任。1978年7月，调绍兴县饲料公司任党支部书记。1986年10月离休，享受县(处)级政治、生活待遇。

【王树德】 男，1927年6月出生，山东诸城人，原绍兴县国资系统离休干部。2022年12月1日逝世，享年96岁。

王树德，1947年3月参加革命，1948年6月加入中国共产党。1949年5月，参加渡江战役，任副排长、排长。1951年2月，参加抗美援朝，在中国人民志愿军某军某师任副连长。1953年转业，进入绍兴速成中学学习。1954年3月，至杭州行政学院学习。同年10月，分配至嵊县县委组织部任组织员，后任文教部文教干事。1958年4月，调绍兴矿冶厂任教导员。1960年，调绍兴五云钢铁厂任厂长、书记。1962年5月，调绍兴九里氮肥厂任厂长。1963年5月，任绍兴化肥厂工会主席、保卫科长。1986年7月离休，享受县(处)级政治、生活待遇。

【李宜元】 男，1930年12月出生，山东省邹平县人，原绍兴县卫生系统离休干部。2022年12月16日逝世，享年93岁。

李宜元，1930年12月出生于山东省邹平县贫农家庭。1944年6月参加革命，1949年11月加入中国共产党。参加革命后，历任山东军区渤海某分区卫生所看护员、师卫生处医疗队卫生员、空军芜湖基地卫生队护士。历经鲁西南战役、济南战役、开封战役、孟良崮战役、淮海战役、渡江战役和解放南京、解放上海等重大战斗，立三等功1次。1953年10月转业，在浙江省转业干部速成中学学习后，分配至浙江永康县防疫站工作。1960年9月，选送到上海第一医学院学习。1963年毕业，分配到绍兴卫生系统工作，先后任绍兴县卫生局劳动卫生医师、绍兴妇保院革委会副主任、绍兴麻风病院(绍兴第三医院)党支部书记。1991年3月离休，享受县(处)级政治、生活待遇。

【王传流】 男，1928年12月出生，山东滕县人，原绍兴县国资系统离休干部。2022年12月22日逝世，享年95岁。

王传流，1944年4月参加革命，同年10月加入中国共产党。1944年10月，至山东滕县县委干部训练班学习。1946年3月，至山东鲁南建国学校学习。1949年2月，南下杭州，历任浙江日报社人事干事，杭州市军管会军代表，浙江省农委土改工作组组长、副中队长。1951年7月，调任台州地委农委组教科科长。1952年6月，调任黄岩县委常委、宣传部副部长，副县长。1954年9月，调任浙江省委组织部调研组组长。1955年9月，至上海中级党校学习。翌年9月，任浙江省委党校办公室副主任。1957年4月，调任台州地委办公室主任、宁波地委办公室主任。1964年6月，调任绍兴专署办公室副主任。1966年6月，至"五七"干校劳动。1970年8月，任绍兴县委常委、革委会副主任。1980年6月，调绍兴化肥厂工作。1985年4月离休，享受县(处)级政治、生活待遇。

【于清泰】 男，1927年11月出生，河北省宁津县(现属山东省)人，原绍兴县粮食系统离休干部。2022年12月27日逝世，享年96岁。

于清泰，1946年2月参加革命，同年6月加入中国共产党。入伍后，历任山东渤海军分区某团某连战士、机枪班班长。1948年春，在战斗中头部负伤转地方宁津县大队。1949年6月，渡江南下，至某军某师某团慈溪县部队工作队。1950年，转入地方工作，先后任慈溪县庄桥区区长、区委副书记，慈溪团县委书记、宁波团地委组织部部长、副书记，后任宁波地委宣传部科长。1964年，调任绍兴地委宣传部副部长、新绍兴报社副社长。1971年，任绍兴县委常委、革委会副主任，后任绍兴县粮食局副局长。1985 年 6 月离休，享受县（处）级政治、生活待遇。

【孙黎明】 女，1948 年 12 月出生，浙江绍兴人，原绍兴县人大常委会副主任。2022 年 12 月 29 日逝世，享年 75 岁。

孙黎明，1969 年 2 月参加工作，1974 年 7 月加入中国共产党。1969 年 2 月参加工作后在绍兴县唐家桥大队支农。1971 年 11 月，抽调至平水供销社棉百商店任营业员。1976 年 10 月，任棉百商店副经理。1983 年 3 月，任平水区供销社副主任。1984 年 3 月，调任县日用品公司业务科负责人，1984 年 5 月，任日用品公司兼贸易公司副经理，1985 年 7 月，任日用品公司兼贸易公司经理。1986 年 3 月，调任绍兴县供销社副主任，1987 年兼任县商业局副局长（两块牌子、一套班子），1990 年任县供销社副主任（供销社与商业局分设），1993 年 3 月，任县供销社主任兼党委书记。1998 年 3 月，调任绍兴县委统战部部长兼绍兴县政协副主席。2003 年 1 月，调任绍兴县人大常委会党组成员、人大常委会副主任。2009 年 1 月退休。

【杨其如】 男，1933 年 12 月出生，浙江绍兴诸暨人，原绍兴县民政局局长。2022 年 12 月 31 日逝世，享年 90 岁。

杨其如，1951 年参加工作，1956 年 11 月加入中国共产党。1951 年 7 月参军，在解放军某炮兵学校，预科毕业后，分配到炮兵某师教导营工作。1953 年 2 月，参加抗美援朝战争，历任侦察班班长、指挥排排长。1958 年 2 月，考入南京炮兵学校，1960 年毕业后回炮兵某师工作，任副连级作训参谋、中尉军衔。1963 年 3 月，转业回绍兴县任县委党校教学干事。1978 年，任县委党校总支委员、县落实政策办公室副主任。1979 年 3 月，任绍兴县民政局局长。1993 年，为县人民政府副县级调研员。1994 年 3 月退休。1995 年，经组织批准，创办绍兴县慈善总会，任常务副会长、名誉会长。1953 年 2 月，立三等功 1 次。1955 年 8 月，受炮兵某团通报表扬 1 次。1959 年，在南京炮校被评为优秀学员。在绍兴县工作期间，多次获评县级先进个人、优秀共产党员等荣誉。1988 年，被县委、县政府记功 1 次。1987 年 12 月，被授予“全国民政系统劳动模范”称号。1994 年 2 月，获评省、市级福利生产先进管理工作者荣誉。2005 年，获评浙江省优秀慈善工作者荣誉。（董国华）

省部级及以上先进个人名录

张晓鸿　2022 年 4 月，被中华全国总工会授予全国五一劳动奖章，被浙江省人民政府评为 2020—2021 年忠实践行“八八战略”奋力打造“重要窗口”立功竞赛先进个人。

舒亚明　2022 年 4 月，被浙江省人民政府评为 2020—2021 年忠实践行“八八战略”奋力打造“重要窗口”立功竞赛先进个人。

史　炜　2022 年 5 月，被公安部评为全国优秀人民警察。

于莹莹　2022 年 5 月，被共青团中央授予“全国优秀共青团干部”称号。

胡国华　2022 年 5 月，被浙江省人民政府、省军区评为民兵工作成绩突出个人。

马仕秀　2022 年 8 月，被浙江省人民政府授予第七届“浙江慈善奖”个人捐赠奖。

宋　晓　2022 年 11 月，被水利部、全国总工会、全国妇联评为第二届“最美河湖卫士”。

许立峰　2022 年 11 月，被中国红十字会总会评为中国红十字会会员之星。

莫慧英　2022 年 11 月，被民政部授予“全国优秀城乡社区工作者”称号。

魏　波　2022 年 12 月，被中共浙江省委、浙江省人民政府评为全省优秀人民警察。

韩银霞　2022 年 12 月，被中共浙江省委、浙江省人民政府评为全省优秀警务辅助人员。（各撰稿单位）

类目编辑　宋如玲

附　录

文件选编

中共绍兴市柯桥区委
印发《关于加快建设"杭绍星城"的实施意见》的通知

各镇(街道、开发区)党委(工委),区机关各部门党组(工委、党委),区委各工作部门:

现将《关于加快建设"杭绍星城"的实施意见》印发给你们,请认真贯彻执行。

中共绍兴市柯桥区委

2022 年 12 月 14 日

关于加快建设"杭绍星城"的实施意见

为认真学习贯彻习近平总书记关于"推动城市组团式发展,形成多中心、多层级、多节点的网络型城市群结构"的重要指示精神,全面贯彻落实省第十五次党代会、市委九届二次全会精神,按照区第二次党代会的总体部署,现就加快建设"杭绍星城"制定如下实施意见。

一、总体要求

1. 指导思想。高举习近平新时代中国特色社会主义思想伟大旗帜，全面贯彻中共十九大、二十大精神和省第十五次党代会、市第九次党代会精神，忠实践行“八八战略”、奋力打造“重要窗口”，全面对标“两个先行”“五个率先”要求，认真落实区第二次党代会决策部署，锚定区域一体化、城乡一体化目标导向，聚焦空间重整和空间治理，以多层级联动、多特色互补、多空间拓展为基本形态，以功能节点、未来社区、未来乡村、城乡风貌样板区为共同富裕现代化基本单元，围绕市级廊道建设，突出片区开发，坚持城市基础设施片区化，开展全域土地综合整治，全面推行面向未来城市的开发建设管理模式，不断增强城市的聚合力、创造力、竞争力、影响力，在绍兴网络大城市建设中展现星城风貌，为全省全国现代新型城市建设提供样板。

2. 基本原则

——坚持面向未来。充分发挥柯桥区的区位优势、产业优势、文化优势，转变城市发展方式，突出前瞻性和代表性，以未来城市建设理念，加快建设内聚外联、深度开放、高品共享的杭绍星城。

——坚持统筹规划。把柯桥区放到长三角一体化、杭州大都市圈、绍兴现代化网络大城市建设中去系统谋划、整体推进；突出集约发展、差异发展，实现统筹规划建设管理运行“一盘棋”。

——坚持数字赋能。坚持先行先试、大胆探索，深入推进重要领域和关键环节数字化改革，加快取得更多实质性、突破性、系统性城市改革成果，继续发挥探路者作用，勇当改革开放排头兵。

——坚持产城融合。壮大发展现代纺织世界级制造业集群，引进培育新材料、生物医药、泛半导体等新兴产业，加快驱动城市更新，完善服务配套，深层次激活产业活力和城市魅力，实现以产促城，以城兴产。

——坚持以人为本。深入践行“人民城市人民建、人民城市为人民”的理念，将“杭绍星城”建设贯穿到共同富裕示范先行区建设中，深度激发全区人民的积极性、主动性和创造性。

3. 主要目标。按照区第二次党代会总体部署，对标绍兴市建设高水平网络大城市工作要求，设定“一年、三年、五年”发展目标：

2022 年，主动融入绍兴现代化网络大城市建设，加强顶层设计，搭建形成“杭绍星城”的主体框架，构建完善全区域协同目标体系、工作体系、政策体系、评价体系，推进一批先行试点，建设成效初步显现。

到 2024 年，“杭绍星城”布局完善、功能凸显，高端资源要素集聚和配置能力显著增强，全生命周期民生服务不断完善，核心区辐射带动作用显著提升，城乡一体加快融合，文明素养全面提高，成为内聚外联、功能显著的网络大城市次中心。

到 2026 年，城市气质、城市活力、城市温度、城市颜值显著提升，城市综合竞争力和治理能力现代化水平显著提高，打造成为杭州大都市圈、绍兴网络大城市中“综合实力领先、人文魅力独特、发展活力强劲、文明和谐幸福”的璀璨星城。

二、空间格局

按照“东融西同”城市发展战略，即向东融入绍兴网络大城市建设，向西加快实现与杭州同城化发展，着力打造“一核两区两翼”的城市空间格局。

1. 做强“一核”。依托中国轻纺城，围绕柯桥街道、柯岩街道、华舍街道、齐贤街道城市中心区域，加快发展总部经济、地铁经济、夜间经济，大力发展金融服务、时尚消费、旅游休闲、文化体育等业态，全面激活柯桥城市经济发展活力，积极培育城市发展核。

2. 拓展“两区”。即临空经济现代产业片区和鉴湖城郊度假休闲片区，其中临空片区依托华舍街道、杨汛桥街道、钱清街道、夏履镇，充分发挥空港、融杭优势，加快发展光电信息和临空服务业，全力打造“万亩千亿”新平台，建成产城人融合示范新城区。鉴湖片区依托柯岩街道、湖塘街道、福全街道，致力打造城区休闲度假、文化旅游、时尚创意核心区块，加快建成生态、文化、产业深度耦合的宜居宜业宜游现代时尚品质城区。

3. 发展“两翼”。即柯北经济综合开发带和南部生态康养共富带，其中，柯北开发带依托齐贤街道、安昌街道、马鞍街道，以传统产业转型升级和新兴产业培育壮大为抓手，打造现代高能级发展平台；南部共富带依托兰亭街道、漓渚镇、平水镇、王坛镇、稽东镇，聚焦“一二三产”融合发展，打造集文化、旅游、康养一体的城市南花园，持续擦亮柯桥文化旅游“金名片”，高标准建设具有区域特色共同富裕示范带。

三、主要载体

1. 打造重要功能节点。围绕绍兴网络大城市建设要求，因地制宜打造“服务周边、带动乡村”的重要功能节点：钱清—杨汛桥发挥融杭区位和临空优势，打造融杭桥头堡、临空主战场；兰亭—漓渚深挖文旅资源优势，打造文旅融合平台、康养共富示范地；平水依托生态人文天然本色，打造生态康养共富带。对接绍兴多元廊道建设，推动立体综合发展：围绕绍兴科创大走廊建设，高水平建设金柯桥科技城，重点打造现代纺织技术创新中心等高能级平台，打造杭绍临空人才合作创新区；围绕绍兴文创走廊建设，重点突出黄酒、书法等经典文化资源，推进“浙东运河文化带、浙东唐诗之路文化带、古越文明文化带”布局，高质量推动文商旅融合发展；围绕城市产业带建设，按照“上下游链接、全市域联网、多产业融合”原则，精准对接“泛半导体+”和五大产业链群，加快培育壮大新材料、光电信息、生物医药等支柱性产业，大力发展高端装备制造；围绕美丽生态走廊建设，重点开展浙东古运河、西小江区域风貌带整治提升行动，加强小舜江饮用水源地保护工作，拓宽两山转化通道，切实将“美丽生态”转化为“美丽经济”。〔牵头单位：区委组织部（人才办）、区经信局、区科技局、区文广旅游局、区农业农村局、区生态环境分局、临空示范区、柯桥经开区（金柯桥科技城）〕

2. 打造特色精品片区。依托片区特色优势，因地制宜突出公共交通、教育设施、体育设施、科技服务、公共设施、产业集聚、文旅特色等开发导，明确功能定位，找准发展方向，做好顶层设计，科学布局生产、生活、生态空间，形成具有实操性的建设路径。积极推行立体式复合型片区开发模式，充分利用“地下、地面、近地、空中”的立体空间整体系统规划，积极构建立体交通、整合立体全时业态，统筹智慧市政设施配置协同，整体提升现代城市的高品质、时尚度。5年内，重点开发华舍小赭、柯岩梅墅等10个城市功能片区，杭绍特别合作区智能制造产业、未来之城等7个产业片区，其中2022年重点打造华舍小赭片区、未来之城片区、齐贤阳嘉龙片区、健康岛片区、杭绍特别合作区智造产业片区、福全未来社区片区、平水铜矿更新片区等7个片区。（牵头单位：区自然资源和规划分局、区建设局）

3. 打造活力高能平台。按照全市“2+6+N”城市产业平台体系，立足五大平台体系，依托特色优势，优化发展规划，全力提升平台发展能级。全面推进轻纺市场迭代升级，深度参与国内国际双循环，加快打造传统产业核心平台和双循环重要枢纽，巩固中国轻纺城在全国轻纺市场中的龙头地位，不断扩大中国轻纺城全球影响力。健全完善临空示范区管理机构，完善工作机制，加快建成全国一流临空智造区、杭绍同城合作创新区、绍兴未来城市实践区。柯桥经开区（金柯桥科技城）充分发挥产业与科创平台融合的倍增效应，不断提升国家级开发区的承载力和吸引力，争创省级高能级战略平台和先进纤维及复合材料“万亩千亿”新产业平台。兰亭度假区以国家级文旅融合示范区创建为抓手，推进全域景区化建设，持续挖掘历史文化资源，打造世界级兰亭IP，加快建成特色生态康养平台。鉴湖旅游度假区创新开发建设模式，大力发展高端文旅产业，高水平建设国家级旅游度假区。进一步完善平台与所属镇（街道）、部门派出机构协作机制，形成平台引领、镇街支撑、部门共推的发展格局，充分激发发展活力。〔牵头单位：临空示范区、兰亭度假区、柯桥经开区（金柯桥科技城）、轻纺城建管委、鉴湖旅游度假区〕

四、产城融合

1. 加强城市产业支撑。加快推进产业基础高级化和产业链现代化，夯实城市高质量发展的产业支撑能力，以产业高质量发展带动人口集聚、城市发展。聚焦“1+3”支柱性产业体系，深入实施数字经济“一号工程2.0版”，积极开展新一轮“腾笼换鸟、凤凰涅槃”行动，打造世界级现代纺织产业集群，夯实柯桥传统产业基石。大力引进培育新材料、生物医药、泛半导体等新兴产业，抢占新一代光电信息产业跑道，主动引领环杭州湾现代产业带发展，积极推进“产业数字化”。深入实施现代建筑业领跑计划，力争建筑业产值全省第一。加快推动现代服务业提升发展，促进现代服务业与先进制造业深度融合发展；加快推进“5G+民生服务”，推进生活性服务业智能化升级。（牵头单位：区经信局、区建设局、区商务局）

2. 强化城市创新驱动。坚持人才强区、科技强区首位战略，加快建设新时代“名士之乡”人才高地，以创新驱动产业高质量发展，实现城市能级跃升。积极融入杭绍甬科创大走廊，进一步谋划提升科创平台建设，打造“一院三中心N园区”（“一院”即未来科技研究院；“三中心”即省现代纺织技术创新中心、光电子技术创新中心、生物医药和高端医疗器械技术创新中心；“N园区”即N家科创人才园区）的科创平台体系，全力做大做强科创平台能级。深入实施“雏鹰行动”“雄鹰行动”“凤凰行动”，迭代升级“织造印染产业大脑”“浙里工程师”等应用场景。持续深化人才招引“登高计划”，全球视野招引高层次人才，更好发挥人才对城市、产业发展的支撑作用。抢抓“一带一路”、RCEP贸易红利，加快开通中亚班列，持续放大市场采购贸易、跨境电商两大平台效应；隆重纪念中国轻纺城命名30周年，高规格举办世界布商大会，全面展现现代时尚、开放大气的城市品格。（牵头单位：区委组织部、区经信局、区商务局）

3. 推动城市环境提升。坚持最高标准优化自然生态体系，全域提升生态颜值和环境品质，加快生产生活方式绿色转型，提升城市环境承载力，实现产业发展与生态环境和谐统一。抢抓亚运机遇，以“办好一个会，提升一座城”为目标，深化新一轮亚运城市行动，对标主办城市杭州，以更高标准、更严要求推进文明绿色共建、生态环境提升等工作，展示最美亚运城市形象。扎实开展碳达峰碳中和行动，严格落实能耗“双控”，持续打好蓝天、碧水、净土、清废、治塑攻坚战，建设“无废城市”，确保空气质量优良率、$PM_{2.5}$平均浓度、断面水质等指标持续好转，全力争创国家生态文明建设示范区。（牵头单位：区生态环境分局、区综合执法局）

五、基本单元

1. 高质量推进城市功能单元建设。以人本化、生态化、数字化为导向，突出高品质生活主轴，推进全域未来社区建设，强化邻里活动、养老托幼、健康管理、社区治理等公共服务和共享食堂、超市、健身等商业服务，打造15分钟公共服务圈、15分钟社区生活圈，重点关注“一老一小”，构建网络化、无障碍、功能复合的公共生活网络，打造有归属感、舒适感、未来感的新型城市功能单元。2022年重点打造福全金三角社区、大渡社区、下市头社区、双周社区、新未庄社区、仁让堰社区、独山社区7个未来社区；至2024年建成未来社区15个，至2026年未来社区达到20个。（牵头单位：区建设局）

2. 高质量推进乡村共富单元建设。统筹推进未来乡村和“五星3A”迭代升级，构建形成具有柯桥特色的“村庄布点规划+村庄规划+村庄设计+农房设计”联动机制，集成“美丽乡村+数字乡村+共富乡村+人文乡村+善治乡村”，打造宜居、宜业、宜游、宜养、宜学的未来乡村共同体。深入践行“党建引领、六维突破、数字赋能”的“161”基本路径，深化驻村指导员制度建设，探索农民农村共同富裕的新机制、新模式，高质量、梯队化建设一批乡村宜居宜业、农民富裕富足的共富星村。完善农村基础设施配套，激活乡村资源要素活力，实施“强村富民”集成改革，探索农民农村共同富裕实现路径，实现乡村设施共建、资源共用、产业共兴、文化共融、服务共享、区域共治。2022年重点推进叶家堰居、香林村、齐贤村、谢家坞村、棠棣村、九板桥村、剑灶村、王化村等首批共富星村建设，打造6个未来乡村；至2024年建成“共富星村”21个，未来乡村16个；至2026年未来乡村达到26个。（牵头单位：区农业农村局、区发改局）

3. 高质量推进城乡风貌样板区建设。聚焦城乡空间立体性、平面协调性、风貌整体性、文脉延续性,推动美丽河湖、美丽公路、美丽绿道建设,实现美丽城镇、美丽乡村串珠成链,打造区域风貌样板区。依托柯桥古镇、浙东古运河等城市重要节点,充分释放生活服务、时尚贸易、创意设计、历史风貌展示的核心功能,挖掘纺织产业优势,深度激活运河生态文明,打造整体风貌协调、地域文化突出、空间体验丰富、功能活力十足的水韵纺都特色产业风貌区,争创2022年新时代富春山居图样板区。积极推进坂湖宜居城市新区风貌区、"舜源古忆"县域风貌区建设,稳步推进金柯桥CBD城市新区风貌区、鉴湖渔歌传统风貌区、"书香兰渚"县城风貌区、金柯桥商贸纺都特色产业风貌区、安昌古镇传统风貌区、柯北未来之城城市新区风貌区、柯北融杭县域风貌区7个特色样板区。(牵头单位:区建设局、轻纺城建管委)

六、基础设施

1. 持续推进城市更新。持续优化城市肌理,结合城市风貌改造,实施"百镇千点"微改造行动,推动老旧小区改造提升,持续开展市容街景、沿街建筑立面美化行动,打造更多具有柯桥韵味的城市小品、特色街区。加快城市有机更新,大力拓展城市空间,实施城市片区化综合开发战略,着力推进成片规划、成片拆迁、成片开发、成片建设,推进城市片区化综合开发。完善拆迁征收政策体系,继续加大拔钉清障力度,切实解决历史遗留问题,有效拓展城市发展空间。(牵头单位:区建设局、区综合执法局、区征收办)

2. 完善水利交通设施。加快融杭立体交通体系建设,深入谋划对接通城大道——杭金衢连接线、彩虹快速路接钱滨线等一批交通融杭项目;推进杭金衢至杭绍台高速联络线、杭州中环柯桥段高架桥改建工程、104国道绍兴柯桥钱清至柯岩段改建工程、329国道上虞至临安公路柯桥钱清至萧山界段改建工程、镜水路快速化改造工程、群贤路西延萧山南秀路、金柯桥大道快速化改造工程和育才路北延8条主干道路快速化改造工程;加快推进钱清货运站、数字物流港建设;优化内河水系航道功能,全力构建水陆并进、立体智慧现代交通网络。加快推进型塘江综合治理工程、兰亭江综合治理工程,谋划推进夏泽水库工程建设,统筹供排水、燃气、污水处理、园林绿化等设施规划建设,打造海绵城市、韧性城市。健全城乡融合发展机制,高品质建设"四好农村路"。(牵头单位:区交通运输局、区建设局、区生态环境分局、区农业农村局)

3. 优化公共服务设施。聚焦人的全生命周期,持续加大优质公共服务设施补给。优化教育网点布局,实现优质教育资源均等共享。加快建设浙大二院柯桥院区,投用绍兴第二医院兰亭院区(康复医院)、绍兴第三医院新院区,实现村社卫生服务站全覆盖,推动与沪杭甬等地优质医疗资源的深度合作。积极招引中高档康养型养老服务项目,实现村居(社区)居家养老服务日间照料中心全覆盖。加大保障性租赁住房、人才租赁住房建设。提升文化产品供给能力,加快建设"15分钟品质文化生活圈"。加快实现行政村以上5G重点区域网络全覆盖,推动基础设施和公共服务向农村延伸。(牵头单位:区教体局、区卫生健康局、区民政局、区建设局、区文广旅游局、区经信局)

七、城市治理

1. 迭代升级"城市大脑"。以数字化改革为引领,广泛运用大数据、云计算、区块链、人工智能等前沿技术,推动城市管理手段、管理模式、管理理念创新。丰富"城市大脑"智能模块和组件,完善"决策—控制—反馈—改进"工作闭环,推进公共服务"一网通办"、城市运行"一网统管"、社会管理"一网共治"协同发展,提升城市治理监测评估、预测预警、实时感知和管理能力,打造"数字城市有机生命体"。(牵头单位:区大数据中心)

2. 健全完善城市管理防控体系。加强各类风险矛盾的预测预警和化解处置;依法加强宗教事务治理;守牢意识形态主阵地,加强重点网络阵地建设,深化网络生态"瞭望哨"工程,充分发挥新媒体联盟"新莓圈"作用,提高舆情引导处置能力。统筹抓好消防安全、网络安全、生产安全、交通安全、食药品安全等工作，加快"浙里城市生命线"项目建设，做好突发性洪涝干旱台风灾害的预防和应急处置，建立风险隐患"一本账"，全力打好"除险保安"攻坚战。纵深推进扫黑除恶，加强重大决策社会风险评估，健全完善社会治安防控体系。（牵头单位：区委政法委、区委宣传部、区建设局、区卫生健康局、区应急管理局、区公安分局）

3. 持续深化基层整体智治。坚持党建统领整体智治，以"浙里兴村治社"应用为统领，推动"基层治理四平台"与大综合一体化改革全面贯通，构建新型网格治理体系，全面提升基层治理体系和治理能力现代化水平。坚持和发展新时代"枫桥经验"，纵深推进"县乡一体、条抓块统"改革试点，紧盯重点领域、重点群体、重点问题和重点人员，持续优化信访生态。推进"大综合一体化"行政执法改革，构建完善职责清晰、队伍精简、协同高效、机制健全、行为规范、监督有效的行政执法机制，打造基层智治区域范例。推进现代城乡社区建设，不断壮大"城市守护者"队伍，创新民警驻村守望制，推动警务站（室）"四化"建设，健全完善退役军人服务保障体系，推动矛调中心、"共享法庭"等平台实质化运行，提升法治工作能力和依法行政水平。（牵头单位：区委政法委、区信访局、区综合执法局、区公安分局、区退役军人事务局、区法院、区司法局）

4. 深入推进礼爱文明实践。深入推进礼爱文明实践。大力弘扬社会主义核心价值观，擦亮"浙江有礼·柯桥有爱"文明品牌，高标准建设全域文明城市，充分展示开放包容的城市文明形象。提档升级新时代文明实践中心，完成区镇村三级全覆盖。开展新时代文明生活行动，全面实施文明行为促进条例，深化"文明好习惯养成工程"，广泛普及文明礼仪知识，坚决破除陈规陋习、狠刹歪风邪气；完善"有礼有爱指数"机制，大力弘扬志愿服务精神，完善志愿服务体系建设，凝聚向上、向善、向真、向美的力量。（牵头单位：区委宣传部）

八、工作保障

1. 建立全域协同工作机制。建立健全党委政府统一领导机制，成立以区委书记、区长为双组长的"杭绍星城"建设工作领导小组，定期进行专题研究，统筹协调解决全局性工作。领导小组办公室设在区建设局，组建工作专班，牵头负责积极向上衔接、综合协调职能作用，坚持"例会推、专班干""周报表、月清单"等常态化推进机制，形成一级抓一级、整体联动、高效协同的强大合力，集中攻坚、重点突破。

2. 建立多方参与建设机制。探索推行城市总规划师制度，实行"两端着力、中间管控"的规划管理和"横向到边、纵向到底"的实施管控模式。创新投融资模式，用好城市有机更新资金，发挥政府基金引导作用，撬动社会资本参与城市建设。深入挖掘城市建设标志性成果，充分运用报刊、电视、广播等主流媒体和新媒介，全方位、多渠道对"杭绍星城"建设成效进行报道，扩大成果影响，提高城市知名度，形成全社会关心、全社会支持、全社会参与的浓厚氛围。

3. 建立要素支撑保障体系。探索多元化、多渠道、多层次的投入机制，强化人才、用地、资金等要素支撑体系。开展全域土地综合整治，激活配优各类自然资源要素。各镇（街道、开发区）、各部门要积极整合要素资源，建立完善项目库，坚持要素跟着项目走，项目化、清单化落实"杭绍星城"要素保障任务。

4. 建立闭环管理督考机制。梳理细化"杭绍星城"建设推进计划，明确各牵头单位、配合单位、建设单位职责分工，建立任务、问题、整改"三张清单"，实行挂图作战、销号管理，压实各相关单位项目推进责任，确保各项目按计划进度稳步推进。同时，加强过程考核，将"杭绍星城"建设纳入绩效考核重要内容，定期开展工作情况通报，构建闭环式考核体系。

附件：1. 全区重点片区和基本单元建设时序表
　　　2. 全区重点片区开发范围和功能定位表

附件 1

全区重点片区和基本单元建设时序表

表 1

建设时序	一年(2022 年)	三年(至 2024 年)	五年(至 2026 年)
重点片区(17 个)	全区共计 7 个：华舍小赭片区、未来之城片区、齐贤阳嘉龙片区、健康岛片区、杭绍特别合作区智能制造产业片区、福全未来社区片区、平水铜矿更新片区	全区总计 7 个：柯北科创新城片区、蓝印小镇片区、光电信息产业片区(海峡两岸数字经济临空产业园)、临空智创城片区、柯岩阮社片区、柯岩梅墅片区、云门寺片区	全区总计 3 个：马宅池湖门片区、柯岩秋湖片区、兰亭城市更新片区
未来社区(20 个)	全区共计 7 个：福全金三角社区、大渡社区、下市头社区、双周社区、新未庄社区、仁让堰社区、独山社区	全区共计 8 个：南闲社区、梅墅水庄社区、红梅社区、张娄社区、溇梅社区、后梅社区、管墅社区、鲁镇社区	全区共计 5 个：竹林社区、红旗社区、高尔夫社区、鉴水社区、金城社区
未来乡村(26 个)	全区共计 6 个：湖塘街道香林村、漓渚镇棠棣村、平水镇剑灶村、夏履镇莲东村、漓渚镇九板桥村、王坛镇东村村	全区共计 10 个：平水镇王化村、杨汛桥街道蒲荡夏村、兰亭街道谢家坞村、齐贤街道齐贤村、马鞍街道国庆村、安昌街道安华村、稽东镇竹田头村、钱清街道九岩村、安昌街道盛陵村、福全街道容山村	全区共计 10 个：马鞍街道亭山桥村、杨汛桥街道江桃村、稽东镇大桥村、平水镇宋家店村、安昌街道大山西村、福全街道锦坞村、马鞍街道湖安村、马鞍街道山外村、王坛镇上王村、稽东镇冢斜村
城乡风貌样板区(10 个)	全区共计 3 个：坂湖宜居城市新区风貌区、水韵纺都特色产业风貌区、“舜源古忆”县域风貌区	全区共计 5 个：金柯桥 CBD 城市新区风貌区、鉴湖渔歌传统风貌区、“书香兰渚”县域风貌区、金柯桥商贸纺都特色产业风貌区、安昌古镇传统风貌区	全区共计 2 个：柯北未来之城城市新区风貌区、柯北融杭县域风貌区

附件 2

全区重点片区开发范围和功能定位表

表 2

序号	片区名称	片区范围	功能定位	启动年限
1	华舍小赭片区	东至鉴水路，南至岩塘，西至小佐路，北至钱陶西路，范围面积 2.15 平方千米，其中可建设用地面积 0.83 平方千米（需拆迁用地面积 0.1 平方千米）	柯西片区中心、高品质 TOD 社区	2022 年
2	未来之城片区	东至杭绍台高速，南至杭甬运河，西至规划育才路，北至上方山大道，范围面积 3.05 平方千米，其中可建设用地面积 1.67 平方千米（需拆迁用地面积 0.62 平方千米）	创新创业未来城、高质量产业新区	2022 年
3	齐贤阳嘉龙片区	东至区界，南至钱陶公路，西至镜水路，北至于越路，范围面积 0.76 平方千米，其中可建设用地面积 0.49 平方千米（需拆迁用地面积 0.11 平方千米）	以居住功能为主，兼备商业、文化休闲于一体的现代城市风貌展示区	2022 年
4	健康岛片区	东至滨海大河，南至增大居，西至曙光居，北至区界，范围面积 1.19 平方千米，其中可建设用地面积 0.46 平方千米（需拆迁用地面积 0.13 平方千米）	柯桥健康产业基地、融杭创新产业高地、长三角生物医药示范地	2022 年
5	杭绍特别合作区智能制造产业片区	东至蒲荡夏路，南至江南路，西至西小江，北至杭甬高铁，范围面积 0.90 平方千米，其中可建设用地面积 0.49 平方千米（需拆迁用地面积 0.4 平方千米）	宜居宜业的活力智创产业片区	2022 年
6	福全未来社区片区	东至树漓公路，南至福庆村，西至漓渚江，北至鉴湖南院，范围面积 1.10 平方千米，其中可建设用地面积 0.40 平方千米（需拆迁用地面积 0.26 平方千米）	福全东部城镇发展区、绍兴城西人居拓展地	2022 年
7	平水铜矿更新片区	东至绍甘线，南至规划人民路，西至铜矿西侧山脊线，北至解放路，范围面积 0.90 平方千米，其中可建设用地面积 0.50 平方千米（需拆迁用地面积 0.44 平方千米）	文化赋能矿区、浙学诗画花园、东亚养生福地	2022 年
8	柯北科创新城片区	东至镜水路，南至柯海大道，西至金柯桥大道，北至杭甬高速，范围面积 2.38 平方千米，其中可建设用地面积 1.67 平方千米（需拆迁用地面积 1.58 平方千米）	以双创文旅商贸为动力，打造面向国际、融杭接沪、山水闲游的山水创城	2024 年

续表 2

序号	片区名称	片区范围	功能定位	启动年限
9	蓝印小镇片区	东至曹娥江，南至北八路，西北至环塘河，范围面积 2.38 平方千米，其中可建设用地面积 1.67 平方千米（不涉及拆迁）	提供多功能混合发展、满足多元化配套体验的蓝印时尚小镇	2024 年
10	光电信息产业片区	东至万绣路，南至瓜渚路，西至镇东路，北至群贤路，范围面积 1.52 平方千米，其中可建设用地面积 1.01 平方千米（需拆迁用地面积 0.85 平方千米）	功能完善、业态多元的都市时尚智造基地	2024 年
11	临空智创城片区	东至西小江，南至群贤路，西至南复线，北至钱门大道，范围面积 1.52 平方千米，其中可建设用地面积 1.01 平方千米（需拆迁用地面积 0.16 平方千米）	以居住及公共配套功能为主的高品质 TOD 社区	2024 年
12	柯岩阮社片区	东至香林大道，南至永鉴路，西至鉴水路，北至轻纺城大道，范围面积 3.74 平方千米，其中可建设用地面积 1.65 平方千米（需拆迁用地面积 0.17 平方千米）	柯桥山水生态城、鉴湖文旅综合体	2024 年
13	柯岩梅墅片区	东至镜水路，南至胜利西路，西至梅泽路—柯南大道—梅墅直江—文明路，北至轻纺城大道，范围面积 1.67 平方千米，其中可建设用地面积 1.09 平方千米（需拆迁用地面积 0.91 平方千米）	柯南未来水乡社区、鉴水人文慢享高地	2024 年
14	云门寺片区	包括平江村村庄建成区以及云门寺周边用地，范围面积 0.28 平方千米，其中可建设用地面积 0.25 平方千米（需拆迁用地面积 0.19 平方千米）	浙东唐诗之路精品旅游目的地	2024 年
15	马宅池湖门片区	东至越州大道，南至钱陶西路，西至鉴水路，北至绸缎路，范围面积 2.18 平方千米，其中可建设用地面积 1.39 平方千米（需拆迁用地面积 0.02 平方千米）	环湖高品质生态居住休闲片区	2026 年
16	柯岩秋湖片区	东至镜水路，南至南复线，西至柯岩大道，北至鉴湖，范围面积 2.49 平方千米，其中可建设用地面积 0.91 平方千米（需拆迁用地面积 0.38 平方千米）	以高端居住、体育休闲功能为主的城市功能片区	2026 年
17	兰亭城市更新片区	东至十字江、规划惠风路、山下江，南至山体、亭一路，西至中心路、兰亭江，北至区界，范围面积 2.71 平方千米，其中可建设用地面积 0.57 平方千米（需拆迁用地面积 0.51 平方千米）	文化休闲旅游区、生态宜居新城镇	2026 年

中共柯桥区委办公室　柯桥区人民政府办公室关于印发促进柯桥经济高质量发展若干意见的通知

各镇（街道、开发区）党委（工委）、政府（办事处、管委会），区机关各部门：

《促进柯桥经济高质量发展的若干意见》已经区委、区政府研究同意，现印发给你们，请认真贯彻执行。

中共柯桥区委办公室　柯桥区人民政府办公室

2022 年 3 月 30 日

促进柯桥经济高质量发展的若干意见

为全面贯彻落实党中央、国务院和省委、省政府关于高质量发展建设共同富裕示范区的部署要求，进一步优化产业结构、激发市场活力、激活企业动能，发挥政策的导向、牵引作用，积极承接省、市“5+4”政策体系，加快推进“智造强区”建设，结合我区实际，特提出以下意见。

一、构建现代产业新体系

夯实先进制造业这个根本，激发中国轻纺城主引擎作用，全力打响特色“农字号”品牌，持续推动传统产业改造提升和新兴产业培育引进双向发力，打造形成具有全球竞争力、柯桥辨识度的现代产业体系。

（一）优先发展现代制造业

1. 高标准提升传统制造业

(1) 推动工业企业长高长壮。围绕“智造强区”的目标，坚持以高质量发展为主题，加快实现质量变革、效率变革和动力变革，提高工业企业创新力、竞争力和硬实力。相关专项政策另行制订。（责任单位：区经信局）

(2) 加快落后产能淘汰力度。鼓励企业就地转型升级、淘汰落后产能，对企业通过技术改造升级或核减生产能力淘汰落后设备并列入市级及以上年度淘汰落后产能计划的，经验收通过，按淘汰设备资产净值的 8% 予以奖励，最高不超过 300 万元。（责任单位：区经信局）

(3) 传承发展历史经典产业。历史经典制造业（黄酒、珍珠）企业当年销售额 1 亿元到 3 亿元且同比增长 12% 及以上的，一次性奖励 30 万元；当年销售额 5000 万元到 1 亿元且同比增长 15% 及以上的，一次性奖励 20 万元。保护和发展传统工艺美术，对参加市级及以上行业主管部门及其委托机构组织的工艺美术精品展，按国家级、省级、市级工艺美术大师分别补助100%、80%、60%展位费。对获得市级及以上工艺美术精品展评选或技能大赛金、银、铜奖的进行分级分类奖补，最高不超过1万元。（责任单位：区经信局）

(4)加快推进智能制造。对当年列入国家智能制造示范企业（项目）的，一次性奖励100万元。对当年评为省级未来工厂、省级智能工厂（数字化车间）、市级智能工厂、市级数字化车间的，分别给予100万元、50万元、30万元、15万元奖励。支持企业智能化技术改造咨询诊断，经审核符合要求的咨询诊断报告，按诊断费用最高不超过1万元予以补助。对当年被评为市级优秀智能制造服务机构的，每家给予10万元奖励。（责任单位：区经信局）

(5)加大设备投入奖励。对企业当年设备投入达到一定额度的按6%以内予以奖励，其中：当年实际完成成套生产性设备投入（不含税）200万~500万元（不含）的，按开票实付部分（不含税）金额的3%奖励；500万~5000万元（不含）的按4%奖励；5000万元及以上的，按6%奖励。属列入市重点工业项目计划、市智能化改造（智能制造）重点项目计划的，增加2个百分点；列入省“五个一批”重点技术改造示范项目计划、省生产制造方式转型示范项目计划、省制造业高质量发展产业链协同创新项目计划、省市县长工程的工业项目，增加4个百分点，其中制造方式转型示范和产业链协同创新项目须按要求通过验收合格后方可叠加结算（上述重点计划项目于列入计划起2年内有效，奖励叠加从高不重复）。单个项目当年设备投入奖励最高不超过1000万元。（责任单位：区经信局）

当年实际完成成套生产性设备投入200万元及以上（开票不含税）的陆上风电、水电、氢能、燃料电池等新能源项目，按设备开票实付部分（不含税）金额的8%奖励。（责任单位：区发改局）

(6)打造“领航型”标杆企业。开展“雄鹰行动”培育计划，对认定为省级“雄鹰行动”培育企业的，一次性奖励100万元。对年营收首次达到10亿元、20亿元、50亿元、100亿元、200亿元、500亿元的独立核算单体制造业企业（或以集团汇总统计且在当地的制造业营收占比不低于50%），分别奖励10万元、20万元、50万元、100万元、200万元、500万元。（责任单位：区经信局）

(7)鼓励工业企业做精做优。当年认定为国家级专精特新“小巨人”企业的，给予一次性奖励60万元；当年认定为省“隐形冠军”企业的，给予一次性奖励50万元；当年认定为省专精特新中小企业的，给予一次性奖励10万元。对当年列入工信部印染企业规范公告名单的企业给予一次性奖励50万元。对经市级经信部门年度考核优秀的区级工业行业协会，给予一次性奖励5万元。获得“浙江制造精品”的企业，给予一次性奖励20万元。（责任单位：区经信局）

(8)壮大“冠军型”创新企业。当年列入国家级制造业单项冠军示范企业（产品）的，给予一次性奖励100万元。当年认定为省级企业管理标杆企业的，给予一次性奖励20万元。（责任单位：区经信局）

(9)实施“领跑者”计划。当年被评为省级、市级、区级亩均效益“领跑者”企业的，给予一次性奖励30万元；对当年被评为市级亩均效益“领跑者”园区的，给予一次性奖励30万元。当年被认定为省级“放水养鱼”培育工业企业，在年度“亩均效益”综合评价时予以“上靠一档”（A档封顶）。同时，对培育期内完成省级年度培育目标的企业，给予一次性奖励10万元。（责任单位：区经信局）

(10)加大绿色企业扶持力度。当年获得国家级、省级、市级认定的绿色企业（工厂、产品、园区、供应链）的，分别一次性奖励25万元、15万元、5万元。当年获得省级节水型企业称号的，一次性奖励10万元。当年经验收合格的省清洁生产企业，一次性奖励5万元。（责任单位：区经信局）

(11)加大食品企业管理力度。通过全程可追溯食品生产经营主体验收的生产经营主体，每家给予1万元奖励；通过“阳光工厂”建设验收的食品生产企业，每家给予2万元奖励。（责任单位：区市场监管局）

(12)鼓励企业“小升规”。对当年新纳入国家统计局网上直报的规模以上工业法人小微企业“小升规”，给予一次性10万元奖励。近三年内退出网上直报后重新进入的各类企业不予奖励。（责任单位：区经信局）

2. 高标准发展数字经济

(13) 推进两化融合纵深发展。规上工业企业当年首次通过工信部两化融合管理体系贯标认证，AAA级及以上的一次性奖励30万元、AA级（单元级）的一次性奖励20万元、A级（初始级）的一次性奖励5万元（按原办法认定的等同A级）（每家企业同一级别不重复奖励）。（责任单位：区经信局）

(14) 加快推进产业数字化。当年新认定为国家级、省级信息化（包括两化融合、软件、电子信息、上云等）示范（试点）企业的，每家分别奖励50万元、20万元；当年新列入国家级、省级信息化（包括两化融合、软件、电子信息等）项目的，分别奖励50万元、20万元。对参加上级经信部门组织的信息化相关展会单位，给予实际支付展位费50%以内奖励（每家企业最高不超过5万元）。工业企业当年实际完成软件产品（不包括使用软件相关的硬件设备和技术服务、实施、培训费用等）或当年实际使用的公有云资源及服务等投资额30万元以上的，对计算机软件产品、信息系统、公有云按实际完成投资额30%以内奖励，对嵌入式软件产品按实际完成投资额15%以内奖励（最高不超过100万元）。（责任单位：区经信局）

(15)加快推进数字产业化。鼓励软件企业壮大，对通过软件企业评估，且纳入浙江省经济和信息化数据服务平台的软件企业，年销售收入首次突破1000万元、2000万元、5000万元、1亿元的，分别给予一次性奖励10万元、20万元、50万元、100万元（每家企业同一级别不重复奖励）。推进产业大脑建设，由区经信局制订年度运营考核激励办法，运营公司完成年度运营工作任务的（政府侧企业侧应用场景建设、工业互联网平台参与、企业应用扩面等方面），按实际产业大脑建设研发投入的40%给予奖励，一个年度最高不超过500万元。对接入并应用织造印染行业产业大脑的区内制造业企业按实际完成投资额40%以内奖励，一个年度一家制造业企业最高不超过100万元；贸易企业接入每个补贴5000元给提供应用的平台公司，一个年度一个平台公司不超过200万元。（责任单位：区经信局）

(16) 鼓励园区数字产业集聚。数字经济产业园区引进入驻规上数字经济核心产业企业达到20家、10家、5家以上的，每个园区分别奖励300万元、200万元、100万元（一个园区同一档次奖励只能申请一次）。（责任单位：区经信局）

3. 高层级发展现代建筑业

(17) 推动建筑企业长高长壮。围绕“建筑强区”的目标，加快招引企业总部和建筑监理、设计、施工等海内外头部企业，促进我区建筑业企业转型升级，加快推进建筑产业集群发展，巩固全省领跑地位。相关专项政策另行制订。（责任单位：区建设局）

4. 高水平培育新兴产业

(18) 加大新兴产业培育力度。抢抓国家战略性新兴产业发展“风口”，培育壮大新材料、泛半导体等新兴产业，大力发展高端装备制造，持续提高在制造业中的比重。（责任单位：区投资促进中心）

(19) 推进生物医药产业创新发展。支持创新药物、高端医疗器械等研发，鼓励企业做大做强，打造国内一流的生物医药产业新高地。相关政策按照《关于加快推进柯桥区生物医药产业创新发展的若干政策意见》执行。（责任单位：区投资促进中心、区市场监管局、柯桥经开区）

(20) 略。

5. 高质量推动上市发展

(21) 推动企业上市发展。相关政策按照《柯桥区全面落实促进经济高质量发展“凤凰行动”计划（2021—2025年）实施意见》（区委办〔2021〕38号）执行。企业在北京证券交易所上市的，奖励600万元，分阶段兑现：企业与中介机构签订上市协议完成股份制改造后兑现50万元；新三板挂牌后兑现50万元；浙江证监局辅导备案受理后兑现100万元（同一企业多次辅导备案不重复享受）；申报材料被北京证券交易所受理后兑现150万元；上市后兑现250万元；其余相关政策参照沪深证券交易所上市比对执行。（责任单位：区金融办）

(22) 鼓励上市公司市值提升。支持上市公司通过改善经营、开拓创新等合法合规方式提升市值。上市公司自政策执行之日起，当年度月均市值（按照每月末收盘价计算）首次达到100亿元、200亿元、500亿元、1000亿元，分别奖励50万元、100万元、500万元、1000万元（以上情形按照就高原则进行奖励）。上市公司上年末市值50亿元（含）以上

且当年末市值较上年末增长50%（含）以上的，奖励50万元（上述增长需剔除对应大盘指数影响）。（责任单位：区金融办）

(23)发挥上市公司领航作用。鼓励上市公司深入开展产业引领，通过直投、设立基金、产业园、孵化器等支持本地中小企业、优势产业创新发展。对上市公司设立的基金，区政府产业基金优先参股，上市公司直投或在柯设立的基金（占股50%以上）投资本地项目，所投项目上市后，按实际投资额1%比例奖励，单个项目不超过50万元；对上市公司在柯牵头设立产业园、孵化器的，每孵化培育一家规上国家高新技术企业、隐形冠军企业、专精特新企业、高层次人才创业企业的，每个项目奖励上市公司10万元，项目成功上市后，再奖励100万元。（以上条款同一上市公司及项目不重复奖励）（责任单位：区金融办）

(24)招引优质上市服务机构落户。对新引进的证券公司投资银行部门、具有证券从业资格的会计师事务所，每家奖励100万元；对新引进的主要从事资本市场业务的律师事务所（总所上年度资本市场业务收入占比超过60%且上年度完成IPO项目数量排名全国前30名），每家奖励80万元。（责任单位：区金融办）

（二）加快发展现代服务业

1.高能级打造时尚特色产业

(25)鼓励时尚创意企业创新。对当年新培育认定为中国纺织面料流行趋势研究与发布联盟成员、国家纺织产品开发基地等（由中国纺织信息中心、纺织产品开发中心认定）的企业分别补助40万元、20万元。对企业新获得国家级工业设计中心、省级工业设计中心（省级工业设计研究院）、市级工业设计中心，分别奖励100万元、20万元、5万元；行业协会认定的同等荣誉，下靠一级给予奖励，即国家级20万元、省级5万元、市（区）级2万元。（责任单位：轻纺城建管委）

(26)扶持时尚创意企业发展。对新入驻创意大厦的企业及设计基地年度优秀设计企业（平台）补助一年租金（最高不超过10万元）。对区内从事纺织时尚创意设计服务的单位，年设计服务营业额达到500万元的奖励10万元，500万元以上按每超过100万元再奖励5万元，最高不超过30万元。（责任单位：轻纺城建管委）

(27)鼓励提升时尚创意水平。对当年参加省级及以上时尚创意赛事（含柯桥时尚周有关赛事）并获得一等奖、二等奖、三等奖（或金奖、银奖、铜奖）的单位或个人，分别给予5万元、3万元、2万元奖励，获得单项奖（或相当于该奖项）的，给予1万元奖励。对当年获得中国十佳设计师的，给予5万元奖励；获得省十佳设计师的，给予2万元奖励。对当年获得国内外知名工业设计大赛奖项（红点奖、IF设计奖、中国设计智造奖、红星奖、国家优秀工业设计奖、G-mark奖、IDEA、金顶奖、金剪刀奖、国际A级设计大赛奖、台湾金点设计奖、好设计）的，给予5万元奖励。（责任单位：轻纺城建管委）

(28)营造时尚创意活动氛围。对引进并在我区举办全国性时尚创意赛事的单位给予一次性补助，补助金额以实际支出为限，最高不超过50万元。在区内举办各类时尚创意活动的单位，给予一次性补助，补助金额以实际支出为限，最高不超过20万元；其中柯桥时尚周动态类发布活动最高不超过20万元，其他创意活动（品牌发布、设计交流、论坛峰会、时尚沙龙等）最高不超过10万元。对在国际知名时装周举办专场动态发布会、静态展的单位，分别给予一次性补助，补助金额以实际支出为限，最高分别不超过50万元、20万元；对在国内知名时装周举办专场动态发布会、静态展的单位，分别给予一次性补助，补助金额以实际支出为限，最高分别不超过20万元、10万元。以“柯桥纺织”“中国轻纺城”“时尚柯桥”等名义组团赴国内外开展时尚创意活动的单位，按实际费用进行补助，国内活动补助不超过20万元，国外活动补助不超过40万元。（责任单位：轻纺城建管委）

(29)推进“柯桥优选”品牌培育。对科研院所、行业协会、龙头企业等相关机构担任主要起草单位，组织起草纺织面料细分品类“柯桥优选”团体标准，并在全国团体标准信息平台备案发布的，经“柯桥优选”建设工作专班评审，给予每品类团体标准15万元的奖励。对对标入库“柯桥优选”品牌的试点企业，每家给予3万元奖励。支持行业协会、商会、品牌咨询服务等相关机构开展“柯桥优选”区域公共品牌推广，对组织“柯桥优选”品牌集体推介、抱团参展、合作办展等推广活动的，给予一次性补助，补助金额以实际支出为限，国内不超过30万元、国外不超过50万元。（责任单位：轻纺城建管委）

2. 高水平推动服务业做大做强

（30）加大服务业有效投入。服务业企业（不含房地产及金融企业）当年实际完成投资额1000万元及以上的服务业项目（不含政府性项目、房地产项目），按当年实际完成投资额（不含土地成本投入）的3%奖励；上述项目，属市级服务业重点项目的，增加1个百分点的奖励，属省级服务业重点项目的，增加2个百分点的奖励。单个项目最高不超过1000万元。（责任单位：区发改局）

对月度、年度首次新增入库的限额以上批发、零售、住宿、餐饮业企业，分别给予每家一次性10万元、5万元奖励。近三年内，因经营不善等因素退出网上直报后重新进入的各类企业不予奖励。对当年销售额2亿元、5亿元以上且增速达30%的限额以上批发企业奖励10万元、20万元；对当年销售额5000万元、1亿元以上且增速达20%的限额以上零售企业，分别奖励10万元、20万元；对当年销售额500万元、3000万元以上且增速达20%的限额以上住宿餐饮企业奖励5万元、10万元。对限额以上零售企业（个体）季度销售额较上年同季度增量达1000万元，单季度奖励10万元；限额以上住餐企业（个体）季度销售额较上年同季度增量达200万元，单季度奖励5万元。（责任单位：区商务局）

（31）加强服务业企业亩均效益评价。服务业企业分行业（服务业企业按批发业、零售业、住宿餐饮业、现代物流业及其他等五大行业分类）进行“亩产效益”综合评价，对五大行业中属A类企业的，每家奖励3万元。A、B类服务业企业的差别化土地使用税政策参照工业企业执行。（责任单位：区发改局、区商务局、区税务局）

（32）加快两业融合发展。对当年新评为国家级先进制造业和现代服务业融合发展试点的企业、区域，分别给予不低于80万元、100万元的一次性奖励。对当年新评为省级先进制造业和现代服务业融合发展试点的企业、区域，分别给予不低于50万元、80万元的一次性奖励。对当年新评为市级先进制造业和现代服务业融合发展试点的企业、区域，分别给予不低于20万元、50万元的一次性奖励。（责任单位：区发改局）

（33）积极推动消费帮扶。我区市场主体采购对口协作地区农副产品及初级农产品加工产品（不含酒类），对采购额在500万元以上的市场主体给予年度完成采购交易额1.5%的一次性奖励，同一主体年度奖励最高不超过80万元。（责任单位：区商务局）

（34）鼓励服务业企业购置办公用房。规上商务服务业、科学研究和技术服务业、互联网软件和信息技术服务业企业在柯桥区域内新购置自用办公用房500平方米以上的，按照实际购房价格的5%分五年予以补助，累计最高100万元。（责任单位：区发改局）

（35）加大对服务业企业高管的激励。对当年营业收入超过5000万元的营利性服务业企业，且营业收入增速超20%的，对企业中当年工资薪金应税收入达到60万元以上的高管（不超过5人），按每人5万元的标准给予奖励。（责任单位：区发改局）

3. 高起点推动新型业态经济

（36）加大服务业企业品牌建设。当年新获得“中华老字号”“浙江老字号”“绍兴老字号”的，一次性奖励50万元、10万元、5万元。当年新获评“国家白金五钻级酒家”“国家五钻级酒家”的，一次性奖励50万元、30万元。（责任单位：区商务局）

（37）推进会展经济发展。对经区会展业发展中心备案，在中国轻纺城国际会展中心、绍兴国际会展中心或中国轻纺城体育中心举办的，展期不少于3天的纺织产业类展览活动（展会期间至少举办1场配套活动），达到国际标准展位200个、400个、600个、800个以上，分别给予展会主办方最高80万元、130万元、180万元、230万元奖励，对同一主办单位同期举办展览及会议（论坛）的，按照就高不重复的原则予以奖励。对经区会展业发展中心备案，在中国轻纺城国际会展中心、绍兴国际会展中心或中国轻纺城体育中心举办的参会人数达到100人及以上，会期不少于1天的国际性和全国性行业会议（论坛），对会议主办方给予最高35万元的奖励，对财政资金保障的会议（论坛）不予奖励，对同一主办单位同期举办展览及会议（论坛）的，按照从高不重复的原则予以奖励。对经区会展业发展中心备案，在中国轻纺城国际会展中心、绍兴国际会展中心或中国轻纺城体育中心举办的展期不少于3天，展览面积达到5000平方米及以上的消费展，根据展览面积对展会主办方分5万元、7.5万元、10万元三档予以奖励，对同一主办单位当年度内举办同类型展会的，按照从高不重复的原则予以奖励。（责任单位：区会展中心）

(38)鼓励电商企业规范发展。对加入国内主流电子商务平台开展网络营销并签订服务协议的B2C类电子商务应用企业，当年线上销售额超过800万元、2000万元、5000万元的法人企业，分别给予一次性奖励5万元、15万元、30万元。（责任单位：区商务局）

(39)鼓励电子商务示范建设。对获得国家级、省级电子商务荣誉称号的企业（包括重点培育电商平台、重点培育跨境电商服务商、直播电商基地、新零售示范企业等），分别给予一次性奖励10万元、5万元（单个企业每年最多补助一次）。对新评为AAAA级浙江省电子商务产业基地、电商企业的，分别给予奖励5万元、3万元；新评为AAAAA级省电子商务产业基地、电商企业的，分别给予奖励10万元、5万元。（责任单位：区商务局）

(40)加快直播基地建设。对获得知名直播平台授牌或经评定的直播基地，办公使用面积超过1000平方米，直播间数量8间以上，年直播场次超过1500次，给予一次性奖励20万元。对直播电商服务机构（包括MCN机构），每签约1名头部主播（主流平台粉丝数100万以上且为企业带货额500万元以上），给予一次性奖励10万元。（责任单位：区商务局）

(41)鼓励律师事务所做大做强。围绕《中共浙江省委关于全面深化法治浙江建设的决定》、《法治绍兴建设规划(2021—2025年)》以及高质量建设共同富裕示范区律师万人比指标，深入实施律师行业“扬帆行动”，加强律师队伍建设，为高水平建设“国际纺都、杭绍星城”，打造全省高质量发展建设共同富裕示范区先行地提供法治保障。相关专项政策另行制订。（责任单位：区司法局）

(42)推动快递产业规范发展。对新设立注册且当年有经营业绩的快递独立法人企业，给予一次性奖励5万元；对当年营收达到800万元、1500万元、2000万元（上规）且增速10%以上的快递企业，给予一次性奖励3万元、5万元、10万元；对服务“国际纺都”建设，当年营收规模位于全区前三，且所属品牌拥有自建海外仓的国际快递物流企业，给予一次性奖励10万元；对积极配合柯桥当地开展数据清分、纳入柯桥统计，且实际增速超过全市水平的，按快递品牌对市级公司（地区总部）给予一次性奖励5万元。（责任单位：区邮管局）

(43)重点发展人力资源服务业。引进培育专业化人力资源服务机构，积极推进区域特色人力资源服务产业园建设。积极引导用人单位通过人力资源服务机构引才用才，激励扶持人力资源服务机构参与市场化引才工作，不断壮大人力资源服务业发展。相关专项政策另行制订。（责任单位：区人力社保局）

（三）优化推进现代文旅产业

(44)有序推动文旅业融合发展。加快文旅项目建设、业态培育引进、旅游品牌建设，推进乡村旅游、微改造精提升，助推旅游业高质量发展。对获评浙江省文化主题民宿，一次性奖励50万元。其他旅游类政策参照《加快推进柯桥区全域旅游高质量发展若干政策》（绍柯政办发〔2021〕24号）执行。（责任单位：区文广旅游局）

(45)扶持文化产业发展。区财政安排文化产业专项资金，激励和扶持区内重点文化产业项目、文化产业园区和基地建设，培育重点及特色文化企业发展，支持文化企业品牌打造、对外文化交流等。具体政策另行制订。（责任单位：区委宣传部）

（四）力促农业农村现代化

(46)推动“三农”高质量发展。切实抓好农业经济目标和主要农产品稳产保供，推动农业农村改革创新，加快发展现代农业，深化新时代美丽乡村建设，全力建设共同富裕示范区柯桥样板。具体政策另行制订。（责任单位：区农业农村局）

二、稳进提质全力促发展

着力优化投资结构、提高投资效益，加大招商引资力度及精准度，深入实施人才强区、创新强区首位战略，积极拓展“一带一路”，加大企业减负强企、推动民生兜底保障力度。

（一）扩大有效投资强保障

1. 加大项目招引力度

(47)实施稳外资精准招商行动。对符合我区产业发展导向，并经区投资促进中心认定，制造业、服务业（房地产、金融业、保险业、证券业项目除外，下同）、跨国公司总部或地区分支机构（独立法人）等重大外资项目及对外资项目现汇出资、外方增资及利润再投资等方式实际利用外资的，按项目当年实际到资额给予奖励，其中实际利用外资 100 万美元（含）至 1000 万美元的，按到资额 2% 给予一次性奖励；实际利用外资 1000 万美元（含）以上的按到资额 3% 给予一次性奖励；上述单个项目最高奖励不超过 3000 万元。对特别重大的外资项目实到外资奖励政策按协议约定执行。（责任单位：区投资促进中心）

2. 优化现代产业平台

(48)支持小微园区提档升级。对当年新增省级认定小微园区，给予园区一次性奖励 10 万元；加快推进数字化示范园区建设，对当年评为市级数字化示范园区的，每个奖励 50 万元；鼓励园区特色化发展，对当年评为市级特色产业园区的，每个奖励 20 万元。其他小微企业园部分按《绍兴市柯桥区人民政府办公室关于柯桥区小微企业园建设提升的若干政策意见》（绍柯政办发〔2021〕19 号）执行。（责任单位：区经信局）

(49)推进服务平台提档升级。深化企业服务体系建设，升级优化平台服务功能，区财政每年安排不少于 20 万元扶持属地综合服务平台建设。当年认定为国家级、省级中小企业公共服务示范平台的，分别奖励 30 万元、10 万元。（责任单位：区经信局）

(50)加大科创平台奖励。对当年新认定的国家级重点实验室、省级重点实验室（工程研究中心、工程实验室），分别给予奖励最高 500 万元、100 万元。（责任单位：区发改局）

对当年获得优秀的重点共建创新平台（最多取前五位），分别给予 100 万元、50 万元、30 万元、20 万元、10 万元的业绩奖励（建设期内的平台减半奖励）。（责任单位：区科技局）

3. 强化资源要素保障

(51)加大能源要素保障。大力推进能耗在线监测，重点用能企业当年完成省能耗在线监测系统建设和接入的，一次性奖励 5 万元。加快新能源汽车基础设施建设，对符合绍兴市柯桥区电动汽车充电设施布局“十四五”规划、并接入绍兴市充电基础设施智能服务平台的公共充电设施实施补助。对专业充电设施经营企业投资当年建成投运的公共充电设施，按设备实际投资 25% 进行补助；对公交企业自建且对外开放的充电设施，功率≥ 150 千瓦按设备投资 30% 补助，功率 <150 千瓦按设备投资 20% 补助；对城市出租车、专业物流快递企业自建充电设施及社区专用充电设施且对外开放的，按设备投资 15% 补助。直流充电设施（含交直流一体）、无线充电设施补助标准不超过 600 元 / 千瓦，交流充电设施补助标准不超过 200 元 / 千瓦。（责任单位：区发改局）

(52)加大土地要素保障。对省级以上交通、能源、水利等项目，在省预留指标中实现实报实销。对省以上重大基础设施项目和省重大产业项目用地允许使用省留计划指标。加快跨市补充耕地指标易地调剂，探索山海协作结对县（市、区）土地指标“点对点”调剂。（责任单位：区自然资源分局）

（二）聚焦科技创新强赋能

1. 强化知识产权保护

(53)推动品牌建设。当年主导制订并发布“品字标”相关团体标准（含浙江制造、浙江农产、浙江服务、浙江建筑等）的，每项奖励 20 万元。当年通过其他途径首次取得“品字标”授权的（包含自我声明、丽水山耕、“品字标”浙江农产、“品字标”浙江服务、“品字标”浙江建筑等），每家奖励 5 万元，对首次获得“浙江制造”认证企业从高不重复奖励。当年成功注册地理标志商标等区域公共商标和获得省级品牌指导服务站的行业协会或组织企业，给予 10 万元奖励。（责任单位：区市场监管局）

(54)鼓励参与标准制订。当年主导制修订并由有权机构发布国际标准、国家标准、行业标准、全国性团体标准、省级地方标准的企业，每项分别奖励

50万元、30万元、20万元、10万元、10万元;参与制修订国际标准的,每项奖励25万元;参与制修订国家标准且为除第一完成(起草)单位以外前5位的,每项奖励10万元;同一项目涉及多家企业的,以从高不重复的原则只奖励排名最靠前企业。(责任单位:区市场监管局)

(55)引导企业质量建设。当年新获得中国质量奖、省政府质量奖、市级表彰奖励项目表彰(质量类)的,在上级奖励基础上分别一次性奖励100万元、80万元、10万元。当年新获得中国质量奖提名奖、省质量管理创新奖的,在上级奖励基础上分别一次性奖励50万元、10万元。区级政府质量奖按《柯桥区政府质量奖评审管理办法》执行。首次获得"浙江制造"认证企业给予20万元奖励,每增加1张证书奖励10万元;取得"浙江制造"国际互认证书、绿色产品认证证书的每张奖励10万元。"浙江制造"等高品质认证的企业,按相关规定首次成功上线"同线同标同质"公共信息服务平台的,一次性奖励2万元。(责任单位:区市场监管局)

(56)加强专利维权保护。通过中国绍兴柯桥(纺织)知识产权快速维权中心预审授权的实用新型专利每5件奖励1万元,外观设计专利每5件奖励0.5万元,以上两种专利每家企业上限为30件。对当年新引进的专利代理机构奖励20万元。对当年授权的发明专利奖励3000元/件,对当年新授权的国外发明专利奖励2万元/件;对实现发明专利清零的规上工业企业,给予奖励2万元。当年新获中国HACCP体系认证(GB/T 27341)、食品安全管理体系(FSMS)认证(GB/T 22000)和GFSI承认的BRC、SQF等基于HACCP的国外食品安全标准认证的食品生产企业,每家给予3万元奖励。参与专利导航服务基地建设的单位给予每家不超过20万元的奖励。(责任单位:区市场监管局)

2. 注重创新成果转换

(57)鼓励联合攻坚。鼓励企业聚焦重点产业方向,联合大院名校、科研院所等单位联合攻坚,按项目实际研发投入的20%给予奖励,单个项目最高奖励100万元。本地高校、科研院所、新型研发机构与本地企业达成技术开发和转让项目的(须经科技部门立项),按实际发生技术交易额的5%给予奖励,每家单位每年最高不超过100万元;每年从合作成功的此类项目中择优评选最多10个,再按实际发生技术交易额的10%给予奖励,单个项目不超过100万元。(责任单位:区科技局)

(58)加大成果转化奖励。企业开展"知管家"项目,给予不超过30万元奖励。实施成果转化项目,给予不超过5万元奖励。转化为高价值发明专利的给予不超过2万元/件的奖励。(责任单位:区市场监管局)

对当年列入国家级、省级服务型制造示范企业(项目、平台),分别奖励30万元、20万元。当年通过鉴定(验收)的省级工业新产品(新技术)、省重点高新技术产品开发项目、省重点技术创新项目,分别奖励2万元、5万元、10万元。(责任单位:区经信局)

3. 引导企业科研创新

(59)加大科技孵化培育。大力培育发展科技企业孵化器、众创空间,对当年新认定(备案)的国家级科技企业孵化器(双创示范基地)、众创空间(星创天地),每家分别给予不少于100万元、50万元奖励;对当年新认定(备案)的省级科技企业孵化器(双创示范基地)、众创空间(星创天地),每家分别给予不少于50万元、20万元奖励。(责任单位:区发改局、区科技局)

(60)加大高新企业培育。当年首次纳入省高新技术产业统计目录的企业(非高新技术企业),每家奖励3万元。对当年新纳入国家统计局网上直报的高新技术企业"小升规",给予一次性10万元奖励。(责任单位:区科技局)

(61)加大科技项目奖补。对列入省级及以上科技计划的项目,在完成项目验收后再按国家或省补资金总额的5%予以奖励。当年新通过省级新产品试制计划鉴定的每只最高奖励1.5万元(单个规上工业企业不超过5只,单个规下企业不超过3只,且每只新产品立项与鉴定时间不超过180天),总额以400万元为限。当年获省创业创新大赛一、二、三等奖的,每项分别奖励30万元、20万元、10万元;国家级加倍奖励。获得区创新奖重大贡献奖,产业技术类一、二、三等奖的,分别奖励50万元/项、20万元/项、10万元/项、5万元/项。(责任单位:区科技局)

(62)加大首台(套)产品研发。对当年认定为市级首台(套)的整机设备(成套设备)、零部件产品分别给予一次性奖励30万元、10万元;对当年认定为国际、国内、省内的首台(套)装备,在享受省级奖励基础上,再分别给予奖励200万元、100万元、50万元;对当年认定为国际、国内、省内的零部件首台(套),分别给予奖励100万元、50万元、30万元。对企业购置使用首台(套)整机装备或成套装备(含前三套装备或首批次装备)且总价超过500万元,实现首台(套)装备工程化质量提升的,给予10%的一次性奖励,最高不超过100万元。地方应用奖励可以与省级应用奖励同时享受。同一首台(套)装备不得同时享受产品应用奖励和保险补偿政策。实行市级首台(套)装备保险阶梯补偿机制,对投保首台(套)装备按照实际投保费率,最高不超过2%,以及市级首台(套)装备首年度实际保费的65%给予保险补偿,从次年开始保险补偿比例逐年递减10%,每年补偿最高不超过300万元,最多可连续支持3年。同一产品被评为国际、国内、省内首台(套),执行上级保险补偿政策,不重复享受地方首台(套)保险补偿政策。(责任单位:区经信局)

(63)鼓励创新迭代升级。当年新认定为国家级、省级企业技术中心、浙江省产业链上下游企业共同体(省级重点产业技术联盟)依托单位、市级企业技术中心的,分别奖励100万元、20万元、10万元、3万元。当年被评为国家级、省级技术创新示范企业的,分别奖励100万元、30万元。(责任单位:区经信局)

(64)提升检验检测服务能力。在国家检验检测高技术服务业集聚区(浙江)绍兴园区柯桥辐射区内新设立并取得检验检测、认证资质的机构,对机构当年度投入检验检测用仪器设备原值10%进行奖补,一次性奖补不超过50万元。(责任单位:区市场监管局)

(三)深化减负强企激活力

(65)深入实施减负强企政策。坚持稳字当头、稳中求进,进一步减轻企业负担、提升企业核心竞争力、激发企业发展活力,确保经济平稳健康运行。相关专项政策另行制订。(责任单位:区经信局)

(四)抓稳外资外贸促消费

1. 支持企业优化外贸结构

(66)支持企业扩大进口。组织企业积极参加进博会,相关组团、招商、推介等配套工作经费由区财政全额保障。企业自营进口列入国家、省《鼓励进口技术和产品目录》中的产品和技术,获得中央和省资助的,给予1:1配套奖励(每家企业给予配套的区内奖励资金最高奖励不超过100万元)。(责任单位:区商务局)

(67)鼓励企业拓宽出口品类。鼓励机电、高新产品和农产品出口,年度机电产品出口额达1亿元以上且增速高于全区外贸平均增速的企业(市场采购贸易除外),高新技术产品出口额达2000万元以上、农产品出口额达1500万元以上且增速高于全区平均增速的企业,每家企业奖励10万元。当年新认定为省级出口名牌企业的,每家企业奖励10万元。推动服务贸易出口,当年度服务外包企业离岸执行额实绩在5万美元及以上的,每1万美元奖励1000元,每家企业限奖励20万元。(责任单位:区商务局)

(68)鼓励企业投资境外项目。对经批复设立境外项目,当年新增中方核准备案资金达100万美元、1000万美元、2000万美元的,分别给予1万元、2万元、3万元奖励,当年新增实际中方投资额(含实物投资)每10万美元奖励1万元,单个项目并购类限奖励30万元,非并购类限奖励20万元,每个企业限奖励50万元。开展对外承包工程的,按年度营业额每100万美元奖励5万元,每个企业限奖励80万元。(责任单位:区商务局)

(69)支持企业化解外经贸风险。对上年度出口额300万美元以下的小微企业实施"政府联保"。自行参加出口信用保险的,按实际支付保费的50%给予补助;当年出口正增长且增速高于全区平均的,按实际支付保费的60%给予补助;鼓励企业参加"两反一保"等贸易摩擦案件应诉的,按律师代理费的50%给予补助;终裁绝对胜诉案件额外给予20%奖励。参加境外投资和对外承包工程信用保险的,按实际支付保费的50%给予补助,每个企业限补20万元。(责任单位:区商务局)

2. 规范打造跨境电商品牌

(70)加大跨境电商企业培育。当年新开跨境B2C店铺且单店在线交易额达3万美元或当年在主流平台新开跨境B2B店铺且有出口实绩的,一次性奖励1万元。当年独立站线上销售额达10万美元且有出口实绩的，按建站、推广营销费用的25%给予补助，每个企业限补20万元。从区外引进的跨境电商龙头、配套服务企业，经认定，按自用场地租费的80%给予补助（标准不超过300元/平方米/年），每个企业限补60万元。（责任单位：区商务局）

（71）加大跨境电商出口培育。对通过轻纺城跨境电商通关服务平台以“9610”清单模式申报出口的，给予每1美元0.05元补助，每个企业限补500万元，以“9610”报关单模式出口的，给予每1美元0.02元补助，每个企业限补100万元。跨境电商B2B出口实行分类补助：9710类按推广营销费用的50%给予补助，每个企业按出口额50万美元、100万美元、300万美元分档限补5万元、10万元、30万元；9810类每50万美元补助1万元，每个企业限补30万元。（责任单位：区商务局）

（72）加大跨境电商服务商培育。托管服务跨境电商企业达20家、服务跨境B2C在线交易总额达150万美元或服务跨境B2B在线交易总额达500万美元的第三方服务商，按服务费的5%给予补助，每个企业限补10万元。孵化器建筑面积达500平方米，招引高校毕业生、区内企业新注册跨境电商企业，每孵化一家线上销售额达1.5万美元的，给予孵化器运营主体2万元奖励，每个运营主体限奖励20万元。（责任单位：区商务局）

3. 支持企业出口拓市

（73）支持企业扩大出口。当年自营出口额1亿元及以上、3亿元以下且同比增速高于全区平均的（市场采购贸易和跨境电商除外），以上年实绩为基数，每超200万元奖励1万元（分档计算），每个企业限奖励20万元。当年自营出口额3亿元及以上、10亿元以下且同比增速高于全区平均的，以上年实绩为基数，每超200万元奖励1.2万元（分档计算），每个企业限奖励30万元。当年自营出口额10亿元及以上且实现正增长的，每个企业奖励30万元。加工贸易出口额1000万元以上且同比增速高于全区平均的，每个企业奖励5万元（市场采购贸易和跨境电商除外）。（责任单位：区商务局）

（74）支持企业参展拓市。参加境外线下展会的，给予展位费100%补助（每次限补2个标摊，每个标摊限补3万元）。参加境内重点线下展会的，按展位费的100%给予补助（目录由区商务局确定），上年度出口额3000万元以上的非纺生产企业参加境内展会的参照执行（全年限补2次展会，每次限补2个标摊，华交会、浙洽会等省、市指令性展会不限摊位数及参展次数）。参加出口网上交易会的，按展位费的100%给予补助（每个企业每次限补1.5万元）。参加区商务局组织的出口网上自办展、抱团展和合作办展（包括配套的线下活动）的，费用由区财政全额保障。（责任单位：区商务局）

（五）抓实民生保障促共富

（75）加快民生兜底工作有力推进。贯彻落实省、市关于教育、医疗、医保、养老等民生保障政策，加快公共基础设施资源摸排，优化社会大救助体系，统筹做好慈善、助残、救孤、济困等工作，推动托底保障救助全覆盖，为打造共同富裕示范区、15分钟服务圈夯实基础。相关专项政策另行制订。（责任单位：区发改局、区委宣传部、区司法局、区教体局、区民政局、区文化旅游局、区卫生健康局、区人力社保局、区建设局、区残联）

三、优化营商环境促发展

1. 深化营商环境提升行动

（76）营造民营经济发展最优生态。依法平等保护民营企业产权和企业家权益，健全市场准入负面清单制度，全面落实放宽市场准入等政策“组合拳”，落实降本减负政策。深化“三驻三服务”，制订出台营商环境提升行动方案。深化行政执法体制改革，探索推行极简审批等审批制度，完善要素保障力度。（责任单位：区发改局、区经信局、区行政审批局）

2. 加快完善创业服务体系

（77）深化创业精准服务。高质量推进浙江绍兴人才创业园建设，打造一站式人才创新创业服务综合体。完善创业创新创造支持政策体系，促进多渠道灵活创业就业，加快推进数字就业。〔责任单位：区委组织部（人才办）、区科技局、区人力社保局、科技城建管委〕

3. 产才融合点亮杭绍星城

(78) 加大人才扶持力度。加快人才引进培育、优化人才创业环境、加强人才平台建设，推动新时代“名士之乡”人才强区建设。具体政策按照《关于加快建设新时代“名士之乡”人才强区的若干政策》（区委办〔2022〕4 号）执行。〔责任单位：区委组织部（人才办）〕

(79) 鼓励企业培养产业技能人才。支持企业与高校、科研院所、职业院校等联合设立现代产业学院、联合培养工程硕士等，探索开展“订单式”工程师硕士、博士培育项目试点，发挥企业及社会组织在技能人才培养、职业技能等级认定中的作用。（责任单位：区经信局、区教体局、区科技局、区财政局、区人力社保局）

(80) 开展优秀企业家培育工程。开展优秀企业家培训工作，组织新生代企业家双传承领跑竞跑研修班，提升企业家经营管理水平和发展能力。同时，加大对优秀企业家的激励扶持，激发企业家干事创业动力。〔责任单位：区委组织部（人才办）、区经信局、区建设局、区发改局、区科技局、区农业农村局、轻纺城建管委〕

四、附则

1. 本政策条款是在省、市“5+4”政策基础上，结合我区实际制订。本政策所涉条款与上级政策有重复的，按“从优、就高、不重复”的原则执行。省、市“5+4”政策在本政策中未涉及的条款，按上级政策执行。

2. 对同一企业同一事项符合多项扶持政策（含市级政策）的，从高不重复，具体由主管部门和财政部门联合审定。

3. 上年度亩均效益综合评价为 D 类，当年度因逃税骗税、恶意欠薪、故意侵犯知识产权或者在食品药品、生态环境、工程质量、安全生产、消防安全等领域存在违法行为被有关部门查处并列入严重失信名单的企业，不予享受政策。

4. 加强政策资金兑现审核与绩效考核，各职能部门对项目的真实性负责，财政部门对资金的适用性负责。相关部门因政策兑现产生异议的，或虽未列入本政策意见但确需奖补的，提交区政府研究确定。

5. 本政策中各类奖补的执行期限为 2022 年 1 月 1 日至 2022 年 12 月 31 日，此前出台的相关政策意见及政策条款与本政策意见不一致的，均以本政策意见为准，涉及相关专项政策的，按专项政策规定执行。

先进集体

2022 年柯桥区获省部级及以上先进集体情况一览表

表 3

发文时间	表彰对象	荣誉名称	发文单位
2022 年 3 月	区委政法委	平安护航建党 100 周年成绩突出集体	中共浙江省委、浙江省人民政府
2022 年 3 月	区委政法委	平安浙江建设先进集体	中共浙江省委、浙江省人民政府

续表 3

发文时间	表彰对象	荣誉名称	发文单位
2022 年 4 月	区交通投资有限公司	2020—2021 年忠实践行“八八战略”奋力打造“重要窗口”立功竞赛先进集体	浙江省人民政府
2022 年 4 月	杭州中环柯桥段高架桥改建工程建设指挥部	2020—2021 年忠实践行“八八战略”奋力打造“重要窗口”立功竞赛先进集体	浙江省人民政府
2022 年 5 月	区侨联	第二十二届世界华人学生作文大赛优秀组织单位	世界华人学生作文大赛组委会
2022 年 6 月	市场监督管理局(知识产权局)	知识产权保护工作成绩突出集体	国家知识产权局、公安部
2022 年 8 月	区税务局第一税务所	一星级全国青年文明号	全国创建青年文明号活动组委会
2022 年 8 月	浙江元垄控股集团有限公司	第七届“浙江慈善奖”机构捐赠奖	浙江省人民政府
2022 年 10 月	柯桥街道立新社区	2022 年全国示范性老年友好型社区	国家卫生健康委、全国老龄办
2022 年 11 月	柯桥街道玉兰社区	全国红十字模范单位	中国红十字会总会
2022 年 11 月	鉴湖旅游度假区	国家级旅游度假区	文化和旅游部
2022 年 12 月	区工商联	2022 年度民营企业调查点工作先进示范单位	全国工商联
2022 年 12 月	柯桥街道	第十批全国民族团结进步示范单位	国家民委
2022 年 12 月	区公安分局安昌派出所	全省优秀公安基层单位	中共浙江省委、浙江省人民政府

（王则明）

2022年柯桥区国民经济统计资料选刊

2022年柯桥区基本情况统计表

表4

指标	计量单位	2022年	2021年	为2021年(%)
一、行政区划面积	平方千米	1066.02	1066.02	100.0
二、行政组织				
镇人民政府	个	5	5	100.0
街道办事处	个	11	11	100.0
居民委员会(社区)	个	126	125	100.8
村民委员会	个	214	214	100.0
三、人口				
1. 年末总户数(户籍)	户	237562	235483	100.9
2. 年末总人口(户籍)	人	701970	698109	100.6
男性	人	341361	340043	100.4
女性	人	360609	358066	100.7
3. 暂住人口	人	688367	640960	107.4
4. 出生人口	人	4384	5307	82.6
出生率	‰	6.2	7.6	—
5. 死亡人口	人	4838	4528	106.8
死亡率	‰	6.9	6.5	—
6. 自然增长人口	人	-454	779	—
自然增长率(公安口径)	‰	-0.7	1.1	—

2022年柯桥区国民经济主要指标情况统计表

表5

指标	计量单位	2022年	2021年	为2021年(%)
生产总值(现价)	亿元	1901.36	1747.98	104.5
第一产业	亿元	42.35	39.83	103.4
第二产业	亿元	970.57	874.71	105.9
第三产业	亿元	888.45	833.44	103.2
农林牧渔业总产值	万元	608468	583521	104.3
全年粮食总产量(粮食监测口径)	吨	66797	89063	75.0
油菜籽产量	吨	2903.08	2908	99.8
全年生猪饲养量	万头	19.42	16.68	132.6
淡水产品产量	吨	22943	22300	102.9
全年货运量	万吨	3971	5958	66.7
全年客运量	万人	75	113	66.4
社会消费品零售总额	亿元	401.07	383.62	104.6
出口总额	万元	13389059	10884925	123.0
实际利用外资	万美元	50719	25694	—
财政总收入	万元	1875371	2234570	83.9
其中:一般公共预算收入	万元	1325910	1471416	90.1
一般公共预算支出	万元	1372737	1329160	103.3
金融系统年末贷款余额(本外币)	万元	33006311	28140946	117.3
金融系统年末存款余额(本外币)	万元	31472321	26520962	118.7
其中:住户存款(本外币)	万元	16625206	13188582	126.1
普通中学在校学生数	人	37470	36738	102.0
小学在校学生数	人	56993	53703	106.1

说明:生产总值增速为可比价增速,实际利用外资为商务部统计口径,与上年无可比性

2022 年柯桥区农林牧渔业总产值情况统计表

表 6

指标	计量单位	2022 年	2021 年	为 2021 年(%)
农林牧渔业总产值	万元	608468	583521	104.3
农业产值	万元	423145	417133	101.4
林业产值	万元	64774	54242	119.4
牧业产值	万元	40831	35901	113.7
渔业产值	万元	71889	69334	103.7
农林牧渔服务业产值	万元	7829	6910	113.3

2022 年柯桥区主要农产品产量情况统计表

表 7

指标	计量单位	2022 年	2021 年	为 2021 年(%)
粮食(粮食监测口径)	吨	66797	89063	75.0
其中:早稻	吨	4451	4864	91.5
晚稻及单季稻	吨	32648	70815	46.1
油菜籽	吨	2903.08	2908	99.8
蔬菜	吨	427990.1	422258	101.4
茶叶	吨	7516	7326	102.6
水果	吨	9444	9137	103.4
肉类	吨	9225	8786	105.0
淡水产品	吨	22943	22300	102.9

说明:2022 年水果数据不包括果用瓜

2022 年柯桥区建筑业主要经济指标情况统计表

表 8

指标	计量单位	2022 年	2021 年	为 2021 年(%)
资质企业个数	个	300	204	147.1
其中:特级资质个数	个	5	5	100.0
一级资质个数	个	44	39	112.8

续表 8

指标	计量单位	2022 年	2021 年	为 2021 年(%)
建筑业签订的合同额	万元	21406084	21277008	100.6
其中:本年新签合同额	万元	12443314	13555808	91.8
建筑业总产值	万元	14409267	13812609	104.3
其中:在外省完成的产值	万元	4564881	4992063	91.4
外省完成产值比重	%	31.7	36.2	87.6
竣工产值	万元	7916161	8143828	97.2
房屋建筑施工面积	万平方米	11184	9965	112.2
其中:房屋竣工面积	万平方米	3367	6661	50.5
自有机械设备年末净值	万元	151101	159592	94.7
计算劳动生产率的平均人数	万人	29.74	32.06	92.8
全员劳动生产率	元/人	484508	430717	112.5
主营业务收入	万元	10464467	7778651	134.5
主营业务成本	万元	9917082	7326909	135.4
主营业务税金及附加	万元	34383	25139	136.8
营业利润	万元	205423	214441	95.8
营业利润占主营业务收入比重	%	2.0	2.8	71.4
利润总额	万元	206587	214340	96.4
年末固定资产原价	万元	764572	713453	107.2
流动资产小计	万元	5901338	5152053	114.5
资产合计	万元	6849278	5934512	115.4
负债合计	万元	4537129	3856114	117.7
所有者权益	万元	2312149	2078397	111.2
应付职工薪酬	万元	2026514	1847904	109.7
建筑企业增加值	万元	2492969	2477282	100.6

2022年柯桥区科技创新情况统计表

表9

指标	计量单位	2022年	2021年	为2021年(%)
一、专利授权数	项	6480	7115	91.1
1. 发明	项	570	1162	49.1
2. 实外新型	项	4581	5631	81.4
3. 外观设计	项	1329	322	412.7
二、国家高新技术企业数	家	556	407	136.6
其中:当年新增	家	86	102	84.3

2022年柯桥区国内外贸易情况统计表

表10

指标	计量单位	2022年	2021年	为2021年(%)
一、国内贸易				
社会消费品零售总额	万元	4010715	3836152	104.6
商品交易市场数量	个	76	80	95.0
商品交易市场成交总额	万元	25619325	23917050	107.1
其中:中国轻纺城市场成交额	万元	18263800	16851420	108.4
钱清轻纺原料市场成交额	万元	6753800	6537400	103.3
二、对外贸易				
进出口总额	万元	13611933	11118034	122.4
其中:出口总额	万元	13389059	10884925	123.0
主要产品出口情况				
纺织面料	万元	10018054	8328926	120.3
服装	万元	386740	297340	130.1
非纺产品	万元	2984264	2258659	132.1

2022年柯桥区利用外资情况统计表

表 11

指标	计量单位	2022 年	2021 年	为 2021 年(%)
当年批准企业数	家	126	123	102.40
当年总投资	万美元	173851	225192	77.20
当年注册资本	万美元	90316	94586	95.50
当年合同利用外资	万美元	81950	70977	115.50
当年实际到位外资	万美元	50719	25694	—

说明:当年实际到位外资数据为商务部统计口径与2021年同期无可比性

2022年柯桥区旅游人数和总收入情况统计表

表 12

指标	计量单位	2022 年	2021 年	为 2021 年(%)
国内外旅游人数	万人次	687.03	675.86	101.7
其中:入境旅游人数	万人次	0.09	0.19	45.2
其中:外国人	万人次	0.07	0.17	40.2
港澳同胞	万人次	0.01	0.01	100.0
台湾同胞	万人次	0.01	0.01	100.0
内地旅游人数	万人次	686.94	675.67	101.7
其中:过夜旅游者	万人次	328.90	317.61	103.6
旅游总收入	亿元	81.26	76.88	105.7
其中:国际旅游收入	万美元	34	61	56.3
国内旅游收入	亿元	81.24	76.84	105.7

2022年柯桥区交通运输业情况统计表

表13

指标	计量单位	2022年	2021年	为2021年(%)
公路通车里程	千米	1587.64	1565.24	101.4
内河航道净里程	千米	320.8	320.8	100.0
民用汽车拥有量	辆	431807	403547	107.0
其中:私人汽车拥有量	辆	383808	351720	109.1
客运量	万人	75	113	66.4
货运量	万吨	3971	5958	66.7

说明:2022年汽车拥有量不作细分

2022年柯桥区财政收支情况统计统计表

表14

指标	计量单位	2022年	2021年	为2021年(%)
一、财政总收入	万元	1875371	2234570	83.9
其中:一般公共预算收入	万元	1325910	1471416	90.1
其中:税收合计	万元	1025815	1202397	85.3
其中:国内增值税及改征增值税	万元	235050	427300	55.0
企业所得税	万元	162135	181686	89.2
城建税	万元	38246	46446	82.3
个人所得税	万元	44385	39370	112.7
其他税收	万元	445853	388423	114.8
耕占税、契税	万元	100146	119172	84.0
二、一般公共预算支出	万元	1372737	1329160	103.3
其中:一般公共服务	万元	124416	135279	92.0

续表 14

指标	计量单位	2022 年	2021 年	为 2021 年(%)
教育	万元	313166	312959	100.1
科学技术	万元	93500	81180	115.2
文化旅游体育与传媒	万元	28532	28007	101.9
社会保障和就业	万元	157098	158221	99.3
卫生健康	万元	154953	121790	127.2
节能环保	万元	56225	63087	89.1
城乡社区	万元	108059	112154	96.3
交通运输	万元	24637	26888	91.6

2022 年柯桥区金融系统存贷款年末余额(本外币)情况统计表

表 15

指标	计量单位	2022 年	2021 年	为 2021 年(%)
一、各项存款余额(本外币)	万元	31472321	26520962	118.7
1. 住户存款	万元	16625206	13188582	126.1
2. 非金融企业存款	万元	11447314	9141556	125.2
3. 广义政府存款	万元	2572012	2960086	86.9
4. 非银行业金融机构存款	万元	764049	1183182	64.6
5. 境外存款	万元	63740	47556	134.0
二、各项贷款余额(本外币)	万元	33006311	28140946	117.3
1. 住户贷款	万元	12422754	11961805	103.9
2. 非金融企业及机关团体贷款	万元	20582698	16078957	128.0
3. 非银行业金融机构贷款	万元	—	100000	—
4. 境外贷款	万元	859	184	466.7

2022年柯桥区全体居民人均收支情况及生活指标情况统计表

表16

指标	计量单位	2022年	2021年	为2021年(%)
一、可支配收入	元	74770	71074	105.2
1. 工资性收入	元	39926	38188	104.6
2. 经营净收入	元	21428	20149	106.3
3. 财产净收入	元	6950	6537	106.3
4. 转移净收入	元	6467	6199	104.3
二、生活消费支出	元	42323	39070	108.3
1. 食品烟酒	元	11421	10590	107.8
2. 衣着	元	3217	2948	109.1
3. 居住	元	10056	9497	105.9
4. 生活用品及服务	元	1981	1796	110.3
5. 交通通信	元	6526	5928	110.1
6. 教育文化娱乐	元	4767	4363	109.3
7. 医疗保健	元	2753	2505	109.9
8. 其他用品和服务	元	1603	1443	111.1
三、恩格尔系数	%	27.0	27.1	—

2022年柯桥区城镇常住居民人均收支情况及生活指标情况统计表

表17

指标	计量单位	2022年	2021年	为2021年(%)
一、可支配收入	元	82528	79172	104.2
1. 工资性收入	元	43481	41845	103.9
2. 经营净收入	元	22839	21587	105.8
3. 财产净收入	元	8664	8416	102.9
4. 转移净收入	元	7544	7324	103.0
二、生活消费支出	元	46144	42812	107.8
1. 食品烟酒	元	12156	11319	107.4

续表 17

指标	计量单位	2022 年	2021 年	为 2021 年(%)
2. 衣着	元	3660	3374	108.5
3. 居住	元	11129	10577	105.2
4. 生活用品及服务	元	2074	1884	110.1
5. 交通通信	元	7062	6446	109.6
6. 教育文化娱乐	元	5308	4888	108.6
7. 医疗保健	元	2857	2604	109.7
8. 其他用品和服务	元	1898	1720	110.3
三、恩格尔系数	%	26.3	26.4	—

2022 年柯桥区农村常住居民人均收支情况及生活指标情况统计表

表 18

指标	计量单位	2022 年	2021 年	为 2021 年(%)
一、可支配收入	元	51605	48029	107.4
1. 工资性收入	元	29648	27781	106.7
2. 经营净收入	元	17452	16058	108.7
3. 财产净收入	元	1255	1192	105.3
4. 转移净收入	元	3250	2998	108.4
二、生活消费支出	元	30915	28423	108.8
1. 食品烟酒	元	9225	8514	108.4
2. 衣着	元	1895	1736	109.2
3. 居住	元	6851	6424	106.6
4. 生活用品及服务	元	1703	1546	110.2
5. 交通通信	元	4925	4453	110.6
6. 教育文化娱乐	元	3153	2870	109.9
7. 医疗保健	元	2442	2226	109.7
8. 其他用品和服务	元	721	653	110.4
三、恩格尔系数	%	29.8	30	—

（任伊文）

类目编辑　宋如玲

索　引

说　明

1. 索引采用主题分析法，按标引词第一字汉语拼音（同音词按声调）顺序排列；同声同调按笔画顺序排列；第一字相同，按第二字音序排列。以下据此类推。

2. 因类目、分目页码已在目录中标出，故索引仅限条目。条目标引词一般采用该条目的主题词、中心词或简称。单位和事件一般用简称，不冠以“绍兴”“绍兴县”“柯桥区”等字样。

3. 标引字后的阿拉伯数字表示内容所在页码，页码后的拉丁字母（a、b）分别表示该页的左右栏。标引词后的多个页码，表示此内容在其他书页的位置。

4. “媒体聚焦”“特载”“专记”“大事记”“柯桥新风”“附录”及表、彩色插照均不作索引。

0～9

A

B

C

D

E

F

G

H

J

K

L

M

N

P

Q

R

S

T

W

X

Y

Z